ZOUCHU
LISHI DE
CHENYAN

走出历史的尘烟

（上）

李　菁著

团结出版社

图书在版编目（C I P）数据

走出历史的尘烟 / 李菁著 . -- 北京：团结出版社，2021.3（2024.11 重印）

ISBN 978-7-5126-8023-4

Ⅰ . ①走… Ⅱ . ①李… Ⅲ . ①世界史 – 历史事件 Ⅳ . ① K105

中国版本图书馆 CIP 数据核字 (2020) 第 110062 号

责任编辑：张　阳

封面设计：阳洪燕

出　版：团结出版社

（北京市东城区东皇城根南街 84 号　邮编：100006）

电　话：（010）65228880　65244790

（010）65238766　85113874　65133603（发行部）

（010）65133603（邮购）

网　址：http://www.tjpress.com

E-mail：zb65244790@vip.163.com

经　销：全国新华书店

印　装：三河市东方印刷有限公司

开　本：150mm × 227mm　16 开

印　张：40.75　字　数：606 千字

版　次：2021 年 3 月　第 1 版　印　次：2024 年 11 月　第 3 次印刷

书　号：978-7-5126-8023-4

定　价：138.00 元（全两册）

自序

自少女时期起，“记者”这个名词，便深深扎根于我对未来职业的想象中。不过，我无法讲述一个“突然受到感召”或者“瞬间被点燃”的戏剧性时刻。它更像一颗种子，不知何时悄然根植于心底——或许来自传奇女记者法拉奇的故事，或许来自小时候抄在小本本上的那句话：读万卷书，行万里路。在不谙世事的少年看来，读书、行路、识人，还有比“记者”更好的职业吗？

但直到若干年后真正进入这一行当，我才意识到所谓传奇，所谓诗与远方，不过是外界赋予的一种浪漫想象。这一职业，更多的是日复一日、月复一月、年复一年，重复不断的琐碎甚至折磨人的工作。2001 年 5 月，我初入《三联生活周刊》，便一头扎入各种新闻现场，体会着做一名社会新闻记者“痛并快乐着”的生活。20 载记者生涯里，我去过各种突发现场，写过各种天灾人祸，比如国航釜山空难、巴厘岛爆炸、汶川大地震、巴基斯坦人质事件，去过河南艾滋村，深入缅甸腹地重走远征军路线……这些经历让身体与心理经受了双重磨炼，其中之酸甜苦辣，实在一言难尽。但种种现场让我有种“我来了，我见证，我记录”的虚妄的成就感。

记者这个职业最让我珍惜的，还有另一个理由，那就是它可以有机会“识万般人”。也拜这个职业所赐，在近20年的新闻生涯中，我有机会与来自五花八门不同职业、不同层面的人、与生活在这个地球不同角落的人相遇，聆听他们各式各样的人生故事，他们的人生故事或思想火花变成我笔下的文字，最终抵达文字另一端的读者。也是因为这个行业，我得以有机会采访一些自少年时期便在各种媒体上熟悉的人。比如，我采访的第一个“名人”是著名环保人士、“猩猩博士”珍妮·古道尔，至今我还清楚地记得当我举手向她用英文提问时的紧张、兴奋之情，而珍妮·古道尔用善解人意和温暖的微笑，给我这个初入行的年轻记者以最大的善意和鼓励。无论是我后来采访的陈香梅，还是唐德刚，当这些人从印于纸端的空间走出来变成眼前鲜活的人物时，我深感记者职业带给我的奇妙之感。不过现在回想起来略有惭愧的是，那时候自己的角色，与其说是一个记者，不如说更是一个“粉丝”，总是用仰望的视角凝视着光环下的这些人。后来记者做得久了，才慢慢历练出一种属于记者的职业状态，无论采访对象身上有多么炫目的标签，我都去努力挖掘、追问，挑战甚至质疑，形成平等视角下的交流或冲突。

从另一个层面上说，这些受访者于我，也绝不仅仅是在文章里用文字建构起的人。后海小胡同里六次走访的翻译家杨宪益，哈佛大学畅谈4小时的学者傅高义，宋庄大画室里叼起烟斗戏说往事的黄永玉，纽约的暴风雪里走访的贝聿铭家人……与他们面对面、聆听他们精彩人生故事的经历，成了记录我生命宽度与厚度的一个标尺。

出于一位优秀编辑所特有的敏锐眼光和嗅觉，周刊的老主编朱伟看出我对尘封于历史里的故人旧事的兴趣，他顺势往那个方向狠狠"推"了我一把。2006年，我在《三联生活周刊》开设了"口述"栏目，把那些尘封许久的历史文化名人以另一种方式拉回到新闻现场。我也仿佛从一个喧嚣热闹的世界，突然转到了一个幽静深僻的小径。我沉浸在他们曾经的世界里，感慨他们迭宕起伏的个人命运和惊心动魄的大时代。自此，历史人物也成为我采访和写作的另一个重要方向。冷与热，静与动，它们之间的冲突与张力，让人欲罢不能。

扩大足下的疆域，是令我迷恋的一种生活方式。这本书收录的另一组文字是我在行走时的所思所感。虽然"行万里路"，是我一生汲汲以求的目的，但世界之大，穷尽一生也未能及其一二。记录下来的，只是我伸出的一只触角感知到的有限的角落。曾在非洲南端的好望角听惊涛骇浪，感佩于人类征服大海、挑战自然的勇气与壮举；也曾在北极的白茫雪原中喟叹世界边缘的冷与酷。行走让我深深意识到天地之辽阔深远，人类之微小易逝。但唯其如此，我提醒自己要更加努力地行走、聆听和记录，它是"我"之成为我的依据与理由。

回过头来，感谢在周刊的那些"高压"状态下留下的文字。写稿的日子永远是自我折磨、自我煎熬的过程——挑战已有智识的界限，与自己的惰性抗争，但又伴以无可言说的快乐。夜深人静敲下那些字符时，会想象着它变成铅字，被另一些人所接纳、所理解、所共鸣。那是一种彼此心领神会、妙不可言的默契。借用那句诗——“静静地，我们拥抱在，用言语所能照明的世界里”。我曾经采访过著名考古学家李济的儿子李光谟，他说过李济生前最喜欢庄子的一句话是“独与天地精神往来”。虽然我远达不了大学问家的境界，在工作到夜深人静、万籁俱寂之际，一个人真正沉浸在文字构成的精神世界里的时候，似乎多少也感觉到了那种无以言说的欣喜与满足。

实际上，重读这些文字时，内心的真实感受是忐忑与惶惑。这些文字形成的时间跨度比较长，坦率地说，因为周刊的不同主题的需要，集在一处就显得有些零散。感谢团结出版社的不弃，感谢读者们的理解与包容。他们耐心地读完这些文字，有的写下了他们热情洋溢的鼓励之语。我知道，这离我心目中“更好的文字”和“更好的自己”还有一段距离。

也曾在切尔诺贝利30周年时重返现场，在耶路撒冷的哭墙和戈兰高地的军事线上感慨人类彼此的冲突和残杀……如果说新闻是历史的第一份草稿，那么重读《走出历史的尘烟》的“草稿”，却时常辨不清究竟是历史，还是当下。从这个意义上讲，当下的我们也许还在历史的尘烟之中。

目录

传奇

历史

名流

行走

传奇

润麒：走出历史的尘烟

采访时间：2005 年

润　麒

历史于我们现代人，有时是堆砌了一串串冷硬数字与陌生人名的冷漠与刻板，有时又是由一个个曲折跌宕人生故事构成的亲切与鲜活。也许，历史的神秘或不可捉摸，最终总是通过某些个体和群体的特异遭遇得到不可思议的突显和表达。作为婉容的弟弟、溥仪的妹夫，郭布罗·润麒便是这个群体中的一位。而他的幸与不幸，或许都在于：他根本无法选择自己的出身。

跨进那沉重的大红门

迎亲队伍已经浩浩荡荡地来了，马上要做新娘的姐姐和母亲躲在屋里掉眼泪，不谙世事的小弟弟却在门外高兴地跳着拍手说："哭啦！哭啦！"……往事恍若昨昔，而无情的时光已将帽儿胡同那个淘气的 10 岁少年，变成一位 93 岁的老人。

2005 年，坐在朝阳区金台路的一座普通民居里，郭布罗·润麒操着一口字正腔圆的北京话，悠然陷入回忆——没有痛苦，没有激动，只有历尽沧桑的超然和淡定。听着他的故事，那些前尘往事仿佛轻轻巧巧地穿过八十三载的尘烟，一下子亲切而鲜活起来。

那一年，只有 17 岁的姐姐婉容成了逊帝溥仪的妻子，也被历史定格为大清王朝的最后一个"皇后"。润麒与同父异母的姐姐婉容来自郭布罗家族，属于达斡尔族，其曾祖父郭布罗·长顺因守疆有功，被清朝册封。"我们家族从爷爷开始，一家三代都娶了爱新觉罗氏。但从当时双方的身份来讲，爱新觉罗是下嫁。"润麒说。

这是个典型的末代贵族之家：润麒的父亲是内务府大臣，母亲是军机大臣朗贝勒的女儿。"我们跟普通人家一样"，忆及童年，老人不愿承认自己家族的特殊之处。但记忆碎片勾勒出的，仍是普通平民无法企及的优裕生活：儿时的润麒因为一场病久治不愈，母亲为他请来意大利、法国、德国的医生会诊；“小时候我想当工程师，外祖母买了很贵的砖在院里，让我在院子里的土山上练习盖万里长城”。

郭布罗家族的荣耀在婉容被选为“皇后”时达到巅峰。1922年已是民国十一年，但根据当时民国政府的《清室优待条件》，溥仪在紫禁城内还拥有皇帝的身份，所以当这位末代皇帝到了婚娶之时，各个名门贵族、大家闺秀的照片已络绎不绝地送到了紫禁城。根据溥仪自己的回忆，最后拿到溥仪面前的是几经筛选后剩下的四张照片。照片很小，在溥仪眼中，四个人都是一个模样，他只好比谁的旗袍花色更特别一些。其实第一个被溥仪画圈点中的是来自没落贵族之家的文绣，但端康太妃嫌文绣家境不好，就叫王公们劝溥仪重选。于是，溥仪就又服从地在内务府大臣荣源的女儿婉容的相片上画了个圈儿。两个女人一生的命运也由此而定。

溥仪的大婚依然保持着皇族的气派与尊严。1922年12月1日，跟随着陪嫁队伍，小润麒好奇地走进了幽深的紫禁城。如同《阳光灿烂的日子》里的马小军，时局的动荡与不安仿佛是红墙外成人世界的事情，外人眼中阴气沉沉、讳莫如深的紫禁城，却是少年润麒的一片乐土。

“我小时候特别淘气，最喜欢在养心殿的墙上跑”，小润麒的一大爱好是上房，“一听说上房，太监们马上恭顺地拿来裹脚布把我的裤腿缠上，把梯子架上”。为了保证他的安全，他的腰上系着绳子，绳子的另一端系在一个太监的腰上，他和系着绳子的太监分别站在房脊的两侧。就这样，年少的他在皇帝的寝宫养心殿上快乐地奔跑。“一个太妃一看见我在上面跑，吓得赶紧退回房里不敢看。”93岁的润麒回忆往事，开心地笑起来。

因为姐姐的这桩婚姻，润麒被母亲带去第一次见到了溥仪。而溥仪好像也很喜欢小自己五六岁的小舅子，每次去溥仪都会把他留在宫里玩一两个月，“那时，我白天在溥仪的养心殿玩，晚上回到婉容的储秀宫住”。后来母亲怕耽误小润麒学业，“溥仪打三次电话，母亲才让我去一次”。

“有一次溥仪想见我，赏了我四匹马，皇上赏马就得去谢恩呐，我一去谢又扣了我一个多月”。

那时的溥仪给润麒的印象是宽容而随和，远非后来做了伪皇帝的猜忌和无常。小时候的润麒淘气得近乎“无法无天”，“我拿着皇帝‘永保天命’的印章，在皇宫的柱子上一会正、一会反地乱盖”，溥仪丝毫不以为意。后来其父亲载沣进得宫来，看到柱子上印倒的“永保天命”，皱着眉说：这一定是润麒干的。以至于后来溥仪的妹妹三格格，也是润麒青梅竹马的小伙伴要嫁给润麒时，母亲、婉容和溥仪都同意这桩婚事，唯独溥仪的父亲不同意。“因为我小时候淘气，他怕女儿嫁给我受气”，润麒乐呵呵地说，仿佛回到了孩提时代。

电影《末代皇帝》里有一个情节，溥仪的英文教师庄士敦把自行车带到了紫禁城，让溥仪和婉容充满好奇地骑上了这个象征西方工业文明的交通工具。但润麒老人特地更正：“自行车是我带进宫里的。”润麒说，自己的母亲先有了一辆二六型自行车，润麒学会了后，带到了宫里，一下子引起大家的好奇。不光溥仪、婉容和太监们要学，甚至光绪的妃子、已 67 岁的端康太妃也嚷嚷着学自行车。于是故宫里出现这样的场景：穿着厚跟鞋的老太妃兴致勃勃地骑在专门为她定做的三个轱辘的自行车上，后面跟着两个保护她的太监。“为了学车方便，把宫里很多门槛都锯掉了”，老人微笑着说，“我是罪魁祸首。”

无法抗拒的命运

在跨过沉重的大红门的那一刻，10 岁的润麒不会意识到，自己未来几十载的命运自此已与这走到尽头的皇室纠缠在一起，他们一道卷入时代的大旋涡里，颠簸起伏，身不由己。

此时的溥仪，正享受着他“大清皇帝”最后的荣光。辛亥革命虽废除了封建帝制，但溥仪及原皇室成员仍住在故宫后半部，一批清朝遗老旧臣，仍然顶戴花翎身着献服向溥仪跪拜称臣。一些社会名流，包括胡适在内，也对这位末代皇帝不失礼节上的尊重。1924 年 4 月，大文豪泰戈尔访华时，还专程去故宫拜访了溥仪。“那天，我正在宫里玩，溥仪告诉我泰戈尔来了，说他是一位很有名的大诗人，叫我见了面之后不要瞎闹，那天我表现得还是很规矩的。”老人不无幽默地回忆。仍保留下来的一张黑白老照片，为这一次特殊的会面留下了见证，不过在大诗人以及徐志摩、林徽因这一对“金童玉女”的耀眼光芒下，几乎没有人会注意到角落里那个身着制服但仍挡不住满脸稚气的润麒。但 7 个月之后——1924 年 11 月 5 日，正在天津外祖母家的润麒在“周围人都纷纷鼓掌”的环境中，获知溥仪被冯玉祥部下鹿钟麟赶出故宫的消息。

“其实溥仪很早就预感到京城待不住了，受庄士敦影响，他和溥杰一直想去英国留学。”润麒说，为了这个计划，溥仪还秘密安排溥杰从皇宫里带出很多字画到外边变卖，以筹集资金，但这个计划遭到遗老们的一片反对。留学英国不成，1928 年，溥杰偷偷逃出天津，想跟随张学良进奉天的讲武堂，结果在大连被抓了回来。那一年，还发生了一件对溥仪来说比被驱逐出宫“刺激还大”的事——葬有乾隆和慈禧的清东陵被军阀孙殿英盗掘。决意寻求兵权实力、恢复大清王朝以报仇的溥仪，“决定派我身边最亲信的亲族子弟去日本学陆军”，溥仪后来在《我的前半生》里回忆。

1929 年，润麒以溥仪三妹夫的身份，与溥杰一道去了日本，按照自己的兴趣，润麒一直想学医。但身为这样一个显赫家族里的一员，他没有选择自己生活的权力。润麒与溥杰的日本之行被溥仪寄予“恢复大清王朝”的厚望，他兴奋地想象这两个年轻人是“两个未来的武将”。在日本一家贵族学校，润麒、溥杰与泰国王室的一位年轻人成了学校仅有的三名外国留学生。

1931 年，溥仪在日本军警的秘密保护下出逃长春，次年建立了伪满洲国。暑假回到长春的润麒在这里迎娶了溥仪的妹妹爱新觉罗·韫颖。“我不同意结婚，在日本高中结婚的几乎没有，在学校生怕别人知道抬不起头来。”润麒带着笑意回忆。

被称为“三格格”的韫颖是溥仪众多妹妹中最漂亮的一个，也是溥仪最喜欢的一个。婚后不久，韫颖也跟着润麒去了日本，她一定没有料到自己在闲暇时写给哥哥溥仪的信会成为日后帮助其扭转命运的一个机缘。1954年，身为中央文史馆馆长的章士钊，在旧书摊上偶然发现一本名叫《满宫残照记》的书，章士钊一下子被书中收录的韫颖写给溥仪的信所吸引——天真顽皮，流畅轻松，在晚清遗老遗少们的八股文之中别有一番情趣。见其文采，欣赏之余又有好奇的章士钊托人找到当年的“三格格”，后将其情况汇报给毛泽东。1956年，在毛泽东的特批下，韫颖与七叔载涛去抚顺战犯管理所见到了相隔十一载的哥哥溥仪与丈夫润麒，这是后话。

1944年润麒从日本陆大毕业，在长春一个高等军事学校任战术教官，但他并没有多少时间为溥仪那个“伟大的梦想”付出实际意义的努力。随着日本军事帝国的崩溃，他和爱新觉罗家族一道，坠入历史的深渊。

在天津的溥仪与婉容、溥杰（右一）、润麒（左一）

1945年8月15日，溥仪与溥杰、润麒等身边的亲信一道，“退守”吉林通化大栗子沟，也在那里获知日本投降的消息。三天后，命运多舛的溥仪颁布他人生的第三次也是最后一次退位令。8月22日，溥杰和润麒被指定为第一批跟随溥仪潜往日本的八位成员之二，但在沈阳机场休息室等候换大飞机的这群人，却等来了一队队手持冲锋枪的苏联士兵。第二天他们便被苏联红军飞机载往赤塔，成为第一批“伪满战犯”。

上了苏联的大飞机后，机舱里一片沉默，每个人都不知道等待自己的会是什么。但此时，润麒反倒有一种莫名的释然与超脱。“飞到乌拉尔山上空时，突然遇上了气流，飞机猛然下降了一百多米，机舱里的人全部悬空起来，本来躺着的溥仪差点碰到了舱顶，苏联士兵的脸也都吓白了，我也不知道为什么特别镇静，后来那几个苏联大兵都冲我竖起大拇指。”这一年，33岁的润麒已完成了从国舅、驸马到阶下囚的人生曲线。

从皇亲到公民

倏然间，已是60年过去。如今的润麒老人直言并不愿意谈过去的事，因为“不光彩”，“跟溥仪有什么光彩的？”

但对润麒来说，将溥仪从他心目中至高无上的“大清皇帝”地位，还原到彼此平等的公民身份，是一个艰难而漫长的过程。在此过程中，润麒本人也同样艰难地完成了由皇亲到公民的蜕变。

“起初我们待遇还不错”，润麒与溥仪、溥杰这些人最初被送到赤塔市郊外的一所疗养院，住宿是两人一间，房间里地毯沙发俱全，钢丝床上铺着雪白的被单，每日三餐还有女服务员周到地服务，意外的是他竟与以“俘虏”身份被同样送至此地的父亲荣源“不期而遇”。

情形很快急转直下。十个多月后，“来了一名军官，说奉斯大林之命拘捕你们”，坐了两天火车，溥仪一行又被转往伯力（哈巴罗夫斯克）。这一次，迎接他们的是上有岗哨、四周围着铁丝网的院子，铁丝网上面挂着用很大的俄文字母写的木牌：“禁止越过，违者格杀勿论”。

那时的溥仪，无论在自己还是追随者心中，仍然是“皇上”的尊贵之躯。溥仪后来在《我的前半生》中回忆：“照样有人服侍。家里人给我叠被、收拾屋子、端饭和洗衣服。”那些追随者，“他们不敢明目张胆地叫我‘皇上’，便改称我为‘上边’”。每天早晨照例先向溥仪请安。有一次，润麒和溥杰在吃饭时给大家摆台子，也被溥仪制止，“我的家里人怎么可以去伺候别人！”

1948年，因为润麒、溥杰等身边的亲信被调往其他收容所，溥仪正陷于“谁给我端饭”这样的苦恼，润麒的父亲——溥仪的岳父荣源“自告奋勇”照料“皇上”的生活：“他不仅给我端饭，连洗衣服都愿替我代劳。”1951年，荣源因高血压并发脑溢血死于哈尔滨的一家医院。

此时的润麒经历了他有生以来最艰难的劳动生涯。而仍停留在伯力的溥仪第一次失去了润麒与溥杰等家人的照料，伐木、运煤、装卸圆木，每天劳动十五六个小时。命运仿佛跟他开了一个很大的玩笑：自小到大家境阔绰的润麒，那时对人生最大的奢望竟是吃一顿饱饭。

1950年7月，中苏双方在中国边境的绥芬河车站举行了交接战俘的仪式，润麒又被送到辽宁省抚顺市的战犯管理所，作为“伪满战犯”，和被俘虏的国民党战犯一道接受思想改造。

像溥仪一样，抚顺战犯管理所的7年使润麒完成了一个彻头彻尾的改变。时至今日，润麒甚至带有几分愉快的心情回忆那段岁月。

比起溥仪、溥杰这两位“重要人物”，润麒的活动相对方便些。而生性活跃的润麒也很快成为改造队伍中的积极分子，美术、绘画、话剧，自编自演，每天的生活安排得十分紧凑，冬天滑冰，夏天打球，上午学习，下午运动，润麒甚至形容那段时间为“铁窗乐土”。

“老润（润麒）扮的劳埃德像极了，他的鼻子本来就大，这个议会里所有的英国公民，只有他一个人最像英国人。他的表情也很出色，恼恨、忧惧、无可奈何而又外示矜持，活活是个失败的外交大臣。”溥仪在《我的前半生》中高度评价了润麒在改造中出演话剧的“演技”。

润麒还自己编写了一部表现蒙古族人民新生活的话剧，他本人反串女主角——漂亮的蒙古族妇女格娃。由于管理所没有女性，平时演出的剧目都是清一色的男角，这次突然冒出个“女明星”，演出时礼堂里人山人海，台下观众个个等着一睹为快。

“以前在宫里，我们喊溥仪为‘皇上’、行礼，只是不说奴才，直接喊自己名字，到了天津后，只说‘上’而不喊‘皇上’。”而此时的溥仪在润麒眼中已还原为彼此平等，“我觉得他是个战犯，是俘虏”。

1957年春节后的一天，润麒终于恢复了自由。“我不是‘特赦’，是‘免于起诉’。”润麒特地强调了数次。回到北京后，眼前的一切完全是另一个世界：两个儿子都长大成人，小女儿也戴上了红领巾。自己的妻子爱新觉罗•韫颖已成了新社会的一位公民、街道治保主任金蕊秀——当年，韫颖把随身携带的十几箱金银珠宝全部上交后，带着三个孩子来到通化。为了糊口，这位昔日的“格格”一度靠在街上卖香烟、兼收一些穷苦人家的破衣破鞋为生。直到1949年，又迁回北京。

回归社会的润麒在周恩来的关照下，由工厂的学徒工进入北京编译社。韫颖与润麒，虽然与他们各自的兄、姐——溥仪与婉容一样属宫廷指定婚姻，幸运的是却不像后者那样貌合神离，虽然他们的人生故事也被这对“名气”更大的夫妇所遮蔽，但两人在相濡以沫中建立的感情令人感动。“如果有来世，我还娶她”，老人边看着十几年前去世的夫人照片，边满是柔情地说了这样一句话。

这个家族的成员也各自经历了令人唏嘘感慨的人生。润麒回忆，自己童年时经常欺负的一个表妹王敏彤，孤苦终生，却不肯将手中价值几十万的古董变卖。后来老人被送进养老院，吃、住都有人管了，最后却是因为吃饺子多了给撑死的，犹如《活着》的现实版。

1994年，82岁的润麒拿到了行医执照，终于按照自己多年的梦想开始了生活。如果不是因为姐姐婉容，老人也许就这样安心地消逝在历史的尘烟里。

润麒心目中的姐姐婉容是个善良而保有旧式美德的人，“她从来不许我为难太监，也从来不让我们有高人一等的感觉”。“好多年了，过去的事情也没多想，不严重的也就算了，但这些年来越来越过分。”老人少有地激动起来，“婉容不是个现代化的人，一些作品愣说她是跳舞、交际花一类的人。”让老人气愤的是，最近的一出电视剧里竟然有婉容设计欲谋害文绣的情节。为了证明姐姐不是他们所描绘的吸大烟甚至私通的婉容，90 多岁的润麒不惜与一家登载这种文章的报社打起了官司。

几十年了，润麒心里总抹不去那一幕：在大栗子沟，匆忙要与溥仪赶飞机逃走的润麒临行前与婉容告别，已经病得很重的婉容躺在床上。润麒看了姐姐一眼，说句“我要走了”，便转身离去，见面短得几乎只有一秒。身后是婉容凄惨地喊着润麒的名字，那一刻，润麒不知为何突然想起少女婉容被选为“皇后”时的伤心模样。

（注：润麒于 2007 年 6 月 6 日去世。）

史迪威家族的中国记忆

采访时间：2013 年

（2013 年）6 月初，北京“798”的 See+ 画廊举行了一个特别的展览，展出的 60 幅黑白照片带着观者回到了 20 世纪二三十年代的中国。这些珍贵图片资料由史迪威将军的外孙约翰·伊斯特布鲁克珍藏。“很多照片都是史迪威在旅途中亲自拍摄的，或者别人用他的相机留下的他的影像。除此之外，还有他和温妮及 Doot 在内的他的几个女儿在北平和北平周边拍摄的。这些照片都反映了他们对中国民众的日常生活和传统中国文化的兴趣。”特地从美国赶来的约翰·伊斯特布鲁克告诉本刊记者。

中国影像

约翰·伊斯特布鲁克（John Easterbrook）的家在加州圣何塞郊外，这幢漂亮的白色洋房更像是一个小型纪念馆——无论是一进门便映入眼帘的黄花梨条案，还是房间里一幅巨大的花鸟画、随处可见的装饰品，都提示着这个“纪念馆”的主题是“中国”。在约翰·伊斯特布鲁克宽大的书房里，最显要位置挂着一幅史迪威的照片。约翰·伊斯特布鲁克的母亲南希，是史迪威的第一个女儿。“1952 年，我外祖母去世后，家里五个孩子各继承了五分之一的遗产；我的母亲有三个孩子，她去世后，我又继承了她三分之一的遗产。瞧，即使是这样，我们还是有那么多与中国有关的东西。”约翰和夫人微笑着展示柜子里一叠码放整齐的、有“福”“寿”字样的中国瓷器。

对一些中国学者来说，这个家庭里最为特别的“财富”，却是他们珍藏的一大批史迪威家族当年在中国拍的影像资料。从 1911 年第一次踏上中国土地开始，一直到 1944 年离开，史迪威在中国生活的岁月累计起来达 12 年之久。史迪威多次深入中国许多偏远地区，对中国社会以及形形色色的政治人物有了深刻了解，无论他走到哪里，他都对中国社会最底层的老百姓投以发自内心的关注。

“我的外祖父喜欢照相。每次到了不同地方，他就要拍下他见到的人物和景象。”约翰说。他的母亲南希的少女时代是在北京度过的，南希生前可以说一口非常流利的北京话。南希去世后，约翰成为第三代的代表，继续着这个家族与中国绵延了一个世纪的故事。最近几年，家里的其他表兄妹把分散在各自家里的老照片和相关资料集中到了约翰这里。看得出，这些资料在曾经的主人那里都得到很好的照顾——在约翰家里，他小心翼翼地打开了一个箱子，里面是码放得整整齐齐的相片底片，最有意思的是，其中一摞底片的包装纸还清楚地印着“真真照相馆”（CHEN CHEN STUDIO，PEIPING），“北平崇文门内九十一号”的字样，这显然是史迪威当年在北京洗印胶卷的相馆。

除了静态的照片，老约翰家里还保存着一盘史迪威一家当年在北京生活的特别录像。录像里有很多史迪威与妻子、孩子们开心嬉闹的片断，间或可以看到诸如天坛、北海这些熟悉的地方和一些老北京的民俗风情。虽然拍摄者并不专业，影像也有些失真，但是想到它们穿越了半个多世纪的时光，便不由得令人生出万端感慨。这使很多来约翰·伊斯特布鲁克家追寻史迪威的中国朋友大感惊讶，其中一人便是研究抗战史的民间学者章东磐。

正是在对史迪威的找寻中，章东磐结识了来自史迪威家族的约翰·伊斯特布鲁克。2010 年，章东磐到美国拜访约翰家，两人一见如故；之后在章东磐主编的《国家记忆》一书中，两人又打过数次交道。

随着对抗战史研究的深入，2011 年左右，章东磐萌发了写一本史迪威传记的念头。为此，他前后去了 6 次美国收集资料。去年 10 月，章东磐再一次去老约翰家，老约翰告诉他：家里还有很多史迪威一家当年在北京的老照片。章东磐大喜过望，他决定要把它们搬到北京，让更多的人看到。老约翰说："东磐，只要你需要，你尽可以拿过去用。"

于是便有了 6 月的这次展览。

遥远东方

"史迪威家族保存的当年的这些老照片，让我们深刻体会到史迪威跟中国的渊源有多深。他并不仅仅是在中国当过武官，而是与中国几乎有着血肉相连的联系。"章东磐说。"我的外祖父和外祖母保存了这么多的资料，让我也很惊讶。我的外祖父是名职业军人，需要经常换地方，所以保存这些资料不太容易，但是他们的确留了这么多东西，现在想起来也真是很神奇的一件事。"约翰·伊斯特布鲁克说。

虽然史迪威更被国人所知的是他在抗战时期的经历，但是很少有人知道，他与中国的缘分最早始于 1911 年。这年 11 月，正在菲律宾服役的美国陆军中尉史迪威，请假来到中国。出生于佛罗里达的史迪威，他童年的大部分岁月是在纽约州的扬克斯度过的。史迪威家族本来世代经商，他父亲为了让这个精力旺盛的孩子安定下来，告诉他哈得逊河上有所好学校，在那里他能打他最热爱的网球，于是淘气的史迪威 1900 年被"诱骗"考上了西点军校。1904 年从西点军校毕业后，他选择了去当时美国军队唯一真正投入战斗的菲律宾服役，一年后回到西点军校现代语系任教官。

第一次踏上中国土地的史迪威只有28岁。彼时，这个古老的国家推翻帝制、建立共和才仅仅6个星期。史迪威在上海登岸，而后去了香港，再溯江而上到了广州和梧州。第一次中国之行他停留了17天。很显然他对中国最初的印象并不好，他在笔记里评论的主要是贫困、肮脏、恶臭、杀戮、死亡等等。史迪威在给他妻子的信中写道：他不会赞成她来中国——连他自己也没有预料到，后来他会4次返回中国，并在未来与这个国家发生如此深刻的联系。

第一次世界大战期间，精通法语的史迪威被美国陆军派往法国任情报官。“这份工作并不能满足他寻求惊险和刺激的愿望。”约翰·伊斯特布鲁克深深了解外祖父的性格。在史迪威从法国回到美国的10天后，他去华盛顿拜访在陆军部人事局工作的一位老同学，他直截了当地要求：“把我派到尽可能远的地方去怎么样？”对方告诉他，陆军正在物色去日本和中国学习语言的军官。精通几门语言、又做过情报工作的史迪威当然是很好的人选。此时去日本的名额已经满了，他从而成为美国陆军的首名中文学生。

1919年8月6日，史迪威带着家人前往加州伯克利的加里福尼亚大学开始一年的汉语课程。一年后，史迪威带着妻子温妮和三个孩子乘上了前往中国的船。一个多月的旅行后终于到达北京。他们在北总布胡同3号找到了一座四合院，作为他们在北京的第一个家。院子里有四间卧室，此外还有餐厅、起居室、书房和一间办公室，当时租这样一套房子，每月需要15美元。

初到北京，史迪威的主要日程是去东四头条的华北协和华语学校（North China Union Language School）学汉语。创办于1910年的“华北协和华语学校”，由在北京的传教机构联合创办，华语学校从初创到发展，共培养学生近2500人。从这所学校走出的名人，除了史迪威之外，还有著名中国问题研究专家费正清，外交家包瑞德、戴维斯、谢伟思、恒安石等“中国通”。学校后来还聘请了不少中国老师，许多大名鼎鼎的中国学者如梁启超、王国维、冯友兰、胡适、林语堂、徐志摩、赵元任、周作人、老舍、黄侃、顾颉刚等都曾在此授过课。

那位踌躇满志的年轻军官非常用功，除了上午在学校上课，他又请了一位家庭教师来辅导他。这位家庭教师姓管，史迪威夫人回忆录里也时常出现这位“管先生”。

管先生曾是紫禁城里的骑兵卫士，但实际上是学者和三品官。清朝被推翻后，他能找到的唯一的工作就是在语言学校当低薪教员。这位没落贵族在史迪威家里住下，除了教史迪威外，也成了几个孩子的家庭汉语老师。管先生多次出现在史迪威的家庭照片中，他后来与史迪威一家结下深厚情谊，史迪威的几个孩子把他看成中国祖父。

约翰说，正是管先生为这位年轻的美国军官取了一个日后在中国抗战史上必然要被提及的中文名字——史迪威。史迪威是一位勤奋并有语言天赋的学生，他后来出色地掌握了标准北京话发音。李宗仁在其回忆录里曾这样写道：“史君能操华语，和我谈话不用通译，人均称其为‘中国通’，渠也颇引以为荣。”约翰说，史迪威和蒋介石单独见面时，就用中文侃侃而谈，有其他中国人在场时，为了顾及蒋介石的面子，史迪威则用翻译。

史迪威开始了他在这个古老城市的新生活。课余时间他喜欢逛市场，他在中国购买的第一件纪念品是牙雕，此外他还开始收集镶嵌扇柄。生性幽默的史迪威还饶有兴致地写了一段课后归家路上非常有趣的经历：“载着我的黄包车师傅正准备拐弯，一辆载有 10 只猪的车也准备拐弯，本来空间足够容许两辆车同时拐，但车上的一只猪突然掉下来，直端端地挡在黄包车面前，就像‘卢西塔尼亚号’被鱼雷击中那样，黄包车师傅和我都被掀翻在地。我正准备站起身把车掀起来，那些猪就开始叫起来。我的黄包车师傅还没来得及喘口气，差不多有 200 个围观的中国人都听见拉猪的师傅嚷道一个愚蠢的外国人如何撞到了一只猪，我能回击的中文只有一句‘你这个笨蛋’，而拉猪的师傅却像连珠炮一样连个停顿都没有。”

史迪威一家开始逐渐建立他们在北京的社交圈。在美国公使团举办的聚会上，史迪威夫妇遇见了几位满族贵族女子，其中一位就是曾在慈禧身边、受她喜爱的容龄公主。这位曾经跟随邓肯学习现代舞的容龄公主一定让史迪威夫人温妮充满好奇，以至于她在回忆录里还津津乐道地写下了容龄公主的经历："因为其父是中国驻法国大使，所以她和姐姐（德龄）年轻时住在法国。在慈禧太后的要求下，父母把姐妹俩带回北京变成宫廷女子，这被他们视为无上的荣耀。在《慈禧太后传》一书中，还有一幅她们姐妹俩穿着宫廷长袍站在慈禧身边的合照。"

1921 年 2 月，史迪威的第四个孩子艾莉森（Alison）在协和医院出生。"有趣的是，当时协和医院刚刚修葺完毕，而这个金发碧眼的小婴儿是出生在那所新建大楼里的第一个人类婴儿；这个建筑里首次接生的是一只骆驼，它的妈妈是个血清捐献者。"约翰笑着介绍这段鲜为人知的历史。史迪威给这个女儿也取了中文名字，叫"史文森"。

史迪威对中国有了某种奇妙的感情依附。到北京还不满一个月时，美国陆军部对他进行了问卷调查，问他最喜欢的任职是什么。史迪威对包括"西点军校"在内的其他选择都写了"否"，他的选择只有一项："武官，中国。"

山西筑路

斯坦福胡佛研究所（Hoover Institute）面积并不大，但却吸引了许多研究中国历史的学者。这里保存的档案"名气"最大的固然属蒋介石日记，但是同样保存在此的史迪威档案，对历史学者们来说其历史价值也不容小觑。"外祖父去世后，外祖母把他的资料大多捐给胡佛研究所，因为他们在保存档案上做得非常好。但是属于他的个人物品并没有捐，比如他写给妻子的信，我们都私人保存着。母亲去世后，现在由我继续保管。"

我在胡佛研究所请工作人员帮助调史迪威档案，在其中一个文件夹里发现了他当年的一个工作手册，里面有史迪威用铅笔画的关于桥梁、道路的很多草图，旁边还有他用中文写的地名。这实际上是史迪威不甚为公众所知的在山西修路的一段经历。

1921 年 4 月，史迪威接到一项特殊任务：美国红十字会把他从陆军“借”出来，负责修建山西的一条公路。1920 年山西遭受了严重饥荒，红十字会想要从汾州府（现汾阳）到黄河建造公路以改善赈灾物资的调配。尽管史迪威的工程阅历只限于近 20 年前在西点军校上的工程学课，但他还是被美国红十字会选中，担任负责山西省修建公路计划的总工程师。史迪威以他一贯的幽默和轻松，安抚了不会说中文、独自带四个孩子的夫人，接受了这项任务。在他看来，这是他学习语言的最好机会。

计划中的这条公路全长 82 英里（131 公里），起点是汾阳，终点是黄河畔的军渡。史迪威得到的指示是修一条 22 英尺宽的石子路，坡度不得超过 6 度，8 月 1 日完工。史迪威带着一些助手去了山西。修筑公路的地区到处山峦起伏，间有一些盛产农作物的河谷，史迪威写道，到处可以看到中国农民“赶着慢吞吞的老牛，拉着公元前的犁”在山坡上耕地。那些山坡十分陡峭，“单单每天爬到田里的艰难路程就会使一个白种人望而生畏”。

史迪威家族的私人相册里有很多他在野外工作的照片，虽然现在已无法查明这些照片拍摄的准确日期及地点，但无论是约翰还是章东磐，都确认这些黑白照片拍摄于他在山西修路时期。

史迪威每天骑马或步行到工地，每天晚上睡在不同的地方——有时为了躲避臭虫和虱子，他不得不睡在户外。他要指挥多至 1.2 万名工人，那段时间，他每天都待在工地现场，跟中国官员、村长、承包商、工头以及劳工一道工作，按照中国的方式吃住，每天步行或骑马督工。正是这段经历，让他对中国老百姓的忍受能力、乐天知命的性格有了深刻体会。史迪威后来写道，他“一再遇到能懂玩笑的人，即使玩笑的目标是他自己，他也跟旁观者一样开怀大笑”。他因此对这个民族产生了好感。“虽然史迪威第一次访问中国是 1911 年，1920 年他来北京学习语言，但是他真正深入接触中国老百姓，还是在他 1921 年在山西担任总工程师的经历。”约翰·伊斯特布鲁克说。

这年 6 月，史迪威特地回了趟北京，接一家人到山西去住。一路也遭遇各种状况，温妮回忆：“当我们到石家庄的时候，一个家仆因为携带‘机枪’被捕——但那其实只是在路上用的三脚架子而已，乔(史迪威)大声斥责士兵竟然分不清什么是机枪什么是三脚架，最终家仆被释放。”到了晋中，温妮终于看到了为他们一家人准备的传说中的“福特”汽车，不过是四个轮子加一个福特引擎，剩下的几乎就是木头盒子里几个狭窄的座位而已。“路很窄，还有很多很深的车辙，非常颠簸，每当车陷入沟渠，我们就只得下来走，而工人们一边推车一边大笑，比我们乐观多了。”让温妮印象深刻的，还有生活在乡村的底层人民的诚实和友善。“当他们帮着推车后，乔（史迪威）都会拿出铜板给他们，但他们总是不愿意要。”

史迪威一家在山西临时的家在一个叫玉道河（音）的小村，一个磨房被粉刷一新，当成住处。安顿好家人，史迪威又开始在工地忙碌。因为终日在阳光下暴晒，他“看起来像个印度人”。温妮有一次带着孩子们去看史迪威主持修建的路。“经过一个村庄时，很多村民看见我的大脚，感到很惊奇，连连招呼其他人来‘看看’。”工程完结后，一家人并没有立马回到北京，他们一齐在磨坊里待了将近一个月。好学的史迪威派人从北京把管先生请过来，以便继续学习中文。闲暇时间还给《亚洲杂志》撰写了一篇关于“中国公路修建”的论文，为此还得到了 100 美元的稿费。

汾阳至军渡的公路开通后，1921 年 11 月 2 日，山西省在汾阳县城举行了盛大的“汾军公路落成开车纪念会”。据当时山西的《来复报》报道，阎锡山特派代表崔文徵和南佩兰带着他的“手谕”偕同路工总局局长赵友琴、山西大学堂校长王猷臣以及工程师数名，并邀请中外来宾多人，分乘5辆车，专程从省城赴汾阳参加大会。史迪威也带着一批记者和赈济委员会成员参加了这个仪式。11年以后，史迪威的朋友、参加过通车仪式的国际新闻社记者约翰·戈特寄给他一张剪报，是《字林西报》登载的有关中国人历来不会保养公路的消息。这篇报道提到了史迪威修的从汾阳到黄河畔的公路，由于无人保养，“实际上已经不复存在了”。

“基督将军”

约翰·伊斯特布鲁克家里还有一个特别的文物——一块来自中国的毛毯，这也是当年他的母亲南希从史迪威那里继承来的。在约翰的家里，他兴致勃勃地讲起这块近100岁的毛毯的特殊身世。

为山西修建完公路的史迪威引起了山西邻省一位权势人物的注意，他就是正在陕西经营自己地盘的“基督将军”冯玉祥。冯玉祥很想发展陕西以壮大实力，但陕西没有铁路，只有一条从黄河边上的潼关通往省会西安、全长100多公里的“公路”——这条公路不过是一条没有经过任何测量，用铁锹铲出来的小道。冯玉祥于是也想请史迪威担任总工程师，修一条从潼关到西安的名副其实的公路。

从不惧怕挑战的史迪威决定接受这个任务。为了不落下中文课，这一次他又带了管先生一起上路。尽管史迪威做好了思想准备，但一路上所经历的还是让他有些意外：他乘火车到了河南，距陕西边界还有大约100英里的时候，再往前就没有铁路了。这段路程靠的是一个由50辆骡车组成的车队。除了这些大车，他们的队伍里还有骆驼、其他驮畜、独轮手推车、徒步走的人和护送他们穿过土匪区的20名军人。“我们在满天尘土的情况下，在各种吆喝声配合成的大合唱和劈劈啪啪的鞭子声中出发了……”

舟车劳顿4天后他们到了陕西边界，又花了4天时间才到达西安。

史迪威一到达西安，便感觉到冯玉祥的军队与众不同：军队在街上行进时唱着圣歌，士兵们每顿饭前都要齐唱赞美词，以证明自己是基督徒。41岁的冯玉祥在司令部里接见了史迪威。“我外祖父很快就发现，冯的兴趣似乎并不在修路上，他更想讨论军事上的事情，比如怎么训练士兵、怎么用坦克和大炮等等。”约翰说。冯玉祥还请史迪威参观了他的兵营、工场和武器库。

第二天，冯玉祥的参谋长来问了“有关飞机、坦克、枪榴弹等许多问题”；然后冯玉祥本人又一次来与他就各种武器交谈了一个小时，史迪威后来在日记里写道：“他们对这些新发明的用途一无所知，竟然谈到了用坦克保卫桥梁。”

史迪威在陕西一共待了6周。冯玉祥对这位美国人也极尽礼遇，可是筑路一事始终进展不大。虽然有800名劳工投入修路工作，但是他们拿着“唐朝的镐头”、木锹和极少的几只土筐，工程进展极为缓慢。就在史迪威渐渐觉得修路工作有所起色时，军阀们的战火又重新燃烧起来。

1922年，第一次直奉战争爆发。吴佩孚向冯玉祥求援联手对抗张作霖。冯玉祥于是调西北军出潼关占领河南，以策应吴佩孚。他的部队一队队地向东开去，史迪威手下的大车被征用，工头们也消失得无影无踪。即使冯玉祥仍想挽留史迪威，但史迪威还是决定在铁路被封锁前尽快离开，不过他还是晚了一步，“甚至要找一辆手推车都很困难，因为每个可用的工具都被冯的手下征用了”。史迪威与家里的赵姓男仆，带着已经无法走路的管先生，按原路向北京的方向走。

艰难地步行了几英里后，史迪威一行人在运城的一家小旅馆落脚。这时，一名被冯玉祥派来的通信员骑着自行车风尘仆仆地找到他们。他浑身是土，肩上扛着一块8英尺长、6英尺宽的毛毯，送到后就累得倒在地上起不来了。原来这是冯玉祥送给他的分别礼物。这块漂亮的毛毯后来成了史迪威家里很值钱的一件宝贝。“后来我的妈妈继承了这块毯子，妈妈去世后，这件礼物就一直保存在我这里。”约翰说。

他们走了18天，终于到了省会太原，坐上了回北京的火车。路上，史迪威看到张作霖的运兵列车从满洲南下，与吴佩孚、冯玉祥的部队交战；史迪威在路上得知战火已经逼近北京的消息，焦急万分。而就在他回家的前一天，史迪威夫人已被这场混战惊出一身冷汗。她后来在回忆录里写道："两个敌对军队——吴佩孚和张作霖都尝试从离我家很近的东便门进入北京，吴佩孚的士兵守着城门，他们向城门下运着张作霖军队的列车开火，而后者也予以还击。一场枪林弹雨就这样在我家附近上演。所有人都惊吓过度，我一把揪住孩子们，把他们塞到厚实的餐桌下，把阿妈也塞进去照顾他们。我冲出去跑到最近的电话亭给使团打电话，工作人员当然知道发生的一切，但他们能做的也只是让我尽快回家。"过了一会儿，激烈的射击停止了，温妮到处查看有没有人受伤，幸好没有。小乔在影壁墙上找到了一颗子弹，权当这场"战争"的纪念。

第二天背着毛毯回家的史迪威错过了这场好戏。他也没有想到，冯玉祥与吴佩孚这对盟友两年后又兵戈相见，而冯玉祥则一举带兵进入北京，赶走溥仪，一时成为风云人物。史迪威在后来的中国岁月里时常与冯玉祥见面，倒也成了这位"倒戈将军"政治浮沉的一位见证者。1946年10月，史迪威在加州卡梅尔的家中去世。几天后，一些不速之客找到了他在卡梅尔的家。史迪威夫人在楼上，有人向她通报说有位叫"基督"的客人来访。疑惑的史迪威夫人下了楼，惊讶地看到冯玉祥高大的身躯。冯玉祥说："我是来向你表示我对我的老朋友史迪威的哀悼。"抗战胜利后，冯玉祥以水利考察专使名义访问美国，其时，正暂居加州伯克利。由此可见，这位"基督将军"也是位有情有义之士。两年后，冯玉祥搭乘的轮船在归国途中驶经黑海时失火，他不幸遇难。

"回家"

从山西回来后的史迪威一家，又在大方家胡同找到了新的住处。房里有两个院子，还有大花园，一间很大的客厅，一间很大的餐厅。从这一时期拍下来的照片看，孩子们明显长大了，做父亲的义务和乐趣也在增加。史迪威时常带孩子们去西山郊游，到十三陵远足，参观古城墙上的观象台，编写带有图示的动物寓言诗，指导孩子们玩自己想出来的游戏。

史迪威夫人温妮在她的回忆录里详细写着每一个让她感到新奇与特别的细节。这期间他们还经历了一件非常特殊的事情——溥仪婚礼。

1922 年 12 月 1 日，17 岁的溥仪在紫禁城举行大婚典礼，迎娶婉容。虽然溥仪已经退位，但是当时的执政者黎元洪还是给了这位末代皇帝的婚礼以相当优厚的礼遇。婚礼全部仪程共 5 天。几天中，前往溥仪处祝贺婚礼的新官、旧僚众多，与紫禁城久违的外国公使，这次也以私人身份前来祝贺、观礼，乾清宫还特地安排了一个招待酒会作为答谢。史迪威夫人在其回忆录里，对来自权高位重的贵族、将成为皇后的新娘“伊丽莎白”（婉容的英文名字）评价颇高，说她“美丽、非常有魅力并且极度聪颖”，“具备一切成为皇后所需要的特质”。

12 月 1 日为迎皇后婉容入宫行大礼之正日。清宫钦天监为宣统皇帝大婚选定的奉迎礼定在寅时（3 至 5 时），则迎娶过程只能安排在深夜了。这可让史迪威一家吃了不少苦头。“据说，紫禁城的迎亲队伍只能在早晨出发，所以在凌晨 4 点，我们就穿着最保暖的衣服和带皮毛的靴子，裹着毯子坐在黄包车上出发了。”

从铺在路面上的黄沙，到豪华富丽的长袍和蔚为奇观的队列，现场盛大的场面和华丽的服饰给温妮留下了极深刻的印象，虽然“我们直到 6 点才到家，全身几乎都冻僵了”，但他们还是很庆幸自己能参加这场盛会。1923 年，史迪威的第二次中国行在他过了 40 岁生日几个月之后结束。

1926 年，“想离开美国的欲望再度发作”的史迪威，成功申请到去法国参谋学院工作的机会。可就在这时，他偶然得知美国陆军准备向天津派驻人员，他立即放弃去法国的机会转而申请去天津。这年 8 月，史迪威一家再度乘坐陆军运输船前往中国。温妮写道：“我们都有一种即将回家的心情。”

史迪威在驻津美军第十五步兵团中担任营长。史迪威本来指定要找一套中国式住房，但发现他只能找到洋房，这让他很反感。他只好住进英租界马场道 242 号院内一座有笨重家具的“讨厌的三层楼房”。他的第五个孩子本杰明就是在天津出生的。

值得一提的是，史迪威在天津与他的老相识——马歇尔（George Marshall）再度相遇。第一次世界大战期间，马歇尔任欧洲美国远征军第一集团军助理参谋长，史迪威便是他手下的第四军首席情报官；1924 年，马歇尔来到了天津，任驻津美军第十五步兵团副团长，随行的还有他的夫人莉莉和岳母。史迪威与马歇尔在天津相处了 8 个月，马歇尔后来对史迪威的前途也有莫大影响。

尽管史迪威似乎并不是很喜欢天津，但是他性格中的勇敢、刚毅在天津时期又表现无遗。1927 年 6 月，美国驻北京公使团请第十五步兵团派遣一名军官，去前方了解军事冲突的准确情报，被公认为了解中国、精通汉语、并有坚韧精神的史迪威受命前往。他冒着极大风险前往南北军事冲突的最前线，得到了第一手情报，受到高度赞扬。史迪威被认为是第十五步兵团的中国问题专家，每个月要介绍一次中国形势。

与他们如同亲人一般的管先生又被带到了天津。史迪威的家庭相册里有很多管先生的照片，从照片上看，这位留着长长白胡子的老先生总是一身青色长袍。温妮回忆：“他总是一只手捣鼓着两个核桃，以防止手指僵硬不能书写。”家庭相册里最后一张与管先生有关的照片，是他的墓碑。史迪威还留下了一张墓地的地图。1930 年，管先生去世。史迪威拍下了孩子们在管先生墓地前悼念的照片。墓碑上的文字告诉我们，这位陪伴史迪威一家多年的管先生，叫管文纯。

1935 年的某一天，正准备入睡的温妮接到了丈夫的电话，史迪威告诉妻子：他刚刚被任命为驻中国武官，他们将第四次前往中国。当时，他们在卡梅尔海边的新家刚建好不久，史迪威很担心家人不愿意离开这幢漂亮的房子。没想到妻子听后兴奋得尖叫起来，把孩子们都吵醒了。

孩子们也兴奋得无法入睡，大家讨论“再次看到北京的喜悦”，“因为我们知道我们将生活在那个奇妙的北京城”。

第四次中国之行的家，安在喜鹊胡同4号。史迪威夫妇把前两次住在北京时的佣人多数又都请了回来。史迪威一家又继续一度中断的友谊，友人中包括容龄公主和北京大学校长蒋梦麟，史迪威从容龄公主那里收藏到一件西太后穿过的华丽长袍。他继续收藏象牙、宫廷长袍、鼻烟壶和瓷器等等。约翰说，史迪威去世后，家人把约20件19世纪晚期和20世纪初期皇帝和高官穿的精致长袍馈赠给蒙特雷历史与艺术博物馆，而一大批象牙雕刻扇柄则赠送给了蒙特雷美术博物馆。

从1935年到1939年夏回到美国，史迪威第四次中国之行的主要任务是搜集日本情报。他出差各地了解情况，曾经在日记里写下他对目睹到的日军暴行的愤慨。“我喷吐的怒液足以浮起一艘战舰。”他对日本军事、中国官员和中国领导人形成成熟看法，并巩固了他对中国士兵的高度评价。

“史迪威喜欢冒险，总想去没有去过的地方走走看看。他在中国20–30年代三段工作总共10年时间里，只要条件允许他就会到各地旅行，从东三省到云南，从蒙古、泰国到韩国、日本。在旅行中他始终和普通中国人打交道，从高级官员到布衣百姓。旅途中和中国老百姓完全一样的吃、住、行让他越来越深入地了解中国老百姓的生活习惯、个性等。更重要的是，后来的战争岁月里，这让他更清楚地看到并且珍视中国军人身上这些代代相传的品质。”同为西点军校毕业的约翰·伊斯特布鲁克这样评价他的外祖父史迪威。

1942年初，历史的使命让史迪威第五次返回中国。对中国这块古老而苦难深重的土地积蓄的感情，终于有了一个出口。而他这两年的经历，也为后人留下不尽的话题。1946年，史迪威在加州卡梅尔家中去世。

而对史迪威家族的其他成员来说，他们对北京生活的最后记忆，便停留在喜鹊胡同的那个老院子里。约翰的家里挂着好几幅有浓郁中国特色的画作，画上一角是用毛笔工工整整写的名字“史文森”——她便是当年在协和医院出生的第一个婴儿、史迪威的三女儿艾莉森。约翰说，史文森从小拜中国画家为师，曾经跟溥心畬学山水人物，跟于非闇学花鸟虫鱼。18 岁时，她还在北京美术学院举办过一次画展。

史文森留下的画作中，有一幅就是画喜鹊胡同的：胡同里，一个扎着冲天小辫的男孩在抖空竹，另一个戴瓜皮帽的男孩正趴在地上玩石子。石阶上，一个短发女孩搂着妹妹，微笑着观看男孩子们的游戏；甚至连老乞丐的脸上也都露出笑容，他敞着怀在晒太阳，身旁一只猫正偷吃破锅里的残羹冷饭……2011 年，约翰访问北京时，把史文森画的这幅喜鹊胡同的水彩画，赠送给了中国国际友人研究会。

1980 年，约翰·伊斯特布鲁克曾在北京朋友吴国声的陪同下，找到了喜鹊胡同 4 号。“可不幸的是，当时它已经被规划要拆迁，几年后我再去，它果然已经荡然无存。”约翰有些黯然。约翰后来也曾尝试着去天津找外祖父一家生活过的马场道 242 号，发现它在几年前刚刚被拆掉；而对北总布胡同 3 号院和大方家胡同 23 号的追寻同样也是一个令他失望的结果。幸好还有那些在大洋彼岸被精心保存的黑白照片，它们不仅仅是属于史迪威家族的中国记忆。

补记：

在史迪威本人以及他夫人留下的关于他们早期中国生活的回忆中，有不少关于这位中国家庭教师的片段。约翰·伊斯特布鲁克在采访中，也数次提到这位来自宫里的老先生，不过在他们的英文记述里，他们一直称他为“Kuan”先生。2013 年 3 月，我去约翰·伊斯特布鲁克位于圣荷塞的家中采访时，看到了保留于他家中的史迪威家族的大量老照片。其中一张是他们为老先生安葬，我在墓碑上发现了 Kuan 实为“管”先生。

这篇文章发表于《三联生活周刊》2013 年的第 28 期。8 月，我接到一位陌生女子打来的电话。她自我介绍叫管锐，管先生是她的爷爷。管锐 1949 年 12 月 14 日出生在北京，父亲生前在北京市高级人民法院工作，而她从未见过爷爷。“记得在我懂事的时候，我们的家无论搬到哪里，爸妈总是把爷爷管文纯和一个外国小孩的照片挂在墙上，我曾好奇地问爸妈，这个老头和这小孩儿是谁，他们告诉我这是你的爷爷，这个小孩是史迪威的儿子，我问史迪威是谁，他们说是打日本鬼子的；再多问一句他们也不想往下说了……我曾记得家里人说过，1972 年尼克松访华时，随团的人员当中有人来过家里打听我的爷爷和他的后人，因那时还是‘文革’后期，家人怕再受牵连，所以我的二大伯给挡了回去。”管锐说，若干年后，管家想再打听此事，但毫无头绪。直到有朋友偶然看到我的文章，转告于她。她辗转数人，终于联系到了我。

2014 年 8 月，约翰·伊斯特布鲁克应邀来华参加《美国国家档案馆藏、二战中美友好合作影像展》，管锐与约翰在军事博物馆第一次见面。中央电视台国际台的编导从约翰那里听说了这段轶事之后，又特地采访了约翰和管锐。采访时，我充当了临时翻译。约翰告诉管锐，管先生是他们家的中国爷爷，他的母亲南希能讲一口流利的北京话，都是因为这位中国爷爷；他还说，如果两个人的爷爷在天上得知第三代在今天的会面，一定会非常开心。说到这儿的时候，两个人的眼中都有泪光闪动。

“我知道中国人民从来没有忘记史迪威”

——专访史迪威将军之外孙约翰·伊斯特布鲁克

采访时间：2009年

史迪威第一次踏上中国的土地，正逢1911年辛亥革命。这个戏剧化的开场似乎也预示了他和古老东方一段不同寻常的牵系。一直到1944年带着壮志未酬的遗憾黯然离开，史迪威在中国的经历，恰恰是近代中国风云多变、波折起伏大历史的一个注脚。

约翰·伊斯特布鲁克（John Esterbrook）的母亲南希是史迪威的长女，受这位在北京古老的四合院里长大、会说一口标准北京话的母亲的影响，约翰·伊斯特布鲁克成了史迪威家族与中国之间密切的联系人。2009年5月，来中国访问的约翰·伊斯特布鲁克在新侨饭店接受了本刊记者的专访。而接受专访时，他美丽的女儿一直静静地坐在后面，听父亲讲史迪威家族与中国那些说不尽的故事——约翰·伊斯特布鲁克为自己的女儿取名南希，很显然，他希望自己的女儿能将这份中国之缘继续下去。

中国缘

问：很多中国人都对您的外祖父史迪威将军怀有一种特别的尊敬和感情，史迪威将军当年为什么会对中国产生兴趣？

伊斯特布鲁克：我外祖父是个富于冒险精神的人，他总是寻找一些新鲜事物来观察和实践。在他 1904 年和 1911 年驻军菲律宾期间，1911 年他首次到过中国后，就对中国产生了兴趣。那次中国之旅，他待了 17 天，到了上海和广州，并沿江而上去了梧州。那时候辛亥革命正在进行，他记录了人们生活的差异以及当时老百姓在面对战乱和屠杀时的状况。

20 世纪 20 和 30 年代，在家人的陪同下，他因公来过中国三次，这使他对中国的兴趣更浓，对中国人民的尊重和钦佩也随之增加。他曾经写道：中国人是“非常伟大的，而且正直、勤劳、开朗、友好、懂礼貌”，很自然，他的这些观点也为家人所认同。

问：史迪威将军这段中国之缘，对整个家族后来有什么影响？

伊斯特布鲁克：我的妈妈南希童年的很长一段时间都是在北京度过的，她会说一口流利的带有纯正京腔的普通话。我还记得妈妈经常向我回忆她在中国的一些经历。当然从 1944 年到 20 世纪 70 年代末没有家人能来中国，所以中国对我来说，又变成一个非常遥远而陌生的国家。但是，妈妈一有机会就返回中国，并重新开始了她与中国人民的联系。

多少年来，外祖父和妈妈对中国人民的热情也感染了我们这一代。1979 年，我的父母一起访问了中国。因为我父亲 1943 年 5 月也到缅甸参加过战斗，那时他就对西藏产生了浓厚的兴趣，一直期望有机会去那里看一下，所以第二年，我和我父亲一起去了西藏。

这是我第一次到中国，我很快就了解为什么我的外祖父和我妈妈对中国那么有感情。当我们亲身经历中国人民的热情，对这个民族、这种文化和这个国家的尊重、钦佩和热情就油然而生。从我个人角度，我也很自豪我可以将我外祖父和中国人民之间的友谊延续下去。最近几次到中国来，我都带着我女儿，我希望把史迪威家族的第四代介绍给中国，这也是我为什么给女儿也起名南希的原因。

问：我知道您退休后，帮助一些中国学者在做相关历史的研究工作，能否简单介绍一二？

伊斯特布鲁克：我在军中服役 22 年，退休后我花了很多时间来研究中国抗日战争史，也会帮助一些中国研究者。我认为最成功的一个例子是，在腾冲的国殇园里，有一块美国阵亡将士的墓碑，但上面只有一位阵亡的美国士兵的名字，一些研究者希望知道其他的阵亡者。他们找到我后，我在胡佛研究所和美国国防部查了很多资料，查出来全部 18 位阵亡的美国将士名单。不仅如此，我们还找到了其中一位上校的女儿，她们后来还到云南来看自己父亲牺牲的地方。中国方面拍了一部很感人的纪录片（注：指纪录片《寻找麦姆瑞上校》），我希望在不远的将来，美国电视台也能播放它，因为美国人需要了解这段历史。

“醋乔”

问：史迪威在年轻时就有“醋乔”（Vinegar Joe）之称，这是否恰如其分地形容了他的性格？

伊斯特布鲁克：他早在 20 世纪 30 年代就有了这个外号。那时候他是本宁堡步兵学校战术系主任，要在观摩实战演习中尽可能地发现问题。有一天，他观摩一场侦察演习，演习要求那些年轻的军官越过前线去侦察敌军位置，有个年轻军官没有好好去观察，汇报时很显然在虚张声势。在真正的战斗中，这样的虚假汇报必然会枉送很多士兵的性命，外祖父因此很严厉地训斥了这个军官。

第二天早上，公告栏贴出了一张讽刺漫画：一个醋瓶子当中“升”起一个史迪威，意思是说他批评人太尖酸。史迪威本人却非常喜欢这幅画，所以经得漫画作者的允许后，他复印了此画并寄给他的朋友们。自那之后，他就有了“醋乔”的绰号。

史迪威日记在1948年出版的时候——其实当初他写日记绝不是想为世人所阅，而只是当作缓解他往日挫折记忆的一种方式，其中的一些语言好像更加强化了他的这个性格。

他确实对那些缺乏工作能力的、弄虚作假的、消极懈怠的、不全力以赴的人没有好感，而且遇到这样的人，他说话可能会刻薄一些。但我想说的是，外祖父无论在家庭还是工作中都是一个与众不同的人。在抗日战争期间，他给家里的信总是流露出他有朝一日退休后将全力照顾家人和后园的愿望。他就是这样一个直率、绝对正直、有创新精神的人，有着广泛兴趣爱好，他总是能竭尽全力地去完成他所承担的任务和使命。

问：有一些人对史迪威有诸如“傲慢”、“武断”的评价，在您眼里，外祖父是什么性格？

伊斯特布鲁克：我们不要忘了，他是一个指挥官，指挥官就要有指挥官的样子，这完全体现在他们给出命令的语气中。一个人的责任越大，留给他去处理每件事情的时间就越少。当这些事情又涉及一些缺乏工作能力、工作懈怠或者弄虚作假的人员时，一个指挥官就不可能给予这件事情太多时间，只能当机立断。

问：您同外祖父一样，也毕业于西点军校，作为一名军人，您对史迪威有什么评价？

伊斯特布鲁克：给我印象比较深的是他的领导风格，就是他很重视普通士兵。我的外祖父是位很谦逊的人，他很少把他获得的那些荣誉勋章戴在身上。在他眼里最好的奖励是作战步兵勋章（Combat Infantryman Badge），这是一种极普通的奖章，但只有在第一线战斗的步兵才能获得。但在当时，这个勋章只能颁给下级士兵。军方得知外祖父很尊重这枚勋章，在他临死前一天，破例为他颁发了一枚，可是那时候，外祖父已经没有意识了。

史迪威与抗战

问：我知道您最近几年花了大量时间在研究史迪威将军，您怎么看待他和蒋介石之间的矛盾？

伊斯特布鲁克：我在看那些史料时，经常想：如果我是史迪威，我会怎么做。很显然，我不会像他那样对蒋介石有耐心。史迪威被派到中国的使命是“让中国在战时拖住日本”，为此，他需要强化中国军队。而蒋介石更希望由美国来打败日本，并且他囤积了借自美国的战略物资，寄希望于抗日战争后用这些物资来对付共产党。史迪威肯定不喜欢这样，这一点是他们俩在战略上的根本分歧所在。

在战略上，史迪威和陈纳德也有分歧。陈纳德认为，单凭空中力量就可以击败日本。蒋介石和罗斯福赞同陈纳德，是因为这是结束战争一种“便宜”的方式。而史迪威明白，空中力量只是帮助打败日本的一种工具，因而需要加强地面部队。史迪威还预测到，一旦空中力量阻止了日军，日军就会放弃空战而选择陆战。果不其然，在 1944 年就出现了这样的战况。

现在蒋介石的日记也向公众开放了。有趣的是，我们从中可以发现，蒋介石一直认为史迪威和美国想要从外部控制中国，而且认为史迪威是蓄谋反对他。这很显然是对美国战略意图的误解，但这也可能是蒋介石在中国特定历史条件下的必然想法。

你问的这个问题真的太复杂了，所以很难用简单的回答将他们的矛盾置于合适的背景之下然后完全理解它。比如毫无疑问，这种矛盾始自第一次缅甸战役，那时候史迪威本来有指挥中国军队的权力，但是实际上他根本没有，因为蒋介石总是秘密地从重庆直接发布命令给他的部下，而这些命令是在不了解战况的情况下发出的，所以总是与史迪威发布的命令相冲突。

问：史迪威将军离开中国后的情况如何？

伊斯特布鲁克：1944 年 10 月，罗斯福总统颁发了召回史迪威的命令，史迪威次年 1 月任国内陆军地面部队司令，6 月任驻冲绳美第十集团军司令，8 月在琉球群岛接受 10 多万日军投降。1946 年 3 月，史迪威在旧金山任第六军司令，直至逝世。

外祖父在公众面前比较严肃，但在家庭里完全相反。他退役后回到家，修理树木、收拾花园，像任何一个普通老百姓。他对我很好，对整个家庭都很好。

我的外祖父有 5 个孩子，在第二代中，他的长子毕业于西点军校；在第三代中，我和史迪威的孙子毕业于西点军校；在第四代中，又有两位出身西点军校——他们毕业于 2004 年，正好是史迪威毕业的 100 年。

问：那么美国人如何看待那段历史？

伊斯特布鲁克：相对于中国和缅甸战场，美国人更了解欧洲和太平洋战场。因为在丘吉尔和罗斯福看来，欧洲是第一重要，太平洋战场第二重要，中国和缅甸是第三位的。所以对在缅甸的美国人来说，当时的情形也是非常困难，因为没有足够的后援部队，在补给上也是第三位的。

中国人比较熟悉的是美国的“飞虎队”，但严格地说，“飞虎队”是在美国正式宣战前来中国参加抗战的，所以他们当时是志愿者的身份。1942 年 6 月以后，飞虎队一部分与其他组织合并，一些成员回了美国。我要说的是，他们仅仅是一个组成部分，还有其他很多的美国组织在帮助中国抗战。比如大量的美国士兵参与修建中缅之间的利多公路，在缅北作战的中国军队里都有美军顾问，还有密支那战役中的“梅丽尔掠夺者”突击队（Merrill’s Marauders）……很多美国组织都为中国抗战做出了贡献。这一次，我专门去了云南腾冲的国殇园，找到在腾冲阵亡的美国士兵，给他们应有的荣誉，是很令人心绪难平的事。因为很多年来，美国人如何帮助中国人抗战并不是很为中国人所知。现在人们开始了解美国人做了哪些贡献、国民党做了哪些贡献。了解这些历史很重要。

史迪威研究

问： 史迪威将军很早就去世了，您是怎么了解您外祖父的？

伊斯特布鲁克： 外祖父在我 5 岁那年就去世了，但我对他还有一些记忆。我记得他是一个很幽默的人，他爱我们，我们整个大家庭也非常爱他。

我记得在卡梅尔的家里，大人们在一起特别高兴地聊天，然后一个军官进来找他，他从二楼下到一楼时，并没有看那位军官，而是很严肃地对我这个小男孩说：如果我 5 分钟不回来，你就下楼冲那个人开枪！

母亲告诉我很多关于外祖父的事情。近些年，我更多地从书籍和出版物来了解他。史迪威日记早在 1948 年就出版了，还有一位叫芭芭拉•塔奇曼（Barbara Tuchman）写的《史迪威与美国在华经验》（Stilwell and the American Experience in China），或许是最好的研究史迪威的著作，这本书也有中文版。

问： 史迪威将军去世时留下大量珍贵的历史资料，比如图片或个人日记等，你们家族是如何处理的？

伊斯特布鲁克： 这些档案都捐给了斯坦福大学的胡佛研究所，所以我退休后的第一件事是到胡佛，什么材料都在我手边。看到这些材料，包括看他的日记，是一种非常奇特的经历。这些档案都被制成微缩胶片，上传到胡佛研究所的网站上，所有人都可以看到。

我母亲当年捐献了外祖父的一些档案，用于宋庆龄研究。宋氏三姐妹，不是有一种说法吗？蔼龄爱财，美龄爱权，庆龄爱中国。我想这也是我外祖父与宋庆龄关系很好的原因。她是一位非常好的人。当史迪威被召回国时，他特地到宋庆龄那里告别，宋庆龄哭了。她也知道，史迪威所做的一切都是为了中国好。他们此后再也没见过面。虽然我外祖父曾邀请过她访问美国，但这并没有实现。不过我妈妈和她的妹妹在 20 世纪 70 年代访问中国时，她们见过宋庆龄。

我知道中国经历了一些特别的岁月，很多人都没有了那个时期的照片，而外祖父那里有很多和中国军人在战场上的资料。我妈妈在外祖父的文件中发现了一张戴安澜将军的照片，1987 年，我妈妈遇见了戴安澜的女儿时，把照片交给了她。戴将军的女儿特别激动，因为她没有任何关于她父亲的照片。

几年前，我也把外祖父留下来的一些照片交给中国的一些研究者。其中有一张照片是外祖父和很多中国将领的合影，比如有杜聿明、郑洞国、黄维等。有意思的是，上面有一个小女孩，起初大家都不知道她是谁，也就是前一段时间才知道她是黄维的女儿，所以这次到中国来，我专程到北京和她见面。照片上的小女孩现在已经 70 多岁了，而她本人从来没见过这张照片，所以非常激动。他们全家来宴请我，这种感觉非常奇妙。

问：美国人通常是如何看待史迪威的?

伊斯特布鲁克：在美国认识他、尊敬他的人当然比在中国多很多。不过一些人很喜欢他，一些人认为他很坏——通常是支持蒋介石的人，认为他做得不好，所以在 1944 年将他从中国召回。我想国民党方面对史迪威也持有两种意见，绝大多数的国民党人非常支持蒋介石，所以他们不喜欢史迪威。而另一些人，比如孙立人，对我外祖父非常尊敬。

问：最近几年，我们看到不少史迪威家族成员和中国官方往来的消息，这种联系是如何开始的?

伊斯特布鲁克：2006 年，军委某领导去美国访问时特别提出，想见一下史迪威的后人。使馆于是尝试着寻找，他们打听了好多人，得知有位叫“伊斯特布鲁克”或“埃斯特布鲁克”的人——也就是我，所以他们几乎给所有叫这个姓的人打了电话。当他们最终找到我时——我相信他们一定已经打了不少电话了，他们说：“我们想找史迪威将军的后人。”我说：“你找到了一个。”我听到电话那头的女士跟别人喊：“我找到了一位！我找到了一位！”非常兴奋。但我没有去见这位领导，是我的表兄（注：即史迪威的长孙约瑟夫·史迪威三世）去的，因为我在加州，这位领导在华盛顿。

问：您怎么看待中国官员的这种举动？

伊斯特布鲁克：非常温暖，他愿意花时间专门接见我们，和我们谈话，这对我们是一种荣誉。我这次到中国来，还得到中国国防部长梁光烈的接见，他告诉我们中国人民对史迪威先生有多么钦佩和尊重。

我很高兴看到中国现在对待这些历史的态度。在2005年纪念抗战胜利大会时，胡锦涛主席还提到美国人对中国抗战做出了贡献。当时我们在武汉，导游是一位23岁的小伙子，我们问：你知道他说的美国人都有谁吗？他立即说："当然！史迪威将军！"我们每一次到中国来，从来不说我们是谁，但是知道我们身份的每一个人都会很自豪地向别人介绍："你们知道他是谁吗？"这是非常奇妙的感觉。我知道中国人民从来没有忘记史迪威。

魂归中国的司徒雷登

采访时间：2008 年

时任美国驻华大使的司徒雷登在使馆办公室

1962 年，86 岁的司徒雷登在华盛顿走完他人生最后的旅程。而早在 7 年之前他就留下遗嘱：要把自己的骨灰安葬在燕京大学（即后来的北京大学）妻子的墓地旁。在那篇传诵一时的《别了，司徒雷登》中，司徒雷登成了“美国侵略政策彻底失败的象征”，因而在其逝世后若干年里，他的助手兼挚友傅泾波虽用尽各种努力而无法实现其心愿。2008 年，在多方努力下，司徒雷登的骨灰安葬于杭州安贤园。就在外界对安葬作出种种政治解读时，替父亲傅泾波了却心愿的傅履仁却平静地说，其实，这不过是一个热爱中国的美国老人，终于完成他人生最后的一个愿望。

落土杭州

2008 年 11 月 17 日，杭州半山安贤园，身着深蓝西装的傅履仁一脸肃穆地凝视着他面前的墓碑，墓碑上的字很简单：“司徒雷登，1876 ~ 1962，燕京大学首任校长”。傅履仁说，“他的老朋友、也是我的父亲傅泾波尽他一生的努力没有成功，今天我们终于把这件大事完成，司徒雷登和我父亲也可以安息了”。

专程赶到杭州出席安葬仪式的美国驻华大使雷德，称司徒雷登是“杭州的儿子”：“中国是司徒先生热爱的国家，司徒先生也完成了他的旅程，

1946年，司徒雷登在杭州故居留影

因为他出生在杭州，今天他回到了这里。”雷德更多提到的是司徒雷登作为燕京大学校长这一教育家的身份，赞扬司徒雷登为当时的燕京大学，也为后来的北京大学打下的良好基础，最后意味深长地说：“如果司徒大使地下有知，他看到今天两国关系的发展和两国人民的友谊，我确信他会非常高兴的。”

雷德大使及美国驻上海总领事康碧翠（Beatrice Camp）女士的出席，引来了外界的关注。“其实我并不想把它变成一个大事件。”傅履仁在接受采访时很坦率地说。他也透露了许多不为外界所知的故事。

傅履仁说，当骨灰安葬之事终于落实后，他的初衷是想一个人把司徒雷登“安安静静地带过来”安葬。可是后来他发现，如何将骨灰带来，却是一个具体而棘手的问题。

司徒雷登去世后，其骨灰一直由傅泾波保存在华盛顿的家中，在傅履仁的记忆中，“放在家里供着”。骨灰盒外表是一个木制盒子，上面有一个铁把手，拎起来有35磅重（约16公斤）。军人出身的傅履仁知道，美国的航空安全管理非常严格，如果是他自己私人携带回中国，恐怕很难通过机场的安全检查。

傅履仁于是委托他的朋友、前任驻华大使芮效俭（Stapleton Roy）向TSA（美国运输安全管理局）咨询此事。TSA的答复是如果以私人身份运，恐怕会有很大麻烦。他们建议傅履仁将骨灰盒拿到殡仪馆，让他们帮忙把骨灰取出来。“我找到殡仪馆，他们帮我取掉木盒子上的四个大铆钉，打开一看，发现里面是一个铜焊的结结实实的密封盒子，如果想把骨灰取出来，只能把它全熔掉。”于是不得不放弃这个想法。

“这时我太太提出，司徒先生是前驻华大使，你为什么不走一下国务院的渠道？”傅履仁眼睛一亮，于是试着跟美国国务院联系，但一直没有回信。傅履仁还曾想找到白宫，在布什总统今年8月率团参加奥运会开幕式时，将司徒雷登的骨灰带过来，但考虑再三，又觉得不妥。而中国这边，浙江省方面已将安葬仪式的正式日期确定下来，傅将军很是着急。某一天，他突然接到来自美国国务院的电话，对方告诉傅将军："我们将为你运过去。"

后来的事情顺利得让傅履仁意外。傅履仁把放在家中42年的骨灰盒送到美国国务院后，由他们安排飞机运到上海——傅履仁后来看到了美国方面的运输报告单，"他们还为司徒老先生买了一个单独的'座位'"。

几天后美国驻华大使雷德的电子邮件，则让傅履仁有些意外。在邮件中，雷德很客气地说：我想来参加这个仪式，不知是否合适。傅履仁马上征得浙江方面的意见，后者没有表示异议。"我也没想到此事升级了。"傅履仁本来计划由自己把骨灰从上海带到杭州来安葬，但上海总领馆方面表态一切由他们来处理，他们派专车专程把骨灰送到了杭州。

傅履仁说，司徒雷登在美国也很受尊重，很多人知道他写的《在华五十年》（Fifty Years in China）一书，也知道毛泽东写的那篇文章《别了，司徒雷登》。"他们明白，毛泽东写那篇文章不是批评司徒雷登，而是批评美国的对华政策。"

安葬仪式上，几个白发苍苍的燕京大学校友如蒋彦振、国仲元等把一束洁白的百合花轻轻地放在他们老校长的墓前。国仲元后来说，很多燕京老校友在网上看到这张照片，打电话以诉欣慰之情，其中一个电话是来自吴青的，她告诉国仲元："如果我父母（吴文藻与冰心）知道了，一定会非常高兴的。"

沉重的遗愿

"临来中国之前，我特地赶到华盛顿父母的墓地去，我在心里默默地跟他们说：这件事情我终于完成了……"傅履仁长舒一口气，缓缓地说。

傅履仁说，司徒雷登中风后，父亲傅泾波将他接到家里照顾。在傅履仁眼里，父亲傅泾波对待司徒雷登，像亲生儿子对待自己的父亲一般。1955年，从中风中痊愈的司徒雷登留下遗嘱，一是希望死后能把骨灰安

傅履仁（左）与父亲傅泾波陪同司徒雷登在寓所外散步（拍摄于1959年）

葬在燕京大学妻子的墓地旁，二是希望父亲能设法把1946年11月周恩来送给他的一只中国明代的五色花瓶归还中国。于是完成司徒先生的遗愿就成了傅泾波晚年最重要的一件事。

1971年，基辛格秘密访华后，龙云的儿子、美籍华人龙绳文曾组织一批有影响力的华裔来中国访问，傅泾波的三女儿傅海澜是其中一员。临行前，傅泾波托女儿将写给周恩来的信带到中国，傅泾波称周恩来为“周先生”，内容只是客套性问候，并无实质性内容。但是收到这封信后，周恩来立即向傅泾波发出了秘密邀请。1973年，在离开中国24年后，傅泾波偕夫人一道回到中国，在北京住了10个月，并在有关部门安排下，在司徒雷登的故居“临湖轩”与燕大的老朋友见了面。1984年，傅泾波再次回国时，中国方面希望他能在促进海峡两岸统一问题上再发挥作用。这两次访华，傅泾波都提出了司徒雷登骨灰回燕园事，但未获答复。

著有《司徒雷登与中国政局》的林孟熹是燕京大学毕业生，他当年曾访问过傅泾波，就骨灰安葬的曲折做了颇为详尽的描述。林孟熹在书中回忆，1985年11月，他与傅泾波会面，“临别前泾波嘱我代拟一封致邓小平函，恳请同意司徒骨灰回葬燕园，以及将当年周恩来赠与司徒的花瓶送回中国。该函强调司徒生于中国，视中国为故乡，双亲尤其是爱妻均葬于中国，回葬一事望从人道主义考虑，而不涉及司徒之历史评价”。

不久，傅泾波回函林孟熹，告之时任中国驻美大使韩叙约定来傅宅商谈此事。不久，傅泾波接到答复：中国有关部门经协商，同意接收周总理 1946 年赠给司徒雷登的花瓶，将其存放在南京梅园新村；同意司徒雷登的骨灰以原燕京大学校长名义安葬于临湖轩。

遗憾的是，那时傅泾波与身边的朋友并没意识到，这是一个充满变数的事情。当时，大家的意见是：墓碑设计和加工还需要一定时间，而冬天将至，已 86 岁的傅泾波不宜远行，因此计划等到第二年 5 月份回中国再举行仪式。不料，不久就陆续传来消息：北京大学方面有些人反对此事。

1987 年 4 月，国仲元从国家教委借调到中国驻美使馆教育处工作。他上任后的第一件事情，便是陪同使馆负责教育的公使衔参赞倪孟雄，去傅家通知骨灰安葬暂缓之事。此后，再也没有任何来自中国官方的消息。“暂缓”到何时，没有人给出答案。此后，1988 年 10 月，傅泾波带着未竟的心愿离开了人世。“父亲这一生见证了近代历史很多重大事情，但最遗憾的是他从来没有写过自传，也没有为我们留下什么回忆性的东西。”傅履仁说，因为自己跻身军界，父亲也很少跟他提及这些事情，“他说，儿子，不是我不告诉你，而是因为以后如果被别人问起的时候，你可以诚实地说‘我不知道’”。

艰难的回归

“父亲去世前，一直希望司徒雷登赶紧落土为安。我知道这是一个心事。”傅泾波去世之后，实现司徒雷登的遗愿，自然落在傅家第二代身上。

出生于北京的傅履仁，大学毕业后投身军界，在 33 年的军旅生涯中，他一步一步做到了美国陆军法务总监的职位。1989 年傅履仁获得少将军衔，成为美国陆军第一个得到将军头衔的华裔。1995 年，在前任美国国务卿黑格将军的推荐下，退役后的傅履仁出任麦道公司驻北京总裁。

重返北京生活的时候，傅履仁还特地找到北大临湖轩，那是他童年时见到“洋爷爷”司徒雷登的地方。傅履仁还记得临湖轩门口有一块大石头，上面用中、英文写着：司徒雷登曾居住之处。可是第二次再回去看，那个石头已被人刨走了。司徒雷登的妻子爱琳跟随他在中国生活了22年之后，于1926年6月5日在北京去世。去世那天正好是燕京大学新校园建成搬家之日，她的灵柩下葬在新落成的燕京大学校园旁的燕大公墓里，但现在也不知所终。

1998年克林顿访华前，傅履仁也通过种种渠道向克林顿访华的先遣人员、驻华使馆等表达了这个愿望。克林顿在北大演讲时，用了这样一个开场白：“1919年6月，就在这里，燕京大学首任校长司徒雷登准备发表第一个毕业典礼致辞。他准时出场，但学生一个未到。学生们为了振兴中国的政治文化，全部走上街头领导五四运动去了。我读到这个故事后，希望今天当我走进这个礼堂时，会有人坐在这里。”傅履仁说，克林顿对司徒雷登巧妙提及的背后，其实也是他运用各方力量推动的结果，但当时也只能做到那个程度而已。“中国方面，我听说一直找到了外交部最高层，但得到的反馈是，‘时间还不对’。”

1999年，傅家得到消息：北京大学方面就司徒雷登骨灰安葬于燕园一事进行了研究，认为按照人道主义原则应予同意，但宜低调进行，并已将此意见上报中央。可是，不久，便发生了美国导弹轰炸中国驻南斯拉夫大使馆的事，中美关系一度陷于紧张，骨灰安葬之事再也没有提及。

这些年来，傅履仁越来越感到完成这个使命之急迫。“这么多年了，我是他们最后的希望，如果完不成的话，真的不知道该怎么办。到我儿子这一代，连汉语都不会讲了，难道还要把这个使命交给他们继续来完成？”傅履仁说，司徒雷登只有一个儿子，也是传教士，娶了一个寡妇，20世纪80年代在密西西比一个小城市去世，他还参加了那场葬礼。司徒雷登还有一个弟弟，也很早就过世了。“我是他们最后的希望！”2006年，本刊记者访问傅履仁时，他再一次郑重地提出此事，也不掩焦急之情。此后，新华社某部门在看到本刊发表的采访文章之后，专门前来了解情况，写了一份内参报道了此事。

当时，傅履仁并没有意识到，没过多久，他就迎来了柳暗花明的一天。傅履仁回忆，转机源于一次不经意的会面。2006年，刚刚出任第四任百人会会长的傅履仁，在美国与到访的浙江省政府代表团有一次会面——“百人会”是由贝聿铭和马友友等美籍华人在纽约发起、由在美杰出华人组成的一个组织。前华盛顿州州长骆家辉、流行病学专家何大一、雅虎公司创办人杨致远、神探李昌钰和陈香梅、吴宇森、谭盾等都是会员。会谈期间，傅履仁很自然聊到了司徒雷登，令傅履仁颇感意外的是，不久，傅履仁访问中国时，浙江省外事办公室方面主动谈及此事，这一次，傅履仁也第一次看到了司徒雷登的故居。

司徒雷登去世后，傅家人将其遗物整理在一个大皮箱里，存放于傅家三楼上。当年，包括阎锡山、孙立人、陈立夫、朱家骅、周至柔等一些民国要人也送了司徒雷登很多字画，2007年11月，傅履仁与姐姐傅铎若、傅海澜将这批遗物悉数捐给了司徒雷登故居纪念馆。傅履仁还找到了司徒雷登在1946年获得的一枚杭州荣誉市民钥匙，上面镌刻着西湖三潭印月图案，司徒雷登是唯一获得此殊荣的外国人。经过整整60年历史沧桑，它又回到了原点杭州。

也是在这次杭州之行当中，浙江方面向傅履仁确认了安贤园安葬骨灰之事。傅履仁与作为燕京校友的国仲元一起去看了墓地，傅履仁对浙江方面的工作表示满意，他只在两个小细节上有不同意见：一是傅履仁觉得对方选的墓碑上的照片太年轻了，他提议换一张。另外，在如何称呼司徒雷登上，傅履仁认为“燕京大学创始人”的头衔比较妥当，与浙江方面几经商议，最后写成“燕京大学的首任校长”。

国仲元透露，对于安葬于杭州这个结果，最初燕大校友会内部也是意见不一。“有的校友认为还是应该坚持葬回燕园，有的认为应该将司徒雷登父母的骨灰找到后，一起安葬。”而经历了种种曲折的傅履仁的态度则很明确：避免节外生枝。可是综合几方面考虑，大家最终还是认同，葬于杭州，是第一选择。

传教士·杭州·司徒雷登

司徒雷登的故居位于杭州耶稣堂弄基督教天水堂侧，在闹市旁的一条小巷子里。即便是本地市民，也绝少知道在那些晾晒着花花绿绿衣服的高楼下面，隐藏着这样一个地方。进出司徒雷登的故居也必须绕行旁边的居民区，当傅履仁陪同美国驻上海总领事康碧翠来此参观时，引来周围居民好奇的围观。

司徒雷登后来常说的一句话是："我籍贯浙江，生长杭州，祖墓在西湖。"司徒雷登家族的历史，与传教士在中国的发展关系密切。1858年后，清政府被迫与俄英法签订了《天津条约》，准许外国人到中国内地传教，从此，外国传教士更多地来到杭州。1868年，司徒雷登的父亲司徒尔特（John Linton Stuart）只身一人来杭州传教，他应该属于最早一批来到中国传教的传教士。

杭州名人纪念馆研究部主任沈建中说，杭州的外国传教士原住在吴山山顶，后搬到天水桥畔的兴福巷居住，因传教士多了，兴福巷便改名为"耶稣堂弄"。玛丽·露易斯·霍顿·司徒尔特（Mary Louis Horton Stuart）与丈夫结婚后，也随丈夫来到杭州。1876年6月24日，司徒雷登便出生在耶稣堂弄美国南长老会传教团寓所。这里一共建了3幢传教士住宅，司徒雷登一家就住在其中一幢里。晚年的司徒雷登回忆："我和这几个弟弟当时在一段很长的时间里是布道团里仅有的几个外国孩子，因此，我们也就备受宠爱。"

司徒雷登在杭州生活到11岁，少年司徒雷登可以说一口流利的杭州话，他也在回忆中表达了对这种南方语言的偏爱。1887年，司徒雷登与三个弟弟随父母回美国度假，这也是他们第一次踏上美利坚的土地。1899年，司徒雷登进入纽约协和神学院攻读神学，并加入"学生志愿赴国外传教活动"。1904年，他与路爱玲（Aline Rodd）结婚，并受南长老会派遣来杭州传教，重返中国。1908年，金陵神学院成立，司徒雷登被教会推荐到那里任教。他在那里生活了 11 年，自此由一个纯粹的基督教传教士，转变为一名教育工作者。

司徒雷登到金陵神学院担任教师的第三年，正好赶上辛亥革命爆发。美联社那时还特别聘请司徒雷登担任他们的战地通讯记者，负责报道中国政局发展。1912 年 4 月 1 日，孙中山发表演说，宣布辞去大总统职务，让位于袁世凯，司徒雷登是在场的唯一外国记者，也是唯一的外国人。正因为他对中国政局以及中国社会的了解，1915 年回国时，当时的美国总统威尔逊还在白宫召见了他，向他了解中国以及中日关系等情况。

司徒雷登的父亲在 1913 年去世于杭州以后，他的母亲随司徒雷登到了北京。这处故居继续住着南长老会的传教士家庭。沈建中说，2000 年 3 月，司徒雷登故居被原产权单位自行拆除，仅剩残垣断墙，梁柱、楼板等原装木料不翼而飞。此后，舆论哗然，杭州市主管领导随即亲临现场，提出三点善后意见。不久，杭州市文物部门购得司徒雷登故居产权，并进行修复。2005 年 6 月，司徒雷登故居对外开放。

补记：

2006 年第一次采访傅履仁将军时，他在采访中数次流露出解决司徒雷登骨灰安葬之事的急迫感。他说自己的年龄大了，而儿女辈只会说英文，对解决此事不太关心也大多指望不上。接受我采访的傅将军虽然年逾七旬，但仍风度翩翩，谈笑风生。我当时开玩笑说他不必太心急，留给他的时间还很多。傅将军后来表示希望由我来为他和他的家族撰写一部传记，我对此话题很有兴趣，也非常愉快地接受了这个邀约。很快他就发来自己整理的一部简略的家族史，算是开启了我们合作的第一步。出乎意料的是，不久傅将军就被检查出了癌症。他积极地配合治疗，在和我往来的邮件中还表示一旦恢复健康，会继续我们的合作。但是 2010 年 5 月 11 日，就在我从南非采访归来、在香港转机的时候，我接到燕京校友会国仲元老先生打来的电话，告之傅将军在医院因心脏病发作突然去世……2013 年 3 月，我赴美国华盛顿采访的时候，特地抽出一天去了阿灵顿国家公墓，在信息台查到了傅将军的墓地编号，最终找到了他的永远栖息之地。在那个乍暖还寒的春日，我在他的墓碑前静默良久，慨叹我们未尽的缘分

司徒雷登（左三）全家合影

陈友仁与一个家族遗落的传奇

陈友仁张荔英夫妇（摄于1931年）

“我从来没想到会写一部与‘革命’有关的家史，因为从我的个人经历而言，我的早年生活与‘革命’二字毫无关系。”看着面前的这本《民国外交强人陈友仁》一书，“上海小姐”陈元珍微笑着说。可实际上，当她在52年前与陈友仁的儿子陈依范走到一起时，她的命运早已与这个家族的故事紧紧联系在一起。

东方的召唤

被称为“民国外交强人”的陈友仁，其实是一位曾经一句中文都不会讲的华侨。陈友仁出生于南美洲的特立尼达，其父亲“阿陈”陈桂新，是广东客家人，年轻时参加太平天国运动，失败后为了躲避追捕，一路逃到南美洲。在加勒比海的小岛上，阿陈与当地一华侨女子结婚后不久，就迁到英属特立尼达定居。他们辛苦建立了自己的小农庄，并且一起养育了6个孩子，大儿子尤金——也就是后来的陈友仁于1878年出生。

像很多华人家庭的孩子一样，尤金学习刻苦，成绩优秀。20岁时考取律师执照，成立了自己的事务所。第二年，他与当地女子爱茜结婚。爱茜的父亲是法国人，是特立尼达的大庄园主，母亲是法国和非洲的混血儿奴隶。在岳父支持下，尤金成为特立尼达华人社区著名的大律师。“但此时的中国，距离他还很遥远。他既不会中文，也不读与中国有关的书。他受的是英式教育，他更像有修养、思想开明的英国知识阶层。”陈元珍说。

像当地很多富裕阶层人士一样，尤金定期造访伦敦。在与当地华人社团的交往中，他发现中国的局势已成为海外华人们热议的主题。而尤金也渐渐被古老中国发生的这场革命所吸引。1911年，当他带领全家迁居到英国不久，中国便爆发了轰轰烈烈的辛亥革命。10月底，孙中山到达伦敦，在华人社团召开大会，劝他们回去，为新成立的民国服务。尤金是被孙中山革命精神感召的海外信徒之一，1912 年 1 月，他放弃在伦敦的中产阶级生活，乘坐火车，横穿西伯利亚，向中国进发。“在他登上火车的那一天，他没有一个中国朋友，不会说一个中国字，对他即将被卷入的动乱不停的中国政治一无所知，他唯一拥有的是他异乎寻常的勇气。”跨越时空重新审视这段历史，陈元珍发出一声由衷的赞叹。

在前往东方的漫漫旅途中，尤金在火车上遇到了同样前往中国的马来西亚华侨伍连德。伍连德受过良好教育，是第一个考入剑桥大学皇后学院的华人。他刚刚帮助哈尔滨遏止了一场可怕的肺鼠疫。相似的背景，使伍连德和尤金迅速熟络起来。在伍连德建议下，尤金恢复了自己的“陈”姓，名字也采用了伍连德建议的“友仁”。于是日后的中国历史便记下这个名字——陈友仁。

激烈的“政论家”

陈友仁刚到中国，“虽然他不懂中国话和中国国情，但是他的长处在于对西方法律很熟悉，还有之前曾业余给报刊写过文章。他相信自己会对新的中国有贡献”，陈元珍说。陈友仁很快找到了适合自己的一份工作：为在北京的英文报纸写社论，对中国政治的了解也在此过程中一天天加深。

陈友仁以《京报》为阵地，亮出坚决而强烈的反袁、反帝制立场。1915 年 9 月的一天，梁启超在自己天津的寓所里邀陈友仁相见，希望能借陈友仁《京报》的阵地与它的影响，让西方列强知道国内的反袁声浪。陈友仁如约发表了对梁启超的访谈。陈元珍后来到英国政府档案馆查阅有关陈友仁的资料时，发现一位英国记者曾在《远东时报》上这样评价陈友仁：“……他左右开弓，乱杀乱砍。他以惊人的勇气，和袁世凯拼命，完全不顾袁一贯对付敌手的残酷无情。”

他的立场以及《京报》的影响力，也赢得了孙中山的关注和赞赏。1916年，廖仲恺受孙中山委托到北京访问时，特地与陈友仁等人会面，廖仲恺向他传递孙中山的意图：希望他利用《京报》继续捍卫民国大业。这次会面也为日后孙中山与陈友仁的政治合作打下了一个基础。

陈友仁很快将下一个打击目标锁定在段祺瑞身上。1917年5月17日，陈友仁在《京报》上发表了炮轰段祺瑞的第一篇文章，指出日本幕后操纵，迫使中国参加协约国打第一次世界大战。第二天，《京报》又用大号字体，在头版头条上刊了一个大大的标题：出卖中国的秘密协定。文章详细披露：段祺瑞同意让日本人支配东北三省和内蒙古的资源，并且在山东享有种种特别利益，甚至再加上管辖中国军队的权力；作为交换，日本人向段祺瑞提供一亿日元的支持。

“当时《京报》在北京的新一代知识分子中已拥有了大批读者，文章发表后，引起他们的极大反响。”陈元珍说。这无疑也激怒了段祺瑞。文章发表后的第二天深夜，警察闯入办公室，抓走了陈友仁。不久，段祺瑞政府垮台，陈友仁也在朋友的多方营救下出狱，为安全起见，陈友仁决心离开北京前往上海，而此时的他，已被认为是“在中国用英文写作的最杰出的政论家”。

1917年6月，陈友仁到上海，与孙中山有了第一次正式见面，立刻得到了孙中山的赏识，成为孙中山的“国际事务顾问”。孙中山曾评价说，中国只有三个半精通英文者：一个是辜鸿铭，一个是伍朝枢，另一个就是陈友仁。

1917年孙中山南下广州，就任中华民国军政府大元帅。1918年5月，陈友仁作为广州政府代表团成员之一，前往巴黎，参加“一战”后协约国与同盟国召开的“和平大会”。大概陈友仁本人也没有想到，他竟然会在遥远的凡尔赛得到一枚“重磅炸弹”。

在巴黎，虽然广州政府与北京政府代表团最终在美国的斡旋下合为一个代表团，“但彼此同床异梦”。广州政府时刻警惕着北京政府将中国利益出卖给西方。熟悉西方并拥有广泛人脉的陈友仁以中国代表团记者身份四处走访，搜集消息。某天晚上，陈友仁回到宾馆时，发现他的朋友陶利奥在等他。陶利奥是法国的马克思主义者、法国国会议员。陶利奥带陈友仁见了一位神秘的俄国记者“尹珂”。会面后，陶利奥递给陈友仁一个信封，陈友仁打开一看，里面是一份详细的日美秘密协定。

原来，1917 年 8 月，日本派出前外长石井菊次郎为特使，前往美国与国务卿蓝辛进行谈判。经过一番讨价还价，11 月达成《蓝辛—石井协定》，日本承认美国的“门户开放”政策，并支持美国建立国联的计划；作为交换，美国承认日本在华享有高于其他国家的利益，把原来德国在华利益转给日本。原来这份《蓝辛—石井协定》与其他绝密文件一起，藏在沙皇的档案馆里。1917 年十月革命后，这批档案落入布尔什维克手中。俄国人急于给凡尔赛和会里的西方列强制造麻烦，陈友仁正是合适的人选，于是他们把密件给了陈友仁一份。

陈友仁意识到这份秘密协约的重要性，他立即寄给了孙中山一份。1919 年 5 月 2 日，北京进步的《晨报》上登载了日本与美国的交易，青年学生们被激怒了。消息迅速传遍了全国其他城市，并触发了中国近代史上最大的事件之一——五四运动。

另一方面，陈友仁把密件寄给美国共和党参议员威廉·波雷，他是国会众议院外交事务委员会主席，正带头反对民主党威尔逊总统筹建国联的计划。在波雷的建议下，陈友仁给正在考虑是否通过美国加入国联提案的参议院写了封信，陈述美国为何不应该对日本扩张主义让步。这封信在美国引起巨大反响。

“大哥丕士曾经说过，陈友仁在凡尔赛揭露威尔逊总统是‘the beginning of undoing of Wilson’（威尔逊总统垮台的前奏）。这种说法当然有些夸张了，可以说是原因之一吧。”美国由此意识到山东问题的严重性。山东问题像个烫手的山芋，搞得威尔逊总统不敢碰。不久，他的参加国联的提案在参议院被否决，民主党人在 1920 年的总统选举中败北；而在中国国内，处于重重压力之下的北京政府，不得不同意代表团拒绝签凡尔赛和约。

“亲密助手”

1918年6月，受桂系军阀排挤的孙中山回到上海，在革命事业中频频受挫的他注意到了俄国的十月革命，帮助孙中山处理国际关系事务的陈友仁也建议他可以考虑与苏俄结盟。在陈友仁的建议下，孙中山给他的旧相识、当时已是苏俄外交人民委员的契切林写信，祝贺列宁当选，意在希望重新建立联系。这封信由陈友仁在《京报》的可靠助手李朝宜悄悄带出法租界寄走，另一封信则由陈友仁带到美国。“在美国的一次群众大会上，陈友仁把孙中山祝贺列宁的信交给一位华人，托他利用安全的渠道寄到莫斯科，可是陈友仁自始至终没有透露这个神秘的信使是谁，包括他的家人。”陈元珍说。

这封信以及给契切林的信最终是否寄到了莫斯科，尚不得而知。但是1919年7月25日，苏俄外交人民委员会副人民委员加拉罕在《真理报》上发表文章，题目是《向中国人民的宣言》，这篇致中国南北政府的声明，表示愿意放弃沙俄时代对中国侵略所取得的利益。在陈元珍看来，加拉罕的这番话应该是呼应孙中山的贺信而来的。

当孙中山后来与苏俄的联系越来越频繁的时候，英语成为孙中山与苏俄交换官方与半官方文件时所采用的语言，此时的陈友仁便扮演了很重要的角色。

“陈友仁为孙中山先生修订并翻译三民主义，撰写英文版的《建国大纲》和《国民政府的组织》，这是非常重要的。”陈元珍说，当时国民党右派攻击《国民党第一次代表大会宣言》是鲍罗廷用俄文写作的，然后译成中文，让孙中山签署；而左派则把这一功劳归给鲍罗廷和中共。其实，这些英文文件背后的操刀者都是陈友仁。

“孙中山先生早年留学美国，英文的说和读能力都很不错，但是相对而言，写作能力稍差一些。而英文是陈友仁的母语，他又是律师，英文写作比较严密，所以国民党第一次代表大会中的文件都是他写的。”陈元珍说，1920年以前，孙中山从不用英文起草文件，“他的老三民主

1931年，广州国民政府部分委员，左起：伍朝枢、汪精卫、李文范、孙科、陈友仁、邹鲁

义都是中文写的，而之后这些文件都是英文的，说明是其他人代写，那个人就是陈友仁”。

1924年11月，已身患重病的孙中山到了北京。在孙中山的随员里，陈友仁精通英文，汪精卫精通中文。两人各自承担了遗嘱的英文与中文部分。孙中山逝世前一天，陈友仁代为起草英文《致苏联遗书》，重申国民政府反对帝国主义，坚持中苏友好政策。尽管陈友仁在这一阶段扮演了重要的历史角色，但是孙中山碍于党内右派的压力，不便让陈友仁主持一个有实力的部门，所以陈友仁的公开头衔是“空军部长”，管理三架旧飞机。有人讽刺他是“吹热气的部长”。

陈友仁鲜明的亲苏左派立场，也招致不少恶意攻击。一位英国记者在报纸上如此抨击他：“陈友仁会写，把鲍罗廷的冷酷而夸大的构思，化作洪水喷发出来”，“陈友仁是他（鲍罗廷）的口舌，喇叭手”。他还讥讽陈友仁是“鲍罗廷的实现毒计的刀笔吏”。

“陈友仁时代”

1926年3月，陈友仁接任广州国民政府外交部长，此时举世瞩目的省港大罢工已持续了9个月。当时英国方面强调“沙面事件”引发省港大罢工，可到底是谁先开枪根本说不清楚，陈友仁在谈判中提出搁置“谁开第一枪”的问题，先解决被英兵打杀的50多个工人的赔偿问题，并建议由中、英双方政府各自拿出一笔钱平定罢工。陈友仁又表示，如果英国政府对他的建议充耳不闻，“国民党不得不单方面结束省港大罢工，并且通过由英国控制的海关增收百分之二点五的进口货的特别税法”。这项额外税收还能赔偿罢工工人的损失。最终，英国人让步，陈友仁取得了重大的外交胜利。而汉口、九江英租界的收回，则是陈友仁对大英帝国又一次外交上的胜利。

“一般历史书上讲到这一事件，大略地谈谈群众在李立三等人的领导下，冲入英租界，陈友仁被迫收回英租界。其实它真实的过程要复杂得多。”陈元珍说。1926年的五六月间，李立三等人带领群众冲进汉口的日租界与英租界。英国、美国、日本、法国与意大利的战舰配合各社团志愿部队，把李立三带领的革命群众赶回中国城，使其几乎全军覆没。

当时中共的激进分子，比如李立三等人，反对陈友仁用外交手段化解纠纷。他们说，工人阶级在中共领导下占领英租界，功劳应该全部归于他们，不许陈友仁这个资产阶级分子沾光。陈友仁力排众议，熟知英国法律的他劝说大家：“收回租界一事必须依法完成。固然可以用暴力手段冲破英租界的铁丝网，但能不能留守是另一回事。如果没有一纸协议证明收回租界是合法的，英国军队随时可以开进租界。”被群众运动威慑的英国人最终也同意回到谈判桌上来，经过前后16次谈判，陈友仁与英国代表签了一份《陈—奥麦莱协议》。过去的英租界改名为汉口市“第三特别行政区”。陈友仁为外交解决中国租界问题提供了一个先例。

虽然武汉政府从建立到失败总共不到7个月的时间，但是它在外交战线上的杰出成就却颇值得一提。这一时期的陈友仁风光无限，报纸上几乎天天可见他的名字，从某种意义上讲，孱弱的政府也成就了外交强人陈友仁和“陈友仁时代”。

“超乎寻常的友情”

1927 年，中国政坛乃至国际社会爆出了一个令人震惊的“绯闻”：宋庆龄与孙中山的亲密助手陈友仁结婚了。这并不是流传于街谈巷议之中的传闻，甚至美联社和当年的《时代》周刊都言之凿凿地发表了这个消息。

国共分裂后不久，1927 年 9 月，陈友仁与宋庆龄到苏联访问，陈友仁的两个女儿茜兰、友兰一同前往。“他们到了莫斯科后，苏联政府曾请他们到高加索度假；当他们返回莫斯科时，在火车站，一名英国记者上前祝他们新婚快乐。陈友仁和宋庆龄非常惊讶。”陈元珍说，陈友仁

1927年，陈友仁和宋庆龄在莫斯科中山大学

后来才知道，美联社在1927年9月28日播发了这样一条电讯，称“前国民党外交部部长陈友仁和国民党之父孙中山的遗孀已在莫斯科结婚”。

当年这个传闻也在国内掀起轩然大波，并在后来普遍被认为是在蒋介石授意下进行的恶意攻击，但是当陈元珍重新审视这段材料时，她认为散播这一消息的真正主角是苏联政府。“陈友仁后来了解到，有一天，一群西方记者闲聊蒋介石与宋美龄即将举行的婚礼，这时一名《真理报》记者插嘴说，他也有特大新闻：陈友仁与孙中山的遗孀在高加索欢度蜜月。”而这一切的目的，在陈元珍看来，源于苏联要对中国进行操控。

1928年3月陈友仁与宋庆龄在莫斯科分别，为了避嫌，宋庆龄到了柏林，陈友仁到了法国，当年陈友仁投身中国革命后，他的太太爱茜一直在伦敦生活。“陈友仁始终没有把他的夫人接到中国，也有他的难处，中国没有一天是安稳的，爱茜又一句中文都不会讲，在中国怎么生活？”除了现实的困难之外，陈友仁忧虑的，还有国内一直对他身份的攻击。一直对陈友仁耿耿于怀的蒋介石就称他为“外国人”，攻击他在拿“苏联的钱”。他还曾公开指责陈友仁：“我们奉劝你回到你出生长大的特立尼达去，回到你的妻儿的怀抱中去，不要再将自己的意愿强加于中国人民身上，干涉中国的内政。”如果此时再把他的混血太太带到中国来，陈友仁知道，只会招致更多对自己的恶毒攻击。而时刻担心丈夫的爱茜在48岁那年去世。

1930年，陈友仁再婚，娶了张静江的第四个女儿张荔英。“早在20年代张荔英回国探亲的时候，就认识了陈友仁。陈友仁到巴黎去的时候，宋庆龄说：张荔英也在巴黎，你去看看她。两人最后走到了一起，说起来，也算是宋庆龄做的媒吧。”陈元珍说，陈友仁结婚时，宋庆龄还亲自赶到巴黎参加了婚礼。

陈友仁的几个孩子，也都承认陈友仁与宋庆龄之间存在“超乎寻常的友情”，在陈元珍看来，这是一种“发乎情，止乎礼”的关系。陈友仁与宋庆龄的联系从未中断过。此后，每当有大的事件发生，陈友仁都征求宋庆龄的意见。两人的共同署名也常出现在反蒋的一些通电上。

陈依范后来告诉陈元珍，抗战胜利后，周恩来还曾把一项特殊任务交给他：周恩来给宋庆龄写了一封信，让陈依范转交。在信里周恩来建议宋庆龄同陈依范讨论如何同英国和西欧的进步团体建立联系，以有助于她开展救济工作。可是，私下里周恩来要陈依范"捎带一个绝密的口信"。其内容是，如果中共与民主党派组织联合政府，中共方面希望推选宋庆龄为国家主席，以便于得到西方政府的认可。"负责统战的周恩来也清楚，与宋庆龄联络的工作，交给陈友仁的儿子，是最合适不过了。"陈元珍说。

福州事变失败后，陈友仁遭到国民政府通缉而流亡巴黎，1938 年又回到香港。1941 年珍珠港事变后，日本军队占领香港。藏身半岛酒店的陈友仁被日军查出而遭逮捕。陈友仁后来被押送到上海并被软禁，日军逼迫他加入汪精卫政府。1944 年 5 月，日军驻上海的总司令对陈友仁发出最后通牒，如果他再不投降，后果自负。陈友仁并未屈服。他那时正患牙痛，日军司令部派牙医替他拔牙，没想到陈友仁因此而丧命。陈友仁之死，当时曾满城风雨，外界普遍怀疑是日本占领军总部在幕后操纵，暗杀了他。陈友仁后来被葬在八宝山革命公墓。

比陈友仁小 31 岁的张荔英也是一位传奇式女子，她出生于巴黎，家境优越的她青年时期在法国和美国接受绘画教育，以画静物著称。张荔英与陈友仁两人婚后感情甚好。1941 年，他们在香港一同被日军拘捕并被转押至上海，长期遭软禁。陈友仁逝世后，张荔英仍被拘禁，直到"二战"结束后才被释放。张荔英后来定居于新加坡，被誉为"新加坡六大先驱画家之一"，直到 1993 年去世。

续写传奇

陈友仁与原配妻子爱茜一共生育了 4 个孩子，杰克（陈依范）是他最小的儿子。出生在特立尼达的杰克，3 岁时随全家迁到伦敦，受父亲影响，思想左倾。"他对中国革命、对中国的感情，让我这个地地道道的中国人都自愧不如。”陈元珍谈起丈夫，感慨连连。

陈依范的个人经历，也从侧面见证了中国革命的一些片段：当年当北伐军节节胜利时，已在伦敦工作的陈依范被父亲召到中国。汪精卫“清共”后，为了保护鲍罗廷的安全，陈依范奉父亲之命，与哥哥陈丕士等一道护送鲍罗廷离开汉口，经过冯玉祥控制区，横穿茫茫戈壁返回苏联。同行的还有美国著名记者安娜·路易斯特朗。之后陈依范在苏联生活了一段时间，与王明、李立三等中共领导人都有过接触。

1938年夏，陈依范从美国返回中国，在周恩来帮助下到延安。当时恰好毛泽东未来的夫人江青也初抵延安，与陈依范住在同一个招待所。陈依范还用相机拍下了意气风发、满面笑容的江青。陈依范曾希望长期留在延安，周恩来则告诉他，更希望他向西方读者介绍中国革命。于是陈依范用漫画的形式，在世界很多地方巡展，为中国的抗战宣传、呐喊。抗战胜利后，中共方面希望陈依范回到伦敦，创办新华通讯社伦敦分社。

中华人民共和国成立后，经张治中女儿张素初的介绍，在中央电影局剧本创作所工作的陈元珍与陈依范结识，并于1958年结婚。陈元珍感受到了陈依范身边有一个“奇妙的圆圈”，帮助他们躲过了很多政治风浪。“文革”中，当陈依范受冲击时，陈元珍又用自己的智慧，巧妙地帮助不会中文的陈依范渡过一道又一道的难关。他们的故事，与父亲“民国外交强人”陈友仁以及祖父“太平天国战士”阿陈，串联起了中国150年的沉重历史。

“巨流河和哑口海，存在于我生命的两端”
——专访《巨流河》作者齐邦媛

齐邦媛

“巨流河是清代称呼辽河的名字，她是中国七大江河之一，辽宁百姓的母亲河。哑口海位于台湾南端，是鹅銮鼻灯塔下的一泓湾流，据说汹涌海浪冲击到此，声消音灭……”

从巨流河到哑口海，也是民国要人齐世英家族的一部家族史。1925年底，郭松龄倒戈，在巨流河与张作霖对峙三天而兵败身亡。归国后跟随奉系郭松龄、意欲做出一番救国救民大事业的齐世英随即开始了背井离乡的生活，这也成了他两岁的女儿——齐邦媛动荡不安的前半生的起点。他们在日军的炮火中从南京辗转到西南，又在国共内战的硝烟里，从大陆漂流到台湾……不断地流亡，成了齐家的主题；那条巨流河，则成了永远回不去的家乡。

1988年8月17日齐邦媛从台大退休

几十年后，80多岁的齐邦媛将这部家族史写成了一部《巨流河》。这实际上也是20世纪中国人的一部苦难史。《巨流河》在两岸收获无数好评，与同样描述这段历史的其他作品相比，齐邦媛更被称道的是她深沉而内敛的写作风格，哀而不伤，尤显出一份高贵的尊严，就像她在颠沛流离的岁月中，力求用诗歌来寻求心灵慰藉一样。而在那个年代躲避纷乱的政治、沉浸于文学世界的孤独读书者齐邦媛，最终也在文学上成就了自己。

《巨流河》一书里最令人感动的，无疑是她与飞虎队员张大飞的一段故事。所以此书面世后的第二个月，就有导演找上门来要将其拍成电影，但最终都被齐邦媛所拒。在她看来，外界的很多猜测和解读都是对张大飞和那段纯洁感情的亵渎，她宁愿将其保存在内心深处。“这样做我受不了。在现实里他是个木讷寡言的人，连人生都没想清楚，26岁就死了。他死得那么干净，全心全意的，就是为了报国。我在有生之年，不愿意看到他短促的一生成为一个热闹的电影。”

这是一篇延续时间颇久的采访。因为齐老住所变动，加之身体原因，几个月后，才得到她手写的书面答复，上面那认真的笔迹实则是一份诚挚的心迹：“我终于回答了访问提纲上的问题，自己感到欣慰，因为这并不是容易做的事啊。在我的回答中有关读者好奇关心的事，我做了最清楚坦白的回答，希望也是我今生的答案。”

渡不过的巨流河

问：写这本书的想法，是从什么时候在您心中“生长”的？父亲生前是否鼓励您写一本家族史？在写作此书的过程中，您内心都经历了什么样的情感体验？

齐邦媛：我自1942年到台湾后，用了60年的时间想念那留在大陆的23年青春。这漫长的60年间，有激荡，有平淡，也有似乎遗忘的阶段，但是那历史冻结的短短的上半生却横亘在我心灵深处，从未消退。

1949年之后，我有足够的阅历，读了许多诠释20世纪世界史的书，自信也可以很冷静客观地评估自己成长岁月中的人与事。对于当年那样真诚献身的人，有超越个人关系的尊敬与怀念。

问：您父亲齐世英先生留德归来之后，追随郭松龄倒戈与张作霖开战，郭松龄事败而亡，齐先生过了一段流亡生活。这固然是一段家族史，但也更与后来九一八事变乃至七七事变等影响中国近代史进程的大历史牵系到一起。几十年后再看这段历史，您有什么样的感慨？

齐邦媛：假如当年郭松龄将军渡过巨流河，东北即有革新自强的机会，历史必会重写；如果当年兵变成功，东北一切的资源都有，稳下来的话，日本人不可能过海来侵略东北。没有东北侵略，哪有后来那些事。至少 20 世纪的中国少些耻辱，人民少受些痛苦折磨。郭松龄兵谏身死时 41 岁，已在军旅经历过南北多省的动乱。他天性爱读书、能深思，且结交天下有识之士，明悉家乡事，也清楚知道大局面的处境，正是有效报国的好年纪，却在渡河之前被部下出卖而兵败，至死坚持大义，人格上是成功者而非失败者。

如果郭松龄革命成功的话，东北第一件事就是办教育。你们可能不晓得，东北是中国第一个有洋小学的地方，清朝政府办的。因为皇上说是我的家乡，什么好东西都给东北。父亲想多办中学，认为中学影响最多。他没有做政治的打算，本来不是想做政治。

问：最终选择《巨流河》作为书的名字，想借此隐喻什么？

齐邦媛：巨流河和哑口海，是真正的河和海湾，存在于我生命的两端，既是真实也是象征。我初次在台湾南端听到哑口海之名字，站在海湾岩石之上，想到郭将军和我父亲那么大的憾恨，真如太平洋的汹涌激荡流入此湾，声减音消，哑口无言。遥想那些岁月那些人，“常使英雄泪满襟”。

问：东北在中国近百年来的命运也令人感慨。到您这一代，铁岭只是“纸上的故乡”，精神上的故乡永远遗失了吗？您的乡愁，是否成了无处安放的乡愁？

齐邦媛：“乡愁”二字实在说不尽我们近百年漂流的境况。我父母有生之年若回东北，面临的只有死亡。政治力量之暴虐，无须我在此多说，读者都能了解。用“乡愁”或“惆怅”来形容我们一生铺天盖地的乡思，实在是太温和了。我父亲前半生坚定地相信，勉励别人也勉励自己，无论面临什么困难的局面，“有中国就有我！”中国是一直存在的，以各种方式存在着，而他们那一批人，抛完了头颅，洒尽了热血，连容身之地都没有了。他的后人连故居在哪里都不知道。我们幸运地在台湾度过平安自由的后半生，到淡水山上给父母上坟的时候，面对太平洋，右前方是东北方，他生前说埋在这里很好。埋在哪里其实并不重要，生者有时会想，像他们那样傻乎乎的理想主义者，死后若有灵魂，必也仍在往东北痴痴地眺望着吧。

《巨流河》出版之后，我收到了数百封贴了邮票的信（因为我不用电脑），有几位读者已 90 多岁，走过那个时代，知道我父亲那样的人，他们会老泪纵横地读当年事，那是多么令人怀念的，有骨气、有共同目标的时代！像我父亲那样的充满正气的人已经不再有了。

“诗的真理”

问：您在《巨流河》一书里提到，要以“诗的真理”来写这群人，“下笔时如此悲伤，却也如此愉悦”。怎么理解这“诗的真理”？

齐邦媛：“诗的真理”是我最渴慕达到的写作境界。虽然我只能用散文写《巨流河》，达不到那高度。我最爱读罗马史诗《伊尼亚德》（The Aeneid），该书的一位英译者奈特在 1956 年英译本序中说，作者维吉尔以博览群书为基础的暗示手法，帮助他道出全部真理，即“诗的真理”，而非琐细的事实真相。他能以寥寥数语绘出一幅生动画面，合成终极真理中的真实世界，即诗的真理。

《巨流河》中要表达的“诗的真理”，就是有些人或者认为来到台湾的都是失败者，但是我们很多人并不赞成。因为这不是个人的失败，甚至也不是全体的失败。至少我个人，或者我父亲那一代，我不觉得他们是失败者。不是说我们嘴硬或者不肯服这口气，你过了 60 年后还不服气，而且是几百万人不服这口气，那么就不是嘴硬了。那些老兵也不是个人失败了。他们像进网的鱼一样，你不能说这条鱼很差劲，所以才被网住了。

问：《巨流河》这本书里，最令人唏嘘的就是张大飞的故事（注：1945 年，张大飞自陕西安康出击河南信阳日本空军，与敌驱逐机遭遇，在空战中中弹阵亡）。目前您在大陆也有很多读者，受此书影响，他们继续追寻张大飞的故事，甚至寻找到其在大陆的弟弟，这种“热”是您期望看到的结果吗？有读者在飞虎队的网站上看到这样一段资料：“在中午的会餐上，一位浙江口音的太太，抱了一个婴孩进入我们的仅有乐园，张大飞站起来给介绍一下：‘我的内子。’他是一个有家室的战斗员，在乱流机场他被人尊称为张分大队长。”您最终能理解张大飞的情感选择吗？

齐邦媛：你这两个问题也许代表了现在年轻人对感情的态度吧？你我之间这六七十年的代沟在此似乎很深。因此我回答很慢，很难跨越这现实层面的种种距离。我曾试过一些答案，都不能令自己满意，也无法令你们这一代完全了解，如同 20 世纪 40 年代由四川到云南一样，需要多少的跋涉！

多日的思量、尝试之后，我终于明白，《巨流河》中写张大飞的故事，是我纪念他唯一的方式。一个 12 岁、瘦骨嶙峋的病弱女孩，遇到一位满心创伤的 18 岁无家男孩，他在寒风中曾由山上牵她下山脱困，在 19 岁投身战斗前，赠她满载信、望、爱的《圣经》，祝福她“可爱的前途光明！”——在那个烽火遍地奔跑求生的年月，谁会梦想“可爱的前途”？我漫长的一生时时感到他的祝福，努力令他灵魂欣慰。

抗战的十四年历程中，我们不停歇地写信，两个在战火中摸索成长的心灵，一个找到了战斗救国的枪座，一个找到了文学的航路。——那些信，哪怕我只留住一封，也必能胜过我今日的千言万语。

我在书中用他的名字并不是他的原名。1932 年他 14 岁，父亲被日本人浇油漆酷刑烧死，他离家逃亡时，把父母取的吉祥名字“张廼昌”改为“张大非”。19 岁时考上空军，改名张大飞。他的一生木讷寡言，他笃信基督教，对人生有更深一层的思考，读者何不多追寻他为国献身的诚心和他那个时代爱国的真挚？何不多去研究当年飞虎队以少击多的精湛战术，救了多少黎民百姓？他 26 岁的生命如流萤，却有难忘的价值，我很为他高兴，在他为国捐躯之前享受了短暂的家庭温暖。“寂寞身后事”又何必追寻。我们祝他安息吧！也请《巨流河》的知音留给我文学上的宁静，潭深无波（Still water runs deep）。

问：书中更令人迷恋的是战火纷飞时代的读书岁月，文学在彼时的孱弱，却在此时证明了它恒久的生命力，呼唤了人性的美好与纯真，在那个时代，文学在您的生命里扮演了什么样的角色？

齐邦媛：影响我最多的中学老师孟志荪老师、朱光潜老师，将一生一切美好的、悲切的、含蓄宁静的文学情怀传授给我，开启了我年轻的双眼，使我一生走在人间，学会观察、了解，永不目盲。

其实抗战十四年，军费那么高，教育上始终是战区学生都有公费，不收学费，整个教育无论中学、大学在抗战时期一点没有停止。那么困难的时代，政府教育是弦歌不辍，弦歌不辍是中国在那么困难的时候保存最好的一件事。

问：您在书中也描写了身边很多被政治裹挟进去的同学，那些曾经狂热地投身于政治的左派青年后来的遭遇也不免令人叹息。在现实的世界，青年人应该如何把握对现实政治关注的程度和关注的方式？

齐邦媛：我自幼受限于时代、性别与体能，是一个很安分的人，很早爱上文学，书中自有天地。大学里学潮的热狂与毁灭性令我反感。游行中唱的歌那么幼稚。我也多少知道一点法国革命。一直怕法国的暴民政治到来。我们在突然胜利来临、百废待举的时候，同学们突然有 80% 的去参加游行，喊叫打倒，唱幼稚的口号歌，坚持读书在参政的人看来就是不爱国。我当时很难认同。家庭和中学老师教我的是建设国家、奉献才能的教育，先充实自己，自会有报效国家的能力。

父亲曾到德国海德堡读历史哲学。他告诉过我：“过度的允诺都是有问题的，过度的热情也是有问题的。”我父亲是坚决反对我们从政的。我父亲一直觉得在中国做政治是很划不来的事，少数人决定大多数人的命运，

唯一的全家福。抗战胜利后在北平。前排左起：母亲裴毓贞，父亲齐世英，小妹

而在他从政的时候，并没有看到真正的理想的力量，他是很失望的。

问：在那时的政治洪流里，您成了“连鸵鸟埋头的沙坑都找不到”的孤独的读书人，而从后来看来，也正是您的这种态度，成全了自己。您怎么看待这种人生变迁？

齐邦媛：我就是喜欢文学。其实应该鼓励少数书呆子，这些人绝对不多。我们同学都参加学潮去了，像我这么坚持做书呆子的很少，每个社会都靠少数我们这种人撑着，很多基本东西都是文人传承下来的。

后来我回到大陆与当年同学见面，我记得我看到的人说话的表情，和他们对事情的反应，跟我以前记得的不一样了，因为他们饱经忧患。他们说羡慕我这些年可以一直读书、教书。当初他们觉得我们多么的落后。我并没有一点得意，我只是觉得很伤心，那些同学当初都是很优秀的人，都不到 25 岁，对政治所知有限吧。我自己也检讨我们当年，因为我始终不是主流派，所以我可以讲，我没有个人的得失感。

我个人最讨厌的就是“暴民”，我觉得一个理智的人最反对的是暴民政治，我不赞成任何狂热的东西，爱情也是，狂热的东西都不持久。我父亲跟我最常说的话是：“任何事情要沉住气。”我们做小孩时觉得沉住气没意思，可我后来知道这个很重要。《美丽新世界》和《1984》是我要求每个学生必须要念的书，我希望他们明白政治是怎么回事。

问：我还想问您一些技术问题，书中描写了大量细节（比如朱光潜讲课的方式和内容，您与父亲的交谈细节等等），您是靠当年的笔记或日记还原这些细节的？

齐邦媛：我从前一些仅有的日记、信件全没有带到台湾来，但记忆中难忘的人和事栩栩如生，下笔时参考一些可靠资料，只求事实无误。我的后半生教书，在文学史研究和传授时，深信笨拙或奇妙的“煽情”都是很危险的事，有时会对你必须虔诚追忆的人和事形成一种亵渎。

当我真正动笔写《巨流河》时，辰光真是晚了。我似那朝圣的人，一天走一程，一步一步攀上最后一程阶梯，只求天黑前完成全程，不敢再去详述看到朝云和夕阳的灿烂光景时，并未忘怀的感动。或者这也是自己文

齐邦媛在武汉大学上朱光潜老师英诗课的笔记

采不足的原因。

问：《巨流河》面世以来，被人称道的原因之一，是它内敛而又深沉的叙事方式。这种风格是您在文学上一种刻意追求使然，还是与您本人的性格有关？用通俗的话讲，有些部分可以写得更“煽情”，您为什么回避掉了这种可能？

齐邦媛：读者评价《巨流河》是用内敛深沉的叙事方式，我想这原是自幼在忧患中，父母不断地训诫、劝告，不要遇事即“处变大惊”，那很“没有人样子”。长大后遇到文学，老师和作品中都处处有深沉宁静的启发，自己总惭愧做不到。但是23岁结束了上半生，在政治的大断裂中回不到可倚靠的过去。自己须独立为人，努力沉稳比较可以进可攻、退可守，培养出为人尊严。

问：《巨流河》表面上是一部家族史，实际上它牵起的是近百年来中国的大历史。重新回顾这段历史，您想对现在的年轻人说些什么？

齐邦媛：我希望中国的读书人，无论你读什么，能早日养成自己的兴趣，一生内心有些倚靠，日久产生沉稳的判断力。这么大的国家，这么多的人，这么复杂、环环相扣的历史，再也不要用激情决定国家及个人的命运；我还盼望年轻人能培养一个宽容、悲悯的胸怀。

烽火硝烟里的“女谍”迷云

——一个家族的乱世传奇

1965年，还在中学就读的谭爱梅（右）

与一本畅销书的偶遇，让谭爱梅无意中探进了一个被封存已久的秘密，也开始了寻找西半球另一个谭家的历程。那些爱恨情仇、悲欢离合的故事背后，涌动的其实是一个时代的动荡与苦难。

偶然

回想起来 1991 年前后，在纽约著名连锁书店 B & N 的橱窗里，摆放着当时最畅销的一本书：Opium Tea（《鸦片茶》）。封面是一个女人的侧面，一半暴露在强烈的光线下，一半隐没于无边的黑暗中，似乎隐喻她神秘莫测的人生。轮廓鲜明的脸微仰着，一副桀骜不驯的样子，她就是小说的作者 Bianca Tam。每次经过书店，谭爱梅就会习惯性地往橱窗里瞥上两眼。“还奇怪作者后面的姓怎么和我的一样，都是 Tam（谭）。”

就这样熟视无睹了一段时间。那时的谭爱梅无论如何也不会想到，那本静静置放于橱窗里的书，有朝一日会和自己产生深刻联系，并由此打开一段曲折复杂而又令人唏嘘感慨的乱世家族传奇。

谭爱梅的丈夫杨诚在联合国工作，他和作家张北海是多年同事兼好友。某个周末，杨诚到秘书处值班，闲来无事时，顺手拿起了张北海桌上的一本英文书翻看起来。翻着翻着，杨诚突然看到里面有一张结婚照，男主人竟然是他非常熟悉的一张面孔——虽然杨诚与谭爱梅结婚的时候，岳父早已去世，但杨诚还是一眼认出，结婚照上的人不就是谭爱梅的父亲谭展超吗？可是站在他身边的新娘却是一个地道的外国人，即是《鸦片茶》的作者贝安加·谭。杨诚赶紧抓起电话打给谭爱梅，问她是否知道父亲有过这么一位叫贝安加的太太。电话那头的谭爱梅起初一头雾水，直到听完杨诚在电话里的简略介绍，她才明白个大概。

《鸦片茶》一书的封面，有一句很耸动的宣传语："世界上最性感间谍的国际畅销回忆录。"封底上则写："绝无仅有的女人，贝安加·谭，绝无仅有的一本书。"这是贝安加根据个人经历写的一本小说。15 岁那年，贵族出身的贝安加在家乡都灵与中国留学生谭展超一见钟情，不顾家庭反对而与之结婚。1938 年，贝安加不顾中国已陷入战火纷飞的危境，携两个年幼的孩子，陪谭展超一同回到中国。谭展超随后入孙立人麾下，在贵州都匀受训。在都匀期间，贝安加发现谭展超爱上年轻貌美的女护士，她一怒之下带着三个孩子离开贵州，一路辗转到上海，在那里，她又生下了第四个孩子。为了维持生活，她逐渐成为周旋于各方之间的交际花，也涉足黄金走私，利用广州和上海的黄金差价来赚钱。抗战胜利后，她被美方指控为间谍，成为轰动一时的"美女间谍"，险些被判死刑，经过一番惊心动魄的自救与他救，最终被无罪释放。回到欧洲后，她重新开始人生，意外地成为迪奥的模特，此后她又有数次婚姻，还曾远嫁中东，又成为战地记者，为意大利某周刊报道海湾战争……1985 年，贝安加根据自身经历撰写的回忆录《鸦片

1985年，贝安加根据自身经历撰写的回忆录《鸦片茶》，轰动一时，仅在意大利就销售22万册，后来被翻译成23种文字。封面照片是贝安加在迪奥（Dior）做模特时所拍

茶》，轰动一时。

读完这本书的谭爱梅内心翻腾了好一阵子，久久无法平静。虽然这本《鸦片茶》的“小说”性质，表明其中有不少虚构成分，但其主要经历是确凿无疑的：爱梅的母亲何懿娴就是书中谭展超移情别恋的女护士；更令谭爱梅惊讶的是，贝安加在书中几次提到，她被无罪释放后，几次寻找谭展超未果，直到写这本书为止，贝安加一直以为谭展超早已死于中国内战的东北战场。而真实生活中的谭展超后来又追随孙立人到了台湾，1960 年病逝。

1991 年 9 月的一天，谭爱梅给出版《鸦片茶》英文版的出版社写了封信，信里她做了自我介绍，又详细介绍了父母亲后来的经历，表示自己很希望有机会和贝安加见面，希望出版社将信转给贝安加。但信发出之后一直没有回音。转眼一年多过去，1993 年初，正在纽约家中工作室捏陶器的谭爱梅，忽然接到一个电话，拿起电话，对方自报姓名：“我是贝安加·谭，我正在纽约曼哈顿。”谭爱梅大吃一惊。她和丈夫杨诚立即赶到贝安加下榻的曼哈顿罗斯福酒店去见她。

在酒店大堂，谭爱梅一眼认出了贝安加。奇怪的是，之前毫无联系的两个人初次见面，竟然一点陌生感都没有。贝安加一见到谭爱梅，就紧紧地搂着她，仔细端详她，似乎想从她脸上找到她往昔熟悉的气息。端详了一会儿，贝安加脱口而出：“你长得真像 Leo！”——爱梅知道，那是父亲谭展超的天主教名字。

贝安加告诉谭爱梅，她很早就收到了出版社转来的信，但她当时受罗马一家杂志社的邀约，去科威特采访海湾战争，因而暂时没有联系谭爱梅。此时已经年逾七旬的贝安加仍精力旺盛，就在谭爱梅夫妇到来之前，她还忙着打电话同一个出版商接洽她第二本回忆录的英文版，可惜未等这本书写完她已去世。

雍容华贵的贝安加散发着一种令人魅惑的气息，酒店里的工作人员看到她，都毕恭毕敬地喊她“Countess”（女爵）。贝安加这次来美国东部是应邀参加克林顿就职典礼的。这次纽约之行，贝安加在谭爱梅家住了一天，两人坦诚聊了很多往事。

纽约一别后，贝安加又消失了近半年时间。7月的一天，谭爱梅突然又接到贝安加打来的电话，邀她到自己西部的家小住。贝安加的房子在圣地亚哥附近的阿尔卑（Alpine）。房子特别大，里面所有的家具，收藏的古董、绘画、银器等，都是贝安加用集装箱，用一艘船完整无缺地从罗马运来的。十几个房间，分别摆设着来自世界各地不同的古董。“邻居说她都快80岁了，还自己爬楼梯上房修瓦。自己能做的事情都自己做。”谭爱梅由衷地感慨，“贝安加是除了我母亲之外，我所认识的最坚强的人。”

有意思的是，谭爱梅注意到，贝安加有意把6个丈夫的物品分别摆设各自成间。谭展超的一间是面对客厅最正中的一间，有精致木雕的大玻璃书柜和一个大书桌，书柜上方横挂着一幅八仙过海的织锦。贝安加告诉爱梅，那是她的父亲和自己结婚时祖母送的喜幛，她一直完好地保存着，将近60年了，还跟新的一样。

第一次纽约见面时，贝安加就告诉谭爱梅，自己得了肝硬化已经40年，估计已时日无多。但是贝安加脸上一点也看不出被病痛折磨的迹象，不但如此，她对自己的形象依旧一丝不苟。在阿尔卑第一次出门散步时，爱梅注意到贝安加的首饰很特别。贝安加说，从纽约回到洛杉矶后，她去一家大医院看病。医生建议她住院治疗，她问医生大概花多少钱，医生说7000美元。贝安加一笑，起身离开了医院，走进对面一家珠宝店，径直花7000美元买了这套首饰。说这话的时候，贝安加还是一如既往地有点小调侃、小得意又不驯服的神情。是啊，遥想当年，战争、贫穷、离别、牢狱都没让这个看起来娇小的女性屈服，现在，疾病岂能让她放弃按自己的意愿生活？

谭爱梅并没有意识到，这是她与贝安加的最后一面。其实此时的贝安加已经到了生命的最后阶段，仅仅3个月后，贝安加就带着她的爱恨情仇，她的所有故事，永远离开了这个世界。

异国之恋

关于父亲，谭爱梅的记忆并不完整。父亲谭展超去世的时候，谭爱梅只是小学六年级的学生。谭展超 1910 年出生于广东新会沙田村一个富裕的家庭里。在乡村读完小学之后，家里把他送到香港拔萃书院（Diocesan Boys' School）。拔萃书院是一所教会学校，历史悠久。香港不少政商名流都在此校毕业，最有名的学生是 1883 年 9 月入学的孙中山。

"谭家主要是以屠宰业为生，祖母把父亲送到拔萃学院，是希望他好好学习英文，把我们家的生意做到香港。但是他不愿意。"谭展超的志向是学军事。1927 年高中毕业后，他不顾家人的反对，前往意大利，此后在意大利开始了一系列的军事学习生涯：1928 年，入意大利陆军军官学校；1931 年，入意大利陆军骑兵专门学校；一年后又考入意大利山兵专门学校学习。

1935 年 10 月 1 日，谭展超以上尉军阶考入都灵的意大利陆军大学读书，为第 65 期学生。有一次，他跟随他的好朋友、军校同学安东尼奥

谭展超（左二）在香港拔萃中学时就立志学军事，17岁高中毕业后不顾家人反对只身到意大利学军事，成为一个精通意大利文、英文、法文与西班牙文的军事精英

参加舞会，结识了安东尼奥的表妹贝安加。贝安加是意大利贵族出身，父亲是墨索里尼政府海军部的高级官员，母亲来自著名的美第奇家族，有女爵封号。谭展超对这位美丽活泼的意大利女郎一见钟情，贝安加也被风度翩翩的中国学生谭展超迷住了，两人迅速坠入情网。但是这段异国恋遭到贝安加父母的强烈反对。但贝安加态度坚决，甚至不惜与父母决裂。无奈之下，疼爱女儿的父亲也只能让步，安排他们在梵蒂冈圣彼得教堂举行婚礼。

1936年10月7日，贝安加披着美丽的婚纱，如愿以偿嫁给了26岁的中国留学生谭展超——贝安加的年龄在她后来的岁月中一变再变，渐渐地也成了一个谜团。如果按照她去世后家人所拟的讣告显示，她出生于1916年，这一年她20岁。但这似乎是一场不被祝福的婚礼，只有冷冷清清几个人参加。值得一提的是，当时为谭展超做伴郎兼证婚人的，叫孙乾，他是孙中山长兄孙眉的孙子，当时也在意大利陆军大学学习。他无意中成为这段历史的见证者。

婚礼过后，他们开车去度蜜月。缠绵的男欢女爱，还少不了一贴催情剂，这也是书名《鸦片茶》的由来。隔年3月，他们的第一个女儿玲珑格（Lylongo）便呱呱坠地。1938年5月，第二个孩子强纳生（Jonathan）在都灵出生。

1938年7月1日，谭展超从都灵的陆军大学毕业。但此时意大利国内的政治气氛令谭展超很是

1936年10月，贝安加不顾家庭反对，与在意大利陆军大学读书的中国学生谭展超在梵蒂冈大教堂结婚

不安。此时德国已与意大利签订同盟条约，形成柏林—罗马轴心，他的军校同学，甚至包括他的好友、贝安加的表兄安东尼奥都对此兴奋不已，他们也希望日本在亚洲战场获胜，将来意大利和德国、日本结盟，征服世界。作为一个中国人，谭展超无法接受这样的论调。另外，抗战前夕，著名军事家蒋百里赴欧美考察军事，期间曾访问意大利陆军大学，而谭展超因成绩优异，被选为学生代表陪同校长接待蒋百里，谭爱梅说：“父亲后来执意回国投身抗战，也是受蒋百里感召。”当时蒋纬国以少尉侍从官的身份，陪同蒋百里访问，由此也与谭展超结下一段缘分。

从都灵到都匀

此时，中国已经开始艰难的反侵略战争，谭展超执意回国，尽一名军人的天职。贝安加也十分支持丈夫的决定。此时的贝安加已经有了两个孩子，如果跟随谭展超回国，她就要放弃在意大利相对优越的小妇人生活。但对丈夫的爱让她没有一点犹豫——在父母忧心忡忡的目光中，她带着两岁半的女儿和刚满一岁的儿子强纳生乘船，前往对她来说遥远而陌生的东方。1938 年秋天，他们从香港上岸。此时的贝安加还有了一个中文名字“谭萍国”。

省亲结束之后谭展超就到重庆报到。虽然他报国心切，但分配工作的过程似乎不太顺利——谭展超在意大利学的是山岳作战兵科，而中国军队当时并没有这个兵种。此时怀了身孕的贝安加后来到香港一家法国医院生下一个女儿，取名尤拉（Yula）。但小婴儿不幸患了胸膜炎，死在法国医院的急诊病房——这大概是异域生活给贝安加的第一个“下马威”。

1939 年，谭展超遇到了对他未来军事生涯影响最大的一个人——孙立人。1937 年，时任税警总团第四团团长的孙立人在淞沪会战时身受重伤，他被宋子文安排到香港跑马地养和医院养伤。后来任行政院副院长兼财政部部长的孔祥熙，有意重建税警。在德籍顾问斯坦因的建议下，孔祥熙决定起用孙立人重建这支队伍。于是孙立人开始招兵买马，重整旗鼓。这支新部队更名为“财政部盐务总局缉私总队”。

1938 年 3 月，缉私总队在长沙成立，孙立人为总队队长。第二年，到香港公差的孙立人，遇到了谭展超。也许是因为有共同的留洋学习军事的背景，两人虽初次相见，却相谈甚欢。广纳贤才的孙立人趁机邀请谭展超到缉私总队工作，并许以少校之衔。谭展超于是加入了孙立人缉私总队，这成为他终生追随孙立人的开始。谭展超在缉私总队担任山地作战和骑兵训练教官，教导马术和攀爬悬崖峭壁的各种技能。

1940 年 11 月，缉私总队恢复税警总队番号，孙立人任总队长。改编后的税警总队兵力已增加到 6 个团。经过孙立人两年多的苦心经营与训练，它已成为一支精锐之师。第二年，税警总队改编为陆军新编第三十八师，孙立人任师长。原税警总队的直属部队，成为师直属部队。谭展超顺理成章地留在师部，成为孙立人身边的作战参谋。

情变

当谭展超终于将报国之志付诸实处时，贝安加也继续着她夫唱妇随的生活。她和谭展超把家安在离营房不远的一个简陋木板房里。《鸦片茶》里，还有一张身着运动衣的贝安加打网球的照片，背景是密密麻麻的围观者。可以想见，她在贵州都匀这个穷乡僻壤的中国西南角，是多么特殊的存在。

1940 年 4 月，24 岁的贝安加生下了第四个孩子，为了纪念因患胸膜炎夭折的婴儿，她让第二个女儿继续沿用“尤拉”这个名字。

但是，一个猝不及防的意外让贝安加的生活从此发生彻底的改变。贝安加在《鸦片茶》里描述，从谭展超“凝视着坐在医护营房门边的一个护士的眼神”，她立即感觉丈夫与这位女护士有着非同寻常的关系——贝安加的直觉没有错，此时的谭展超心里已经有了另外一个女人，她就是谭爱梅的母亲何懿娴。

比谭展超小 7 岁的何懿娴出生于香港小康人家，父亲在铁路局工作，是位工程师，母亲是位教师，中年早逝，父亲再娶。何懿娴很早就离家，考上了香港圣玛利诺医院的护理学校。毕业之后，何懿娴就一直在圣玛利诺医院工作，一直做到护士长。抗战爆发后，她放弃香港的工作，来到都匀。

母亲去世若干年后，谭爱梅曾去加拿大拜访何懿娴当年的闺中密友芬妮。芬妮告诉谭爱梅，何懿娴当年被誉为圣玛利诺医院的“院花”，因为她容貌靓丽、成绩好又做事勤快，当年追求者甚众。“我在加拿大找芬妮谈时，她还记得有一次我妈妈告诉她，说我爸爸带她去参加舞会——那时她们在香港圣玛利诺医院工作。”谭爱梅后来才知道，谭展超与母亲的哥哥都是香港拔萃中学的学生。“我猜想早在我父亲在香港读书时他们就认识了，只不过那时候母亲还小。等到父亲结婚回中国时，我母亲已经出落成大姑娘，有一种成熟的美。”至于何懿娴是否因为谭展超才到的都匀，则成了一个永久的谜。

心高气傲的贝安加怎么能接受自己是这场感情失败者的角色？也许对她来说，与其等待那个男人最终离她而去，还不如自己先离开这个背叛她的男人。而陷入情感纠葛的谭展超也许只能看着刚烈的贝安加转身离去。1941 年夏天，谭展超陪着她带着孩子们离开都匀，先回香港。但香港当局认为贝安加的护照不合规，不许她们母子留在此。贝安加决定一人带孩子们前往上海。此时她又怀有身孕，但倔强的贝安加赌气带着孩子和女佣，在战火纷飞下，乘坐一辆卡车先到达桂林，再转机香港，最终抵达了东方冒险家的乐园上海。

上海与蓝姆伽

在上海，贝安加开始了她一个人的冒险。她是一个母亲，残酷的生活要她一人担负起养育几个孩子的重任。1941 年 10 月，贝安加在上海耶稣医院，生下了又一个女儿艾洛玛（Aloma）。此时，她带着四个孩子，最大的也只有 5 岁，除此之外，还有一位贵州女仆和上海阿妈，除了日常开销大，还要缴付医院生产费用。谭展超临行前让她带的港币很快用光，由广州汇到上海中央银行的钱也不够用。但贝安加不想让父母知道她的窘境，她家人也不知道她身在何处。

两个月后，举世震惊的珍珠港事件爆发。此后，上海的气氛变得格外诡异，轴心国与同盟国的外交使节团，钩心斗角，尔虞我诈，都在尽一切手段互相套取对方的情报。《鸦片茶》中描述，她结识了一位举止有欧洲风味的中国女人，经由这个女人的介绍，她变成周旋于外交官社交场合的一名交际花。南京汪伪政权外交部的一个特别顾问、日本大使馆的情报官黑田中校通过那个中国女人，要求跟她见面。黑田向她出示美国支援中国抗战的美国航空大队队长陈纳德的照片，要她说明陈纳德在都匀停留的时间、飞机跑道建在哪里等等。她如实说出后，黑田给了她一个装满钞票的信封，还邀请她参加第二天德国大使馆举行的为希特勒祝寿的宴会。

而在遥远的另一方，此时的谭展超已经踏上了赴异国征战的艰辛历程。美国正式对日宣战后，因为东南沿海全部被日军控制，中美决定组成一支远征军，打通滇缅线。1942 年 2 月，中国远征军成立，下辖第五军、第六军和第六十六军。孙立人的新三十八师隶属张轸的第六十六军。当月，他们从都匀出发，徒步行军到千里外的贵州西南角兴义，举行了誓师大会，并继续行军到中缅边境的小城——云南安宁。3 月 27 日，在晨光熹微之中，新三十八师依次登上停在滇缅公路旁的 350 辆卡车，踏上跨越国境之旅。

4 月，孙立人的新三十八师参加了曼德勒会战，期间又在仁安羌解救了被日军围困的 7000 英缅军。但因指挥系统混乱，新三十八师的优异表现无法阻止中国远征军首次入缅作战的溃败之势。在日军已截断中国军队归路的不利形势下，孙立人当机立断，带领新三十八师踏上向西撤往印度之路。而执意回国的杜聿明则把部队带入了人间地狱野人山，几乎遭受灭顶之灾。

谭展超在香港与孙立人相识后，追随孙立人终生。图为作为新三十八师师部高参的谭展超在缅北战场

1942 年 5 月 27 日，新三十八师走出林区，抵达印度，军容整肃，锐气不减。而后，他们与新二十二师进驻印度蓝姆伽训练基地。在蓝姆伽，谭展超以师部高参的身份，主要担任特种兵训练班的教官，他教导的科目是骑马战术和丛林战术，这些都是训练班的必修科目。后来有些文章形容孙立人的部队来自五湖四海，戏称他手下有“八国联军”，即指孙的部属中有来自欧美著名军校的毕业生，“八国”中来自意大利的就是谭展超。

当谭展超在缅甸前线作战时，何懿娴曾在美军野战医院担任护士。后来因为怀有身孕，何懿娴转到昆明第 95 战地医院任职待产。1943 年 2 月 1 日，她与谭展超的第一个女儿谭友梅在昆明出生。

尴尬的重逢

弥漫的战火，将谭展超和贝安加两人之间本就脆弱不堪的那丝牵系，撕得更加粉碎。他们踏上各自的命运轨道，朝着不可预知的方向渐行渐远。

在被日军占领的上海，凭借着美貌和特殊的出身，周旋于各方势力之间的贝安加逐渐成为上海滩的社交名媛。可是贝安加的内心并不是没有纠结与自我拷问，有一次她目睹了日军的种种暴行，内心极度恐惧，但一看到孩子们，“谋生”的念头就压倒了一切。她安慰自己：这一切都是为了孩子，为了活下去。即便如此，她还是又经历了一次丧子之痛——强纳生在法租界的公园里被一条流浪狗咬到，染上狂犬病而死。

此时，贝安加还没有最后放弃谭展超——她后来在庭审上说，1942年11月，她离开上海乘商船到香港，打探谭展超消息。谭母告诉贝安加，谭展超已回到内地；贝安加在广州遇到了谭展超的一位朋友，对方告诉她谭展超已死。

贝安加并不知道，此时的谭展超在蓝姆伽与他的新一军战友们卧薪尝胆，他们很快就发动了一场酣畅淋漓的复仇之战。从1943年10月起，在反攻缅北战役中，焕然一新的新一军一路推进，将素以凶悍著称的日本第十八师团久留米师团打得无还手之力。1945年1月27日，新一军与滇西中国远征军联合攻克中国境内的芒友，打通了中印缅公路。1945年4月，完成缅甸反攻任务的新一军分批回国，列入第二方面军张发奎部建制。此时的谭展超应该沉浸在国家胜利与生活幸福的双重喜悦中
6月13日，他与何懿娴的第二个孩子谭雄飞在广州出生。

1945年9月，新一军参加了广州受降仪式。受降仪式刚一结束，孙立人就下达命令，立即着手筹备修建新一军印缅抗日阵亡将士公墓。孙立人极度重视此事。他郑重其事地沿用在印缅战场上高空侦察的方法，三次乘坐军用飞机盘旋于广州上空视察，亲自选址，最后选定了广州市郊白云山麓的马头岗。

新一军阵亡墓园的建造，所有经费都是官兵自掏腰包捐献的，没有动用政府分毫。工程的人力来自征调的600名日本战俘——“二战”胜利之前，孙立人曾访问欧洲战场。在德国与巴顿将军会面时，孙立人见到巴顿指挥德军战俘服劳役。受此启发，孙立人下令从日军集中营中征派战俘，在广州修建新一军纪念墓园。

1945年下半年，也就是谭展超按照孙立人指令，每天派出一个工兵

连押解 600 名日本战俘到白云山麓修筑新一军公墓的时候，他却陷入了令他无比尴尬的局面。全国上下大大小小的报纸，都在报道这样一个消息：国军将领谭展超的意籍妻子因间谍罪被抓。

值得一提的是，贝安加当时被关在广州市郊的沙面战犯拘留所——日本投降前，沙面是日本华南派遣军司令部所在地。日本宣布投降后，沙面是新一军受降部队在广州的登陆地点，也是新一军指挥部所在地。一个是胜利者，一个是阶下囚，曾经一对恩爱夫妻，竟然以这样方式相逢于广州，真令人感慨命运无常。

身陷囹圄

贝安加在《鸦片茶》里说，日本宣布投降后，她在上海认识的那位中国交际花，劝她迅速逃离中国，但她不以为然，想留下来等待谭展超的消息。据后来接受审问时的证词，贝安加从一位自印缅战场回来的美国军官口中探知谭展超尚健在，且已随新一军返粤驻防的消息，“喜出望外”，辗转请求汤恩伯代为打探进一步消息。

此时的贝安加没想到，她早已被美方情报人员盯上。对贝安加的指控，是由美国战略情报署（Office of Strategic Services，简称 OSS，CIA 的前身）的葛雷中尉提出的。葛雷当年显然是把“女谍贝安加”当成一个要案来办。他与同事菲洛尔合撰了两份报告，由包含贝安加口供在内的 9 份侦讯笔录组成，内容包括替日本人搜集情报、走私黄金美钞、男女关系混乱等等。证人组成来源也非常“国际化”：除一位中国籍外，其余 7 人分别来自意大利、日本、德国等国——幸运的是，这些档案如今都完整地保存在广东省档案馆里。台湾“中研院”研究员罗久蓉据此写了一篇内容很详尽的文章，收录于《她的审判》一书。

关于贝安加替日本人从事间谍工作的指控，葛雷最主要也是对贝安加最不利的证据，来源于一位名叫约瑟夫·埃宁（Joseph Ionin）的证词。

当时，沦陷后的上海警察局外事组，实际上是日本宪兵队的一个情报单位，即所谓的斋藤机关。埃宁即是为斋藤机关工作的俄籍间谍。根据埃宁的说法，上海沦陷后，斋藤机关专责搜刮上海外侨的产业，手下雇用许多外籍人士，他和贝安加都在其中。他们凭借过去在外侨社群中建立的人脉，掌握外侨从事黑市金融交易与非法财产转移的信息，并将信息提供给斋藤机关，从中取利。

从葛雷提交的证词不难看出，他对贝安加是充满厌恶的。他请第二方面军上校科长汤炎光提醒张发奎，贝安加是一个既“投机”又“危险”的女人。报告所呈现的只是他们目前所掌握的情报的“一部分”。

接到葛雷的报告后，广州行营方面将贝安加的身份定位为“国际间谍”，开始了对贝安加的审讯。广东档案馆保存的原始记录显示，贝安加对间谍指控全盘否认。她的证词记录反倒勾勒出在战火纷飞的年代，一个独自抚养几个孩子的异国女子，为了生活而颠沛流离、忍辱负重的辛酸景象。

贝安加在庭审口供中说，她多次因国军家属身份被盘查，甚至被告知已被日本宪兵队列进重庆特务黑名单，行动受到日方监视。因为经济来源断绝，生活陷入困境，她独自一人到香港打听丈夫下落，从谭展超母亲那里得知丈夫已入内地，遂赴广州向法国领事西门申请签证。在广州，从谭展超朋友那里听说谭展超已被日本人杀害，悲痛之余，只能北返。从贝安加的审讯记录来看，她正是在此次广州之行中结识了法国维希政府驻广州的领事菲利浦·西门。从 1943 年起，贝安加与西门同居。她承认利用与西门的关系，此后多次往返上海与广州，利用广州和上海的黄金差价转手牟利，并从中赚取35%佣金的行为，而对其他指控都是否认的。

营救与自救

当贝安加以“战犯”身份，被移送到中国监狱之后，她开始意识到情况可能真的不妙。据留在广东档案馆的记录显示，贝安加是唯一与海斯等纳粹党人同列于“纳粹间谍及协助日本之外籍嫌疑犯名单”而被逮捕的意籍人士，也是唯一的女性战犯。海斯是在华南主持谍报工作的德军大尉，直属上海阿尔哈尔的德国特务总机关。她开始想到向父母求助。贝安加后来也向谭爱梅坦陈，如果不是意识到问题的严重性，“本来以我的个性，是绝不会这样做的”。

谭展超也是第一时间知道贝安加被捕消息的，他立即向他的长官孙立人做了汇报。孙立人显然意识到此案的重要性，档案显示，就在葛雷的报告送到第二方面军的第二天，1945 年 12 月 13 日，张发奎就收到了新一军军长孙立人的信。信中说：“……查 Bianca 确与谭展超结婚多年，已经生男育女，前随谭展超客居都匀军需时，尚属善良……”

除了对贝安加的身份做了背书之外，更重要的是，孙立人以贝安加间谍嫌疑案的犯罪侦讯地点都在广州市为由，向张发奎的广州行营申请，希望本案能由中国法庭审理。孙立人致张发奎公函的背后，显然是谭展超的推动，也表明谭展超救贝安加心切，不希望贝安加案变成超出中方控制、由盟军主宰的审判，如果那样，贝安加将陷于极大的被动状态。

“除了我父亲出力，你自己做了什么？”1993 年贝安加住在谭爱梅家中时，她曾这样问过贝安加。“我不停地吵闹。”她回答。根据广东省档案馆的资料，当时“不停地吵闹”以致身心崩溃的贝安加，被认定“神经错乱”。1946 年 3 月，她被送到了广州博济医院。

微妙的是，在《鸦片茶》里，贝安加写道，当她被关到战犯拘留所时，第一个来探望她的，是一位女护士。凭着女人的直觉，贝安加立即判断出对方的身份——“情敌”何懿娴。何懿娴自我表明是护士后，替贝安加做了基本的身体检查。两个爱上同一个男人的女人相见气氛平和友好。何懿娴还告诉贝安加自己已为谭展超生了一个男孩子，肚子里还怀了一个——真实生活中，这是何懿娴与谭展超的第三个孩子，也就是后来在沈阳出生的谭爱梅。

贝安加此时的感觉无疑是复杂的：当她从何懿娴嘴里得知她与谭展

超并没有正式结婚时，她还是流露出一种难言的欣慰甚至优越感。尽管夫妻缘分已尽，不知出于内疚还是念及往日的情分，这段时间，谭展超无论在给孙立人的报告还是对外接受记者采访，依旧不离不弃，不但在名义上确认贝安加的妻子身份，也在名誉上加以维护。

贝安加后来坦率告诉谭爱梅，意识到情况比想象的糟糕之后，她开始寻找生路。“我想是不是尝试利用女人的特点来求生。”贝安加想到，如果怀了孕，也许会为自己留一条生路。

“在博济医院的病房内，父亲成了她最大的计划。”谭爱梅说。在《鸦片茶》里，贝安加是这样写的：谭展超送她一瓶带有薰衣草气味的香水，这是带有两人缠绵悱恻感官记忆的礼物，它再次将两人的激情推向高潮。炙热而缠绵的情爱，令她意识到两人的独特爱情从未消失……

“我想贝安加的最主要的动机是求生，当然不排除她对父亲仍有感情；至于父亲，贝安加毕竟是他的合法妻子，几个孩子的母亲。”虽然讨论父亲与两个女性的情感纠葛多少令谭爱梅有些尴尬，但她还是用超然的态度，来尽量体会他们当年的情感世界。她猜测母亲对此是知情、默许的，这出于对贝安加的愧疚，也出于对父亲谭展超的关爱。她知道他在为贝安加的性命担忧，如果此举能让贝安加免于一死，她不会阻拦他的。

真实生活中的贝安加如愿怀了孕，“用女性的身体对抗法律”，这也许是她所能想到的自救的最后也是最有效的一招。1947 年 3 月 27 日，贝安加生下了一个男孩，她把他取名强纳生，小名强尼（Johnny），以纪念在上海因狂犬病而不幸去世的强纳生。

贝安加案几经推演，形成这样的局势：如果能证明贝安加与中国人有婚姻关系，便可认定她有中国籍，如此即可以“汉奸罪”而非“战犯罪”论处。值得一提的是，当年为他们做证婚人的孙中山的侄孙孙乾，此时已出任广东中山县县长。1947 年 4 月，孙乾出示公文，证明贝安加当年嫁给了谭展超。

贝安加案自一开始便备受舆论关注。美貌、阴谋、爱情、背叛……

这个案件富有太多值得传播的要素，又因为涉及人员身份之复杂，更增加了它的舆论关注度。

1946年3月27、28日，《申报》连续两天报道贝安加的间谍案，也发布了谭展超为贝安加公开申辩的内容。《申报》称谭展超再三说贝安加是因为美貌而招祸，这样很容易使这个间谍案转变为桃色新闻案情。从《申报》记者《一位聪明美丽的意大利女郎：女间谍贝安卡》的报道口吻便能看出当时那些看客的心态："……她，尖长的脸庞，两颊绯红，那双蓝中带黑的眼睛，有若秋水盈盈，衬托着那柔软的金发，一种妩媚的姿态，确实是极富诱惑感的天生尤物。那时她是躺在床上，盖着一床白被单，露出了一双雪白的臂膀。"

更扑朔迷离的是，贝安加在审讯中又指控葛雷对她的指控动机不纯："到广州后，他说我面貌好，曾向我追求，我不允，所以诬告为间谍。"此外，贝安加还说葛雷将她关押后，她随身携带的35两黄金以及5000美元都不翼而飞，意指葛雷为了贪这笔钱而陷害她。葛雷又反指贝安加诬告……这些细节更增加了这桩"美女间谍案"的热度。

贝安加在《鸦片茶》里把自己的命运描述得极富戏剧性：她被中国法庭判处死刑，但在行刑前的最后一刻，法庭宣布了蒋介石的特赦令，免除她的死刑，但她必须在60天内离境——实际上，经过两年诉讼，1947年11月25日，广东高等法院以证据不足为由，将贝安加无罪释放。

在《鸦片茶》里，贝安加将自己的得救也归因于宗教力量的运作。她说自己的母亲是教皇的侄女，经母亲的努力，教皇已令梵蒂冈发电报给广州教区主教，请他就近给予贝安加必要的关怀。她母亲从梵蒂冈得到一个令人鼓舞的讯息：南京教区的于斌主教已被教廷任命为中国首都总主教，也许可以通过他向蒋介石当面提出赦免的请求。广州教区的法籍主教也来探望她，给她鼓励——但当年这起中国间谍案中是否真的惊动了远在梵蒂冈的教皇，我们不得而知。

人生不相见

谭展超并没有等到他与贝安加在特殊情境下孕育的那个小生命的降临。因为此时的他，已接到随部队奔赴东北战场的命令。即将离开广州的谭展超还是给贝安加留下他最后的支持——他在一张纸上用英文写了一张证明信，承认自己是贝安加腹中孩子的父亲。这份类似证明信的便条至今还存在广东省档案馆里。

作为国民党的精锐部队，谭展超所在的新一军是国民党第一批投入到东北内战的军事力量。在东北，孙立人把谭展超所在的搜索营提为团级，谭展超成为骑兵团团长。何懿娴也跟随谭展超到了冰天雪地的东北，转到沈阳军医院工作。1947 年 11 月 21 日，即贝安加在广州接受法庭审讯前两天，何懿娴在沈阳生下她与谭展超的第三个孩子谭爱梅。

在东北战场，孙立人与杜聿明失和。无奈之下，蒋介石只好把孙立人调离东北战场，按魏德迈的建议，让孙立人出任陆军训练司令。孙立人选择到台湾练兵，他带了一批从缅甸转战东北的旧部，谭展超正是其中一位。

1947 年底，贝安加获释。此时的她仍不死心，她写信给新一军指挥部查询，接到的回电说，谭展超已在东北的一场战役中“阵亡”。这个消息彻底斩断了她与中国的联系。万念俱灰之下，贝安加回到上海，接回寄养的孩子，在一个同情她的犹太成衣商的资助下，乘船回欧洲，永远离开了爱恨交织的中国。

贝安加并不知道，此时的谭展超已追随孙立人到了台湾，在台南一隅开始训练新军。孙立人以陆军训练司令部总司令的身份，在凤山主持“陆军第四军官训练班”。谭展超任陆军第四军官训练班特兵总队少将队长，兼骑兵大队队长。谭展超最小的儿子谭杰飞就是在嘉义出生的。

到了台湾后，谭展超把家安在屏东青岛街的眷村里。“这一片都是比较高级的日本人的官邸。住在这里的人，官阶都比较高。”谭雄飞则记得，有时候父亲骑着马回家，身材高大的他骑在马背上，显得威风凛凛。

青岛街的日式住房，当初院子里的围墙是矮的，每逢庆生或聚餐的场合，父亲的同僚和长官骑着马来，把缰绳拴在围墙顶层的砖上，这画面想起来是何等豪迈。

有时候，谭展超也带回吊绳之类的爬山工具，教几个孩子爬树、摘龙眼。对谭爱梅来说，童年记忆里另一件印象深刻的事，则是父亲带她去拜访孙立人的家。“我记得那时我还在上幼稚园，有一天，我爸爸骑脚踏车回来接我，我那天碰巧穿得很漂亮，穿着小皮鞋、白袜子。父亲换上便服，让我坐在自行车的前面，载着我来到一栋白色的大房子前面，爸爸说这就是孙将军的家。我记得院子很大，里面有很多树，然后来了一个传令兵，带我们进屋。没想到大理石地面非常滑，我脚下一滑整个人就摔出去了……定下神来抬头一看，好大的厅堂，有两个穿着白围裙的女家庭工作人员。孙将军站在那儿笑眯眯地看着我。”

现在想起来，只可惜，那是风暴来临前一段短暂的安宁时光。

1955 年，震惊中外的“孙立人案”爆发。孙立人一手培训起来的“第四军官训练班”自然成了这场政治风暴的重灾区。部队全面收缴与孙立人有关的任何照片与文字图片，孙立人的旧部也经历了一次前所未有的大调遣。作为多年的老部下，谭展超被连降两级，从少将变成中校，而且无法再带兵。由于他有山地作战的学识和经验，谭展超被派到台中谷关去创办一个山地寒地作战训练中心，他出任总教官。谭展超也曾想转到外交领域，但申请一再被驳回，他最终也心灰意冷。

到了 1957 年左右，大陆开始搞轰轰烈烈的“大跃进”运动以及人民公社化运动。对岸的蒋介石认定大陆必定会发生大规模动乱，于是重提他的“反攻大陆”计划。“反攻计划”分南北两线。南线战略是从大陆西南的滇缅山区进入，北线战略是从朝鲜半岛切入，这就需要寒带作战的技术与装备。经蒋纬国的推荐，谭展超获派赴美考察寒带作战技术。

其实此时的谭展超到美国还有另外一层诉求。谭展超两年前发现自己患了咽喉癌，到美国不久咽喉癌复发。谭爱梅后来听母亲说，父亲在出国接受治疗前，曾在医院通过放射疗法把病情一度控制住。但父亲坚信西医，想去美国把病彻底医治。

小学六年级的某一天，放学之后，爱梅一进到家，就发现家里的气氛颇不寻常。只听到不少人聚集在母亲的卧房里谈论着，然后是母亲的啜泣声……1960 年 3 月 9 日，谭展超在华盛顿特区的海军医院去世，当时他还不满 50 周岁。谭展超的遗体从美国运回台湾时，因为他身材高大，铜棺的尺寸过大，必须撤除飞机内部的一些装备，才能把铜棺运送回

1950年，谭展超一家在台湾屏东的全家福。后排左起：谭友梅、何懿娴、谭展超；前排左起：谭杰飞、谭雄飞与谭爱梅。几个孩子分别出生于昆明、广州、沈阳、嘉义，这几个出生地，几乎是抗战与内战史的地图

来。遗体告别会上，谭展超的长官朋友部下无数，年幼的爱梅只能随着队伍走过棺边，静静地凝视着父亲的遗容 5 秒钟，这是她与父亲的最后一面。

两个女人

葛雷当年在对贝安加的指控词里写了这样一段充满鄙夷与不屑的话："谭萍国（贝安加的中文名）曾告诉我们，她一直想成为一个女作家。事实上，她一生的故事，就是一个女人依照自己的幻想肆意演出各种虚构角色的浪漫乐章。她一生都活在虚构与欺骗中。在中国监狱写下生命最后一章，对她来说，或许可以说是适得其所。反讽的是，在所有被她欺骗的人当中，她自己却是最大的受骗者。"

现在看来，葛雷的断言下得太早、太武断。贝安加不仅没有在中国"写下生命最后一章"，反而在世界的另一端开始了精彩人生。回到阔别近 10 年的欧洲，贝安加将孩子们送到瑞士的一家寄宿学校，自己前往战后的巴黎找工作。由于她在上海法国人开的服装店有工作经验，一个裁缝师聘用她担任特别助理。谁也没有料到，这位名叫克里斯汀·迪奥（Christian Dior）的裁缝师，也就是后来国际知名服装品王国的主人。贝安加后来回意大利也开了服装店。

包括谭展超在内，贝安加一生一共结了 6 次婚——贝安加曾给谭爱梅看过照片，最后的两任都比她年轻很多，也很英俊。但《鸦片茶》里只写到了第四任，她原计划写《鸦片茶》的续集，在里面提到后面两个丈夫。可惜，这本书还没出版，她已去世。

贝安加敢爱敢恨的性格终生未变。第四任丈夫有了外遇，她一气之下把和他生的儿子改姓了谭（Tam），而他们共同创建的当地一家很大的服装设计公司，也忽然一夜之间被大火烧得精光，损失惨重……贝安加在重重疑虑的目光之下，又开始追寻下一段精彩生活。谭爱梅曾直言不讳地问她："你不是虔诚的天主教徒吗？怎么会允许你结六次婚？"贝安加略带戏谑地轻轻一笑："我每次跟前任说，我要跟别人结婚了，就离开他。"——贝安加或许是现实生活中的卡门，永远忠于自己的情感，爱情才是她的宗教。1988年，贝安加与第六任丈夫结婚的婚帖上，左边印着谭展超和她的结婚照，右边印着她和新婚丈夫的结婚照，可谓惊世骇俗。

1985年，贝安加的自传体小说《鸦片茶》出版后轰动一时，仅在意大利就销售22万册。这本书后来被翻译成23种语言。不过遗憾的是，这本与中国抗战历史有紧密关系的书，竟然没有中文版。"我没有问她原因，我想，她也明白这本书虽是基于真实经历，但有很多虚构的成分。如果译成中文，可能会有很多人去核实甚至质疑她，会有很多麻烦。"

《鸦片茶》里有很多猎奇的成分，除了描写贝安加与谭展超的性爱之外，甚至还有贝安加与谭家女仆暧昧的同性之恋。颇有东方神秘色彩的"鸦片茶"成了贯穿始终充满某种暗示的象征物。"贝安加在书里写我们家种鸦片，但我后来问我堂姐，她说谭家根本没有这个生意。"提起这个，谭爱梅有点哭笑不得。

耐人寻味的是，贝安加一直保留着Tam这个姓。在《鸦片茶》中，无论贝安加后来有着什么样色彩斑斓的感情生活，她的笔下却自始至终流露着对生命里第一位男性——谭展超的爱恋。在谭爱梅看来，贝安加实际上是在用一段又一段的婚姻来报复她最深爱的男人。而"夺走"谭展超的何懿娴，无疑是她生命里最无法释怀的对手。"贝安加的意识中，好像一直认为我妈妈还在人世。所以当我们第一次见面时我告诉她我妈妈早已过世的时候，她好像有点震惊。"得知何懿娴早已离世的消息半年之后，贝安加就去世了。是"对手"的消逝，让她潜意识里终于放弃了这场生命力的竞争？

1960年谭展超去世的时候，何懿娴只有43岁。她不得不担负起一个大家庭的全部重任。

来台之前，何懿娴的身份是护士。但因为时局动荡，她当年在香港取得的护士执照早已丢失，故无法重回医院工作。此后不久，她消失了一段时间，爱梅后来才知道她是从水路藏在船舱底下，偷渡到了香港。但因为她离开的时间太久，医院一时无法再颁给她护士执照。何懿娴无奈又回到台湾。

走投无路之际，何懿娴给蒋纬国写了封求助信。当年蒋纬国曾陪同蒋百里访欧，与谭展超相识。蒋纬国还比较讲义气，收到求助信后，为何懿娴写了封推荐信，将她安排到台湾银行做了临时雇员。何懿娴之前从无在银行工作的经验，此后每天清晨5点，她必定起床练习打算盘。何懿娴很用功地学习，加上她本来英文就好，又写得一手好字，她从屏东分行的基层，不断升职，最后升到台湾银行台北总行的办事处。

直到很多年后，谭爱梅才意识到，小时候在家里从未见过父母的结婚照。“他们的正式婚姻关系也许始自来台后的一次户口登记。母亲怀抱的是她对父亲终生不渝的爱情，这份爱情使她在逆境中独自撑起我们的家。”

谭爱梅在美国时，曾收到母亲的一封信，信里写道：“我从不悲苦到子女,拼命挣扎来苦自己。尽量撑起这个重大的家庭责任。养鸡、卖鸡蛋、晒鸡粪，都是一个人来做……夫妻之间，从开始就不谈钱，感情愈好的夫妇得天忌妒，20年前就把我心爱的丈夫夺走了。你可怜的母亲，挣扎20年，得到今天的心脏扩大血压高，再也撑不下去了。属幸上主给我的力量，在四面楚歌狂风暴雨中，能养大四个孩子。”

写了这封信后不久，1979年的某一天，何懿娴在去台湾银行上班途中，突发心脏病，倒在台北火车站前去世了。可是当时谭爱梅因为与丈夫杨诚参与保钓运动，被台湾当局拒绝入境，她也没能与母亲见上最后一面。

告别与相逢

贝安加走得很突然。1993年7月，谭爱梅陪她在阿尔卑住了一周。

晚年的贝安加依然明艳动人。1993年1月，她还作为嘉宾，赴美国参加克林顿总统的就职仪式

8 月，贝安加的女儿艾洛玛前来探望她。见母亲重病，就和其他兄弟姐妹商量，把贝安加接回了意大利，送到当地最好的医院治疗。但是倔强的贝安加坚持要回到她在阿尔卑的家。9 月，谭爱梅收到贝安加从意大利米兰寄来的一张明信片，上面是一幅风景画，只简单写着“Hope to come home soon”（希望尽快回家）。不久，谭爱梅一家回台湾探亲。11 月回到纽约去邮局取信的时候，竟然见到贝安加的讣告和葬礼邀请信——这才得知，贝安加是 10 月 14 日去世的。

与《鸦片茶》的“偶遇”，也让谭爱梅开始了对西半球另一个谭家的寻找。1993 年 8 月，去阿尔卑探访贝安加的艾洛玛，在回意大利的途中，按贝安加的要求，来纽约与谭爱梅一家会面。这是谭爱梅第一次与西半球另一端的谭家人见面。

“准确地讲，我们并不是‘重逢’，因为我们以前从未‘逢’过。”谭爱梅在纽约看见了一头黑发的艾洛玛，她看起来就是一个十足的中国女人。不知是否因为与中国有千丝万缕的联系，艾洛玛在罗马大学念文学的女儿，对中国大陆作家阿城的小说很着迷。让谭爱梅吃惊的是，艾洛玛还记得童年在上海的时候咬了哥哥强纳生的那条大黑狗。“我记得强纳生拿石头去砸那只狗，狗冲过来咬了他的脚，伤口不大，没想到当天夜晚就发高烧，送到医院时已经没法救了。”

2012 年，谭爱梅与丈夫杨诚从纽约飞到罗马，和从瑞士飞来的尤拉第一次见面。尤拉的小儿子朱利安也携家人过来，朱利安长得很像谭展超。贝安加离开都匀时，尤拉还不满两岁，无论对父亲还是对贵州的生活已毫无概念。尤拉后来告诉谭爱梅，为了嫁给比自己小的丈夫，贝安加曾两次改了自己的年龄——当然是越改越小；如果根据第六次结婚请帖上的日期计算，贝安加真实的年龄应该是 68 岁了。尤拉还说，贝安加在加州的医院去世后，负责开死亡证明的医生拿出三本护照来问尤拉，哪一本上的生日是正确的。“如果按其中一本护照上的年龄，她两岁时就生了我！”尤拉说着母亲，犹如自己的姐妹。尤拉还笑着说，以前贝安加每搬到一个新地方，都会以半开玩笑的口吻问当地教堂的神父，有没有英俊、体健而多金的单身男性可以介绍给她。

不管贝安加在动荡的时代里做出什么样的选择，在“母亲”这个角色上，她毫无疑问是称职的。她尽心尽力地照顾着几个孩子，给他们最大的庇护。如今，贝安加的几个子女都在欧洲过着不错的生活。从照片上看，他们都有着很鲜明的东方特点，宽大的鼻子、深色的头发和皮肤。

与《鸦片茶》的偶遇，让谭爱梅在无意中探进了一个被封存已久的秘密。贝安加去世后的几年里，谭爱梅陆陆续续地与父亲的另一些孩子见了面——想起来这真是一个奇妙的感觉，他们在世界不同的角落生活了几十年，却从来不知道彼此。几年之后，谭爱梅与哥哥谭雄飞把这些记忆碎片用文字串联起来，出了一本《被遗忘的年代——寻找两个谭家与一个女间谍》。“东西半球两个谭家的子女都是战争的儿女。玲珑格和强纳生在意大利都灵出生时，父亲在那里的陆军大学就读，尤拉出生在父亲练兵的贵州都匀，艾洛玛出生在日本占领下的上海，强尼出生在日本投降后的广州。我姐姐友梅出生在昆明，我哥哥雄飞出生在广州，我出生在沈阳，我弟弟杰飞出生在嘉义，这些都是战争和内战的足迹。”谭爱梅在书里平静地写道。在那些爱恨情仇、悲欢离合的故事背后，涌动的其实是一个时代的动荡与苦难。

补记：

2019 年 3 月，我去台湾访问，热心于新一军公益事业的孙立人纪念馆义工吴新让大哥，在高雄车站接上我，驾车前往屏东，探访孙立人当年的将军官邸。离孙立人白色的将军楼不远，一片日式旧宅就是当年新一军高级军官的居住地——青岛街眷村。这让我想起谭爱梅回忆中所说的，这些高级军官每逢聚会，就会各自骑着马来，然后把缰绳系在围墙上。可惜那一片眷村几被拆毁殆尽。

王芸生：一个人与一部书的传奇

采访时间：2005年

1956年在北京新馆会议室，王芸生（右三）与《大公报》同事

“父亲临终前告诉我：我把40年来一天不落写的日记烧掉了，我的传记不必写了；当年我写的社评和收集的图片资料也全部被我烧毁，只有这部书保留下来，它是我留给世人最后的绝唱。”

在北京木樨地附近的一幢民居里，68 岁的王芝琛平静地讲述着父亲王芸生最后的心愿。客厅角落的书柜里，整整齐齐地摆放着一排《六十年来中国与日本》，都是一样的由书法大师赵朴初题写的书名，但 3 种不同颜色的装帧提示了它们经历的不同岁月。王芝琛的目光落在这套最新的由三联书店出版的书上，又缓缓看向墙上那张父亲的黑白老照片：“这也是他的心愿。”

“1931 年”，是王芸生重述自 1871 年始、以 60 年为时段的中日关系的终点，却是他个人对纷繁复杂的中日关系开始研究的起点。

说起王芸生与这部书的“缘起”，离不开中国新闻史的另一位重要人物——原《大公报》总编张季鸾。

1931 年在沈阳爆发的九一八事变令举国震惊。当时在国内颇有影响的《大公报》除了在第一时间报道了事变、采访了张学良外，据王芝琛介绍，事变第三天，《大公报》很少有地召开了全体编辑紧急会。会上张季鸾宣布两项决策，一为“明耻”，二为“教战”。“明耻”即尽快开辟一专栏，记载自 1871 年中日两国签订《中日修好条规》直至 1931 年的重大事件，帮助读者了解甲午以来的对日屈辱史，栏目名称定为“六十年来中国与日本”。

那时刚刚 30 岁、算不上名气很大的王芸生成为张季鸾期望的人选。20 世纪 20 年代，为《华北新闻》写社评的王芸生，因与《大公报》笔战而被张季鸾赏识，进而进入《大公

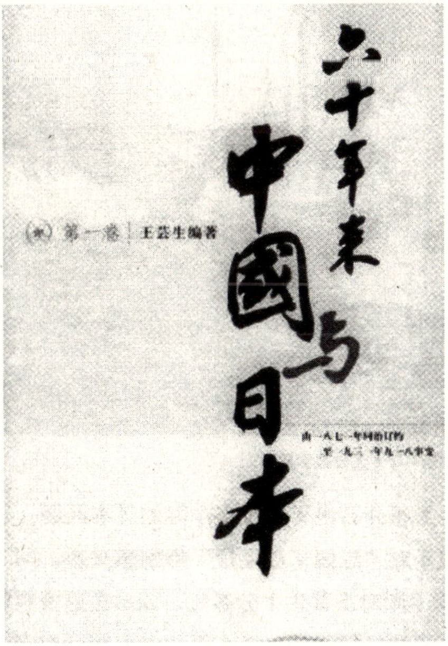

《六十年来中国与日本》

报》，成为一段佳话。

“张季鸾对父亲一向很赏识，这是他把这个工作交给父亲的首要原因；另外，张季鸾可能也意识到这个任务工作量浩大，年轻又刻苦的父亲是一个合适的人选。”王芝琛说。当时王芸生还只是《大公报》地方新闻编辑，后来在回忆这段经历时很坦诚地写道：“我当时只是一员编辑，对历史并无研究。但以义不容辞，率尔操觚，实甚浅陋。”

按照筹划，新辟的“六十年来中国与日本”专栏如果每日刊载一段，大约需要两年时间。王芸生的办法是边搜集材料、边写作、边发表。从1931年10月开始，王芸生连续三个多月，奔走于平津之间，往来于故宫博物院和北平各图书馆，此间，尤其得到了故宫博物院单士元老先生的帮助。“父亲与单士元很要好，他把压箱底的史料都拿给父亲看。”如果说王芸生在后期的名气与《大公报》本身的名气彼此辉映，那时尚属无名之辈的王芸生，更多的是凭借《大公报》得到了这些帮助。

单老先生曾著文回忆这一段，他说，清朝后期编写的一些外交材料，“已元忌讳”（因缘际会）地系统地记录外交来往文件，而这些历史档案又在溥仪出宫后公之于世，所以他毫无保留地提供给了王芸生，这也使得我们后人得以窥探很多重要历史人物几乎原汁原味的对话。

“我父亲后来跟我开玩笑说，他自己‘史运亨通’。”王芝琛微笑着回忆。但在儿子眼中，使父亲最终有所成就的因素，除了天分和运气外，最重要的也是最容易为外界所忽略的，其实还是“勤奋”。

那时王芸生面对的是浩如烟海的史籍和档案，白天在这些未加整理、杂乱无章的材料中耐心寻找、精择细选，晚间还要伏案写作，经常通宵不眠。同在《大公报》的老报人曹世瑛后来回忆，《大公报》迁到法租界电灯房后，“王芸生坐在没有自然光线的数据室里”，终日孜孜不倦地写作。

这种品质从王芸生的早期开始，一直伴随了他一生。“父亲真是太努力了！”王芝琛感慨。出身贫寒的王芸生只读过几年私塾，在茶叶店打工时捡小蜡头留到晚上读书用，“他身旁放一盆冰水，发困时就把脑袋放在水里泡一会”。在王芝琛的印象中父亲好像无所不知。“我随便提起某个历史人物,他就能滔滔不绝地给我讲一大堆故事,还有古人诗词,甚至可以倒背如流，我真的服他！”

从1932年1月11日起，《大公报》隆重推出专栏“六十年来中国与日本”，每日一段，连载长达两年半之久，无一日中断。首篇文前冠以“前事不忘，后事之师！国耻认明，国难可救！”这16个字，铿然有声，爱国之忱，跃然纸上。这一系列长文虽然以“中日关系”为切入点，但实际上是在60年来远东国际关系的大格局上，推演出中日关系的来龙去脉。

“这一系列文章受到的欢迎和造成的轰动是我父亲没有想到的。”王芝琛说。王芸生借此文章一下“声名鹊起”。“那段时间找父亲的人很多。”王芝琛说，包括一些仍旧“扎小辫”的前清政府的官员，也包括袁世凯的一个儿子，他们把自己掌握的史料提供给王芸生，由此形成了一个良性效应，王芸生手上的材料也越来越多。

记者笔下的历史，与历史学家笔下的历史有何不同？王芝琛说，也许得益于做记者养成的敏锐，王芸生能从纷繁复杂的史料中抽丝剥茧，找出大众关心的故事，再用通俗易懂的方式讲出来，“每一段历史都是一个故事”，较之于板起面孔说话的历史学家，更易为大众所接受。

但很显然，王芸生影响的受众并不仅仅是普通大众。1934年8月，由张季鸾介绍，王芸生到庐山，为蒋介石讲了两个多小时的日本问题。王芸生后来告诉儿子，蒋介石似乎对“三国干涉还辽”特别感兴趣，问了很多细节；同在庐山见到的汪精卫则对王芸生十分客气，表示需要资料的话他也可以提供。而那时已经开始走上长征路的毛泽东据说也在阅读此书，它的影响可见一斑。

1932年，《大公报》将已连载三个多月的文稿汇集成册，出版了第一卷。之后又陆续推出至第七卷。但王芸生的专栏并没有如愿将60年写完，1934年5月，写到1919年的时候，已擢升为编辑主任的王芸生搁下了笔。“他实在太忙了，《大公报》一篇篇社评写得很吃力，他不得不停下来，想着以后有时间再写。”虽然只写了48年的历史，但在结集出版时，这套书仍定名为“60年”，这也预示着既是王芸生，也是《大公报》的一个心愿。

但对王芸生而言，这一“等”已是匆匆数十载。1957年，周恩来遇见王芸生重提此事，王芸生与历史学家刘大年商议的结果是：大改困难太大，小改意思不大，倾向于中改。所谓“中改”，其实也近乎重写。“父亲从那时开始为第二版做准备，积累了很多资料”，但如王芸生自己所言，“到1966年5月，国家形势有了变化，个人遭遇也很不平常，于是再度搁笔”。

此前，王芸生“受邀”为《大公报》写史，在那个历史时期，王芸生也不得不学会用“最流行”的政治术语。后来也致力于研究《大公报》史的王芝琛说，他有一次留心观察了一下，父亲在短短两页的篇幅内竟有14处把他热爱的报纸定义为“大资产阶级”报纸。晚年的王芸生告诉儿子：“那是我最违心的文章。”私下里，王芝琛得知王芸生对写史已有了本能的抗拒。

被视为自由知识分子的王芸生虽然被毛泽东“钦点”而免去“右派”，但境遇不佳。对王芸生一家而言，“最戏剧性的变化”来自1972年。“那年田中角荣访华，和毛泽东谈话时，数次提起父亲的这本书，毛主席扭头问周总理：‘王芸生现在干嘛？他还可以为中日关系再做贡献嘛！’”第二天，王芸生就收到了参加国庆23周年招待会的请柬。所以后来有人议论，究竟是毛泽东、周恩来还是田中角荣“救”了王芸生？而王芸生在晚年流着泪告诉子女的答案是：“是这本书救了我，让我多活了好几年。”

修订之事再次被提起。1979年，自感身体不支的王芸生经历史学家建议，将从1920年到1931年的中日关系史用大事记形式补上。1980年，三联书店在最短时间内将这套书出版、发行。3月，王芸生终于在病榻上见到了由赵朴初题写书名的新版《六十年来中国与日本》八卷本的第一卷样书。弥留之际，老人捧着书，执着地要将书送给毛主席和周总理。5月30日，王芸生在北京病逝。“第二版只是在史料的细致和真实性上有修改，并没有太多地受意识形态影响。”王芝琛说，但他也承认，王芸生在第二版中对李鸿章、袁世凯的看法做了调整。王芝琛坦率地说，王芸生在再版序言中也刻意加上“国无常仇”这样的话，很显然也是出于 20 世纪 70 年代末中日友好的大局而写的。

在纪念抗战胜利 60 周年的 2005 年，《六十年来中国与日本》的第三版由三联书店出版。在中日关系更加错综复杂的今天，这套书仍然可以冷静地引导人们重新寻找历史的枝枝蔓蔓。“现在很多人提及日本只知道盲目发泄一种情绪，却并不知道我们的国家经历了什么，这些现实问题是如何产生的。父亲的这套书对此提供了‘透明’的材料，如果说过去它的历史功用是‘明国耻、救国难’，那站在今天再看这套书，显然它又具有更丰富的现实意义。”

补记：

王芝琛早年毕业于哈尔滨军事工程学院海军系指挥仪专业，一直从事国防科技工作。1991 年，54 岁的他决定提前退休，专门从事与《大公报》相关的历史研究。在采访王芝琛之前，我已得知他是癌症晚期病人。本采访完成不久，2006 年年初，王芝琛去世。

历 史

白修德：一个美国记者的历史探索

1960年的白修德

当年还不满 24 岁的哈佛毕业生白修德懵懵懂懂地进入中国时，应该完全没有预料到，他眼前所看到的这个交织着战火、贫困与混乱的中国最终将他完完全全地改变。无论是早期对中国抗战的报道还是后期对美国大选的报道，白修德的影响已远远超越新闻界而直接关乎现实政治。白修德一生走过的路，绝不仅仅是属于他的个人传奇，而是他所置身的那个大时代投下的一个个历史注脚。

结缘中国

容克飞机在跑道上滑行一段时间后，伴着轰鸣昂然冲入云霄。“蓝、红、白三色组成的手镯般的光环盘绕在香港的夜空”，而飞机很快就将它们抛到身后，进入了一片黑暗——这是 1939 年 4 月，陷入战火的中国。第一次坐飞机的这位美国小伙子，还有一个月才满 24 周岁。俯瞰脚下这片大地，不知道未来等待他的，将是怎样的生活。

几个月前，他还是一个在常春藤名校苦读的大学生。眼下的一切，正如他 38 年后在自己的传记《探索历史》（注：英文原著名为 In Search of History–My Adventure，也有译为《寻找历史》）里所描述的那样：“我正在飞进风云迭起的、最雄伟壮观的 20 世纪。一种出乎预料的快速，啪的一声中断了我同祖国、同波士顿、同家庭及哈佛大学的最后联系。”

1915 年 5 月 6 日，一个新生命诞生于波士顿一个普通的犹太人家庭，这个名叫西奥多·怀特（Theodore H. White）的男孩便是日后的白修德。白修德的祖父是一位犹太教士，父亲大卫·怀特早年住在明斯克，也是一名犹太教士。为了避免被沙皇亚历山大三世征召入伍，以及摆脱家庭严格的犹太教规的束缚，16 岁时离家出走，只身前往美国，最后在美国东北当律师。算起来，白修德属于第二代犹太移民。

白修德是家里的长子。成长于大萧条时代的白修德，对童年最深刻的记忆就是贫困。他后来回忆说：“我家4年没买新衣服……买腌牛肉的时候，我让店主把1/8磅的牛肉切成6片，以使家里每人一份。店主斯科夫先生奇迹般地把仅仅1/8磅腌牛肉分割成6片，每片都薄得像纸一样，举起来对着天空甚至能看到透过来的阳光……”

1931年，父亲的去世，让这个有着4个孩子的家庭更加雪上加霜。母亲只能靠每周11美元的福利救济金勉强维持全家的生存。尽管白修德在第二年以优良成绩毕业于著名的波士顿拉丁学校，而且被哈佛大学录取，但是家庭状况迫使他只能放弃上大学的机会，以卖报纸来补贴家用。

白修德不甘此命运。两年后他向哈佛大学重新提出了申请，不仅幸运地获得了通过，而且还得到220美元的奖学金。当时波士顿一位叫哈里·巴勒斯的作家要为报童提供一笔奖学金。巴勒斯在一个由10人组成的委员会的陪同下，亲自与每一位奖学金申请者会谈。不知道是否因为报童的生涯给了他顽强的意志力，还是要改变自身命运的强烈愿望，当时一位委员对眼前这个瘦弱的小伙子并不看好，认为他没有足够的精力完成大学学业，可是巴勒斯说：“请看他的眼神，他会成功的。”于是，他又幸运地拿到了180美元的奖学金，凑齐了学费。1934年，白修德进入哈佛大学读书，这也意味着他迈上了闯进美国精英阶层的第一个台阶。白修德的大学同学有来自肯尼迪家族的小约瑟夫·肯尼迪（Joseph Patrick Kennedy）、后来当过国防部长的温伯格和前能源部长施莱辛格。纵观白修德的人生，可以说是美国版“知识改变命运”的故事。

白修德一生打下浓厚的中国烙印，追溯起来，当初也是因为一种意外的缘分。虽然进入哈佛大学，但他的贫寒出身以及犹太身份，仍然使他远离由贵族子弟以及来自富裕家庭学生形成的哈佛的“主流社会”——白修德将主要精力都用在了读书上面。渐渐对历史产生兴趣的他，本有志于修西洋史，可是哈佛大学的阅览室既拥挤又冒水汽，而对面的哈佛燕京图书馆则空无一人，于是他便跑到这边来看书。有一次在翻阅古装中国书籍时，白修德对里面的汉字产生了好奇心，进而视为一种挑战开始学习汉语。

大学三年级时，白修德遇到了此生对他影响最大的几个人之一——著名的历史学家费正清。这一年，费正清从牛津大学获得博士学位后回到母校哈佛教书，虽然也是初出茅庐，但费正清让白修德感到“生命的呼唤”，是费正清的中国课程深深打动了他，他后来转入哈佛的东方研究所开始学习中国历史，成为费正清的第一个学生。

只比白修德大8岁的费正清与夫人费慰梅对白修德关怀备至。白修德对导师也终生怀有感激之情。他回忆说：“他开发我的智力，整理我的思路。他不仅仅教我‘中国研究’这门功课，还让我学会了思考。”白修德唯一的儿子叫David Fairbank White，中间的名字即取自费正清（John K. Fairbank），可见白修德对费正清感情之深。

被誉为西方现代“中国学之父”的费正清，不但一生撰写了大量研究中国历史文化的著作，而且也在美国以及整个西方培养了一大批日后甚有影响的中国学研究专家。费正清晚年曾在一段书评里写道，他自己一生桃李虽多，但最得意的学生只有两人：女生是芮玛丽（Mary Wright）——后来成为耶鲁大学历史系教授，著名历史学家史景迁即是她的弟子；男生则是白修德。

走进中国

白修德最终走上新闻道路，也与费正清干系颇大。在费正清眼里，比起走学术道路，这位弟子的“性格、欲望、自我表现，可能更适合于当记者”。费正清早年在中国认识美国记者埃德加·斯诺，他觉得白修德也可以做斯诺正在做的事情。

因为成绩优秀，1938年，从哈佛毕业的白修德获得了著名的弗雷德里克·谢尔登旅行奖学金，这笔金额为1500美元的奖学金可以支付他一年的旅行费用。白修德决定用这笔钱去中国，为此，他在毕业后的那个暑假还参加了一个汉语强化培训班。

带着导师费正清送给他的一台老旧的打字机和6封推荐信，白修德从波士顿登上了“罗斯福总统号”轮船。正如后来在自己的回忆录里坦承，此时的他仍是一个“恪守古老社会传统的纯正的犹太教徒”。对龙虾、猪肉、火腿这些非犹太教食品从来不敢问津；和导师费正清共进早餐时，“我总是把咸猪肉推到鸡蛋一侧，再藏到烤面包片底下”。不过在漫长的旅行中，他经历的那些不同的世界，也让其眼界大为开阔，“在业余时间我试图用在哈佛学到的历史教程去解释旅途中所见到的一切”。

到达中国的白修德最初一段时间一直在上海活动。有时他四处闲逛，晚上和一些失业的外国记者一起喝酒。从他回忆录里的记录口吻来看，他对这个光怪陆离的城市并不是那么喜欢，“这个城市在痛苦，我也跟着痛苦”。期间他曾前往天津和北平，还闯进过日军的新闻发布会，“不顾羞耻地讨那个日本皇军发言人的欢心”，以试图拿到进“满洲国”的通行证，但都没能如愿。登船时的白修德，还曾设想自己在结束这段旅程之后回国成为一名历史学教授。可是也说不出什么原因，待了两个月之后，他竟然想留在中国，不想回波士顿了。

离开美国之前，在费正清的建议下，白修德与《波士顿环球报》出版人签了一份协议：途中他会定期给《波士顿环球报》发一些文稿，以挣一些稿酬。等轮船航行到了香港时，他才发现自己在经过中东时写的一篇关于阿拉伯人与犹太人冲突的文章已经被刊用。比起挣到的8美元稿费，对他更重要的是，“有了这份报纸，我就能在上海宣布，我是《波士顿环球报》在远东的记者”。

有一天，一个叫克里斯·博杰森的丹麦警察，闲极无聊，拉着白修德一起值勤，希望他能写出一篇故事来。在一家玻璃瓶工厂，白修德亲眼看见一个小女工的尸体被卷在席子里，随意丢在垃圾堆里，等着别人来收殓。在热得像蒸笼一样的缫丝厂，只有六七岁的女孩双手都已腐烂……目睹中国底层人民悲惨生活的白修德深为震惊：“我在日记中记载了我决定必须采取激烈的行动，或是做一个革命者，或者党人或是一个鼓动家，都可以。”

白修德的父亲大卫·怀特成长于布尔什维克运动风起云涌的年代，所以他并不信奉其父辈膜拜的上帝，而是倾向于社会主义学说。也许是受父亲影响，白修德后来形容自己年轻时是一位“温和的马克思主义者”。在中国看到的景象让他产生了一种热切的改造社会的念头，可是在上海的那群朋友对他的想法都不以为然。

“所以，我又通过别的途径去采取行动——当时在亚洲进行的最大行动，毫无疑问，就是中日之间的战争。”于是他先坐船到了香港，准备从那里取道河内，再乘滇越线火车到昆明。白修德计划赶在旅行奖金用完之前，能到抗战的大后方去看一看。

出发前，他同国民政府的人取得联系，希望他们能提供些帮助。所以，到达香港后的第二天一早，他便迈进了中华民国新闻处的大门。

1937 年抗战全面爆发后，国民政府军事委员会在第五部下面设立了一个国际宣传处，主要负责抗战的对外宣传，负责人是国民党中央宣传部副部长董显光。毕业于密苏里大学新闻学院的董显光主张“利用外国人在各国推进宣传”，努力联络一些外国记者。国民政府迁到重庆之后，国际宣传处继续招兵买马。他们看到了前来联络的白修德的材料，把他当成了《波士顿环球报》的特约记者，于是立即征求他意见，问他是否愿意到重庆和内地。白修德也没有多少犹豫就答应下来，他立即放弃了河内、昆明的行程，两天后乘夜班飞机到达重庆。

战争宣传

白修德若干年后还清楚地记得，那架容克飞机在重庆的江边上降落的那天，是 1939 年 4 月 10 日，对他人生最重要的一段中国岁月，也从此开启。

白修德在国际宣传处的头衔是“中国宣传部顾问”，尽管他是个刚毕业的大学生，但他手下领导着6个新闻特写记者，每月工资是400法币，相当于65美元。而那些英文流利、工作经验丰富的中国同事们“工资只是几袋大米而已”。白修德的工作内容是负责审查和指导在重庆的外国记者的新闻报道，以确保这些报道不会向日方泄露半点有用信息。另一方面，虽然1939年的美国仍未介入世界反法西斯战争，而正如白修德后来所写，“美国对抗日的支持是政府赖以生存的希望所在”，所以对当时的中国政府而言，在对外宣传上，他们要制造一些报道来美化国民政府，从而得到美国的支援和资助。若干年后，他坦率地写道：“我是被雇佣来影响美国的公众舆论的。”

于是，白修德开始学会应对这个有强烈中国特色的战争宣传工作：“在军政部午夜发布的战争新闻简报里，你必须立即懂得一种离奇古怪的中国术语。”比如战报上，对日本人从来不称日本人，一定是“倭寇”；“在战争新闻简报中，日本人从未进行过‘进攻’，而是‘偷袭’”。白修德发现这种宣传有时甚至是遮人耳目，自欺欺人。比如当日本人在1938年占领汉口时，消息在重庆被压下了一周，尔后才以《敌人之足迹出现于汉口》为题在报上披露；“中国军队的退却总是被宣布‘进行重大的战略性迂回行动’”；如果某城某地被报道为“我方已胜利将敌人诱入陷阱”，则无疑表明该城已沦入日本人手中；如果前线出现了一个小胜利，报道总是以中国军队缴获敌人“武器无数”而结束。

当时中国的抗战吸引了大量外国新闻记者，可是他们面临着一个无法逾越的工作困境。“那场战争远在长江下游的几百英里之外，要经过一周的跋涉，方可到达前线，再经过一周才能返回。中国有关当局既不允许中国记者实地采访，也不容许中国报纸刊登真实情况。”而他们又有很现实的工作压力，比如美联社每天要发回不少于500字的电讯，路透社则是一天2000字。这些外国记者经常围住“政府里”的白修德，要他提供帮助。

白修德后来在回忆录里写了这样一个小故事。有一次，他在一份中国报纸上看到一个新闻，说在浙江某地，一个名叫蔡黄花的中国妇女向坐满日本兵的戏院里投掷了一颗手榴弹，炸死了一些日本人之后自己安然脱险。“我把她的名字——黄花进行了意译处理，文雅一点，于是她就成了一位英姿飒爽的游击队长金花·蔡女士。”白修德把这篇报道添枝加叶地润饰一番，马上将外国记者们吸引过来。这些记者的国内总社还要求发这个故事的照片，新闻处的同事提供了一个身穿军装、腰插两支手枪的年轻妇女照片，于是，她便成了“双枪金花小姐”。记者们还不满足，新闻处又不断“提供”更多的材料。白修德后来发现，他编的这个故事，使得“金花·蔡”一下子变成了抗日女英雄，“影响仅在蒋夫人之下”。故事一再改写传到美国，她的事迹竟变成传奇了。直到几年后，当白修德为《时代》周刊工作时，还有人建议《时代》将这个故事写出来，“我不得不持反对态度，并为自己是这个骗局的制造者而感到内疚”。

不过这些违反新闻职业伦理的行为，在当时似乎并没有给白修德带来多少困扰。那时的白修德自认是一名坚定的“反法西斯战士”，在此心理逻辑下，营造一些新闻以鼓舞士气、支持中国抗战，也成为将之合理化和正当化的一个心理依托。

“中国人对美国的新闻报道是敏感的”，有些稿件被新闻检查官员截留，等待蒋介石亲自审阅。“发往美国的电讯如果提到某个政府部长，他们就会用电话通知他，要是他不同意，这则电讯就被扣压下来。”白修德回忆，他的那些中国同事对这种生活其实也一样困苦不堪。白修德经常能听见隔壁的宣传部工作人员深夜里讨论哪个词是否能用，是否有权允许这样的报道发出去等等。“他们并不想欺骗美国，他们只是在效忠自己的国家”，“他们并不知道中国正在发生什么事情”，“只是在服务于我们所认为的抵抗事业，但我们也都无一例外地一无所知”。

职业记者

1939年，创办了《时代》《生活》和《财富》杂志的传媒大亨亨利·卢斯（Henry Luce），决定开始加强对中国的报道。作为一名在中国长大的传教士的儿子，亨利对中国的特殊感情众所周知。除了《纽约时报》之外，《时代》是第一家认为有必要在重庆发回连续报道的刊物。6月，卢斯派同样出生在中国的远东版编辑约翰·赫西来东方，在重庆物色可以为杂志写稿的自由记者。在为国民政府的宣传部工作期间，白修德也经常为美国、澳大利亚和英国的某些媒体撰写文章，所以当赫西到中国时，《纽约时报》驻华记者德丁与合众社驻华记者马丁都向赫西推荐了白修德。

一番接触后，白修德给赫西留下了非常深刻的印象。他后来回忆说，白修德似乎认识重庆的每一个人，而且无所不知，无所不晓。更特别的是，

1941年，《时代》老板卢斯（左）和白修德在中国

白修德提供的消息往往不是简单的事实堆砌，而是经过相当有深度的分析和总结。旁人只能看到支离破碎的表面情况，白修德却常能切中要害。白修德欣然接受了《时代》周刊的工作邀请，他马上开始从重庆向纽约发回每周的政治分析，而《时代》则根据其选用材料的多少付给他稿酬。

那时的白修德仍未从宣传部辞职。赫西后来回忆说："一位美国杂志的记者在一个外国政府内供职是非常罕见的，在建议白修德为我工作的杂志撰稿时，我可能有些鬼使神差。"但后来的事实证明赫西的决定并没有错，白修德在被《时代》周刊雇佣后，便迅速展现出了其作为一名优秀记者所具有的天赋：无限旺盛的精力，充满好奇心，敏锐的洞察力和考察力，惊人的记忆能力，以及综合材料的本领。他白天为宣传部工作，晚上给《时代》写稿，他独特的工作背景和知识背景，都使他的文章显示出其他外国记者不具备的优势，仅仅一个月，他为《时代》周刊撰稿所赚的稿酬已超过在宣传部的薪水。

不久，白修德花了 6 周时间到中国西北采访，并从那里发回了大量鲜活的报道。这些报道得到了《时代》编辑们的赞赏。在山西，他靠骑马穿越战场；他一视同仁采访共产党和国民党士兵，天黑之后在微弱的烛光下写下了一页页笔记。他认真考察了日本人在晋南造成的惨状，目睹了活跃在中国农村的共产党游击战。

回到重庆后，白修德发现自己"已成为一名人所公认的记者了"。《时代》在引用他发来的文章时，描述他是"15 年来首次采访该地区的西方人"。而纽约的兰登出版公司则发来电报，邀他写一本关于中国抗战的书。于是 1939 年 12 月，在《时代》周刊刊登他的署名文章的同一天，他递交了辞职报告，结束了这一为期 9 个月的中国国民政府宣传官员的身份。

彼时，卢斯掌控的传媒集团在美国政治生活中发挥着巨大作用，这个巨大作用甚至辐射到遥远东方的重庆——白修德在重庆就代表着卢斯帝国。白修德后来回忆："《时代》驻华记者常常收到邀请，特别是外交官的圈子，这些使节被流放到这场几被人遗忘的亚洲战争，每天晚上互相请客，相互交换各自掌握的消息。"白修德也被视为拥有外国使节一样身份的人，在此期间，他和史迪威、陈纳德等都建立了良好的个人关系。白修德 1940 年在给家人的一封信中写道："在新闻事业中，成功完全取决于一个人的品格。你必须激发他人的信任感，从而引导他们与你交谈并吐露心声。"

"关于我的作品，你可能会发现的最大毛病是带有一种亲华倾向和中国式的热情。"在为《时代》撰稿之初，白修德在写给其上司的信中坦白他对中国事业的投入。正如他所意识到的那样，从他初期报道中可以发现，无论对中国军队还是领导人，他都投之以极大的正面感情。他称赞宋美龄："她的新生活运动给中国人注入了无尽的勇气。""她的优雅简直难以言表，任何照片都不能公正地加以表现……她秀外慧中，美得动人心魄，光芒四射。"他还大力赞扬蒋介石领导的中国军队，"中国的优秀士兵令所有认为中国人怯懦和漠然的古老成见不攻自破"。

美国作家乔伊斯·霍夫曼（Joyce Hoffmann）在为白修德而写的传记《新闻与幻象》一书中对此这样解释："在刚去重庆的那些日子里，白修德对中国的忠诚在很大程度上起源于他对法西斯的强烈憎恨。"

白修德到达重庆一个月后，即赶上了日军对重庆最残暴的轰炸。1939 年 5 月 4 日那天，一位妇女的尸体从白修德暂住的旅社窗户里炸了出来。幸运躲过此劫的白修德在给家人的信中写道："但愿我在临死之前能看到东京被炸毁，我想知道，我在重庆见到的那些脑浆迸裂的婴孩能够以某种方式讨回这笔血债。我想让那些坐在东京郊外某座山上的日本记者看到成千上万的难民狂奔乱跑，血流满地，哭声震天。"

"他是我遇到的最有憎日症的家伙。在东京湾参加完日本投降仪式后我们一起飞回，他骂那些日本人'那帮卑鄙的狗杂种'。"美联社驻中国记者马丁这样评价白修德说。亲历了重庆大轰炸的外国记者，与中国多少形成了一种"同仇敌忾"的情感。正如当时《纽约客》记者项美丽（Emili Hahn）在给杂志所写的文章中说，那些目睹日军轰炸的记者逐渐形成了"对重庆的责任感"。白修德后来也这样剖析自己："对重庆的愚蠢的恐怖轰炸对我的政治观点产生了直接的和根本的影响。"

疑虑

其实在白修德内心深处，对眼前所看到的一切也怀有深深的疑虑。到重庆工作后，他就敏锐地发现中国政府的问题：“在亚洲没有一个政府像重庆政府这样，完全被‘亲美主义分子’所渗透。”这种渗透当然以蒋介石夫人、毕业于卫斯理大学的宋美龄为代表；财政部长孔祥熙读过奥伯林和耶鲁两所美国大学；外交部长王宠惠也毕业于耶鲁大学；教育部长陈立夫毕业于匹兹堡大学；立法院长孙科拥有哥伦比亚大学和加利福尼亚大学两个学位……中国银行总裁宋子文则与白修德一样毕业于哈佛大学。驻外使节中的美国毕业生更是不胜枚举——胡适、顾维钧、郭泰祺……不过，问题在于，“我花费了一年多的时间才发现，这个国民政府中个个高官都能讲一口漂亮的英语，但他们同自己的人民是完全隔绝的，要向他们了解中国国内的事态是完全徒劳的。他们对这些一无所知，对中国正在发生着的事情一无所知，对本国人民，甚至对重庆这座古老的城市一无所知”。

在1939年致费正清的一封私人信件中，白修德也毫无保留地坦露了这种疑虑。他写道:“一个人在中国待的时间越长，会变得越来越迷惑……他会在善良和英勇的背后看到腐化、贪污、阴谋、政府的愚蠢以及官员的怯懦和贪婪。从而他开始了怀疑。”在第二年的另一封信中他也流露了这种无奈：“……我们不能说出目前所看到的，因为这样做可能会伤害一个我们正尽力援助的民族。”对于中国抗战现状，白修德在公开报道与私下表达之间的冲突，也反映了他内心的复杂和矛盾。

回顾起来，美国主流媒体当时普遍是这样一种声音：中国的抗战必须取得胜利，这样才能打败法西斯、维护民主制度——从现实层面上来讲，这也与美国的国家利益相一致。而众多美国记者对中国事务的报道，已经使美国人民相信蒋介石就是中国的希望，如果此时推翻这个已经形成的幻象，将会在美国造成不利于蒋介石的舆论，从而使美国政府难以继续支持蒋介石。如果这种情况出现，蒋介石领导的抗日事业可能迅速崩溃。

亨利·卢斯与他的《时代》周刊无疑是这种看法的典型代表。《时代》周刊创造了一种新的新闻剪辑方式：他们有一支自己的编辑队伍，他们的工作是借助从其他渠道得来的材料，对全球各地通讯员发回的电讯再进行综合处理，“制造”出独特的报道。《时代》老板卢斯决心通过自己的杂志将自己的价值观渗透到美国公众的意识当中，所以他是这一新闻生产方式和价值观的强硬推行者，即便这种方式一直在新闻界面临争议甚至备受诟病。有人批评说，卢斯向读者提供的不是“事实怎样”，而是“应该怎样”——本质上不是新闻，而是另一种形式的宣传。作为《时代》的一员，白修德当时也是这种新闻价值观的实践者之一。项美丽后来在她的回忆里也委婉地说，白修德的报道“太着重表达他想看到的，而不是他实际看到的”。所以有评论也不无刻薄地说，白修德到《时代》周刊工作，只不过是离开了一个宣传机构受雇于另一个而已。

白修德的传记作者乔伊斯·霍夫曼在分析这一点时，又追溯到了他的家庭背景：白修德的母亲玛丽庆幸自己出生在美国，她称它是“一个崇高而光荣的国家”，白修德一生也深受母亲的影响。霍夫曼认为，白修德首先是一个爱国主义者，其次才是新闻记者。

不管对白修德在此期间所作报道的评价如何，有一点是公认的，那就是他的勤奋与刻苦。彼得·兰德（Peter Rant）在他的《走进中国——美国记者的冒险与磨难》一书中，这样评价白修德：“在重庆新闻圈的同行中间，很少有人能像白修德那样对恶劣的气候满不在乎。”大部分美国记者在“珍珠港事件”之前，除了短暂逗留外，几乎都不到重庆来。“白修德天生敢做敢当，他对一切都兴趣盎然，他具有取之不尽的智慧能量和好奇心。”白修德在重庆时的朋友冯亦代后来回忆说，白修德可以用汉语和大家辩论，“在重庆时谈中国抗战事，往往一针见血，语惊四座。朋辈们当时称他为雄辩家”。

在重庆这个气候潮湿而令人压抑的环境里，外国记者疏解压力的方式各不相同，有的寄情女色，有的酗酒。白修德则将全部精力投入到工作中，他有时可以连续工作 24 小时，是一个公认的工作狂。这背后的动力无疑源于他对新闻的热爱，而他为此投入的热情和努力，也让他得到了很好的回报。1940 年白修德受命去东南亚采访。到达菲律宾时，他提出采访麦克阿瑟。那时出任菲律宾陆军总司令的麦克阿瑟已经60岁，“在波动的历史价值市场上”，一些美军同僚戏谑地称他为“吕宋岛上的拿破仑”。新闻发言人告诉白修德，麦克阿瑟在这里的作用“还不如一个下士”。白修德对此并不认同。

“那是一个傍晚，他穿了一件蓝灰相间的老式西点军校的毛料浴衣，背上印有一个表示军队的‘A’字。他一走路，极瘦的小腿肉就显得很突出，他偶尔抽着一只用玉米芯做的烟斗，喷出一团团烟雾。”两人谈得非常投机，麦克阿瑟向他敞开心扉，从自己的经历讲到对时局的看法、日美之间军事对比……若干年后，白修德仍记得这次成功的采访：“夕阳在马尼拉湾西沉时，他从阳台上转过身来对我说：‘怀特，以前把我们带到这里来的是命运，是命运！上帝作证，现在把我带到这里来的，还是命运。’”这次专访在《时代》获得巨大成功。白修德人还在马尼拉，《时代》周刊已经决定以全薪聘请他为专职记者。更重要的是，随着太平洋战争爆发，麦克阿瑟后来的“历史行情”一路飙升，白修德获得了其他记者艳羡不已的很多机会。

卢斯“红人”

从菲律宾回到重庆后不久，白修德即接到来自纽约办公室的电报，告诉卢斯夫妇将于 1941 年 5 月 6 日访问中国。当卢斯夫妇的飞机在重庆机场降落时，头戴太阳帽、穿着短裤的白修德已经等候在那里。

虽然那一年卢斯年仅 43 岁，但已是个权威的报界巨头。蒋介石深知卢斯夫妇在西方世界的影响，尽全力招待。在白修德眼里，甚至尼赫鲁都没有受过如此隆重之招待。白修德则给了卢斯许多个人建议，他带领卢斯走街串巷，重游了他儿时的中国。

在时代公司总部，大家都怕这位大老板。他的一位传记作者写道："他要人们对他的问题立即做出回答，他的急切让人不得不听从。他要求人们全神贯注。"彼得·兰德对卢斯的性格也有有趣的描述："你还得像一台发电机，能让卢斯启动，照亮你所说的事情。他喜欢概括说明，当他听到新的事情，或者对他是新的知识时，这位新闻之神的脸便顿时发亮起来。麻烦的是他的手下人发现，当这新的震动过去之后，他就对你失去了兴趣，思路又跑到前方进行新的充电了。"

不过这一切一点也难不住白修德，因为他本身就是一台发电机。他不停地告诉卢斯那些他从没听说过的事情，"生动的讲述里闪烁着历史的眼光、印象、分析和新的名字"。白修德此时的汉语水平已远远超出了他的老板，十几天的相处使得卢斯被眼前这个个子矮小、精力充沛的移民的儿子完全迷住了。令白修德意外的是，在卢斯返程前两天，他突然命令白修德在 48 小时内整理行装，跟他回纽约。原来，对白修德青睐有加的卢斯已决定让他回总部担任《时代》远东版编辑。

"这样一来，我从哈佛大学毕业 3 年后，就要衣锦还乡，同家人团聚了。"是什么使背景迥异的两个人成为彼此欣赏的朋友？白修德后来在回忆录里给出这样的答案："是他对中国的态度才使我们在一开始就成为亲密的朋友。他爱美国，也爱中国，想运用他的权力和影响，使这两个国家永远结成牢固的联盟。"

回到美国后的白修德很快成了卢斯的"红人"。值得注意的是，即便回到美国，摆脱了那些限制他如实报道的新闻审查人员，白修德依然避而不谈他在许多信件中流露出来的沉重的疑虑，相反，依旧将蒋介石政府描述成一个称职的政府——美国政府一直认为一个"新政"式的政府正在管理中国，白修德心里清楚这完全是一个错误的理解，但他没有揭穿。他在文章中依旧用略带夸张的口吻赞美宋美龄，而在 1942 年 3 月一篇关于蒋介石的文章中，白修德描述他是"团结的象征，人民的偶像"，"中国的英雄"，"是一位正直的人，在他的领导下，中国正阔步走向觉醒"。

当"珍珠港事件"爆发时，白修德正坐在《时代》位于洛克菲勒中心的总部办公室里，描写亚洲的紧张局势，这个消息让他兴奋不已——那时候他还不知道美国海军损失惨重，因为它终于验证了他很久之前的预言——美国将不可避免地与日本交战。令白修德最高兴的，莫过于美国一参战，他终于可以摆脱编辑工作，重返亚洲，回到他熟悉而热爱的新闻现场当中。

他的老板卢斯跟他持有同一看法——卢斯的父亲，那位曾经花费大半生精力试图使中国老百姓皈依基督教的长老会传教士，在日本偷袭珍珠港几小时后，在睡梦中离去。当白修德第二天前去向卢斯表示慰问的时候，他吃惊地发现，卢斯没有眼泪。他对白修德说："他活到高龄，看到中美两国现在站在一起，死也可以瞑目了。"

决裂

时隔一年再回亚洲的白修德，已脱胎换骨："我已不是一个观光者，而是一名穿军装的战地记者。"1942 年，在几十名被派来报道太平洋战争的记者中间，白修德无疑是其中一名佼佼者。"凭借《时代》周刊的声望，以及熟知中国事务的老手身份，白修德成为一名频繁出入中国和美国高层圈子的记者。"宋庆龄也会请他到家里品茶、喝白兰地，不少美国外交官也成了他的新朋友。

当白修德回到重庆的时候，他失望地发现，这里的政治形势几乎没有发生什么变化。政府依旧无能而又腐败。"我开始相信，中国政府完全没有能力进行治理，中国并不是我们能够赖以进行战争的基地。"

白修德晚年撰写回忆录时说，对自己政治态度转变影响最大的一件事，是对 1942 年河南饥荒的采访，这是让他印象最深的一件事。"它使我懂得无政府状态和秩序、生与死的真实意义。"当白修德与《泰晤士报》记者哈里森·福尔曼一起，穿越日军炮火到达河南时，他们都被眼前的悲惨景象深深震撼，以至于几十年后白修德因为撰写回忆录而翻看那些采访笔记时，仍然不愿相信那是真的。

白修德在回重庆途中第一家电报局发出这篇义愤难平的报道时，居然逃过了新闻当局的审查。这篇文章发表于 1943 年 3 月的《时代》周刊，此时在美国访问的宋美龄正被闪烁的镁光灯和如潮的掌声所构成的耀眼光环所笼罩。这样一篇"揭丑"文章显然让她非常尴尬，她要求卢斯解雇白修德，但被拒绝。卢斯说："我会因此而更加器重他。"

回到重庆后的白修德，仍深深地沉浸于一片悲哀和愤怒中。他似被"鬼魂附体"，向每一个愿意听他讲话的人倾吐他对中国灾民悲惨命运的愤慨，他"四处奔走呼喊，简直像发了疯似的"。他去找所有他能找到的人，包括宋庆龄、孔祥熙，他同何应钦争吵，"他把整座城市都剧烈搅动了"，直到见到了蒋介石。不过他也无奈地认识到，即便到了中国最高统帅那里，"就只有一个简单的惩治办法——把他们枪毙"。

"河南灾荒事件之所以重要，是在于它第一次损坏了在卢斯帮助下，蒋氏夫妇在世界上所表现的形象。白修德撩开了腐败的一角，表明它正

《泰晤士报》摄影记者哈里森·福尔曼在采访途中

在侵蚀中国的权力结构。”5月，在做过一番深刻反省后，卢斯在《生活》上发表了赛珍珠尖锐批评国民党政府的长文。“那个夏天，另有两篇尖锐批评蒋政权的文章，把中国虚假的受难的神话打得粉碎。”回顾起来，1943年五六月间，蒋氏夫妇及其政权的影响一方面在宋美龄访美后达到了顶峰，另一方面，以白修德在《时代》所发文章为开端，美国读者又开始进入认识中国的转折点。

不过此时的白修德已经开始认真质疑起《时代》周刊的中国报道方法。但卢斯告诉他说：“但是要想一想，白修德，伟大的事实是重庆还是没有被打垮！”尽管发了批评中国政府的文章，但卢斯依然对蒋介石持支持态度。他承认蒋政权有很多问题，但它需要的是“修正”，而不是像史迪威认为的那样，另找“一个可以与之打交道的负责的政府”。在卢斯眼里，一个统一的中国是美国所需要的，而能使中国强大起来的最好人选就是蒋介石。因此，维护蒋介石的利益就是维护美国在中国的利益。两人心中渐生罅隙。

1944年1月，回美国休假的白修德写了一篇关于中国的长篇文章，文中对国民政府持批评态度，也抨击陈果夫与陈立夫所操控的CC系和秘密警察等，他还预见到内战正在逼近。“你无疑写出了许多年里——也许永远——关于中国最重要的文章。”卢斯在读完草稿后对白修德这样说。白修德回答：“亨利，我真感到难办，我觉得在我的信念与你的政策之间肯定要发生冲突。”

这段时间，史迪威与蒋介石的矛盾，使得白修德对蒋介石的厌恶更增一层。白修德对史迪威评价颇高，认为这是他一生中三个最为崇拜的人之一（另两位是肯尼迪与周恩来）。他们对蒋的评价、对中国问题的看法也趋于一致。史迪威因与蒋介石交恶被迫于1944年10月离开中国时，他冒着违犯军纪的危险，第一时间找来的记者就是白修德与《纽约时报》记者布鲁克斯·阿特金森。后者与史迪威一道乘运输机离开重庆，从而成功避开了重庆的新闻审查。不久，《纽约时报》在头版刊登了他的文章，文章批评美国支持一个“日益失信于中国人民的不受欢迎的政府”。

在史迪威的研究者芭芭拉·塔奇曼看来，“这篇文章是美国新闻界在报道中国事务的过程中最大的一个突破”。

令白修德沮丧乃至气愤的是，他委托阿特金森带回美国的文章在《时代》发表时完全走了样，被编辑改成替蒋介石辩护的口吻。这年底，白修德在重庆的办公桌上挂上了那块著名的牌子，上面写着：“在这个办公室里写出的东西与《时代》刊登的内容毫不相干。”

白修德在与总部的磕磕绊绊中继续尽职尽责地履行着他作为一名职业记者的责任。1944 年 10 月，他参加了外国记者赴西北记者团访问延安。他和中共领导人一同住在窑洞里，并且就中国的过去和未来与毛泽东进行了长谈。但是《时代》并没有发表他的长文，在卢斯和他的编辑钱伯思看来，白修德和他之前的其他记者一样，将中国的共产主义革命分子理想化，中国的共产主义运动不过是在斯大林一手操控下进行的，白修德与中共太过亲密。

1945 年 9 月 2 日，白修德在“密苏里号”战舰上，亲眼见到日本外相重光葵步履蹒跚地走过甲板，艰难地用那条木制的假腿爬上绳梯，朝麦克阿瑟走去，在投降书上签下自己的名字。以这样一个场面来结束他“战地记者”的生涯，是最完美不过的。日本投降后，白修德又继续面对越来越难以应对的中国问题报道。卢斯要求他写一篇关于蒋介石的人物报道，他直言：“如果公司采取明确的、无条件的支持蒋介石的政策，我们就是对千百万美国读者的不负责任，也是对你要我歌颂报道的那位中国人的不负责任……”白修德与卢斯的分歧于是日趋激化，白修德提出改去莫斯科做通讯员，遭卢斯拒绝。1947 年，白修德正式离开了《时代》周刊，事后他坦承“我很伤心”，“他和我断绝了关系，就如同父亲公开与我断绝了父子关系”。但即使在 30 年后，白修德还是不能与卢斯妥协。他说：“我仍然坚持认为，而且明白，在中国报道问题上我是对的，他是错的。”

在中断来往近十年后，1956 年二人在巴黎邂逅，曾有一夜促膝长谈。不久，当漂泊法国的白修德失业时，卢斯打过越洋电话来请他回去工作。卢斯说：“在中国问题上，我不知道谁对谁错，不过现在是回国的时候了，老弟。”倔强的白修德没有重返《时代》，但同意为其写稿，不过，当年那种坦诚相待的亲密无间已不复存在。

白修德与卢斯的矛盾，其实也是美国舆论和学术界对中国不同立场和态度冲突的一个折射。可以说，这种争论一直持续到现在。

著名历史学家黄仁宇在其系列作品集之一《地北天南叙古今》中，有一篇专门写白修德的文章。黄仁宇倒也提供了另一种看法。作为当年国民党部队的一名军官，黄仁宇坦承，当年白修德那些批评文章让他们很生气，因为“已经难于维持的士气，至此更一落千丈”。对于白修德所指摘的那些虚假的抗战宣传，黄仁宇也认为不能归咎于蒋介石或某个人，更深层的原因，更是一种东方文化，“并非仅以蒙蔽友邦，实际也在欺哄自己”。

黄仁宇说，白修德对当时中国政府的现状深有认识：“国民政府控制着前方的军队，与军阀构成必要的联盟，靠着仅有的几条公路下达乡镇，内有保甲。所谓政府仅此而已。保甲之下，另有政府。如此说来，国民政府和蒋介石对新中国的贡献，乃是制造一种高层机构，完成抗战，使中国不致沦亡。”可是在当时的社会条件下，要想改造中国的低层机构，则除非大规模输血，只有开刀——这也是后来中共成功的路径。在黄仁宇看来，把一个庞大的农业社会，改造成现代化社会，这其中更是一种技术问题。

表面上看，蒋介石政府里的那些出自美国名校的高官都属于精英阶层，但是正如白修德观察到的那样——他们与社会底层是脱节的。对此白修德有一个特别精彩的比喻：“现在回想起来，就像现代电气系统中的一个控制盘，有人一按电钮，灯光就灭了。但背后的电线不通向任何地方，控制盘没有同运转系统接上，成群结队的美国顾问、援助专家和各级将军，后来在搭救那些在崩溃中进行无力挣扎的家伙时才发现这个控制盘并没有发挥作用。”

对于中国当时的社会状况，史迪威研究者塔奇曼也有一段深刻的评价。她说：“一百年来中国人一直努力摆脱其统治的弊端，但是每一次改革或者革命的努力总是蜕变为压迫和腐败，就仿佛在魔力的影响下王子又被变回一只蟾蜍一样。中国的乱政与其说是由于专制，不如说是由于无效的统治。如果说权力会造成腐败，那么权力式微就会造成更多的腐败，因为这需要不断达成交易、不断贿赂以及不断有各种通融安排。”时任美国驻中国大使高思疲惫地意识到美国试图改变中国的成果有限，在给美国国务院的报告中无奈地说：“我只能承认，我想不出我们还能再做些什么。”

如果说在未卷入亚洲战争之前，隔着一层看中国的美国上下对中国还是寄予相当多的同情和支持的，而“珍珠港事件”、美国宣战，从而直接介入与中国的全面合作之后，他们对蒋介石政权以及中国现状的不满心态便愈演愈烈。“凡是交战国的一般情形：对敌方仇恨，可是暗中佩服；对同盟国表面上共生死，实际倾轧。”著名历史学家黄仁宇说。中国抗战后期一无是处的表现，已经让美国人极不耐烦。而以白修德为代表的美国记者发回来的关于中国政权贪污、腐化、无能的报道，则让他们从失望到怨恨。白修德后来接连发表《史迪威文件》《中国的惊雷》，成为美国人民在心理上“抛弃”蒋介石政权的重要因素。所以，当美国在 1949 年“失去中国”后，特别是麦卡锡主义盛行期间，一些舆论对白修德也倍加指责。

即便回归到学术角度，一些争论也未平息过。英国剑桥大学的方德万出身于美国的中国问题研究重镇哈佛大学，师从孔飞力。他在所著的《中国的民族主义和战争（1925—1945）》一书中认为，长期以来对国民政府的主流叙述是“史迪威－白修德模式”，意即对蒋介石政府持苛评态度。方德万重估抗战时的内外条件，强调国民党政府在实力上的客观困难，并检讨美国政府在战略上的自私自利。

大约 40 年后，白修德回忆在重庆的那些日子时说：“我们全都是无知的年轻人，没有经验……我们生活在火山的边缘；我们可以看到它在沸腾并不时记录它的爆发，我们心里很清楚新的景观正在形成并能感觉到岩浆很快就会冲天而出。”

最后的背影

20世纪50年代中期，由于《中国的惊雷》和《史迪威文件》的“左翼倾向”，白修德身背“左翼”骂名，一些大众刊物不敢雇佣他，最后他在海外通讯社谋到了一个职位，被派驻欧洲，在巴黎生活了6年。大约有3年时间，白修德放弃新闻而改写小说。

从欧洲回到美国后，白修德成为全美当时最有名的杂志之一——《柯里尔》的国内记者。

1959年，白修德决定写一本开创先河的关于美国竞选的书。在向自己的前任出版商解释自己的初衷时，白修德说：“你想想，这么庞大的选举过程，那将是政治提供给人们最奇妙、最复杂，也是最深奥的一次玩弄权术和主张的运动。”此时正好好莱坞以8万美元买下了他的小说《第四十层楼的风光》，他将这笔钱全部用在采访所需的交通和住宿费上。

《总统的诞生1960》于1961年出版后大获成功，并在1962年获得普利策新闻奖。在写这本书之前，白修德以为顶多只有学者对这本书感兴趣，他没有想到这本书会卖出420万册。与白修德一起采访了1960年总统竞选的《华盛顿邮报》政治记者戴维·伯劳德后来以半是懊恼半是赞赏的口吻评价说：“白修德有透过表面看到政治和政治家内涵的本领。我看到白修德的书以后，发现他写的很多东西都是新的，而我却没有采访到。虽然我与肯尼迪等人在一起的时间也很多。”

白修德的文章一次又一次用令人兴奋的细节打动读者：在宣布大选结果的当晚，约翰·肯尼迪来到海亚尼斯港的竞选总部等候选举结果。几乎所有记者都注意了肯尼迪的面部表情，但白修德却注意到了肯尼迪脚上穿的那双皮鞋——一只擦得锃亮，另一只却满是灰尘——文章中这样的细节描写，无疑把肯尼迪当时的紧张心情刻画得惟妙惟肖。直到今天，这本书仍是研究历史、新闻和政治科学的学生必读的经典作品。

“世界上有两桩最刺激、最令人亢奋的事情，一个是战争，另一个就是美国大选。”白修德的书至今仍在各路媒体报道美国选战时被不断引用，足以证明他是一流的政治观察家。他的这本书仍然是关于产生约翰·肯尼迪总统的这次选举最有影响的出版物。后来的总统竞选书籍虽仍很畅销，但是未能再产生如此大的影响。著名评论家罗伯特·凯萨说:“白修德是一个改革美国新闻的人，同时也是某种程度上改变美国政治的人。”

1963 年，肯尼迪遇刺身亡一周后，一直拒绝任何新闻媒体采访的杰奎琳想找的第一个记者就是白修德。正在看牙医的白修德立即凑了 300 多美元，叫了一辆出租汽车，冒雨飞驶几百公里，从纽约赶到马萨诸塞肯尼迪的家。

杰奎琳一口气讲了两个多小时，从肯尼迪遇刺前后的一切情况，到他的历史作用甚至他喜欢的唱片。午夜前后，白修德带着 11 页采访笔记躲进一间仆人住的房间。他简练地写出了那篇著名文章的草稿，之后，杰奎琳亲自作了修改。……白修德用电话把稿件口头传给《生活》杂志，抢到了独家新闻。这是白修德晚年记者生涯的又一个高峰。

白修德的后半生的写作主要放在总统政治上。他相继写了 1964 年、1968 年、1972 年以及 1980 年的总统竞选活动。但是，在每次大选中，他都面临着那些刻意效仿他的记者的竞争。乔伊斯·霍夫曼说：“越来越多的新闻记者热衷于窥探内幕，寻找典型事件，试图得到曾使白修德 1960 年大出风头的类似新闻。”白修德成了一个标准，一个象征。美联社的编辑甚至给他们的政治新闻记者发布明确指令：“当特迪·怀特（白修德）的书出来时，我们不应该有任何文章没有报道过。”《纽约时报》总编辑 A. M. 罗森塞尔也给他的记者和编辑发出类似的通告：“我们不要等到大选一年后，从白修德的书中读到我们早该报道的内容。”

此时的他与一个新政权下的中国，彼此疏离而陌生，直到 1972 年，白修德作为记者，才随尼克松再一次回到中国。在这一岸，“白修德”这个中文名字尘封已久，似乎是上一个时代的记忆。

当年参加尼克松来华翻译工作的资中筠在接受本刊记者采访时曾回忆这样一个细节：在欢迎尼克松的宴会上，有一位看上去年纪已经不小的美国记者问她，中国以前跟苏联老大哥关系那么好，后来跟苏联反目了，

1969年白修德与妻子

现在又跟美国来往了，那么以后会不会又反目？资中筠忘了自己是怎么按照“政治正确”回答的提问。后来她才知道，这位记者就是白修德。

也正是在这一次人民大会堂的宴会上，白修德在时隔20多年后又见到了他在重庆时的老朋友周恩来。周恩来也认出了白修德，不过“周恩来的英文到那时已丢得差不多了，他只会说我是他的‘老朋友、老朋友’”。

白修德在回忆录里说，史迪威、肯尼迪和周恩来这三个他所崇拜的人，“他们一出场我就几乎全部丧失了自信和判断”，“在这三个人面前，我有举目无措之感，这种情形发生最多的则是在周恩来身边”。在他眼中，周恩来“有着本世纪的共产主义运动中所涌现出来的任何一个共产党人的精明和残忍。他具有绝对大胆的表演才华，有将他的出路押在唯一行动路线的那种果断——然而他又充满了温情善意，遏制不住的仁慈和纤细周到的礼节”。

7天后，白修德在杭州又一次见到了周恩来。周恩来对尼克松说：“那不是白修德吗？解放以后，他还没有来过中国呢！”这让20年来一直争取访华而毫无结果的白修德有点生气，他回一句：“这并不是我的错，我想来来不了。”周恩来笑着说了句双关语：“也许我们双方都有过错。”

这一次，白修德又造访了34年前他初次踏上中国大陆到达的城市——上海。白修德后来在回忆录里写道：“一眼就看出，著名的上海滩一改过去那肮脏、灰暗、残骸遍地的旧貌，注入了迷人的魅力，但与久已消逝了的奢侈享乐对比，又给人一种难言的悲哀。在共产主义制度下，上海变成了一座居住型的城市，既无欢乐也无恐慌。”

晚年的白修德仍以记者的身份活跃着，这种姿态本身就令人尊敬。1983年春天，他又到中国待了两个多月，采访了包括胡乔木在内的许多人物。这篇万余字的长篇报道后来刊发于当年9月的《时代》周刊，这应该是他与中国最后的联系。3年后，71岁的白修德死于心脏病。

朝鲜：甲午战争的导火索

1894 年的这场战争，通常被称为“中日甲午战争”，其实这种说法不经意地忽略掉了当年事件的另一个主角——朝鲜。同属远东的朝鲜，在地理位置上处于中国、俄国和日本之间，也是列强踏入远东的最后一块神秘地域。从 19 世纪 70 年代中期开始，朝鲜问题逐渐成为东亚国际关系的焦点。朝鲜，成为新兴近代国家日本与传统宗主国大清王朝的角力场，并最终引燃了中日大战的导火索。

因其特殊的战略地位，从甲午战争至今的一个多世纪，朝鲜半岛仍是东亚乃至国际社会的特殊焦点。历史与现实相纠缠，也使得它今天的现实更为复杂。也正因为此，更值得我们穿越历史的迷雾，疏理当年中日这场甲午之战的起源。

东学之乱

1894 年，弥漫于整个东亚的不安定，首先是从此处中日之间的小国朝鲜开始的。而新年之初即爆发的这场政治动荡，又似乎预示了它的影响将超越整个甲午之年，甚至更加久远，最终直接引发整个东亚格局的大动荡。

甲午年正月初十，朝鲜全罗道古阜郡爆发了一场农民骚乱。骚乱起因很简单：农民连年歉收而地方官员依旧以高压姿态征以重税。其实1894年的这场农民起义，并不是朝鲜历史上石破天惊的第一个，而只是近几年绵延不断的农民骚乱的又一起，也是民不聊生的社会现实下，底层民众孤注一掷式的反抗。但与以往不同的是，甲午之年的这场农民起义，从一开始就显示出令当权者心惊肉跳的巨大能量。

起义者领袖是东学党人全琫准——东学党人自称“东学道”，其创始人叫崔济愚。1860年某一天，崔济愚自称得到天主启示，授予咒文，布教济民。东学道虽然从创立之初就被朝鲜政府当作“左道”“邪教”而严加禁止，创始人崔济愚也很早就被处死，但是它提出的诸如“惩办贪官污吏”、“斥倭斥洋”等口号，很好地迎合了中下层民众，因而在地下得以迅速传播。这次起义更像是东学党人积蓄了若干年能量的一次总爆发，东学军纪律异常严明，最初取得节节胜利。沿途参加东学军的农民也越来越多，起义队伍一路高歌猛进。到了5月底，起义军攻占全罗道首府全州，东学党声势大振，其他地区的东学道徒也群起响应，东学军规模空前盛大，已席卷了朝鲜全国五分之三的土地，拥有十多万武装力量了。

朝鲜国王高宗李熙

起义军节节胜利的消息不断传到首都汉城，42岁的朝鲜国王——高宗李熙一直处于惊恐不安之中。到了公元1894年，统治朝鲜的李朝已持续了五个世纪。1863年，朝鲜

闵妃（明成皇后），高宗李熙的王妃

国王哲宗李昪驾崩，因其早逝无子，出身于皇族的李熙继位。因其继位时年仅 11 岁，其生父大院君李昰应摄政。

1873 年，大院君李昰应辞去摄政，将政权移交给年满 21 岁的高宗李熙。但李熙生性懦弱，继位后，朝政渐渐为其宠妃闵氏所控，闵妃在宫中组成闵家势力专权朝政。但大院君不甘退出政治舞台，由此朝鲜王室就形成了以闵妃和以大院君为首的两个势力集团，彼此形同水火。两大势力内斗不断，在国政和对外政策上也针锋相对。5 月 31 日当朝廷接到全州城陷落急报之时，朝堂大臣皆大惊失色。尽管朝廷内部纷斗不断，但这一次，两派的意见基本一致：向清借兵镇压“乱党”。

其实早在农民起义爆发后不久的 3 月初，袁世凯即电告清廷，要求派兵船赴朝镇压。“……乞即电令水师，迅速派遣两艘兵船来仁（川），以尽弹压之责。”作为清朝驻朝鲜最具实权的官员——“驻扎朝鲜总理交涉通商事宜大臣”，袁世凯感到帮助属国朝鲜平定叛乱、维护王室统治，是作为宗主国的清朝义不容辞的责任。更何况，曾经尽显“天朝大国”之威武的宗藩体制，眼下只剩下朝鲜这个仅存的硕果。

到了 1894 年，袁世凯已经在朝鲜驻了 12 年之久。他肯定没有意识到，自己人生遭遇的这个甲午之年，不仅是他驻朝生涯的终结，也是大清王朝对朝鲜宗主身份的终结。而随着朝鲜这最后一个“属国”的离去，天朝之国持续了几百年的宗藩体制也荡然无存。

最后的属国

满族建立清朝、统治中原以后，继续享用先前朝代积累下来的政治成果，其中之一，就是“宗藩体制”。宗藩体制是中国政治上的特殊现象。学者黄枝连先生对宗藩关系是这样形容的：“在正常的情况下，天朝与藩属国所维持的只是一种间接的、松散的、形式主义的、低姿态的礼仪关系。”

《中国与朝鲜半岛关系史论》一书解释说，宗藩体制下，中国与其他国家交往的模式是，以中国为宗主国，而将其他国家都视为中国的属国；作为宗主国，中国有义务保护各属国，也有权力干预各属国的内政外交；作为属国，各国要向中国请封、朝贡，接受中国对其内政外交的干涉——虽然这种干涉是非常罕见的，各国在绝大多数时间里，都保持着实际上的独立自主。

对于属国来说，来自中国的册封不但使其政权拥有更为充分的合法性证明，而且借此获得了抵御外忧内患的强大外援。“在成为中国的属国之后，既不必担心来自中国方面的入侵，还可以依赖中国抵御来自其他国家的侵略。因而，属国可以节省下为保持庞大的武备力量所必需的开支。”在宗藩体制之内，属国比中国获益更大。

“虽然中国几乎在每次改朝换代之后，都要对朝鲜半岛进行重新征服，以便将之纳入宗藩体制之内，但一般来说，中国很少运用武力来确认和维护这种宗藩关系。大多数属国都是和平地、自愿地开始向中国朝贡的。”《中国与朝鲜半岛关系史论》一书里说。宗藩体制的鼎盛时代是明代，而这“恰恰是在明太祖朱元璋对周边15个国家留下‘不征’的祖训之后到来的”，从中可以看出宗藩制度的非军事性。

在宗藩体制之下，天朝除了获得大国的声威之外，单纯从物质利益上来说，实际收获非常有限，更多的是一种追求“天朝大国”的威严感和满足感。1592年，丰臣秀吉率20万兵征讨朝鲜，明朝帮助朝鲜抗击日本的战役持续7年之久，虽然最终赢得了战争的胜利，但明朝的损失也是巨大的。当时明代吏部一官员对此总结说："劳七年之士马，费百万之金币，方全一属国。"当宗主国国力强盛时，作为属国的小国获得的实际利益，远远超出他们向宗主国付出的部分，因此他们也很愿意依附于宗主国，强化这种宗藩关系。比如在明代，朝廷曾要求朝鲜三年一贡，而朝鲜方面却坚持一年三四次朝贡。

清朝征服明朝以后，朝鲜曾一度自诩为正统，认为清朝为夷狄，因而不向清廷称臣，且决心为明朝报仇。后来清朝派兵横扫朝鲜半岛，迫使朝鲜与清朝建立了宗藩关系。1832 年，英国人胡夏米前往朝鲜，要求与其通商，朝鲜方面的回复是"朝鲜服事大清国，只遵大清国的旨"。这种回答在具有近代意识的英国人眼里是不可理喻的，胡夏米在给朝鲜国王的回复中，直截了当地表示这种定位"凌辱贵国之体面"，仍无济于事。双方的认识显然有巨大差异。

可是进入到 19 世纪中期，大清王朝开始走向衰落，它推行的外交、政治和技术上的"有限现代化"根本不足以支持抗击列强，原本在宗藩体系下臣属于清朝的各朝贡国多在列强的逼迫和离间下，中止对中国的朝贡关系。1883 年，清朝与法国为争夺越南而交战，两年后，中法战争结束，李鸿章与法国代表在天津签订《中法新约》。根据条约，清朝承认法国与越南签订的所有条约，这意味着清朝自此丧失了对越南的宗主权。就在同一年，不甘寂寞的英国效法法国入侵缅甸，迫使缅甸脱离中国，沦为英国的保护国。逐步放弃对越南、缅甸等南部属国的宗主权，对于已有日薄西山之相的清王朝来说，也是没有选择的选择。

对当时的清王朝来说，令他们多少有些安慰的是，当其他属国纷纷弃之而去的时候，朝鲜这个北方属国，至少看起来还保持着与清朝相当稳定的关系。虽然清朝在英国的炮舰之下被迫打开大门，并被迫与列强相继签订了一系列不平等条约，从而也不得不进入条约体制，但同时与朝鲜的这种宗藩体制也仍然保留着。对清政府来说，朝鲜不仅是重要的朝贡国，而且具有不可替代的战略地位，是中国北部的一个重要屏障。

它在一定程度上隔离了来自日本和俄罗斯的威胁，清政府无论如何不能掉以轻心。

早在中法战争爆发之前，清廷内部已有相当一部分人充分意识到中国真正的危机并不是来自边远的南方。清政府所面对的真正威胁，除了国内的骚乱以外，主要来自毗邻京畿的北方，中国如果丧失对朝鲜半岛的宗主权，将会失去京畿的重要屏障。因此，包括恭亲王奕䜣及李鸿章在内的许多满汉大臣真正关切的是京畿周边华北和东北地区的和平。为了保护朝鲜以屏御入侵中国东北之敌，总理衙门建议，把与朝鲜公牍往来中涉及洋务者，从原来的礼部管辖，改为由李鸿章及出使日本大臣直接与朝鲜通递文函、相机开导，并将结果报告总理衙门。这样，李鸿章就成为中国政府处理朝鲜事务的主要负责人。

动摇的“藩属”

在北方，清朝日益感觉到了来自日本的威胁。1868 年，日本通过明治维新“倒幕废藩”，开始走向强盛。日本崛起后，首先破除了朝鲜与琉球的宗藩关系，并在一天之内将琉球王国吞并。

介于中日两国之间的琉球群岛，在历史上与两国都具有千丝万缕的联系。17 世纪后，琉球同时向中、日两国朝贡。“至清末，日本将琉球置于萨摩藩属下，清廷未予过问，默认为‘两属’。”王芸生在《六十年来中国与日本》一书中说。然而，随着明治维新的开展，日本国力强盛，遂开始觊觎琉球王国，试图强制琉球成为日本的藩国。1875 年，日本强行把琉球并入自己的领土，引来清朝抗议。1879 年，日本正式吞并琉球，将其改名为冲绳县。李鸿章在《复何如璋书》里说：“以威力相角，争区区小国之贡，非惟不暇，亦且无谓。”

1868 年明治维新后，日本进行了国政改革，统一对外事务于政府。他们当时就曾试探性地接触朝鲜，但是第一次的接触并不愉快。当时日本派特使带了一封文书到达朝鲜，这封读起来语气比较诚恳的信，表示希望与朝鲜“大修邻好”“是我皇上之诚意也”。但是信里的“皇上”字眼触怒了朝鲜政府。“守旧的朝鲜政府，以日本文书中‘皇上’字样，违背旧例。朝鲜统治者以为除大清国皇帝外，不复知有‘皇上’，拒绝接受此项文书，也不接待来使。”王芸生《六十年来中国与日本》一书中说。日本不甘心，两年后，又派特使到朝鲜，“再请通使”，又被拒绝。朝鲜的冷淡使正在凝聚力量的日本甚为不满。

1875 年 9 月 20 日，日本海军少佐井上良馨乘“云扬号”军舰，到朝鲜江华岛附近测量海口，和朝鲜方面产生纠纷。日本方面深知，要解决与朝鲜的纠纷，首先要面对的是清朝。于是 1876 年 1 月，森有礼作为“特命全权公使”，前来清朝交涉，也是想借机了解清朝对朝鲜的态度。森有礼到总理衙门拜见恭亲王奕䜣，而总理衙门在给其书面答复中称：“朝鲜虽隶中国藩服，其本处一切政教禁令，向由该国自行专主，中国从不与闻，今日本国欲与朝鲜修好，亦当由朝鲜自行主持。”

单有总理衙门的这番话并不能让森有礼安心，他后来在拜访李鸿章时，又再次询问清朝与朝鲜的关系。李鸿章答：“高丽奉正朔，如保不算属国？……高丽属中国几千年，何人不知？……邦字指高丽诸国，此是外藩，为外属，钱粮政事向归本国经理，历来如此，不始自本朝。如何说不算属国？”——李鸿章一方面强调朝鲜仍是“属国”，另一方面又再次重申“钱粮政事”等由朝鲜自己处理。此番问答，显示清朝方面仍以中国传统的宗藩观念为根据，认为中国与朝鲜的宗属关系只要得到名义上的承认即可，不需要用条约加以固定。不得不说，这个观念在当时已经远远落后于时代，彼时国际社会也开始学会用条约来规定并约束彼此关系。此体制下的朝鲜是否是真正的独立国或从属国的问题，在对外交涉上一直成为争论的焦点。

“清廷既不肯为朝日关系居间，又不能阻止日本向朝鲜提出交涉，在逻辑上只有让朝日实行直接交涉。”王芸生后来评价说。经过一番交涉谈判，1876 年 2 月 26 日，朝鲜与日本签订了《朝日修好条约》，史称《江华条约》。双方正式建立外交关系，互派使节。除此之外，朝鲜还同意向日本开放三个通商口岸，日本在这些口岸享有领事裁判权。

放宽历史的视野来看，《江华条约》的签订，对于清朝而言，它对未来局势最大的隐患并不在于日本通过建交而可以名正言顺地使自己的势力渗入朝鲜，而在于朝、日双方对彼此政治主体资格的认定。《江华条约》第一款开篇就写明："朝鲜国乃自主之邦，拥有与日本国平等之权。"这实际意味着宣告朝鲜对中国在形式上的"藩属关系"至此废除。日本借此具有近代意义的国际条约，强化朝鲜"独立政治主体"的地位，而排挤清朝的影响。

但是，对清朝的统治者来说，他们并没有意识到这一点，而是仍然坚信自己作为"宗主国"的地位不可撼动。所以《江华条约》的签订也并没有遭遇来自清朝的阻力。梁启超后来在《李鸿章传》当中重提此事，并痛心地说："中日之战，起于朝鲜，推原祸始，不得不谓李鸿章外交遗恨也。"康有为弟子罗惇融在《中日兵事本末》一书中也提到，后来日舰在仁川一带测量朝鲜海岸，"中国视之漠然也"。

暗流涌动

朝鲜以儒教治国，儒家思想取代佛教成为国家统治理念，朝鲜也模仿明清两朝的科举制度。16 世纪末和 17 世纪初，朝鲜由于遭到后金和日本的攻击而采取闭关锁国的政策。自清朝建立以来，朝鲜与中国的关系更加密切，它除了偶尔与日本有过往来外，与西方国家并无交往。欧洲人曾称其为"隐士之国"。

当大院君李昰应执掌政权时，思想保守的他，对外继续奉行闭关锁国的政策。1866 年，法国因其神父卡特利库被朝鲜宫廷迫害、追杀而派出 7 艘战舰，占领江华岛，向朝鲜施加军事压力，但大院君推行强硬的"攘夷"政策，不屈服于法国强敌，迫使舰队撤离。1868 年，美国商船"舍门将军号”在平壤靠岸，试图与朝鲜开展商贸外交，但与当地居民发生冲突，部分船员被杀害。1871 年，美国派兵到江华岛，要求朝鲜就“舍门将军号事件”道歉，但遭到朝鲜拒绝。外交斡旋发展成为武装冲突。美国六艘军舰侵入朝鲜，实施了登陆作战。美国的进攻导致朝鲜的伤亡，但两国交涉没有取得任何结果，美国只好退出朝鲜。朝鲜长期以来的对外政策和天然的地理屏障，成功阻挡了欧美诸国用炮舰外交敲开国门的企图，成为远东最后一个顽强锁国的王朝。

《江华条约》签订后，日本势力得以进入朝鲜。清朝政府当然不甘心放弃朝鲜，特别是日本吞并琉球后，中国对来自东邻日本的威胁更加敏感。另一方面，北方的俄国也在跃跃欲试。清政府既不愿意因出面维护朝鲜的权益而同日本和俄国发生对抗，又怕日俄势力渗透朝鲜，故决定利用列强之间的矛盾，大行“以夷制夷”的故伎。

1879 年 8 月，清廷令李鸿章“婉为开导”朝鲜，开放门户，与西方各国立约通商。李鸿章当时致函朝鲜国王李熙之叔、原太师李裕元，传授的方略是“用以毒攻毒、以敌制敌之策，乘机次第与泰西（西方国家）通商，藉以牵制日本”。又说，“以朝鲜之力制日本，或虞其不足；以与泰西通商制日本，则绰手有余。……若贵国先与英、德、法、美交通，不但牵制日本，并与杜俄人之窥伺”。

朝鲜政府起初并不愿意开放，但最终还是接受了清政府的“劝导”。1882 年，主管朝鲜事务的李鸿章派员促成朝鲜与美国谈判，美国承认朝鲜的独立，双方同意建立外交关系，互派使节；朝鲜同意美国在通商口岸设立领事馆。此后数年，清朝还促成朝鲜与英国、法国、德国签订类似协议，结束了闭关锁国政策，在一定程度上推动了朝鲜的对外开放及现代化进程。

另一方面，朝鲜内部的政治格局也更加错综复杂。朝鲜国门打开以后，外国势力开始全面进入朝鲜。朝廷内部，闵妃集团推倒大院君时代的一切制度，表示要“开化自强”，效仿清朝的“洋务运动”进行改革，按照清朝总理衙门的模式设立了统理机务衙门，派使团赴中国和日本访问学习。1881年创立新式军队——别技军，由闵妃的侄子闵泳翊掌管，开始招募日本军事顾问改造军队，编制训练新军。军制的改革触动了朝鲜旧军人的利益，招致一部分人的强烈反对，他们开始怀念大院君的“斥倭锁国”政策，并密谋起事，准备拥戴大院君长子李载先，废黜高宗，让大院君复出执政。但是尚处在准备阶段便被闵妃探知。三十多名首要分子被诛杀，李载先因是国王李熙胞兄而赐自尽。大院君的势力遭到清洗。

1882年，朝鲜大旱，人心浮动。这年7月，朝鲜发生京城侍卫部队联合城市贫民的起事，史称“壬午兵变”。在士兵行进的同时，大量的手工业者、小商人、城市贫民等汉城普通市民加入了这次起义，使“兵变”迅速转化为社会矛盾总爆发的“民变”。大院君利用局势，引导起义军人把矛头指向闵妃。民众冲进王宫搜寻闵妃，闵妃装扮成宫女，逃出王宫。下午5时许，成千上万的朝鲜军民开始围攻日本公使馆，起义士兵和市民与日本人激战至深夜，他们焚毁了公使馆周围的民房，日本驻朝公使花房义质被迫烧毁公使馆，仓皇逃走。

一时汉城大乱，政局陷入瘫痪。高宗李熙无奈之下，不得不把生父大院君召入宫内，由他主持国政以收拾乱局。李昰应趁机入宫掌权。大院君上台后，打击外戚势力和腐败官吏，废除闵妃集团执政时的一切措施，恢复锁国政策。

因为清朝在朝鲜向不设官，直到8月1日清廷才从驻日公使黎庶昌的电报中得知兵变。黎庶昌急电清廷，建议“中国宜派兵船前往观变”。闵妃集团的官僚金允植、鱼允中向清朝求救，请求出兵朝鲜。原本告假回乡奔母丧的李鸿章被紧急召回处理此事。经过紧急商量，8月9日，淮军将领吴长庆、水师提督丁汝昌、候补道马建忠率军乘“威远”等三舰赴朝。其中庆军六营直入汉城，“旬日之间，祸乱悉平，人心大定”。

“壬午兵变”被清朝平定，上台仅33天的大院君李昰应再次倒台。因为被认为是这次兵变的幕后主使，大院君被清军诱捕，用船押送天津。大院君刚被禁时既悲且恨，颇有抵触，“在船颇切危惧，食物概不入口”。大院君后来被监禁于直隶省城保定。李昰应的国王生父身份令同是皇帝生父的光绪帝生父醇亲王奕譞非常同情，他反对囚禁李昰应，并为其求情。到了1885年，大院君才被释放回朝鲜。

另一方面，当日本驻朝公使花房义质逃回日本，报告了事变经过之后，日方决定以保护侨民的名义派兵朝鲜。8月12日，花房义质回到汉城，并带来了1500名日军和四艘军舰，要求朝鲜赔偿损失。兵变平息之后，日本与朝鲜政府签订《济物浦条约》。除了要求朝鲜赔偿之外，日本还要求朝鲜允许日本派1000名警卫驻扎朝鲜，保护日本侨民和公使馆。而清国对此十分警觉，又急速从本土增调3000人的兵力开进朝鲜，向日本施压。因此清、日两国皆驻军汉城，形成对峙局面——现在看来，在"壬午兵变"中，清朝在军事上是成功的，但在外交上却颇为失分。

在派往朝鲜的清军阵营中，有一位年仅23岁的青年军官，他便是后来权倾一时的袁世凯。一年前，参加乡试不中的袁世凯，前往登州投奔驻防当地的淮军将领吴长庆。1882年为乡试年，袁世凯本欲应举，但是朝鲜突发的这场事变，不但打乱了他的计划，而且自此彻底改变了他的人生轨迹。

跟随吴长庆的部队东渡朝鲜的袁世凯，在平定战乱过程中表现突出。当时就是他协助吴长庆诱捕了大院君。事件平息之后，吴长庆在给清廷的呈报中特别表扬了袁世凯，说他"治军严肃，调度有方，争先攻剿，尤为奋勇"。事后论功行赏，袁世凯被授予五品同知官衔。壬午兵变后，朝鲜王室重新编练新军，袁世凯因在平息事变中表现突出，也受到王室器重。当年23岁的袁世凯则以帮办朝鲜军务身份驻扎朝鲜，协助朝鲜训练新军，开启了袁世凯练兵的先河。

三日政权

"壬午兵变"平定后，闵妃在清军护卫下回到汉城，朝鲜政府再次改组，闵妃集团重新掌握朝鲜政权。在清军的帮助下，朝鲜政局动荡一时平定下来，但表面的平静背后，又暗暗酝酿着下一轮的不安。

壬午兵变之后，朝鲜王室对清廷的向心力大大增强，请求清军帮助善后，清政府借机对朝鲜实行了全面控制。平乱的庆军六营全部留驻朝鲜，并帮助朝鲜训练新军，在军事上加强了介入。此外，由清朝推荐的马建常、穆麟德代理朝鲜海关，朝鲜的海关和外交事务实际上掌握在清廷手中。最重要的是，李鸿章为确定中朝关系，于1882年10月订立《中朝商民水陆贸易章程》，在其序言内声明："此次所订水陆贸易章程系中国优待属邦之意，不在各与国一体均沾之列。"这显然是再次强调清朝与朝鲜的特殊关系。缔约后，清朝派商务委员陈对棠驻朝鲜，李鸿章希望通过这种缔结条约的方式，在国际社会确立中朝宗藩关系的地位。

当时清廷内部还出现了另一种声音。梁启超后来在《李鸿章传》里提到，1880年，清朝驻日本使节何如璋给总理衙门写信，要求主持朝鲜外交，称中国应当在朝鲜设立专门的办事大臣。李鸿章说如果在暗地里对朝鲜进行秘密保护，还是在能力范围内的；"倘显然代谋，在朝鲜未必尽听吾言，而各国或将唯我是问，他日势成骑虎，深恐弹丸未易脱手云云"，担心朝鲜问题处理不好成了麻烦。壬午兵变之后，张謇甚至主张改朝鲜为郡县，或置监国，或置重兵，改革朝鲜内政；翰林院张佩纶请征朝鲜，派员管理朝鲜的外交……但这些相对激进的主张都未被李鸿章采纳。平心而论，当时的清朝其实也早已不具备这种实力了。

因为"壬午兵变"中造成日本平民的死亡，事变后，朝鲜国王派遣几位代表前往日本表示谢罪，担任全权特使的叫金玉均。金玉均出身于朝鲜没落贵族家庭，他认为，要挽救国家和民族危如累卵的局面，要实现文明开化和富国强兵的夙愿，就必须进行大规模的改革。在这方面，日本的"明治维新"对金玉均影响最大。金玉均在日本拜维新派思想家福泽谕吉为师，一心想在朝鲜发动一次明治维新式的改革。回到朝鲜后，他与一些志同道合者结成开化党，开化党以青年贵族为主。

1882年的“壬午兵变”令金玉均产生了强烈的反清情绪，他曾对英国驻日公使巴夏礼表示：“清国对大院君实施绑架和以后对他的处理对朝鲜来说是国耻。”因此，他的开化党主张“外结日本，内行改革，联日排清，脱离中国，宣布朝鲜独立，实行君主立宪”。他们寄希望于借助日本的支持以扩张政治势力，实现一场大规模的政治经济改革。

开化党经过几次密谋，决定采用非常规手段，推翻守旧派政权。1884年8月，中法战争爆发，清军节节败退，其在朝鲜的威信急剧下降。同时，清廷为了应付与法国的战局，将原先驻扎朝鲜的3000名军队调走一半到华南前线。金玉均等开化党人认为时机已到。

1884年12月4日，开化党借京城邮政总局新厦落成时，发动政变，金玉均趁乱将国王李熙迁入景佑宫。与此同时，开化党人在宫外放火制造骚乱，金玉均趁机“建议”李熙请日军来保护。惊恐不定的高宗表示同意，用铅笔写下“日使来卫”四字。日本驻朝公使竹添进一郎便以此为由，率领两百多名日军赶到王宫，与开化党的50名士官生徒一同，把高宗所在的景佑宫内外围得严严实实，一些守旧派大臣被开化党刺客杀死。

这就是著名的“甲申政变”。政变一时取得成功，开化党组成新的内阁，并在12月6日，对外宣布十四条政纲。其中第一条就要求清政府早日释放大院君回国，并且明确提出要脱离与清国的宗属国关系，建立独立国家。

袁世凯是在第二天才得知政变确切消息的。鉴于袁世凯在整饬军纪、训练新军中的出色表现，1884年春吴长庆奉调回国之际，保举袁世凯负责留驻朝鲜庆字营。袁世凯借助这个平台，很快与国王和当朝主政的“东道西器”派大臣们建立了良好的关系。由于有了这层关系，袁世凯的沟通能力和对朝鲜政府的影响，反而高于清廷的外交代表。为此，他又受到北洋大臣、负责外交事务的清朝重臣李鸿章的器重。

因为顾忌到宫中还有日本军队，袁世凯开始还较为谨慎，不敢擅自行动。不久，未遭开化党清洗的中间派大臣金允植、南廷哲等纷纷跑到清军大营，“痛哭乞师”，要求出兵。袁世凯也在众人犹豫不决的情况下，果断决定率清军入宫镇压开化党。为了打消众人的疑虑，袁世凯承诺“如果因为挑起争端而获罪，由我一人承当，决不牵连诸位”。

12 月 6 日，袁世凯、吴兆有、张光前等率领 1500 多名清军，同拥护国王的朝鲜军队一道进入王宫，击败开化党人和日军，将李熙解救。随后，高宗李熙在清军保护下入宫。由于开化党人严重脱离群众，所以金玉均发动政变时，汉城市民都认为开化党勾结日本人挟持国王，夺取国家政权，因而当时反日情绪空前强烈，汉城市民纷纷聚集起来，围攻日本公使馆，300 多名日本侨民也遭到市民的追杀，涌入公使馆内。日本驻朝鲜公使竹添进一郎自焚公使馆，率部逃亡仁川的日本领事馆。金玉均的政权仅存在三天，便告流产。

危机潜伏

在平息政变过程中，汉城发生了朝鲜人和日本人互相残杀的事件。步兵大尉矶林真三以下 40 名日本人在这次政变中被杀死。所以事件平息之后，日本开始同清朝交涉。当时正忙于中法战争的清廷，为了避免腹背受敌，以集中力量对付法国，决定采取息事宁人的态度。1884 年 12 月 15 日，清政府指示李鸿章：“目前办法，总以定乱为主，切勿与日人生衅。”

1885 年 2 月底，日本全权大臣伊藤博文启程来北京，与清政府交涉。经过两个多月的谈判，4 月 18 日，清政府与日本签署了《中日天津会议专条》，主要内容如下：

1. 清、日两国驻朝鲜军队自签约起四个月内各自撤回；

2. 事后清、日两国均不派员到朝鲜充当军事教官；

3. 朝鲜若有变乱或者重大事件，清、日两国如果其中一国要派兵入朝，应先行文知照对方。

李鸿章当时之所以同意撤兵，一是因清朝彼时正在越南用兵；二是他认为派兵驻朝鲜是为了防日，日本既已撤兵，中国已经没有留兵的必要。对于局势，李鸿章还比较乐观："以后彼此照约撤兵，永息争端。"

但是，《天津条约》在事实上第一次确立了日本在朝鲜同清朝对等的地位，也使中国的宗主国地位发生了根本的动摇——先前由中国独享的宗主国权利，改由中日两国分享，日本取得了向朝鲜派兵的权利。尤其是第三条，如果朝鲜发生事变，中日两国想要派兵前往，必须互相通知照会，梁启超后来是这样评价的："天津条约说明中国对于朝鲜之权利义务与日本平等，中国既可目朝鲜为我属国，则日本亦可目朝鲜为彼属国也。""于是朝鲜又似为中日两邦公同保护之国，名实离奇，不可思议。"为十年后清日两国出兵朝鲜提供了合理性，也为后来的冲突埋下伏笔。后来两国各执一词，纠缠不清，终于酿成了战争。这在后来被公认为清朝外交政策的一次巨大失败。

伊藤博文

值得一提的是，1885 年的天津谈判，是李鸿章与伊藤博文的第一次会面。时年 62 岁的李鸿章在见了比自己小 18 岁的伊藤博文之后，禁不住大赞对方是治国之才，并意识到未来日本将是中国最强劲的对手。"该使久历欧美各洲，极力摹仿，实有治国之才，专注意于通商、睦邻、富民、强兵诸政，不欲轻言战事，并吞小邦。大约十年内外，日本富强必有可观，此中土之远患而非目前之近忧，尚祈当轴诸公及早留意是幸。”果然一语成谶。十年后，李鸿章东渡日本收拾甲午战争残局——签订《马关条约》，而坐在他对面的，正是老朋友加老对手伊藤博文。

甲申政变失败后，开化党人遭到了朝鲜政府最残酷的处罚。金玉均虽侥幸逃脱，但作为“逆贼”之首，其家属无论男女老幼都被连坐处死，其他开化党人及其家眷也多被处决；与此相反，这场政变最大的“赢家”是袁世凯。当时正被中法战争搞得焦头烂额的清廷与北洋大臣李鸿章，接到甲申政变、清军卷入的消息时，十分震惊。不过还没有想好对策之时，又得知清军已及时平叛，而没用国内派一船一舰、添一兵一卒，清廷和李鸿章实在是大喜过望。李鸿章对袁世凯的好印象再加一重。

另一方面，清廷在朝鲜的地位也日渐尴尬甚至遭遇挑战。在朝鲜，清廷自认为“天朝上国”，不屑于与属国互派使节，因为互派使节就意味着关系平等，有违“天朝”的体制，只派陈树棠以“总办朝鲜商务委员”名义驻汉城，监管朝鲜之商务和外交。但是这种与国际公法有落差的做法，也不为驻汉城的其他列强诸国使节所接受，否则等于他们也承认清廷是高其一等的“上国”。所以他们经常借口所谓“商务委员”充其量是个商务代表之类的角色，不具有全权使节的地位，在外交场合往往故意轻视清使，以此贬辱清廷。

《天津条约》签订后，按照双方约定，清朝开始从朝鲜撤军，吴兆有、张光前、袁世凯三个带兵官员也都离开朝鲜，只有商务委员陈树棠留下。当时朝鲜情况甚为复杂，清廷不肯放弃对朝鲜的宗属关系，对朝鲜的内政外交都要干涉过问，这种局面显然不是一般人所能应对的。经过一番考虑，李鸿章向总理衙门提议由袁世凯接替陈树棠。因为在朝鲜的一些行为遭到同僚攻击，袁世凯在 1885 年初归国后便赋闲在家，以避攻击。没想到，更大的责任很快落到他身上来。1885 年 10 月，李鸿章命袁世凯护送大院君回朝鲜；年仅 26 岁的袁世凯被任命为驻扎朝鲜“总理交涉通商事宜大臣”，位同三品道员。

当袁世凯再返朝鲜后，发现朝鲜政局又发生了微妙的变化。甲申事

袁世凯

变后，朝鲜王室对清廷失望、对日本惧怕，开始逐渐同北方强邻俄国靠拢。此时日本在朝鲜采取低姿态，不再是主要矛盾，而且鼓励清廷出头抵制俄国对朝鲜的渗透。由于送回大院君，主政的后党集团离心倾向日趋严重，亲近清廷的大臣或被排挤，或无实权，从国王、闵妃到政府内的大多数大臣均倾向于联俄拒清。管理朝鲜海关的德国人穆麟德本是由清朝派去，后来却在暗中鼓励朝鲜投向俄国，被李鸿章撤换回来。

袁世凯在朝鲜期间的任务是在“各国通商”、“友邦环伺”的情况下，使朝鲜“明尊亲之义，定摇惑之志，内修政治，外联邦交”，换言之即强化清朝和朝鲜的宗藩关系，防止朝鲜独立自主的倾向和日俄等国的窥伺。从这时起到甲午战争爆发的9年时间里，在李鸿章的支持下，袁世凯在相当程度上控制了朝鲜的宫廷事务和政治、经济决策，在一定程度上恢复了清朝对朝鲜的控制力。对此，连日本方面也有所察觉。1894年6月，内田定槌致陆奥的信中谈道：“近年来朝鲜国对清国所表示的藩属关系，不止于朝鲜国王对清国皇帝虚礼，即驻朝官吏干涉朝鲜政府的内政、外交，而且朝鲜政府亦郑重地听从命令，不敢违抗。”朝鲜生活也给袁世凯一生留下深刻印迹，一生有一妻九妾的袁世凯，其中三位姨太太是朝鲜人。

袁世凯在朝期间，把中国的宗主权提高到了极点，对朝鲜的控制涉及政治、经济、外交各个方面，有效地遏制了日本和沙俄对朝鲜的渗透。与此同时，为了强化中国宗主权，他有时不免会采用一些高压或过激手段。

清廷内的张謇、张佩纶等也曾攻击袁世凯“侈然自大，虚骄尚气，久留朝鲜，于大局无益”。

另一方面，朝鲜独立自主的愿望日益强烈，一些人士对积弱不振的清朝也有了逆反情绪。哈佛大学毕业的美国人墨贤理受清政府委托，接替被换回来的穆麟德出任朝鲜海关总税务司。他看到了朝鲜国内对清廷的一些态度，不免忧心忡忡：“现在只是使用武力才能控制他们（朝鲜），而他们一遇机会便想法摆脱这种控制。”对于袁世凯，他后来在写给天津海关税务司德璀琳的信中说：“我已看出朝鲜人对他的恶感日益增加而对中国的恶感也与日俱增。”袁世凯的强硬姿态也引起了朝鲜国王和一些大臣的不满，1889 年和 1890 年，朝鲜国王李熙三次上书，请求清廷撤袁世凯。但李鸿章力排众议，不仅让袁世凯继续留朝任职，而且于 1890 年 2 月给袁世凯写了“血性忠诚，才识英敏，力持大局，独为其难”的评语。

剑拔弩张

也许正是顾忌到《天津条约》里对于“一方出兵须告知对方”的约定，当 1894 年全罗道的东学党人起义发生时，虽然接到袁世凯要求清廷出兵干预的电报，但清廷并没有马上作出决定。而且，他们也注意到，与上次开化党发动的“甲申政变”不同，这一次东学党人起义并不反清。不过袁世凯还是认为这是一个尽宗主国责任的机会，他在给李鸿章的电报中告知朝鲜国王请求出兵的消息时说：“如不允，他国人必有乐为之者，将置中国于何地，自为必不可推却之举。”李鸿章也认为，朝鲜“归中国保护，其内乱不能自我了结，求中国代其戡乱，自为上国体面”，也建议朝廷派海军赴朝平乱。

1894 年 6 月 2 日，就在清政府正式接到来自朝鲜求援电的第二天，日本驻朝鲜临时代理公使杉村濬派人探访袁世凯，打探朝鲜是否已经请求清国出兵一事。袁世凯表示，双方已经达成内定意向，一旦获得正式公文，待命部队即可出兵。

此时蛰伏了十年的日本，已不甘坐视中国对朝鲜的控制。《天津条约》签订后，日本对朝鲜的渗透变得顺理成章，并且不断扩充国家的军事力量。根据宗泽亚所著《清日战争》，1886 年，清朝和日本国对朝鲜的贸易额之比还是 83 ∶ 17，到了 1892 年，这一数字已变成 55 ∶ 45，水平已趋于接近。日本在朝鲜贸易的急速增长，也显示清国对朝鲜的宗主国地位发生动摇。从日本方面来讲，他们也绝不会再“忍受”清朝在朝鲜独享控制权的局面。

另外，日方对袁世凯本人也心存戒意，在他们看来，满腹野心的袁世凯必定试图通过援兵入境进一步明确清朝和朝鲜的宗属国关系，为自己建功立业。另外，袁世凯虽然口口声声丝毫不会伤及日本官民，可 1882 年朝鲜“壬午事变”时，正是他派出清兵杀伤日本官民。

所以杉村得知袁世凯的态度后，立即给日本外务省发去急电，告知“朝鲜政府有请求清国派遣军队之意向”。日本政府当即召开临时内阁会议，一致通过为“保护驻朝公使馆和在朝国人安全”而出兵朝鲜的议案。第二天一早，杉村亲自拜访袁世凯，明确表示：如果清朝出兵，日本也必将出兵，保护侨民。

也就在 6 月 3 日这一天，袁世凯接到朝鲜请求清廷派兵的正式公文，他立即电告李鸿章，并把与杉村濬的会谈情况作了报告。对于日方的反应，袁世凯的判断是：“当前日本国内多事，即便日本出兵不过也是以保护公使馆名义派遣区区百余兵力罢了，对清国出兵不会构成威胁。”李鸿章赞同袁世凯的建议，决定派兵入朝——甲午战争结束后，当时国内即有舆论谴责袁世凯，一种意见认为是他的错误情报导致李鸿章作出派兵赴朝的决定，以致局势升级，最终导致战争——第二天，李鸿章令北洋舰队之“济远”、“扬威”、“平远”三舰，驶赴朝鲜，停泊仁川担任护卫。同时命直隶提督叶志超、太原镇总兵聂士成统兵两千余人，由海道赴朝，驻扎于牙山。

按照1885年《天津条约》的约定，6月6日，清廷将出兵朝鲜的决定告知日本政府。在清廷看来，这是执行“上国”保护“属邦”的使命，具有不容置疑的合理性和正当性。可是清朝的反应又引起日本政府的高度警觉。日本外相立即语气强硬地回复，表示“日本历来不承认朝鲜是清国属国”；同时再一次明确表示，日方也会出兵。

6月9日，原本请假回国的日本驻朝鲜公使大鸟圭介，搭“八重山号”军舰到达仁川。日方借此机会，紧急凑集70名海军陆战队员随他赶赴朝鲜。他们在仁川与停泊在那里的5艘日舰汇合，又临时从各舰抽调海军队员加入先遣陆战队，组成总员488名的临时战斗序列，以保护使馆为名，第二天一早由陆路赴汉城。几天后，日本又陆续增兵。

就在中日两国陆续向朝鲜出兵时，在国内外政治军事压力下，6月10日，东学党人与朝鲜政府议和，起义军退出全州城。清军并未与东学党军接触，朝鲜内战实际已经停止。于是朝鲜政府在6月13日致函袁世凯，请求清朝撤兵，以解除日方借口。李鸿章得报后，当日即电在朝鲜的叶志超，令速调部队回牙山，准备撤兵回国。

这时，日本方面也觉得朝鲜情势与之前的判断有差异。“他（大鸟圭介）一进入汉城就已感到和从本国出发时所预料的情况有所不同，朝鲜国内出乎意外地平稳，中国派去的军队只是驻扎在牙山并未进驻内地”，日本外相陆奥宗光后来在其回忆录里写道，他也意识到日本眼下“已成骑虎之势”。他转而又说：“考虑到在此千钧一发之际，成败的关键完全取决于兵力的优势，所以决定仍按政府原定计划迅速先将预定的混成旅团派往朝鲜为万全之策。”于是，日本混成旅团第一批先发部队开始在仁川登陆。

日本大举增兵，又惊动了清朝。6月15日，袁世凯与大鸟会谈，初步达成双方不再增兵的口头协议。同一天，日本召开紧急内阁会议，日方认为：朝鲜的农民骚乱尚未彻底平定，此时不应立即撤兵，而应该帮助朝鲜彻底整顿政治，以断绝再次骚乱的祸根。于是他们又提出一个新方案：要求大清国和日本一起“改革朝鲜的内政”。这样实际上也给自己找到了继续留在朝鲜的理由——日本的方案当然遭到清朝拒绝。清国强调，“朝鲜内乱已经平息，朝鲜内政改革应由朝鲜自身解决，清日两国应该立即撤兵”。

6 月 22 日，日本政府向清政府发出“第一次绝交书”，声称：“设与贵政府所见相违，我断不能撤现驻朝鲜之兵。”此后，便着手开始单独改革朝鲜内政的策略，并向朝鲜增兵。第二天，第一批登陆的混成旅团主力在京城完成集结部署。而 6 月 25 日，第三批清军在牙山登陆，驻朝清军总数达到 2465 人。

双方剑拔弩张，战争一触即发。

引燃战争

6 月 26 日，大鸟圭介拜见朝鲜国王，替日本的行动辩解。大鸟声言，日本不撤兵一是依条约而行，二是想帮助朝鲜改革内政。谙知朝鲜方面心理的大鸟当天还给朝鲜国王写了一封信，信里说日本的愿望是“全朝鲜之自主独立”。大鸟的一番说辞果然奏效。两天后，高宗李熙和群臣议事说：“外侮如此，国势可知，言之亦耻矣。惟当奋发惕励，可以自修自强矣。”

6 月 28 日，大鸟圭介照会朝鲜政府，称清朝驻日公使汪凤藻的照会里有“保护属邦”的字样，大鸟质问朝鲜政府是否仍然承认是清国的属国，并且限期回答。朝鲜政府接到照会，甚是为难，几经踌躇，于 6 月 30 日回复说：“本国自立约以来，所有两国交涉交际事件，均按自主平等之权办理。此次请援中国，亦系我国自用之权利也。与朝日条约毫无违碍。……且我国内治外交向由自主，亦为中国之素知。”这一天，日本混成旅团第二批部队登陆，在朝日军已达 8000 人，比起驻朝清军已占绝对优势。

6 月 30 日，当袁世凯得知朝鲜在日本胁迫之下已经正式照会大鸟，申明朝鲜是自主国家的消息后，袁世凯致电李鸿章，要求撤回国内。袁世凯的理由是，朝鲜既然不承认是清的属国，那么他这个宗主国派驻朝鲜的“总理交涉通商事宜”的身份就不被承认，日本可按国际法，找借口将他递解出境。如此则不但使他，也使清廷蒙羞，所以不如主动撤回，另作他图。李鸿章没有同意，只是嘱咐他“要坚贞，勿怯退”。

此时的李鸿章仍寄希望于在英俄的调停下，实现双方共同撤兵。所以他既未向朝鲜增援军队，又没有按袁世凯、聂士成等人的建议由清军先撤兵，这种举棋不定，最终也给日本人以可乘之机。

6 月 30 日，俄国和英国方面都表示，希望两国同时撤兵，当天，朝鲜国王李熙发布《罪己诏》：“当前朝鲜国内混乱的原因，完全是由于自身的不德和官吏渎职所造成的……”尽管如此，大鸟公使还是依照日本政府的既定方针，提出了朝鲜行政、司法、财政、兵制、教育改革纲领，要求朝鲜方面在规定期限内拿出改革具体意见。在此期间，日本保持了政治强硬立场。在他们的高压之下，朝鲜政府被迫任命三位重臣加入改革委员会，与日本共同商谈改革事宜。

7 月 2 日，正在召开内阁会议的日本外相陆奥宗光，接到杉村从朝鲜发来的消息，进一步确认清朝出兵的事实。陆奥宗光后来在回忆录《蹇蹇录》里写道：“如果默视不顾，就将使中日两国在朝鲜已经不平衡的权力更为悬殊，我国今后对朝鲜的问题就只有听凭中国为所欲为了。”陆奥于是将杉村的信息告诉了阁员们，同时提出：“如果中国确有向朝鲜派遣军队的事实，不问其用任何名义，我国也必须向朝鲜派遣相当的军队，以备不测，并维持中日两国在朝鲜的均势。”会议后，伊藤博文进了皇宫，向日本天皇报告了会议内容。

7 月 5 日，袁世凯再度致电北洋，详细报告朝鲜局势：“日兵万人分守汉城，四路各要害及我军由陆地前来（汉城）之路均置炮埋雷，每日由水路运弹丸、雷械甚多……似将有大兵续至。”再次向李鸿章请求撤使回国。但是清廷仍不放弃通过列强调停的幻想。7 月 7 日，仍以圣旨形式拒绝了袁世凯的要求。

期待东亚国际关系安定的英国，一直对清日采取等距离外交的政策，英国方面带给日本方面的消息是：“清国政府希望日本政府提出新的改革提案，如果到7月20日为止仍不作出决定的话，清国将派遣12万清兵部队登陆仁川。”而日本仍然坚持先改革朝鲜内政，再谈撤兵。英国的调停宣告失败。

7月12日，日本外相陆奥宗光给大鸟下命令：“英国在北京之调停已告失败，目前有采取断然处置之必要，只要在不招致外间过分非难的范围内，不妨利用任何借口，立即开始实际行动。”同一天，日本对外发出强硬通告：“清国拒绝日本的共同改革提案，无视英国政府周旋两国合意的好意，仍然坚持日本先撤军的立场。如此盛气凌人不听相劝，将来由此引起的任何事态，清国必须承担全部责任。”由此，日本正式下定向朝鲜派兵的决心。

7月14日，日本向清政府发出了“第二次绝交书”，拒不撤兵，并反诬中国“有意滋事”，扬言“将来如果发生意外事件，日本政府不负其责”。清朝方面，总理衙门向李鸿章转达了光绪帝的上谕，措辞也十分强硬：“若再顾虑不前……延误事机，定惟该大臣是问。”至此，已无谈判挽回可能。7月17日，日本御前会议决定对清国开战，并要求朝鲜废除与清朝的一切条约，促使清朝从朝鲜撤军，并限22日答复，逾期不复，日本即采取断然措施。

此时，袁世凯知道大局不可挽回。也许是意识到自己在朝鲜12年，对其恨之入骨者甚多，坐困危城的袁世凯开始焦虑不安，接连几天致电北洋，陈述困境，要求回国，但李鸿章对此都不置可否。几天后，唐绍仪也致电李鸿章，称袁世凯生了重病。李鸿章也许动了恻隐之心，终于调袁回国。袁世凯接到电报，如逢大赦，打点行装于7月18日乘船逃离汉城。所有经手各事交唐绍仪代办。等到袁世凯离开汉城，使馆人员也人心惶惶。

7月20日，日本编成了以伊东祐亨为司令的联合舰队，发动战争的技术准备已经完成；同日，日本驻朝大使大鸟圭介向朝鲜发出最后通牒，要其“废华约、逐华兵”，限三日内答复。在日本的强压之下，朝鲜国王和政府别无选择，只得回复日方：朝鲜同意放弃清国属国论；与此同时，朝鲜被迫向清国驻朝鲜临时代办唐绍仪提出了清朝撤军要求。对这种情势，英国某报纸当日发表评论：“现日本代表者抓住朝鲜国王，强求内政改革，国王的性命掌握在日本人手中，事态状况，处在不得不遵照日本命令的悲剧中。”

此后几天，日本不断得到消息：清国派数艘运兵船向朝鲜运送作战兵力。日本认定清国政府无视日本的最后通牒，战争已不可避免。伊藤博文就朝鲜问题发表演说时称，清廷出兵朝鲜，“其实是要毁灭朝鲜的独立，使其完全成为属国，其间证据历历在目”。“帮助朝鲜独立自主”，这番冠冕堂皇的说辞，在当时很具迷惑性。所以，当时的国际舆论对清朝也不利。

7月23日凌晨，大鸟命令部署在王宫附近的混成旅团向王宫发起攻击，沿途发炮，直抵王宫，予以包围。朝鲜王宫卫队奋力抵抗日军的进攻，但很快便被从各城门进攻的日军打垮。凌晨6点左右，日军占领了朝鲜王宫。

在此之前，大鸟派人说动大院君李昰应，用他作为政变的傀儡，并利用开化党人为之呼应。所以日本军队进占朝鲜王宫后，将王室成员带到日本使馆，高宗李熙被囚禁，大院君李昰应则出任朝鲜国王摄政，组织政府。于是，在日军护卫下，大院君进入景福宫。一贯奉行锁国逐倭政策的大院君，摇身变成了日本的代言人。

7月25日，被日本控制的大院君宣布废除同清朝的条约，称“朝鲜为自主之国，不再朝贡”，并“委托”日本驱逐驻扎在牙山的清朝驻军。“自此朝鲜政令，事无巨细，皆入日人掌握”。

袁世凯回国后，向李鸿章汇报了朝鲜的紧迫情形。李鸿章意识到形势严峻，而且军事布置很不利，于是紧急调度——可是天津电报局的电报生受日本间谍收买，将发兵日期泄露。7月23日，“爱仁”“飞鲸”两舰先后运兵抵牙山登陆。25日早上，日本多艘军舰集于牙山口外，拦截中国兵船。7点50分，日本联合舰队在丰岛海域和清国舰队遭遇，发生战斗。日本驻留朝鲜的混成旅团也开始向牙山进攻。

7月27日，被囚禁于日本使馆的朝鲜国王高宗李熙，在压力之下，宣布朝鲜对清作战，要求日本将清朝军队驱逐出去。7月28日夜，日本陆军进攻牙山清军，发生激战，清军不支，退向平壤。8月1日，清、日双方同时宣战，甲午战争正式爆发。

从某种意义上讲，甲午之战的最大赢家是清朝与日本原本共同惧怕的俄国。本来日本想通过联中护朝来抗俄，后又想通过战争独占朝鲜，结果却让俄国乘虚而入。甲午战争更刺激了俄国对东亚的侵入。俄国取代中国开始在朝鲜问题上与日本正面交锋，它凭借其一等强国的地位迫使朝鲜接受了一项秘密协定，即除了俄国对朝鲜国王实行保护，为朝鲜提供军事、财政援助以外，还约定在朝鲜发生重大国内骚乱和外国侵犯朝鲜独立时，俄国向朝鲜提供军事及其他援助。清朝退出朝鲜之后，俄国的势力在朝鲜朝野迅速渗透，由此又造成俄、日之间新的矛盾。

1895年，《马关条约》签订，正式宣告清朝放弃对朝鲜的宗主权。清朝势力退出朝鲜以后，闵妃失去靠山。当她看到俄国联合德国、法国压迫日本退还辽东给中国以后，认定俄国是阻止日本进一步侵略朝鲜的强大力量，便谋求接近俄国。1895年10月8日，日本浪人冲进王宫，刀刃闵妃，然后焚尸灭迹。闵妃死后，高宗成为日本人手中玩偶，朝鲜独立和主权一步步被日本侵夺。

1897年1月，高宗改朝鲜国号为“大韩帝国”，同时追谥闵妃为“明成皇后”。大韩帝国宫廷内部分裂出“亲日”和“亲俄”两个派别。日本人虽然建立了以大院君为首的政权，但对于大院君并不放心，认为“大院君七十五年来只知有中国，不知有其他，自顶至踵完全为顽固二字所充满的老翁”，表面上“巧言令色向我们求媚”，暗中却“托在平壤之华将转达其心意于清廷”。大院君也不是一个甘愿受制于人的人，他虽被日本人推上台，但对日本也是阳奉阴违。后来日本新任驻朝公使井上馨得到大院君写给清军将领的一封信，以此作为他内通中国的证据把他赶下台。此后大院君永远离开了朝鲜的政治舞台。闵妃死后三年，1898年2月，她的政治对手大院君也在抑郁中死去，终年79岁。1907年，日本逼高宗退位。1910年，日本吞并朝鲜，朝鲜亡国。

打捞“太平轮”记忆

采访时间：2012 年

司马秀媛在苗栗果园，脚边是一起搭着“太平轮”来的狗

半个多世纪后，随着时代剧变而沉入人们记忆中的“东方泰坦尼克号”——“太平轮”沉没事件被一部名叫《太平轮 1949》的书唤醒。那艘永远到不了彼岸的“太平轮”，实际上也成了那个时代一群人命运的象征。打捞属于“太平轮”的记忆，也是打捞一个民族在那个动荡时刻的一场特殊记忆。“逝者受苦的魂魄需要祈祷安息，幸存者及后代们的暗夜哭泣需要被聆听。”

打捞记忆

追溯起来，这场日后掀起不小波澜的关于“太平轮 1949”的公共记忆，实际上是从张典婉整理家族史的个人记忆开始的。2000 年 10 月，张典婉的母亲司马秀媛在台湾去世。司马秀媛是那个年代从大陆逃到台湾的无数流亡者之一。

“母亲去世后，我在她从未给我看过的箱子里，看到了她当年带到台湾的几样东西：几根用布袋包住的金条、一张上海身份证、一张地契和一个记满了朋友们联络方式的小本子，那是她年轻岁月的生活地图，那些号码是在 1949 年后永远也拨不通的一组数字……”

张典婉告诉我，她母亲生前喜欢念叨旧故事，“太平轮”是被提起最多的一个字眼。“那时候，要上船了，我拎了一个随身箱，抱两条狗——我喜欢狗，不能把它丢下海呀！”“太平轮沉了！还好我没坐那班船！”张典婉曾调侃地称那两只狗为“太平狗”，“因为它们是母亲拼了命抱着，挤在太平轮船舱中，一起逃难出来的”。几十年后，张典婉才深深体味出母亲以平谈口吻叙述的那些往事背后蕴藏了多少历史的惊涛骇浪：就在母亲司马秀媛与家人搭乘“太平轮”从上海到基隆的一个月后——1949 年 1 月 27 日，“太平轮”在舟山群岛海域的白节山附近与一艘载有 2700 吨煤炭和木材的“建元轮”相撞沉没，近千名乘客与船员被寒冬冰冷的海水吞噬。“太平轮事件”因而也被称为“东方的泰坦尼克号”沉没事件。

作为一名资深媒体工作者，张典婉决定以“太平轮”为线索，把母亲的故事写出来。到了 2004 年，她筹拍纪录片《寻找太平轮》，开始真正动手来找寻这段记忆。“为了最大限度地还原‘太平轮’的故事，我到图书馆、档案馆查资料。只要得到一点线索，就努力去寻找。”她找到了与母亲搭乘同一班船来的“船友”，也找到了搭乘其他班次“太平轮”的人以及他们的家属。其中最重要的当然是那艘失事“太平轮”遇难者的家属。

令张典婉欣慰的是，纪录片播出之后，一段尘封已久的记忆慢慢被打开。越来越多与“太平轮”有关的人与事开始浮出水面。在漫长的采访过程中，张典婉称其是“在受访者伤口上撒盐”，“有些人听到采访要求，勃然大怒，用力甩上大门，或在电话那头冷冷地挂上听筒，两不相应”。她倒也能理解这些人的心态：“在那样一个大迁徙的年代里，人们在上海码头互相告别，但谁也没有想到，这就是永别，有人一辈子也渡不过海峡，有人留在对岸再也回不来了。那么多人的命运，都因为这艘船而彻底改变。”

张典婉告诉作者，当她完成《太平轮 1949》的书稿时，最初却在台湾遭 9 家出版社拒绝。“他们觉得这种书太冷僻没人看。”令张典婉多

1949年11月上海，带着大包小包行李的难民挤在一艘准备开往浙江宁波的船上。该船原是美国海军的给养供应船

少有些意外的是，当此书2011年在大陆由三联书店出版后，却受到读者，尤其是年轻读者的欢迎。她最终发现，那艘永远到不了彼岸的“太平轮”，实际上也成了那个时代一群人命运的一种象征。

“太平”悲歌

抗战结束后，台湾重归于中华民国政府领土，于是大陆各商埠往来基隆、高雄间的客船、商船络绎不绝。据最早的基隆港务资料记载，当时一天之内就有50艘定期航班从上海、舟山群岛、温州、广州、福州、厦门等地，往返基隆港。

“中联企业股份有限公司”是当时众多从事船运的企业之一，1944年3月23日在浙江龙泉县注册成立，总经理周曹裔原本从事茶叶生意，而当下正走红台湾的电视节目主持人蔡康永的父亲蔡天锋，也是股东之一。“中联”当时已经有两艘船往返于上海与基隆，其中一艘是1907年由澳大利亚制造的商船“华联轮”，另一艘是加拿大制造的“安联轮”。

与其他那些往返于上海和台湾的船运公司相比，“中联”实在不算是一个有分量的企业。为了加大运力，1948年7月14日，中联公司以每月7000美元的价格，从太平船坞公司租下了“太平轮”。据说“太平轮”的主体是一艘铁壳运输船，起初是载货用，后来才被改成商船。“太平轮”除了9月、10月间曾北航葫芦岛，一度为辽沈战场上的国军输送补给和撤运伤兵外，其余时间均奔波于沪台之间，直到1949年1月27日最后一班，一共开行了35个班次。

1949年1月27日是农历小年，“太平轮”最后一次从上海起航。因为是年关前最后一班驶往台湾的船，大家都争相挤上船。原定的起程时间是上午，后来又改成了下午两点，但是时间到了，船却还没有开，一件件货物仍然源源不断地往船上运。后来证实包括国民政府中央银行一千多箱重要文件，东南日报社全套印刷设备、纸张及相关资料一百多吨，同时还有一捆捆的钢筋，很快压得船身倾斜。“太平轮”核载吨数是2050.775吨，但当日起航时实际载重已达2700多吨。因为吃水过深，以往需要踩梯子才能登上的船现在抬脚即上。

下午4点半，“太平轮”才开航。国共战事紧张，据沪警备司令部在1949年1月5日刚发布一条水上宵禁令：每日18时至翌日6时禁航。为了在此时间之前驶出吴淞口，“太平轮”开足马力，加大航速。据后来的生还者回忆，因为时局紧张，行驶在吴淞江口的大小船只都不鸣笛、不开灯。为了避免被军方拦截，“太平轮”改变航程，取近道，走捷径，左突右拐，在无形的水面上匆匆画出了一条非正规的航路。而江面上往来的船只都为赶年关而静悄悄地滑行。当晚星斗满天，海面风平浪静，“海象极佳”。

在黑黝黝的海面上，迎面开来了从基隆驶出的满载煤炭、木材的“建元轮”货船。“建元轮”为江苏无锡面粉大王荣氏家族荣鸿元所有。23点45分，在舟山群岛附近海域北纬30.25度、东经122度处的白节山三角航道上，都是熄灯急驶的两艘船呈丁字形碰撞。吨位较小的“建元轮”被拦腰一撞，5分钟后即沉没。“‘建元轮’有120名船员，据后来一些生还者回忆，有一些船员当时还立即跳到‘太平轮’上。”“太平轮”最初几分钟似乎安然无恙，可是没过多久船体开始进水。据说船长立刻转舵往岸边驶去，可是还未及靠岸，船已下沉。许多尚在睡梦中的旅客，根本来不及反应，就命丧海底。

张典婉告诉作者，“太平轮”当时卖出去的船票是508张，但最终有票没票的乘客都涌上去，实际载客过千人。当时究竟有多少人遇难，至今也无法得到一个确切数字。至于生还者，按照当时的官方说法有36名，其中旅客28人，船员6人，另有“建元轮”上的2人，他们由澳大利亚军舰“华尔蒙哥号”救起。张典婉发现这个数字也是不准确的。“因为很多人是在舟山群岛被救起来而脱险的，所以他们并没有进入到官方的统计数字。有一位广州的读者跟我联系，他的祖父母就是在上海被渔民救起来的，他的祖母仍然在世，已经92岁，他的父亲也有70多岁，

1949年5月，南京解放后，外国侨民纷纷登上美国“威尔逊总统号”轮船撤离上海

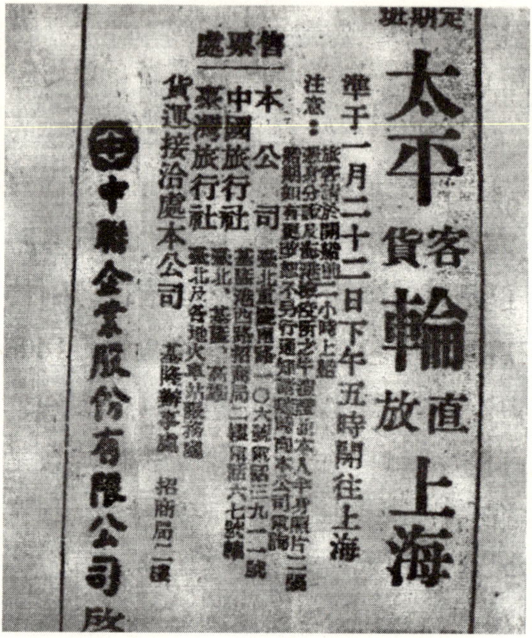

太平轮售票广告

可是他们都不愿接受访问，也不愿意提这个事。”

“太平轮”出事后，中联公司派飞机、汽艇、轮船等前往出事地点搜查，所获甚微。仅有一艘汽艇在一个小岛上发现了 5 具尸体，其后招商局派出的“海川轮”仅在小岛上发现了行李和照片，除此，一无所获。当时还怀疑在舟山群岛有两百多名生还者，所以一些有实力的家属，投入人力财力，雇请船舶甚至飞机几度来回搜寻，又到附近小岛分发寻人启事，可是最终等来的还是一场无法弥补的悲剧。

不归客

在国民党节节败退的情势下，当时许多政界要员和商界名流急于向孤岛台湾转移。所以这艘“太平轮”中必然有着这样几位人物，比如当时的山西省主席邱仰浚、辽宁省主席徐箴、蒋经国留俄同窗好友俞季虞、袁世凯之孙袁家艺、国立音乐学院院长吴伯超等。香港首富龚如心去世后，其胞弟龚仁心在一次记者会上首次披露，父亲龚云龙也是在1949年震惊中外的“太平轮事件”中遇难。龚云龙供职于上海一家英资油漆厂，妻小在上海。1949年1月，在一片逃难潮中，龚云龙搭上了“太平轮”的头等舱……

1949年1月27日，上海富商李浩民来到黄浦滩码头搭乘“太平轮”。李浩民是江苏如皋人，世代经商，家族发迹后，李浩民转战上海，从事石油及日常生活品的买卖。在此两年前，李浩民见时局动荡，早将家人安顿到台湾，他本人则定期往返，此次去台湾是为了赶在除夕前与妻儿吃上团圆饭。

同一时刻的台湾桃园，作为李浩民最小的儿子，不到10岁的李昌钰[1]正欢呼雀跃地与兄姐在自家院子里用石头和花草盆景摆出一个“父来公园”，可是父亲却再也没有回家……

“太平轮”失事后，究竟有多少金银财宝跟随这艘船一起沉没，也成了各种正史野史中萦绕不去的话题。对于其中流传甚广的“太平轮”装有蒋介石秘密运往台湾的黄金的说法，张典婉持否定态度：“中央银行的黄金并不是用‘太平轮’来运的，但船上的确有很多私人的黄金。”曾担任国民党军财务军需署长的吴嵩庆当年即是负责黄金迁台的重要当事人，其子吴兴镛之前在接受作者采访时也持此看法：“沉在‘太平轮’的，估计只有银元、银砖，而没有黄金。”不过可以确认的是，“太平轮”上有中央银行的一千多箱文件，它们都被海水吞没，6位押运员仅幸存一位。“因为中央银行的账本都丢了，弄得台湾此后10年有很多东西无

[1] 李昌钰：刑事鉴识专家，在美国被称为“现场之王”、“当代福尔摩斯”。

法恢复状况。另外我在舟山群岛时有人把找出来的东西给我看，结果都是债券，据说当年打捞太平轮沉船，捞出来的东西就是债券。”张典婉说。

常子春，对很多读者来说是个陌生的名字。出生于北京的常子春是“开平王”常遇春的后代。常子春在北京宣武门外开了家“永宝斋”，据说是当时北京城最大、营业额最高的玉器厂。1947 年，常子春奉中国回教协会之命到台湾开拓回教教务，在台北创立了台湾第一座清真寺。在台湾扎稳脚跟后，他请三弟带着自己的妻小及永宝斋上好的古董、玉器，乘“太平轮”到台湾。可是他的 11 位亲人，连同那些无法估价的珍宝，一同被海水吞噬……

上海小儿科名医徐小圃，也是多年收藏古人名画的古董玩家，传说他珍藏的名人字画都在船上。更有不少达官显贵，带着稀世珍宝逃难，所以在沉船后，海面上珠宝、首饰以及木箱、文牍四处漂流，在舟山群岛海域，也一直有渔民打捞到珍宝的传言。传言中这班“太平轮”还带了故宫古董，有人听说“怀素字画也在船上”。

海难发生后，“太平轮”遇难者家属立即成立了“太平轮被难家属善后委员会”，负责与中联公司谈判赔偿事宜；之后又兵分两路，一路在上海地方法院提起诉讼，一路在台湾要求赔偿。在上海的诉讼还请了著名的大律师章士钊。

“太平轮”之前曾在华泰产物保险公司和鸿福产物保险公司投保，可是沉船事件发生后，这两家保险公司负责人都逃离了上海。因为中联投保的公司恶意潜逃，中联公司必须负起全部赔偿金额，总经理周曹裔更是承担了无法推掉的责任。张典婉说，2009 年，她曾两次采访周曹裔的儿子一家。在周家儿子的记忆中，“太平轮”出事后，股东四散，保险公司倒了，他们一家扛起主要的赔偿责任。大年初一那天，受难者家属找到公司，发现没人上班，愤而转到周家。周家儿子回忆，当晚，有近三百支火把包围他们家，愤怒的家属涌入家中，捣烂了家中所有家具、摆设，公司的大门、办公设备、玻璃窗全部被砸毁。

公众对这个事件的关注持续了很久，遇难者家属也在不停地跟中联公司打官司，但是随着5月后国民党撤退到台湾，许多官司也就不了了之。当时的赔偿并没有标准，执行起来也是难上加难，币值很乱，有的人得到的是白米，船员是赔偿80斤白米，也有的遇难者家属拿到四五美元。由于时局混乱，许多人并没有拿到赔偿金，即使赔偿金到手的，也数额各不相同。

海祭活动，罹难者家属在船上追思亲人

事实上，“太平轮”沉没后，中联公司已无力赔偿，除了周家将私人现金、财产拿出应变外，市面上币值一日三变，通货膨胀剧烈。中联公司几乎无以为继，只剩一具空壳。公司旗下的另外两艘轮船“华联轮”和“安联轮”，被铁链锁在高雄港扣押，直到全部锈烂，成为废铁。还有两艘货轮，留在了大陆。

被改变的人生

六十多年后，那场近千人丧生的海难渐渐被世人遗忘。当张典婉开始用拼图的方式一点点打捞“太平轮”记忆时，最令她唏嘘感慨的，是一个又一个命运因“太平轮”而改变的人生故事。

张典婉说，2005年，她接到从台湾新竹打来的一个电话，对方告诉她：自己的叔叔是“太平轮”的幸存者，还活着。她马上在当年5月赴香港与这位叫叶伦明的老人会面。“我原想着能够逃过那场浩劫的，应该是位身体很壮的人。哪里想到出现在我面前的是这样一位干干瘦瘦的老先生。”

“太平轮”出事当天晚上，正坐在饭桌边上为大伙盛饭的叶伦明被

叶伦明是60年前的海难生还者，目前长居香港

卷入海中，黑暗中他摸到一个木桶死死抱住，在冰冷的海上漂浮到第二天天亮，才幸运地被澳大利亚军舰救起。因为死里逃生，对船行远方恐惧，回到上海老家后，他只能试着写信给台北的妻子，可是信件却被原封退回。不久两岸阻隔，他便失去了与妻子的所有联系。1949年以后，他与父亲在上海相依为命，靠着缝制衣物上街贩卖糊口，因是底层劳动者，他在一系列政治运动中躲过劫难。1980年，他离开内地到香港生活，开始与台湾的兄弟通信往来，才知道妻子在他“失踪”后的第二年即已改嫁。其实叶伦明的父亲比他更早知道这个事实，但半个世纪，父亲从未向他提及此事。叶伦明从此不再赴台，终生未再娶，一个人住在香港柴湾的国宅，靠贩卖自己双手缝的被单、蚊帐、枕套、窗帘、床单等为生。到香港后不久，有一次在路上看见马拉松活动，他决定恢复年轻时长跑的习惯，这一跑就是30年，成了香港有名的“马拉松老人”。

“李彤”是台湾作家白先勇的小说《谪仙记》的女主角，小说中，其任国民党驻美大使的父亲和母亲在“太平轮”事件中双双遇难，这成了女主角李彤命运的转折点。导演谢晋后来据此小说改编成电影《最后的贵族》。而在张典婉的采访中，也确实有这样一个类似的故事。照片中的幼年黄似兰笑靥如花、天真烂漫，她是家境优渥深得父母宠爱的小公主，然而“太平轮事件”使8岁的她从天堂坠入地狱。母亲陆淑影是东南贸易公司负责人，先是含泪将女儿送到台北亲戚家，只待自己搭乘“太平轮”到台团聚，孰料却在事故中丧生。失去母亲的黄似兰于是瞬间成了台北的灰姑娘：洗尿布、做家事、睡走廊、挨巴掌、罚下跪……为了争夺黄似兰母亲的遗产，亲人们决定将她送回大陆。舅舅在广东山区的火车站谋得一个站务员工作，月薪 29 元人民币，就带着她与外公外婆一起迁居上任。舅舅在山区的小火车站卖票，看铁路信号灯，她则负责到江边挑水煮饭，到小山冈捡柴……黄似兰如今定居于澳门。

在张典婉的找寻中，这样的故事越来越多，包括后来大名鼎鼎的李昌钰。父亲遇难后，曾经煊赫一时的李家就此败落，只留下年过五十的李王氏独自抚养 12 个儿女。在李昌钰的记忆中，为了省钱，全家兄弟姐妹都是在一张圆桌子上写功课，时间一到，大家一起关灯，绝不浪费电。自从父亲死后，李昌钰很久都没有新鞋穿，母亲想尽办法给他买了一双新鞋，为了保护它，李昌钰上学时几乎是提着鞋子走路，到了校门口，才把鞋穿在脚上走进校门。李昌钰考大学时本来考上了海洋大学，此时却发现中央警官学校在招生，学费全免且工作生活都有保障，于是决定报考，成为中央警官学校第一批对外招生的 24 名学员之一。李昌钰后来常常这样感慨：“如果不是‘太平轮事件’，父亲过世，我后来就不会去念警校，也不会走上刑事鉴识这条路，也许就与父亲选择当一名商人一样吧！”

未停止的追寻

《太平轮 1949》不仅是一本书，它像一道光，点燃了对那个年代的回忆。“最喜悦的过程就是在寻找过程中，好像串起 1949 年很多的两岸离散，同时也是华人共同的记忆，因为后来很多人就漂泊到全世界了。”在书的出版和海祭活动后，一个又一个的惊喜扑面而来。

第一个惊喜是又一位幸存者被发现，而且还是其中一位股东的女儿——张典婉告诉我，不过因为她还没有做好面对媒体的准备，姑且以“周老师”称呼。

“我和她谈了两个多小时，她讲了被救起来的细节，她的表哥、表妹当时都在船上，表妹当时也被救了起来，但是在医院里过世了。周老师本人被家里人安排到熟人开的医院里静养，治疗创伤。1951 年考上了清华大学历史系，后来院校调整并入北大，于是就在北大读书一直到毕业留校工作。”周老师的父亲周庆云是排名第六的船东，周庆云也因为“太平轮”的事情赔偿了两次，几乎倾家荡产。

“我的书出来之后，澳大利亚的朋友告诉我，据澳大利亚军舰记载，当时救起来四个女的。我在书里写了两个人物，加上这位北大教授和她过世的妹妹，正好就是四个人。澳大利亚的读者帮我在墨尔本找到一个当年救她们的澳大利亚军舰的水手，将来我们也希望请这些老水手回来做一些活动。”

另一个惊喜是在 2011 年底，在北京举行的一次读者见面会后，一位来自出版社的读者“飞奔”过来找到了张典婉，告之可以带她去见一位与“太平轮”有着重要关系的特殊人物——梅娘。

梅娘曾是中国现代文学史上与张爱玲齐名的女作家，当年有“南玲北梅”之誉。1949 年以后，梅娘因在沦陷区创作的经历而被打为“汉奸”、“右派”，从此沉寂文坛。梅娘在日本留学时，结识了在日本内山书店打工的中国留学生柳龙光，不顾家庭反对，与柳龙光结为伴侣。

柳龙光是中共地下党员。1948 年，中共北方局城工部负责人刘仁希望柳龙光利用他与国民党上层人物的关系，赴台湾动员“蒙疆政府”的参谋总长乌古廷率部起义。梅娘于是随柳龙光动身前往台湾。往返于台湾与上海联络起义事项的柳龙光不幸成为“太平轮”最后一班的乘客，遇难时年仅 33 岁……当时梅娘只有 28 岁，还怀有身孕。她后来在台湾生活困顿，最后费尽周折地带着两个女儿回到大陆。

“当我知道梅娘后来隐姓埋名地活着，很长时间被剥夺了写作的权利时，我又很难过，当年那么棒的一个作家，却一生困顿在两岸间游走，可以说她活着就是在见证历史。”2011 年 12 月 22 日是梅娘生日，张典婉专程带了束鲜花去看望梅娘。张典婉说，梅娘回到大陆后的境遇固然令人叹息，可是如若留在台湾又会怎样？“我觉得如果当时梅娘没回大陆，她在台湾的白色恐怖时期肯定也跑不了。”

对张典婉来说，出版《太平轮 1949》的另一个效应是，很多人找到她，希望她帮助找到 1949 年前后离散的亲人及其后人。所以，张典婉和她的朋友们已经开始筹划着下一部作品，名字叫《寻人启事——我的爱》，专门讲述两岸在 1949 年离散的故事。张典婉和她的工作伙伴钻进图书馆和资料室，搜索到了台湾旧报纸上三百多条寻人启事。她至今仍对这样一条印象犹深：“某某人夫，我已于 1950 年几月几号辗转从青岛来台，父亲不堪旅途劳累已于半途病殁，带着大宝二宝三宝，目前孤苦无依，他人时来相欺，现已见报后到花莲某某地去寻。”这样一条小小的寻人启事里面诉说了多少欲哭无泪、愁肠百结的故事？“我觉得我们有责任把以前断裂的碎片重新拼凑起来。”即便这是一个艰苦的过程，其中筛选、查证、核实需要耗费大量时间，困难重重，而且张典婉也知道，这三百多寻人启事的主人，十之八九是找不到的，“但这个寻找的过程才是我们要记录的”。其工作伙伴谭端郑重地补充说：“如果要给这个事情扣一顶‘帽子’，那就是给这些在战乱中流离失所的中国人的心灵做一次事后的安慰。”

补记：

2019 年 11 月 14 日，借李昌钰来中国讲学之机，我在北京有幸采访了这位传奇神探。我们的话题就是从他在太平轮号遇难的父亲开始的。关于这一段，李昌钰博士是这样回忆的：

我的老家在江苏如皋。小时候我对父亲的印象比较淡薄，只记得他是很严格的一个人。我小时候家里请来一位私塾老先生为我们上课，我们几个孩子坐在那里背《三字经》，父亲偶尔过来看一下，看我们有没有认真学，背错了要被打手掌的。我有点怕他。但他也有很慈祥的一面：早上会牵着我和我哥哥的手去吃早点——当然他和他的商界朋友们在那边吃早点，主要是谈生意。我跟我哥哥坐在另外的地方，一人一个蟹黄包，所以印象很深。

我家里挂着爸爸写的对联：“看破世事惊破胆，识透人情冷透心。”我一直记得这两句话。日本侵华后，我们一直在乡下逃难，先是搬到上海租界区，相对比较安全，爸爸就在上海做生意；到了 1948 年，妈妈带着我们这些孩子到了台湾。爸爸在 1949 年 1 月 27 号那天乘坐的太平轮……那时候我还小，不太明白发生了什么。后来看到妈妈在哭，家里的气氛也不对，才知道父亲坐的轮船失事。

我是 1964 年离开台北去的美国。有一次我在耶鲁大学演讲，结束后对方请我们在耶鲁俱乐部吃饭，经理说：“这是大厨特别烧给李博士吃的。”原来那位大厨是中国人，问能不能见我一下，我说“好”。见了面才知道，他是太平轮生还者的孩子——他的父亲当时被澳大利亚的海军救起来，他在澳大利亚长大，学厨艺。后来我跟太平轮事件好几个人偶尔联系。有一段时间，有一位遇难者的亲属写了很多信给我，希望我重新调查太平轮。我当时考虑了一下，因为没有完整的资料，就放弃了。轮船失事是痛苦的，对我们家族来说也是悲剧。但是再去调查又有什么用？就让这段历史过去吧。

伍连德：不该被遗忘的名字

——1910 年鼠疫下的危城哈尔滨与拯救它的英雄

采访时间：2011 年

1911年，伍连德（前排左四）与一起工作的俄国医生在满洲里扎赉诺尔合影

“毫不夸张地讲，是伍连德拯救了哈尔滨，他对这个城市有大恩。”在伍连德纪念馆的开馆仪式上，前哈尔滨市委书记、现黑龙江省委副书记杜宇新曾如此动情地说。

“传染病没有国界，科学没有国界，伍连德的一生所从事的，是宏观的流行病学和微观的微生物学两个极端领域，也只有在人类的大背景中才包容得下。他的精神境界超然于一个局部甚至超然于民族与种族。”《发现伍连德》一书的作者礼露对伍连德发出由衷赞叹。

死亡之城

1910 年 12 月 24 日傍晚，一列列车徐徐驶入哈尔滨火车站。31 岁的伍连德手持一台贝克显微镜，在寒风中踏下月台。他的助手林家瑞提着一大一小两只藤条箱，里面装满了实验室器械。

伍连德是以“东三省防疫全权总医官”的身份，踏上这块陌生土地的，此时的哈尔滨，正笼罩在死亡的阴影下。

有确凿记录的死亡，最早发生在 1910 年的 10 月 25 日：据《东三省疫事报告书》记载，在中俄边境小城满洲里，两名从俄罗斯回来的劳工在下榻的旅店内暴亡。“同院居住的房东、客人等亦染疫身亡”，几个人的症状相同，都是发烧、咳嗽、咳血，很快死亡，死后全身发紫。

其实早在 10 月初，俄罗斯境内大乌拉车站附近的一处华工工棚，已有了类似的异常死亡事件。据《东三省疫事报告书》记载，当时“忽有 7 人暴死”。“俄人知该病之可恐，遂将该棚内华工一律逐出”，而且也把棚屋里的衣服、行李全部烧毁。被逐出的华工中，有两名在 10 月 19 日来到满洲里，正是他们成了后来那场蔓延东三省瘟疫的开始。

从 10 月 25 日开始，死亡弥漫一个又一个城市。10 月 29 日，察汉敖拉煤窑染疫，11 月 5 日扎赉诺尔染疫……

哈尔滨收到第一个疫情报告的时间是 11 月 7 日。两名捕猎旱獭的华工从满洲里来到哈尔滨，住进一家钻井工具商店。不久，这两个人都染病而死，而且还传染了与其同住的另外四人。瘟疫由此在哈尔滨蔓延开来。

这几乎是年轻的哈尔滨面临的第一个严峻挑战。

追溯起来，哈尔滨的历史，与中东铁路的历史是并行的。“可以说，先诞生了铁路，后诞生了这个城市，这是非常特殊的。”哈尔滨市作协主席、著名作家王阿成对我说。此前的哈尔滨只是一个小渔村，随着中东铁路的开通，外国人大量涌入，占了人口的 51% 以上。“那时哈尔滨的街牌、商家的牌匾，都是以俄文为主”，“当时的哈尔滨集中了一批精英，包括文化、商业、音乐、建筑等领域”，阿成说，中国第一个电影院、第一个交响乐团，都诞生于哈尔滨。

1911年，扎赉诺尔的一处居民住宅里因鼠疫而丧生的人

黑龙江作家迟子建，刚刚完成了以这场100年前的鼠疫为背景的小说《白雪乌鸦》。为了更深入了解那一时期的历史，她查阅了大量资料，对于那一时期的哈尔滨，她也有了诸如“当时的哈尔滨每半个月就进口一部西洋电影”的意外发现。

以铁路为界，哈尔滨分成“道里”和“道外”两个区域。与道里生活优裕的俄国人、日本人相对应的，是道外以傅家甸为中心的中国人聚居区。他们大都挤在拥挤不堪、污浊肮脏的小屋子里。鼠疫爆发后，傅家甸很快就成为重灾区。

“傅家甸的人口居住得非常密集，如果鼠疫不能扑灭，这将成为一座死亡之城。”阿成说。当时居住在傅家甸的大都是来自山东、直隶的劳工，在东北淘了金之后便返乡，他们会把病菌带到全国，所以阿成形容，那时候的哈尔滨“像一个巨大的病菌炸弹”。

当时还有一个超出人们经验范围以外的新情况：随着铁路的发展，人群移动的频率和范围大大增加，瘟疫传播的速度也大大加快。疫情

1911年2月，法国《画报》周刊报道了中国东三省鼠疫的情况

发展之势，正如当时东三省总督锡良所形容的那样，“如水泻地，似火燎原”。在奉天，鼠疫甚至引发了人们的挤兑风潮。恐慌也传到了政治中心北京。当时的外务部右丞施肇基后来在回忆录里说，当时哈尔滨每天数百人的死亡报告传来，而且瘟疫还在逐渐南行，“旅华洋人闻之恐慌”。各国人士都不敢与中国人来往，北京东交民巷的外交团区内，“亦限制华人入内”。“当时奥国驻华公使任外交团主席日日促余急谋治疫之策。”

其实让清政府更忧虑的，除了瘟疫，还有背后一场看不见的较量。

在东北，哈尔滨和奉天是“北满”、“南满”两个铁路枢纽中心城市，不但有较多外人侨民居住，且俄、日铁路附属地与中国市政重叠，检疫、防疫更具主权象征意义。疫情发生后，俄国和日本以清政府防疫不力为由，纷纷向清政府施压，要求共同主管防疫。锡良忧心忡忡地写道：“查疫势传染甚烈，外人尤极注意，办理稍不如法，即恐乘机干预。”“南满铁路属于日方，所以他们向清政府发照会：如果控制不了疫情，他们自己将派医官过来。俄也向清提出在嫩江设立检疫站，这其实不仅仅是防疫的问题，还涉及警务权、行政管理权的问题。”哈尔滨医科大学医学史教研室的马学博老师分析。

也许正是因为情势之复杂，所以当时清廷负责处理东北疫情的，并不是民政部，而是外务部。而外务部的态度是：事关主权，万难也认——要不惜一切代价，控制住这场瘟疫。他们向俄国和日本证明，中国能够独立处理好这场瘟疫。当然，最重要的，是要找到一个合适的人选。

临危受命

在突然接到来北京的电报邀请之前，31 岁的伍连德其实只是一位刚从南洋到中国两年有余的华侨。

1879年3月10日，伍连德出生在马来亚[1]的槟榔屿。其父伍祺学16岁从广州漂洋过海来到当地开了一家金铺。伍祺学与当地华侨女子林彩繁结婚后，生了五子六女。伍连德是第四个孩子。17岁时，他考取了英国女皇奖学金，赴英国剑桥大学意曼纽学院深造。1903年，伍连德成为剑桥大学第一位获得医学博士学位的华人。

1907年时的伍连德已是马来半岛小有名气的医生。他接到了一封邀请他出任天津陆军医学校副校长的信。信的下方，赫然印着"直隶总督袁世凯"。

到中国之前，伍连德对中国的印象主要来自夫人黄淑琼。黄淑琼是著名侨领黄乃裳的长女。黄乃裳后来追随孙中山，是老同盟会会员，曾任福建省省长。黄淑琼从小在中国长大，很希望能回到祖国与亲友重聚。加上她身体虚弱，不太适应南洋炎热的天气，伍连德后来在自传中坦承："我决定归返祖国，开始我的新生活，这多少和她的情形与意见有关系。"

1908年10月，伍连德一家三口离开槟榔屿，经香港到上海。将家眷安置好之后，只身北上。不料，到达北京后，光绪皇帝和慈禧太后相继亡故，袁世凯也借口有病，隐居起来。伍连德一时茫然无措。后来在英国留学时认识的海军官员程璧光和丁士源的推荐下，他得到了军机大臣铁良的正式任命，出任天津陆军军医学堂副监督。

伍连德生长于海外华人家庭，长大后又留学英国，早年缺少学习中文的机会。回国后，深感不懂中文之不便，到天津之后，他聘请教师学习中文。经过一段时间的努力，他能用普通话讲课。随后，他与梁启

[1] 马来亚：马来西亚联邦西部土地即位于马来半岛的部分的旧称，又称"西马来西亚"。

超[1]、辜鸿铭[2]、严复[3]、胡适等人有了交往，对中国的认识也在逐渐加深。

1910年12月18日的一封电报，彻底改变了伍连德刚刚平稳下来的生活。电报是从北京的外务部发来的，发电人是外务部右丞施肇基。1905年，由端方[4]等带领的清政府宪政考察团曾到访过马来亚槟榔屿，作为随员的施肇基与伍连德曾有一面之缘。等伍连德急速进京与施肇基见面后，施肇基告诉他，上次槟榔屿见面之后，伍连德给他留下的印象极深。所以后来听说袁世凯打算聘用专家改革陆军军医学堂时，他便大力推荐了伍连德——直到此时，伍连德才恍然明白当初接到那封邀请信的缘由。

出生于江苏的施肇基早年毕业于美国康奈尔大学。就在疫情爆发的几个月前，施肇基刚从吉林西北路兵备道任上卸职，转到外务部。其实对当时的清政府来说，美国丹佛大学医学博士、海军总医官谢天宝是第一人选，可是谢天宝却以北京到哈尔滨路途遥远为由拒绝。此时，施肇基又一次想起伍连德。而伍连德毫不犹豫地同意了。他后来在回忆录里并没有提及自己是否有过一番挣扎，只是留下了这样的字眼："施肇基的估计是：除非中国采取严厉的防疫措施，制止疫情蔓延，否则，俄、日将采取行动，并最终演化成为一个外交事件。"

1910年12月19日一早，伍连德返回天津后便直奔陆军军医学堂。他紧急召集毕业班学生，征求自愿和他一起去东北的人。教室里一片沉寂。

---

[1] 梁启超：戊戌变法（百日维新）领袖之一，中国近代维新派代表人物。

[2] 辜鸿铭：号称"清末小五杰"之一，是当时精通西洋科学、语言兼及东方华学的中国第一人。

[3] 严复：清末极具影响的资产阶级启蒙思想家、翻译家和教育家。

[4] 端方：清末大臣，历督湖广、两江、闽浙。

几分钟后，两名学生站了出来。令伍连德感到意外的是，站起来的两人都是广东人。

走马上任

1910 年 11 月初，傅家甸每天还只有一两例染疫之人的报道，至 12 月中旬每天 4 至 10 名，到了 12 月下旬增至数百人。由于传染人数增加太快，专业检疫人员无法亲自检查每一个病例，得到病患家人的通报后，只有依靠临时雇来且没有防疫经验之人前往甄别，然后将被认为染疫之人移送至隔离营。为了逃避警察检查和强制性消毒，有些病患家庭在夜间将患者尸体抛在街上。第二天早上，警察把这些尸体收集起来，放在一个个薄木棺材里，埋在乱坟岗子。如果患者死在家里，家人则可以在没人过问的情况下，从容运到城外安葬。临时征集来的护士、看护妇、消毒工和埋葬工，虽被要求穿戴防护服和佩戴口罩，但都置若罔闻，口罩挂在脖子上而不戴，致使不少人也被传染。

疫情发生以后，当时从奉天派了两名西医前来处置，但是他们能够调动和支配的人手只有 5 位与之同来的护士。地方行政长官大多对现代检疫、防疫知识几乎一无所知。如最初负责傅家甸检疫、防疫的地方官就是一位典型的传统文人。此人拥有举人头衔，操一口带有浓厚吴地口音的官话，既不通英文，也不通俄文，根本无法与俄国人直接交谈。伍连德后来回忆：他抵达后第二天与其见面，早上 9 点钟赶到县衙门，居然还在客厅等候了半个多小时。伍连德与之交谈后的印象是："正是这种无知导致了形势的复杂化，并使疫病向更远的南方蔓延。"

所幸从奉天来的姚医生和孙医生毕业于盛宣怀创办的天津北洋医学堂，是当时中国为数不多的接受西方现代医学训练的人。北洋医学堂是一所英式医学院，专门从香港、广东、福建以及天津招收会英语的学生，用英语授课，所以伍连德可以用英文同他们深入交流，了解情况。

当时东北的各种报纸报道这场大瘟疫时，都称之为“百斯笃”——这是“鼠疫”的日语音译。这场蔓延东三省的瘟疫究竟是不是鼠疫？对伍连德来说，他所迫切需要的，是用科学的实证的方式对这些猜测予以回答。

到达哈尔滨的第三天，伍连德得知傅家甸有一名与当地人通婚的日本女人死于瘟疫，他决定解剖尸体。

当时中国对现代医学完全是一片蒙昧状态。在中国人的观念中，解剖尸体无疑是对死者的大不敬，不但面临着社会风俗的压力，而且从法律层面来讲也是不被允许的，所以伍连德只能秘密进行。

这一次的尸体解剖，也是中国第一例有记载的病理解剖。在伍连德等人的推动下，1913 年 11 月 22 日，北洋政府公布了关于尸体解剖法规的总统文告，随后颁发了详细规则，这是中国历史上首次官方准许尸体解剖的法律性文件。由此可以想见，伍连德当时要承受多大的压力。

当时也没有实验室，伍连德和助手就在当地总商会借了一个房间，做血液化验，将样本固定后进行组织切片检验。令伍连德兴奋的是，在贝克显微镜下，他清楚地看到了一种椭圆形的疫菌——毫无疑问，流行在傅家甸的正是鼠疫。伍连德立即向北京外务部发去电文，报告此事，并且提出初步的防疫措施：控制铁路、公路交通，以防瘟疫蔓延；隔离疫区傅家甸；向关内征聘医生等。

伍连德发现，这一次发生的疫情显然与以往对鼠疫的认知有很多冲突。初到哈尔滨时，姚医生也向他坦陈了他的观察：傅家甸民居低矮肮脏，冬天门窗紧闭空气不流通，室内一人染病很快即感染全家——他认为这种病是在人与人之间通过飞沫和呼吸传播的急性肺部炎症。在伍连德到达哈尔滨前，日本南满铁路也派了一名日本医生前来调查病因，这名日本医生是日本细菌学家北里柴三郎的学生，他一到哈尔滨，就立即雇人捉老鼠，希望在老鼠身上发现鼠疫杆菌。一连解剖了几百只，却没有发现一例带鼠疫菌的。基于种种事例，伍连德大胆提出，在傅家甸流行的鼠疫无需通过动物媒介，而可以通过呼吸之间的飞沫传染，他将其命名为“肺鼠疫”。

为了防止飞沫传染，伍连德设计了一种极其简单的双层纱布囊口罩，即用两层纱布，内置一块吸水药棉，戴上它就可以隔离病患，成本费仅需当时国币2分半钱。后来，在沈阳召开的国际鼠疫研究会上，各国代表一致赞成采用这种口罩。至今，医务人员仍在使用这种口罩，并称之为“伍氏口罩”。

1911年新年元旦的前夜，伍连德拜访了很多外国领事馆，向大家讲了他的“肺鼠疫”理论，呼吁群起防治。然而，除了美国领事罗杰·格林之外，几乎没人相信他的话。

而伍连德人际传染的“肺鼠疫”理论，也遭到了同行的抵制。1911年新年第一天，伍连德决定去中东铁路医院探访。那里的主治医师是28岁的哈夫金（Haftkine），他毕业于基辅大学，他的叔叔W·哈夫金则是著名的鼠疫专家，曾主持过印度孟买的鼠疫防治工作。

伍连德注意到，这里的传染病房并没有设置隔离区，医务人员也没有任何防护性措施，因为哈夫金笃信鼠疫是不可能通过人际传播的。哈夫金很热情地接待了伍连德，他随手发给伍连德白服、白帽和胶皮手套，邀请他一道查房。

“当时的情形真是一个困境！”伍连德后来回忆此事还感慨万分。如果在查房之前向哈夫金索要口罩的话，伍连德担心此举被看成懦弱或缺乏职业勇敢的表现；可是难道就这样不加防护地鲁莽地进入病房？

病房里有8个病人，其中6个中国人，2个俄国人，都躺在各自的铁床上。全部的病例记录表明，病人高热和心率过速。所有病人都很虚弱，一些人轻微咳嗽，另一些人明显呼吸窘迫、痉挛和咳嗽，并带有淡粉色的血痰。哈夫金检查了两个病人的前胸和后背，伍连德注意到，他并没有直接面对病人的呼吸。

轮到伍连德时，他只做背部听诊，尽量伸直持听诊器的手臂，有意识地仰起头与病人保持一定距离。“如果当时我面对病人前胸而不是背部听诊的话，或许今天我就不会活着讲这个故事了。”伍连德晚年撰写自传时提及这段经历仍心有余悸。

当时，哈夫金医生告诉伍连德：他们已注射了他的叔叔所制的疫苗，足够安全，不需要其他的预防工具。

“哈夫金当然提取了血清制成疫苗，但其疗效很不稳定，当时很多病人注射之后也只能延长存活两三天。”马学博老师介绍说。

可在当时，哈夫金对自己叔叔的疫苗坚信不疑，也不相信伍连德的“飞沫传播”理论。直到法国医生梅斯尼（Mesny）的死，才改变了这一切。

当伍连德要求增派医务人员的电报发出后，北京方面开始向全国的各类医院和医疗机构征集志愿者医生和受过训练的护士到东北。令人欣慰的是，面对如此恶疾，报名支援东北的中外医生和医学院的学生十分踊跃。

第一位前来的志愿者是法国医生梅斯尼。梅斯尼来华多年，曾是一名军队外科医生，时任天津北洋医学堂首席教授。1908 年唐山曾发生一次死亡八百人的小规模鼠疫，在梅斯尼的主持下得以控制，因而他也深得信赖。

伍连德对梅斯尼的到来十分高兴。他迫不及待地想把发生在哈尔滨的疫情告诉他。但当他介绍完疫情，以及自己肺鼠疫的结论后，他发现这位老朋友的情绪不太对头——伍连德后来才知道，来哈尔滨之前，梅斯尼在奉天拜访了东三省总督锡良。梅斯尼认为伍连德经验不足，自己更有资格取代他出任东三省防疫总医官，不料却被锡良婉拒。

伍连德回避了与梅斯尼发生正面冲突，他给施肇基发了一封辞职电报：为了能让防疫工作进行下去，情愿把防疫总医官的职位让给梅斯尼。整整 38 个小时之后，他收到北京的回电：决定召回梅斯尼，仍由他继续担纲三省防疫。

可是几天后，伍连德却意外得知梅斯尼生病的消息。1 月 5 日，梅斯尼前往哈尔滨铁路医院，在没有戴口罩的情况下，先后诊断了 4 名传染者。3 天后，在俄国大饭店，梅尼斯头痛、发烧、彻夜不眠。哈夫金将他转到了俄国人病房，在检查中发现了鼠疫杆菌。哈夫金为他注入了两支血清，但毫无效果。1 月 11 日，梅斯尼去世，距离他去铁路医院仅仅 6 天。

治疫大战

梅斯尼之死，震惊了哈尔滨。俄国人封闭了他住过的大饭店，将他的衣服、用品付之一炬。而对伍连德来说，梅斯尼之死使他的地位也发生了微妙的变化。周围的人不再对他的“肺鼠疫”理论不屑一顾，而之前被很多人认为反应过度的“伍氏口罩”，也从此都被牢牢地戴上了。

特殊时期的伍连德，正如他后来所形容那样，“扮演了一个庞大组织总司令的角色”，“给医生、警察、军队，甚至地方官吏下命令”。

1911 年的 1 月，是疫情最危急的时候，却也是医生增援最多的时候。有了同行们的帮助，伍连德的工作进展顺利了许多。他们几次开会商定了一系列周密的防疫方案，一场与死神的较量开始慢慢展开。

在伍连德的指挥下，傅家甸被分为 4 个区。每区由一名医药大员主持，配有两名助理、四个医学生和为数众多的卫生夫役与警察。救急队内分诊断、消毒、抬埋、站岗等诸多岗位。每天，各区派出四十多支搜查队，挨家挨户检查疫情。一旦发现有人感染鼠疫，立即将其送到防疫医院，他们的房子也被用生硫磺和石炭酸消毒。

为了成功地执行分区防疫计划，1160 名士兵被从长春专门调来组成步兵团。他们被安置在城外一家空旷的俄国面粉厂里，任务是对疫区进行交通管制。政府规定，傅家甸内居民出行必须在左臂佩戴证章，根据各区不同，证章分为白、红、黄、蓝 4 种。每个区的居民在左臂上佩戴不同的证章，可以在本区内活动，但要去别的区域，必须申请特别准许证。就连区内的军人们也必须严格遵循这一规章，不许随便走动。严格的警力，使得“任何人偷越封锁线几乎都是不可能的”。

正在城市外围担任封锁任务的600名警察被撤换，在接受防疫培训后，被分配到防疫局医生直接控制的4个分区和防疫站。伍连德后来评价说，这支队伍后来被证明“有巨大的价值”。

按照收治病人的病情，诊病院分为疫症院、轻病院、疑似病院和防疫施医处几种。各病院中均设有医官、庶务、司药生、看护、巡长等职务，既为不同病情的病人提供了治疗，又避免他们之间交叉感染。“‘疑似病房’的提法是伍连德首创的，直到现在我们还在使用。”中科院微生物研究所程光胜研究员说。这也足以证明伍连德的能力和远见。

傅家甸的防疫措施为整个东北做了一个表率。随后，哈尔滨俄人居住区、奉天（今辽宁省）、长春及黑龙江全省（当时哈尔滨属吉林境内）纷纷仿照傅家甸的模式建立起防疫体系。

在后来的奉天国际鼠疫研究会上，有人总结：“在新的防疫机制建立之前那个月，死亡人口总数为3413人；在新的防疫机制建立的时候，几乎每天死亡200人；但在30天后，死亡记录为零。”

伍连德向中东铁路公司借了一些火车车厢暂做临时隔离营。新年后，粮台一带（今道外八区体育场）铁路线上停靠了60节“瓦罐车”，用做临时隔离营,收容鼠疫患者家属和接触者,以及出现咳嗽等症状的疑似者。医生每日诊察，如果连续7天体温正常，即解除隔离。有些贫民在此一日三餐，还有火炉取暖，温饱无忧，竟然乐不思归。当年的报纸曾以《贫民之爱坐火车》为题报道:“傅家甸防疫局前由铁路公司借去火车数十辆，专为调验与瘟疫可疑之人，每日饭食自然由防疫局供给……”

伍连德最终借了120节火车车厢，用做隔离营。在后来的国际鼠疫研究会上，他还将此作为最重要的经验：“这是一种最有效的隔离方式，在铁路附近的任何地方，都能很快建立起来。”

“在抗生素发明之前，对待鼠疫最有效的方法就是隔离，切断人与人之间传染的链条，鼠疫蔓延的速度和规模自然就会被控制住。”马学博研究员介绍。从17世纪开始，人们就采取隔离措施。100年前西班牙曾经用过列车车厢做临时病房，但是“用 120 节车厢这么大规模，防疫历史上从没有过”。

伍连德后来回忆说：“整整花了一个月，组织逐渐步入正轨。官员们接受了我的观点。”

断绝交通

当时的哈尔滨，是世界上最大的大豆集散地和交易市场。这里聚集了大批来自全国，特别是山东和直隶两省的劳工。除了普通劳动力外，数以千计的小商贩也随季节变化，向北移动。虽然对这部分流动人口并没有一个精确的统计数据，但 10 万人并不是一个被高估的数字。当时正值年关，按照中国人的传统观念，他们必须要千方百计回乡过年，这些庞大的人群中，必然包含为数不少的鼠疫感染者。一旦大规模的春节返乡潮开始，瘟

1911年，滨江防疫会的临时消毒所大门

疫势必会传播到关内。

鼠疫爆发之初，人口流动没有受到任何限制。当时每天有一千多名劳工乘火车从北部疫区而来，再转乘中国人管理的铁路继续南下，所以奉天一度成了鼠疫重灾区。当时也有人强烈要求关闭长春到奉天的铁路交通，但未被采纳。

1月11日，也就是梅斯尼死去当天，东三省总督锡良给北京军机处发了一份急电。他以“万万火急”的字眼，吁请朝廷禁绝满洲交通：“此次疫症，因东清、南满火车往来蔓延甚速……（应）于火车经过大站添设病院、检疫所，凡乘火车由哈赴长、由长赴奉之商民，节节截留，一体送所检验，过七日后方准放行。”

经过交涉，日本控制的南满铁路于1911年1月14日停驶，俄国控制的东清铁路二、三等车于1月19日停票，头等车采取检疫办法。东北境内的交通基本停顿下来。山海关是从东北进入关内的必经之地，1月13日清政府还在山海关设立检验所，凡是经此南下的旅客都要在此停留5天进行观察。这些措施是如此严厉，如此彻底，以至于太子太傅、钦差大臣郑孝胥从东北返回时，也毫无例外地在山海关停留5日后才得以返京。

也许是出于对疫情蔓延的恐惧，清政府对交通的控制也不断升级。1月15日，陆军部更派军队驻扎山海关，阻止入关客货；1月21日，又下命令“将京津火车一律停止，免致蔓延”。至此，关内外的铁路交通完全断绝。“当时天津卫生局专门制定了查验火车的章程，甚至要求连进贡的贡品也必须检查，这说明清政府及有关部门的防疫措施是极其严格的。”辽宁大学历史文化学院教授焦润明这样说。

可是对当时的管理者来说，对现代医学缺乏常识的普通民众也是防疫的阻力之一。当时的奉天，还发生过这样一个事件：

1月14日，最后一列载着苦力的列车离开奉天前往山海关。可是，就在向南奔驰的列车上，却发现两个死于鼠疫的感染者。第二天，载着478名劳工的火车沿着原路回到奉天，被安置在铁路车站附近的客栈里。

周围设置警戒以防止他们逃跑。1 月 23 日，一百多名劳工举行暴动，从客栈中逃了出去，没有人知道他们跑到了哪里，而一周后奉天的死亡人数突然暴增……

据《盛京报》报道，当时奉天隔离所有规定“若有敢图潜脱者当即击毙以杜后患”，大概与此事有关。

焚尸

一切都布置妥当，但凶险的鼠疫似乎不甘心就此落败，还在显示它最后的余威，最多的一天竟然传来 183 人的死亡报道。

作为与鼠疫作战的总指挥，伍连德知道“对手”的凶险，他必须全力以赴，不能有丝毫掉以轻心。很快，他又发现了一个巨大的隐患。

1911 年 1 月的一天，伍连德来到北部的一个坟场。眼前的一幕，又让他惊呆。时值隆冬，地上的积雪有五六寸厚，雪地上一排排棺木和尸体露天停放着，如长蛇阵一般绵延一里有余。

鼠疫发生之初，政府为死者提供棺材安葬他们；在街上发现的尸体也由政府出面收集，放在棺木中运到坟场。到了后期，当死亡人数越来越多时，尸体便被直接放在坟场。随着天气渐冷，土地被冻得坚硬，不要说深挖洞，就是想挖一个浅坑，都非常困难。所以这些尸体也都被随意弃于坟场地面上，已经至少 6 周有余。伍连德注意到，这些尸体各种姿势都有，有的甚至还保持着坐姿，这大概是因为在垂死之际就被家人扔出来，而他们在极度寒冷的天气里做了最后取暖的努力。

当时的伍连德忧心这个坟场会变成一个巨大的鼠疫杆菌冰柜。如果有老鼠或其他动物接触到这些尸体，再由动物传染给城里的人，那么一切防疫措施都将化为乌有。

“伍连德凭借直觉，认为鼠疫病菌在地面下也是可以存活的，但是他当时并没有时间去做实验证明这一点。后来俄罗斯专家果然证明了这

1911年，满洲里的搜寻人员查找出感染肺炎型鼠疫的患者

一点——在哈尔滨严冬极低的温度下，肺鼠疫的病菌至少能存活3个月。”马学博说。

当务之急是必须尽快处理掉这些尸体，唯一的办法是集中火葬。

可是伍连德也知道，这对当时的中国人来说将是一个多么巨大的挑战。

即便是生长在海外的伍连德，也不敢贸然挑战中国人的伦理观念。他思来想去，最好的办法，唯有上书朝廷，请皇帝下一道圣旨才能平复民间的反对。不过，伍连德也知道，他首先要赢得当地官员和乡绅的支持。这一点进展得异常顺利——他让那些人跟着他一道坐车去坟场看那可怖的场景，他们便一致同意。于是，当伍连德给清廷上书请求颁布准许火葬诏令的同时，哈尔滨的官商绅士们也联名向吉林总督（当时哈尔滨属吉林境内）陈情，希望批准火葬。

1月30日，他们终于收到外务部发来的电报批准。第二天一大早，伍连德立即行动起来——后来他在万国鼠疫研究会上详细介绍了当时的处理方法：他雇用了200名工人，把棺木和尸体以100为单位，分成22

1911年，防疫人员在城里收集尸体

堆。先是用炸药爆破，挖了一个6米见方、3米深、每次能够装500具尸体的大坑。然后，按照每百具尸体10加仑的标准，用消防车在尸体上面浇上煤油。火点起来，尸体迅速猛烈地燃烧，2200多具尸体就这样灰飞烟灭了。伍连德后来写道，目睹亲人遗体化为灰烬，两万名傅家甸市民面无表情，“呆呆出神”。对于伍连德如何以专业精神以及敬业之心指挥这场鼠疫战，《远东报》的一则评论也许最能充分地体现：“哈尔滨防疫局总医官伍连德自到哈以来，办理防疫事宜，不辞劳苦，闻日前，在东四家[1]焚烧疫尸，防疫局委员等皆不欲往前监视，伍医官自赴该处点查尸数，亲视焚烧，候焚化净始行回局。”

当时，俄国防疫部门的相关人士也在旁观看了具有历史性的焚尸过程。后来他们也效仿中方的做法，把辖区内染疫尸体，无论是新近死去的还是已经腐烂的，全部火葬。2月间，俄方共焚化了1416具尸体，其中1002具尸体是从坟墓中掘出来的。

1月31日，为当时的哈尔滨市民留下了一个最特别的记忆——这一天，是中国传统的大年初一，他们却目睹了中国历史上的第一次火葬。

---

[1] 东四家：指民国时期的东四省，即奉天（今辽宁）、吉林、黑龙江、热河。

此时，傅家甸已经有114人染鼠疫死亡。适逢春节，防疫部下发传单，号召大家燃放爆竹，冲冲晦气。伍连德也深知，从科学的角度，爆竹里的硫磺同样有消毒的功效，所以他也期望新年爆竹能把笼罩在傅家甸上空的死亡之神驱赶走。

说来多少有些神奇，自大年初一这一天起，人类与瘟疫角力的天平终于发生了倾斜。这一天，傅家甸的死亡人数从183名下降为165名，“此后日渐消减”，而且再也没有回升过。

1911年3月1日午夜，当鼠疫死亡人数为零的报告传来时，坐落在哈尔滨傅家甸的防疫总部内一片沸腾。几日后，鉴于鼠疫死亡连续多日为零，防疫委员会宣布解除对傅家甸的隔离。

病源

当伍连德与助手林家瑞到达哈尔滨的第二天，当地最高行政长官于驷兴向他介绍情况时便提及，这场瘟疫的最初感染者均是在满洲里一带草原猎捕旱獭的关内移民，这是伍连德在疫区第一次获得有关旱獭的信息。离开关道衙门乘上马车，他注意到一身俄罗斯人装束的山东马车夫，头上戴的正是一顶旱獭毛皮帽子。

20世纪初，在北满和西伯利亚一代活跃着捕捉旱獭的猎人，他们发明了一种工艺，只要对旱獭的皮毛进行适当加工，其成色堪比貂皮。一时间，旱獭皮冒充的假貂皮成为国际市场的新宠，价格连年看涨。1910年，每张旱獭皮的售价比1907年猛涨了6倍多。在巨额利润的吸引下，很多中俄商人纷纷招募华工捕杀旱獭。1910年，仅从满洲里一地出口的旱獭皮就由1907年的70万张，增加到250万张。

国际市场的需求，刺激了捕猎旱獭的热潮。当时，正逢山东、直隶两省连年遭灾，大批流民北上闯关东。满洲里草原上捕猎者曾达到一万多人，许多毫无捕猎经验的关内劳工也加入了猎獭队伍。《盛京时报》

在追述疫情源头时曾这样描述：“山东直隶两省无业游民相率猎满洲里山中，而山谷流血，原野厌肉，其狼藉实不堪形状。”

旱獭，即土拨鼠。它其实是一种非常狡猾的动物，对人类和其他动物的袭击保持着高度警惕。自然界动物具有自然形成的防卫本能，旱獭一旦染上鼠疫就会失明、失声、行动迟缓，并被健康的同类逐出巢穴。有经验的猎人都能分辨出染病的旱獭，绝不会轻易将这样的猎物捕获带回。但是在高额利润的刺激下，一些流浪的山东苦力不加选择地捕猎；在东北冰天雪地的原始森林中，捕猎者渴了喝雪水，饿了把旱獭的肉烧煮吃掉。

集得二十多张獭皮后，猎人们便在简陋的客栈过夜，往往几十人个挤在一张大炕上。冬天为了保温，门窗紧闭，这种封闭式温暖、潮湿的环境极易造成鼠疫菌的传播。一旦有人感染，全客栈无人幸免。当他们乘火车返乡，鼠疫就开始在中东铁路沿线星火燎原般蔓延。中东铁路的枢纽哈尔滨首当其冲，在东三省两次肺鼠疫大流行中都未能幸免，而且沦为疫区中心。

“在此之前，人们一直怀疑这场瘟疫是由老鼠传播的，可是在捕获的老鼠身上又并没有发现鼠疫杆菌，也就是说老鼠之间并没有发生鼠间鼠疫。再结合之前于驷兴的情况介绍，伍连德已经开始怀疑旱獭，因为旱獭也是一种啮齿类动物，属于鼠族的一种。”马学博说。

马学博还说，1905 年左右，在俄罗斯境内也发生过小型鼠疫，当时去调查疫情的俄国细菌学家扎博罗特内（Zabolotny）已经注意到了旱獭与流行病的关系，只是当时没有分离出鼠疫杆菌。“这些信息伍连德肯定都会知晓。3 个月的防疫实践更加确证了他的判断，只是当时忙于应对瘟疫，还没有时间进行实地考察和实验室检验。”

哈尔滨的鼠疫被控制以后，1911 年 7 月，伍连德与扎博罗特内等人组成的中俄联合考察队，到满洲里与西伯利亚及蒙古交界地一带实地考察旱獭的情况。“他们在铁路沿线某处发现了旱獭‘大本营’，周围 100 英里到处是旱獭，他们通过研究获得了非常宝贵的第一手资料。”

马学博说，其实从1905年到此次大爆发，由旱獭引起的鼠疫每年都有发生，但是因为俄属远东地区人烟稀少，居住分散，加之俄国方面控制严密，才没有酿成大型瘟疫。

伍连德根据这次田野考察之后完成的《旱獭（蒙古土拨鼠）与鼠疫关系的调查》，1913年发表在著名的英国医学期刊《柳叶刀》上。1923年6月2日，伍连德带着东三省防疫处专家伯力士、关任民医生，与扎博罗特内等人再次赴中俄边境考察。这一次他们幸运地捕获到了染疫的旱獭以及因病疫而死的旱獭，获得珍贵的实验动物及标本。回国后，伍连德在哈尔滨滨江医院实验室进行“旱獭疫菌吸入性实验”。“这个实验结果非常有价值，它证明了旱獭之间可以不经过跳蚤这个中间媒介，而是通过空气传播鼠疫杆菌；反过来也证明，人与人之间也可以直接传播病菌。”也正是因为伍连德在这方面的贡献，1935年他被推举为诺贝尔医学奖候选人，并成为第一位获此殊荣的华人。

功成名就

哈尔滨鼠疫扑灭之后，伍连德又转战长春、沈阳等地，经过努力，到1911年4月底，东北三省各地的鼠疫被全部消灭。这是人类历史上第一次依靠科学手段，在人口密集的大城市成功控制传染病的行动。这一年，伴随着各地报馆雨后春笋般的出现，无论关外的《盛京时报》《满洲日报》《奉天公报》，还是关内的《北京日报》《申报》《大公报》，乃至众多日俄媒体……几百份报刊连篇累牍地报道着满洲鼠疫，以至于晚清政客郑孝胥也感慨“竟成世界新闻”。伍连德自然一举赢得广泛的赞誉。《远东报》评价：“其能以如此有效者，皆赖伍医士连德之力。”

然而，当我们重新回顾这段历史时，公允地说，如果没有一个有力的社会支持系统，伍连德的“科学主义”也难以奏效。

第一位支持者当然是慧眼识才的施肇基。当伍连德被紧急任命为“东三省防疫全权总医官”时，是施肇基连夜准备护照、信件、电报等必需文件。他还与伍连德约定，到现场后互发英文电报保持通讯，电报由他负责翻译后办理。这无疑给了伍连德很大支持。在收到伍连德关于焚烧鼠疫患者尸体的奏请之后，也是施肇基连夜去摄政王府，呈请准奏。伍连德后来在其回忆录中的扉页说，将此书献给他一生中最重要的两人——一位当时在美国，另一位是他在英国的导师。而这第一位，就是施肇基。而令人感动的是，施肇基在自己的回忆录里热情赞扬伍连德，却对自己的举动只字未提。

另一位给予伍连德极大支持的，则是时任东三省总督锡良。在晚清风雨飘摇的残局中，锡良的种种手笔，为他赢得了晚清名臣、“一代能吏”的名声。当资历更老的梅斯尼对伍连德提出质疑时，也是锡良坚定地给予伍连德支持和信任。值得一提的是，奉天的检疫、防疫是由锡良直接负责的。他谢绝了日本多次要求任命日本医生为防疫总负责的建议，聘请与之私交甚好的英国传教士医生司徒阁作为总顾问，全权负责整个城市的检疫、防疫事务。

在这场鼠疫大战中，锡良可谓恩威并用。一方面，他奏请“出力人员，照军营异常劳绩褒奖。其病故者，依阵亡例优恤”。他的请求也很快得到清廷的批准。“吉林、黑龙江两省都分别制定了有关防疫捐躯人员的抚恤金，比如医生抚恤银 1 万两，学生抚恤银 5000 两等。”焦润明说。另一方面，锡良对一些赎职官员也毫不手软。吉林西北路道于驷兴、吉林西南路道李澍恩都以“防疫不力”而被革职。用今天的眼光来看，锡良还十分注重信息的透明，致电中东铁路各州县，要求把每天鼠疫在各地的流行情况及时用电报进行汇报，而且“所有关于防疫电报一律免费”。

更不该被遗忘的，是那些籍籍无名的医务工作者。当初因为对这场鼠疫强烈的传染性认识不足，当地的医务人员也伤亡惨重。比如仅长春一地就有 166 名卫生人员染疫殉职；而在长春隔离所，19 名职员全部被感染，其中 18 名不幸殉职。

这批献出生命的医务工作者中，也有一些包括梅斯尼在内的外籍人士。其中有一位是来华不到3周、年仅26岁的苏格兰医生嘉克森。他当时的工作是在奉天到山海关的火车上检查是否有疑似感染者，却不幸自己染病。嘉克森去世后，专程赶到奉天来认领骨灰的亲属将清政府发给的1万元抚恤金全部捐献出来，作为修建奉天医科大学之用。

伍连德后来在自传里逐一提到他们的名字，对这些同行表示深深的敬意。后来召开的万国鼠疫研究会，也特地休会半天“以表达对那些在抗击鼠疫斗争中献出生命的医生们的敬意”。我们今天在怀念他们时，其实不必特地用某个国家来界定他们，因为在面对疾病时，他们所体现出来的精神力量早已超越了民族、国家的界线。值得一提的是，伍连德的长子伍长庚在美国霍普金斯大学毕业后，也到中国投入到流行病的防治中，1941年，“在一次亲临监督北平防疫活动中感染肺疫，几个月后逝世”。

经此一役的伍连德名声大振。1911年4月3日至28日，“万国鼠疫研究会”在奉天（沈阳）召开了，来自英、美、法等11个国家的34位医学代表参加了大会，这是近代在中国本土举办的第一次真正意义上的世界学术会议，清政府出资10万两白银。各国专家对东北抗击鼠疫行动给予了极高的评价。梁启超也对伍连德称赞不已：“科学输入垂50年，国中能以学者资格与世界相见者，伍星联（伍连德字星联）博士一人而已！”

此后的伍连德，在中国医学的现代化进程上付出了诸多努力。1914年，洛克菲勒基金会派出中国医学委员会，考察中国的医学和公共卫生状况。伍连德提出的在北京建一所现代化医学院和医院的建议被采纳——这便是后来的北京协和医学院及医院。

1918年1月，伍连德提出建立一所大型医院的建议，被北洋政府批准。在为该院筹款过程中，伍连德自己也捐了2500元。同时他全权负责筹建：每天乘车，从东堂子胡同的家经过故宫，到医院工地督工。在他主持下建成的北京中央医院成为中国人建立的第一所现代医院，也就是今天的北京大学人民医院。1924年，受张作霖委托，伍连德在沈阳建成了东北陆军医院，这是当时中国规模最大、设备最好的医院。

除了建医院之外，伍连德还是中华医学会的创始人。1951年，当中华医学会总部由上海迁到北京后，伍连德把他在北京东城东堂子胡同55号的楼房捐给了学会。

离开哈尔滨之前，伍连德为哈尔滨留下了一份特别的财产。“自1910年哈尔滨大鼠疫之后，中国又爆发了几次鼠疫，不过在此之后大家都学会了应对，从容了很多，也没有酿成大规模瘟疫。不过伍连德觉得，光靠现有的医务工作人员不行，还要培养一批当地的医务人员，1926年，伍连德创办了哈尔滨医学专门学校，为当地培养医学人才。这个学校就是我们哈尔滨医科大学的前身。”哈医大校长、中国工程院院士杨宝峰说。有一年哈医大校庆时，伍连德的女儿伍玉玲和孙子都专程从海外赶来参加。伍连德的孙子告诉杨宝峰，当年办医学校时，伍连德并没有多少钱，为此，他还找他的朋友借钱。别人不解地问：“你的家并不在那里，为什么还要在那儿建？”伍连德很朴实地回答:“想为当地老百姓做点事情。”朋友很感动，为学校捐了钱。

抗战爆发后，伍连德在上海的寓所在淞沪之战中被炸毁。不久伍连德离开上海，取道香港回到马来西亚。回到家乡后，伍连德开了一个诊所，过着平静的生活。对于曾经那些惊心动魄的故事，他只是用淡淡的一句话总结：“我最愿意做的事情，是从阎王爷那里把人救回来。”

1959年，伍连德在家乡槟城买下邹新庆路39号的房子，打算在这里安度晚年。搬迁时他仍亲力亲为地监督着装箱工作，确保心爱的书没有受损。迁到新居后不久，他开始觉得身体不舒服。一天早晨醒来，伍连德自觉不适，便叫家人即刻送他入院，但已经来不及。1960年1月21日，伍连德带着他的故事，永远告别了人间。

王鼎钧：写尽一生沧桑

采访时间：2012 年

王鼎钧（摄于20世纪70年代）

对大陆读者来说，“王鼎钧”或许是个略显陌生的名字，可是在彼岸，王鼎钧却是影响了一代读者的著名散文家。台湾十大散文家评选，总是有“王鼎钧”的名字。从1992年至2009年，王鼎钧用了17年时间完成了他的“回忆录四部曲”，谈及最近由三联书店出版的这套回忆录，他说“我要用这四本书显示我那一代中国人的因果纠结，生死流转”。

昨日少年

“阴沉”，是王鼎钧对自己早期文字风格的形容，这样的文字，也正好映衬着他成长的那个动荡的年代。“我早期的经历就是‘多难’，一直是在压力下生存，几乎没有过爽朗的日子……”2012年岁末，在纽约法拉盛一家闹中取静的茶馆里，88岁的王鼎钧轻轻说完这句话，缓缓喝了口茶。

1925年，王鼎钧出生在山东兰陵一个传统的农村大家庭里。祖父是一位经营酒厂的商人，曾带着自家酿造的兰陵酒参加旧金山太平洋万国博览会，得奖而归。祖母去世后，家里来了新祖母。“大家庭本来有许多阴暗面，继祖母来了后，家庭关系更复杂，我记忆里没有快乐的童年。”那只喜欢不停舔自己的狸猫，是幼年的王鼎钧最好的朋友。作为家中长子，他敏感体味着大家庭那些琐碎的矛盾和细节，那些回忆故乡和家庭的“阴沉”的故事，便是若干年后回忆录的第一册《昨天的云》里记下的那些点点滴滴。

王鼎钧小学毕业的时候，抗日战争全面爆发，14岁那年，他还参加过家乡人组织的游击队。“他们发给我一个特别短的枪，叫马枪，那时候骑马用长枪不方便，那是专为骑兵造的一种枪。我受过射击训练，没有实战经验。游击队里什么枪都有，中正式，汉阳造，还有一种土造的枪，一次装一颗子弹。”1942 年夏天，17 岁的王鼎钧被迫离开家乡。离家那天，母亲看着他喝了稀饭，逼着他吃了包子后，父亲说：“你走吧，不要回头看。”于是，他一口气奔了五里路才回头……

年轻时的王鼎钧

这一年，山东籍名将、第二十八集团军总司令李仙洲，成立了一所专门收容山东逃出的流亡青年的学校。王鼎钧便进入了这所学校。学校先是设在安徽阜阳，后来又迁到被重重高山围绕的陕西南部的汉阴。那个时代的学习内容比较特殊。王鼎钧还记得一次期末大考有一道选择题：“世界上最好的政治制度是：君主，民主，独裁，开明专制。”标准答案是“开明专制”，选“独裁”也能得一半分数，选“民主”则完全错误。

“所谓‘流亡学生’，就是从日本占领区跑出来，到抗战地区得到暂时安置的学生。但是日本还是随时会打过来，所以学校是流动的。我们到后方，其实是一路逃亡。”王鼎钧回忆。那时无论国统区还是解放区都设立相应机构，接待流亡学生。当时，流亡学生的“待遇”与一个士兵的待遇相同，“一个兵每月有多少米，流亡学生就有多少”。作为流亡学生，一年还有 10 块法币的医药费，在那个年月里，这个钱基本上只具象征意义，因为买一粒治痢疾的奎宁就要花 12 块钱。每所学校都有校医，有一位同学牙齿坏了，医生说需要拔牙，但没有麻药，他劝这位同学说：前方有许多将士都受了伤，但没有麻药用，好在你年轻，就流几滴眼泪吧。说罢，“哐”一声，就把牙拔出来了……回忆那个年月，老人忍不住轻轻笑了起来，又无奈地摇了摇头。他告诉我，因为经常住在穷苦百姓家里，“我跟穷人从此有了感情”，“这影响我以后的作品，我不讨有钱有权有势人喜欢，我关怀的是穷苦大众”。

少年时的王鼎钧从喜爱文学的二姐那里看过沈从文的书，后来，他又陆续读了巴金的《家》、鲁迅的《野草》、茅盾的《子夜》……于是这个乡村少年开始梦想当一名作家，然而在那个动荡流离的岁月里，这个梦遥远而又奢侈。

关山夺路

1945年8月，日本投降，王鼎钧刚读完初中最后一个学期。国难已解，家却仍然回不去——“‘国军’忽然来了，又走了；‘共军’忽然走了，又来了。像走马灯。在拉锯的地区，一个村子有两个村长，一个村长应付‘国军’，一个村长接待‘共军’。一个小学有两套教材，‘国军’来了用这一套，‘共军’来了用那一套。有些乡镇拉锯拉得太快，拉的次数太频繁，乡长就做一个画框，正反两面两幅人像，一边毛先生，一边蒋先生，挂在办公室里，随时可以翻过来。”“拉锯”战之下，家人没有信来，这些在外的学生也不敢写信给家里。不久，王鼎钧接到父亲托一位“传教士”带来的口信，告诉他“不要回家”，此外不多说一个字，也不写一个字。人生的下一步该如何走？王鼎钧第一次独自对自己的命运作出了决定：离开学校，投入社会，担负起作为一名长子的责任。

此后四年他经历的诸多艰难苦涩、跌宕起伏，都细细地写在回忆录第三册《关山夺路》里。而从第二册写到这一本，中间整整隔了13年。“这四年的经验太痛苦，我不愿意写成控诉、呐喊而已，控诉、呐喊、绝望、痛恨，不能发现人生的精彩。愤怒出诗人，但是诗人未必一定要出愤怒，他要把愤怒、伤心、悔恨蒸馏了，升华了，人生的精彩才能呈现出来。”

20岁的王鼎钧报名参加了宪兵学校，参加完新兵培训后不久，作为宪兵队的一员被送到东北，后来又到秦皇岛一后勤单位工作。在那里，他们所做的最后一件事是收容东北溃散的官兵。回忆起在东北的战争造成的残酷与惨烈，即便半个世纪后，王鼎钧在回忆录里仍难掩悲怆。

回忆录四部曲之《关山夺路》

1948 年底，王鼎钧跟随部队调往天津塘沽。1949 年 1 月 14 日，解放军对天津发起总攻，当时他和十几个人住在一栋大楼的地下室里。1 月 15 日早晨，解放军占领天津，他们躺在地下室里，只听见地下室入口处有人喊话：“出来！出来！缴枪不杀！”紧接着，一个手榴弹从阶梯上滚下来。“我们躺在地板上睡成一排，我的位置最接近出口，手榴弹碰到我的大腿停住，我全身僵硬麻木，不能思想。我一手握住手榴弹，感觉手臂像烧透了的一根铁，通红，手榴弹有点软。侥天之幸，这颗手榴弹冷冷地停在那儿没有任何变化。”原来，那时解放军用土法制手榴弹，平均每四颗中有一颗哑火，而王鼎钧这十几人幸运地赶上了这哑火机会，他成了解放军的战俘。

解放军对待他们的态度不错。有一次，指导员找王鼎钧谈话，做思想工作。王鼎钧回答说：“我是大家庭长子，我要照顾父母和弟弟、妹妹。中国共产党对人的要求太高，我达不到那个高度。”沉默了一会儿，他又用很沉重的语气对指导员说，“我只有在腐化的、落后的、封建的社会里，才能苟活。”

某天，带着秧歌队的团政委骑马而来。他登台训话，称赞大家都是人才，可惜走错了路。威风凛凛的团政委又说：“迷途知返不嫌晚，谁愿意参加解放军，我伸出双手欢迎，想走的也不强留，解放军发路条、发路费给你们。你们爱到哪里就到哪儿，南京也好，广州也好，台湾也好……你们去的地方我们都要解放，你们前脚到，我们后脚到。水流千遭归大海。咱们后会有期！”一番话铿锵有力，惊心动魄。“解放军那时候的气势，我现在想起来还是很佩服！”时隔半个多世纪回忆，王鼎钧仍然忍不住竖起大拇指。片刻，他又轻轻地说：“我也不知道他的名字，后来怎么样了……”

就这样，王鼎钧带着路条和解放军发放的两天路费，离开了解放区。1949 年 5 月 24 日，在上海军械总库当差的王鼎钧，带着父亲夜间挤上一条甲板上坐满军人的船，也不知道船会开到哪里。等到船靠岸，才知道眼前这方土地竟然是基隆。回望再也回不去的故乡，他后来抑制住满怀乡愁，只感伤地写了这样一段话：“我想起中央政府‘迁台’的时候，那个最有权势的人说过，我把你们带出来，一定再把你们带回去。可是终其一生，他没有做到。”

文学江湖

王鼎钧正式学习写作，是 1949 年到了台湾之后才开始的。

在基隆港登岸的时候，他向在码头上登记的工作人员要了几张纸，随即便坐在水泥地上开始写字，“希望在茫茫虚空中抓到一根生命线”。他带着文章进到邮局，用公文纸糊了一个信封，寄到了当时的“中央日报”。因为没钱付邮费，王鼎钧还在上面注明“万不得已，拜托欠资寄送”。没想到，几天后文章竟刊登出来。“那时候 1000 字 10 块钱，一个山东大馒头、一碗稀饭加一碟花生米，一块五毛钱，所以 10 块钱我可以活一个礼拜。”于是，他愈加勤奋地给报纸副刊写稿，前后用了五十多个笔名，却从未收过退稿信。这些文章的发表不仅给他尚为困顿的生活带来些补贴，更重要的是，他由此下定了当作家的决心。

20 世纪 50 年代初期，王鼎钧进入“中国广播公司”工作。“中广”公司董事长是张道藩。王鼎钧回忆中的张道藩，不轻易表态，“私人写信从来不用公家的邮票，办私事也不坐公家的座车，对我而言也是新奇”。不久，王鼎钧参加张道藩创办的小说创作研究组 6 个月。来讲课的，都是只有张道藩才请得动的名流。对写小说有兴趣而报名参加学习的王鼎钧，虽然后来自谦“没学成”，但是那 6 个月却帮助他打下了文学基础。“后来我觉得能吸收成长的就是散文，因为在当时台湾的文学领域，地位第一的是诗，可我不会写诗；第二是小说，我又没学会；第三是散文，我是学小说不成，但是把散文学会了。”

王鼎钧后来从事广播稿撰述的工作，这让他一直战战兢兢，如履薄冰。广播有其特殊性，特别要注意谐音字的问题，因此禁忌特别多。比如“蒋总统复行视事”，简为“总统视事”，可以听成“逝世”，因此要改字，改为“总统复职”。有一次，广播里说“美轮美奂的大会堂中间悬挂着总统的肖像”，因为播音时断句不恰当，说成了“悬挂着总统”，节目未完，警备总部已派人上门，质问背后在搞什么鬼。十月一日是中华人民共和国国庆，也是国民党的伤心日，所以在“十一”前一天，就不准有任何喜庆，广播中更不准有祝寿的内容，不可开张剪彩，天气报告中如有“台湾海峡乌云密布，长江中下游阳光普照”，都会被治安机关追究。

20 世纪 50 年代，台湾号称“恐怖十年”。在“敏感媒体”——广播电台工作的王鼎钧目睹了许多文化界人士或被捕，或判刑甚至处死，那样的心理高压，甚至使得一个人在梦里都无处逃身。“乱世梦多，我常常梦见解放军追捕我、公审我、挖个坑要活埋我，我大叫惊醒，喝一杯冷水再睡。又梦见我在保安司令部上了手铐、灌了冷水、押到‘马场町’执行枪决，我又大叫惊醒。我坐在床上自己审问自己，共产党和国民党都有理由怀疑我、惩治我，我两面都有亏欠。我站在中共公安的立场上检查自己，有罪；我站在台湾保安司令部的立场上检查自己，也有罪。”

可是，不管怎么小心再小心，还是经常会有人上门来找麻烦。有一次王鼎钧根据《诗经・汝坟》中的一句话“鲂鱼赪尾”写了一篇文章，这话是指鲂鱼发怒时尾巴变成红色，鱼也有愤怒之时，必是忍无可忍了。没想到保安官员拿此文当罪状，这样恶狠狠训斥王鼎钧：“鱼代表老百姓，红色代表共产党，你分明鼓吹农民暴动。”

也许是因为有过当解放军战俘的经历，王鼎钧一度成了重点被“关照”对象。“星期天如果我逛书店或者看电影，总是遇见人事室的一个胖子，他跟我保持一定的距离，眼睛从不看我。几次巧合后，我决定做一个测验，我到公共汽车站候车，他也跟着排队，车来了，又去了，我不上车，他也不能上车，最后剩下我们俩，他十分窘迫，满面通红，狼狈而去，始终不和我交谈。”

如今回忆这一切，都已付之一笑。不过，王鼎钧说，严格的新闻审查却无意间带来了一个“收获”——“很多时候特务找我谈话，问我文章里为什么要用某个字，有什么特别之意，我才知道原来这个字还有这个意思。这也培养了我对文字的敏感，从结果上讲，审查对我也是有帮助的——写文章的时候总是感觉有一个检查官在我对面，我要躲着他，要隐藏、伪装，这对作家的写作也是有帮助的。”

“现在随便说什么就能发表，就可以上网，这样的文章能写得好吗？其实检查人就是门槛。特务比编辑的要求更高，要越过更高的槛，就要更高要求自己。当然这种检查是有限度的检查。在台湾接受这些训练，对我成长有帮助。大家都公认我的文章思考比较严谨周密，非常注意文字的妙，这是特务教我的。”王老转而又说，“不过这种检查也有负面影响。我的作品放不开，缺乏奔放的气势。我后来意识到这一点，也竭力突破这一点。”王鼎钧后来成家立业、娶妻生子，成为台湾知名作家与副刊主编。

著名作家林语堂曾说过一段话，大致意思是写散文哪里有什么布局修辞，随心写便是。“我的经验不是这样，我的经验是靠学习——很多作家不承认刻意学习过，也很避讳谈，好像说出来很伤害自己的尊严，而我是把自己学习的经历公开写出来。我不是天才型作家，条件不够，但我是努力学习型作家，我公开我的学习，让有需要的人来参考。”王鼎钧说。

王鼎钧戏称自己是“麻雀战术”——麻雀在地上不停地吃，随时随地汲取营养，虽然吃的东西很小很少，但集中在胃里形成营养。“我一直在向别的作家学习。虽然上世纪50年代台湾的书很少，好的作家也不多，但是我是见一个学一个。三人行，皆是我师。”

1978年，王鼎钧应新泽西州西东大学之聘到美国，编写美国双语教育所用中文教材，自此离开台湾。到了美国，王鼎钧也一直坚持用中文写作，他称自己“可能是美国唯一用中文投稿维生的人”。2009年，王鼎钧记叙台湾生活经历的回忆录最后一册《文学江湖》终于完成。从第一本面世到最后一本完成，中间竟整整跨越了17年。

“我用了17年，是要把痛苦的记忆写得不痛苦，很多作家写他的痛苦，是把痛苦转嫁给读者，让读者痛苦。我认为不应该这样。为了要修行到这一地步，我始终没有马上写。作家要把他的痛苦转换成一种愉快，是‘古今多少事，尽付笑谈中’的境界。我也许做不到这一点，但至少我要做到写的东西使读者得到了启发而不仅是痛苦的转嫁。”王鼎钧说。

曹聚仁：浮出水面的“密使”

采访时间：2005 年

曹聚仁（右）与邵力子在北京

有关著名报人曹聚仁在两岸充当密使、穿梭斡旋的传闻在他生前就若隐若现、或明或暗地存在，但与另一位已被大量披露诸多细节的斡旋者章士钊相比，无论大陆还是台湾对曹的角色及工作一直没有系统而完整的资料，这也使得曹聚仁的身份一度可以用“扑朔迷离”来形容。

就在最近几年，随着诸如《周恩来年谱》等大陆官方文书的正式公布以及重要当事人回忆录的发表，很多涉及曹聚仁的内容也已公诸天下，虽然这些材料依然零散，但已可依稀拼出曹聚仁为两岸充当密使的大体形象。

香港来客

2005年5月14日，我在采访原中台办主任杨斯德时，关于20世纪五六十年代的两岸关系，杨斯德说：“我们和蒋家的联系在好几条线上同时进行，中间人包括章士钊、曹聚仁。”杨老还有一句总结性的话：“对曹聚仁我们用得很好。”

“1956年7月11日：（周恩来）出席中共中央书记处扩大会议。会上商议周恩来接见原国民党中央通讯社记者、现《南洋商报》特派记者曹聚仁的有关事宜……”这是1998年在周恩来诞辰100周年时由中央文献研究室编的《周恩来年谱》中的一段，“曹聚仁”的名字第一次出现。尤为值得注意的是，周恩来在“中共中央书记处扩大会议”讨论接见曹之事，可见曹的来头及周的重视程度非同一般。

据曹聚仁的女儿曹雷回忆，周恩来在开会商讨之时，曹聚仁已经到了北京。1950年，曹聚仁从上海到达香港工作，“大约在1956年夏天，他写了一封信给我母亲，让他转交给邵力子[1]先生。后来可能是邵力子向上头作了汇报，让他不妨来接触一下。”曹雷说。

据《周恩来年谱》，1956年7月13日、16日、19日，“先后由邵力子、张治中、屈武[2]、陈毅等陪同，三次接见曹聚仁”。周恩来办公室主任童小鹏后来也在回忆里提及，周恩来于16日在颐和园会见并宴请曹聚仁时，进一步阐明了国共第三次合作的思想。“曹试探地问周恩来和平解放台湾的谈话究竟有多少实际价值。周恩来说：‘和平解放的实际价值和票面价值完全相符。国民党和共产党合作过两次，第一次合作有国民革命军北伐的成功，第二次合作有抗日战争的胜利，这都是事实。为什么不可以第三次合作呢？’”

8月14日，曹聚仁在他供职的《南洋商报》上将这次会面作了报道，向外传递了中共方面认为“国共可以第三次合作”的重要信息。

那时，已六年未同丈夫见面的夫人邓珂云立即带着小儿子曹景行赴北京。对这次北京之行，如今已是“凤凰卫视”著名时事评论员的曹景行至今还有印象。“那年我才10岁，跟着父亲在北京见了邵力子、屈武等很多人。”大人们在谈话，邵力子陪着曹景行母子游览颐和园，后来张治中、邵力子、屈武、夏衍等人请曹聚仁吃饭，大家谦让着都不肯坐主座，小曹景行最后堂而皇之地坐上了那个位子。

10月7日，由邵力子、张治中等人陪同，周恩来与再次来京的曹聚仁会面。这次谈话内容，《周恩来年谱》也记录得十分详细：周恩来回答了曹聚仁询问如果台湾回归，将如何安排蒋介石等问题。周说：“蒋介石当然不要做地方长官，将来总要在中央安排。台湾还是他们管。”

[1] 邵力子：近代著名政治家、教育家，曾任国民党中宣部部长，1949年国民党政府拒绝签订和平协定后脱离国民党政府，中华人民共和国成立后留驻大陆，曾任多届全国人大常委、全国政协常委，民革委员。

[2] 屈武：曾任民革中央副主席、主席兼中共党组成员、书记。

关于国民党高官陈诚和蒋介石之子蒋经国也都有提及，周恩来表示，陈诚如愿到中央，职位不在傅作义之下。

曹聚仁夫人邓珂云后来在笔记中记载:“……这次毛主席接见了他。”可以推断，自1956年曹聚仁便与北京建立起稳定而畅通的交流管道。1958年8月，毛泽东再一次接见曹聚仁，让他将中共金门炮战的目的主要是对美不对台的底细转告蒋氏父子。曹聚仁后来在报纸上以“郭宗羲”之名发表了独家文章，透露了中共炮轰金门的“醉翁之意”。

提及这段历史，原中调部部长罗青长说：“毛主席十分重视曹聚仁，当时毛主席讲政治性‘试探气球’。”“总理和我们也等着曹先生把消息传递给台湾。当时曹聚仁可能没有与蒋经国直接联系上，或者出于别的什么原因，但他为了执行毛主席交给他的特殊任务，在迫不得已的情况下，后来在新加坡《南洋商报》以记者‘郭宗羲’的名义发表。”

为什么是曹聚仁

1900年出生的曹聚仁在22岁时到了上海，后在上海艺术大学、暨南大学、复旦大学、中国公学等任教，并为《申报》《立报》等刊物撰写评论和杂文。1937年，“淞沪会战”的爆发改变了曹聚仁的人生方向，他“持”笔从戎，以新闻记者身份出入上海闸北战场，为《申报》《立报》《社会日报》和中央通讯社采访战地新闻，发回了大量报道。1947年，这些战地报道被整理成《中国抗战画史》结集出版，为后人留下一笔珍贵资料。

曹聚仁的“密使”角色，多多少少与他和蒋经国的渊源有关。曹聚仁女儿曹雷回忆，母亲在去世前几天拉着她的手说：“你知道吗？都是因为你来到这世界上，改变了你爸爸和我的一生。”1940年，为了小曹雷的出世，同为战地记者的曹聚仁夫妇决定在相对安宁的赣州安家。没多久，蒋经国找上门来，以“老师”相称邀曹帮助自己主持赣南的《正气日报》。“我出生后，蒋经国和妻子蒋方良专门找了一个士兵挑了鸡蛋到我们家来看望，母亲说，蒋方良还抱过我。”

“蒋经国从俄国回来后，缺乏亦师亦友的关系，他后来找到了我父亲，父亲不是他的幕僚，只是帮助他办过报纸。”曹景行这样分析曹聚仁与蒋经国的关系，曹与小蒋的联系一直保持到1949年。

另一方面，由于早期做记者、文人的经历，曹聚仁交了很多朋友，有国有共，民主人士邵力子又是曹聚仁的老师，这一点与章士钊颇为类似，这或许是他们充当中间人最大的优势。

曹聚仁的后人如今都是活跃在中国文化界的知名人士。毕业于上海戏剧学院的曹雷如今是著名的配音演员，她为电视剧《大明宫词》《汉武大帝》里归亚蕾的配音深入人心；曹景行是闻名于两岸三地的著名新闻工作者。或许也正是由于他们的各自身份，在对待父亲的问题上，姐弟两人都相当低调而谨慎。

“近些年来出了不少关于我父亲的文章，有的文章像写电影剧本一样，把当时的神态、对话写得活灵活现。当时父亲所做的事情属于绝对机密，只有极少数人知道，所以那些文章大多是不负责任地猜测或编造。”曹雷坦率地表达了她的不满。

“我妈妈一再关照不许多问多说，我们都知道这是国家的事，我们也一直保密。”曹雷说，关于父亲的身份，多少年来外界一直沸沸扬扬，但作为家人他们很少发言，直到1996年看到原周恩来办公室主任童小鹏发表的一篇回忆文章和1998年出版的《周恩来年谱》，她才感觉“必须得说出一些东西来”。1998年，曹雷在海外媒体发表文章《父亲原来是“密使”》，首次以家人或亲历者的身份披露了许多细节，在两岸引起轰动。

1956年的北京之行应该是曹聚仁近十年为国共牵线的起点。但促成曹聚仁北京之行的“源动力”是国是共，抑或曹本人，目前还众说纷纭。

在曹聚仁北京之行之前的一期《时代》杂志上，提到“在香港，传闻集中在一个叫曹聚仁的中国记者身上”。文章说，“曹相信，对所有中国人来说，最好的事就是能通过与共产党谈判解决问题”。因而，在收到北京方面支持他的消息之后，曹就写了一封信给旧识蒋经国，告之：

"在这危急时刻，我有重要的事要告诉你。"

据曹雷的个人回忆，其母亲在去世前告诉家人，"两岸建立联系的事情，最初是台北方面派人到香港找我父亲的"。于是后来有了曹聚仁托妻子转交给邵力子的那封信，从而建立起另一条与台湾沟通的渠道。

1999年，原中共中央对台工作领导小组办公室主任兼总理办公室副主任、中共中央调查部部长罗青长在接受采访时只是简单地提及，"曹聚仁是通过费彝民（注：香港《大公报》社长）介绍来大陆采访的"。

等待打开谜底

曹聚仁为两岸充当"密使"，这一事实基本已得到确认。但对于很多细节，仍然笼罩在一片朦胧当中。争议主要集中在曹聚仁是否到过台湾，是否与蒋经国见面以及是否存在国共之间"六项协议"这几点上。

关于曹聚仁到台湾去的秘闻，有两个说法：一是"蒋经国在极秘密情况下，派了一条小船，专程来港接曹聚仁先生前去台湾"（曹的老朋友王方语）；二是"蒋经国移樽就教，坐了一艘军舰，开到香港海外，接他上去商谈"（香港报人罗孚语）。其间，曹聚仁出示毛泽东给蒋介石的一首《临江仙》，内中有"明月依然在，何日彩云归"之句，道出了毛"国共再携手，一笑泯恩仇"的诚意。

"蒋介石、蒋经国父子在涵碧楼，听取曹密访北京的报告，形成了一个与中共关于和平统一的谈判条款草案，当时称为'六项条件'……"据曹聚仁的朋友王方回忆，这"六项条件"的具体内容如下：

（1）蒋介石偕同旧部回到大陆，可以定居在浙江以外的任何一省区，仍任国民党总裁。北京建议拨出江西庐山为蒋介石居住与办公的汤沐邑（即封地）。

（2）蒋经国任台湾省省长。台湾除交出外交与军事外，北京只坚持农业方面耕者有其田，其他内政完全由台湾省政府全权处理。以20年为期，期满再行洽商。

（3）台湾不得接受任何军事与经济援助；财政上有困难，有北京照美国支援数额照拨补助。

（4）台湾海、空军并入北京控制。陆军缩编为4个师，其中一个师驻在厦门、金门地区，3个师驻在台湾。

（5）厦门与金门合并为一个自由市，作为北京与台北间的缓冲与联络地区。该市市长由驻军师长兼任。此师长由台北征求北京同意后任命，其资格应为陆军中将，政治上为北京所接受。

（6）台湾现任文武百官，官阶、待遇照旧不变。人民生活保证只可提高，不可降低。

据说，在日月潭谈妥的上述条件等北京方面认可后，台湾方面派人赴大陆作最后商定。遗憾的是，“文革”马上发生了，中共对台工作实际上陷入了停顿。两岸关系进入政治冷战、外交抗衡的时期。但台湾官方对此则一概全部否认。

对此，曹雷的态度是可以提供个人回忆，但是否符合史实，只能等到有关档案公开的那一天。曹雷回忆说，父亲在澳门病重时，经常告知母亲自己做噩梦，梦见自己坐小船在海上漂，“我父亲以前从未出过海”，父亲当年告诉母亲，蒋经国是派一艘小船来将他接到大船上，与蒋家父子见面；此外，作家叶永烈后来在参观日月潭涵碧楼纪念馆时，发现了曹聚仁到达此馆的准备日期——1965年7月20日。

“我爸病重时，我妈妈专门到澳门照顾他。妈妈后来转告我，父亲清醒的时候跟他讲起与蒋经国会面的情况，说他向蒋经国汇报了几个孩子的事，而蒋经国告诉他自己的孩子不争气。”曹聚仁生前的很多资料都是夫人邓珂云帮助抄写、整理的，曹雷回忆：“我以前在家里看到过写有‘六条’的复写底稿。”曹聚仁去世后，因为觉得“家人不适合保存”，他的一千多封信都被交到组织保存。还有一些文件被曹聚仁的弟弟带走，当这些老人都去世后，很多重要资料的去处就无从查起。

1972年，曹聚仁在澳门去世，周恩来亲自关照曹雷与曹景行奔丧一事。

周总理亲自拟定了墓碑碑文：“爱国人士曹聚仁先生之墓”，算是为曹聚仁的一生作了定论。也有人说，毛泽东之所以在1973年找到92岁的章士钊重启沟通大门，是因为曹聚仁去世后，再找不到类似合适的人选。

“曹聚仁先生的一些资料，出于保密原因，还被存放在国家有关部门的档案馆中。”原中调部部长罗青长说。或许只有等到谜底公布那一天，曹聚仁先生为两岸关系和解所扮演的“密使”角色才能完全浮出水面，也让我们看清两岸几十年封锁与敌对下面的阵阵暖流。

附文

曹聚仁与孙元良

对现在很多人来说，知“曹景行”者多而知“曹聚仁”者少；知“秦汉”者多而知“孙元良”者少。其实，这两对父子中的父亲，都与“淞沪会战”渊源颇深。

“父亲原在上海一所大学做教授，教书时参加了抗日组织，1935年与邹韬奋[1]、沈钧儒[2]等一道，成为抗日救国会委员。”《凤凰卫视》著名时事评论员曹景行简单介绍了父亲曹聚仁。

因为某种关系，曹聚仁在淞沪会战之前便结识了八十八师师长孙元良，成为战地记者后，孙元良也给曹聚仁提供了许多支持，“后来他干脆住在孙元良在四行仓库的司令部里”。上海沦陷后，曹聚仁任中央通讯社战地特派员，来往大江南北，曹聚仁是首报台儿庄大捷和首次向海外报道“皖南事变”真相者，成为抗战名记者。

除了战地新闻外，曹聚仁的其他文章后被整理成《我与我的世界》出版，其中不少关于淞沪会战的生动记述，也给我们提供了多层面了解那个年代的视角。

曹聚仁提到，淞沪会战爆发后，各国记者云集上海，包括合众社、美联社、国际社、塔斯社以及英国《泰晤士报》《纽约时报》《芝加哥日报》等许多国际著名媒体。但“这些外国记者，很少对中国抗战有信心，他们不但不重视中国方面的新闻，而且还尽量采用日本的消息”。当时的

[1] 邹韬奋：中国卓越的新闻记者政论家、出版家。

[2] 沈钧儒：著名爱国民主人士，书法家。

日本军方每天招待六次记者，而上海市政府招待的中外记者“就很少人去理会”。1937年10月初，日本散布中国军队要撤退的消息，为了粉碎这个谣言，孙元良特地在离日本海军司令部不过五公里的国民革命军司令部招待外国记者。此举效果甚好，这些外国记者“对于中国兵的看法完全改变了”，他们承认中国兵是富有现代化头脑及防御准备的部队，“除了火力不足，战斗士气及勇敢精神都在日军之上”。

虽然自己写的战地新闻常被外界看得兴奋，但曹聚仁也很坦率地说：“可以写的，都不是真的重要性新闻，真实的新闻几乎一字不可吐露出来。所以，上海战事究竟是怎么打的，当时的上海人就不曾明白过。”

著名演员秦汉（原名孙祥仲）的父亲孙元良原籍四川成都，20岁那年放弃大学学业，投身刚创立的黄埔军校。淞沪会战中，孙元良率领精锐部队战功赫赫，惹得日本人恨他三分。台湾著名电视制作人陈君天曾在十年前采访过孙元良，他告诉陈君天，日本人在广播里说，八十八师是可恨之敌。

1949年孙元良去台湾后退出了军界，旋即去日本经营小餐馆，昔日的高级将领独自在海外谋生计，颇为艰辛。20世纪60年代中期，孙元良回到台湾居住。

曹聚仁当年便在文章中提到，孙元良“颇爱好文艺”，他在战时，临睡前还在看李劼人[1]的长篇小说《大波》。秦汉大约也是遗传了父亲的这一点吧。

偶然或是巧合，与民国首任国防部长白崇禧的儿子白先勇[2]一样，曹聚仁与孙元良的下一代都活跃在中国的文化界里——曹聚仁的女儿曹雷是上译厂著名的配音演员。随着时代的变迁，上一代的声名渐渐被淹没，但他们也应该感谢各自的父辈为了今天的安宁所作的努力牺牲吧。

---

[1] 李劼人：中国现代具有世界影响的文学大师之一，法国文学翻译家。

[2] 白先勇：台湾当代著名作家，代表作《台北人》《纽约客》《孽子》等。

章士钊：93 岁老人的最后一次斡旋之旅

采访时间：2005 年

章士钊

1973年5月中旬的一天，一架来自北京的中国民航专机降落在香港启德机场，“为了我们这架专机，香港方面专门封锁了整个跑道，我印象中那天的机场是空空荡荡的”，章含之回忆。她的93岁老父亲章士钊在家属及医护人员的陪同下，坐着轮椅被人抬下飞机舷梯。虽然年逾九旬的章士钊对外宣称是到香港探望三夫人，但境外媒体毫不费力地猜出这位老人此行的真实目的只有一个——台湾问题。

最后的心愿

“主席在我们临行前说，我们派一个包机过去，就是要制造轰动效应。你想，在那个年代，一架三叉戟[1]，一大帮家人、护士、警卫，再加上93岁的老人，能不轰动嘛！”当年风姿绰约的章含之如今已是满头华发，“一个80岁的人（指毛泽东）派了一个93岁的人来，其实就是想明确地向外传递两岸和解沟通的意图。”

章士钊的香港之旅出乎许多人意外，包括章含之本人。在接受采访中，章含之也详细回忆了章士钊此行的前前后后。1969年，二夫人奚夫人因肺炎去世，“父亲的生活变得很枯燥”，章家人希望将在香港的殷夫人接回来，但殷夫人不愿回大陆定居。章士钊于是提出去香港，理由是“孤独”。但考虑到老父亲年事已高，已在外交部工作的章含之和家人都持反对意见，主张继续争取殷夫人回来，去香港一事于是耽搁下来。

[1] “三叉戟”客机是英国德哈维兰公司研制的中短程三发喷气式民航客机。

“后来这件事情不知怎么被主席知道了，有一次他跟我开玩笑说：‘你们很不人道，人家要团聚你们却阻挠，我觉得行老（指章士钊）应该去，现在跟台湾的联系也应该建立起来。’”章含之回忆，“主席一发话，我和总理都不好再说什么了。主席后来关照总理，一定要好好准备，派个专机送去，造一点声势！”

“我回去问父亲：‘你还去得了吗？’父亲说，他一定要去，这个事情（台湾问题）一直在我心上。”章士钊最终成行，章含之却忧心忡忡。她后来在一篇回忆中这样写道：“我到香港后的心情却是复杂的……香港五六月的气候十分闷热，父亲住在香港闹市区一幢楼的底层，并不太宽敞，也没有花园可以透点新鲜空气。特别是室内的冷气空调，我真怕老人受不了。”

章士钊到达香港后情绪并不热烈和兴奋，反而“出奇的冷静”，“他似乎意识到他是在履行他在人世间的最后一次伟大使命”，章含之说。到香港的第二天，他就急匆匆安排会见各方面的旧友，“殷夫人和我都劝他休息些日子，然而父亲急不可待”。一周后，章含之带女儿洪晃回北京。“我很少见他动感情，他是个极深邃的人”，但这一次告别，章士钊却显得格外柔情，“他特别舍不得妞妞（指洪晃），临别前再三抚摸她的手和脸，要她三个月后来接爷爷”。

回北京没多久，6 月 30 日夜，章含之接到电话，告之章士钊得了肺炎。得到消息的周总理立即下令组成医疗队连夜办签证赶赴香港，但医疗队还没出发，又传来章老先生已去世的消息。

章含之回忆，在章士钊到达香港之前，“国民党高层张群和二陈（陈立夫、陈果夫）的代表已经到了”。“你告诉总理，我已和台湾来的人接上头，开始工作了，工作进行得很顺利。告诉周总理我很想北京，事情办好我就回去，叫周总理不要忘记派飞机来接我。”在章含之返回北京前，章士钊的这番嘱咐也成了他最后的留言。

“我父亲最后有两个心愿：一是《柳文指要》[1] 能出版；二是能帮助解决台湾问题。他的第一个心愿后来实现了，他也算为自己的最后一个心愿而死吧。”

未竟之旅

关于章士钊为两岸关系斡旋的一些“秘闻”如今已相对公开，让我们窥见在两岸关系初期，既有硝烟又有接触与沟通的那段特殊历史。

终其一生，亦官亦士、亦主亦客的“无党派人士”章士钊交游甚广，这使得他在 1949 年后的中国大陆成为一个很特别的人物。

在共产党内部，章士钊与毛泽东的交情更是一段佳话。章士钊与毛泽东原配夫人杨开慧的父亲杨怀中是老朋友，章士钊后来告诉女儿章含之，因为杨怀中身体不好，他把女婿毛泽东介绍给章士钊，告之“润之（毛泽东）有雄心壮志”，期望章若有机会能帮助毛。

1920 年，筹备革命运动的毛泽东找到章士钊，希望章能为其提供捐助，毛泽东后来告诉章含之，找章士钊借钱时，自己的一只鞋都是破的。“基于与杨怀中的友谊”，慷慨的章士钊为毛募集了 2 万银元，这笔钱于当时的毛泽东而言，不啻天文数字——毛在北大图书馆做馆员的月薪才 8 块大洋。这笔钱一部分捐助蔡和森 [2] 等人赴法留学；另一部分则被毛泽东用作创办井冈山革命基地。

另一方面，章士钊与许多国民党元老，如于右任 [3]、张群关系很好。

---

[1] 章士钊晚年倾注心血的巨著，于 1973 年在北京出版。

[2] 蔡和森：无产阶级革命家，中国共产党早期卓越领导人之一。

[3] 于右任：国民政府高级官员，复旦大学、上海大学等中国近现代著名高校的创办人。

“斡旋人”的角色，章士钊再适合不过。1956 年 8 月 7 日，带着毛泽东与周恩来的嘱托，章士钊从北京乘火车经广州赴香港。章士钊与上海闻人杜月笙的关系也非同寻常，章含之透露，“中央当时还有一任务，动员杜月笙回国”，但对大陆心存疑惧的杜月笙最终还是未能成行。

据现在已经公开的资料，章士钊在香港会见了国民党驻香港负责文宣工作、主持《香港时报》的许孝炎，转去了中共方面给蒋介石的一封信。信中提到：第一，除外交由中央统管外，台湾的人事安排、军政大权，由蒋介石管理；第二，如台湾经济建设资金不足，中央政府可以拨款补助；第三，台湾社会改革从缓，有待条件成熟，亦尊重蒋介石意见和台湾各界人民代表进行协商；第四，国共双方要保证不做破坏对方之事，以利两党重新合作。信中结尾说：“奉化之墓庐依然，溪口之花草无恙”，希望蒋介石能在祖国统一后回故乡看看。许孝炎知道事情重大，即从香港飞往台北，直接到“总统府”，亲手将中共的信交予蒋介石，并将他与章士钊的会谈情况向蒋做了详尽报告。于是有了后来国民党高级将领宋希濂的兄长宋宜山秘密访问之旅[1]。

“从 1956 年开始，父亲每两年去一次香港，因为在香港有个夫人，所以他有个很好的借口去探亲，当然家人知道他执行的是中央给的和台湾建立渠道的任务，否则我母亲该吃醋了。”章含之半开玩笑地回忆，每次出行前，周恩来总理都会找到章士钊商谈很长时间，“但父亲的嘴很严，从来不对我们多说什么。”

1958 年 8 月，金门炮战开始后，毛泽东主席曾让章士钊给蒋介石写了一封信，其中有这样几句：“台澎金马，唇齿相依，遥望南天，希诸珍重。”毛泽东看了很欣赏，但认为把台湾看作“南天”不恰当，后来改为“南云”。

[1] 1957 年，蒋介石派宋宜山到北京打听虚实，因国民党高级将领宋希濂被解放军俘虏后关在战犯管理所改造，故此行以探亲名义成行。

从1956年到1964年，每两年，章士钊都会到香港“探亲”，一住半年。这实际上也为两岸的交流建立了一个稳定而畅通的渠道。但到了1966年再该启程时，因为“文革”的爆发，固定的行程也被打断。

当年的政治宿敌毛泽东与蒋介石都已进入暮年，他们也许都想在自己的有生之年，完成最后的心愿，于是有了1973年毛泽东派章士钊的举动；而在对岸——1975年春节期间，国民党元老陈立夫受蒋介石之命，以“总统府资政”的名义通过秘密渠道邀请毛泽东到台湾访问。也许是蒋介石知道自己来日不多，也许是陈立夫心情迫切，在中共还没有回音的情况下，陈立夫便写了“假如我是毛泽东”一文，在香港报纸上公开发表。他在文章中殷切欢迎毛泽东或周恩来到台湾访问，与蒋介石重开谈判之路，以造福国家和人民。

然而，国共两党的主要领导人都没有能够看到国共重开和谈及再次合作局面的出现。蒋介石在此之后不久，于1975年4月5日去世。第二年的9月9日，毛泽东也与世长辞。只留下于右任老人在病中写下的那首悲怆的哀歌：“葬我于高山之上兮，望我大陆。大陆不可见兮，只有痛哭。葬我于高山之上兮，望我故乡。故乡不可见兮，永不能忘。天苍苍，野茫茫，山之上，有国殇。”

唐德刚：活在别人的历史里

采访时间：2005 年

唐德刚

因为一场车祸导致的道路封闭，从纽约出发找到唐德刚先生在新泽西的家时，已比约定时间整整晚了三个小时——唐先生的家在新泽西州一个静谧的小镇上，四周安静得连踩着门前落叶的声音都那么清晰。无论进入还是告辞，邻家的三个美国孩子都睁大眼睛好奇地隔窗紧紧注视着我们，也许隔壁这个深居简出的中国老人对他们来说太陌生了。一幢二层的白色小楼。屋外是典型的美国风格，屋内却是浓郁的中国风格——无论是墙上熊猫图案的壁毯还是迎面最醒目之处挂着的胡适的手迹，让人一下子忘记了这是遥远的异邦。几年前生的一场病，已使这位85岁的老人有了衰老的迹象，但谈兴甚浓的老人用浓重的安徽话夹杂着英语，一直谈了两个多小时仍丝毫不见倦意。

他活在别人的历史里，别人的历史也活在他的笔下。

问：唐教授，我们都知道您为胡适、李宗仁、顾维钧这些在中国近代史上有重要影响的人物做了口述史，您的书在大陆也有很多读者，能介绍一下您当时是怎么开始口述史工作的吗？

唐德刚：这个口述历史，并不是我要搞，by accident（偶然地）！我在哥伦比亚大学历史系读书时是20世纪40年代，我们当年读的是国民党的中央大学，最难考的！我们是拿了政府的官费出来留学的，结果念出来后才发现改朝换代了。我当时要是学其他任何科目的，早就回去了，但我当时是学历史的，传统历史学，同马克思主义史学相差太远了，我们要改学马克思改不了，这个不是一年可以改的。所以我在哥伦比亚大学改学了一年多的建筑……

问：您中间还改学过建筑？

唐德刚：Yeah！那时是国民党拿钱出来供我们上学的，国民党一垮，我们没人管了，找毛主席也找不到。我们那时做工，做了一天就被解职了，问人家为什么，人家说 No why，No because。那时中国人在此地都是最可怜的人。后来中国和美国打起朝鲜战争，共产党没有翻译，他要找我们一批留学生，送我们到朝鲜去。那时我们留学生也不一定同情美国，还觉得它是帝国主义哩，所以美国禁止我们出境。

1950年10月，一批在美国的中国留学生归国

既然不能回去，我就想学建筑改行，建筑是速成班，学了一两年，马上就可以做事。然后看情况，毛主席要我们，我们就回去；不要我们，我们就在美国。我们那时才 20 岁，改行还很容易。我想改学建筑，我会画画——我儿子后来就学建筑了，他用的那套工具还是我的呢！我学了一年多的建筑，但我学历史是兴趣。后来学校招呼我回来，让我替教授做历史系助教，我把原来扔的书又找回来。那时候做助教被教授唤来唤去也不容易，洋人都干不了。我记得有个历史系教授，美国人，说诸葛亮是山东人，孔明是湖北人；我说，诸葛亮和孔明是一个人啊！他说，诸葛亮姓诸，孔明姓孔，怎么会是一个人啊！所有的中国人都知道是怎么回事，但我讲给洋教授听，他们不信啊！

说起口述史来，咱们一晚上也说不完。“口述历史”（Oral

History）是哥伦比亚大学教授，也是我的老师艾伦·芮文斯（Allan Nevins）开创的。他采访各国的难民，包括一些欧洲革命后流亡到美国的贵族。那时美国对战后很多国家都很有兴趣，政府和基金会都有这笔基金。国民党垮台后，这笔钱花不出去了，国民党申请的他们也不给，但他们可以研究国民党。我第一次接触口述历史是为哥大一位教中国史的教授做助理，因为我会讲汉语。我自己做的第一个口述史就是胡适。

问：有人说您的运气很好，您在为胡适做口述自传的时候，是胡适先生最穷困潦倒的时候，他有时间给您讲自己的那些经历；现在大陆这几年出现胡适热，您的作品又再度广为流传。您同意这个观点吗?

唐德刚：这个说来话长。我开始认识胡适的时候，也正是国内清算两个姓胡的——胡风[1]和胡适。胡适怎么敢回去！胡适虽然有大使的退休金，但在美国过得很辛苦，他那时在美国跟我们一样，也没饭吃。胡适大博士，英文也讲得那么好，但胡适也找不到工作。他不想教教书?但谁让他教啊?他也不好意思开口求别人。

胡适那时候时间太多了！胡适是很好相处的一个人。我们在这里还组织文学社，不但胡适，林语堂也在。林语堂比胡适过得好，因为他写英文书，英文书出版拿一笔稿费，翻译成中文又拿一笔稿费。胡先生那时也很可怜。他生病也没医院保险，我们在学校念书，还有医院保险。胡适后来连看病都看不起。他跟我们这些年轻人特别熟，我会开汽车，胡适和他的小脚太太都不会开车，我替他做事可多了，他经常打电话，说：“德刚，过来帮帮忙！”他搬个东西都搬不动。（**李菁：**他的口音也像您一样重吗？）他的口音比我好多了。他出生于安徽，但他讲的是上海话。他常常告诉他太太一些事情，不好让我听到，就用徽州话和他太太讲，我也听不懂。

---

[1] 胡风：现代文艺理论家、诗人、文学翻译家。

问：除了胡适，您还给李宗仁、顾维钧这些人做过口述史，他们各自都是什么特点？

唐德刚：给李宗仁做（口述史）跟给胡适做，完全不一样，什么都不一样。胡适是经过现代学术训练的，We speak the same language！哥伦比亚大学为了省钱，我和胡适讲的都是英文，打出来直接交给哥大就行了。那时候李宗仁在美国也没饭吃，但李宗仁日子比胡适好得多，他的银行存款还几十万哩。但李宗仁是军人出身，读了三年书，桂系军阀，文学、历史完全不懂，完全靠我来组织润色。我和李宗仁谈，他讲不了英文，而且他有时信口乱讲，要是直接这样写出去会被别人笑死的。顾维钧的英文比胡适还厉害。我跟胡适平时还要用中文聊天，顾完全不讲中文，一开口就是英文，有时讲的英文单词我还不认识。

有一次顾维钧告诉我他每天都写日记，我问他，你的日记用哪种语言？他不好意思地说是英文，他的中文不够用，他的母语其实是英文。后来看到他的全部资料才发现，他几十年的日记，没有一篇是中文写的，有英文，有法文，我和他谈话百分之九十九是英文，那百分之一就是在说人名，像提到“袁世凯”的时候才用一点中文。

顾维钧

我后来听说国内要求翻译顾维钧的书，说他讲的也是英文，为什么不能翻？他也不是外国人。但顾维钧的书翻译成中文很有难度，像很多人名就翻译不出来，比如他经常说 George Wang，拿到大陆来，谁知道谁是乔治·王？像我的名字叫 T. K. Tong 而不是 Tang，如果你不了解，你知道谁是 T. K. Tong？所以不了解这个背景的，还不太好翻译。

他讲的人名我全部都知道，一点都不会错。

问：我们知道当时很多人都在同您联系，想做自己的口述史，后来为什么只做了那几个人呢？

唐德刚：国民党要人那时流亡国外的有几百人，他们都想做自己的口述历史，因为美国人给钱。宋子文找过我多少次，宋子文我并不认识，但他知道我，我也想做宋子文的，他是多重要的一个人！他和顾维钧差不多，都是英文比中文流利，批公文都是“OK”，不像其他官员用“准”或“不准”。宋子文和顾维钧是桥牌伙伴，他告诉顾也想加入哥伦比亚大学的口述史，说想找 T. K. Tong。顾先生跟我提这件事，但我没办法，在哥伦比亚大学我不是唯一的一个，还有主持政策的人。

问：如果给宋子文做口述史，哥大会给宋子文、胡适和顾维钧同样的报酬吗？

唐德刚：不同的。它衡量每个人值多少钱、你有没有钱。美国人也知道胡适可怜，像他这样的人不能死在美国吧？那样就成了美国的大笑话了，所以他们一定要给胡适薪水。我跟哥大讲好了，给他三千块钱一年。胡适高兴死了，那时候三千是笔巨款。所以胡适和我两个人合作，他说“你怎么着都好”，我要他签字他就签字。（李宗仁呢？）一个铜板没给，他有钱！但胡适是穷人，everybody knows。顾维钧也没给钱。

我还要提到一个人是陈立夫。陈立夫在国民党做过院长，蒋介石的左右手，他是蒋介石的 family member。但国民党破产后，台湾也讨厌他，只给他一笔路费就把他赶到美国来。他后来真是吃饭都成问题。自己开了个鸡场，上饭馆卖鸡蛋。卖鸡蛋的不是他一个人啊，大家还要排队，陈立夫也要排队，卖鸡蛋的都是穷人啊，结果到最后喂鸡的饲料比鸡蛋还贵，很多卖鸡蛋的都破产了。我后来到大陆听说“蒋宋孔陈四大家族”这个词，在北京就说，陈立夫可不够资格，他过的还不如我，我也不是陈立夫的什么人，我讲老实话嘛！

问：大陆很多人都认为，您没有给张学良做成口述史是个很大的遗憾，您怎么看这件事？

唐德刚：我跟张学良很熟，但我跟他接触后发现，他的话我可以听，但张学良的书我不能做。你不做这一行不知道，这个张学良是大而化之的人——你要听我的话，做学问，我是排长，你是小兵——他要怎么讲就怎么讲，你不能校正他。他的录音现在还在哥伦比亚大学。像我跟胡适合作，我写，他读，所以胡适留在哥伦比亚的原版录音带中“I am appointed the ambassador……”其实是我的稿子，胡适照着念的。

但跟张学良不能这样工作。我说：“汉公，这个事情靠不住啊，我知道的不是这样的。”

他说：“你知道什么？！”他是少帅，我连少尉都不是，所以他说：“你要听我的话！”

我说：“可不能听你的话，听你的话将来要出笑话的！”

“什么笑话，我讲我的故事，有什么笑话！”

所有的官场要人，都是如此。他们一出来，都在替自己说话，都认为自己对得不得了。我替李宗仁做，他说他到黄埔军校第一次看见蒋介

李宗仁

石是5月，我后来查资料他们的见面是在3月，我问他，他说不可能。我说，德公，你记日记吗？你和蒋公见面有秘书给你记吗？他说我和蒋介石见面都是商量国家大事，哪会带秘书？我说，德公，记忆有时是不准的，你没有记忆，但黄埔军校有记忆！所以口述史并不是对方说什么我就记什么，还要查大量的资料来校正他们。

我跟张学良说，汉公，你这个事情记错了，他说："我的事情怎么可能记错了！"你的事情装在头脑里，你的头脑有多大？人的记忆有时也太不可靠了！顾维钧那么仔细的人，还有错，何况张学良？搞口述历史如果没有相当经验，没法搞。后来那两个年轻女孩搞来一笔钱，给张学良做口述史，最后也搞不了，磁带现在放在哥大里（注：指哥大张之丙、张之宇姐妹为张学良做的一部口述史）。

张学良到纽约后住在他女朋友（注：指贝聿铭的继母、银行家贝祖诒夫人贝太太）家，我到纽约进进出出，请张学良吃饭，也请贝太太吃饭，消息传到赵四小姐那里，她说，这个唐德刚，可恶！我说请吃饭也不是我一个人，人多得很哩，但赵四只认识我一个人，她后来不理我，以前她还炒鸡蛋饭给我吃呢！

问：那您是怎么处理和这些被访者的关系的呢？

唐德刚：对一百个人有一百个办法。李宗仁也是我建议哥大为他做口述史的，但当我刚开始找到李宗仁时，他不敢谈。顾维钧最初对我存戒心。他们知道我的老婆是国民党CC系[1]的一个女儿，我是CC的女婿，所以李宗仁及其夫人郭德洁谈话都很小心（注：唐德刚的岳父吴开先为国民党元老，也被认为是CC大将之一）。有一次我们随便谈到这儿时，他说，德刚，这CC有功劳啊。我说，CC也未必有什么功劳。他说，德刚，你也敢讲你丈人啊！我说，我是搞历史的，中立的，跟官僚不一样。

[1] CC系：国民党政治派系，其实力主要分布于国民党中央党务部门，尤其是组织部、中统部、地方各级党部和教育系统。

他很高兴，赶紧让郭德洁多做饭给我。我给他搞口述史搞了六七年，慢慢处理得像家人一样。

问：您接触过的这些名人，像胡适、李宗仁、顾维钧、张学良这几个人，哪个好相处？

唐德刚：还是胡适。胡适本身经过这些学术训练，能理解我的工作。有时比我还严格。有时我要记下他说的话，他说这个言出无据。胡适对我非常信任。我和胡适，还有些私交。有些事情，我还可以教训胡适一顿。胡适一辈子教了很多的学生，我是他最小的一个。

问：所以他也愿意把他和陈衡哲[1]的一段恋情告诉您吗？

唐德刚：他没跟我讲，也没跟别人说，是我自己考证出来的。后来很多人找证据看，像胡适日记，他们也全部信任我了（注：胡适为他唯一的女儿取名为素斐 Sophia，唐德刚认为胡适此举是为纪念留学期间结识的陈衡哲）。

因为我跟胡适搞熟了，我同他乱讲，我说，你认识了陈衡哲，你是不是要同她结婚？他说，我和陈衡哲感情好得不得了，但她也知道我不能同她结婚。我要不同她（注：指胡适夫人江冬秀）结婚，三条人命——我太太自杀，妈妈也自杀，孩子也生不出来。我说，胡先生，我们都不如你呀，我们都没你那么忠厚，不认得字的太太还要娶，那你也有比我们好的地方，你还有一个女朋友哩！（**笔者插话：您开这样玩笑他不介意吗？**）我和他很熟了，他也经常打电话到我家。有天我不在家，我太太的妹婿也是一个博士，在这接电话，问：你是哪一位？对方说，胡适。胡适！妹婿紧张得把听筒扔掉了，谁不知道胡适大博士的名气啊！所以你 interview 学者或政客，如果不同他搞得很好，他会隐藏很多东西。

问：可是这种关系如何平衡——既要和他们保持密切关系让他们对

[1] 陈衡哲：笔名“莎菲”（Sophia），是我国新文化运动中最早的女学者、作家、诗人。

您毫无保留，又要在操作上保持一定距离，不能有闻必录？

胡 适

唐德刚：我这个人可能运气好，很容易和他们搞到一起。胡先生很厉害，对我像家长一样，经常教训我怎么做学问。李宗仁跟我连距离都没有了。李宗仁的太太去香港了，就剩我和李宗仁两人在家，李宗仁在家烧饭给我吃。我跟李宗仁也熟到我可以问他女朋友叫什么名字的地步，但即使到这种地步，我觉得还是不够熟。顾维钧则始终跟我保持距离。

怎么平衡？我讲的是历史，是历史真相。我们学历史的人，跟做新闻记者一样，fact is fact，review is review——新闻归新闻，评论归评论。一个是绝对的客观，一个是绝对的主观，不能相互混淆在一起。

问：我注意到除了历史著作外，也有许多涉及时政的文章或评论。有人认为，历史学家更应注重发掘新的证据或事实，过分跟进当下发生的事情、对现在发生的事情作出评断不是历史学家的责任……

唐德刚：谁说历史学家不能对现实说话！我是历史学家，知道过去是怎么回事，当然可以对现实发言。我的看法可能不对，但对不对需要时间来检验。搞历史的要有一套历史哲学，我们不能拿中国的历史跟英国、罗马比。

在我看来，历史不是一条直线，而是弯弯曲曲、有上有下，许多历史，恐怕还要等到相当长一段时间才能评断。

唐德刚：为了告别的聚会

老人特别大声地说："你什么时候到美国来我请你吃饭，请 lady 吃饭是很荣幸的事！"伴之以爽朗的大笑。我知道，这是老人一种礼节上的客套，但对我，却是暗自鼓励自己的一个约定。

2009 年 10 月 29 日晚上，在网上看到唐德刚去世的消息。虽然这几年关于他身体不好的消息总是断断续续传来，但当这一天真的到来时，还是忍不住惊了一下。也是在这样一个寒意初起、雾霭沉沉的秋天里见到的老人，却还清晰地活在我的记忆里。

2005 年 10 月底，受路透社之邀去纽约学习一周，拜访唐德刚，被我列在此次美国之行个人计划的第一项。

见这位老人，于我，有如完成自己成长中的一个仪式。

那还是十几年前在大学读书的时候，有一阵子不知怎么迷上了胡适，于是跑到图书馆找来很多胡适的传记看，可是那些笼罩在传统的叙述体系下枯燥无比的传记，让我很是失望。

忘了哪一天，在书架上随手抽了另一本胡适的书，书被翻得很旧，外面是图书馆工作人员已经用牛皮纸贴了的一层。只看了几段就被吸引住了，这是我从未见过的一种历史写作方式，作者恣肆无忌、旁征博引的注释似乎比胡适正经八百的回忆更有趣。看完之后再回头看被遮在牛皮纸里面的书名《胡适口述自传》，"唐德刚"三个字便牢牢地印在心里。

不过，那时的唐德刚好像并不在主流作家之列。此后很多年，印着唐德刚名字的作品越来越多。而我，始终扮演着一个虔诚的阅读者的角色，默默地受他另一种历史叙述方式的影响。

2003 年宋美龄去世，我要写一篇关于宋美龄的报道，在寻找采访对象时，“唐德刚”这个名字几乎第一时间就从头脑中冒了出来。从美国一个中文媒体朋友那里拿到了唐德刚的电话，电话那头传来的，是一个老人浓重的安徽口音，以至于头几分钟我不得不屡次打断他，不停地让他重复，实在听不懂之处就请他讲英文。我记得他形容宋美龄一半是基督徒，一半是中国传统的官太太；在讲到西安事变时，他提到，张学良的财产都被控制在宋子文和宋美龄手里，十几万东北军的军饷和接济完全靠南京——这是完全不同于以往视角的解读，即便我们中间隔着一个辽阔的大洋，我也感受得到他讲述历史的鲜活和有趣。

电话采访最后，老人还特别大声地说：“你什么时候到美国来我请你吃饭，请 lady 吃饭是很荣幸的事！”伴之以爽朗的大笑。我知道，这是老人一种礼节上的客套，但对我，却是暗自鼓励自己的一个约定。

所以，到了纽约后的第一件事情，便是打电话到唐家，询问能否拜访他。之前一位与他相熟的华人朋友说，唐老先生在 2001 年得过一次中风，身体大不如前，他的夫人管得很严，轻易不让外界打扰他。果然，接电话的唐夫人略显迟疑，可能考虑到是从大陆来的，不好拒绝，终于还是应承下来。

我在电话里与唐夫人约好在 11 月 14 日下午 15 点。岂料那天诸多不顺，刚离开纽约没多久，就发现公路的车速越来越慢，空中轰鸣的直升机却越来越多，仔细辨认，有几架上是警方标志，其他几架上则是各种电视台标志——说句题外话，这是我对美国媒体立体式报道的第一次直观感受。带我去的人说，前方肯定出交通事故了。

只得一次又一次硬着头皮给唐夫人打电话，告知要迟到的消息。记不得第几次打电话过去时，老太太的语气终于缓和，说已在电视上看到高速路出车祸的新闻了。忍着煎熬，看着漫长的车流一点点向前蹭，看着天色渐渐黯淡，周围的灯一点点亮起来。

终于到达新泽西州的那个小镇时，已比约定时间整整晚了 3 个小时，周围已是一片沉寂。典型的美国式独栋小洋房一座接着一座，大概很少有陌生的车在这个时候闯入，一栋洋房里的窗户上贴了几个小脑袋好奇地往外看着。寻寻觅觅已久的唐德刚的家，恰好就在这几个孩子家的对面，一座二层的白色小洋房。印象最深的，便是这里的安静，安静得连踩在落叶上走路的声音都清晰可闻，甚至有那么一丝孤寂的味道，与他此时在彼岸的名声形成了一种落差。

为我们开门的，是唐老先生的夫人吴昭文。吴昭文的父亲也是国民党的一位元老级人物，看得出，唐夫人当年也是位美人。虽然屋外是典型的美式风格，但屋里的装饰则让人完全忘了身处异乡：左侧墙上挂着一幅有熊猫图案的挂毯，对面正中间墙上，是镶在玻璃框里的一幅字，整幅字并不大，似乎很随意地挂在那儿，仔细一看，却是胡适的手迹："热极了，又没有一点儿风，那又轻又细的马缨花须，动也不动一动。德刚兄嫂 胡适 一九六十、十、十三。"

行动不便的唐老先生，已站在二楼的楼梯口上等着我们。一见面，就像熟人一样，亲切地拉着手寒暄起来，之前所有的忐忑不安一扫而空，相反，却有如见到家里的老人一般，油然而生亲近之感。

来的路上，脑袋里想的全部是该如何采访的问题，又觉得乱七八糟整理不出个头绪来。但是坐在这个"阅人无数"的老人面前，原来关于采访的种种设计一下子抛在脑后，许多问题自然而然就脱口而出："您的个人口述史是如何开始的？""当初是如何为胡适做口述的？"老人家的回忆也像他的文章一样妙趣横生：讲到张学良从台湾到纽约后一直住在"女朋友"贝太太（贝聿铭的继母）家里，而唐德刚因为请张学良与贝太太一起吃过饭，而被赵四"怀恨在心"等，太多的掌故。那些过去的事，过去的人，剥去了历史的刻板与成见，就那么鲜活在浮现在他的回忆中。提到美国时，他习惯说"此地"，回忆起那个时代时，他喜欢用"彼时"，中文似乎还停留在他离开大陆的时代。

但很显然，他也无法逃避“岁月无情”这句老话。记得有那么几次，他兀自讲了许久，却突然停下来略带茫然地看着我：“我讲到哪儿了？”而讲某一些话题时，他又总是习惯地提到初到美国时，华人在这里所遭遇的冷漠甚至歧视。也许，这段生活是他成长中的一个难以抹去的痕迹吧。

不知不觉已是3小时过去，外面的小镇已经完全悄寂无声。他夫人中间走过来探看几次，利落地替他整理。又听到她打电话订了一份中餐，一会开车取餐，于是意识到是该说再见的时候了，当起身跟老人告别时，他像个孩子一样说：“怎么不吃饭就走了！再待一会嘛！”然后又把目光投向他夫人，好像在抱怨她不给充足的时间。其实何尝不想就这样坐在他身旁，听他讲那些五彩斑斓的故事？

临行前，老人家颤巍巍地起身，在书架上找了本他著的《史学与红学》，又颤巍巍地走回来，坐下，戴上老花镜，很认真地看我的名字，一笔一画地在书上签了自己的名字。在一些历史学家看来，唐德刚也许是位“入世”太深的人物，在每一篇作品里都掺杂了他浓重的主观色彩，对现实层面又介入过多，不过也因为如此，才成就历史作品鲜明的“唐氏”风格，他活在别人的历史里，而他自己，又渐渐成为一个传说。

像我们来的时候一样，腿脚不方便的老人家执意站在二楼楼梯上向我们挥手告别。我知道，在内心深处，我已完成了那场仪式，从某种意义讲，这也是一次为了告别的聚会。所以走出那幢白色的小楼时，一种怅然若失的感觉悄然升起。而身外，又是一片孤寂的世界。

《顾维钧回忆录》重新出版记

顾维钧是中国近现代史上著名的职业外交家，有着传奇性的一生。他担任过外交总长，国务总理，驻美、英、法公使、大使，后期又出任国际法庭法官、副庭长，逾半个世纪，经历过一系列中外关系的大事。而《顾维钧回忆录》是关于巨变频仍的半个多世纪里，中国历史特别是国际关系领域许多重大情节的权威记录，受关注度历久不衰。在回忆录首册推出30年后，中华书局重新将其编辑出版，再次打造中国外交史的经典之作。

30年后再启动

1983年，民国外交史一位重要人物的回忆录的出版——尽管只是后来长达13册的漫长序列的第一本，但当时无论在学界还是社会层面，都引起不小轰动。“首先是因为传主本人的身份非常重要，他担任过北京政府的外交总长、南京国民政府的外交部长，也担任过中国驻美、英、法等大国的使节，其经历对研究中国近代史非常有价值；其次，在当时这样一位‘国民党高官’的回忆录的出版，居然能做到几乎一字不改，是非常罕见、也非常难得的。”中国社科院近代史研究所副所长金以林评价道。

这，就是《顾维钧回忆录》。中华书局自1983年推出第一册起，一直持续出版到1994年，才将13册全部出齐。就在第一册出版30周年之际，中华书局修订重排、整套印行了《顾维钧回忆录》，使得这部厚重的回忆录又重新走入人们的视线。

“因为当时翻译工作比较庞大，加之顾维钧先生当年已九十多高龄，我们希望尽量在他在世的时候能够看到这本书，所以决定翻译完一本、出一本——这个愿望当年也实现了，顾先生在世时已出版了三册；第一册印了2万多本，可是到了90年代遇到出版低谷，最后一册只印了1500本，印量不统一，出版周期又比较长，很少有人能配齐这一套；前三册是简体字，因为顾家人的意见，后面几册又变成了繁体字……总之，当年这套书还有一些不尽如人意之处。”中华书局历史编辑室主任李静，在提到重新出版这套书的考量时介绍说。

“由于是逐年分册出版，而且持续时间太长，坊间整套留存者很少。很多对史实感兴趣的学者、包括外交界的人士纷纷向我们多次打电话索要。”中华书局负责人介绍。2010年前后，大家开始陆陆续续提及这本书的重要性，“无论从中国还是世界的角度，还没有一位当代人物的回忆录或传记，像《顾维钧回忆录》一样这么长、这么重要”，于是重新出版这套回忆录的工作开始启动。李静说，这一次中华书局将13册重新排版，并且更正原书的一些错误。顾家方面对重新出版工作也特别支持，他们还特地捐出了一批新照片，所以新书也增加了一些照片，布面精装。

“顾维钧是研究中华民国外交史不可或缺的人物，离开他就很难进行中华民国外交史的研究。也正因为如此，《顾维钧回忆录》是非常重要的史料，20世纪的许多外交事件里，顾维钧或者作为决策者，或者作为参与者，都留下了非常珍贵的记录。”社科院近代史所所长王建朗说，虽然没有明确统计过，但是在他的印象中，“《顾维钧回忆录》应该是在外交史上对研究者帮助最大，也是引用最多的一部民国外交官回忆录”。

“回忆录涵盖了1912—1967年顾维钧的外交与国务活动55年。这在各国政治人物撰写的回忆录中也是相当罕见的。”学者徐蓝评价。在他看来，如此规模，只有丘吉尔的回忆录可与之媲美。丘吉尔的两部回忆录时间跨度共涉及35年，用丘吉尔自己的话说，“以上各书合起来，将成为又一次‘三十年战争’的记载”。

顾维钧是中国第一代职业外交家，他在中国外交界活动长达44年，担任过北京政府的外交总长、南京国民政府的外交部长，也担任过中国驻美、英、法等大国的使节，出席过巴黎和会、华盛顿会议等重要会议，并经历了“二十一条”交涉、李顿调查团等重要的外交事件。也做过外交总长、财政总长和代理国务总理、外交部长，还做过国际法院法官、副庭长等，直到1967年退休。可以说，顾维钧的一生与整个民国时期的外交是紧紧联系在一起的。这种特殊的经历，使他的口述历史实际上就是一部民国外交史，是“北洋政府与国民党政府时期对外交涉的历史实录”，具有极高的史料价值。正如有学者所说的那样，“《顾维钧回忆录》不仅成为80–90年代出版的外交史著作的重要资料依据，而且推动了对于民国外交史上一系列问题的重新评价和论证”。

《顾维钧回忆录》的出版，其意义在当年也远远超越了学术界。李静说，回忆录前几册出版时，外交部办公厅每一册都向中华书局购买300本，发给驻外使领馆官员阅读，以作为了解20世纪中国外交史的必备书。

为顾维钧做口述

“口述”这一形式最早是由美国学者艾伦·芮文斯（Allen Nevins）在二战期间创立出来的。那时，录音机刚刚发明，这也为口述历史的进行创造了条件。芮文斯在哥伦比亚大学建立了第一座现代口述历史档案馆，用以保存美国生活中有意义的私人回忆资料，哥伦比亚大学也自此成为全世界口述史收集和研究的重镇。与此同时，上世纪40年代末，中国大陆政权更替，国民党内一批曾经的中国显要流落海外，旅居纽约。哥伦比亚大学东亚研究所所长韦慕庭（Martin Wilbur）由此萌生了一个想法：这些民国要员的回忆会是一种珍贵的历史记忆，何不以口述史的形式保存起来呢？

韦慕庭随后与同事何廉（Franklin L. Ho）一起开始制定这批中国口述史研究的具体计划。他们筹了一笔资金，1957年秋天，“中国口述历史学部”正式运作。韦慕庭是与费正清齐名的中国问题专家，不过两人在对待中国问题上立场相左、势不两立。韦慕庭更倾向于国民党。而何廉是著名的经济学家，曾出任国民政府经济部次长，1949年之后到了美国，后受聘于哥大。因此他们的口述受访者都锁定在国民党高层上面——孔祥熙、陈立夫、胡适、李宗仁和顾维钧成为最早受访的五位。他们在中国近代史的地位勿须赘言，但略有不同的是，前四位当时早已退休，定居在纽约当“寓公”，时间充裕，可以尽情访问，而顾维钧则正在海牙国际法庭当法官，每年只回纽约度假三个月。

最初负责顾维钧口述历史工作的，是哥大“中国口述历史学部”的夏连荫（Julie How）。但是夏连荫在访问完顾维钧的童年及求学经历之后，就因为感觉力不从心，而将工作转交给了同事唐德刚。当时唐德刚正在为李宗仁做口述历史，但是顾维钧的名气之大，对他实在是一种诱惑，于是他开始接手顾维钧的口述工作。

每年当顾维钧从海牙返回美国休假时，唐德刚便走进顾维钧在纽约的家，开始工作。在最初的三个月时，唐德刚也感到为他做口述历史工作，任务十分繁重。据唐德刚后来回忆，顾维钧把回忆录看得很认真，要求颇严。顾维钧的个人文件保存得极为完整和有条理，“不像李宗仁先生那样的片纸毫无，或胡适文件那样的杂乱，或黄郛文件，像个字纸篓”。顾维钧在进入国民政府工作之前的私人档案，都留在天津故居，在国民政府任职时的文件，则以每月70美金的租金，存在哥大附近的一间仓库，分储于37个大木箱里。因此每次访谈前，唐德刚都要检索有关文献档案，包括顾维钧分储于37个大木箱之内的各种文件。

顾维钧亦如此，每次口述之前，他先查阅有关部分的文件资料，思考再三形成腹稿后才开始口述，用一口流利的，甚至连英美人都赞叹的标准英语讲述。顾维钧欣赏这样的合作者，两人交往的数十年间，他一直称唐德刚为“Dr. Tong”（唐博士）。而唐德刚数十年之后在哥伦比亚大学的档案中发现，顾维钧还特地给哥伦比亚大学去信，希望由唐德刚单独进行对他的访谈，不需要由其他人轮替。

唐德刚后来回忆说，“顾先生实是我所做的访问工作中，最容易做的一位老辈”。顾维钧讲一口极标准、极清晰、极有条理的美国英语，“加以他是个最细心的外交家，不说没有认真准备过的话”，“所以他的语言一经录下，简直是高山流水，清响怡人。再由有训练的美国女秘书，戴上耳机，听音打字，可以打得通顺流畅，省力少钱，而错误绝少”。回忆这些，唐德刚若干年后仍感慨不已，“顾先生这套本领，笔者留美数十年，对中西学要政要，可说阅人多多，而个人经验中，实无第二人也。”

唐德刚对顾维钧的口述采访，包括从顾维钧1912年担任北洋政府外交部长和袁世凯秘书开始，到1940年担任驻英大使这一阶段的历史。之后，唐德刚由哥伦比亚大学赴纽约大学任教授，这一工作由他人接手。在此期间，顾维钧虽年事渐高，且参与口述分文不取，但他乐此不疲。1967年他从海牙国际法庭退休以后，他的时间变得宽裕，顾维钧坚持每周录音3次，每次长达3个小时。直到1976年顾维钧口述工作全部完成，历时17年之久，总计500小时。哥大最终整理成56卷、11000页的英文稿，然后拍成胶片保存。

在参与顾维钧的口述历史工作时，唐德刚还鼓励顾维钧把他个人私藏的相关文件和档案，包括日记、照片等珍贵物品捐给哥大。顾维钧欣然同意，因为哥大也是他的母校。唐德刚将这批档案存放于哥大的珍贵资料室里，取名“顾维钧室”，又请了一批研究生将这批资料做了索引。唐德刚后来还回忆了一个有趣的细节：顾维钧当年在任驻英大使时，还被发了一顶钢盔，以防止德国空袭，这顶钢盔也保存在顾维钧的私人档案里。“在将资料装车运往哥大时，我那 9 岁的儿子从资料堆中捡出了这顶钢盔，戴上后蹦蹦跳跳高兴得很，顾维钧在旁一看，便说道：‘拿去吧，拿去玩吧。’这样，我的儿子就把钢盔拿回家去了，一直到现在。”

携手

哥伦比亚大学当年为顾维钧做回忆的目的，为了保存史料，而并不是为了出书，所以，该回忆录一直以英文、用缩微胶片的形式保存在哥大，为学者们进行研究用的。况且，这么一个大部头，要出版的话，的确也不是一件容易之事。

顾维钧先生在口述历史英文原稿“附言”中表示：“由于我致力于中国的外交关系，如果我的回忆录能被译成中文，我将不胜欣慰和感激。”那时的他应该没有预料到，最终帮助他实现夙愿的，竟然是曾将他列为“战犯”、彼此隔绝二十多年的中华人民共和国。

顾维钧回忆录的整理进入尾声之时，也正值中华人民共和国打开封闭已久的国门之际。1971 年，中国恢复联合国合法席位，第二年，乔冠华为团长，带领中国代表团赴纽约出席第 27 届联大。临行前，毛泽东接见代表团时交给章含之一项特殊任务：在美期间看望顾维钧先生。毛泽东告诉章含之：“我很敬佩顾维钧先生的外交才华和为人。”章含之的父亲章士钊与顾维钧同为“北洋故旧”，所以毛泽东才会将这个任务交与章含之。顾维钧的女儿顾菊珍也在联合国工作，在她的安排之下，章含之与时年 84 岁的顾维钧见了面。这应该是顾维钧在 1949 年之后第一次与来自中华人民共和国的人士打交道。

1977 年，来自外交部的陈鲁直被派到联合国总部工作，结识了顾菊珍。作为顾维钧唯一的女儿，毕业于伦敦大学的顾菊珍自 1947 年以来一直在联合国工作，最后在联合国秘书处政治托管非殖民部非洲司司长一职退休，长达 32 年。几年共事过程中，陈鲁直一家与顾菊珍一家结下深厚友谊。有一次，顾菊珍向陈鲁直提及顾维钧回忆录已整理完成之事，两人商量有无可能在国内出版。陈鲁直将这一信息传递回国内，最终到达了时任中国社会科学院近代史研究所所长刘大年那里。

刘大年初步了解了《回忆录》的主要内容以后，很感兴趣，立即决定“申请外汇，购买缩微胶卷，组织力量翻译，全文出版，一字不删，一字不改”。中共中央文献研究室原副秘书长王玉璞当年在中国社科院近代史研究所科研处任职，在刘大年领导下，他参与了《顾维钧回忆录》的引进、翻译、出版全过程中的若干具体工作。回忆往事，王玉璞由衷赞叹刘大年的决定，“充分体现了一位历史学家的远见卓识和担当”。

1980年9月，顾菊珍回上海探亲。刘大年特地邀请她来北京，共商《顾维钧回忆录》翻译出版事宜，这是他们第一次见面。刘大年在交谈中明确表达了准备翻译出版的想法以及“一字不删、一字不改”的原则。顾菊珍听后高兴之余又非常震惊。磋商极为顺利，此后多年，顾菊珍女士在不同场合多次谈到，如果不是刘大年决策，《回忆录》在中国内地出版几乎是不可能的。

因为顾维钧当时仍担任台湾当局“资政”，所以他传递过来的意见是，希望由一个学术单位负责翻译工作，而不愿用政协的名义。刘大年表示尊重顾维钧的意见，他提出由近代史研究所署名，在出版前言中，参与翻译工作的，全部列名。而且缩微胶卷的放大、翻转、复印费用等全部由近代史所支付。

社科院近代史所很快向哥伦比亚大学汇去美元、购买了版权。下一步最重要的工作，便是翻译。在中华书局总经理兼总编辑李侃的引荐下，刘大年亲自同天津市政协编译委员会主任袁东衣全面商定了《回忆录》的翻译工作。刘大年还明确表示，日常翻译工作请译者放手去做，近代史研究所不干预，凡遇重大问题，特别是涉及敏感问题，再商同近代史所研究解决。

“当年的天津留下了一批‘老北洋’，他们的英文基础很好。那时‘文革’结束不久，他们还没有正式工作，政协编译中心找他们出来做，他们有‘被组织信任’的感觉，因此对翻译工作非常投入。”金以林说。更重要的是，这批人对北洋时期的生活环境、状态以及彼时人物非常熟悉，顾维钧回忆录里出现的各式各样的英文名字对他们造成的困扰相对会少一些。

当时天津政协编译中心组织了一个18人的翻译组，负责组织、翻译、审校。译稿都经过周密的审校程序：两次校对，一次通读，和最后定稿。由于回忆录的内容涉及许多历史事件和大量的人名、地名与机构、职务名称，都必须译得准确，因此审校组每周都要开一次碰头会，共同研究解决。《顾维钧回忆录》中提到的人名有3700多个，再加上许许多多的地名、机构名、职务名，要在近600万字的13个分册中做到前后一致，的确是个大问题。当时还没有现在这样的电脑，只好采用笨办法，由译者将所有遇到的专名都做出卡片，写明原文、译名和页数，在查证核实后由专人逐个查对统一。经过这个程序，才做到了全书名词的一致。而为此所做的卡片共有18000余张。

《顾维钧回忆录》中也引用了大量的函电，为了保证文件的真实性，天津政协编译中心又将文中所引用的函电，和在天津查不到的人名及专名，开列名单，陆续寄往美国，请顾菊珍到哥伦比亚大学图书馆顾维钧资料室去查找原件，复印寄来。所以书中引用的函电绝大多数是原件的原文，这就使书中的史料更加信实，提高了本书的真实性。而顾菊珍当时也已将近70岁高龄，不惮辛劳和麻烦，一次次前往哥伦比亚大学图书馆查找，她的支持和帮助也对整部书的翻译贡献甚大。

正是在诸多人的努力下，这套《顾维钧回忆录》的翻译质量，至今仍为学界所称道。《顾维钧回忆录》第一分册出版后，学术界的反应十分热烈。顾菊珍说：“回忆录出版后，在国外，特别是在中国朋友中受到热烈的欢迎。很多人对译文赞不绝口，称赞文字译得恰当、流畅，一点也不像是翻译的。”在《顾维钧回忆录》出版座谈会上，很多学者有感而发：很难想象这套书放在今天来翻译，其结果会怎样。且不论成本会大大提高，单是质量也无法保证。一是很少有人会静下心下这种“笨”

功夫；二来翻译者的功底也难与这些老先生相比。“涉及3000多个人名，没有任何差错，实在不易。这些老先生有一种精神上的追求，而且有学养，今天的人很难达到这一点。”复旦大学金光耀教授感慨。

顾维钧的回忆录里人物繁多，但困难在于，这些人物都是以他们的英文名字出现的，不了解的人很难知道具体指的是谁。比如有几个人在看到V.K.Wellington Koo这个名字时，会将他与顾维钧联系起来呢？为解决这个问题，天津政协翻译中心用了一年多的时间，做了四个索引：人名索引、外国人姓名英汉对照表、部分中国人的英文姓名和史事索引，刊印在第13分册。

“这个专门的索引册，后来成了很多涉外机构接待来华人员的工具书”，金以林说。顾维钧在漫长的外交生涯中，大量接触国际政要，天津政协编译中心的翻译，完全尊重当时媒体为他们取的中文译名，而且前后高度统一，“这一点，也算是他们对学界的贡献”。金以林透露，曾经有国内一家知名出版社与哥大联系，欲购买版权重新翻译出版，等到看到中文版时完全放弃了这个想法，“根本没有能力去做这个翻译”。

到了最后一个环节——出版，当时刘大年专门约中华书局总编辑李侃面谈，问中华书局可不可以出版《顾维钧回忆录》，李侃爽快地答应下来。

“在当时的政治环境下出版《顾维钧回忆录》，有一定的政治风险。所以最初讨论只是内部出版。后来外交部、近代史所、天津编译中心和中华书局，四家单位联合召开了一次座谈会，形成了会议纪要，由刘大年向邓颖超、廖承志专门打报告——邓、廖二人当时分别是对台工作领导小组组长、副组长。廖承志批示‘可以出版顾维钧长篇回忆录’，《顾维钧回忆录》才得以正式出版。”中华书局历史编辑室主任李静说。《顾维钧回忆录》的印制、用纸、装祯在当年都是最好的。对于中华书局的工作，刘大年显然非常满意。他在1982年7月30日写给顾菊珍女士的信中说，《回忆录》“归学术界卓有信誉的中华书局出版”。

价值

据陈鲁直回忆，顾维钧对回忆录在国内出版，“原是将信将疑的”，直到1983年第一册出版后，顾维钧见着陈鲁直送来的书，他才终于确信此事。而近代史研究所所长刘大年给顾维钧先生寄去一册，并题词：“谨奉上第一分册为寿。”落款是“后学刘大年”。顾老先生不但为看到自己的回忆录已经译成中文，开始出版而非常高兴，特别对“为寿”二字甚为欣赏。老先生立即签名，回赠刘大年先生一本。但是遗憾的是，顾维钧1985年去世时，只看到译文的第三分册。

大陆“一字不改、一字不删”地出版《顾维钧回忆录》，也让台湾方面颇为意外。顾维钧当年将回忆录原稿赠给哥伦比亚大学的同时，也曾赠送一套影印副本给台北的“中央研究院”近代史研究所，但是“中央研究院”并没有把这部极有价值的回忆录翻译出来。后来台湾《传记文学》主编刘绍唐得知大陆出版之后，颇为怀疑大陆方面能否忠于顾维钧回忆录的原文翻译、出版。不过，没多久，一直持质疑态度的刘绍唐在《传记文学》上，将第一分册中的第二册和第三册，“几乎是整本，一字不错，一字不误，一字不漏地在《传记文学》上转载出来”；此后，又陆续转载了其他册的内容，“这么大段地转载，可见他们对书的质量也很认可”，金以林说。当年有了邓颖超和廖承志关于此书出版的“尚方宝剑”，整部书得以原貌呈现。

哥伦比亚大学收藏顾维钧的全部档案，现在社科院近代史所正在与哥大图书馆磋商，期望将更多还没有整理的、没有开放的顾维钧档案协助整理出来，同时也将之进行数字化，并且将数字化的顾维钧档案入藏本所，这样可以方便国内更多学者利用。金以林说，哥大口述史项目当年选择的对象，多以国民党要人为主，这在两大阵营冷战时期也的确显现出价值；“等到中美逐渐热络以后，对此相关研究并不热门，文献利用得也越来越少”。顾维钧捐赠给哥大的文献档案是中英文夹杂，对西方学者来说有一定难度；张学良被解除软禁之后的所有档案也捐给了哥大，但它们几乎全都是中文，更是很难为西方学界所利用。作为中国社科院近代史研究所副所长，金以林眼下正在推动“近代中国海外珍稀文献收集整理与研究项目”，而与哥大合作的将顾维钧档案数字化就是其中重要的部分。目前，近代史所已经通过顾维钧的家属与哥伦比亚大学建立起联系，并拨款60万美元，希望能将顾维钧所有档案扫描、数字化，然后中美两国学者共享。“很多资料是中文的，没有编目，他们使用起来也很不方便，所以哥大对与近代史所的合作也很积极。”

晚年

“It’s a quiet day.”（这是平静的一天）。1985年11月4日，98岁的顾维钧安然离世。最后一天的日记上，他用这样一句平静的话为自己在这世上一段精彩的旅程划上句号。

1888年，顾维钧出生于江苏嘉定，其父顾晴川精明强干，曾任晚清交通银行首任总裁。顾维钧幼时曾被送进私塾，苦读“四书五经”和《古文观止》。虽然他后来在圣约翰书院和哥伦比亚大学接受完全的西式教育，但是与诸如宋氏家族这样完全与中国传统文化隔膜的政治人物又有所不同。后来他为袁世凯做秘书时，所见公文，全是之乎者也的老文言。幸好有幼年时四书五经的老底子，加之天资聪颖，恶补了一段之后，进步神速，“很快他自撰的政府公文，也就可琅琅成诵了”。

1904年，16岁的顾维钧剪辫易服，远渡重洋，留学美国。他选择了在哥伦比亚大学主修国际法和外交。顾维钧在学校成绩非常优秀，曾担任哥伦比亚大学校刊《瞭望者》的主编，这对于一名留学生是非常难得的。有趣的是，顾维钧在以这个身份出席全国学生报主编的研讨大会中，结识了未来的美国总统威尔逊，后来两位老友再次重逢、握手话旧之时，已经是若干年后的巴黎和会这个国际大舞台。顾维钧也曾领导过哥大学生辩论代表团，参加常春藤盟校校际辩论会而得奖，由此也可以看出他的优秀。

顾维钧的老师约翰·穆尔曾担任美国助理国务卿，有丰富的外交实践经验，他以一个外交官的标准来要求、培养顾维钧。

1908 年，唐绍仪以清廷特使身份访美，在大使馆里接见了 40 位中国留学生，唐绍仪对代表留学生致辞的顾维钧印象十分深刻。中华民国成立、袁世凯执政后，唐绍仪出任袁世凯的内阁总理，他立即向袁世凯举荐了顾维钧。

当接到邀请回国担任总统府英文秘书的电报时，顾维钧正在准备博士论文，他的论文还只写了一个序章。左右为难之际，曾担任过助理国务卿的导师对顾维钧说：你学习外交就是为了报效国家，现在有这么好的机会，你应该抓住。他认为顾维钧单独的“序章”，就可以作为博士论文来答辩。就这样，顾维钧顺利拿到了博士学位，于 1912 年启程回国赴任。24 岁的顾维钧便担任袁世凯的英文秘书兼翻译；27 岁那年，顾维钧又被任命为驻美公使，那时的他还有着京城三大美男子之一的美称。他不仅是当时中国最年轻的驻外使节，也是华盛顿有史以来最年轻的外国使节。

1919 年的巴黎和会是顾维钧“一战成名”之地。当时顾维钧作为中国代表团五名成员之一赴巴黎开会。1 月 27 日中午，中国代表团忽然接到通知，要求在当日下午 3 点，在最高层的英美法日意五强决策秘会之中出席答辩。这让当时内部还四分五裂的中国代表团措手不及。

经过一番周折，中国代表团申请大会延期到次日上午答辩，并确定由顾维钧代替王正廷出席。经过一夜准备，1 月 28 日，受命于危难的顾维钧就山东问题作了一次缜密细致、畅快淋漓的精彩发言。他说，“西方出了圣人，他叫耶稣，基督教相信耶稣被钉死在耶路撒冷，使耶路撒冷成为世界闻名的古城。而在东方也出了一个圣人，他叫孔子，连日本人也奉他为东方的圣人”，“东方的孔子就如同西方的耶稣，孔子的出生地山东也就如耶路撒冷是东方的圣地。因此，中国不能放弃山东正如西方不能失去耶路撒冷一样！（China can not miss Shandong as same as the west world can not miss Jerusalem）”。顾维钧的翩翩风度，加之一口英美外交官往往都自叹不如的标准英语，使全场惊叹。顾维钧在结束了 30 分钟的答辩之后，全场掌声如雷。以威尔逊总统为首的五强代表，都纷纷离席，拥向前来，向他握手致贺。连日本首席代表西园寺公爵，也心悦诚服地与他握手致意。这次雄辩在中国外交史上地位非凡，这是中国代表第一次在国际讲坛上为自己国家的主权作了一次成功的演说。

顾维钧一生有三次婚姻。第一任妻子唐宝玥是民国要人唐绍仪之女，二人感情甚笃。可是 1918 年唐宝玥不幸染病去世，留下一儿一女。

顾维钧的第二任妻子是亚洲“糖业大王”黄仲涵的女儿黄蕙兰。黄家家境富裕，顾维钧后来回北京工作时，黄家以 10 万美金的高价，买下北京铁狮子胡同的陈圆圆故居做公馆，也就是后来孙中山北上时在此疗病、病逝的那幢房子。

唐德刚后来回忆，1972 年冬他第一次回国探亲时，顾维钧还让他“得空去看看铁狮子胡同，现在是什么样子”。可惜铁狮子胡同当时已改了名称，唐德刚找寻无果；回到美国之后，顾维钧却微笑着告诉唐德刚，已另有人替他去看过了，说他那花园之内，被挖了两个大防空洞，以防止“苏修美帝”的空袭。

顾维钧与黄蕙兰生活情趣迥异，这段婚姻持续了 36 年解体后，顾维钧与小他 20 岁的严幼韵结婚。严幼韵是一位出身于上海富商家庭的大家闺秀，早年为沪江大学的“校花”，也是上海交际场中的名流。严幼韵的第一任丈夫杨光泩是普林斯顿大学国际法博士，抗战期间，杨光泩出任驻菲律宾总领事。日军占领马尼拉之后，杨光泩遇害。

严幼韵与杨光泩生了三个女儿。次女杨雪兰曾任美国通用公司副总裁。在中华书局重新出版《顾维钧回忆录》的座谈会上，杨雪兰代表顾家家属，专程从美国赶来参加。“跟母亲结婚以前，顾先生在海牙国际法庭工作，那时他没有家，住在旅馆里。可能是长期没人照顾吧，我们见到他时，他非常瘦，在家里吃饭也像参加宴会一样正式，有个人专门站在他身后，随时递上一块餐布服侍他，起初我们都觉得怪怪的，因为我们家是非常随意的。顾维钧本来是很严肃的一个人，跟我们在一起时间长了，顾先生也被我们‘改造’过来。”杨雪兰回忆。

“虽然二十几岁就身居高位，但顾先生从不倨傲，即便对司机、服务生，也都很和蔼。他在我们面前也极少提及自己的经历，只是偶尔会讲一下以前的故事。”杨雪兰回忆。对此，唐德刚也深有体会。他后来写回忆文章，说“我这个后辈，追随长者顾公数十年，我们在任何场合见面，我要去向他问候，他如坐着，都一定要站起身来答礼。虽九十六七高龄，亦不免也”。

严幼韵与顾维钧一起生活了26年，这也是顾维钧最幸福安定的晚年生活。严幼韵知道顾维钧有晚睡晚起的习惯，担心他的健康，每天凌晨3点一定起床，为他煮好牛奶放在保温杯中，还附上一张“不要忘记喝牛奶”的纸条放在床边。顾维钧晚年在谈到长寿秘诀时，总结了三条：“散步，少吃零食，太太照顾。”杨雪兰回忆，顾维钧还热爱运动，直到七十多岁还跟家人一起去学滑雪。他能在人生的后半程，用17年时间完成这样一部“宏大制作”，与他有一个健康的身体是分不开的。

另外一方面，顾维钧强烈的保存历史档案的意识，也最终成就了这部经典之作。“从我早年从事外交事业起，我就一直对为后人保存重要的外交通讯和记录以及我的官方会见和讨论纪要感兴趣。因为今天的历史来源于昨天，这类档案不仅能为我们提供一面反映过去的镜子，还能帮助我们更好地理解当今世界上发生的巨大变化。”顾维钧后来在“附言”中曾这样写道。因此每逢与国外政要谈话，返回使馆后，他一定会马上追忆，回述要点，要秘书打印成稿以存档，重要的外交文书，他都保留一份副本。更为难得的是，他从上世纪30年代早期起就养成写日记的习惯，这一习惯保持终生。因此，在长达40多年的外交官生涯中，顾维钧积累了大量珍贵的第一手资料。

“从这个意义上讲，顾维钧的确是个有心人。”曾到哥大看过顾维钧这批档案的金以林感慨。他在这批档案中发现了1906年中英两国谈判西藏问题的一份中文文件，从时间上推算，那时候的顾维钧尚在美国留学，所以金以林推测是顾维钧回国从事外交工作以后发现这份文件而有意收藏和保存的。顾维钧个人所保留的各种文献达四十多万页。这部分资料对研究北洋历史和国民政府历史的意义已经得到广泛认可，但是金以林特地提醒我们，“1949 年以后直至中美建交，顾维钧和台湾地区的外交关系极为密切，他们之间有大量的往来函电，这些资料对于我们了解冷战时期的美国和中国台湾关系、日本与中国台湾关系非常有价值，甚至对研究新中国外交史和整个冷战时期的外交史也极为重要”。

中华书局的风雨百年路

中华书局100年的历史，也是国家文化记忆的一部分。

至1913年完全出齐的中华教科书，是清王朝覆灭后第一套适合共和政体的教科书，令人耳目一新。

《中华大字典》是辛亥革命后最早的一部重要辞书，是民国时期规模最大、收字最多的字典。1915年出版至今，多次重印。

"《四部备要》和《古今图书集成》成为中华书局古典文献书籍的著名品牌，这种品牌效应，一直延续至今日。"

"在那个年代，中华书局，包括商务印书馆在内，它们对知识的'批量生产'，对于一个学科的基础建设是特别重要的。"

民国"新生儿"

1912年1月1日，上海福州路东首老巡捕房对门的楼房下，一个只有三间店面的小书店开张了。创办者是出版界的三个年轻人——商务印书馆的陆费逵、戴克敦和文明书局的陈寅。这一天，孙中山在南京就任总统，宣告了中华民国的成立。也是为了纪念这个别具意义的历史时刻，陆费逵为民国"新生儿"取了一个充满时代感的名字——

中华书局。

中华书局的核心人物陆费逵年仅26岁。陆费逵，字伯鸿，号少沧，祖籍浙江桐乡，1886年9月17日生于陕西汉中。“陆费”是个复姓。很多人曾以为他姓陆，名费，字伯鸿，因而有称之“陆费伯”、“费伯”或“陆伯鸿”。为此，陆费逵还专门写了篇文章解释。

日后成为著名教育家和出版人的陆费逵，一生并未受到多少正规教育。他后来形容自己“幼时母教五年，父教一年，师教一年半，我一生只付过12元的学费”。“父亲是靠着超人的顽强毅力自学成才的。”在北京三路居的居所里，87岁的陆费铭琇向本刊记者回忆起父亲，仍充满敬意。陆费逵17岁步入社会，但自修读书的好习惯一直保持下来。每天在工作之余，他都要抽出时间看书读报，学习外语，练习写作。对知识的兴趣与渴求，为他后来成为出版家积累了坚实的基础。

“因为买书困难——一方是经济困难，一方是购书不易——大家想开一家贩卖书籍的店，一面营业，一面有书可看。”1904年，18岁的陆费逵与几个同学集资1500元，在武昌横街租了间房子，开办了一家名为“新学界”的书店，陆费逵任经理，没想到由此成为他后来一生事业的起点。

彼时交通发达、商业兴隆的武昌，也是受革命思潮影响颇深之地，“新学界”所售之书中，也不乏《警世钟》《猛回头》《革命军》这样的进步书籍。年轻的陆费逵深受这股思潮影响，并在1905年加入刘静庵等人在武昌成立的反清革命团体“日知会”。不久，他辞去书店工作，在汉口《楚报》任记者和主笔。短短几个月间发表了大量文章，讥评时政。“因为批评清政府腐败，湖广总督张之洞下令查封《楚报》，他也被通缉。他的一个同伴已经被抓走。父亲后来说过，当他得知消息时，鞋都来不及穿，一双拖鞋踏上轮船到了上海。”陆费铭琇说。

在各种新思潮、新观念交汇的上海，陆费逵很快找到了立足之地。1906年，陆费逵进入文明书局工作。文明书局是上海一家影响较大的民营出版机构，以出版教科书为主。“在文明书局一年多时间里，陆费逵担任多项职务，经常出席书业公会，结识了许多出版界著名人士，对我国书业的发展现状，有了更加明晰的认识。”长期专注于中华书局历史研究的学者周其厚教授说。

彼时，在上海滩的出版机构当中，商务印书馆是最有实力也最有影响的一家。其国文部部长高梦旦参加书业商会时，结识了陆费逵，几次谈话觉得他是一个不可多得的人才。因为经营书业编辑、印刷、发行相互联系，但往往发行人员不懂印刷，印刷人员不知发行，能编辑的又不知发行和印刷，陆费逵既能操笔编书，又对发行印刷有所研究，所以高梦旦把陆费逵作为人才向张元济举荐。1908 年秋天，22 岁的陆费逵进入商务印书馆工作，任国文部编辑员，是最年轻的一位。短短半年后，他便被任命为出版部部长、交通部（相当于现在的公共关系部）部长。据研究商务史的专家汪家熔说，在商务印书馆内兼职的人，都是极受重视极为能干之人，而陆费逵兼着三个部长的职务，工作能力之强以及所受信任之深可见一斑。

成立于 1897 年的商务印书馆，可以说是维新运动导致文化和教育变革的一个结果。其掌门人张元济曾是戊戌变法的核心人物之一，与康有为同日受到过光绪皇帝的接见。变法失败后的张元济绝意仕进，把所有心血投入了出版事业，使得商务印书馆成为近代文化重镇。“商务印书馆成立以来，教科书一直是主要业务。”周其厚说。1904 年，张元济主持的商务印书馆出版了中国第一部小学教科书，其后又编了高小、中学教科书。

教科书与教育问题密切相关，这也正是陆费逵的兴趣所在。当年他闯入社会的第一份工作，便是开办一所学堂，虽然仅存在了 8 个月，但他对教育的关注一直没有转移。“父亲后来在日知会参加革命时，发现同事间由于修养问题，互相钩心斗角，他意识到，即使革命成功了，如果人的素质不改变，革命也是不成功的。而改造国民素质，就要从教育抓起。”陆费铭琇说。

陆费逵在商务印书馆的另一个身份是《教育杂志》的主编，精明的陆费逵借此渠道，结识了许多教育界人士，顺势推广商务印书馆的课本及各种业务。他在杂志中夹带读者调查表，学校填写之后，就可以免费获得一年的杂志。而这些反馈回来的调查表，更让陆费逵清晰地掌握了教育界的动向。

此时的清王朝已经走向它最后的岁月。1911 年武昌起义胜利的消息传来，陆费逵敏感地嗅到一个新时代将要来临。可是商务出版的《最新教科书》已经多年未变。商务内部一些有远见的人劝张元济应准备一套适用于革命后的教科书。张元济犹豫不决，“以为革命必不能成功，教科书不必改”。此种情形令陆费逵心生失望，遂决定“另创书局专营出版事业”。

早在文明书局工作时，陆费逵便编纂过一套新式教科书，因为资金问题未能如愿。这个历史关头，他果断决定进行“教科书革命”。在他看来，如果教科书不革命，则“自由真理、共和大义莫由灌输”。陆费铭琇说：“在父亲看来，如果民国建立了，而教科书上还写着过去封建皇帝那一套，肯定是行不通的。所以他拉上一批人，其中包括我的三叔，一起编教科书。”

陆费逵选定民国成立的当天为中华书局挂牌，“将来，遇民国成立纪念，即吾局成立之纪念也”。

民六危机

中华书局真正的营业开始于 2 月初。创立之初的中华书局，启动资金只有区区 2.5 万银元，仅为出版界“大佬”——商务印书馆资本金的 1/30。陆费逵的个人声望，亦远不能与张元济相比。最初几天的情形，也颇令这些踌躇满志的年轻创业者沮丧。据钱炳寰先生所编《中华书局大事纪要》：“营业之始，第一日仅售洋五元，惴惴之情现于颜色，第二日售百余元，第三日始批发，增至五六百元。”

可是事情后来的发展完全验证了陆费逵的眼光和判断。南京临时政府成立不久，规定各种教科书务令合于共和民国宗旨，清政府学部颁行的教科书一律禁用。于是内容合乎共和体制的“中华教科书”，成为被追捧的对象。当时供应的春季开学用书十数册，“日间订出，未晚即罄，架上恒无隔宿之书，各省函电交促，未有以应”。“中华教科书”几乎独占中小学教科书市场，这也给中华无形中巨大的商机。开办第一年，营业额达到二十多万元，他们买了六台印刷机，开了自己的印刷所。

至 1913 年完全出齐的中华教科书，是清王朝覆灭后第一套适合共和政体的教科书，令人耳目一新，立即风行全国，迅速赢得了大部分教科书的市场。“开业之后，各省函电纷驰，门前顾客坐索，供不应求”。中华书局从此奠定了在近代中国出版界的地位。

虽然商务印书馆也马不停蹄地赶制出《共和国教科书》，但是占得先机的中华书局早已赚得盆满钵满。1913 年 4 月，中华书局改为股份制有限公司，公司股本由创立时的 2.5 万元增至 100 万元。到了 1916 年 6 月，中华书局资本已增到 160 万元，在全国设立的分局也多达 40 多处，员工由最初的不到 10 人发展到 2000 多人，一跃成为继商务印书馆之后，国内第二家集编辑、印刷、发行为一体的出版企业。

初战大捷，陆费逵踌躇满志，自认“大势所迫，不容以小规模自画矣”。于是他接连有了几个经营的“大手笔”，却也为日后的一场巨大危机埋下了种子。1916 年，中华书局设在静安寺的总厂建成，在河南路口的总店五层大楼也相继建成，编辑所及印刷所全部迁入。

陆费逵一向重视印刷技术，为了进一步扩充印刷力量，特别是彩印方面，又添置了大橡皮机和铅版机套印彩色，从而一举确立了中华书局在彩印方面的领先地位。但是这些固定资产投入几乎占用了中华书局的全部资金，以致企业的日常开支要依靠银行押款和吸引社会存款来运转。由于固定资产投资过大，扩充太快，同业间竞争又十分激烈，加上副局长沈知方挪用巨额公款，严重影响了企业的日常资金周转。

1917 年 5 月，外间谣传纷起，称中华书局即将破产，于是社会上存户纷纷前来提款，形成风潮，流动资金紧缺，中华书局陷入困境。陆费逵后来形容“在最盛之时代，演出绝大之恐慌”。因为 1917 年是民国六年，故而被称为“民六危机”。

中华书局以编印中小学教科书为主，成为商务印书馆的主要对手，彼此竞争日益激烈。同时，两家因宣传推广、批发折扣、同行回佣等开支也损失巨大。两家于是都有联合或合并之议。1914 年协议未成，1916 年中华书局又曾向商务印书馆试探，但都没有形成结果。此番中华书局资金周转失灵行将搁浅之际，两家开始正式协商。从当年 3 月到 5 月间，几乎天天商议，后来出版的《张元济日记》充分反映了此事。商务内部意见也不一致，虽然张元济等人认为这是一个机会，但郑孝胥等反对接手中华书局。

“中华书局陷入债务危机，特别是股东们纷纷提款，这在社会上产生了不小的效应。商务怕背上这个包袱，把自己也拖进去，这在张元济日记、郑孝胥日记中有反映。”周其厚分析说。另一原因，据《张元济日记》记录，原来与商务有过合作的日本金港堂主人原亮三郎正好在上海，他建议商务不要并吞中华，有个竞争对手，可以使自己处在努力、处在自强的约束之中。

其实中华此时的状况，用张元济的话说是“只有搁浅而无破产”，是资金周转困难而非资不抵债。所以中华的大股东决定出面支持，向债权人疏通，说服他们从共同利益出发，不要逼债。宋氏三姐妹的父亲宋耀如来做这个工作，自然有人买账。不久，常州富商吴镜渊出面联络富商士绅，筹集资金作为垫款。各方努力下，局面最终被稳定。陆费逵曾一度被拘押，后经查证他本人在经济上并无问题后，仍参与负责日常工作，职务由局长改任司理，薪金降为 100 元。直到 1919 年，中华书局业务逐渐有所好转，陆费逵改任总经理。

重整旗鼓

走出危机后的中华书局重整旗鼓，由此进入一个稳定的发展期，也推出一部部日后影响深远的经典之作。《中华大字典》《辞海》是中华书局编纂的两部大型工具书。《中华大字典》是辛亥革命后最早的一部重要辞书，是民国时期规模最大、收字最多的字典。自 1915 年出版至今，多次重印。《中华大字典》总结吸收了《康熙字典》以来 200 年文字学研究成果，增收了近代方言和翻译中的新字，共收字 46867 个，也是 20 世纪 80 年代以前中国字典中收字最多的一种。《辞海》，是我国唯一的综合性大型辞书，其编纂更是经百余人先后 20 年的努力，自 1916 年始，至 1936 年才发售上半部。《辞海》的出版受到读者欢迎，至 1947 年各种版本销售超过百万部。

商务印书馆编译所所长张元济精通古籍版本学、目录学、校勘学，于 1913 年到 1922 年主持编印了《四部丛刊》初编。而从 1920 年起，中华书局开始编辑《四部备要》。1921 年，聚珍仿宋印书局加盟中华书局，使其品牌实力进一步增强。聚珍仿宋印书局是著名金石篆刻家、“西泠印社”创始人之一丁辅之与弟弟丁善之创办的。丁氏兄弟费十余年之心力，创制了“聚珍仿宋字体”——现在我们电脑中使用的仿宋体即来源于此。以聚珍仿宋体排印、丁辅之亲任监造的《四部备要》，也因选书精要、文字古雅而被称道。茅盾先生后来总结：《四部丛刊》是“善本派”，《四部备要》为“实用派”。“《四部备要》是有史以来第一次用现代排印方式整理出版的大型古籍丛书，掀开古籍整理的新篇章。”中华书局总编辑徐俊说。

除了《四部备要》外，《古今图书集成》是另一项巨大的古籍整理工程。《古今图书集成》是中国现存规模最大、资料最丰富的一部古代类书，号称“古代百科全书”。清雍正六年（1728）仅以铜活字排印了 64 部，后来罕见传本。1933 年，中华书局以 1 万元价格购得底本，在加工修整制版等方面不惜投入，在 1934 年开始影印出版。“在原书几近绝迹的情况下，中华书局的这一出版行为，确实具有文化抢救的意义。”武汉大学教授吴永贵说。为了便于读者购买，中华书局还将原书5000册缩印为800册，售价低廉，使得这部珍贵的文献为广大读者所使用。中华人民共和国成立后毛泽东要求工作人员为他配置图书，《古今图书集成》名列其中。“《四部备要》和《古今图书集成》成为中华书局古典文献书籍的著名品牌，这种品牌效应，一直延续至今日。”

“照理说中华书局是做‘古’的，但中华的‘古’是一种非常新的‘古’，是在新思维、新视野下的整理国故。”著名历史学者、北大教授李零说，“中华书局是民国的产物，它以求新为目的，其出版作品反映的都是废科举以后新学崛起的情况，包括商务印书馆在内，虽然两家一直是竞争对手关系，但是它们在那个历史时期都承担了启蒙的工作。”

五四运动时期，中华书局积极热情地为这次新文化浪潮推波助澜。陆费逵请来了当时颇有影响的“少年中国学会”参与编辑。“少年中国学会”的加盟，加强了中华书局策划推广新文化运动出版物的编辑力量。李达、张闻天、田汉和后来主持《辞海》编辑以及中华书局编辑所工作的舒新城都是会员。在他们的影响下，五四运动前后，中华书局出版了卢梭的《民约论》、达尔文的《物种原始》（旧译名）、郭泰的《唯物史观解说》等中外政治、学术名著。亚当·斯密的《国富论》，这本专著第一个中文译本是严复所译，译名为《原富》；后世通用的“国富论”一名，即始自中华书局出版的此译本。

中华书局形成的良好品牌效应，吸纳了当时一大批优秀的各界人才，比如梁启超、沈雁冰、马君武、李达、张闻天、潘汉年、叶圣陶、朱自清、田汉、舒新城、金兆梓、钱歌川、徐志摩、陈伯吹等。在中华书局对近现代学者的学术性著作出版方面，以梁启超的《饮冰室合集》最为著名。从上世纪20年代一直到抗战前夕，可以说是中华书局发展的黄金时期。

陆费逵主持的中华书局不仅对书刊内容有崇高的追求，而且在书刊形式上也精益求精，十分讲求印刷技术和印制质量。陆费逵说：“印刷为文明之利器，一国之文化系焉。果使我们印刷放一异彩，不徒为我局实力之发展，亦足以观国民文化之进步。”所以在硬件设备上，陆费逵一向舍得投入。中华书局拥有当时最精密的现代化印刷机，如德国制的轮转大电机、四色大电机、双色胶印机、制版机等，“当时在远东也是最先进的”。凭借一流的印刷设备，其印制的徐悲鸿、齐白石、张大千、刘海粟、潘玉良等著名画家的画集以及刘海粟编《世界名画集》《世界裸体美术》《欧洲名画大观》等精美画册，质量堪称世界一流。

因为拥有一流的印刷技术，中华书局也承接了许多特殊的印刷业务，诸如为纪念《申报》50周年而出版的我国第一本全国地图集，经各同业制出样张评选，最后由曾世英先生决定交中华书局印制。直到现在，上海中华印刷厂仍然是全国印制地图重点厂之一。除此之外，还接印了广告和烟草公司卷烟包装的印刷。

值得一提的是，此时的中华书局已经是一个多元化经营的企业。除了传统出版、印刷业务外，还开办文化补习学校，成立教具制造厂，发行所还兼营文具仪器、标本模型、运动器械、教育用具、风琴乐器，以及玻璃器、陶器的文房四宝等。随着事业发展，至“七七事变”前，分支机构有40多处；抗战胜利后还设立台湾分局，网络遍及全国各地。

1937年全面抗战开始。“父亲从友人那里听说‘维持会’将公布的名单里有陆费逵的名字，他觉得不能再待下去了，决定立即在名单公布前离开上海。”陆费铭琇回忆。她还记得父亲同母亲商量，是自己先走还是一家人一起走。1937年11月5日，陆费逵带着全家一同去了香港。此后，中华书局大批员工撤到重庆、成都，在当地设厂印刷，客观上带动了大后方的印刷技术的提高。

1941年7月9日上午，56岁的陆费逵在香港突然去世。“陆费逵去世后，书局的经营方针有所变化。它利用其印刷能力，承揽了大批印钞业务以及有价证券的印刷。纱布面粉交易所成单、地方官钱局钱票、公债票，直至发展到邮票和纸币印刷。”徐俊介绍。中华人民共和国成立初期，上海中华印刷厂也是印制人民币的工厂之一，至1950年5月才告结束。

分分合合

新中国成立后，像其他行业一样，出版业的发展规划也被纳入国家高度计划中。1952年，中华书局被出版总署指定为中央一级出版机构，中华书局编辑所、印刷厂中西文排版一部分迁往北京。出版总署将全国出版社重新洗牌，划定了各自的专业分工。在这个统一规划中，中华书局编辑所以出版农业、文史、俄语读物为重点。

1954年，全国开始进入私营工商业社会主义改造高潮。“到了公私合营的时期，原有的老字号私营出版机构，只剩下‘中华’和‘商务’两家。这两家虽然保住了名号，但实际上都分别和别的出版社合并起来了。”徐俊介绍说。5月1日，中华书局将总部从上海迁至北京西总布胡同7号，合并到财政经济出版社，对外挂财经社和中华书局两块牌子。商务印书馆则合并到了高教出版社。

当中华书局按照出版总署的统一规划，开始出版农业、财经和俄语类图书时，出版总署又成立了一家新的出版机构——古籍出版社，社长由出版总署副署长叶圣陶兼任。不难看出，此番调整的目的，就是让古籍出版社取代中华书局在古籍出版的传统地位。古籍出版社编辑不足10人，大部分是叶圣陶早期在上海开明书店时的旧识，他们集中在出版总署里办公。

古籍出版社的地位，从它一接手就上马的“国家项目”——点校《资治通鉴》便可以看出几分端倪。这项工作，是毛泽东亲自倡议和交办的。曾担任范文澜助手的、历史学家蔡美彪回忆：1954年9月，第一次全国人民代表大会召开，毛泽东与吴晗被分在同一个小组。毛泽东向吴晗说起标点《资治通鉴》事，并要吴晗转告范文澜，组织一些人，一两年内标点出版，以供广大干部阅读。“毛泽东还说到读史应有地图，可以把杨守敬的《历代疆域图》用新方法改绘，以供利用。”大会后，吴晗找到范文澜，两人随即着手筹划。

经与各方协商，1954年11月初，标点《资治通鉴》及改绘杨守敬地图工作委员会组成。由范文澜与吴晗牵头组织，顾颉刚、张政烺、贺昌群、容肇祖、王崇武、聂崇岐、齐思和、周一良、邓广铭与何兹全这10位历史学家成为标点小组成员。南开大学郑天挺、古籍出版社章锡琛后期加入。组织标点，需要有工作空间。时任北京市副市长的吴晗出面，向北海公园借用未开放的画舫斋小院。此处环境幽静，清雅宜人，无外界干扰。“《顾颉刚日记》里面对这一段工作有很多描述，说每天他们都要去北海上班，每天又工作了多少等等。”徐俊说。

《资治通鉴》世传版本非常多。标点工作小组经讨论，决定选用清胡克家翻刻的元刊胡注本，采用章钰的校记。“标点工作最大的难题是，《标点符号用法》原为语体文制定，并不能完全适用于古籍。哪些符号可用，哪些不用，需首先有个共识。所以第二次小组会特别邀请出版总署副署长、语文专家叶圣陶先生到会。大家就一些标点中的难题，向他请教。经过讨论认为，一时难以制定完备的古籍标点条例，先就标点、分段订立几条原则，开始工作。在工作实践中逐步完善，再进一步制定凡例。”为会议作记录的蔡美彪回忆。小组会上还商议，参加者各承担若干卷，完稿后统交王崇武汇总，最后由顾颉刚总校定稿。

标点《资治通鉴》完成后，交由古籍出版社出版。出版前，如何署名亦是议题之一。范文澜虽然在前期承担了一些组织工作，但是“范文澜主持学术组织工作，从来不署名”；顾颉刚因为做到一半生病去北戴河疗养，没有负责后期的工作，也不愿意牵头题署。经商议，最终决定在每卷后面署上点校者和审稿者的名字。1956年，标点《资治通鉴》由古籍出版社出版；此后古籍出版社又继续推出《续资治通鉴》、《三国志集解》等书。

重返古籍

也正是在这个时间点上，国家最高领导人对中华书局的态度又有所改变。“毛主席对出版工作规划的指示中有过这么一条，大意是说，过去有很大影响的两家书店，商务印书馆和中华书局，这两块招牌还是应当保留。中华嘛，就搞‘古’的，商务呢，就搞‘洋’的（指西洋哲社名著）。从这个讲话看出，那时候领导人已经有让两家恢复独立建制的动议。”徐俊说。

1957 年 3 月，存在仅三年的古籍出版社并入中华书局，张静庐、徐调孚、章锡琛、陈乃乾等原古籍出版社的编辑也进入中华；中华书局的社址则迁至原古籍出版社和出版总署的办公地——东总部胡同 10 号。与中华书局形影不离的“老对手”商务印书馆也与高教出版社分离，恢复独立建制。1958 年中华书局上海办事处一分为二，一部分与古典文学出版社合并为中华书局上海编辑所，中华书局副总编辑金兆梓任主任；另一部分为中华书局辞海编辑所，主任舒新城。

“中华、商务各自独立后，文化部还专门下发了一个关于两家如何分工的文件，分工讲得很清楚，就是中华以前出版的翻译类书今后不再出了，都归商务；商务出版的古籍书全都归中华。这个规划的力度非常大，但是也没有完全被执行。1958 年以后，甚至包括 1978 年恢复工作以后，我们还是重印了一些商务以前的书，比方说解放前商务出的《国学基本丛书》中的本子。当然现在互相都不出对方的书了。”徐俊笑着说。

在政府强力规划下，中华书局从此在古籍出版方面向更专业化迈进。除了《资治通鉴》和“二十四史”校点整理外，相继整理编纂出版了《册府元龟》《永乐大典》《文苑英华》《太平御览》《全上古三代秦汉三国六朝文》《全唐诗》《全宋词》《国榷》《明经世文编》《宋会要辑稿》等大型图书，以此奠定了在出版业中的鲜明特色和在学术界的历史地位。除了这些大部头外，中华也出版了“平易近人”的“小”作品，比如吴晗主编的“中国历史小丛书”，作者包括贾兰坡、吴晗、单士元、戴逸、侯仁之、任继愈这些学养深厚的专家学者，内容深入浅出，颇得学界和读者的好评。

“在那个年代，中华书局，包括商务印书馆在内，它们对知识的‘批量生产’，对于一个学科的基础建设是特别重要的。”著名学者、北大教授李零这样评价。

当我们现在再回顾那些经典古籍整理工作背后的故事，都不难发现毛泽东、周恩来、郭沫若、周扬、吴晗等人的名字，国家最高领导人与文化最高层面的主导者参与其中，这也显示了当时中华书局地位的特殊性。不仅如此，1959 年，北大中文系和中华书局联合创办了我国第一个新型的培养古文献整理人才的专业，翦伯赞为之定名为“古典文献专业”。这个专业也为中国古典文献的整理和研究培育出了不少人才。

“文革”开始后，中华书局传统的古籍整理工作陷于停顿。“为了配合迎合当时的政治需要，我们出过一些‘三结合’编写的‘评法批儒’的作品。”徐俊说。1970 年 9 月 17 日，周恩来在同文化教育部门负责人的谈话中说：“中华书局、商务印书馆就不能要了？那样做，不叫为群众服务。青年一代着急没有书看，他们没有好书看，就看坏书。”第二年，“二十四史”标点工作开始恢复，到 1978 年全部出齐。

“除了恢复‘二十四史’和《清史稿》的校点整理，这段时间中华书局主要做的另一件事情就是奉上级指示，出了一批‘大字本’。”徐俊说。

1971 年“9·13”事件后，毛泽东的视力减退，不久又患了白内障。

为了解决毛泽东的读书问题，由中办出面安排，将要看的书重新排印大字线装本出版。起初都是用一号长仿宋字体。可渐渐地，一号长仿宋字也看得不太清楚了，于是又将一号长仿宋字体改为36磅长宋字体。

中华书局当时承担了这项特殊政治任务。这批“大字本”当时印制的数量极少，多时不过20多份，一般只有5至7份。虽然印量不多，但程序上一点也不简单。“36磅长宋字体一般都是用来排书刊标题的，所以印刷厂当时很少有这种字模。当时国家出版局临时从全国各地请来几十名刻字师傅，在天津用了一个多月时间，重新刻制了四副36磅长宋字体的字模。”徐俊说。据说当时北京存两副，上海、天津各存一副。一部平装书重新排印成大字线装本，往往要装订成几个分册、十几个分册，甚至几十个分册。这批大字本，除了李贽的《史纲评要》《藏书》《续藏书》《焚书》《续焚书》，王夫之的《读通鉴论》《唐宋元明清五朝诗别裁》《词综》《李太白全集》等外，还包括章士钊《柳文指要》和马叙伦《老子校诂》等。

“文革”结束后，1979年8月，一度合署办公的中华书局、商务印书馆恢复正常建制。短短三年间，一大批重要典籍、论著以及众多学术丛刊、汇刊面世。1981年12月10日，在陈云的直接过问下，国务院决定恢复古籍整理出版规划小组，李一氓任组长。诸如《中华大藏经》这样的古籍整理工作开始启动。

名家、名著、名编辑，共同铸就了中华书局的图书在学术界、出版界的地位。“那个时候如果说谁在中华书局出了一本书，大家都高看一等。这就意味着在学术上得到承认。那个时候中华书局也承担了部分学术评价的功能。”徐俊说。

在汹涌的时代大潮面前，中华书局后来也开始了自己的探索之路。让“中华”这个已经历了百年风雨的品牌，再迸发出它耀眼的光芒，不仅是在其麾下工作者，也是每一个关注它的人共同的愿望。站在今天的时间点上回望走过的路，我们不难发现，其实中华书局百年史，也是国家文化记忆的一部分。“我们希望国家社会进步，不能不希望教育进步；我们希望教育进步，不能不希望书业进步。我们书业虽然是较小的行业，但是与国家社会的关系却比任何行业为大。”即使在100年后的今天，陆费逵的话依然有着穿越时空的力量。

ZOUCHU
LISHI DE
CHENYAN

走出
历史的
尘烟

（下）

李 菁 著

团结出版社

名流

萧红：逃不出的命运

（2014年）

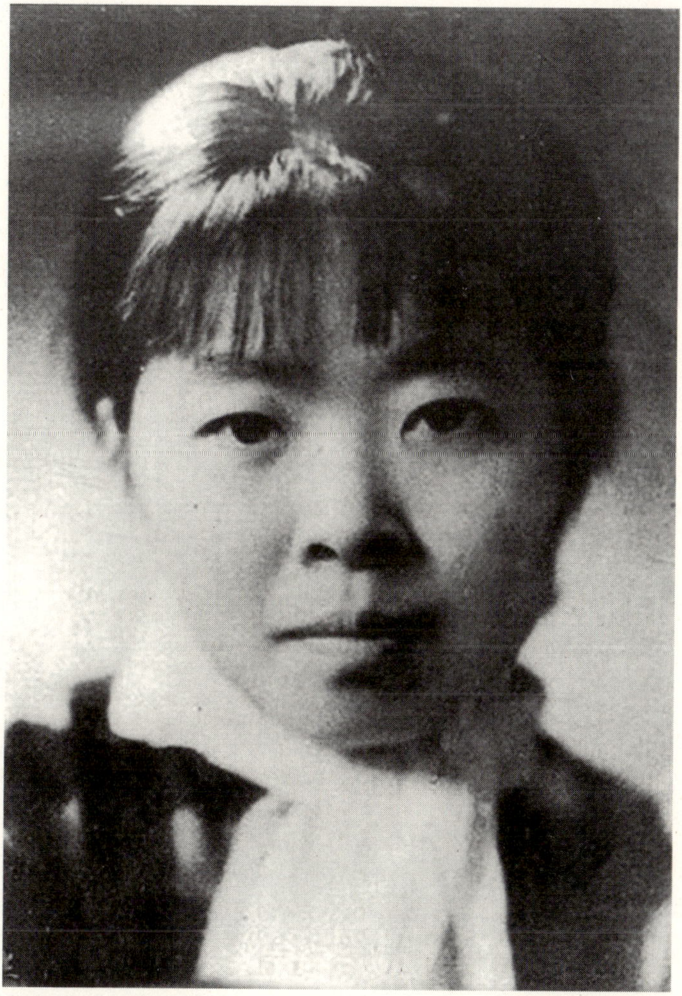

萧红

“此刻若问我什么最可怕？我说：泛滥了的情感最可怕。”“什么最痛苦，说不出的痛苦最痛苦。”——萧红《沙粒》

逃离

1930年，19岁的萧红第一次为自己的命运做出了选择，她逃离了家庭，逃离了既有的生活轨道。而这一次，只不过是她短暂一生中上演的一幕又一幕以“逃离”为主题的人生之戏的序曲。

时光拉回到那一年夏天，这位名叫张迺莹的北方姑娘即将初中毕业——那个时代，女孩子能读到中学已属少见，于是，家人希望她像周围同龄女孩子一样，尽早把婚结了。

萧红成长于黑龙江呼兰县一个传统的中国家庭中。她后来的文字中对童年的回忆完全是一片灰暗的色调，而孤寂成了她一生的色调。在萧红的早期作品中，以父亲为原型创作出来的形象往往是一个“冷酷、不苟言笑、贪婪、暴虐”的人。其实萧红的父亲张廷举毕业于齐齐哈尔黑龙江省立优级师范学堂，成绩非常优秀，在国民党统治时期和伪满统治时期做过教员、校长、出版社社长、教育局局长等职位，在中华人民共和国成立后，他仍然被视作“开明绅士”。公允地说，如果没有这位父亲，萧红也绝无可能在那个年代受到相对完整的教育。

但在萧红童年时，张廷举因常年在外工作，父女间比较淡漠；而体弱多病的母亲对她也很冷淡。母亲去世后，父亲又续了弦。她对这个家庭唯一不能忘怀的就是祖父。“祖父时时把多纹的两手放在我的肩上，而后又放在我的头上，我的耳边便响着这样的声音：‘快快长吧！长大就好了。’”她后来说：“长大”是“长大”了，而没有“好”。祖父一点点衰老，家里仅存的一点温情也即将消逝。有一次祖父睡着了，她就躺在祖父的旁边哭。“好像祖父已经离开我死去似的。”“我若死掉祖父，就死掉我一生最重要的一个人，好像他死了就把人间一切‘爱’和‘温暖’带得空空虚虚……”

祖父去世后，她对这个家庭似乎彻底失去了留恋。而校园生活和同学之间的情谊，则或多或少成为她在精神与情感上的一种慰藉。

1927 年，经过与家庭的一番抗争，萧红离开老家呼兰县，进入哈尔滨东省特区区立第一女子中学校（简称“女一中”）初中部读书。这个时间节点对萧红一生来说应该非常重要，作为横贯西伯利亚大铁路上的一个交通重镇，有“东方莫斯科”之称的哈尔滨是一个商业、文化都相对发达的大都市。在这里读书，萧红的眼界大为开阔。“女一中”也是所在当地享有一定声望的学校，校方聘请了不少有理念、有见识的青年知识分子来教书。从萧红与其同学们后来的回忆可以看出，他们对这些渴望新知识的少女们产生终生难以磨灭的影响。萧红也在此期间显露出写作和画画上初步的能力。另一方面，在读书期间，萧红参加过几次校外学生运动，也结识了不少新派的知识男性，其中多数是在北京读书的东北籍青年，他们启发了萧红到北京求学深造的愿望。她慢慢感知到与以往不同的一个未知世界的魅力，那个世界也许并不明朗，但充满诱惑。萧红自然受到不少新思潮的影响。

而在既有轨道上，她的未来世界是清晰而确定的。早在 1925 年，14 岁的萧红在家里的安排下，与哈尔滨西郊顾乡屯的汪家定了亲。汪家是哈尔滨顾乡屯的一户地主，与张家也算门当户对。未婚夫汪恩甲，曾在小学做过代课教员。据见过他的萧红的长辈亲属回忆，汪恩甲个子挺高，长得也不错。虽然当时萧红还在读初一，但定亲的事情在同学中也比较普遍。萧红在女一中的同学徐淑娟回忆：“我们哈女中学生的未婚夫大都在哈工大、法大读书，按那时的社会风气，这叫天造地设、门当户对的金玉良缘。”两人交往期间，汪恩甲又报名进入法政大学的预科班读书，而且两人的关系起初似乎还不错，汪家经常派人去学校把萧红接到家里去过星期天或节假日。萧红在第一女子中学的同学刘俊民回忆，汪恩甲来过女中，“迺莹还给他织过毛衣”。初二那年，汪恩甲的父亲去世，“迺莹还去他家给未过门的公公吊丧”。同班同学徐淑娟说过，班上唯有萧红的情书不用她来“润色”。但最终，萧红还是毅然朝着未知的世界走过去。1930 年的夏天，她偷偷乘上了开往北平的火车。

回归

关于萧红第一次来北平的情形，后来也有很多说法。在萧红生命最后阶段朝夕陪伴于左右的骆宾基，1946 年出版了一本《萧红小传》。按骆宾基的说法，文中所述关于萧红的生平，并非来自他杜撰，“而是根据萧红先生于太平洋战争期间，在香港思豪酒店寓居时所作的漫谈”。在回顾这一段生活中，萧红提到她当年出走的勇气，来自于一位“李姓青年”——“这豪气而充满蓬勃的生命力的人物”，“那个青年在爱慕她，也是当时她所感到的”。骆宾基是一位小说家，他的传记也同样有着诗意和抒情色彩：“秋天，她逃出那个封建的家庭，那个古老的县城。她又到了建筑辉煌的哈尔滨。在建阳城，她的未来是无限美好的，自由而广阔。”据《萧红小传》，也是这个“李姓青年”带她到的北平，她当时似乎还做着与“李姓青年”未来的梦，甚至把自己当成他未来的妻子。可是等她到了北平李姓青年的家，发现一位抱着孩子的妇人时，才知道真实的状况。

在关于萧红早期生活的研究中，“李姓青年”的说法盛行一时。有趣的是，20 世纪 80 年代，萧军的女儿萧耕找到了这位“李姓青年”——萧红的朋友李洁吾，他的回忆则与萧红有所不同。

按照李洁吾的回忆，萧红的北平之行并非因为他，而是萧红的表哥陆振舜（注：也有“陆哲舜”“陆学禹”之说）。陆振舜当时在哈尔滨道外教会办的三育中学读书，也有人说他与萧红并非有血缘关系而只是认的表亲。李洁吾是陆振舜的同学，当时已经在北平读书。1930 年暑假，陆振舜告诉李洁吾，他有个表妹很想到北平读书，如果有机会希望李洁吾能把北平的情况介绍一下。几天后，李洁吾果然在同学家里见到了萧红。“她剪着整整齐齐的短发，大大的眼睛特别有神，穿着白褂青裙，白袜青布鞋，行动敏捷，举止大方。”萧红给李洁吾的第一印象非常好，而萧红也很急迫地向他询问在北平读书的情况，两人聊得很投机。

据李洁吾回忆，等到他 9 月初回到北平上学时，发现萧红已经在师大女附中上学了。萧红其实是在 7 月与陆振舜一起到的北平，之前她还做了小小的策划。据女一中的同学刘俊民回忆：“家里催与汪恩甲结婚，她假装同意，骗了一笔钱，还是我陪她在中央大街一家服装店做的绿料皮大衣……临走，她还嘱咐我们，如果汪恩甲来找，就说迺莹不在。”

据李洁吾回忆，到了北平后，萧红与陆振舜同住在民族宫后面西京畿道的一所公寓里，后来又搬到离陆振舜所在的“中国大学”很近的二龙坑西巷一座小院子里。她与表兄分住在北房的两头。两人还请了北平当地人耿妈，来照料日常生活。据曹革成所著《我的婶婶萧红》一书所说，对外，萧红以陆振舜的“外甥女”相称，以避人口舌。

李洁吾回忆，他与几位同样来自哈尔滨的同学经常去小院子做客，一来二去都成了好朋友。李洁吾的回忆里有一个小插曲：有一天，他刚一去，萧红就交给他一封信，嘱他回学校再看，而陆振舜则拼命阻拦。李洁吾见此情景，当场打开了信，信上主要是“告”表兄对她无礼。李洁吾当即把陆振舜狠狠责骂一顿，“责骂得他呜呜咽咽地哭起来……”一周的冷战过后，几个青年人又重归于好。李洁吾感觉得到，“陆振舜对迺莹是有着爱慕之心的”，至于这份感情是单方面的，还是像后来有人形容为萧红的第一次恋情，外人不得而知，尽管萧红生前写了很多自传性的散文和诗歌，但她对这一段只字不提。而李洁吾虽然否认萧红在生命最后岁月里所做的回忆，但从他写下的文字中可以强烈感觉出，他对萧红存有的一种微妙而深厚的情谊。

他们两人在北平的生活开支，最初主要靠陆振舜家里寄来的钱维持。陆振舜已有妻室，因他暑期提出要与妻子离婚，家里断了他的经济供给。

到了 11 月，北平的天气已经很凉。家境好的同学，早已换上了适应节气的秋装，可是张家和陆家除了寄来警告信外，别无他物。临近寒假时，陆家又来信警告：如果他们放寒假回东北，就给寄来路费，不然，从此以后什么都不寄。无奈之下，陆振舜决定回去。萧红当然很不情愿。李洁吾回忆，“在整理行装时陆振舜告诉我说，迺莹责备他‘商人重利轻别离’”，但是她也找不出什么好办法。

1931 年 1 月，萧红与陆振舜在穷困和寒冷中踏上归程。她的第一次逃离宣告结束。

再逃离

萧红回家乡后，李洁吾一直惦念不已。他写信给陆振舜询问情况，许久才接到回复。“他告诉我迺莹已回呼兰家乡，又听说她一回去，就被家里囚禁起来，因此患了神经病。”这些消息让李洁吾更加忧心忡忡。然而奇怪的是，仅仅在一个多月后，李洁吾从陆振舜发来的电报中，得知萧红即将乘车回北平的消息。他去车站迎接未果，回到那个小院，耿妈告诉他：“小姐回来了，把东西放下就到学校找你去了。”李洁吾即刻回到学校，见到了在宿舍等他的萧红。此时，萧红的装束已发生很大变化，“她穿了一件貉绒领、蓝绿华达呢面、猬子皮里的皮大衣”。除此之外，还送了李洁吾一小瓶白兰地酒和一盆马蹄莲花。这期间萧红生了病，一个人住在冷清的院落里，李洁吾于是每天从学校过来看她，照顾她，陪她聊天。“记得曾几次问到她回乡后的情况和这次是如何从家里出走的，她都避而不答。”

李洁吾回忆，一天傍晚，他正在和萧红闲聊时，有人找上门来。“那个人进屋后，一屁股便坐在了椅子上，一言不发。”萧红也只简略地介绍：“这是汪先生。”而对方还是一言不发，继而从口袋里掏出一摞银元叮叮当当地把玩起来。见气氛很尴尬，李洁吾告辞而出。他后来从耿妈那里知道对方是“小姐的未婚夫”。3月底，他再进城时，已不见萧红和汪恩甲。看得出，即使很多年过去，李洁吾对萧红当年的不辞而别仍无法释然。

萧红这次返平，很可能是向家里妥协的结果。在平期间，萧红经常同汪恩甲一道出去，花费也比以前多了，似乎是筹办婚事的。同样来自哈尔滨、在北平读书的高原回忆，有一次他去看望萧红，在房间的墙壁上，“看见用铅笔描画的一个男人头像，那人头上戴着一顶鸭舌帽，迺莹说这是‘密司特汪’，是她就着灯影描绘下来的”。萧红还告诉朋友，她将要结婚等等，“迺莹是很平淡地、一点不表露出任何感情地述说着所发生的一切事情”。

如果没有后来的节外生枝，萧红也许像周围其他女孩子那样，又回到原来的生活轨道上，而之前的种种叛逆也许只是年老时回忆年轻岁月的一段小插曲而已。

汪恩甲的大哥叫汪恩厚，是一所小学的校长。当年是他和同学牵的线，为这对年轻人定了亲。当他后来得知张家姑娘曾离家与他人赴平的消息后，非常恼火，要求弟弟汪恩甲立即退婚。这样的结果令刚刚把“局面”安定下来的张家十分尴尬，于是张家以“张迺莹”名义，将代弟退婚的汪恩厚告上法庭，意在保住这段婚姻。事关张家声誉，开庭当天，萧红的父亲张廷举与继母梁亚兰，还有她在女一中的同学都出席。没有料到的是，为了顾全哥哥汪恩厚的名声，汪恩甲又当庭表示是自己要退婚的，于是法院判了离婚。“虽然下堂后，汪恩甲再三向迺莹解释，这个离婚不算，但迺莹是倔强的，一气之下，便与他家永远分开了。”

19岁的萧红与表哥“出逃”北平，在当时无异于惊世骇俗之举，在呼兰城里也成了一桩大新闻。如今再遭遇这样的结果，作为一名有身份的地方绅士，张廷举更是觉得颜面尽失。因为“自觉再无脸面在呼兰城里立足”，张廷举于是辞去呼兰县教育局长职务改到巴彦县教育局工作。他担心继母梁亚兰管不住萧红，于是带着全家搬到乡下张家发迹的阿城县福昌号屯。但萧红与家人的关系继续恶化。有一次继母把萧红不服管教事告诉她的舅舅，她的大舅从乡下专程赶来要管教她，扬言“要打断这个小犟种的腿”。10个月后，在同情她的婶婶的帮助下，倔强的萧红再次出走。“走时穿着一件蓝士林布大衫，空着手坐着拉白菜的马车离开了家。”这一次出走后，她再也没有回过家。

萧红只身逃离之后，闻讯赶回的张廷举陷入震怒，他宣布“开除她的祖籍”，并严令家中其他子女不许和她有任何往来。后来萧红在哈尔滨贫困交加，父女曾在街头相遇，双方冷眼相对而过。张廷举彻底被女儿伤了心。后来有萧红研究者发现，张家家谱里果然找不到“张迺莹”的名字。很多资料都证实萧红在哈尔滨流浪的时候，实在饥冻难耐，便到哈尔滨的亲姑姑家求援。可当他们打开门一看是萧红时，就立即关上门，把她拒绝在寒天冻地的街头。

萧红在她的散文《过夜》里描绘过这次离家后的狼狈情形：她投奔亲友，却被无情地拒之门外；走投无路之际，她被一个操皮肉生涯的“老治好子”收留。老婆子存心不良，她的女孩子还偷走了萧红的套鞋，害得她早晨走时只得穿着夏天的凉鞋……萧红的堂姐妹后来也提到过，萧红曾到“东特第二女子中学”去找过她们，“只穿着一件夹袍，一条绒裤，一双透孔的凉鞋，蓬乱着头发，面带饥色，好像好几天没有洗脸，样子非常狼狈”。堂妹劝她回家，萧红说：“这个家我是不能回的。”

萧红意识到自己与周围世界的格格不入。她也知道自己成了同学们的笑柄，“她所熟识的人，都用奇怪的眼光看她”，她认为“这奇怪的眼光里有着轻蔑和审判性的含意的”。而她就是“不吐露自己内心的凄苦”，“卫护着自己的骄傲和尊严”。

但实际上，没有任何经济来源又与家庭决裂的她还是以另一种方式向现实低了头——从后来的情形发展来推断，在走投无路下，萧红又与汪恩甲联系上了，住在东兴顺旅馆同居。现在仍保留的东兴顺旅馆位于哈尔滨道外十六道街，是一座俄式建筑，在当时应算得上一家有档次的旅馆。“九一八”以后，商客锐减，住宿业很不景气，加之汪家与张家在当地都算是有一定名望的家族，这样萧红和汪恩甲才有可能以赊账的形式住进来。

1932年春天，萧红的堂妹们曾经征得校方同意，把她介绍到东特区第二女子中学，做了高一的插班生。可是不久，萧红却不辞而别，让她们很是不解——其实萧红这次告别，实在有难言之隐。她发现自己怀孕了，她不得不告别学校。在东兴顺旅馆里，她在家看看书、织织毛衣，偶尔也写诗，给远方的朋友写信，像居家小妇人。汪恩甲仍是一名上学的大学生。两人已是债台高筑。住了半年多时间，他们欠下食宿费达400多块钱。

有一天汪恩甲说要回家取钱，离开了东兴顺。汪恩甲走后，最初萧红还天真地盼望着他再次出现，可是一直不见他踪影。据说当时已经怀孕的萧红也曾去汪家找他，却被汪家人羞辱一番后骂走。一个多月后，萧红渐渐绝望，而旅馆老板也失去耐心，把她换到走廊尽头装杂物的黑屋子，严加看管。

汪恩甲从此背上了“始乱终弃”、“欺骗感情”的千古骂名，从此消失于各种记载中，其下落至今仍是个谜。也有人说，在那个日本人占领的混乱年代，汪恩甲不幸遇害。不过，耐人寻味的是，骆宾基回忆：“萧红与作者在最后的44天相处中，却只字未提到汪某其人。”而萧红的所有文字中，也没有对这个男人有过一次指责，甚至，她或许对汪恩甲还是有感情的，1932年，她写了一首颇有韵味的小诗《静》：“晚来偏无事，坐看天边红，红照伊人处。我思伊人心，有如天边红。”这首诗在萧红生前并未发表过，有研究者认为，根据时间推断，这首写给思念的情人的诗，应该是她在被家里软禁期间，写给汪恩甲的。

萧红的第二次逃离又以失败告终。更悲哀的是，她曾经打算向命运妥协，回到旧有的轨道上，可是最终却被狠狠地抛进一个黑暗的深渊里。

偶然

失去人身自由且怀有身孕的萧红，闲暇时只好找些旧报纸来打发时光。报纸上那些奇闻怪事也让她印象深刻。有一天，走投无路的萧红写了一封信，寄给了哈尔滨一份名为《国际协报》的报社。《国际协报》是一家私人经营的报纸，副刊编辑裴馨园经常以“老斐”的笔名发表文章。6月的一天，老斐收到一封署名为“张迺莹”的读者来信，信中述说她是一名流亡学生，现在遭遇困境，因为欠了几百元的债还不了，被软禁在道外东兴顺旅馆里，旅馆老板想把她卖到妓院里云云。这封信上的话写得很打动人心：“你和我都是中国人，中国人见中国人能不救啊？”

这样的文字让老斐坐不住了。他先是带人去东兴顺探望了这位女学生，回来后，他又和朋友们讨论怎么救这位女学生。可是这群穷文人一时也拿不出钱来为她“赎身”。不过，这位经历奇特的女学生却成了大家在报馆热议的对象，她的处境、她的气质，“和让人不能忘怀近于‘疯狂’的神态”都成了话题。

这群青年人中，有一位刚到哈尔滨不久的25岁青年刘鸿霖。他出生于辽宁义县，曾考入张学良创办的讲武堂，1929年，他用“酡颜三郎”的笔名在《盛京时报》的副刊上发表了第一篇散文，自此走上文学道路。而“三郎”这个名字一直跟随他很多年，一直到上海才变为我们后来所熟悉的“萧军”。这一年，流浪到哈尔滨的萧军为《国际协报》撰写一些零星小稿，借以维持最起码的生活。

萧军起初对这位女学生的经历并不热心，甚至有些冷漠。正如他在自传性散文《烛心》里说的：“我听到这些，只是漠然地向自己的唇中多倾了两杯而已。”“我明知我是没有半点力量能帮助你，我又何必那样沽名的假慈悲啊！所以裴君他们要我一同到你那里去时，我全推却了。”

除了写信安慰萧红外，老斐也想不出什么好的办法。几天后，他又接到了张迺莹打来的电话，说她在旅馆里很寂寞，想借几本文学书看看。老斐于是委托一旁的萧军去跑一趟。萧军拿着老斐的“介绍信”和几本书，在一个接近黄昏的时刻，来到了东兴顺旅馆。这是1932年7月13日，萧军后来用文字很详细记述了他们第一面的情况：房间里霉气冲鼻，当时被软禁在小旅馆里的萧红惊恐不安，面色苍白，萧军更是注意到，“她的散发中间已经有了明显的白发，在灯光下闪闪发亮”，“再就是她那怀有身孕的体形，看来不久就可能到临产期了……”

萧军本来要送完几本书就走的，但是萧红把身子“紧偎在门旁”，怕来人“交了信便出去，而不能得到些消息”。巧的是，萧红刚刚在报纸上看过萧军署名“三郎”的一篇《孤雏》的短篇小说，她谈了对“三郎”文章的一些看法，从这个话题起两个陌生男女开始交流。萧红“很坦率、流畅而快速地述说了她的过去人生历程以及目前的处境”，萧军坐在一旁默默地听着。

按萧军的回忆，直到他“无意间把散落在床上的几张信纸顺手拿过来看了一下”，上面的画和字，以及旁边随手写的小诗把他吸引住了。萧红有些害羞地承认这是她的作品。“一抹淡红的血色竟浮上了她那苍白的双颊。”——若干年后，萧军坦率地跟女儿萧耘谈起了这段感情。萧军把两人的相识归结为“偶然”，诸多的偶然中，最重要的偶然便是读了这首诗：

这边树叶绿了，那边清溪唱着。
——姑娘啊，春天到了。
去年在北平，正是吃着青杏的时候。
今年我的命运，比青杏还酸……

“这时候，我似乎感到世界在变了，季节在变了，人在变了，当时我认为我的思想和感情也在变了……出现在我面前的是我认识过的女性中最美丽的人！也可能是世界上最美丽的人！她初步给予我那一切形象和印象全不见了，全消泯了……在我面前只剩下一颗晶明的、美丽的、可爱的、闪光的灵魂！”

于是，萧军决定“不惜一切牺牲和代价”来拯救“这颗美丽的灵魂”。萧军的举动确实有一种骑士般的浪漫色彩。以萧红那时的情况，“怀着身孕即将临产；花白的长发无血色的脸；一件洗褪了色的蓝布长衫穿在身上，开叉一直撕裂到近乎腰际；赤着双脚趿拉着一双被踩倒了后跟帮的鞋”……就是一首小诗，则让她成了他眼里“最美丽的女人”。

第二天晚上，被一种全新的感情冲击的萧军又来旅馆找萧红。萧军后来在一篇名为《烛心》的文章里，用大胆而炽热的文字记下两人闪电般的结合过程：“……你会说，我们的爱进展得太迅速了！……我们不过是两夜十二个钟点，什么全有了。在他们那认为是爱之历程上不可缺的隆典——我们全有了，轻快而又敏捷，加倍的做过了，并且他们所不能做，不敢做，所不想的，也全被我们做了……做了……”这两个疯狂的年轻人把世俗的一切羁绊都抛在脑后——此时，萧军在家乡已有结婚10年的妻子和年幼的儿子；而萧红，正有7个月的身孕。

对身陷困境的萧红来说，萧军的狂热在她无望的生活中燃起了一道耀眼无比的亮光。于是，她也写下了浓情四溢的小诗《春曲》：

你美好的处子诗人，
来坐在我的身边。
你的腰任意我怎样拥抱，
你的唇任意我怎样吻，
你不敢来我的身边吗？
情人啊！迟早你是逃避不了女人！

这年8月的哈尔滨，雨水格外多。接连几天的暴雨使得全城都陷入惊恐不安中。3日，松花江水冲毁跨江大桥，水离堤岸不及两尺。8日夜间，松花江大堤全线溃决，洪水肆无忌惮地涌入哈尔滨市区。道外十几条街道水高四尺，成了可以行船的人工运河。人们纷纷逃难。东兴顺旅馆也一片狼藉。旅馆老板忙于逃命，自然无暇顾及这个欠下巨额费用的女人了。

萧红等不及老斐他们要趁乱来营救的安排，挺着大肚子，从窗台跨了出去，上了一艘救济船，最后找到了萧军临时借住的老斐的家。张爱玲在《倾城之恋》中说：或许倾覆了一个城池只为成就一个人的爱情。萧军与萧红的爱情故事，也有几分类似的味道。松花江的一场大水，淹没了一个城市，却成就了萧红、萧军的恋情。

小家

从东兴顺旅馆逃出来的萧红，在裴家客厅里安置下来。不过为了减少对裴家人的打扰，也是两个热恋中的人想寻求自己的空间，一有时间，他们就到外面的街上闲逛，到公园里去“坐在大伞下听风声和树叶的叹息”。其情形，萧红在一篇文章中自嘲“就像两条刚被主人收留下的野

1933 年，萧红与友人在哈尔滨道里公园合影。左起：萧红、萧军、金人、舒群、黄之明、老斐、樵夫（萧红文学馆提供）

1932 年秋，萧军陪伴生育后的萧红在道里公园散步（今兆麟公园）（萧红文学馆提供）

狗一样，只是吃饭和睡觉才回到主人家里，其余尽是在街头跑着蹲着”。可是衣食无着的流浪生活和严重的营养缺乏使得萧红的身体开始出现状况。

1932 年 8 月底，在经历了一番痛苦挣扎后，萧红在市立医院的三等产妇室生下了一个女孩儿。这个小生命注定是不被欢迎的，她很快被送给道里公园看门的老头。

1933 年 4 月，萧红把这段经历写成了散文《弃儿》，以“悄吟”的笔名发表。“当芹告诉蓓力孩子给人家抱去了的时候，她刚强的沉毅的眼睛把蓓力给怔住了，他只是安定地听着：‘这回我们没有挂碍了，丢掉一个小孩是有多数小孩要获救的目的达到了，现在当前的问题就是住院费。’蓓力握紧芹的手，他想——芹是个时代的女人，真想得开，一定是我将来忠实的伙伴！他的血在沸腾。”文中的“芹”和“蓓力”就是萧红与萧军。在他们连住院费都付不起、三周后被医院赶出来的情况下，这样的举动也许有不得已的成分，不过他们当时的想法，在我们今天看来，也确实觉得有些特别。弥留之际的萧红想起了这个孩子，她告诉骆宾基：“但愿她在世界上很健康地活着。”

萧红出院后还是回到裴馨园的家里静养。萧红住在这里后，萧军几乎每天都来看望她。“看样子两个人很谈得来，三郎一走，悄吟就又把自己关在房间里捧着本书在那里读，甚至一天一天地也不出房门外去走动走动，也不愿意主动和别人讲话和打招呼。”裴馨园的夫人黄淑英回忆。久而久之，裴家人对萧红有了意见。萧红从医院分娩后不久，黄淑英和萧军因为萧红吵了起来。一气之下，萧军第二天就带着萧红离开了裴家。1932 年 11 月，萧红与萧军住进道里新城大街（今道里尚志大街）俄国人开的欧罗巴旅馆顶层的一间狭小房屋，开始了共同生活。当萧红拖着产后孱弱的身体和萧军到临时租住的旅馆时，被贫困饥饿折磨怕了的萧红，进到房间的第一句话就是：“我拿什么来喂肚子呢？这桌子能吃吗？这被褥能吃吗？”

好在不久萧军就找到了一份当家庭教师的工作，每月 20 元。萧红、萧军从欧罗巴旅馆搬到道里中央大街西侧的商市街 25 号（今道里区红霞街 25 号），终于有了自己的家，她与萧军的新生活也正式开始。因没有固定收入，二人仅靠萧军当家庭教师和借债勉强度日，生活非常困苦，常常萧红是等着萧军在外找到工作带回钱来买一些黑面包吃，租来的房子如同一个冰窟窿般寒冷。

她在《商市街》中，琐琐碎碎、不厌其烦地记下来这些时光，有共患难的快乐：“只要他在我身边，饿也不难忍了，肚痛也轻了。”

像所有的热恋中的男女一样，他们也会为一些莫名其妙的小事吵架：“走路时他走在前面，总比我快一些，他不愿意和我一起走的样子，好像我对事情没有眼光使他讨厌的样子。冲突就这样越来越大。”到了后来，吵架的原因忘了。“只是他生气我，我生气他，真正的目的却丢开了。”有一次，两人又为什么小事吵架，吵到了半夜。“他去买酒喝，我也抢着喝了一半，哭了，两个人都哭了。”

尽管身边有了一个现实的依靠，可是敏感的萧红依然无法摆脱内心那种难以言说的寂寞。因为萧军经常外出工作，“夜间他睡觉醒也不醒转来，我感到非常孤独了！白昼使我对着一些家具默坐，我虽生着嘴也不能言语，我虽生着腿也不能走动，我虽生着手而没有什么做，和一个废人一般，有多么寂寞！连视线都被墙壁截止住，连看一看窗前的麻雀也不能够，什么也不能够。玻璃生满厚厚的和绒毛一般的霜雪，这就是‘家’，没有阳光，没有暖，没有声，没有色，寂寞的家，穷的家，不生茅草荒凉的广场”。

他们在哈尔滨的这段日子更像普契尼的《波西米亚人》里那群流浪艺术家一样的生活，贫苦、快乐。他们有时去游泳，有时去划船，有时去溜冰……他们在哈尔滨的朋友杨范后来回忆，有一次在白俄很多的中国大街上，她见到了二萧。“萧军脖子上系了个黑蝴蝶结，手里拿了个三角琴，边走边弹，萧红穿着花短褂，下着一条女中学生通常穿的黑裙子，脚上却蹬了双萧军的尖头皮鞋，看上去特别引人注目。他们边走边唱，就像流浪艺人一样。”

也是在这段时间，萧红与萧军开始和一些热爱文学的青年接触，萧红在文学上的能力得到挖掘，她开始在报纸上发表文章，这对当时在写作上还缺乏自信的萧红是个极大鼓舞。1933 年底，在舒群等友人的帮助下，她和萧军共同出版了《跋涉》，初露锋芒。

漂泊

在哈尔滨，带有强烈现实主义色彩的《跋涉》很快被查禁，萧红与萧军渐渐觉得身边这个环境不甚安全，不久，他们在哈尔滨的朋友、中共党员舒群“与组织恢复关系”，落户青岛。他向二萧发出邀请。经过一番考量，1934 年 6 月 11 日，萧红与萧军乘火车离开了哈尔滨，经大连乘船到青岛。离开哈尔滨的时候，萧红特别伤感，启程时她“忍不住这从没有落下来的眼泪”。而这一次告别，萧红再也没能踏上自己故乡的这片黑土地。

“二萧”到青岛后，与舒群一家住在观象一路 1 号，萧军在《青岛晨报》任文艺版主编。另一位被请到青岛的文人梅林，也住了进来。也许是因为环境的改善，两个人的情绪变得放松很多。美国学者葛浩文在《萧红评传》里写道：“二萧在山顶上住的一幢公寓，可透过窗子观赏两边海洋的景色，到报社走路只要一刻钟。梅林和二萧一见如故，此后便成为二萧家中的座上常客；他们经常在一起便饭或联袂出游。二萧此段生活比在哈尔滨悠闲得多，乐观的气氛逐渐取代了昔日沮丧的情绪。”

“比较起来，萧红只有在青岛的短短五六个月中享受到了一点人生乐趣。”这句话令人心酸，也是实情。也就是在青岛这段短暂的安宁，萧红在操持家务之余，写了她第一部小说《麦场》——即后来在胡风的建议下改成的《生死场》：“在乡村，人和动物一起忙着生，忙着死……”这一年她仅仅 23 岁。

他们的物质条件没有什么实质性变化，在青岛见过他们的朋友苏菲后来回忆，出门时，他们会轮流穿一件毛线衫。萧红还告诉她：“我们两人只有一条长裤呢！从东北逃出来什么也失掉了！”萧红染上了严重的咳嗽症，她的羸弱与萧军的健壮形成鲜明对比。苏菲回忆，有一次萧军说：“悄吟一天到晚老有病，我就会开大炮、骑马、游水，我是差一天就可在炮兵学堂毕业的！”他一边说，一边把脚步摆成骑马式，“似乎是向我们夸张他的武艺”。

在青岛的安定是短暂的。不久，舒群与其爱人先后被捕，报社也停办。两人不得不寻找下一个漂泊处。在朋友建议下，1934 年 10 月初，像当时很多崇拜大师的文学青年一样，萧军也试着写了封信给鲁迅——这封信里，之前用过三郎、刘钧、田军等诸多名字的东北青年第一次在信末署名里写下“萧军”。

比其他文学青年运气好的是，这样一个几乎是冒昧的举动，竟然打动了鲁迅先生。10月9日，他们就收到鲁迅的回信，继而和朋友们陷入到一片狂喜中。信里的每一句话他们都能倒背如流，正如萧军在半个多世纪后的回忆里所说，这一封信于他们有如“一纸护身符箓”似的意义。

曾经遥不可及的上海在向他们招手。苏菲回忆，有一天，萧红告诉她，他们要去上海找鲁迅，“果然，第二天，他们就动身前往上海”，全部家当是“一条东北带来的毛毯，一件毛线衫”，再加上两卷稿子（后来的《生死场》和《八月的乡村》）。

1934年11月2日，萧红、萧军与梅林一行三人到达上海，租住在拉都路北端杂货店二楼的亭子间里。在这个亭子间里，萧红“披着大衣，流着清鼻涕，时时搓着冷僵的手指”，把萧军修改完毕的《八月的乡村》抄写完毕。

在萧军的不断要求下，11月30日，上海惯常的一个没有太阳的下午，萧军、萧红在北四川路的一家咖啡室内，第一次见到了鲁迅与许广平。许广平后来回忆萧红：“中等身材，白皙，相当健康的体格，具有满洲姑娘特殊的稍稍扁平的后脑，爱笑，无邪的天真，是她的特色。”跟萧军一样，第一次见到萧红的许广平也对她的白发印象深刻，“不相称的过早的白发衬着年轻的面庞”。除此之外，许广平还注意到，萧红很少谈她的身世。

鲁迅与这对热忱的年轻人谈了很多写作的话题。告别时，鲁迅留了一个内装20元的信封，这是萧军以前在信中向他求助借的钱。可是回程的车钱也没有，他们又如实告诉了先生，鲁迅又从衣袋里掏出了铜板和大大小小的银角子，轻轻放在桌上……此番借钱带来的痛楚折腾了萧军几十年。“尽管后来朋友寄来一笔钱把这笔欠债还补了，但留在我心上的感念的创痛，直到今天它们还在隐隐作痛着！”

第一次见面后，鲁迅先生开始对这两个年轻人显示出接纳态度。12月18日，他们又在欣喜若狂中接到来自鲁迅的邀请，萧红在最短时间内将两人拾掇一番。第二天下午，在梁园豫菜馆，鲁迅先生请客，他特意将萧红、萧军介绍给茅盾、聂绀弩、叶紫等左翼作家。这些人后来都成为萧红的好朋友，对她的创作和生活产生一定的影响。“在归家的路上，我和萧红彼此挽着胳臂，行走在大街和小巷，脚步轻快，飘飘然，此刻感到我们是这世界上最幸福的人了！”

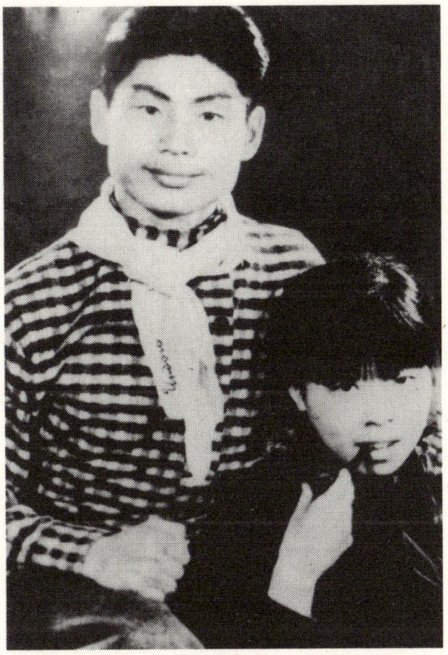

1935年春，萧军穿着新衣与萧红在法租界万氏照相馆留影

依恋

有了鲁迅的提携，萧军与萧红的作品陆续发表在各种刊物上。1935年12月，萧红的中篇小说《生死场》以“奴隶丛书”的名义在上海出版，这是她以“萧红”为笔名发表的第一部作品。鲁迅为之作序，胡风为其写后记，在文坛上引起巨大的轰动和强烈的反响，萧红也因此一举成名。萧军与萧红的名字逐渐被上海文坛接受，但是比较起来，萧红受到的赞扬更多，对她的期待也更大一些。“当《生死场》出版时，正是萧红一生中情绪最巅峰的时期，在当时她和她周围的人都认为她前途较以往任何时期更有可为。”学者葛浩文说。

“每逢和朋友谈，总听到鲁迅先生的推荐，认为在写作前途上看起来，萧红先生是更有希望的。”许广平在《追忆萧红》一文中提道。1936年初，美国记者史沫特莱回忆说：鲁迅亲自向她推荐萧红的小说《生死场》，称“是当代女作家所写最有力的小说之一”。鲁迅更是下了这样的断语：“她是我们女作家中最有希望的一位，她很可能取丁玲的地位而代之，就像丁玲取代冰心一样。”

胡风曾对萧军直接表述过这样的观点：“她在创作才能上可比你高，她写的都是生活，她的人物是从生活里提炼出来的，活的。不管是悲是喜都能使我们产生共鸣，好像我们都很熟悉似的。而你可能写得比她的深刻，但常常是没有她的动人。你是以用功和刻苦，达到艺术的高度，而她可是凭个人的天才和感觉在创作……”按照这样的说法，萧军是学胜于才，而萧红是才高于学。

1936年，萧军与萧红搬到北四川路永乐里的一个亭子间，离鲁迅寓所更近。萧红自己说，从那时起，一连好几个月“每夜饭后必到大陆新村来了，几乎没有间断的时候”。萧红几乎成了鲁迅家人一样，而根本不是客人。许广平记得，萧红做的饺子很好吃，做面食也很拿手。“如果有一个安定的、相当合适的家庭，使萧红先生主持家政，我相信她会弄得很体贴的。”

此时的萧红与萧军成为鲁迅忠实的“内围分子”，在文坛上，他们与鲁迅“同仇敌忾”，也深得鲁迅的信任——当时谁都没有意识到，鲁迅先生此时已是生命的最后阶段。不过，萧军和萧红虽然都与鲁迅先生关系亲密，但细究起来，他们与导师之间的关系，却又截然不同。“萧军是个性情易变、热情洋溢的革命爱国知识分子；在意识形态上，他全心全意地投入鲁迅所从事的思想斗争中。相反地，萧红却安于传统中国女性的角色，她从鲁迅身上找到了她所渴望已久的情感上的安全感。”最早研究萧红的美国学者葛浩文说。

萧红说：“只有鲁迅才安慰着两个漂泊的灵魂。”鲁迅去世后，萧红写了长达一万多字的《回忆鲁迅先生》，写了两人交往的很多细节。

其中提到，有一次，萧红去赴一个宴会，她找许广平帮她挑选束头发的绸子，选好后，许广平又把一条并不适合萧红的桃红绸带比画给鲁迅看，鲁迅立刻沉下脸说：不要那样装饰她——诸如此类的细节，加上许广平先生后来的一些抱怨之辞，也一度引发她与鲁迅关系的无聊揣测与想象。

萧红这篇文章当时遭到萧军的嘲笑，在他看来，这篇文字过于平淡和琐碎，和鲁迅先生的伟大不相称，然而时间是最好的证明，萧红的《回忆鲁迅先生》被一些研究者认为是所有回忆鲁迅文字中最感人的，甚至比许广平写得还要好。它是一种任凭心绪召唤的诗性文字，是一种理性中夹杂着情绪性的文字，是一种打破了男性叙事结构的独具女性表达风格的文字。比如开头即是这样的鲜活："鲁迅先生的笑声是明朗的，是从心里的欢喜。若有人说了什么可笑的话，鲁迅先生笑得连烟卷都拿不住了，常常是笑得咳嗽起来。"

其实透过萧红的文字可以看出，鲁迅先生在她心目中，扮演了一个长期缺位的父亲的角色。学者郝庆军认为："父亲一直是萧红心头的一块阴影，像烙铁一样，不时地烙在她不太坚实的心上。父亲不但没有给她带来爱的温暖，反而给她永久的创伤，这就不难解释萧红的过分的自尊中包含着深深的自卑；她以狂放和决绝，以走极端的方式企图弥补生命中先天不足带来的失衡。"父亲对女儿的重要性为历来的心理学家所重视，比如著名的西方女权主义者西蒙·波伏娃就曾说过："如果父亲对女儿表示喜爱，她就会觉得她的生存得到了极雄辩的证明；她会具有其他女孩子难以具有的所有的种种优点；她会实现自我并受到崇拜。如果女儿没有得到父爱，她可能会以后永远觉得自己是有罪的，该受惩罚的；或者，她可能会到别的地方寻求对自己的评价，对父亲采取冷漠甚至敌对的态度。她可能一生都在寻求那失去的充实和宁静状态。"

萧红缺少父母之爱的童年以及被父亲放逐的经历更让她渴求男性家园的庇护，她说："我就向着这'温暖'和'爱'的方面，怀着永久的憧憬和追求。"一方面是惧父、厌父，另一方面在内心深处却又渴望父爱，这从她后来和鲁迅的交往中便可以看出。她在鲁迅身上找到了她多年寻求的梦想特质——睿智和热忱，这是一个理想父亲的典型，鲁迅也在不知不觉中充当了这个角色。1935 年他给二萧的最后一封信中说："我不大希罕亲笔签名制版之类，觉得这有些孩子气，不过悄吟太太既然热心于此，就写了附上，写得太大，制版时可以缩小的。这位太太，到上海以后，好像体格高了一点，两条辫子也长了一点了，然而孩子气不改，真是无可奈何。"

萧红 31 岁病逝于香港的时候，不要求埋葬在任何一个和她相爱过的男人身边，也不要求回到家乡，她唯愿葬在鲁迅先生坟墓旁。她说："死后要葬在鲁迅先生墓旁，现在办不到，将来要为我办。"

裂痕

《生死场》与《八月的乡村》的出版，使他们成了上海滩的新秀。"这时上海文坛向他们敞开了大门，不但许多刊物向他们约稿，有的还拉他们做台柱儿。所以在金钱和名誉方面是双丰收的。"胡风的夫人梅志回忆。那一段萧红的心情很好。梅志回忆，有一次一位新创刊的刊物主编邀请圈内人吃饭，席间，萧红情绪高昂，还说了很多自己的主张和想法，踌躇满志。"这一段时期她可以说过得既丰富又热烈，有许多新朋友像捧角儿似地捧着他们，使他们都有点飘飘然了。"

"这时生活好了，不用发愁了，同时也滋生了高傲情绪。尤其是在他们夫妇之间，我感到反而没有患难与共时那么融洽那么相爱了。"胡风说。有一副浪漫心肠的萧军，自然不会缺少爱的目标。不但如此，萧军理直气壮地宣告自己的爱情哲学是"爱便爱，不爱便丢开"，他不断有新的感情绯闻，让萧红感到无比痛苦。她只有把心中的失望和无助写成诗句。1936 年夏天，她写下她生前从未公开发表的组诗《苦杯》，里面一览无余地承载着她的幽怨和苦楚。"带着颜色的情诗，一只一只是写给她的，像三年前他写给我的一样。也许人人都是一样！也许情诗再过三年他又写给另外一个姑娘！”“我不是少女，我没有红唇了，我穿的是从厨房带来的油污的衣裳。为生活而流浪，我更没有少女美的心肠。”“昨夜他又写了一只诗，我也写了一只诗，他是写给他新的情人的，我是写给我悲哀的心的。”“已经不爱我了吧！尚与我日日争吵，我的心潮破碎了，他分明知道，他又在我浸着毒一般痛苦的心上，时时踢打。”

不知道是否因为内心的痛苦，这段时间萧红喜欢沉浸在香烟缭绕的世界。萧红去世后，她在上海时期结识的朋友张琳回忆，在上海法租界一间东北作家集群居住的屋子里结识了萧红。“她的脸色很黄，样子也很憔悴”，以至于张琳当时私下里认为萧红有吸鸦片的恶好，后来才知道她并不吸鸦片，“但对烟卷却有大癖”。聚会那天，她便看见萧红“烟不离手”。

她的情绪无处排泄，而鲁迅的寓所成了她在上海不多的可感受到温暖的地方。于是，她便成了那里的常客。“我不得不用最大的努力留出时间在楼下客厅陪萧红女士长谈。她有时谈得很开心，更多的是勉强谈话而强烈的哀愁，时常侵袭上来，像用纸包着水，总没法不叫它渗出来。自然萧红女士也常用力克制，却转像加热在水壶上，反而在壶外面满都是水点，一些也遮不住。”许广平回忆。

许广平在《追忆萧红》中，对故去的萧红颇有幽怨：“有一个时期，烦闷、失望、哀愁笼罩了她整个的生命力，然后她还能振作一时，替萧军先生整理、抄写文稿。有时又诉说她头痛得厉害，身体也衰弱，面色苍白，一望而知是贫血的样子。这时过从很密，差不多鲁迅先生也时常生病，身体本来不大好。萧红先生无法摆脱她的伤感，每每整天地耽搁在我们寓里。为了减轻鲁迅先生整天陪客的辛劳，不得不由我独自和她在客室谈话，因而对鲁迅先生的照料就不能兼顾，往往弄得我不知所措。”

那时候的萧红也许太需要安慰，以至于对方的真情实感都被她忽略了。梅志也回忆，1936年夏天的某日，她去鲁迅家时许广平向她诉苦：“萧红又在前厅……她天天来一坐就是半天，我哪来时间陪她，只好叫海婴去陪她，我知道，她也苦恼得很……她痛苦，她寂寞，没地方去就跑这儿来，我能向她表示不高兴、不欢迎吗？唉！真没办法。”

也是为了解脱两人关系的困境，萧红与萧军商定，一个去日本，一个去青岛，“暂时以一年为期，那时再到上海来聚合”。1936年7月16日萧红登上了东渡的轮船。前一天，鲁迅夫妇特地为她饯行，他们谁都不会想到，这竟是最后一面。

到了日本，萧红借住在好友黄源的夫人许粤华那里，她穿上了新衣，还烫了头发，也许是想彻底改变自己。在这期间她也写了不少文字，可是语言不通，朋友也不多，她又开始感觉到寂寞孤独。“我没有家，我连家乡都没有，更失去朋友，只有一个他。”如此心境之下，萧军又成了她唯一的感情寄托。也许是拉开了的距离使得她又回忆起对方的种种好来，给萧军的信里她像一个温柔的妻子一样，关心他的衣食、他的健康，甚至提醒他不要睡硬枕头，以免伤害脑神经……事无巨细。

可是，留在国内的萧军却并不宁静。像他当时轰轰烈烈、惊天动地地一下子爱上萧红一样，这一次他又与一位知识女性一见钟情。更令人尴尬又纠结的是，对方竟然是他与萧红共同的好友黄源的妻子许粤华，而萧红在日本借住的正是许粤华的房子。许粤华在萧红去日本一个月后就回国了，与萧军擦出火花。一种说法是许粤华还怀上了萧军的孩子。

萧军在晚年承认说：“那是她在日本期间，由于某种偶然的际遇，我曾经和某君有过一段短时期感情上的纠葛——所谓‘恋爱’——但是我和对方全清楚意识到为了道义上的考虑彼此没有结合的可能。为了要结束这种‘无结果的恋爱’，我们彼此同意促使萧红由日本马上回来。这种‘结束’，也并不能说彼此没有痛苦的！”

萧军在信中向萧红坦陈了自己的隐情，希望她能够谅解他，早点回国。萧红对此表示出异乎寻常的理解宽容，她说，发生在男女之间的爱情，只要是真诚的，哪怕带着点“罪恶”，哪怕对她构成了侵犯，她也是可以接受的——也许理智上她的确是这样想的，可是情感上，她还是无法抑制那种深入骨髓的痛。这期间她写了很多长短句，后来它们被整理成34首，以《沙粒》为题发表。“此刻若问我什么最可怕？我说：泛滥了的情感最可怕。”“什么最痛苦，说不出的痛苦最痛苦。”这也是萧红把心灵的伤痛再一次公之于众。

现在看来，萧红的情感模式也有些让人难以理解：当年她可以颠覆家长对子女的控制，却无法解除自身在情感上对男性的过分依恋，情感生活的波动几乎左右了自己的全部身心。透过作品可以看出，萧红对于女性命运已有朦胧思考，她警惕地审视着自己作为男性萧军的“附属品”的属性，却又走不出对男性归属期待的感情怪圈。这是她的悖论。

痛苦中，又一轮更大的痛苦袭来。某一天，她在日本报纸铺天盖地的报道中得知鲁迅去世的消息。她无法忍住自己的眼泪。鲁迅的死讯折磨着萧红，一个月里她不断地发烧，嘴唇全烧破了，一块一块的。1937年元旦一过，萧红悄然坐上了从横滨开往祖国的邮船，从她生命中又一次逃离的旅途中回归。

暗流

回国安顿下来以后，萧红的第一件事，就是去拜谒鲁迅墓。她后来写了拜墓的诗：“……/ 我哭着你，/ 不是哭你，而是哭着正义。/ 你的死，总觉得是带走了正义，/ 虽然正义并没有能被人带走……”正如学者林贤治所言：在纪念鲁迅的大量文字中，多的是“国家”、“民族”、“大众”之类的大词，像“正义”这样一个伦理学的用语，大概只有出现在萧红这里。对于鲁迅，她有着独特的理解，也有着独特的感受。

回到上海后，她立即与萧军会面，两个人搬进法租界居住。此时两人关系有所缓和。他们与日本友人鹿地亘及其夫人池田幸子结成挚友，又与东北旧友孙陵夫妇异地重逢，往来频繁。孙陵后来回忆，萧红当时神采飞扬，兴致甚高。而这段时间，萧红与自己的亲弟弟张秀珂在上海的来往也多了起来。

回国后，萧红的一头烫发又变成了平顺的短发，穿着也十分朴素，完全回到了从前的样子，但是，她在文坛的地位可跟从前大不相同了。许多刊物向她约稿，许多活动请她参加，显然，她和萧军已经进入了名作家的行列。开始时，她努力振作，心情应当说是很不坏的，在梅志看来，甚至比刚到上海时还要好。

也许在萧红的意识里，她和萧军的关系经过一段时间的冷处理，可以重新开始。可后来的结果还是让她失望。萧军与胡风等人热衷于左派文人活动，根本无暇顾及萧红。另一方面，许粤华虽然与萧军分手，又回到黄源身边，但是作为朋友，他们四人还时常见面，萧红的心里总是五味杂陈，和萧军的矛盾又多了一重。两人又回到了过去的那种恶性循环，不仅冲突不断而且升级为直接的拳脚相向。

梅志和靳以都回忆了这样一件事：一次聚会上，大家发现萧红的左眼青紫了一大块，于是忍不住问她发生了什么事。萧红轻描淡写地说，是黑夜看不见，自己不小心碰到了硬物。可是坐在一旁的萧军却毫不留情面地讥讽她说："什么跌伤的，别不要脸了！""我昨天喝了点酒，借点酒气我就打她一拳，就把她的眼睛打青了！"言语间，甚至有点洋洋自得。萧红虽还是微笑着否认，但是眼睛里已经蓄满泪水。靳以在萧红去世后写的文章回忆这一幕，还难免心中悲愤："从前那个叫作 S（萧军）的人，是不断地给她身体上的折磨，像那些没有知识的人一样，要捶打妻子的。"

更让萧红难以接受的，或许是她与萧军之间精神上的不平等。当年是萧军把她救了出来，是萧军，让她从一个被命运嘲笑的孕妇，蜕变成收获一定名声与尊严的女作家。可是也许正因为此，萧军在潜意识里一直对她有一种优越感，他经常在朋友面前公然表示对她作品的不屑。而敏感的萧红感觉到，对她这种居高临下的心态也在他的朋友们之间无形地蔓延。

骆宾基在《萧红小传》里提到这样一个小插曲：有一次，她躺在床上还没有睡着的时候，听到萧军及 H 夫妇、S 诸人的谈话。萧军说："她的散文有什么好呢？”他的朋友说：“结构却也不坚实！”“这轻鄙的口气，在她看来，是表现着萧军和他的朋友结为一体而与她对立。”萧红的出现，让萧军和他的朋友们有些尴尬。作为一种无声的抗议，她带着简单的衣物，在黎明时分，悄然出走。第三天，萧军的朋友们找到了她，于是“萧红像俘虏一样地被带回来了”。其实即便不被带回来，她又能选择什么样的路呢？——这些细节应该是萧红后来在病床前跟骆宾基讲述的，可见她介意之深。

不知是否是逃避，1937 年 4 月，萧红一个人坐火车到北平小住一段时间。期间，她与老友李洁吾、舒群见面。她仍然为与萧军的感情苦恼。萧军也给她写了很多信，其中有这样的一段话：“你是这世界上真正认识我和真正爱我的人！也正为了这样，也是我自己痛苦的源泉，也是你的痛苦源泉。可是我们不能够允许痛苦永久地啮咬我们，所以要寻求各种解决的法子。”可是“解决的法子”是什么？他们也找不到。

回到上海后的萧红与萧军的关系有所好转。但是一个国家的灾难又降临了。上海沦陷后，9 月 28 日，萧红、萧军与上海的一些文化人撤往武汉。经朋友介绍，他们结识了青年诗人蒋锡金，住进他在武昌水陆前街小金龙巷的房子。

小金龙巷是一条僻静的小巷，萧军与萧红所住的 21 号，是两间青砖瓦房，带一个小院子，院中有棵梧桐树。他们和蒋锡金很快成了朋友。蒋家也是《七月》杂志社社址，所以蒋家成了形形色色作家们的客栈。萧红、萧军与从东北各地流亡到武汉的舒群、白朗、罗烽、孔罗荪等青年作家，也在武汉形成一个很有影响的东北作家群。

这时，他们的身边多了一位加入者。“过了不久，记得《七月》已经创刊，我们的住处来了一位西装长筒靴的年轻人，留着很长的鬓角，脑后的长发几乎盖住脖子，颜容憔悴，举止羞涩，模样很像现在所谓的‘八十年代青年’；不过，那身西装是当时的流行式样，填了很高的肩，几乎两肩都平了，所以我们开玩笑，叫他‘一字平肩王’。我给他取了四个音的好像是西班牙文的名字叫 Domohoro，但平时为了省便，只叫他

Domo。”蒋锡金回忆。

这位有点特别的年轻人叫端木蕻良，也来自东北。端木本名曹京平，辽宁省昌图县人，他比萧军小五岁，比萧红小一岁。1931年，他因在南开中学领导“学运”而被开除；1932年春，他曾有短暂的从军史，后来考入清华大学历史系，并加入北平“左联”。1935年参加“一二·九”运动，1936年初南下上海，后又转到武汉，加入《七月》编辑部。他也住进小金龙巷，与萧军、萧红做起了邻居。因为都是东北老乡，也都是文人，端木与萧红夫妇一开始就相处得不错。据锡金回忆文章所写的情况看，四人在一起就像兄弟姐妹，又像同志会，同吃同住，关系融洽而随便，经常讨论文学创作、时势发展，扬言要组织宣传队、开办饭馆等，四个年轻人经常又笑又唱又说又闹，把房顶都快掀掉了。

不过他们之间的关系也在发生着微妙变化。端木对萧红作品的认可和赞许大大超过萧军。所以在探讨问题和争论观点时，端木和萧红反倒常常一致。晚年端木告诉学者葛浩文：“我觉得萧红的见解、情感和我还接近，与萧军就越来越远，好像语言也不相通。”客观地说，端木的家庭出身、清华大学的教育背景，以及他个人的修养和趣味，都与萧军迥然有异。尽管端木生前对旧事甚少提及，但后来在回忆中也毫不掩饰对萧军当年举止与谈吐“庸俗”的评价，对萧军沾沾自喜的旧体诗，他也认为格调不高。

“当二萧到达武昌时，他们之间的关系到了几乎不能再支撑的地步，萧军还是习惯于当众表示对萧红的不屑。”葛浩文在《萧红评传》里说。不过这一次，情形有所变化：她有了一个仰慕她并且可以保护她的人，“端木蕻良对萧红有意，但萧红名气比他大，因此她与端木之间的关系上竟占了以往享受不到的上风”。

后来的《萧红小传》里也说，因为有端木这个“凭借”，她对萧军的冷淡开始反抗。“他（端木）不只是尊敬她，而且大胆地赞美她的作品超过了萧军的成就。”这一点无疑对萧红是最被打动的一点，它回击了萧军一贯对她的轻蔑。“她周围从来没有一个朋友对她表示的独特的友谊，像T所表现得这样‘坦白’而‘直率’。”

于是，一种无形的东西在三个人之间滋生着，萧军一定也感觉到了，端木在对葛浩文所做的回忆里也提及，萧军经常在他和萧红面前说些旁敲侧击、阴阳怪气的话。端木认为那时自己别无杂念，因而萧军的举动有些莫名其妙。这一段情感，或许正如《萧红小传》里写的那样：“1937年冬天，在两萧间埋着一种感情移动的潜流，然而却还平静地过去了。”

“诀别”

1938年1月，萧红、萧军和聂绀弩、艾青、田间、端木蕻良等人应民族大学副校长李公朴之邀，离开武汉到山西临汾民族大学任教。恰巧丁玲这时率西北战地服务团也来到了临汾。尽管萧红与丁玲在思想、情感和性格上都有较大差异，彼此却一见如故，她们每天在一起尽情地唱歌，有时也在一起痛饮，每夜都要聊到很晚才睡。

2月底，日机开始轰炸临汾。局势逆转，人员开始四散。民族革命大学全体迁到延安，丁玲的西北战地服务团奉命向西安方向靠拢，先到运城待命。聂绀弩、艾青和端木也准备随丁玲他们去运城。萧军最初想去洛川，但萧红不同意；萧红想跟丁玲走，萧军则表示要留下。两人又一次争吵，只是这一次，他们可能心里都明白，走了6年的感情就要走到尽头了。

在临汾分别的那个晚上，萧军单独和聂绀弩在月台上边踱步边交流。萧军告诉聂绀弩，他打算去五台，但是求聂不要告诉萧红，萧军又嘱咐聂绀弩多照顾萧红，“她在处世方面，简直什么也不懂，很容易吃亏上当的”。面对聂绀弩的困惑，萧军回答说：“她单纯、淳厚、倔强、有才能，我爱她，但她不是妻子，尤其不是我的！”聂绀弩被这明显的分手之意惊了一下。萧军后来也说，在临汾分别的时候，他就与萧红做了这样的“约定”：“我们分别以后，万一我不死，我们还有再见的一天，那时候你如果没有别人，我也没有别人，如果双方同意，我们还可以共同生活下去……如果不是这样，那就各走各的路吧！”

虽然两人都萌生了分别的念头，但毕竟多年感情。当火车开出临汾车站时，萧红俯向车窗口，“默然地注望着孤独地站在月台上的萧军”，眼睛不由湿润起来，然而“最后还是转过脸去”。这里已经有她的新的同行者。

萧红一帮人马跟着丁玲的剧团到了西安。曹革成《我的婶婶萧红》一书里还提到这样一个小插曲。在一次观看西战团演出中，丁玲把萧红找了出去，告诉萧红她与小她 13 岁的年轻团员陈明恋爱的秘密。延安的领导得知后，要她回去“述职”。不知内情的聂绀弩想跟丁玲去延安，又要拉着萧红一起走，但萧红一直没有答应。

此时的萧红应该已经下定了与萧军分手的决心。在西安的街头，她对聂绀弩吐露了与萧军之间的烦恼：“我爱萧军，今天还爱，他是优秀的小说家，在思想上是同志，又一同在患难中挣扎过来的！可是做他的妻子却太痛苦了！我不知你们男子为什么那样大的脾气，为什么要拿自己的妻子做出气包，为什么要对妻子不忠实！忍受屈辱，已经太久了……”她把与萧军过往的一些经历向聂绀弩和盘托出，包括“萧军在上海和别人谈恋爱的经过”，联想起之前萧军在临汾分别时说的话，他才意识到两个人在那时其实已经是最后的告别。

见劝说无效，丁玲与聂绀弩只好决心离开西安向延安出发。可是聂绀弩还不死心，就在临走的最后一刻，聂绀弩还把萧红的一卷东西放到了车上，“企望能拉她同去延安”。结果，她还是拒绝。聂绀弩与丁玲离开后，萧红与端木留在西安。端木经常带着她去看西安的古迹，也去碑林，跟她讨论书法、诗词。此时的萧红应该是愉快的。

没想到，两周后，聂绀弩与丁玲从延安又回到西安，而且又多了一个萧军。原来萧军在去五台的中途折到延安，他们又碰到一起。聂绀弩回忆，回到原来住的院子里，丁玲的团员一看到他们就高兴地喊道：“主任回来了！”萧红和端木一同从丁玲的房里走出来，“一见萧军，两个人都愣了一下”，穿着马靴的端木和斜戴着帽子的萧军拥抱，但神色尴尬。

萧红显然意识到摊牌的时刻已经到了。于是，她向萧军警告：“若是你还尊重我，那么你对T也须要尊重。我只有这一话，别的不要谈了。”“萧红匆匆地离开了，愉快地走向丁玲的房里去了。”萧红与丁玲仍然继续着她们的友谊。

关于分手的一幕，萧军后来是这样回忆的：“正在我洗除着头脸上沾满的尘土，萧红在一边微笑着向我说：‘三郎——咱们永远分开吧！’‘好。’我一面擦洗着头脸，一面平静地回答着她说。接着很快她就走出去了……这时屋子里，似乎另外还有几个什么人，但当时的气氛是很宁静的，没有谁说一句话。”

萧军也承认，虽然他也想过分手这个结果，但是没有想到这么快，而且是萧红提出来的。根据《萧红小传》的记载，萧军似乎还想尝试能否与萧红重归于好。他几次约她谈话，萧红回应，到外面散步也可以，只是“不能就单独地我们两个人”。只要她去，那么必定要约上端木陪同，始终不给萧军单独谈话的机会。看得出，这一次萧红的决心非常大。不久，萧红因为剧本的事情致信胡风，有意味的是，信的最后署名是“萧红端木”。这是用她的方式宣告自己的新选择。

与萧军分手的时候，萧红已怀上和他的孩子。用我们现在的眼光来看有些难以理解的是，这既没有成为她与萧军毅然斩断情丝的障碍，也没有成为端木接纳她的顾虑。其实萧红的经历并非个案，当年怀着张中行孩子的杨沫，重新改嫁给“老鬼”的父亲马建民。从某种意义上讲，大概也反映了那个年代一些知识分子的某些“新思想”吧。

疏远

1938年4月，身怀六甲的萧红与端木蕻良一同去了武汉。5月下旬，端木与萧红在汉口大同酒家举行婚礼。结婚那天，端木穿一身西装，萧红穿着旗袍。这在战火纷飞的年代里也显得有些特别。主持婚礼的是胡风，他提议新人谈谈恋爱经过，萧红说了如下一段话：“张兄，掏肝剖肺地说，我和端木蕻良没有什么罗曼蒂克的恋爱史。是我在决定同三郎永远分开的时候我才发现了端木蕻良。我对端木蕻良没有什么过高的要求，我只想过正常的老百姓式的夫妻生活。没有争吵、没有打闹、没有不忠、没有讥笑，有的只是互相谅解、爱护、体贴。我深深感到，像我眼前这种状况的人，还要什么名分。可是端木却做了牺牲，就这一点我就感到十分满足了。”

端木的夫人钟耀群后来写道：“当时，端木和萧红并不想为婚礼来个大大的操办，只是想在亲友面前表明一下他俩的关系。端木从来的观点是，两人既要在一起共同生活，那就首先应该结婚，明确关系。”端木的家人起初都反对他的选择，他们不理解自己家这个才华出众的老小，为什么一定要娶这样一个年龄比自己大、又怀着别人孩子的女性。他们更看不出这个容颜憔悴的女子哪里动人，觉得端木一定是昏了头。但端木坚持了自己的意见。

37 年后——1985 年 5 月，已过古稀之年的端木，应邀前往武汉参加黄鹤楼笔会，期间他专门抽出时间和夫人钟耀群一起，在当地朋友陪同下，重访汉口的“大同酒家”。“当费了九牛二虎之力终于找到，端木拄着手杖，迫不及待地爬上二楼楼梯口，巡视楼上情景时，我看到他不顾喘息、百感交集的含泪目光。”钟耀群后来把这一幕写在《端木与萧红》的序言里。

虽然端木在萧红死后这些年里一直承受着诸多指责，但是平心而论，此时的端木还是付出一番真情的。颠沛流离中，还有什么能比这种细水长流的平静更打动萧红的心吗？不过与当年这番颇具男人气概的举动相比，晚年的端木在回忆这段往事时用各种“明示”与“暗示”，表示当年一切都是萧红主动的，这样的文字让人看起来多少有些令人沮丧。

像端木没有收到家人的祝福一样，因为在武汉的朋友大部分也是萧军的朋友，于是毫不意外的，萧红与端木的感情并没有得到他们的祝福，萧红也没有得到她的朋友们的理解和祝福。萧红起先也为自己的选择辩解。骆宾基在《萧红小传》里有这样一番对话。朋友：“你离开萧军，朋友们是并不反对的，可是你不能一个人独立地生活吗？”“我为什么一定要一个人独立地生活？因为我是女人吗？”她又说，“我是不管朋友们有什么意见的，我不能为朋友们理想的方式去生活……我有自己的方式！”

“朋友们理想的方式”是什么呢？现在再细细品味这句话，不禁可以看出很多意味。萧军、萧红不和，几次欲离难离，朋友圈里众所周知。他们也知道萧军曾对她使用过的暴力、对她的不屑和背叛，可是为什么还是希望他们在一起？即便是时隔几十年后，几位当事人的回忆仍然能看出他们对萧红放弃这段感情的遗憾，而他们又明明知道她和他在一起时的痛苦。

也许在一些人眼里，“二萧”已成为一个天然的政治符号，他们是东北流亡作家，又是被左翼旗手鲁迅一手挖掘出来的。如果他们不分开，可以更加增强左翼文化的影响力。所以才有了聂绀弩在她选择端木时的含蓄教导：“萧红，你是《生死场》的作者，是《商市街》的作者，你要想到自己文学上的地位，你要向上飞，飞得越高越远越好……”聂绀弩曾一直对萧红在上海时烫头发穿旗袍一事非常反感，在他的想象中，萧红应该是一个叱咤风云的新女性，是一个上战场的“花木兰”，他所认定的萧红，已经是在众人对《生死场》的凝视过程中，形成的一种“抗日作家”符号的萧红。

而另一位萧红 18 岁认识的好友高原，刚从延安归来，“对她与萧军兄的离婚，我是有怨言的”。所以在武汉碰见了寄住在文协总会过道上的萧红，他便直截了当地“批评她在处理自己的生活问题上，太轻率了，不注意政治影响，不考虑后果，犯了不可挽回的严重错误”。萧红听了不服气，说：“你从延安回来，学会了几句政治术语就训人。”也许在那个时代背景下，“二萧”的存在，符合一种更大的政治话语的需要，因而他们的分手，也绝非只是两三人之间的小情小爱。

萧红当然不会感受不到这种压力。但是当年的她以那样的一种方式反抗父权，现在她自然不愿意再屈服于另一种权力话语，不管它是以什么宏大的主题包裹的。如果说萧红有什么主义，她就是“个人主义”、“个性主义”，如果没有这样的心灵，也不会有《呼兰河传》里这样的文字：“黄瓜愿意开一个谎花，就开一个谎花，愿意结一个黄瓜，就结一个黄瓜。若都不愿意，就是一个黄瓜也不结，一朵花也不开，也没有人问它。”

虽然萧红与萧军都被列为“左翼作家”，但实际上萧红并不热衷于政治，这一点，与萧军恰恰相反。她身上的某些气质又明显和他们不一样。1938 年 4 月，在《七月》编辑部召开的一次座谈会上，当多数人在争论是否应该上战场的时候，萧红却明确表示：“作家不是属于某个阶级的，作家是属于人类的。现在或是过去，作家的写作的出发点是对着人类的愚昧。”舒群后来对萧红这样评价：“萧红的态度是一向愿意做一名无党无派的民主人士，她对政治斗争十分外行，在党派斗争的问题上，她总是同情失败的弱者，她一生始终不渝地崇拜的政治家只有孙中山先生。”

舒群曾想劝说萧红去延安，但她很坚决地不肯去。“唯一的理由是她受够了穷苦，害怕再过流浪的生活，想找一个能平静过日子的环境，她需要安慰，需要家庭，需要温暖！她不知道往哪里去找，最后找到了端木蕻良。冷酷的生活吓坏了萧红，她不想再过从前那些痛苦的日子了。当她不想同生活作斗争的时候，她就变得软弱起来。”“一旦她告别斗争，她的生活天地渐小，寂寞和感伤包围了她，甚至不去拥抱抗日战争那个伟大的时代了。”

1938 年夏，日军迫近武汉三镇。端木想去做战地记者，但未能如愿。8 月，端木与梅林、罗烽坐小船去了重庆，留下了大腹便便的萧红。此事后来成了人们指责端木蕻良有愧于萧红的“罪证”之一。数年后，一直追逐着萧红足迹的美国著名汉学家葛浩文先生，当面指责端木蕻良辜负了萧红时，端木突然痛哭失声。而端木的第二任妻子钟耀群在《端木与萧红》里解释说，萧红认为票太紧张，她一个人挺着大肚子先到重庆，人生地不熟也不合适，所以她想让端木先走去找落脚之地，自己可以与田汉的夫人安娥一起搭伴走。端木起初不同意，要留下来照顾她。但萧红“又急又气”，然后“果断地从桌上拿起一张船票”，让端木和罗烽坐船先走。

不过，正是因为她没有像丁玲或杨沫这样的女作家那样，热切地投身政治话题从而寻找到自我救赎之路，萧红只能把一次又一次的期望投入到对男性的感情关系中，从而一次又一次被伤害。一位传记作家这样中肯地评价萧红：“萧红自小缺乏爱，因此对爱的渴望是相当强烈的。当她懂事后，只要有人对她稍稍有爱的表示，她就会盲目地付出比对方多十倍的爱，她要在别人身上追回童年失去的爱，她要得到爱的补偿。但可悲是，她不知道对方是否具有与她同样的爱的渴求，这就使她在以后的感情世界里连连受到挫伤，而不能自拔。”不过正如学者葛浩文所说的那样：“萧红确是一位富有感情的人；她这些感情，在她生活上，固然是她的悲剧根源之一，但在她的文学作品中，竟是最具撼动力的一面。”

一个人

1938年9月，萧红在冯乃超夫人李声韵的陪伴下，离开武汉去重庆。经宜昌时，她在码头上跌了一跤，半天没能起来。当时她怀有九个月身孕。“她躺在那里，那是她从来没有感到过的一种平静，四周围是没有什么人的，她坦静地望着天上的稀疏的星星”，想挣扎着起来，又一次次失败。“算了吧，死掉又有什么呢？生命又算什么呢！死掉了也未见得世界上就缺少我一个人吧……”生命最后阶段的萧红回忆这一段时又对骆宾基说：“然而就这样死掉，心里有些不甘似的，总像我和世界上还有一点什么牵连似的，我还有些东西没有拿出来。”最后，她借着一个赶船人的扶助站了起来。

9月中旬，到了重庆。一见面她就向梅林说：“我总是一个人走路。以前在东北，到了上海以后去日本，又从日本回来，现在到重庆，都是我自己一个人走；我好像命定要一个人走似的……”语气说不出是悲凉还是悲愤。

他们在重庆先住在歌乐山的云顶寺，端木后来回忆，“山上有清风，楼下有莲池，倒也安静”。不久，萧红又和端木搬到沙坪坝复旦大学的临时校舍。北碚是重庆一带风景优美的地方，此后数月成了萧红写作生涯中创作最丰富的时期之一，她写了好几篇自传体裁的小说，《呼兰河传》的初稿也是在重庆完成的。

1939 年冬，萧红和端木蕻良搬到黄桷树镇上名秉庄，住在靳以楼下。端木有点不讨这群人的喜欢。在重庆时的邻居靳以在《悼萧红》里，毫不掩饰这种情绪。“有一个时节她和那个叫作 D 的人同住在一间小房子里。窗口都用纸糊住了，那个叫作 D 的人，全是艺术家的风度，拖着长头发，入晚便睡，早晨十二点钟起床，吃过饭，还要睡一大觉。在炎阳下跑东跑西的是她，在那不平的山城中走上走下拜访朋友的也是她，烧饭做衣裳是她，早晨因为他没起来，拖着饿肚子等候的也是她。”

在靳以的回忆中，萧红似乎仍然没有改变她与男人之间作为被轻贱者的地位。“我极少到他们的房里去，去的时候总看到他蜷缩在床上睡着。萧红也许在看书，或是写些什么。”靳以回忆，有一次他进去时萧红正在写文章，为了不吵醒端木，他低声问萧红在写些什么，萧红一边脸红地把原稿纸掩上，一边也低低回答：“我在写回忆鲁迅先生的文章。”不想这轻微的声音引起了端木的注意，他一边起来，“一面略带一点轻蔑的语气说：‘你又写这样的文章，我看看，我看看……’”扫了几眼后，“便又鄙夷地笑起来：‘这也值得写，这有什么好写？’……”靳以回忆，他不顾萧红的难堪，继续发出那种笑。萧红只有尴尬地红着脸反驳。

在重庆，胡风的夫人梅志又见到了萧红，像这个阵营里的其他成员一样，她也没有直接提端木的名字。“男的穿着他常穿的咖啡色夹克，像过去一样斜着肩低着脑袋，在街上走着，相隔两米远的后面萧红也低着头尾随着。不知道他们关系的人，只当是两个路人呢。知道的也可以认为他们不和刚吵了架，都低着头不高兴和人打招呼。”梅志有一天接到萧军从兰州寄来的信，得知他已结婚。萧军还寄了一张他与新娘的照片。萧红正好来探望她，她顺手把萧军的来信拿给萧红看。看完后，“她手里拿着照片一声不响，脸上也毫无表情，刚才的红潮早已退了，现出白里透青的颜色，像石雕似的呆坐着”。

不知何种原因，端木在胡风、聂绀弩、骆宾基等人的记忆里一直是不受欢迎的角色，他们在后来的各种回忆里，都避谈他的名字。以字母D、T等代替甚至像萧军那样只用“那个人”来代称，现在读来，总难脱狭隘之感。丁玲晚年的一番话，琢磨起来也颇有意味：“我对端木是有一定看法的，端木蕻良和我们是说不到一起，我们没有共同语言……端木蕻良一个人孤僻、冷漠，特别是对政治冷冰冰的……整天东逛逛西荡荡，自由主义的样子。看到那副穿着打扮，端木蕻良就不是和我们一路子。”

同萧军分手时，萧红已有身孕。梅志回忆：她曾经想打胎，自己知道后要同她一道去。可是一听打胎要花不少的钱，萧红又打消了这个念头。后来大腹便便的萧红又搬到江津，住在罗烽与白朗家里待产。产前的萧红看上去心情很好，不但细心地做了自己的衣服，还给孩子做了小衣服，“她是沉醉在做妈妈的幸福中”。

这第二个小生命的命运没有比第一个更好。罗烽的女儿玉良回忆：两个月后，白朗把即将临盆的萧红送进医院。在这家私人小妇产医院里萧红顺利生下一个白白胖胖的男婴，孩子有张圆圆的和萧军一模一样的脸。白朗早早晚晚去医院送汤送水照顾萧红母子。一天，萧红对白朗说牙疼，要吃止痛片。白朗给她送去德国拜尔产的“加当片”，这是比阿司匹林厉害得多的镇痛药。第二天一早，白朗照旧去医院，萧红告诉她孩子夜里抽风死了。白朗听到这突然的消息，马上急了，说：昨晚孩子还好好的，怎么说死就死？她要找大夫理论。而萧红死活阻拦不让找大夫，并说在这里一个人住害怕，急着当天出院。

梅志回忆，在重庆时，她又见到萧红问：“孩子怎么样了？”萧红神色凄然地说：“生下三天就死了。”“是男孩。唉！死了也好，我怎拖得起呀……”停了一会儿她又接着说，“我一个人到码头上赶船就跌了一跤，当时我心想，孩子呀，孩子呀！你就跌出来吧！我实在拖不起了，我一个人怎么把你拖大！可是他啥事也没有……”梅志文中说，陪萧红待产的P女士（注：应为白朗）后来告诉她：“孩子生得很顺利，低额头四方脸，看去就像萧军。谁知产后三天我们傍晚从医院看了她出来，第二天再去她就告诉我们，孩子死了！医生、护士和我们都很吃惊，都说要追查原因，她本人倒反而表示冷淡，没多大的悲伤，只说死了就死了吧！这么小一个孩子要活下去也真不容易！”

2013年11月，靳以的女儿章小东又在一家报纸上提及此事，指责萧红只把改变个人生活的愿望寄托在一个又一个男人身上，为此竟不惜两次放弃做母亲的权利，语锋颇为严厉。大概也可以看出，这个孩子的夭折当年在一些朋友圈里曾引起了一些猜测。

终点

虽然萧红苦苦追寻和平与安定，但是她好像命中注定与漂泊和动荡为伴。重庆短暂的安定很快被日机的轰炸击得粉碎。无奈之下，她不得不寻找另一个庇护所，开始又一次逃离。

1940年1月，萧红与端木由重庆来到香港，住在九龙尖沙咀的乐道（Look Road）。这其实也是她最后一次的逃离。而这一次离开，也曾引起了一个小风波。《我的婶婶萧红》一书里提到，因为离开重庆时比较匆忙，他们走前未来得及跟朋友们解释。不久，他们得知胡风在给许广平的信里说，萧红和端木“秘密飞港，行止诡秘”，萧红非常气愤。端木在晚年接受葛浩文采访时曾提及，他们到了香港后，胡风给艾青写信，说随着汪精卫去香港，端木也去了香港。后来胡风发表的信中，说端木在香港安下一个“香窝”。这在抗战大背景下，无疑是个大污点，让端木回忆起来仍然很气愤。萧红当年和胡风一度断了联系，而胡风在《悼萧红》一文里，还提及此事，说萧红没有告诉任何人，离开抗日的大后方。

对萧红来说，她的选择很简单，就像她一直期望的那样“只想安静地好好写作”。

香港的环境很好，但萧红仍然摆脱不了内心的孤寂。她在给白朗的信里先是描绘了身边景物的“恬静和幽美”，“这一切不都正是我往日所梦想的写作的佳境吗？然而呵，如今我却只感到寂寞！”周鲸文是留港的东北民主运动领袖，他邀请端木为《时代文学》当主编。在香港与他们见过面的周鲸文回忆：“端木身体很弱，中国文人的气质很重，说话慢腾腾的，但很聪明。萧红面貌清秀，性格爽朗。有人说她孤僻，我对她倒没这种印象。”

对于萧红与端木的关系，周鲸文是这样评价的：“两人的感情并不虚假。端木是文人气质，身体又弱，小时是母亲最小的儿子，养成了‘娇’的习性，先天有懦弱的成分。而萧红小时没得到母爱，很年轻就跑出了家，她是具有坚强的性格，而处处又需求支持和爱。这两性格凑在一起，都在有所需求，而彼此在动荡的时代，都得不到对方给予的满足。”也许萧红在端木身上没有实现她要一直寻求的那种强有力的感情，但是客观说来，萧红与端木结婚后，生活变得很平静，再没有家庭暴力出现，也很少争吵，两个人在写作上也可相互扶持。萧红最有名的一部长篇《呼兰河传》就是在这一时期完成的。

这样一部充满个性化与自由化叙事的作品，依然逃不过掌握革命话语者的审视。有评论说：“萧红的《呼兰河传》乃至她后期的全部创作由于偏离了左翼文学的政治化的轨道，义无反顾地走上了个人性、自我化之路。”而茅盾的批评甚至严厉：“在这里，我们看不见封建的剥削和压迫，也看不见日本帝国主义那血腥的侵略。而这两重的铁枷，在呼兰河人民生活的比重上，该也不会轻于他们自身的愚昧保守罢？”据此，他进一步批评萧红：“这位感情富于理智的女诗人，被自己狭小的私生活圈子所束缚（而这圈子尽管是她咒诅的，却又拘于惰性，不能毅然决然自拔），和广阔的进行着生死搏斗的大天地完全隔绝了。”他责备萧红“不能投身到农工劳苦的群中，把生活彻底改变一下”，并深深为她这无边的“苦闷而寂寞”的暗影而惋惜。这种审视甚至延续到萧红死后。据葛浩文的《萧红评传》里说，据孙陵回忆，追悼会上，胡风曾批评萧红爱穿华丽服装。“此种论调在追悼词中出现，实不寻常。”

多年的颠沛流离，让萧红的身体已接近崩溃边缘。1941 年春，史沫特莱前往探望四年未见的萧红，她被眼前看到的萧红羸弱的身体和简陋的斗室震惊了。她立即把萧红带到她自己的住所并劝萧红离港。史沫特莱将她送到香港玛丽皇后医院，并且不断地供应她衣服和金钱。“萧红本想借史的好心只要门诊、打针、吃药就可，但自此她即病入膏肓。”在医院里，萧红的病起初有所好转。茅盾、巴人、杨刚等人也来探望过她。

在端木的回忆里，重病中的萧红仍然乐观开朗。有一次刮十二级台风，端木忽然在家里接到一个电话，说萧红病危。端木坐了船冒着风浪和生命危险，过海去看她。结果一到玛丽皇后医院，萧红睡得挺好，而且一见他来了还很高兴。端木告诉她护士给他打电话说她不好了，萧红就咯咯咯地笑。其实端木不知道这个电话是萧红自己打的。

1941 年圣诞节，香港沦陷。萧红在沦陷前两天旧病复发，再度入院。次年 1 月 13 日，医生怀疑萧红患喉瘤，所以在跑马地养和医院开刀，事后证明她并无此病。

萧红生命的最后一段时光，是由同样来自东北的作家骆宾基陪伴的。时年 25 岁的骆宾基是从桂林来香港找工作，先找茅盾未果，后来找端木才谋得一席之地。因为端木忙于编辑工作，又考虑到骆宾基同为东北老乡，于是委托骆宾基一同照顾萧红。

手术后，萧红平静地靠在病床上跟端木与骆宾基聊天。她说：“我本来还想写些东西，可是我知道我就要离开你们了，留着那半部《红楼》给别人写去了……你们难过什么呢？人，谁有不死的呢？总要有死的那一天，你们能活到 80 岁么？生活得这样，身体又这样虚，死，算什么呢！我很坦然的。”她一边安慰 C 君（骆宾基）不要哭，一边却又低声说：“这样死，我不甘心……”端木站在床侧“哀哭”，“我们一定挽救你”。

1月18日中午，在端木和骆宾基陪伴下，萧红转到玛丽皇后医院，此时她已不能言语，只好以纸笔与他们交谈。19日夜半时分，按骆宾基的记录，萧红见他醒来，示意要写字，她在纸上写道：“我将与蓝天碧水永处，留得那半部《红楼》给别人写了。”过了一会儿，她又留下这样一些字：“半生尽遭白眼冷遇……身先死，不甘，不甘。”并掷笔微笑。

骆宾基回忆：1月21日早晨，萧红和端木及我谈话的时候，脸色红润，神情愉快。她喉部伤口周围发炎，但此时已无人可救她了，医院中所有外籍医生都被拘禁于日军集中营里，其他医生和修女不是逃走就是被抓。当晚端木留在医院陪她；骆宾基回到九龙的住处；次日黎明时分，他手里捧着一大盒面包和罐头来到医院时，却看到医院门口站着日军哨兵，门上挂着“大日本陆军战地医院”的牌子，所有病人都被迁走。9点钟端木与他一同到红十字会设在学校中的临时医院，端木告诉骆宾基，萧红在早晨6点左右就昏迷不醒了。

1942年1月22日11点，刚刚走完30个春夏秋冬的萧红死在他乡。1月24日，萧红遗体在跑马地后面日本火葬场火化。“在送萧红遗体去火化的过程中，端木看到露在毯子外面的头发，他几乎没用大脑地取出挂在钥匙链上的小剪子，剪了一小撮萧红的头发，放在他西服里边的小口袋里。他天真地感到萧红没有完全离他而去……”端木的夫人钟耀群写道。1992年，呼兰县政府决定重修萧红墓时，正是从端木蕻良那里收集了他珍藏的萧红的一缕青丝，葬在萧红故居附近的西岗公园。

火化后，端木跑到有关机构，用英语和工作人员沟通，说自己的妻子生前遗言是要葬在海边，希望能实现这个遗愿。那个日本人听端木说的是英语，还比较客气，同意了端木提出的葬在浅水湾的要求。

1月25日，端木在骆宾基的陪同下，进入日军军事封锁区，将一半骨灰葬于浅水湾畔的丽都花园附近。步行到丽都酒店花园，端木蕻良看中了一个面向大海的小花坛，四周是大石用水泥裹砌的围圈。他手握石块挖掘出一个坑，将萧红的部分骨灰埋进去。封上土后，又搬来石块堆起一个坟包，中间压住一块木牌，上面是端木蕻良亲手写下的“萧红之墓”。因为担心浅水湾的墓地保存不了，第二天，端木在中文大学一个学生的陪同下，将另一半骨灰秘密埋在了圣士提反女校东北向的一棵树下。

1946年，骆宾基出版了《萧红小传》，曾巨细无遗地记录了与萧红相处的日子，成为后人研究萧红的重要史料。骆宾基在《萧红小传》行文中，对T君多有贬义，相反对萧军评价是相对正面的。按骆宾基的说法，他在战乱中与萧红厮守44天，“谱写着纯真深挚、为俗人永远不得理解的文坛佳话”。萧红在炮弹声中的病榻上，曾向他表示过：“我们死在一起好了！”这段感情虽短暂，却深刻，并促使骆宾基后来写了单行本《萧红小传》。

萧红在自己的版权遗嘱里，是这样分配的：散文集《商市街》归弟弟，小说《生死场》归萧军，小说《呼兰河传》归骆宾基。而当时身为萧红丈夫的端木蕻良，什么也没有。

骆宾基记录，葬了萧红，他与端木转道澳门前往桂林，投靠孙陵。据孙陵回忆，在此期间骆宾基与端木动手打了架，结果是骆占了上风。打完架后，骆拿出一封萧红痛骂端木的信。然后又拿出她临终前笔谈所写的“我恨端木”的小纸条，“最后骆宾基还透露一件更令人吃惊的消息：原来骆获得了萧红的爱，答应等她康复后共结秦晋之好”。

骆宾基的儿子张书泰对媒体否认了种种传说。他说骆宾基照顾萧红，“完全是一种心态耿直的朋友之谊”，不是外界揣测的“姐弟恋”。张书泰也否认骆宾基与萧红有感情上的交往。他说，骆宾基与端木的公开翻脸不是因为争夺萧红的情感归属，而是因为他认为端木没有尽到责任。有意思的是，他说：“实际上，我父亲和萧军后来一直作为挚友来往，我们两家的后代也一直延续着这种友谊。”

而钟耀群在《端木与萧红》里说，这个时候，端木一直在外面为萧红张罗医疗费，寻找安全的地方。至于萧红没有留版权给他，端木是这样解释的：当年萧红手术之前，就与端木蕻良交代了后事。一是要端木蕻良保护她的作品，将来不要让人随意删改她的作品，版权都由端木负责。她亲笔立一个字据，被端木蕻良当面撕掉了。“他认为自己是她的丈夫，妻子的版权理应由丈夫继承，而且突然立个字据岂不是表明萧红不久于人世吗？”萧红还要端木蕻良答应，将来有条件时，一定要去哈尔滨，把她与汪恩甲生的孩子寻找回来。另外，她与端木商量多次怎么酬谢骆宾基，后来萧红提出，不如把自己某本书的版税赠送他更有意义些。而端木蕻良则认为，《生死场》已再版多次，篇幅又不大，加起来版税不会有多少，不如把《呼兰河传》将来出书的版税送他，这是本新书，再版机会多，篇幅也长。萧红同意了，于是把骆宾基找来，当面告诉了他。孰是孰非，也永远是一场看不清的戏了。

端木生前对外间议论他与萧红感情，基本上保持缄默的态度。端木在萧红去世 18 年后才续娶钟耀群为妻，由此可见他对萧红的感情还是很深的，他不仅一直保存着一缕萧红的遗发，而且经常写诗怀念萧红，这些诗都不是为了发表，只是表示他心底里对萧红的感情。当有人问起端木与萧红的关系时，端木答道：“关于有人肆意歪曲事实，其实也很容易理解。一对夫妇天天吵架，不可能和他们的创作成正比例。或者说，夫妇不和绝不是创作的动力。排比一下我们的创作产量质量，这个问题就会迎刃而解的。”

后来端木的侄子曹革成、一些学者和夫人钟耀群都曾撰文为他辩护。曹革成认为，端木先生是个具有大师风范的人物，他之所以很少写萧红的回忆文章，恰恰是对萧红的感情很深。“他不敢用情用脑，因为患脑血栓和心肌梗塞。”曹革成对后来大量涌现的丑化端木的文字非常痛心，他说，萧红死于战争期间，也是战争的牺牲品，“然而一些人不去声讨敌人，反而极力丑化萧红的丈夫端木蕻良，把萧红的死算到另一位反日爱国的作家身上”。他说意在强化那个所谓的“寂寞论”，实在是可悲的。1996 年 10 月，端木蕻良病逝。1997 年 5 月，端木蕻良后来的夫人钟耀群带着端木的一小盒骨灰专程来到香港，撒在葬着萧红部分骨灰的圣士提反女校内。

按骆宾基的叙述，萧红在病重弥留之际，曾经热切地盼望道：如果萧军在重庆我给他拍电报，他还会像当年在哈尔滨那样来救我吧……在《萧军延安日记》中，他1942年4月8日得到萧红死讯当天的日记留下这样的话："下午听萧红死了的消息。芬哭了。"芬是王德芬，1938年6月与萧军登报结婚时她才19岁，跟萧军正式认识也不过一个月零几天。1942年4月，她也才23岁。

共同生活了6年的情侣没有掉泪，倒是他的妻子王德芬，这个与萧红从未谋面的善良的女人，为同性命运饮泣。细细品味，竟有点凄凉。

不知道萧军心中是否还残余着一点恨意。虽然一再表示"君子绝交不出恶言"，但是还是能看出萧军些许情绪甚至怨言。到了1978年，萧军写了这样一段话："作为一个六年文学上的伙伴和战友，我怀念她；作为一个有才能、有成绩、有影响……的作家，不幸短命而死，我惋惜她；如果从'妻子'意义来衡量，她离开我，我并没什么'遗憾'之情！""也可以这样说：在文学事业上，她是个胜利者！在个人生活意志上，她是个软弱者、失败者、悲剧者！……""萧红就是个没有'妻性'的人，我也从来没向她要求过这一'妻性'。"

对于萧军在萧红生命中扮演的角色，葛浩文是这样形容的："在这些年来的艰苦岁月中，萧红的心里产生了三种变化：一是强烈的女权思想的倾向；二是显著的自怜情绪；三是性情的更加内向。不可否认萧红自己的性情是她那时期或日后一切忧愁不幸的源泉。她和萧军的结合，对她那短暂的一生也有着很大的影响，萧红此后大部分所受的折磨和所享的欢乐，如不是直接由萧军所造成的，就是受到萧军的影响。"

1986年，旅欧的东北女作家赵淑侠回国开会时，遇到了许多作家。会议结束时，赵淑侠要求与萧军合影，萧军欣然同意。骆宾基见状也说："淑侠远道回来一趟也不容易，咱们应该合影留念。"赵淑侠趁势又对端木说："端木乡长，坐下来一起照相嘛！"于是就有了一张难得的合影。1997

年 3 月 20 日的《澳门日报》上刊登了那张照片，报纸调侃他们是世纪情敌，吃的是百年老醋。后来当萧军一病不起时，端木还到医院去看望他。至此，东北文坛三老之间的恩恩怨怨终于有了一个令人欣慰的结局，可是关于他们以及那个年代的话题，却仍在继续。

成为贝聿铭

（采访于 2018 年）

20世纪60年代起，贝聿铭开始自立门户

从 18 岁赴美留学的富家子弟，到后来成为在美国及世界范围内都有话语权的建筑大师，贝聿铭的一生不只是演绎了一个有传奇色彩的成功故事。实际上，回首他的整个职业生涯，不仅仅在历史与现代之间构建桥梁，也在东西方之间构建桥梁。正如一位建筑界同行所说："贝聿铭的建筑仿佛变幻莫测的现代世界中一条奇妙的丝绸之路。"

纽约的新面孔

1948 年，31 岁的哈佛大学建筑系助教贝聿铭，离开安静的校园，从他居住的波士顿剑桥小镇（Cambridge）来到大城市纽约。对这位东方青年而言，这个决定不仅仅意味着自此从安静的学术界投身到喧嚣的商业界，也是他人生轨迹就此转变的一个节点。

向贝聿铭伸出橄榄枝的，是作风张扬、嗜抽雪茄的纽约开发商威廉·齐肯多夫（William Zeckendorf）。齐肯多夫是纽约长岛一位犹太制鞋匠的儿子，虽并不具备哈佛、耶鲁这样名校背景，但天性好斗，敢于冒险。"凭借他对具有战略意义的地皮的非同寻常的第六感"，齐肯多夫熟练地进行了一系列大宗交易，从而攒下了不菲财富。在他的生意鼎盛时期，他投身各种眼花缭乱的经营活动，涉猎过船运，勘探过石油，赞助过百老汇歌剧，还曾收购一座监狱。"二战"后，由政府担保的低息抵押贷款，使中产阶级在经济上有能力实现拥有住房的"美国梦"。嗅觉敏锐的齐肯多夫不会错过这个时机。他预测到，各大城市中心地带一片片破烂的贫民窟将得以重建。在此目标下，他急需为自己的韦伯纳普（Webb & Knapp）招揽一批建筑师。

自诩为现代"梅第奇"的齐肯多夫，想网罗一批了不起但还不是那

生性豪爽、喜欢冒险的地产大亨齐肯多夫是贝聿铭的“伯乐”

么出名的建筑师。齐肯多夫委托一个朋友去各地物色建筑人才，对方为他开了一份12人的名单，当时名不见经传的贝聿铭就在这个名单里。当齐肯多夫问贝聿铭能否见面时，贝聿铭兴奋地“跳了起来”。在他看来，这是了解不动产业务的极好机会。

1948年春天，贝聿铭与夫人找到齐肯多夫在纽约的办公室时，看到这位房地产开发商正在挂满停车场照片的杂乱办公室中端坐着，窗帘上满是水渍。贝聿铭后来坦言：“我当时确实有点儿担心我来错地方了。那间办公室实在让人不敢恭维。”

而齐肯多夫则在自传中坦承对这位才华非凡、精明过人的东方年轻人有“相见恨晚”之意。两人的话题轻易就从建筑界跳到了两人共同的嗜好：葡萄酒收藏。贝聿铭的一位传记作者写道：“贝聿铭所体现的是美国所想象的东方美德：高雅，受过完美的教育，举止矜持高贵。”另外，还有一个登不了大雅之堂的理由，齐肯多夫极端迷信，当他知道他与自己的儿子以及贝氏父子都是中国的农历蛇年出生时，便认为这是一个极好的兆头。

虽然齐肯多夫拥有的机会和描述的前景也给贝聿铭很大冲击，但他对于离开哈佛和是否回中国仍在犹豫不决。齐肯多夫说服他："我们将要做的种种事情将大大区别于、优越于这个国家其他任何人正在做的一切，而你作为一名建筑师无法拒绝这样的挑战。"齐肯多夫当时并不知道，他的这条建议，与贝祖诒给儿子贝聿铭的忠告不谋而合：优秀建筑的精髓不仅在于构思伟大的建筑物，而且要使它们与金融和经济要素有效地联系在一起。

六个月后，贝聿铭终于下定决心，离开哈佛校园这块净土，从此投入一个充满机会与挑战的新世界。后来有人形容，这也是贝聿铭向美国权力中心不断靠近而迈出的第一步。

新旧之间

实际上，这并不是贝聿铭第一次同自己的旧世界告别，尽管那个环境对他而言既熟悉又舒适，难以割舍——1935年8月13日，18岁的富家子弟贝聿铭从上海登上"柯立芝总统号"，远赴美国留学。在旧金山停留几天后，贝聿铭搭火车前往费城。在此之前，贝聿铭对美国的全部概念皆来自他在上海影院里看到的好莱坞出产的电影。

贝聿铭赴美留学的第一站是宾夕法尼亚大学建筑学院。贝聿铭后来并没有解释他当年首选宾大的原因，或许是因为宾大建筑学院当时与中国有一种相对密切的关系，比如梁思成、林徽因、杨廷宝等人都是从宾大毕业的，而他们后来又成为中国第一批建筑教育家。

遗憾的是，贝聿铭并没有对宾大建筑系一见钟情。建筑系在校园里一幢阴暗的维多利亚式的大楼里，学院人情冷淡。最主要的是，当时宾大建筑系的课程忠实地服从于从巴黎艺术学院移植过来的19世纪艺术体系。他们要求学生通过勤奋复制设计图，以及用炭或自己研磨出的中国墨汁制作精巧的透视图，来掌握古典设计的基础知识。这把贝聿铭吓住了。

贝氏是苏州有名的望族（左一为贝聿铭）

他自认为自己的特长在数理，从来没有想象建筑师还得像一位艺术家那样有精湛的绘画技巧才行。两个星期后，贝聿铭转到麻省理工学院（MIT），放弃建筑学，改学工程。

到了麻省，贝聿铭感觉更自在。“众所周知，贝聿铭来自一个富裕的中国家庭，父亲贝祖诒是一位杰出的国际银行家，他拥有广泛的人脉。例如，当贝聿铭乘坐的船在旧金山停靠时，受到当地一家大银行行长的热情接待；当贝聿铭后来到达波士顿，他在当地上层社会也受到热烈欢迎，因为波士顿几个世纪以来都和中国有很强的商业和艺术联系。”耶鲁大学的建筑史博士珍妮特·亚当斯·斯特朗（Janet Adams Strong）介绍，她曾在贝聿铭事务所工作过 18 年，任传媒总监。而贝聿铭本人也这样形容：“早在我能说英语之前，我就已经能够打入波士顿的社交圈。”

幸运的是，对贝聿铭恩宠的“波士顿圈”里，还有一位特殊的人物——麻省理工学院院长威廉·爱默生（William Emerson），他也是美国著名文学家爱默生的侄孙。他在贝聿铭所画的图纸中发现了贝聿铭的技能和想象力，他认定贝聿铭可以成为一名杰出的建筑师。感恩节那天，贝聿铭受邀去爱默生家吃晚餐，爱默生说服贝聿铭应该继续学建筑学。贝聿铭向爱默生坦承因绘画技术欠缺而没信心成为建筑师时，爱默生说："年轻人，别胡说，我还没有碰到不会画画的中国人。"于是，贝聿铭听从他的劝告，放弃工程学，重新开始学建筑学。现在看来，得感谢爱默生让贝聿铭重新回到了原有轨道，否则我们后来就错失了一位影响甚远的建筑大师。

但在当时，来自爱默生个人的认可、鼓舞以及超越一般师生的情谊，并没有完全消除这个年轻的中国学生对自己所接受的建筑学训练的疑虑和迷惘。和当时美国的很多建筑学院一样，麻省理工仍然忠实于学院派风格，其根基是古典作品和规律性。贝聿铭与他年轻的同学们必须忍受用精巧的细节再现必修课程的古典主义比例的单调乏味的工作。但他们也敏感地意识到，外面的世界正在悄悄发生着变化。

此时，德国和荷兰的先锋派们正在摒弃新古典主义的建筑风格，并将它视为一个衰落的帝国。"我不满意古典装饰风格的训练，我的许多同时代人也有同感，于是，我们开始到其他地方寻找灵感。"贝聿铭花大量时间在图书馆，看那些来自欧洲的最新作品，特别是勒·柯布西耶（Le Corbusier）正在做的作品。贝聿铭后来说，偶然在图书馆找到的柯布西耶的三本巨著对他有如"圣经"，"只有通过它们我才能看到建筑的新思想"。柯布西耶提出了一种极为耸动的理论。他认为，房屋是"居住的机器"，而以往不断发展起来的各种旧风格都将被扔进垃圾堆中。在厌倦了"旧世界"建筑准则的年轻学生来说，柯布西耶具有令人目眩的诱惑力。

1935年，柯布西耶来到波士顿。即便不认同柯布西耶在建筑界发起的"革命宣言"，1935年11月，思想开明的爱默生还是请柯布西耶到麻省理工做了一次演讲。"勒·柯布西耶当时在哈佛和MIT并不是很受欢迎，因为当时这两所学校都还是遵从19世纪的古典建筑教育风格。他的言论只是被当作一种猎奇好玩的东西。柯布西耶在MIT演讲的时候，说的法语，需要翻译成英语，所以除了个别学生外，大多数听众不懂，其中包括贝聿铭。但大家仍然被他先进的观念和他展示的照片所激发。”珍妮特·斯特朗说。即便如此，贝聿铭后来把柯布西耶在麻省理工停留的两天，称为“我建筑教育中最重要的两天”。身着黑衣、戴着镜框眼镜的柯布西耶“傲慢无礼，满口脏话。但在我看来，他所做的一切都是对的。我们需要有人来震撼我们，让我们走出自满自足的状态”。

1938年，贝聿铭到纽约游玩。有一天，他去中央车站接朋友时，遇到一位端庄秀丽的中国姑娘，她叫陆书华，正要去卫斯理学院读书。对陆书华一见倾心的贝聿铭忍不住“献殷勤”，提出开车送她去波士顿，但被矜持的姑娘拒绝了。也许是天意，当天晚上，贝聿铭得知陆书华乘坐的火车因飓风而耽误时，他便开始打电话要求约会，从而成就一段姻缘。

巧的是，陆书华的父亲早年也毕业于麻省理工，是一位出色的工程师。陆书华本来也想像父亲一样进麻省理工读工程，但父亲建议她去附近一个“很好的女校”，于是她进入了宋氏三姐妹以及冰心都读过书的卫斯理学院。陆书华的英文名叫 Eileen Loo，很多书籍在介绍她时根据她的英文名而将之错译成“卢爱玲”。

当麻省理工还在维系旧有的建筑教育思想时，“邻居”哈佛大学却开始全心全意地向新流派敞开胸怀。哈佛大学设计学院院长约瑟夫·哈德纳特大力提倡现代主义，而这场运动的核心人物是格罗皮乌斯（Walter Groupius）。格罗皮乌斯是德国包豪斯学派的先驱，纳粹政府上台后，格罗皮乌斯离开了德国，在伦敦工作了几年后，应邀到美国哈佛大学设计学院任建筑学系主任，从此居留美国。与全心拥抱新思想的哈佛不同，属于传统派的爱默生对格罗皮乌斯不屑一顾。

投身哈佛

1940年，贝聿铭以优异的成绩从麻省理工毕业。身为家中长子，贝聿铭的第一考虑几乎没有他选，本想马上回国，但由于抗战的爆发，父亲贝祖诒被迫将银行搬到了重庆。贝祖诒给儿子写信，建议情况好转时再回来。

为了谋生，贝聿铭开始在波士顿一家工程公司工作，在那里，他做了各种与工程有关的项目，这也给他后来的职业生涯带来不小的影响，成为他后来作为建筑师的一种营养资源。

1942 年春天，在陆书华毕业后的第五天，他们举行了结婚典礼；秋天，陆书华进入哈佛大学设计学院攻读景观设计的研究生学位。贝聿铭本来就因为麻省和哈佛的合作项目对哈佛比较熟悉，有了陆书华这一层，他与哈佛的关系似乎更近了一些。有一天，陆书华的一位教授建议贝聿铭报名格罗皮乌斯亲自教授的研究生设计室工作。第二天一早，贝聿铭就走进了哈佛大学设计学院院长哈德纳特的办公室。

一直钟爱贝聿铭的爱默生院长闻听此讯，气得脸都红了。贝聿铭后来说："当时他有被背叛的感觉。他坚信古典主义艺术风格的教育方法，并且由衷地认为，现代主义运动是错误的。"不过后来贝聿铭也发自内心地感激他在麻省理工所受的训练。

1942 年 12 月，贝聿铭正式入学攻读哈佛的研究生学位。"那时正逢'二战'，班里的大多数年轻人都去为国家服兵役，班级规模变小，课程也没有以往那么正式。贝先生也想为战时尽一份力，所以他就自愿去了新泽西州的普林斯顿为国防部门工作。"珍妮特·斯特朗说。贝聿铭效力的地方叫"美国国防研究委员会"（NDRC）——"二战"爆发后，爱因斯坦曾经致函罗斯福总统，建议在白宫和从事秘密武器研究的物理学家之间建立一座永久性的联络站，作为回应，罗斯福创立了"国防研究委员会"。

贝聿铭在那里的工作，就是根据情报人员送来的照片，找出炸毁目标的最佳方式，理由是作为一名建筑师，"如果你知道怎么建造，就应该知道怎么毁掉它"。贝聿铭的第一个项目是研究如何轰炸德国和意大利的桥梁结构，再找出炸毁方法。"但在我想出轰炸德国的办法之前，与德国的战争已经结束了。”贝聿铭又被要求研究轰炸日本的办法。那是个完全不同的课题。因为日本的建筑多为纸木结构，在德国使用的高强度炸药用在这里效果不会很好，所以贝聿铭的任务又成了设计燃烧弹。但贝聿铭后来很不愿意提及这一段经历，他只是简略地说：“这是我一生中很悲伤的一章。”

在普林斯顿时，贝聿铭与陆书华有了他们的第一个孩子——定中。陆书华不得不中断学业，以照顾家庭。1945年初，贝聿铭和太太回到剑桥，在离哈佛校园很近的地方，租了一套很小的带花园的公寓。他们在小花园里种满了来自中国的四季豆。贝聿铭还自己做了一个长长的木质唱片架，打算用来存放将来有一天能带回祖国的古典音乐唱片。身边的朋友也觉察到“他们想念祖国，有些伤感”。秋天，贝聿铭回到哈佛，继续他的建筑课。

回头看来，年轻的贝聿铭接受建筑教育的时期，也正是建筑思想最激荡的年代；也因为时代背景，他很幸运地遇到了欧洲和美国建筑界的领袖式的人物。第一位就是格罗皮乌斯。“格罗皮乌斯是我去哈佛的真正原因。”贝聿铭多年后回忆说。格罗皮乌斯推崇对于结构绝对“诚实”

贝聿铭与夫人陆书华

的表达，反对一切附加装饰。激进的格罗皮乌斯还把艺术史课从核心课程表删除，他还认为建筑学的历史实际上是创造力的桎梏，因为学生往往慑于古希腊、古罗马或者文艺复兴时期佛罗伦萨的建筑精品，被捆绑住了手脚。格罗皮乌斯与另一位比较年轻的包豪斯学院流亡者马塞尔·布罗伊尔（Marcel Breuer）为哈佛建筑系培养了包括贝聿铭在内，一批日后在世界范围内都颇有影响力的建筑师。

尽管贝聿铭被格罗皮乌斯倡导的新观念所吸引，但他还是清醒地意识到，自己并不是赞同他的每一个观点，他尤其不认同的是格罗皮乌斯对“国际风格”（international style）的定义。“这在当时是一个很大的话题。格罗皮乌斯坚信世界按不同的速度工业化。先西方后东方，世界早晚都将被工业化。”这实际上也是柯布西耶曾提及的国际风格将席卷全世界。但贝聿铭对此有所怀疑，他认为这种看法太过僵硬。

有一次贝聿铭打断了格罗皮乌斯的讲课，争论说“国际风格”不应该消融世界各地的不同风俗和特色。“我说：‘气候怎么办？历史怎么办？传统又怎么办？’他说：‘很有意思，你可以自己做一个项目，你得把这点向我证实。”几个月后贝聿铭拿出了他的作品[illegible]张图纸，以及模型，这是他设计的一座两层楼的上海艺术博物馆，上面有好几个凉亭，还有淙淙流过茶园的溪水。贝聿明解释说，西方艺术的公开性很强，建筑要与之相匹配；但是东方艺术的传统是一种偏私人、隐秘的欣赏活动，所以建筑风格也必须有别于西式博物馆。贝聿铭设计的这个作品曾成为当时的热门话题。格罗皮乌斯称它是“我所见过的最精致的学生作品”。在向一本建筑杂志所写的推荐语里，格罗皮乌斯写道：“一位有能力的设计师可以很好地坚持基本的传统特征——即，他认为仍然存在的那些特征——却不会放弃设计方面的进步观念。”这句话，几乎创见性地预言了贝聿铭一生的建筑事业的特性。

1946年，贝聿铭从哈佛毕业，受格罗皮乌斯之邀留下来任助教。实际上，接受助教这个职位也是一个权宜之计，彼时的贝聿铭还在等待着回中国的时机。如果有一份长期固定的工作，届时就很难脱身。这也是他为什么没有特别教几个孩子中文的原因。"他们总想着以后早晚要回到中国。"1946年出生的贝建中说。眼看着中国又陷入一场内战，贝祖诒再一次写信劝阻了儿子，等到贝聿铭再次踏上中国土地时，已是1974年。

初露头角

"其实接受齐肯多夫的工作邀约非常冒险，因为在那个时候，受尊敬的建筑师从不与开发商一起工作。实际上，美国建筑师学会责难贝聿铭和齐肯多夫合作。在哈佛，贝聿铭的同事认为这是一次职业自杀，认为他背叛了学术界和职业道德标准。但是贝聿铭意识到，随着逐渐庞大的家庭，他没法仅仅依靠助理教授的薪水维持生活，所以他决定搬去纽约，学习真正的房地产和商业——这些事情他在学校都没有学过。贝聿铭还打算带着他新学习的知识回到中国。"在贝聿铭事务所工作了18年的珍妮特·斯特朗博士还是《贝聿铭全集》的编者之一。

尽管争议颇多，但齐肯多夫是对贝聿铭一生有极大影响的一位人物，他的人生也绝对值得一本厚厚的传记。贝聿铭评价齐肯多夫是"最有想象力的开发商"，他坦言当初为齐肯多夫工作时，只是想学一些房地产开发的经验。"出乎意料的是，我从这个人身上学到了很多东西。我来美国之后，很少走出学术界，是齐肯多夫把我带入了一个新世界，我很感激他。"

在公司其他同事眼里，贝聿铭是一个从容不迫、引人注目的年轻人。有人开玩笑说，齐肯多夫的体重超过了贝氏一家人的体重总和，但是没有人敢忽视贝的存在。"虽然两人从身材上看相差很多，但他们的气场是相当的，两个人都能感觉出这一点，不必挑明。"与贝聿铭一起工作了近四十年的华人建筑师黄慧生（Kellogg Wong）说。

刚加入事务所时，黄慧生并不清楚贝聿铭的出身，"但从他的穿着，他透着自信的特殊习惯，我能感觉到他出身优渥"。"虽然贝先生和我一样，个头都不算高，但他走进一个房间，他自然地就成为中心，他有这种自信和风度（bearing）。”作为密西西比出生的华人，黄慧生自认从小就有不安全感。“他的出身背景和我不一样，我从小就没见过博物馆，而他就出生和成长在美好的事物中。”

让黄慧生印象深刻的还有，有时候两人一起外出看场地。“十几岁的孩子看到我们都是中国人，就叽里哇拉地学说中文来嘲弄我们。我非常恼火，但贝先生毫不为意，只是微笑。因为他知道他自己是谁。”这个气度黄慧生自认是学不来的。

贝聿铭的能力也为人惊叹。一位与他打过交道的朋友回忆，他们在讨论一个项目时，贝聿铭立即掏出一张描图纸，不到一刻钟就起草了一张设计图，以及立体图，这个草图和最后完成的建筑几乎丝毫不差。如此出众的创造力令人目瞪口呆。

当年让齐肯多夫更加声名大噪的，还有联合国总部项目。当时联合国正在纽约寻找建造总部的土地，在与其他地产商几番谈判失败后，联合国几乎要放弃纽约，考虑选择费城作为总部的落脚点。这时，齐肯多夫决定将他手上的一块地皮贡献出来，供联合国总部使用。尼尔森·洛克菲勒说服了他的父亲——约翰·洛克菲勒支付了850万美元，为联合国买下了这块地。尽管齐肯多夫此后有很多的大手笔，但他平生最引以为傲的，就是为联合国提供了总部的土地。虽然齐肯多夫少赚了几百万美元，但却获得极高的知名度。此外，他拥有的与这块土地相邻的所有房地产全部身价倍增。

因为齐肯多夫得罪了纽约的一些权贵，他的公司只能在纽约城外寻找商业机会。贝聿铭从中学会了宝贵的一课，没有政府强有力的支持，再好的建筑计划都是无法实施的。所以他后来无论做什么项目，都十分注意获得政府的首肯和支持。

齐肯多夫的名气越来越大，来自其他城市的商业邀约也越来越多。如果齐肯多夫认为这个项目值得考虑，就会让贝聿铭进行实地考察。一旦确定后，齐肯多夫通常会乘坐公司那架DC-3飞机，“一边喝着马提尼一边听着助手对于目的地情况的报告”。他们的飞机在城市的上空长时间地盘旋，以便让齐肯多夫和贝聿铭能够在降落之前好好观察这个城市。

很欣赏贝聿铭的齐肯多夫，每到一处都要很郑重其事地把这个极富教养和个性色彩的中国设计师介绍出去。与张扬高调的齐肯多夫相比，不卑不亢的贝聿铭更让人相处舒服。他从不炫耀性地用设计专业术语，而是用浅显易懂的词语表达他的设计理念。正如《贝聿铭传》作者所言，他有着一种能够将房地产的实用性和设计的高雅性完美结合的天赋。

在齐肯多夫的公司里，贝聿铭逐渐搭建了一个以哈佛毕业生为核心的工作小组。此后的10年多时间里，以贝聿铭工作小组为核心的部门已有了75人，每年负责高达5亿多美元的项目。更重要的是，齐肯多夫喜欢独树一帜，每当贝聿铭提出一种想法，他都会问："以前有人这样做过吗？"如果答案是否定的，他就很高兴地说："那好，我们就去做一下吧！"这对年轻的贝聿铭来说，无疑是大胆实践的最佳机会。后来，齐肯多夫渐渐成了一个父亲似的存在。贝聿铭的夫人后来说，齐肯多夫给当时"空空如也"的贝聿铭灌注了在学校里学不到的丰富社会知识和经验，也给从小家教严格的贝聿铭带来了他所缺失的情感上的温暖。

自立门户

贝聿铭在齐肯多夫手下，固然设计了不少项目，很多都盈利不少，但并没有建筑美学上的太大造诣，这也是让贝聿铭有点苦恼的。他也不愿意被永久地固定为"房地产开发商的建筑师"，只会设计房地产项目。

与齐肯多夫一起工作，贝聿铭也见证着很多人像过山车一样大起大伏的命运。20世纪50年代中期，当时纽约中央铁路公司新上任的总裁罗伯特·扬意欲重修中央车站。中央车站是纽约市的地标性建筑，闻听此讯，齐肯多夫当然不会放过这一机会，贝聿铭也跃跃欲试。他设计了一个颇有现代风格的双曲面大楼——如果实现这个，需要一个大手笔，需要拆除旧车站，在罗伯特看来，双曲面大楼是他接到的几个改建提案中，最出色的一个。然而，1957 年，因为中央铁路公司巨亏丑闻，罗伯特·扬自杀身亡，双曲面大楼也灰飞烟灭。而此时的齐肯多夫也走上疯狂扩张的道路，这让贝聿铭非常不安。

1955 年左右，贝聿铭向齐肯多夫表示了他的不安，流露出想离开的想法。“齐肯多夫是一个传奇的开发商，他总是渴望尝试新想法，做大生意，抓住所有机会。他在房地产行业赚了大钱也赔本不少。齐肯多夫想做些大事情。他喜欢让贝聿铭和贝的专业建筑师团队帮助他实现自己的想法。而且他和贝聿铭非常亲近，两人就像父子关系一样。所以当贝提出离开创立自己的建筑事务所，对他来说是件非常突然的事。”斯特朗评价道。齐肯多夫表示理解，但仍挽留他们继续在公司工作，同时表示他们也可以接一些自己的活。

但是这样的处理无法根本性地消弭贝聿铭对职业未来前途的忧虑。虽然贝聿铭在华盛顿、蒙特利尔、费城等地为齐肯多夫完成的大型规划，为他提供了宝贵的经验，但像一些低收入住房和商业开发等项目，都有艺术性上的局限。“我知道如果我待在这家公司，我将永远无法得到我真正想要的项目。”事实上，贝聿铭一段时间里确实被美国建筑师协会排除在外，因为有些成员认为他是“房屋建筑师”（House architect）。因为这些原因，贝聿铭所追求的那些在艺术上有挑战、曝光率高的项目一开始就将齐肯多夫的公司和贝聿铭排除在外。他一直觉得，他和齐肯多夫的关系，使他丧失了设计林肯中心的一部分机会，而这也是当时最受人追捧的设计项目。

1960 年，贝聿铭自立门户开始独立创业。这个新团队聚集了原来齐氏公司设计部门的核心人马，建立了贝聿铭及合伙人建筑师事务所（I. M. Pei & Associates）。而齐肯多夫给贝聿铭和他的合伙人写了一份很动感情，也很伤感的告别信。信中说，12 年不长也不短，“在一起，我们创造了历史。我们所经历的划时代的事件，都将被未来世界中当代生活的记录者们重视；在他们的笔下，我们的事业深远地影响了美国建筑史进程，而我们对美好设计所衍生出的生活方式做出的改变，也将被记录在册”。贝聿铭后来说，30 年后重读这封信，依然潸然泪下。就算在 30 年后，他依然感念齐肯多夫“教会了我如何评估一片土地；我看待一个地段的眼光完全地转变了”。齐肯多夫后来像是交了噩运：1965 年，公司破产；1968 年，个人破产，妻子飞机失事遇难；1976 年，在曼哈顿大陪审团判定他没有交纳州所得税六个月之后，齐肯多夫因第六次中风，离开了他曾叱咤一时的世界。

急于寻求突破的贝聿铭很快遇到了一个颇为理想的项目。当时国家大气研究联合大学（UCAR）校长罗伯茨是一位前沿天体物理学家，也是一位极具前瞻性的领导者。他希望在科罗拉多博尔德建立一个新的科研实验室。像齐肯多夫一样，罗伯茨也想启用年轻、名气不那么大但有潜力的建筑师。七所大学建筑学院的院长组成的设计师选拔委员会一致推荐了贝聿铭。

而贝聿铭也十分珍惜这个机会。为了切身感受这一片空间的风格，贝聿铭徒步走遍了整个山坡，甚至在顶上露营，希望能切身感受太阳、风以及这一片无边无垠的开放空间。国家大气研究中心项目于 1967 年竣工，它成型的设计是一座具有未来风格的混凝土建筑，和当时流行的野兽派建筑风格十分合拍，后来伍迪·艾伦在 1973 年拍摄的电影《傻瓜大闹科学城》（Sleeper）里还用到了中心的场景。从罗伯茨博士开始，贝聿铭与一连串大名鼎鼎的客户建立了亲密得可以称为合作的工作关系。

珍妮特·斯特朗说：“国家大气中心项目，使贝聿铭第一次有机会探索建筑的艺术。尽管从近处看，还有一些细节显得不甚完美，但它独特的风格和建筑语言仍然熠熠生辉。在接下来的职业生涯中，贝聿铭不断琢磨自己的建筑美学，做出更加自信和流畅的作品。”贝聿铭又一鼓作气，完成了艾弗森美术馆的设计。

1969 年，他因得梅因艺术中心和艾弗森美术馆项目，获得美国建筑师协会（AIA）的国家荣誉奖。这是协会第一次同时颁奖给同一个建筑师的两个博物馆作品。之前对这种建筑类型毫无经验的贝聿铭，创造了美国建筑师协会历史上的新纪录。艾弗森美术馆是贝聿铭后来一系列博物馆项目的开始。艾弗森美术馆建成之后，贝聿铭邀约不断。

贝聿铭的建筑事业实际上也是美国战后经济与社会发展的一个缩影。“战后，新建筑的需求特别广泛，因为几十年来没有建造任何建筑。随着美国向和平时期的经济过渡，贝聿铭独立职业生涯的开端和这次浪潮相一致。他早期的建筑反映了新科技的出现（比如，美国国家大气研究中心和MIT地球科学绿色中心）和文化机构的伟大复兴（比如纽约北部的艾弗森美术馆）。”珍妮特·斯特朗博士评价。

跻身名流

1963年11月22日，美国总统约翰·肯尼迪在达拉斯遇刺身亡，举世震惊。一场高规格的葬礼之后，肯尼迪遗孀杰奎琳就不再在公开场合露面，选择一种沉默的方式纪念亡夫。

自罗斯福总统开始，修建总统图书馆就成了美国政治的一种传统。对43岁就当选总统的肯尼迪来说，他曾以为未来属于他的日子还很漫长，如果能连任，8年的总统任期之后，他也不过51岁，他希望退休后能在母校哈佛任教。1963年10月，肯尼迪亲赴哈佛大学选定了一块2英亩的场地，计划将它建成一个档案馆、博物馆、教育中心以及他的办公室。没想到，一个月后，他便遇刺身亡。

肯尼迪去世一个月后，杰奎琳把肯尼迪生前最亲密的助手们召集到她在乔治敦的住处，商讨图书馆的具体建设计划。经过热烈的讨论，他们一致认为，未来的图书馆“绝不只是与总统有关的信件和公文的贮藏室”，而一定要有教育意义。此外，肯尼迪是一位天性随和不拘小节的总统，他的纪念馆绝对不应该是林肯纪念堂把林肯的宏伟雕像摆放在门口俯视众生的那种风格。此时的美国人民正对肯尼迪一家怀有强烈的情感，消息一传出，捐款便从四面八方涌来。

在如何选择能够承担这一任务的建筑师时，杰奎琳一时不知所措，她找到肯尼迪生前密友威廉·沃尔顿（William Walton）寻求帮助。身材高大的沃尔顿与肯尼迪是世交，他本人也是一位传奇人物，1944 年盟军在诺曼底登陆前几小时，作为《时代—生活》的战地记者，他与第八十二空降师一起，跳伞到诺曼底前线，并和他的朋友卡帕、海明威一起对随后的战役进行了报道。战后，沃尔顿也成为一位颇有成就的画家，他当时还帮助杰奎琳挑选油画来装饰白宫办公室。沃尔顿不建议杰奎琳对外公开招标，他说："与其让那些不了解肯尼迪的评判员挑选设计师，还不如亲自选择符合肯尼迪口味的建筑设计师。"

于是，他们采用了一种全新的方法挑选建筑师。1964 年 4 月，肯尼迪家族邀请 18 名世界上最著名的建筑设计师来波士顿，每人用不记名投票的形式选出候选者。在入围的 6 名候选者当中，贝聿铭排在第三位，排在他前面的两位是密斯·凡·德·罗（Ludwig Mies Van der Rohe）和路易斯·康（Louis Isadore Kahn），他们都是当代建筑界响当当的人物，与他们相比，彼时的贝聿铭的影响力显然还不在一个量级上。

杰奎琳决定亲自去拜访三位候选人的工作室，以加深了解。几周之后，考察团队在肯尼迪夫人的带领下驱车前往贝聿铭在麦迪逊大街的工作室参观。围观者将轿车挤得只能像蜗牛般移动，借助警察的帮助才穿过同样挤满围观人群的公司门厅。

当时贝聿铭仍租住在齐肯多夫的办公室里，工作室并不豪华，不过贝聿铭特意将它粉刷一新，并在不大的接待处摆放了一束美丽的鲜花，以接待杰奎琳。杰奎琳立即注意到了这一点。她发出了一声由衷的赞美之后，问贝聿铭："你们常放置这么美的花吗？"贝聿铭老老实实"交代"，那是专门为她买的。

"那是一个重要的会面，你知道那时候每个建筑师都想拿下这个项目。"珍妮特·斯特朗说。杰奎琳为世人所知的形象是举止优雅，而贝聿铭见面时精心布置的举动悄无声息地显示了他的诚心。

贝聿铭向肯尼迪夫人展示了自己的一些独立作品。当时贝聿铭并没有太多耀眼的作品，没有大音乐厅、博物馆之类的工程，多是贫民窟改造、低收入住宅等建筑工程。但是杰奎琳对这些项目显示出了相当大的兴趣，不停地问各种问题。“贝聿铭坦诚地对肯尼迪夫人说自己并不出名，但最好的作品一定就会是肯尼迪图书馆。年轻的贝聿铭所展现出的意念是一种改变世界的决心，正好符合杰奎琳和大众对肯尼迪的认知。”珍妮特·斯特朗评价说。

在此之前，杰奎琳去芝加哥拜访过密斯·范·德·罗的工作室。当时这位大建筑师抽着雪茄，说话不紧不慢，一副淡然处之的神情，另外，此时的他已年近八旬，杰奎琳对这样一位人选当然持保留态度。在费城，他们又参观了路易斯·康的工作室，这位童年曾被烧伤一半脸的建筑师不修边幅，办公室更是乱糟糟的。一比之下，贝聿铭显得更像一个有风度、优雅、有效率、运筹帷幄的建筑师。一位建筑历史学家感慨说：“贝一走进房间，光芒也随之而来。他精力充沛，信心十足，令人为之倾倒。换了你，会选择谁呢？”

1964年夏天，正与家人在意大利度假的贝聿铭得知自己成为一名黑马。消息一出，贝聿铭一下子登上了各大报纸的头版，一夜之间名扬四海。“那时父亲的名字进了报纸上的字谜游戏里，学校的同学们都知道我是谁了。”贝聿铭的幼子贝礼中笑着回忆。

但是准备好好施展一场的贝聿铭却遇到了意想不到的困扰。先是地址发生变化。剑桥当地社会的成员认为图书馆会引来大批游客，影响当地居民的生活，公开反对最初的计划。迫于压力，图书馆不得不重新选址。到了1968年，肯尼迪的弟弟罗伯特·肯尼迪又遇刺，杰奎琳嫁给了船王奥纳西斯，这使得本来就饱受重创的计划更加偏离了航线。雪上加霜的是，肯尼迪总统遇刺后，迅速筹集的2300万美元不断减少，严重的通胀也造成了余款的缩水。此后10年，能用在项目建设上的钱已经所剩无几了。社会思潮以及人们的情绪都发生了很大变化。

贝聿铭一家在欧洲度假

1975年，无奈的肯尼迪家族放弃了哈佛大学的场地，把新址选在了波士顿城外一处偏远的填埋区。虽然对这个地址也不是很满意，但贝聿铭还是迅速召集了他最老练的手下，从设计到施工，只用了短短三年就完成了项目。

1979年，在长达15年的建设后，肯尼迪图书馆终于落成。这是一座倚海矗立、黑白分明的现代化建筑。有人在新闻发布会上调侃了一句说："也许自法老时代以来，还没有哪位建筑师能像贝聿铭这样，和客户持续保持这么长时间的关系。"玩笑背后是一个令人心酸的事实——这项持续了14年的工程，其中有10年都用在寻找建筑用地上。在此过程中，贝聿铭和同事一起为每一个方案做了十几个模型，因为每一个方案都有不同的用地。

从某种意义上讲，肯尼迪图书馆项目成了贝聿铭职业生涯中的最大遗憾，但从另一个角度来说，它使得贝聿铭几乎在一夜之间成为家喻户晓式的人物，将贝聿铭的公司推到了建筑界的顶端。他后来经常说："那是我们公司真正的开始。"贝聿铭后来回忆说。杰奎琳曾经说过这样一句话："你跟我的丈夫有很多相同的地方。"贝聿铭与肯尼迪都来自哈佛，又出生于同一年；杰奎琳形容自己的丈夫很开通，没有一点成见，她觉得贝聿铭也没成见，两人之间交流得很顺利，"这有点化学反应的意思"。尽管肯尼迪图书馆的最终结果不尽如人意，贝聿铭与肯尼迪夫人的情谊并未因此而终结。1992年，贝聿铭还邀请彼时身份已为船王夫人的杰奎琳·奥纳西斯来北京参加了香山饭店的开幕式。

从巅峰到低谷

肯尼迪图书馆的效应，贝聿铭成了20世纪60年代末期最受欢迎的年轻建筑师之一，大量高级业务找上门来，贝氏事务所的业务一度四面开花，一位设计师回忆："似乎每星期都有激动人心的事发生，仿佛整个世界都在向我们开放。”

1966年，事务所搬到纽约麦迪逊大街600号的一幢办公楼里，贝聿铭与合作伙伴考伯和弗里德，这三个性格各异的人结成了一个团结高效的工作团队。

就在一切朝着令人鼓舞的方向继续前进时，公司却遭受了一次近乎致命的打击。

1973年1月的一个晚上，经过夜间的一场大风暴，位于波士顿考帕列广场上，正在施工的汉考克大厦的立面遭到了严重的损坏。几十块双层落地玻璃脱落，还有好几百扇窗被飞落的碎片打坏。不得已，大厦所有玻璃脱落的部分都被镶上胶合板，引起建筑界的一片哗然，当地的民众则戏谑地称其为“胶合板大厦”。

而汉考克大厦正是贝聿铭事务所设计的。当地媒体幸灾乐祸地将大楼称为“世界上最高的木制楼”，在他们眼里，这个事故正是野心勃勃、超越常规发展的公司的必然下场。其实事后的调查报告发现，问题的症结在于人造玻璃的缺陷。但不管怎么样，贝氏事务所的声誉当时遭到重创。贝聿铭的一位高级助手后来回忆，那段时间，他们坐出租车时甚至不敢提及自己是在为贝聿铭工作，否则就会遭受一顿嘲弄。自此之后，贝聿铭的事务所门可罗雀。贝聿铭晚年在回忆此事时说：“汉考克事件给我的事务所造成了不可估量的损失。因为谁也不会雇用一位被怀疑有失职嫌疑的建筑师。我成了建筑界不受欢迎的人。”

IBM曾于1969年雇用贝聿铭设计该公司的办公大楼，贝聿铭的初稿也得到了IBM高层的认可。然而汉考克大厦风波之后，IBM不再和贝聿铭联系，而悄悄起用了另一位建筑师。汉考克风波也让贝聿铭与洛克菲勒家族失之交臂。1974年，洛克菲勒家族从四名候选人当中挑选了贝聿铭，来为其在公园大道上的亚洲协会设计一所艺术馆。艺术馆里将收藏洛克菲勒三世捐赠的价值1000万美元的东方艺术珍品。无论从哪个意义上说，贝聿铭都应该是最合适的人选。但是当贝聿铭提交了自己的设计方案后，却并未得到热烈的回应。其身边人怀疑，“洛克菲勒家族显然受到了汉考克大厦的影响”。无奈之下，贝聿铭以一封辞职信的方式体面地结束了双方关系。

20世纪70年代后期，整个美国经济开始衰落，建筑业也跟着萧条。贝聿铭很早就在建筑界里有一个“名声”——如果你要按照预算来完成工作，那么就不能请贝聿铭。这个大形势下，贝聿铭的日子更加难过。这给贝聿铭的事务所以致命打击，甚至一度到了破产的悬崖边。

汉考克大厦进行了彻底的修整，1976年10月以崭新的面貌矗立在波士顿街头。后来还引发了汉考克公司、玻璃制造商以及贝聿铭事务所之间一系列错综复杂的诉讼，诉讼纠纷一直持续到1981年，经过冗长的谈判后，当事各方都同意接受和解，承诺“永远不再公开谈论大楼有关问题”。不过后来，波士顿人们也开始接受甚至欣赏起汉考克大厦，还有人将之比喻为“波士顿的艾菲尔铁塔”。

汉考克大厦风波让贝聿铭经历了他人生最大的一次危机，150人的事务所陷入困境。但是了解贝聿铭的人都知道，他笑容可掬的面容后面是坚强的意志。普林斯顿大学建筑学院前院长罗伯特·盖蒂斯说：“贝可以和他的建筑一样咄咄逼人。”

贝聿铭令身边的朋友印象深刻的，是他有一种处变不惊的超人冷静。他的合伙人伊森·列奥纳多曾经历过这样一件事：1960年5月的一天，贝聿铭和伊森一起到夏威夷出差。到了之后才知道，这一天，智利发生了大地震，而地震引发的海啸以每小时700公里的速度，横扫了西太平洋岛屿。仅仅14个小时，就到达了美国的夏威夷群岛。为了预防不测，他们预订的饭店已经把最下面的三层楼全部搬空。可是这却激起了贝聿铭的好奇心，他告诉伊森：“我得看看这玩意儿。”

凌晨3点钟，贝聿铭和伊森站在家具已经被搬走的空荡荡的大厅里。此时，他们已经得知，几个小时前海啸已经撞击大岛的东海岸，造成几个人丧生。这个消息还是没有吓倒贝聿铭。他和伊森两人紧紧抓住“粗得张开双臂都无法抱住的水泥柱子”。海啸如约而至，但并没有想象中壮观，这令两人有点失望。他们后来才知道，巨浪摧毁了夏威夷岛西岸的防波堤，淹没了大片的土地；不到 24 小时，又到达了太平洋彼岸的日本列岛。临太平洋沿岸的城市、乡村和一些房屋以及一些还来不及逃离的人们，都被这突如其来的波涛卷入大海。想起这一幕，伊森心有余悸："我们很幸运，我们根本不知道自己在和什么东西打交道。"

1970 年，贝聿铭夫妇带着小女儿，和朋友索尔古夫妇一起飞到柬埔寨游览吴哥窟。一天早晨，他们醒来时发现旅馆已经人去楼空。原来柬共军队发动突袭，夺取了从旅馆回金边的道路。人们正惊慌失措地忙于撤退。索尔古给法国使馆发电报，后者建议他们向西逃跑。于是贝聿铭一家和朋友丢弃行李，挤到一辆租来的小车里，在热浪和滚滚灰尘中行驶 100 英里到达泰国边境。索尔古的西方面孔可以提供保护，但对贝聿铭一家人来说就有点危险：一旦他们的护照被没收，他们就会被人误认为是逃亡的柬埔寨人。尽管其他人都忐忑不安，但贝聿铭还有闲情逸致在路旁的水果摊停下来尝尝榴莲的味道。后来贝聿铭一家安全抵达曼谷机场，他们在卫生间洗完澡以后接着飞往东京，在那里找裁缝重新做了一套衣服。两天以后他们穿着高雅精致的服装出现在巴黎，除了稍微有点受惊的样子，还是一如既往地从容自若。

这副从容镇静的神情，同样出现在贝聿铭面对自己的职业险情时。肯尼迪夫人来访时摆放鲜花的做法一直延续下来，鲜花依然准时绽放；事务所里也照样飘荡着咖啡的芳香。他也不愿意解雇事务所 150 名员工的任何一位。与齐肯多夫共事的经历也让贝聿铭见惯了大风大浪。从他的表情来看，大家看不出任何惊慌不安的迹象。

"幸运的是，贝先生找到了海外市场。"黄慧生说。一个解释是，贝聿铭能跻身新加坡的建筑业是因为新加坡的银行家都认识他父亲。到 20 世纪 70 年代中期，贝聿铭已在着手建设海外华人金融集团 52 层高的总部大楼。"来自地球另一端的项目一个接着一个，那个地方使我们在业务处于低谷时得以生存。"黄慧生说。同时，贝聿铭又在科威特、伊朗等中东地区开展业务。从小就在典型的中国大家庭长大的贝聿铭，对这种权威结构毫不陌生，与王公贵族们打交道，也游刃有余。让人惊讶的是，中东的那些权贵很喜欢同贝聿铭打交道。在最艰难时刻，海外业务的拓展使贝聿铭事务所得以维持生存。

从名流到大师

将贝聿铭从困局里拯救出来，从而也把他的职业生涯“稳稳地推到了建筑界的大师”上的，是国家美术馆项目。

保罗·梅隆（Paul Mellon）被称为“美国最富有、最有学识的人物”之一，梅隆家族与卡内基、洛克菲勒家族一样，都是美国最富有的那个小群体。保罗的父亲安德鲁·威廉·梅隆（Andrew Willem Mellon）是一位银行家，曾三次担任过财长。安德鲁·梅隆又是一位艺术爱好者，1932 年，他斥资 665.4 万美元从当时的苏联政府手中购买了 21 幅世界名画，这笔资金相当于苏联 1931 年向美国出口商品总额的 1/3。80 岁那年，梅隆在华盛顿捐赠了一座博物馆。尤为值得称道的是，这位谦逊的富豪并没有把自己的名字放进去，而是取名国家美术馆（National Gallery）。这在后来吸引了更多的人将艺术品捐赠于此。

20 世纪 60 年代，保罗·梅隆决定扩建国家美术馆。协助他工作的国家美术馆副馆长卡特·布朗来自罗德岛，著名的布朗大学即来自他们家族。在他们物色的建筑师名单里有 4 人，其中两位是贝聿铭和路易·康——和肯尼迪图书馆项目一样，贝聿铭又一次与路易·康成为竞争对手。

路易·康不善言辞，言语晦涩，他会以这样的方式阐述自己独特的建筑哲学：“我问砖头喜欢什么，砖头说‘我喜欢拱门’。”相比之下，贝聿铭显得优雅高效。他的事务所里都是常春藤名校毕业的建筑师，一位同行评价说：“康和贝许多地方很相似，但康是局外人，贝是贵族。”

梅隆与布朗乘私人飞机，亲自去视察贝聿铭的工作，艾弗森博物馆、德梅因艺术中心……飞机每到一个地方，贝聿铭的候选人地位就增强一分。特别是在国家大气研究中心，他们完全被说服了。他们视察了研究室，还在周围的平顶山上野餐。布朗回忆说：“我们急不可待地想进入那些充满赞美诗氛围的建筑，着手我们的研究。这些建筑有着准确无误的比例感和规模感——富于历史意义却又不失和蔼可亲。保罗·梅隆继承了他父亲的简洁风格。他转过身对我说：‘卡特，我很感动。’那时我知道贝就是我们要找的建筑师。”

梅隆与贝聿铭一见如故，不知是否因为两人背景相似——父亲都是银行家，父子之间感情若即若离。贝聿铭和梅隆后来也成为终身好友。

1968 年，贝聿铭正式接手国家美术馆的扩建项目。他面临的挑战很多，首先这块地的位置比较特殊：在国会大厦脚下，宾夕法尼西大道和国家广场交汇形成一个梯形场地。附近多是古典风格的重要公共建筑。除了特殊的三角地块外，贝聿铭必须考虑的，还有与西馆的呼应。“可能是因为我中国的一面，我将和谐置于首位，这是一个整体比部分更重要的地方。”

怎么处理这个特殊的地块，贝聿铭苦思冥想了很久而不得。就在他很焦虑的时候，有一次他从华盛顿乘飞机回纽约途中，突然灵光一闪。他用红圆珠笔在一张草图纸上画了一条斜线，连接了线上的两个点，画出一个大的等腰三角形——这就是后来的美术馆——和一个较小的直角三角形——后来的视觉艺术高级研究中心。贝聿铭这一笔可谓快刀斩乱麻，将复杂的难题简化。而整个设计的主旋律正是图纸上的这些三角形。这条线成为东馆设计的绝妙发端。难怪后来有人形容说，贝聿铭有一种罕见的“把迷宫一般的问题在脑海中重新组织、直奔核心的能力”。

贝聿铭对几何图案的坚持，无论在审美上还是在具体的建设上，都对既有现实是一种挑战。有人曾预言，东馆是“人类有史以来最丑陋的建筑”，质疑人群中甚至包括在肯尼迪图书馆项目上对他坚信不疑的威廉·沃尔顿。但贝聿铭对自己的设计非常自信，他把东馆扩建比作还戴着牙箍的少女，要看它美丽的面容必须等到脚手架拆掉之后。

项目施工过半，已远远超出预算（国家美术馆最终造价为 9440 万美元），消息传出后，外界一片哗然。有人嘲讽贝聿铭的费用过高，说聘请贝就是“付钱，付钱，付钱”（贝聿铭的英文姓为 Pei，与 pay 付钱发音相同）。但关键时刻，保罗·梅隆顶住了压力，他还是按贝聿铭的原计划进行建设。布朗回忆：“我们已经没有退路。贝说：‘让我们把这一切做好吧，这是千秋万代的事情。’于是梅隆说服其家族基金会为项目提供超支的几百万美元。”

由于没有以往项目时间上的压力，贝聿铭得以对自己的设计不断斟酌，精益求精。1977 年 4 月 26 日，贝聿铭 60 岁生日那天，他的部下送给他一块做成东馆那些混合三角形形状的大蛋糕。从一开始，参与东馆计划的所有人都明白，他们的目标是创造人类历史上最高水准的建筑，不允许有丝毫的折扣。

1978 年 6 月 1 日，国家美术馆东馆开幕。来剪彩的总统卡特称贝聿铭是“不可多得的杰出建筑师”。贝聿铭设计的精巧之处，在于它与国家美术馆原馆罗马式的建筑发生共鸣，却没有卑躬屈膝地模仿后者。建成后的东馆，在设计上有许多地方若明若暗地隐喻西馆，而手法风格各异，旨趣妙在似与不似之间。另外，贝聿铭与梅隆、美术馆馆长都有一种共识，他们不期望未来的美术馆高高在上，类若神殿使人望而生畏。而东馆很多空间的设计恰恰体现了这一点，它让美术馆摆脱以往的幽暗气质，更加亲民和明朗。开业两个月就吸引了一百万的参观者也说明了这一点。

贝聿铭自己对这个作品也非常满意，他说，国家美术馆项目可以排在自己最重要的建筑设计中的前三位。而这幕后最重要的推手保罗·梅隆更是由衷地自豪。他说：“我这一辈子，赞助创作了很多艺术品，但杰出的艺术珍品就是这么一个，这就是东馆。它雕塑般的墙体气势恢弘，比例和墙体角度新颖又精准细腻，好似现代建筑当之无愧的主角，矗立在舞台中心。当初是我最后拍板用贝聿铭的，我也永远都会以此为自豪。”

梅隆对贝聿铭的无条件支持，也是完成这个伟大建筑的一个重要因素。“当时贝先生设计了一个极其尖锐的角度（19 度）。当时石匠们都强烈反对，说这个设计不可操作，这样石头会碎。保罗·梅隆先生就问贝聿铭：这个锐角很重要吗？贝先生回答：‘是的。’就这样做出了决定。这就是信任。贝先生并没有把这种信任当作理所当然，也没有轻易把他的责任转给客户。”珍妮特·斯特朗说。

有意思的是，东馆建成后，大家发现，游客最喜欢摸的，就是馆外面的那个尖角。开馆几个月后，它就被摸得脏成一片，贝聿铭请当时尚未撤走的建筑承包商清理干净；可几个月后，他们发现墙角又被摸脏了，不但如此，还形成了很清晰的上下两条线——很显然，上面是大人摸的，下面是孩子摸的。于是馆方就放弃了清洗计划。这也许从另一个侧面表明人们对这个建筑的亲近感。贝聿铭后来说他也说不出当时为什么不顾反对，坚持这个设计，“可能我也感到石材的尖角很诱人吧”。

现在看来，国家美术馆这个项目仿佛就是注定等待贝聿铭的。这个项目万事俱备：地处黄金地段，客户资金充足且富有眼光，时间充裕，让贝聿铭可以毫无局限地进行他对建筑艺术的尝试。一片赞扬声外，也有一些刺耳之声，有人气恼贝聿铭把国家美术馆变成“最时髦的郊区购物城”，“一间奢侈的超级中转候机室”。但贝聿铭本人从来不反驳、不争辩。

值得一提的是，国家美术馆东馆项目，是在“现代主义”已经不那么“时髦”的背景下，赢得来自建筑界和普通大众的赞誉和喜爱的。在国家美术馆东馆从设计到建成的过程中，建筑界又发生了一次激荡。1966年，路易·康的一位学生发表了一篇反现代主义宣言，“使建筑业受到了半个世纪以来最猛烈的冲击”。就像贝聿铭一代对古典主义装饰风格持反叛立场一样，几十年后，这一批现代主义信奉者和实践者又站在被质疑、被反叛甚至被颠覆的位置上。但“贝聿铭却仍默默地奉行他的有节制的（美国公共）机构现代主义风格，这种美学在达到成熟境界时可以被描述成以精确开工进行设计建造的抒情诗般的几何学”。贝聿铭很少参加建筑界的各种学术讨论会，他总是与这个圈子保持着若即若离的关系。

关于国家美术馆东馆项目的意义，正如《贝聿铭传》所说：“有人把贝聿铭贬斥为一次已经枯竭的运动的最后痉挛、向高层板状建筑和大规模混凝土大厦的大倒退。东馆是贝聿铭对这一切的强有力的驳斥。”贝聿铭用这座“充满激情的几何结构”为自己赢得1979年美国建筑师协会金质奖章。此时的贝聿铭已牢牢地树立起一代建筑大师的业界地位。

蓬勃的事务所

在建筑史学家珍妮特·斯特朗看来，贝聿铭建造了20世纪末21世纪初最重要的一些建筑，但他最大的成就还是他创建的公司。“半个世纪以来，在设计、规划和技术方面他建立了丰富的内部专业知识。他总是非常慷慨邀请年轻建筑师，允许他们从头到尾参与整个建筑进程。这在其他很多建筑事务所并不常见。很多人在贝氏建筑事务所一待就是几十年。这些经验丰富的建筑师能够去别的地方，可能拿到更高的薪水，但是他们绝不会有机会在一个如此具有创造力、拥有全世界如此多重要项目的环境中工作。”

珍妮特·斯特朗说，在建筑业，有些规模不大的事务所会接手一些小的项目，然后让个人发挥创造力；但在另外一些层面，一些大的建筑事务所，更像商业模式运作，有能力接手一些大的建筑项目。“贝氏事务所则兼具两种公司的特点，它把小的工作室的艺术创造力和复杂建筑项目需要的专业知识和合作能力结合起来。”“一走进贝的办公室，就听到了悠扬的古典音乐，也就从此开始感觉到了创造性的气氛。然而，其他的建筑师则习惯于在一种更严谨、更直接的氛围中工作，而这里的总体画风是完全不一样的。”这样的气氛也吸引着更多有抱负的建筑师加入进来。虽然贝聿铭不喜欢大家称他为“老板”，但在大家心里，他的确是一位好老板。

黄慧生是贝聿铭独立出来后招的第一个员工。黄慧生1928年出生于密西西比的玫瑰谷，是只会说英语的第二代移民。“当时贝先生毕业于哈佛，考伯也来自哈佛，其他人也大多来自藤校、MIT、哥大、普林斯顿，

出生于密西西比的华人黄慧生在贝氏事务所工作四十多年

只有我和哥哥来自佐治亚理工。”提起这一点，黄先生也很自豪。不过他断然否认是因为自己的华人身份，恰恰相反，“贝先生希望打造一个国际化的事务所，他并不希望外人把它看成是一个亚洲人的公司”。

“贝先生是个十分有魅力的人，他有一个招牌式的笑容，无论和国家元首、大公司总裁、团队的建筑师还是合作者交谈，他都魅力非凡，让每个人都觉得自己特别，好像他们是房间里唯一的人；贝聿铭是一个卓越的沟通者，他对人际关系有一种非常敏锐的感受力。从很早开始，贝先生就坚持，要选择客户而不是项目。事实上，他的确也拒绝了一些项目。基于相互尊重和信任的私人关系，总是非常重要。”在贝氏事务所工作了 18 年的珍妮特·斯特朗感受颇深。

“但是建筑是一项非常实际的事业，你必须要有预算，有交工期；贝先生也是一位非常实际的人。特别是许多大项目，你不能浪费时间，你必须同时满足计划期限和预算。”黄慧生说，因为事务所业务的不断增加，贝聿铭通常会将这些项目分到下面来做。在项目进行到关键时刻，他会听取意见。“他很忙，不可能从头到尾盯一个项目，但是他有一种迅速抓住问题本质的能力，快刀斩乱麻，解决问题。贝先生的特别之处是，他在MIT学过工程，所以他懂得工程师的语言。他可以同结构工程师交流，影响他们、挑战他们。如果你不懂工程，就会被他们所压制。”黄慧生承认，“贝先生无疑是一位天才，是很有能力的人。跟他一起工作非常有挑战性，你不能仅仅说‘我喜欢’或‘我不喜欢’，你需要为自己的观点辩护。比如你可以说你不喜欢他在卢浮宫设计的金字塔，他说：‘好，那你会怎么做？’”

在贝聿铭身边工作了40余年的黄慧生，对贝聿铭有着深刻的观察。“诚实地讲，他喜欢同最终有决定权的人打交道。他有时与下属在一起工作，并没有那么耐心。他知道他们不是最终做决定的人，这是浪费时间。创造一个平地而起的项目，并不容易，所以他急于同能够深刻理解问题的人交流：‘告诉我，你的公司是什么样子的？告诉我，谁负责？’贝先生有一句名言：我想同顶尖的人对话。贝先生对某个领域做得好的人非常欣赏，这个顶尖的人可以是马友友，也可以是医生、理发师、鞋匠、家庭主妇……不管你在哪个领域，只要你做得好，他就非常欣赏你；

贝聿铭在卢浮宫金字塔模型前

如果你是马友友，也会赢得他的欣赏。”

“贝先生很少批评人，你知道，中国文化里有很多诅咒的话，但他从来不会说这些话。这是他的教养。一位资深的业内人士向他汇报一件事，等到那个人离开，他不说这很糟糕或什么，他说：毫无价值。这是我听到的最严厉的话。诚实、单纯、低调，这是他的处世哲学。他对我像导师一样。我也觉得自己很幸运与贝先生工作。上世纪八九十年代，他是世界级的建筑师，贝氏事务所也是世界顶尖的设计事务所，在亚洲和欧洲都做了很多项目。很少有人像他那样，改变了一个城市的天际线，但他做到了。”

对出身阶层迥异而造成的那种微妙距离，也许只有华人出身的黄慧生能敏感体会到。“我们很少有私人的谈话，即使在外面出差的时间。贝先生有自己的朋友圈。用西方的话说，他属于‘蓝血’阶层——就是出身于富贵家庭。与我的阶层不一样。我们两个人可以做一个很好的对比：他出生在中国一个富裕家庭，而我生在密西西比一个贫穷的华人移民家庭。所以我能感觉到我们之间的距离。他的朋友圈全是艺术家、收藏家……他们了解艺术，知道关于艺术的一切。”

“你问我与他亲近否？不。我过了很久才感觉与贝先生工作自在些。我是亚洲人，虽然我在中国待的时间并不长，但我也受东方文化的影响，比如说尊重长者和权威，不管是家庭里的，还是工作上的。虽然现在这些传统也在慢慢丧失，但还是有。我到了贝聿铭事务所之后，我知道他是我的老板，所以我对他也表现出了那种东方式的尊重，贝先生也能感受到我的态度。这与周围的美国同事不太一样。他们即使知道那是他们的老板，他们也不会像亚洲人那样。”

在黄慧生眼里，贝先生是一个注重隐私的人。“他很少谈及家庭和孩子。不像西方同事，一起喝酒、谈棒球、谈孩子……”黄慧生在很多场合也遇到过贝聿铭的夫人陆书华：“她举止端庄，无论什么时候看见她，她的背总是挺得笔直。我太太以前开玩笑说自己永远挺不了那么直。”

东西之间

随着贝聿铭在美国建筑界的名气越来越大，他的东方背景和家族故事在更广的范围内被传播和为人熟知。而他与建筑界、文化界、商界乃至政界主流话语圈或远或近、或疏或密的关系，也使得他的身上笼罩了几分神秘色彩。有人形容他“对权力的各种微妙关系的敏感程度，可与声纳相媲美”。贝聿铭性格中哪些特质是东方的，哪些又是西方的，这也成了很多对他感兴趣者闲谈的话题之一。

“他们并不会把他看成一位亚洲人，而是一位有天分的、敏感的、最顶尖的设计师。但某些时候，他的东方背景也会有影响。当初香港汇丰银行选择建筑师时，也邀请过贝聿铭，但他拒绝了。他知道，当时香港作为英国殖民地，对方倾向的很可能是英国人而不会选一个华人。后来证明果然是。所以种族的确是有影响的。但是澳大利亚在选择首都时，他也被邀请担任评审员，而他做出的评判对于最终的决定起到了很大的作用。”黄慧生说。

贝聿铭曾对他的朋友说过这样一段话：“我很西化，这没错。但这远非事情的全部。我对两个世界的人都很了解，和他们在一起都很自如。但说到底，我和西方人之间还是有一道屏障。虽然没有竹帘那么厚，但这道薄薄的屏障最后还是把我们隔了开来……东方人和西方人的差别，比俄罗斯人或者中东人等任何其他人种之间的差别都要深刻，这也许是因为我们的历史太悠久。我们的文明可以追溯到那么遥远的年代，比任何国家的都要遥远……”贝聿铭又说了一句意味深长的话：“我比你想象的要中国化得多，我猜我没有在你面前表露这一点。我不知道我是不是故意这么做的。”

1974 年，贝聿铭在时隔近四十年后重返大陆；1978 年，贝聿铭被邀请到中国，对北京城市发展和规划提出建议。

“那时候刚开始改革开放不久，中国政府想发展旅游业挣外汇，希望建造一些新的酒店。邀请贝先生回国。我是先头部队，提前两三天到

贝聿铭早年在中国

了北京。我们否决了好几处选址，因为在那些地方建酒店，会伤害原有的人文景观。有一天，当我行走在景山公园北边时，我意识到尽管在地面上看，故宫周围的城墙非常令人震撼，但如果从高处看下去，紫禁城的气势就消失了。任何过高的建筑，都会使人们居高临下地看着故宫，如果这样，中国一个重要的旅游景点就会被毁掉。于是我在一张纸上画了示意图，让大家站在故宫北门延展的中轴线上，并建议，不要在附近建高层建筑。两三天后我们交换笔记时，贝先生看到了这个想法。而这个条件所限制的视野角度，就是北京现在在故宫附近实行的政策。现在这条线被称为 Pei-Cobb-Freed 线，或者 Pei 线，因为我为这家公司工作，所以这么叫也是准确的。”黄慧生说。

“许多重大而复杂的项目找到贝先生，部分是因为他处理人际关系的策略和他的能力能够克服那些最困难的障碍。他从来不会在没有事先做大量研究之前进入一个项目，只有这样他才能理解问题所在，能够从文化、历史、政治、社会方面去评估它们。”珍妮特·斯特朗说。

1990 年，73 岁的贝聿铭从事务所退休，此后，他在欧洲、亚洲和中东等地接下了一系列小项目，这些项目全由他亲力亲为。“从 1990 年起，我不那么在乎建筑物的造型了。设计一个独特的建筑造型对我不再是件难事。去了解认识我所做的才是很大的挑战，我开始研究各种文明。”他只接手自己感兴趣的项目，追求一条商业信息没有那么浓郁的艺术线路。他退休后的作品分布世界各地，包括卢森堡、德国、英国、日本、中国和卡塔尔。令人惊叹的是，晚年的贝聿铭仍然保持旺盛的创造力。

建筑评论家卡特·怀斯曼说：“贝聿铭是一位以工程学为根基的现代主义建筑师，与此同时，他更牢牢地抓住艺术和文化的灵魂。”

贝聿铭被称为“最后一个现代主义大师”，有人评价，在使现代主义成为美国公共机构的官方风格这方面，贝聿铭所作的贡献超过了任何别的建筑师。但贝聿铭本人似乎对冠在身上的各种标签毫不在意，也很少公开表达他的建筑哲学和建筑观点。他参加建筑师行业的会议的时候，很多建筑师热衷于表达自己的建筑观点和理念，乃至批评同行的东西，贝聿铭几乎总是不置可否，不表达自己的看法。这也引起了一些建筑师同行的不满，说他圆滑世故。但贝聿铭只是说：“我不属于任何流派，也没有投入任何建筑运动，吸引并群聚追随者特别是青年建筑师好让自己成为有品牌的建筑师，那不是我的方向。”

“贝聿铭没有固定的风格，这意味着他不会带着‘这个建筑应该是怎样’或者‘要用怎样的材料’这样预先的想法去开始一个项目。几十年来，他持续某种坚持和纯粹，决不加入类似后现代主义、解构主义或者其他20世纪的‘主义’的流行趋势中。相反，他坚持现代主义的审美和一致的几何逻辑，非常精确。‘几何’是工具，而不是目的。”在珍妮特·斯特朗眼里，贝聿铭并不是那种口若悬河的理论家，而更像是一个有着基本话语的哲学家。或许，贝聿铭把有关自己的一切都交给了他的作品去解释，“他相信他的建筑自己能说话”。

参考书目：《贝聿铭全集》《贝聿铭传》《贝聿铭谈贝聿铭》）

“在今天这个时代，他仍然会是一名伟大的建筑师”

约定去“贝氏建筑事务所”（Pei Partnership Architect）采访的那天，早春一场突如其来的暴风雪袭击了纽约，正担心采访是否会顺利进行，贝建中和贝礼中却相继如约而至，一边抖落身上的雨雪，一边为眼下的不便表示歉意。谦逊，温和，有礼，这是兄弟俩予人的共同印象。

贝聿铭给三个儿子分别取名定中、建中、礼中，又给唯一的女儿取名“莲”，“父亲给我们取的名字都很中国”，不过几个孩子中，只有外形酷似父亲的贝建中可以说中文。“父母当年以为我们早晚要回到中国，所以没有特地教我们说中文”，贝建中解释。有趣的是，在熟悉他们的建筑圈里，建中（Chien Chung）和礼中（Li Chung）的大名被提及得不多，反倒是自小父母对他们的昵称 Didi（弟弟）和 Sandi（三弟）成了广为人知的标签。

贝聿铭的三个儿子都算是“子承父业”，去世的长子贝定中是城市规划师，贝建中与贝礼中都成为建筑师，也在早期参与过父亲的很多大项目，直至1992年兄弟两人创立“贝氏建筑事务所”。事务所迎面的墙上有一幅大照片，贝建中提醒说，这是他们负责的中银苏州分行。从苏州到纽约，演绎了一个家族的故事，也成为近代中国故事的一个缩影。

我的父亲母亲

问： 贝聿铭先生回忆说，因为他的父亲（贝祖诒）比较忙，他幼年时跟母亲关系更亲近。你们是在什么样的家庭环境下长大的，是西式的，还是传统的所谓“严父慈母”的东方模式？

贝建中： 我们完全是在西方教育下长大的。我的大哥是1944年出生的，我是1946年出生的。我和哥哥、弟弟之间说英文。父母并没有特别教我们说中文，因为他们想早晚会回中国，到那时我们自然就会说中文了。我的父亲来自上海、苏州，所以父亲会说上海话，母亲来自天津，她讲普通话，但有趣的是，他们都说广东话。我到妈妈家那边，听他们说普通话；到爸爸家这边，听他们说广东话，回忆起来很有意思。

贝礼中： 我们虽然是在非常西方的环境中长大的，但是在家庭中，那种人际关系还是非常传统的中国式的。我们非常尊重父母和儒家的思想，这都是非常东方的观念。我们总是经常一起聚餐，即使我们都结婚了，我的母亲也会在周末将大家召集起来，吃饭或是进行其他活动。母亲去世后，我们依然常与父亲聚会。这种亲密感，正是家庭的重要所在。当然，从另一方面讲，我父母都经历多年的美式教育，他们英文都讲得极好，可以说非常好地融入了美国的生活，而这种适应生活环境的能力，也帮助了我父亲的职业生涯。

问： 我知道你们的母亲不但出身优渥，也同样毕业于哈佛大学。为了父亲的事业，她最终放弃了自己。父亲曾经说她是他“最好的顾问”，母亲对父亲的事业、对整个家庭意味着什么？

贝礼中： 我非常高兴你问到我母亲的事，我相信父亲对此也会很开心。在很多家庭，女性角色都被丈夫所笼罩。在我们的家庭中，父亲成功的前提就是我母亲的参与。我父亲总是在外忙碌，那时候我们上寄宿学校，母亲与我们很亲，但另一方面，又让孩子们与父亲有一点距离，让他可以全身心地投入工作。母亲也常常将我们聚在一起，夏天，我们会在郊外一起度假。

我的母亲是一位非常优雅、非常知性的女性。她从不惧怕说出自己的想法，这种直率对我父亲是很有帮助的。因为她也有建筑学的造诣，她当年在哈佛学的是景观设计，所以母亲知道建筑师这个行业有多辛苦。她有极好的品位，也总能将自己的好恶传达给父亲。我确定，她也帮助了父亲早年间的工作，而且也给予了父亲极大的信心和支持。我父亲非常相信我母亲的眼光。他们互相尊重，十分恩爱，同时也很有幽默感。我敢说，他们可以说是天作之合。

在时事、政治这些方面，我母亲要比父亲参与得多。她非常进步，也热心参与公共事务。她认为自己有责任，也对世事有自己的看法；我的父亲更加内敛，他很少在公开场合表达意见。其实他与我母亲基本上有共同的价值观，但他太出名了，所以必须对自己的言行更小心些，因为必须与许多人打交道。

贝建中：母亲的兴趣与父亲的兴趣相同，她对父亲的职业参与得比较多，父亲也相信她的眼光。从这一点上说，我不觉得母亲被父亲“遮蔽”。

问：对祖父贝祖诒还有印象吗？

贝礼中：有印象，有印象，虽然我们并没有共处很长时间，但我们有非常温暖的牵系。我爷爷那时住在纽约，我们每年都能见到几次。我祖父对待我们就像我父亲对待他的孙辈一样，非常温暖慈爱，他总是笑哈哈的。

我的父亲和我的女儿关系非常好，他在她面前一点也不严厉，她也喜欢他，他们见了面，总是亲啊亲啊……在旁边注视这对爷孙俩真是很美好的事。我的女儿是第三代中最小的，是我唯一的孩子，今年刚19岁。她出生时，我的父亲已经八十多了。我当时不知道父亲还有多长时间。

我妻子总是陪伴他，而我的妈妈，也和我妻子非常亲近。你难以想象，这么多年我们每周都带女儿去见爷爷。他们关系非常亲，我相信我女儿是孙子辈当中与他最亲的一个。

建筑师之路

问：1952 年，贝聿铭先生在纽约郊区卡托纳（Katonah）为小家庭修建了一座私人度假屋，这是他的第一个私人住宅，是一座完全现代主义的建筑。你们对“建筑”的第一个概念是否来源于此？

贝礼中：是的，它的外形非常独特。也可以说是我第一次认识现代建筑和我父亲工作、想法的窗口，因为我们观察了施工的全过程。虽然不记得我们什么时候决定要做建筑师，但我想这栋建筑一定起了影响。

问：与父亲一样，你也毕业于哈佛大学建筑系。对你来说，成为建筑师是一件很自然的事吗？

贝礼中：不，完全不……但另一方面，当我最终做出这个决定的时候，我的老师们非常鼓励我，因为他们看到我的才能，并鼓励我实现它们。其实我在大学时，有很多机会去教书。当然做一名建筑师最终是我的决定，我并不后悔，这是个神奇的领域。我们的经历比我父亲看起来更困难些，但我热爱它。

问：贝建中先生在哈佛大学原本是学物理的，但后来也像父亲一样成为一名建筑师。这背后有什么故事，是父亲有意识地培养你子承父业吗？

贝建中：这是一个复杂的故事。其实我很喜欢物理和数学，而且早期我也上了很多电脑科学的课。我从那里面学到了不同的思考方式和解决问题的方式，我们叫做“科学方法”，这与其他建筑师的思考方式很不一样。当你学习“科学”的时候，它是一种非常缜密的方法论，我想这对成为一名建筑师也是非常必要的，但不是每个人都受过那种训练。

我成为一名建筑师，可能也与东西方不同的教育制度有关。当我在哈佛学习的时候，除了专业之内的课程，还要选其他领域的课。因为我对绘画之类的感兴趣，所以我也选了很多与建筑、艺术有关的课——我妈妈在卫斯理的专业是艺术史，所以我也选了很多艺术史的课。我后来发现，上了很多与建筑有关的课。也许从某种角度看，我从物理专业到建筑专业，有点奇怪，但从哈佛大学的角度来看，又没有那么奇怪。

问：在你们成长过程中，什么时候意识到父亲是一位“大人物”的？

贝礼中：上世纪 60 年代，我十四五岁时，当时父亲在费城主持一些建造住房的工程，我看到他设计的建筑，那时就有一种非常自豪的感觉。在高中时，父亲成了报纸上猜词游戏的人物，特别是在肯尼迪图书馆项目完工之后，他的名声更大了。当时我还在寄宿学校，突然就发现父亲上了头版，每一张新闻报纸的头版。学校里的每个人都知道他是我的父亲，那时我意识到为什么他被如此地尊敬。

问：贝聿铭先生在建筑领域取得了巨大的成就，这对你们是一种压力吗？你们是否介意外界总是拿父亲的成就与你们的工作做比较？

贝建中：压力一定是有的，但压力不是坏事。我们并不是想与父亲竞争。正如刚才说的，优势也可能是劣势。我是乐观主义者，在我看来，做一名成功的建筑师，必须是一位乐观派。我习惯于看“作为贝聿铭的儿子”所带来的正面，而不是它的负面。我想压力是好事，它总是让我们做得好上加好。

贝礼中：这是一种躲不掉的压力，但我学会了如何与它相处。这是一个现实，我并没有感觉父亲的名声对我而言是一个负担。不过我非常小心地不让自己陷入他的名声中。他的成就不是我的成就。有的人会“子以父贵”，但这不是我的人生观。我以为，我们每个人都要为自己在同行中赢得尊重，他的成功激励我，让我做到最好。这的确是我唯一能做的。

问：作为一名建筑师，你们从父亲身上学到了什么？

贝建中：建筑涉及方方面面，这也是我最喜欢它的原因。在事务所里，我们有在某些领域非常专业的人士，但是成为一名领导者，必须要知道一切事情，当然你不必对每个细节都了解得如专业人士一样，但建筑师必须给其他人以指导，包括与他们合作的工程师，比如结构工程师，空调工程师……如果你懂工程，工程师才会尊敬你。你要用足够的知识，去挑战他们，让他们做得更好。

从这个意义上讲，建筑师是最后一个“你必须知道一切”的行业。在西方文化里，我们称之为“文艺复兴人”——就像文艺复兴时期的米开朗基罗，他既是一个绘画家、建筑师，也是雕塑家、诗人，文艺复兴时期的人似乎了解一切知识。今天是不可能了解“所有事情”，但建筑师，我会认为是这个时代最后的“文艺复兴式的职业”。在我眼里，父亲就是这样一位了解很多方面知识的建筑师。

贝礼中：父亲的确有一种与众不同的综合能力。这一部分是由于他的文化背景，一部分是因为他总是对历史、文化和人们都非常感兴趣，他为了理解这些背景，沉浸其中。在他开始设计之前，他必须了解这些背景知识。我也能感受到这些，但我并没有他这样的能力。

父亲设计多哈的伊斯兰艺术博物馆就是可以解释这个的完美案例。除此之外还有法国的卢浮宫、日本的美秀博物馆……这些都要求他必须理解一个不同文化的本质和精髓。所以他旅行，阅读，学习，研究，询问专家，向别人寻求意见，然后再去实地勘察。他曾经去浏览许多方面的事情，然后提炼其中的要素。他将建筑看作一种提炼的过程，它应该非常纯洁、清晰，这是他的追求。

这是一种融入各种环境后发现精髓的能力，这对他做公共建筑非常有帮助——父亲职业生涯的大部分设计都是公共建筑。我期望自己也能够完成，但我不认为我有这样的能力。当然，父亲也非常幸运，他职业生涯的大部分客户都是非常棒的人，他们总能给他很大的空间和自由。比如肯尼迪的项目、华盛顿的国家美术馆、德国总理科尔、卡塔尔酋长……他们都愿意让父亲可以独立承担，父亲也总能交出很棒的作品。

问：你们会称父亲是天才吗？

贝礼中：是的，我会称他为“天才”。我不轻易用这个词，但我会这么形容他，或者说，他有超凡的能力。我之前提到了融汇不同文化的能力，还有以知识分子的方式去观察、阅读和探索。他总是很有好奇心，又很有自制力，同时又很努力。他具有从现象中抽取本质的能力。有很多建筑师都能想出奇妙的点子，但是切入核心，将想法提纯，这是特殊的才能，并不是每个建筑师都能做到。他也许是唯一的。

很多人并不能像我父亲一样欣赏历史的妙处，他们认为新潮时尚才是建筑的核心。这不是我父亲的设计理念。他非常想理解建筑如何成为延续整体的一部分，一个建筑成为永恒的、持续的历史的一部分，才是好作品。我们总是注意永恒的（timeless）、持久的（enduring）、必须的（inevitable），这些是我总会遇到的词汇。作品的力量基本却又强大，才是持久的本质。这些词我用过太多次，但它们真的适用在了我父亲的作品身上。

问：与其他著名建筑师相比，贝聿铭先生非常特殊的一点是，即使 90 岁时也依然非常活跃，还设计了很多作品。是什么让他仍然保持如此旺盛的创造力？

贝礼中：也许他的能量来自于他的好奇心，只要你对生活好奇，你看到一件事，就想理解它的本源。如果你抱有这样的好奇心，做任何事情，你都会想找到更好的办法。也许是这种特性使父亲更年轻了。你可以从他最近的建筑中看出来。

中国之缘

问：贝礼中先生现在负责旧香港中银大厦的翻新工作。众所周知，你的爷爷贝祖诒曾是中银香港分行的创始人，你父亲设计了中银香港大厦，对你来说，担负这样一个工作是不是有一种特别的使命感？

贝礼中：这项工程到今年秋天差不多能完工，而 2017 年正是中银香港的 100 周年纪念。这个项目开始的契机，就是我祖父上世纪 50 年代主持修建了这栋建筑。这是一项非常有意义的工作。这使中银对我们而言，不像是客户，更像是老朋友。我们非常感激中银依然选择我们来完成这个项目，这是我们家族的荣耀。我每次告诉父亲关于香港项目的事，他都非常关注它的进展。我曾在 80 年代帮助他设计如今的香港中国银行大厦，多亏了中国银行的细心维护，这栋建筑至今依然状况极佳。它依然是香港的地标性建筑，也是中国银行在香港的象征。他们对这栋建筑的初心和对我们设计理念的理解，也显示了他们对我们的尊重。我父亲并未对这次的项目提出许多具体的建议，但他展现出的兴趣和信心，和对原本设计理念的了解，让我们知道应该如何改进这栋建筑。

问：贝聿铭先生是在中国出生并长大的，东方文化的影响对他来说是与生俱来的；而对你们而言，你们在美国长大，你们如何获得东方的文化营养？

贝建中：我们当然是典型的在美国长大的华人。但在美国长大并不意味着我们就对中国文化不了解。我们家的情形是这样的：我父亲的大家庭在纽约，我母亲的大家庭也在纽约。在中国传统中，家庭是非常重要的。我们经常聚在一起，我的叔叔、阿姨都会来；另外，我的父亲从大学起就有很多中国朋友，他们经常聚会，吃中国餐。我想我对中国文化的了解就是从这一点一滴开始的，并不需要刻意去学。当我年轻的时候，中国大门没有打开。1969 年，我在台北生活了三个月，那是我能接近大陆的最近的地方。当然一代一代继承得越来越少。像我的下一代，他们对中国文化的了解就比我少了不少。

贝礼中：我们并非在中国长大，我也不能说中文，我对此也很失望。我和哥哥都有西方的思想，但私底下的交流和家庭的生活方式，都是中国的。我认为这也是我们基因的一部分。当我遇到中国客户时，不会像西方人与中国人那样交流和做生意。我试图交流时更温和，我对客户更尊敬和友好，我试图做到这点。因为我观察过我父亲和人交流的方式，他可以柔中带刚。

问：当你们 1992 年决定从父亲的事务所“独立”出来、自己成立事务所的时候，父亲给了你们什么建议？

贝建中：之前我们在父亲的事务所工作了很长一段时间，后来我们决定自己做。我去见他告诉他这个决定。他说："好吧，如果你决定了，我会尽量帮助你们。"但他并没有说："这是一个好主意！"或者"不，不，这是一个糟糕的决定！"他只是说会尽力帮助我们。

问：你们的事务所现在发展状况如何？互相之间是如何分工的？

贝建中：我们是一家中型的事务所，规模并不算很大。我有我的团队，三弟有三弟的团队。我们是这样的相处原则：我可以对他个人进行评论、建议，他也可以对我评论、建议，但我不会评价他的团队，他也不会参与我的团队。即使是客户，他们也想明确地知道自己是在同哪一个"贝先生"打交道。如果混在一起，团队糊涂，客户也糊涂。如果说分工，我在医疗建筑上面投入得更多一些。

问：我注意到你们的事务所有很多与中国的合同，你们会把业务有意识地向中国转移吗？

贝建中：改革开放之后，建新建筑的需求非常强烈，但建筑数量太少。他们建了很多标准化的建筑，所以中国建筑师们接受的训练太少。用标准规模，标准的窗，标准的房子……看每个建筑，都差不多。我们当时尽可能给中国带来一些新鲜的东西。但如今，中国新一代建筑师与老建筑师不一样了，中国市场越来越大。我从父亲那里学习到的一件事是，我们应该帮助中国。但这并不意味着我们必须到中国。我们希望与中国方面紧密合作，并不仅仅是与我们的客户，还有中国的建筑师们，我们一起工作，也让中国的建筑师们了解我们和西方建筑师的工作方式。1976年我与父亲一起参与了香山饭店的项目。40年过去了，现在中国的建筑师们越来越优秀。

在我看来，建筑就像自己的孩子一样，你希望它能尽量长久。可是中国的建筑物不太一样，它们往往不会"活"很久。比如在我帮助完成规划设计的某个城市，2013年的建筑都会被认为"老"了。这很多是因为设计一幢建筑时，其他因素考虑得不够，过了几年，就暴露出许多不合适的地方，被拆掉重建，这当然是一种浪费。

贝礼中：我们对中国有很大的兴趣，希望能帮助中国发展，这是我们在中国投入如此多的精力的原因。我们接受了西方教育，如今将我们的知识、技术和建筑实力带到那里，促进中国的进步。从90年代中期开始，我们目睹了中国的崛起。中国的建筑水平确实提高了——虽然还没有达到他们期待的那样。虽然我们对有些作法不赞同，但我们很高兴能够在中国工作。

问：外界好奇的一点是，贝家第三代还会继续选择做建筑师吗？如果那样的话，将是一个传奇。

贝建中：连续三代都从事一个职业，这当然是一个很好的故事，但事实上这很难。孩子们都长大了，由他们自己决定自己的职业。

贝礼中：我的女儿刚刚19岁，她还需要学习很多。就像我父亲对我一样，我不对她施加太大压力，或告诉她应该做什么。我希望她找到自己想做的事情，并热爱它。我希望能为她提供最多的机会，但她又能自主地做出选择。

问：作为一名同行，你怎么评价父亲？

贝建中：在我眼里，在今天这个时代，他仍然会是一名伟大的建筑师，即便他是在70年前接受的关于建筑的训练。对一个建筑师来说，最重要的是什么？是眼界。而在我父亲的建筑里，他的眼界是一种超越时代的永恒。有的建筑师设计出来的作品，你一眼就能看出，噢，这是上世纪80年代的，这是2000年的，因为这就是他们在那个年代竭力想做的。建筑不是时尚，今年流行这个，明年流行那个……父亲的建筑风格，也是我们希望能达到的目标，就是这种超越时代的永恒。而创造伟大的经典，这才是一个建筑师的本质。

奥兹：我爱耶路撒冷，但它变了

采访时间：2018 年

以色列作家阿摩司・奥兹

79岁的奥兹每天凌晨4点起床，这是他年轻时在基布兹养成的习惯——每天早上这个时候，他要起床去农庄挤牛奶；离开特拉维夫北边的公寓，他在公园里的长凳上坐一会儿，让头脑清醒起来。然后看着一家窗口的灯亮了，他开始想象这一人家的生活，什么困扰着他们的生活……一个故事或许由此开始。

出生于1939年的阿摩司·奥兹被称为以色列最富影响力的作家，他的作品始终关注犹太民族和以色列国家的漫长历史。自20世纪60年代登上文坛，出版过12部长篇小说和多部中短篇小说集，也是诺贝尔文学奖呼声最高的作家之一。除了文学，奥兹还积极投身于政治，他经常在以色列的媒体上发表政论，也是以色列最早提出“两国方案”（即赞成巴勒斯坦建国）的知识分子之一，为此，他甚至被自己的同胞骂为“背叛者”，但奥兹无惧于此，相反，他自豪地说“这是我的荣誉”。

奥兹出生在耶路撒冷，这座有着太多苦痛记忆的城市，也让奥兹的文字有着别具一格的厚重。但谈起今日的耶路撒冷，奥兹毫不掩饰他的态度，“这个城市越来越极端了”。

好的故事是一种馈赠

问：坦率地说，读您的小说并非一件轻松之事。因为它里面有太多关于犹太教、犹太民族以及以色列这个国家历史的内容，信息非常细密而复杂；与此同时，您本人被称为“最有影响力的以色列作家”，您的作品屡次在国际上获大奖，在中国也有很多拥趸。您怎么看这个现象？

奥兹：先从这个说起吧。眼下我正在读中国作家阎连科的作品，它讲的是中国一个小山村的故事，我非常喜欢。阅读过程中，我发现有两个令人兴奋之处：其一，我们都有相同的秘密，我和他突然在一个中国小山村里找到了很多共同的角色；其二，则截然相反，他的小说永远不可能是我的，它是彻头彻尾的异域。所以当你读一本小说，你找到了两个兴奋点：一个是我，一个永远不是我，即便你给我一百万美元，我也写不出来，我不可能是那个写作者。我想这就是文学馈赠给我们的礼物。通常是小说写得越异域、越有地方特色，它就越具广泛性。

问：从您的文字可以感觉到，您受俄罗斯文学的影响很深。但他们是另一个民族，受另一个宗教——东正教的影响，而您是在传统的犹太家庭长大的，受犹太教文化影响很深，这构成矛盾吗？

奥兹：是的，我受俄罗斯文学影响很大，我也来自犹太家庭，正是这些矛盾构成了令人兴奋和着迷之处。当我写小说时，我在寻找人类的共性，那些共有的感情；但同时我又在寻找差异性，每个人又是不一样的，不同的宗教、文化、传统……

举例来说吧，比如我在国外——中国，面对一群听众，我不认识其中任何一位，但我确信的是，即使我不认识他们，每个人，无论男女，即便已经被爱，但仍旧希望拥有更多的爱，对未来有更多的安全感，他们害怕疾病、死亡、不确定，他们希望给陌生人以好印象……这就是人类共同的秘密。但与此同时，行为处世、传统、口味等等都是不同的，有时甚至期待的东西也是不同的。当我观察一个陌生人的时候，我注意到了他们的共性，也注意到了差异性。写作这件事是一样的：噢，我和这个人完全一样，我永远不可能成为那个人……这些事情都是令人兴奋的。

问：如果用一个字或一句话来形容您小说永恒不变的主题，您会用什么形容？

奥兹：一个词，家庭。

问：恕我不能同意。比如对我来说，《爱与黑暗的故事》讲述的

笔者采访奥兹时的留影

故事其实远远超越了“家庭”，它其实是一个民族的历史，一个国家的历史。

奥兹：你不同意我，这很有趣。但对我来说，我的家庭故事，与我们民族的故事是非常强烈地联系在一起的。或许在中国也是如此。每一个个体的命运都或多或少与历史、革命、暴力、贫穷、社会变迁等紧紧相连，没有一个严格意义上的个人史，它总是被公共和历史事件所穿透。所以当我讲述我自己家庭的故事时，我同时在讲述我的祖辈们为什么原来生活在欧洲、来到这个国家，他们在这块土地上希望得到什么，他们又因为什么而失望……

就我个人来说，我经历了 1967 年和 1973 年两场战争。它们是我个人生活的一部分，而不是历史。但是你如何画一条线呢？在个人与公共、家庭与历史背景之间画一条线，是不可能的。

问：您最有影响的小说《爱与黑暗的故事》写的是父母一辈从欧洲移民到巴勒斯坦后面临的文化冲突问题，特别是他们的欧洲历史背景与新的犹太国家之间的冲突。作为移民二代，您是希望通过小说来解决身份认同问题吗？

奥兹：的确。但是我真正想探讨的是“我是谁，我究竟是从哪里来……”我们每个人的历史其实从出生前就开始了。你要不断地问自己：“我是谁？我的父母是谁？我的祖父母是谁？我的家庭源自哪里？父母梦想我成为什么样的人？……”当我是个小孩子的时候，我父母期望我成为一名记者，所以你看，过去、家庭和历史，它们都紧紧交织在一起。

在我的政论文章中，的确，我试图解决、定义我是谁、犹太人是谁、我们将到哪里去……但在我的小说中，我没有这样的目的。我在讲述，我在报告。这就像用不同的乐器演奏完全不同的音乐一样。

当我们为了一项事业奋斗时，我们需要设定目标：我在这儿，目标在那儿，距离有多远，要采取哪些步骤、有哪些障碍等等。但当我讲述一个故事时，我不是在讲一个“目的”——我不知道做梦的目的、相爱的目的、与陌生人相爱的目的……不，我是在讲基本的人性，或者说“好奇”。我们都有好奇心，生来好奇，即使这只猫也好奇，它想知道我们在讲什么。

所以，当我进入写作的时候，我的第一驱动力是好奇。我小说中的那些人物，他们互相做了什么，他们为什么这样做，他们为什么完全不同。我不是在写偶像剧，告诉你这个角色会死，那个角色会嫁给那个人……他们发展自己的个性、他们的意愿。我的小说并不是关于以色列未来的路线图。而政论文章完全不一样，我从 A 通过 B 论证 C。

问：是什么促使您写作，为了留住犹太民族的记忆，抵抗遗忘？

奥兹：当我写政治评论时，我希望能影响到人们并且改变他们的想法。但是当我进入到一个故事时，我并不想改变谁的看法。我希望能赠送给他们一个礼物。渴求一个好故事是人的本性需求，当我们两岁时，我们就在渴求睡前故事；当我们三岁时，我们也希望别人听我们自己的故事。这些都是人类的基本需求，就像需要做梦、需要旅行、有时需要与陌生人见面一样。对我来说，讲一个故事就如同我在分享某些东西，我在赠送一个礼物。当我读到我所喜欢的一部好小说时，我有一种“对方在赠送我一份礼物”之感。所以我写小说并不是有某种特定目的，不是为了某种使命、某个目标，不是一个想法的传播。对于我的政论文章，我说“是的”，我有目的；但对于我的小说，“不”。即便是一部悲伤的小说，它仍然是爱的礼物。

文学与政治

问：您除了写小说之外，还写了大量的政治评论。如何平衡这两种写作的关系？以我的理解，写政治评论需要非常强烈、非常积极地参与到社会现实当中，而小说是一个完全地将自己置于一个独立世界的过程。

奥兹：你说得非常对。因此每当我百分之百地确认某件事时，我就写评论。因为有时候我对于我们的政府、人民或者我的同行们非常恼火，我就写非常恼火的文章，我对自己百分之百地同意。但有时，当我不能同意自己，听到自己内心有两种或者三种声音：“或许她是对的，但他也有一点儿对；或者事情没那么简单……”当我听到内心有超过一种声音的时候，我知道我在孕育一部小说。

问：您年轻时是一位“锡安主义者”，支持犹太建国，后来又是以色列国内最早提出支持巴勒斯坦建国、支持“两国方案”的知识分子之一。您的一些政治观点和立场曾被认为是激进的，您自己怎么评价？

奥兹：在我自己看来，我从来没有激进过。但我深知在这个世界上，无论持哪一个立场，在另外一些人眼中都可能是激进的，这是一个相对的问题。我一直相信妥协，相信以色列与巴勒斯坦的政治妥协。我相信个人之间、邻里之间也需要妥协、让步，这并不激进，对吧？

当我说到妥协，我并不是说投降，不是说把所有的都交给敌人，“好吧，你都拿走吧！”这并不是我的意思。我在说，尝试着与你的对手面对面。

这并不是激进。我被某些狂热分子形容为“激进”，这是因为他们并不知道他们自己其实是激进的，因为我说我们可以给巴勒斯坦人民部分土地，所以他们视我为激进。

问：因为您的政治态度，您曾经被自己国家的人称为“背叛者”，您介意吗？

奥兹：当有人称我为“背叛者”的时候，我视之为一种荣誉，因为它将我置于历史上一些曾被同时代者或政府贴上“背叛者”标签的那些伟大人物之列。他们被称为“背叛者”，仅仅是因为他们走在了时代的前列——这并不是像丈夫背叛了妻子或妻子背叛了丈夫，那是欺骗，是背叛。有时候一个人因为说了极端不受欢迎的话，而被某些人谴责、称他（她）为背叛者，我将之视为一种荣誉。你知道伽利略捍卫“日心说”时，他被教会视为“背叛者”；当哥白尼说地球仅仅是围绕着太阳运转的一个小行星时，他不仅被教会也被人民视为“背叛者”，他们感到被激怒、被伤害。我并不是拿自己和这些伟人相提并论，我是说有时被称为背叛者，反而是一种荣誉。

问：您是前总统佩雷斯的密友，您曾经也很深入地介入到工党的政治运动中吗？

奥兹：这是只知其一不知其二。我是佩雷斯总统的亲密朋友，也与工党关系非常密切，但是我从来没有投过佩雷斯的票，他也知道这一点。我也从来不是工党成员，我对他们有非常严厉的批评，也从未投过工党的票。我一直投与“立即和平”（Peace Now）运动有关、倡导两国方案的政党。

佩雷斯喜欢文学，经常来我家做客，即便他当了总统后，也常常来我家，就坐在那个位置上，我们一起喝咖啡，争论问题。我会直言不讳地告诉他：你说得不对，你这样做是错误的，我不会为你投票。这就是我们之间的友谊。但是其他一些政客对我非常恼火，甚至憎恨我。我和佩雷斯是君子之谊，并不是追随者与领导人、士兵与将军之间的关系。我们之间有共识，也有分歧，而且我们从来不隐瞒我们的分歧。

问：佩雷斯在促成拉宾与阿拉法特达成《奥斯陆协定》中扮演了非常重要的角色，他们三个人也因此一起成为1994年诺贝尔和平奖获得者。当时您也参与过一些具体讨论吗？

奥兹：《奥斯陆协定》正式签署之前，巴以双方的谈判在绝对保密的状态下进行，该协定还仅仅是一个雏形，那时我就以一种非正式的方式介入了协定的酝酿。1967年以来我发表了诸多文章和随笔，有人说这些文章中的思想为日后的《奥斯陆协定》奠定了基础，也有人说我的思想也许对我的已故好友希蒙·佩雷斯产生了深远的影响。就《奥斯陆协定》的进程和其他一些问题，我和佩雷斯的沟通非常开诚布公，而且十分频繁。

问：您的角色让我想起哈维尔，他既是一位著名的剧作家，后来又被选为首任捷克总统。您有没有想过参政呢？这样会让您更有影响力。

奥兹：哈维尔是一位非常有趣的人。我在东欧剧变前就认识他，他当时已经出狱，但仍是位异议人士，我在匈牙利布达佩斯——而不是布拉格——的某次会议上见的他。当他当选总统后，他问了我一模一样的问题："你为什么不走我的道路？"

哈维尔有很好的政治感觉，上次见面时我说："我的朋友，如果所有的作家都从政，而政治家开始写小说，那文明要终止了。"这当然是玩笑。如果严肃地回答，作为政治领导人需要某些特别品质，而我不具备。我有自知之明。我知道我的优缺点，我也不想在此同你或我的读者讨论我的缺点。但是如果我参加政治选举那将是一个错误，所以我决定用我的笔来实现我的想法而不是通过参与竞选。

如果说影响力，我真的影响到人们了吗？谁知道呢？影响力是一种神秘的存在，所以我也不知道我的文字真正影响了多少人。其实人们也不知道谁真正影响了自己，就像爱情或性爱中的化学反应一样，它存在，但很难测量。为什么这个男人与这个女人行得通，另一个男人与这个女人行不通，我们并不知道，但我会来写这些。即使有人给我一个数学统计来说明我根本没有影响到任何人，我也仍然会写。

我的耶路撒冷

问：您母亲在非常年轻的时候自杀了。我能否这样理解：她的个人悲剧，是她作为一名东欧移民，无法处理好到以色列之后的身份危机？

奥兹：这是解释之一，但不是唯一的。成千上万像我母亲一样的妇女，从不同国家移民到以色列，但她们并没有自杀。

问：从您的描述来看，您母亲非常与众不同：她年轻时在布拉格读大学，完全生活在一个纯粹的精神世界，对生活有特别的期待……

奥兹：每个人都与众不同，这是我之所以成为作家而不是社会学家的原因。我对人与人之间的差异而不是社会学上的共性更感兴趣，比如为什么 22% 的关系是令人沮丧的，为什么 11% 的人口是同性恋，为什么 7% 的人口喜欢吃辣的……这或许很有趣，但对我而言，每一个个体更令我着迷。每一个个体，就像我的妈妈一样，都是一个宇宙，当然它通过历史、家庭、理念、民族背景、宗教背景……与其他宇宙相联系。但与此同时，每一个个体都是唯一的。比如你，我，我们永远不会再出现在这个世界上，永不再会，即便一百万年以后也不再有，而之前我们也不曾存在。这就是为何一部好的小说珍视每一个个体的独特性。每个人都是一个星球，我们彼此相连又不相连。

问：娜塔丽·波特曼以您的自传体小说《爱与黑暗的故事》为基础，拍了电影。您当时和她的讨论多吗？

奥兹：是的，她来过我家很多次。我还带她和我的小儿子——他们年龄差不多——一起回到耶路撒冷，走了很多地方，但除此之外，我决定不干涉她的电影。小说那么长，她不可能全部都拍下来，她自己决定选取几个章节拍下来就好。我也这样跟她说：你放手去改吧，我不会干涉，我唯一能提供帮助的，就是带她去看耶路撒冷的一些地方。

当然了，她那么年轻，在电影屏幕上看她演我的妈妈还是有一种奇怪的感觉。在耶路撒冷，有一天我儿子和她开玩笑，直接喊她“奶奶”，她也不介意。娜塔丽·波特曼也出生于耶路撒冷，后来到了美国，但她的希伯来语讲得不错。我们之间可以同时用英语和希伯来语交流，经常切换。她是好莱坞明星，大家都知道她说英语，但不知道她也会说希伯来语。

问：每次重回耶路撒冷，您仍然还有很强烈的感觉吗？

奥兹：我有很多很强烈的感觉，并不仅仅是怀旧。耶路撒冷发生了很大变化，以前它是一个非常小的城市，现在变成了一个大城市——当然不是中国语境下的像北京或上海一样的大城市，但是在我们的语境下，它已是一座非常大的城市了。当它还是一个小城时，你可以在两个小时之内，从城的这一头走到另一头，从北走到南，从东到西更短。它曾经像一个大千世界，有犹太教徒、基督教徒、穆斯林、宗教狂热者、共产主义者、革命者……还有很多像我父母一样的知识分子从欧洲回到耶路撒冷，因为欧洲不要他们。它是个小城，但也是个大千世界。但对我来说，今日的耶路撒冷不像我小时候那么有吸引力了。

问：为什么呢，因为它充满了宗教意味？

奥兹：不仅如此。如今的耶路撒冷，在太多方面有太多的极端分子。许多人相信他们有解决一切问题的简单方法，他们认为可以通过这个简单方法来拯救世界，那些人把我吓住了。这个感觉让我对耶路撒冷有些疏离之感。不过它仍然是美丽的，那些风景，那些山峦，那些石头建筑，那些曲径通幽的小径……它还是有趣、令人兴奋而且美丽的。

问：耶路撒冷的巨变会让您难过吗？

奥兹：是的，我难过，但我同时好奇。我想知道到底发生了什么。

我不到16岁时离开了耶路撒冷，但后来又重回那里读大学。我父亲一直住在那里，我还有很多亲戚也在那里。我对耶路撒冷不陌生，但我并不想住在那里了。

问：对我来说，无论耶路撒冷还是犹太民族的历史都太复杂了。最基本的一个好奇心是，是什么构成了犹太民族的典型特征，又是什么让他们在经历了这么长时间的流散之后仍然是一个强大的民族。很多民族经历了磨难之后就消失不见了。

奥兹：你对犹太民族的描述，同样适用于中华民族。

问：但似乎并不一样。我们一直没有失去自己的土地。

奥兹：如果说犹太文化有什么基本特性的话，我认为是质疑和辩论。我们从小就被训练来提出难题。我不知道在其他文明里，如果一个孩子持续问父母"你为什么要那样说，给我一个更好的理由，我没有被说服"，这个孩子会不会被父母扇一耳光，但在犹太文化中，孩子们总是被鼓励问问题，被鼓励有独立的原创思想。或许这就是犹太人能持续上千年仍然对文明有影响力的秘方吧！

亚伯拉罕、摩西、耶稣、爱因斯坦、卡尔·马克思和卡夫卡，还有其他很多很多人，他们有什么共性呢？如果你读过他们的传记，你就知道，他们每一个人都与一个相当于父权角色的人有冲突。他们在反抗那位"父亲"。

我不是中国历史专家，对中国文化不太了解，但据我所知，几个世纪沿袭下来的中国文化最伟大的观念之一是和谐。就像一个乐队一样，指挥了解每一位音乐家，知道哪里对，哪里错，哪里需要演奏，哪里需要静默。但和谐并不是我们的文化，我们的文化是质疑、争辩、反驳、挑战……当我是小孩子时，我问我父亲："爸爸，为什么犹太人总是用一个疑问来回答另一个疑问？"父亲回答："为什么不？"这就是很典型的例子。"你知道明天天气怎么样吗？"回答可能是："你为什么感兴趣，你在计划什么事情吗？"不，不会说明天要下雨。这就是典型的犹太人的方式。

如果说犹太文化的独特性在哪里，我认为这就是用最短的话给出的最好答案。如果你要一个长的回答，那你得在这儿待一年或至少三个月。

问：伍迪·艾伦和他的电影是很典型的犹太文化特征吗？

奥兹：对，伍迪•艾伦，他是非常棒的例子。与一个权威的父权相冲突。还有卡夫卡、卡尔·马克思、爱因斯坦等等，他们都反抗父亲或是传统。我认为这是我们文化里的一种维生素，营养。当然，这只是我的一家之言，我并不能证明它。

有人说犹太人聪明，请谨慎用这个词。“聪明”的民族不会给自己带来那么多麻烦，那么多对手。某种程度上说中国人就比犹太人聪明多了，因为他们仍然生存在自己的土地上，繁衍生息，虽然他们也曾有悲苦的命运，但并没有像犹太人遭受那么多的悲苦。还有一些小的国家，比如芬兰、波多黎各……虽然也有战争、暴力、萧条，但没有像犹太人经历了那么多磨难。犹太人真的聪明吗？我不确定。他们好争论、好探求，充满好奇心，或许正因此才充满创造性。如果爱因斯坦只是谦卑地写下老师教他的那些理论，因为那是牛顿说过的，那他不可能是爱因斯坦。但也并不是每一个犹太人都是爱因斯坦，都得诺贝尔奖。

问：您是怎么教育自己的孩子的？

奥兹：我也鼓励孩子们不同意我。我和我的大女儿合写了一本书，《犹太人与文字》（Jews and Words），将要在中国出版。它探讨的就是同样的主题。我大女儿芬尼亚是历史学家。你会发现在书里，有一些地方历史学家（我的大女儿）说“是的”而小说家（我）不同意，有些地方小说家这样说，而历史学家将他否定。这本书反映出来的主题就非常契合我刚才提到的犹太文化。中国人会怎么看？我不知道。没准你们会觉得我女儿太没教养了。

问：问一个也许比较私人的话题，您来自以色列一个比较有名望的知识分子家庭，当时为什么要改自己的姓？您的孩子们改回原姓了吗？

奥兹：是的，我原姓 Klausner，这是一个比较有地位的家庭（注：奥兹的叔伯父 Joseph Klausner 是一位著名的历史学家，并在 1949 年参加了以色列第一任总统的竞选，败给魏茨曼）。当我 14 岁的时候，我反叛父亲，反叛一切。父亲是知识分子，我决定成为一个拖拉机手；

父亲是自由派保守民族主义者，我决定做一个社会民主派。因为我强烈地感觉到要开创自己的路，或许潜意识里我是因为对母亲的自杀感到愤怒，对父亲也感到愤怒，对自己也感到愤怒。所以他姓 Klausner，我改姓 Oz（注：希伯来语“力量”之意）；他个子矮，我决定要长得非常高——虽然最终我也很矮，但我当初是这么“决定”的。对于子女，我为他们取了名字，他们想要姓什么，由他们自己定。

文学与现实

问：您年轻时，曾经历过两次战争，1967 年的“六日战争”和 1973 年的“赎罪日战争”。我好奇的是，这两次战争给您的作品留下什么样的影响？

奥兹：是的，我还没有写过战争，因为我无法找到合适的字，来向没有经历过战争的人形容战场。但是战争改变了我对生死的看法，战争也告诉我人类有多脆弱。我曾亲眼看见人们死去，我看见他们在燃烧，看见他们带着痛苦和绝望尖叫，我看见那些成年人疯狂地喊妈妈……这一切我都看见过，而这些场景让我更加致力于同情与和解。

我并不想把自己定义为“和平主义者”。我是和平与妥协的倡导者，但我不是和平主义者，因为这只有在美国或欧洲才有，是他们喊出了这句口号：Make love，not war。

侵略是一切战争的根源，有时候必须用武力制止。如果我们在街上，有人试图袭击你，我会尽力反抗来阻止他。他威胁要杀掉你，如果我有武器，我会毫不犹豫开枪射击。所以我不是和平主义者。我不是耶稣，你打了我左脸，我再把右脸给你。

但是让我唯一诉诸暴力的就是侵略的发生。为了阻止侵略，我必须上战场。除此之外，我拒绝。如果你说为了圣地，为了我们国家的自然资源，为了石油、黄金……而让我上战场，那我宁可进监狱也不会去。

但如果回到1967年或1973年，有人想毁灭以色列，把犹太人赶到海里，即使我是一位老人，我也必须拿起武器上战场。

不过也只有这例，除此之外，别无可能。这是我的信条，这是我的信仰。这并不是说，你想从我的家里拿走什么你就可以拿走什么，你想要我的妻子那你夺走她，你想杀我那你杀了我……我会斗争，但我只会在有人试图夺去我生命的时候或者把我变成奴隶的时候才会斗争，除此之外，别无其他。

问：对于巴以的未来，您是乐观还是悲观？

奥兹：我想我还是持乐观态度，如果不限时间的话。终究有一天巴以双方要学会共存，或许不是一个快乐的家庭，但可以像两个邻居一样。比如你提到的哈维尔的国家，捷克斯洛伐克曾经是一个国家，但彼此发现这不是一个好的“婚姻”时，他们和平分手，同意建立一个捷克和一个斯洛伐克，像邻居一样。这里会不会也有同样的结局？我不知道这块土地上还要无缘由地流多少血，但是两个民族必须学会共存，因为巴勒斯坦人无处可去，以色列的犹太人也无处可去。

问：所以在巴以问题上，您赞同两国方案？

奥兹：是的。我是最早倡导两国方案的那批人之一。50年前，当以色列用枪占领了加沙的时候，我就提出这个方案，我说我们必须划分给巴勒斯坦一块土地，这是我们的邻居。他们称我为“背叛者”。当时每个人都欢呼拥有了新的土地、圣地和历史权利。他们这么称呼我，我当然会愤怒。但正如我刚才所说，我在愤怒的同时，也认为这是一个荣誉。20年前，法国总统希拉克授予我一枚荣誉军团勋章。当他们称我为“背叛者”的时候，我就把这个戴上。

问：当年像萨义德这样的公共知识分子，一直非常活跃地参与巴以问题的解决，比如他和指挥家巴伦博伊姆共同倡导一些项目，致力于巴以和解。您希望成为那样的公共知识分子吗？

奥兹：我对巴勒斯坦的知识分子也怀有深深的敬意。同时犹太人也在尝试通过自己的艺术增加双方的亲密性和相互了解。我自己也通过与阿拉伯和巴勒斯坦官员的对话，尝试做这种努力。

但是，从实质上说，解决巴以问题并不是彼此示好、一方让另一方喜欢自己。我们需要一个解决方案，我们需要一个合约，我们需要一种制度安排。当然坐在一起喝咖啡、成为朋友非常重要，但这不可能成为一个实际的解决方案。如果两个男人爱上同一个女人或者两个女人爱上同一个男人，坐在一起喝咖啡可不是什么好事情，也解决不了任何问题。好的意愿、艺术形式固然重要，但是它不能成为一个真正的解决方案。

问：您不久前接受了英国《卫报》的采访。那篇文章引用了您的一句话为标题："我爱它，但我并不喜欢它。"这是您对今天的以色列的态度吗？

奥兹：对，这就是我的感受。我爱它，即使我不喜欢它。我不喜欢是因为，在这里，越来越多的人在巴勒斯坦问题上越了线，他们变得越来越狂热、越来越不容忍、越来越民族主义，有时候也越来越缺少同情心。这都是我不喜欢的。但与此同时，我爱这个国家，爱他们说话的方式、争论的方式……如果我能选择我的命运，那我选择有一天我倒在耶路撒冷的街上，不是北京、不是巴黎、不是纽约。这里的人们仍然温暖，即使他们是陌生人。这就是我爱以色列之处。还有这样的小例子：有一天我坐出租车，司机认出了我，他说："奥兹先生，很荣幸为你服务。但是我要告诉你我不同意你的那个观点，让我来告诉你理由。"然后他给我做了一个小型演讲。我喜欢这种方式，它经常发生在我身上。

问：您在以色列属于左翼知识分子，但左翼这几年在以色列国内并不得势。

奥兹：是的，我知道。而且这并不仅仅发生在以色列，这是一个全球现象，美国、欧洲，都是右翼势力在抬头，社会民主主义者遭保守势力和民族主义势力排挤。我认为这种现象的根源之一，是现在的年轻一代忘了斯大林，忘了希特勒，或许就像在中国，有人忘记了日本侵略一样。经历过这些极端悲剧的人会小心翼翼，但年轻人或许并非如此。

问：以色列人对美国、对特朗普是什么态度？

奥兹：大多数以色列人很高兴，因为特朗普站在他们一边。但我不认为我们需要与我们站在一道的美国总统，我们需要与和平站在一道的美国总统。这意味着对两边都有着同情与了解，否则不可能成为和平缔造者。

问：您是说美国在巴以问题上应该保持中立吗？

奥兹：不是中立，至少是了解吧。我并不是说，在中东问题上，你需要像球场上吹哨的裁判一样保持中立。不。但是你必须对每一方有共情，有理解。

问：如今以色列的年轻作家通常会选择什么题材做创作主题？因为上一代的作家，如您，作品多多少少都会以犹太人经历的苦难、大屠杀等为创作背景，年轻作家们会不会认为那些话题太过沉重，想寻找不同的表达主题？

奥兹：这是个好问题，但或许我并不是最合适回答这个问题的人，因为我更关注年轻作家们的差异性而不是共性。是的，许多年轻作家转向描写日常生活，但是历史会突然透过窗口照进来。比如一位作家写家庭遇到的危机，她可能会去找老奶奶交谈，讨论他们的家庭危机，突然她的奶奶会谈起与大屠杀有关或与犹太价值有关的话题，你看，历史突然蹑手蹑脚地走了进来。我对中国文学了解并不多，但以我有限的了解，中国同样如此。不管你写什么，历史、危机，以及那些现代中国史的血泪，都会鲜活起来。

很多以色列作家并不直接写历史，写占领或者屠杀，他们会写邻里、商业、性、金钱、职场，但是历史经常在背景里。如果历史不在背景里，那不是一部好小说。因为它没有讲真相。我说过，我们每个人的历史，在出生之前就已经开始了，无论什么人。

问：您可以称自己是无神论者吗？这与犹太教文化背景相冲突吗？

奥兹：以色列大概有50%的人口是无神论者，无神论者在这里非常普遍。我想这多多少少与纳粹对犹太人的大屠杀所带来的幻灭感有关。当时人们都在问：上帝在哪儿？如果有上帝，为什么让犹太人惨遭如此命运？

但是我也不敢全部肯定我就是无神论者。我可以说自己是不可知论者。这意味着我“知道”有很多事情我“不知道”，我不知道宇宙是怎么起源的，我不知道生命是如何开始的，我不知道明天会怎样，我不知道关于未来的任何事情……关于命运，我唯一知道的是我不知道。我不知道我与有宗教信仰者的区别。我不会声称我知道。我知道我不知道。

但是无论怎样，我们必须心怀怜悯，我们也必须要知道，她，你，我，我们只能在这地球上活一次。每个人都是不可或缺的，所以让我们彼此谨慎相待，尽可能对他人少施加痛苦。即使是这只猫，它也是宇宙唯一的，不可能再有一只和它一模一样的猫。

问：每年的诺贝尔文学奖颁奖前，您都是呼声最高的作家之一。恕我不能免俗地问一句：您对诺贝尔文学奖是什么态度？

奥兹：如果我永远都得不了诺贝尔奖，我也不会抱憾而去。我已经获得了相应的关注和承认，包括很多意义非凡的文学奖和荣誉，所以无论获不获诺贝尔文学奖，我都心怀感激。

补记：

2017年底，我赴以色列采访。临行前通过奥兹小说翻译者钟志清老师的帮助，我与著名作家奥兹建立了联系。在2018年新年的第一天，我如约对奥兹做了采访。对于我一个又一个、似乎“无穷无尽”的问题，一口标准英腔的奥兹非常和蔼又极有耐心地做了回答，极具绅士风度，让我之前的紧张不安一扫而空。采访结束时已下起大雨，预报第二天特拉维夫有大风暴，所以出租车都提前结束工作。奥兹又特地打电话给他的出租车司机邻居，帮我们约好了回酒店的出租车。告别前，我们还约定在他的下次中国之行时见面。没想到2018年年底就传来了他去世的消息。回想特拉维夫的暴风雨夜的那场直抵心灵极为愉悦的采访，这也是另一场“为了告别的聚会”吧。

颠覆者吴清源

采访时间：2014 年

1956年，吴清源与母亲、夫人、长子合影

横空出世

日本棋院在东京中心的千代田区，距离最熟悉的景点皇居也并不远。虽然是周末，这里的人气依然很旺。很多家长领着孩子，带着初冬的凛冽寒气进了大门，然后把孩子送到一楼的围棋班来学习。

日本棋院的地下一层，是“围棋殿堂资料馆”。尽管距离开馆还有近一个小时的时间，但听说是中国记者来采访与吴清源有关的新闻时，资料馆负责人齐藤让一还是特地从楼上跑下来，打开了资料室大门。

在这个规模不大的房间里，几乎能找到日本所有一流围棋选手的大名。一进大门就可见的橱窗里，有一整排的黑色头像，他们是日本围棋发展史的重要人物。——仔细看去，后来竟然看到了陈毅的头像。齐藤让一解释，能入选到这个资料馆的，除了这些厉害的选手之外，还有对日本围棋作出重要贡献的人物。喜欢下围棋的陈毅当年也因为推动中日两国围棋界的交流而被铭记于此。

2014 年也正是日本棋院的 90 岁生日。在其 90 年大事记上的第四条上，赫然写着：“1928 年（昭和 3 年），吴清源（14 岁）来日。”而资料馆里，也有一张当时吴清源在日本棋院前与棋手们的合影。目光清澈、长袍马褂的中国少年吴清源，被裹在一群至少比他高一头、身着和服、面色严肃的中年人里面。

不过彼时吴清源站立之处，并不是现在日本棋院所在的位置。齐藤让一说，日本棋院是 1971 年搬到这里来的，之前一直在麹町区永田町——1928 年 12 月，吴清源到日本后下的第一盘棋，就是在那里下的。

因为吴清源是挟“中国围棋天才少年”的名号来的，所以日本棋院也想试一下他的真实功力。有意思的是，江铸久后来在濑越宪作等人的回忆录里发现，在吴清源到来之前，日本棋院在讨论究竟该给他定什么段位时，一群人竟然开会讨论了近 8 个小时。

1924 年，在濑越宪作、高部道平等人的积极活动下，财阀大仓喜七郎出资兴建了日本棋院，从此结束了棋界长期分裂对峙的状态。但是在日本棋院内部，占据主要位置的仍是旧时期沿袭下来的本因坊一门。作为青年棋手的代表，濑越宪作棋力不凡，再加上办事干练高效、谨严有法，故而也颇得很多棋界以外人士的欣赏，是最有能力挑战本因坊一门的棋士。濑越宪作又是挖掘吴清源的伯乐，所以给吴清源定段位的问题，也与两派势力相角逐的背景纠缠在一起。如此一来，就不难理解这个会为什么开得这么长了。

"那时候段位非常严格，给吴清源定什么段位合适，这些人开了8个小时的会。我特别想复原那个过程，可惜资料非常少。但能想象的是，这个过程肯定很激烈。"江铸久说。"如果从一段开始升，先不说薪水待遇低，整个升段过程会很慢，而且吴清源肯定不止一段。那究竟几段？本因坊一门又不愿意给吴清源定段太高。所以本因坊一门最后的意见是，一定要真刀实枪的干，拿比赛成绩好的人来考你。"

而在江铸久看来，当年濑越宪作恰恰最不担心这一点。"吴清源刚到日本的时候，濑越老师就跟他下棋。按照棋份儿，他应该让吴清源两到三个子——濑越按两个子的试了下，结果那盘棋没有下完，濑越已经知道吴清源的厉害了。所以本因坊一门后来提议测试棋的时候，他也没有表示反对，因为他心里很有底。"

他们为吴清源安排的第一位对手叫筱原正美。筱原正美是四段，是当时日本棋院段位赛冠军。与他交手，也是日本棋院给没有段位的吴清源定段位的测试棋。现在看来，这场比赛对决定吴清源的前途还是很关键的，但吴清源并不紧张。他后来回忆说："那时候我还不懂日本话，不晓得那次输赢有什么意义……"这场比赛下了三天，执黑的吴清源中盘取胜。

测试棋第二战的对手非常特别，是本因坊秀哉本人。"现在看来，本因坊一门也很不客气，你说考一个孩子，第一个派上来的就是四段冠军，是本因坊一门的精锐；之后秀哉也上来考。每盘都真刀实枪的上。"江铸久有点替吴清源不平。

本因坊秀哉拥有日本棋坛的最高"名人"称号，虽然个子瘦小，但气场强大。一坐在棋盘前，似乎威严无限。可是，少年吴清源一点都不怯场。若干年后，他只是淡而又淡地说了句：“即使对手是名人，我也没有什么压力。我很沉着，下得很好。”

这一局在当时颇为轰动。对局当天，师从铃木为次郎的木谷实，来到了对局观察室，发现里面人山人海，几乎整个日本棋院都在围观这场让二子测试局。太过担心的濑越竟然不敢前来观战。在秀哉名人让吴清源二子的情况下，吴清源以 4 目胜。“据说，当时八段的人被秀哉名人让二子，都经常要输”，吴清源后来说。不轻易表扬年轻人的秀哉，在后来说这盘棋是“二子的经典之局”。

之后，吴清源又陆续战胜了两位四段棋手。“原本说比八九盘的，可是下了四盘比赛就停了，承认吴清源可以飞赴三段。因为再下下去就把他们都赢了，那是不是该飞赴五段了？”江铸久笑着说。

“他到了之后一比赛就拿了三段，在日本被视为天才，这是第一次‘吴清源冲击’。”长年追踪报道吴清源的读卖新闻文化部记者冈崎裕哉说。

“当时日本民众对吴清源的到来感觉很兴奋，视他为一个天才棋手。吴清源下一局棋，报社都会为此出号外。”曾采访过吴清源几十次、写过两本吴清源传记的“东京新闻”评论员桐山桂一说。他还特地强调，虽然在《中的精神》一书里提及过吴清源遭受威胁之事，但那只是极个别现象，“当时绝大部分日本民众的反应，都是为这个中国天才的出现和到来而欣喜异常。”

“革命者”吴清源

虽然吴清源一生从来都予外界以温和寡淡、平静从容的形象，但在当年的日本棋界，他扮演的实际上是一个大刀阔斧、激进勇敢的“革命者”形象。日本围棋自幕府时代起形成了许多棋理，这些棋理逐渐演变为一种棋手不可逾越的条例。而吴清源对此则颇不以为然。“我比较讨厌下‘定式’”，他后来说。从到达日本的第一刻起，他就一直在肆无忌惮地尝试新手法——其实所谓“新”，不过是相对于发展了三百多年职业道路的日本围棋界所设置的一些陈规而言。而在吴清源那里，本就无“新”、“旧”之分。他只是按照自己内心的召唤，看似天马行空地布子。

20世纪30年代初，日本棋坛最有实力的年轻棋手是有“怪童丸”之称的木谷实。他后来也成为吴清源的莫逆之交。木谷实比吴清源大5岁，吴清源起初总是下不过木谷。

1933年，吴清源升为五段。时事新闻社马上策划最有人气的棋手木谷实与吴清源的十番棋。“时事新闻”同步刊登棋局。他们把19岁的吴清源与24岁的木谷实的比赛，称之为“下一辈王者之战”。

下到第五局的时候，木谷实提议去他夫人家所在的信州地狱谷温泉避暑散心。“地狱谷距汤田中很近，沿长野铁道到上林站下车，再走三十分钟左右就进入谷地。那里有许多三宝鸟和猴子，是一个幽静的山林温泉胜地。我原打算舒适安闲地读读书，静养一下，所以出门时带上了《易经》和《中庸》两册书。”吴清源后来回忆说。

到了地狱谷，吴清源发现木谷实还邀请了一位叫鸿原正广的记者。原来木谷实正在和他商量写一本书，叫做《布局与定式的统一》。为了让记者写好这本书，木谷实每天在那里给鸿原讲课，吴清源听着也觉得十分有趣，于是慢慢加入进来，这就是后来的“新布局”。吴清源和木谷实在地狱谷反复试验这种下法，感到非常的兴奋。不久，两人各自在比赛中都尝试了新布局，虽然开局不利，但是在秋天的段位赛中，使用了新布局思路的两人都取得很好的成绩。后来又出版了另外一本书《围棋革命——新布局法》，一下子卖出几万本。两个年轻棋手公然提出排除一切清规戒律，注重全盘掌控不计局部得失的新思路，在当时引起轩然大波，也在公众层面掀起了一拨“围棋热”。但与此同时，却令棋界权威们不屑之余也暗自不安。吴清源也意识到自己的“新布局”给日本棋界带来的冲击。他后来说，濑越老师其实是不喜欢那样下棋的，但是因为他的新布局胜率特别高，所以濑越也没法说什么。而《读卖新闻》

的记者冈崎裕哉说，“新布局”的诞生，在日本产生了第二次“吴清源冲击”。

1933年，读卖新闻社主办了一个“日本围棋锦标赛”，由五段以上棋手参加，赛制为淘汰赛。最终产生的冠军将与本因坊秀哉名人对局。因为这一年正好是秀哉60岁，主办方以此作为名人的花甲纪念局。这一年，19岁的吴清源在半决赛中战胜了好友木谷实，决赛中又战胜了师兄桥本宇太郎，获得冠军，从而与秀哉对决。秀哉名人号称“二十年不败”，是棋界的当然权威，也是对吴清源等人围棋革命最大的反对者。

这场比赛颇具象征意义——一个是威霸棋界、教规严格的传统派，一个是横空出世、睥睨陈规的新生代。这样的两个人狭路相逢，也有点“众望所归”的味道，大概大家都期待着这两个人刀光剑影，碰出耀眼火光。所以传说读卖新闻社社长正力松太郎得知吴清源在决赛获胜后，竟然握着失败者桥本的手说：“真是输得太好了！”

这场万众瞩目的棋，在日本桥的旅馆里拉开大幕，而它日后无论在围棋界还是普通棋迷那里都成了不断被温习的经典：执黑先行的吴清源第一子下在右上角“三三”的位置。此时的吴清源完全意识到自己在做什么——早在江户初期，本因坊道策就把“三三”称为“鬼门”，是禁忌的走法。犯此忌者会被逐出师门。这一传统沿袭至今，因为本因坊的强大，也渐渐成了整个日本棋界都默认的“禁着”。吴清源丝毫不理会这一点，“我的第一手就向传统发起了挑战”。第二步黑子下在左下角星位。第三步下在天元。“三三·星·天元”新布局与本因坊一门所教的棋理完全背道而驰，当时即在隔壁观战的本因坊弟子那里引起极大震动。而棋迷们震惊之余，也格外兴奋，“《读卖新闻》的销量在那段时间确实直线上升”。读卖新闻社文化部记者冈崎裕哉说。

吴清源的新布局一定让秀哉手足无措——这盘棋“打挂”了13次。打挂就是中断比赛，秀哉一遇到困难，就宣布打挂。结果10月份开始的比赛，一直拖到了第二年的1月，19岁的吴清源一定让60岁的秀哉吃尽苦头。棋局直到159手，都是秀哉名人苦战，形势很不乐观。但是秀哉在160手走出一绝妙手，终盘胜两目，从而反败为胜。

然而棋界一直有传说，这步棋实际上是秀哉的弟子前田陈尔想出的。当时秀哉的弟子每天都聚集到他家中，研究当天的实战棋谱，一边考虑对策。吴清源后来说，战前，这种方式也比较普遍，也正是意识到其存在的不公平，才有其后“封手”的出现——在比赛打挂或中断时，对局双方将下一手写出来，然后封起来。

虽然吴清源输掉了这盘棋，但他已经向棋界充分展示了“新布局”的威力。

“吴老师刚到日本的时候，日本围棋已经发展了近三百年的职业制度，在很多老棋手看来，百年精华不能改，这是定式。可是就因为吴老师是从中国来的，他没有那些包袱。也只有他这种人能够带动日本改革。他与木谷实携手共创新布局的时候，其思路已显示要远远超出当时的日本棋手。才20岁出头的吴清源，能够有这么大的视野，让人不得不钦佩。这个一是基于他有非常强的实力，第二，有很高的系统背景。很多日本人佩服他，成为吴清源迷，也跟这个有关系。”提及这一点，江铸久也啧啧称叹。

“我们觉得他‘激进’，是因为我们心里先束缚住了自己。对吴清源来说，这一切是不存在的。为什么不能那样下棋？ Why not？他针对的是日本棋界的一些陈规。我跟吴先生谈话的时候，我不能请教技术问题，因为我不会下围棋。但是和他谈到围棋的哲学问题时，涉及世界观、宇宙观，我倒懂了。他永远是大局观。”著名学者阿城当年为写剧本，与吴清源有多次交流。在文化和哲学层面上，他对吴清源的理解也更深刻。“日本棋手在25年打不过他，就是没有他那样的大局观。日本棋手包括现在新的日本棋手，都要打吴先生的谱。他们说，吴先生赢了棋以后，它的样子特别好看——别的棋手可能会赢，但是那个样子特别难看。只有大局观的人，才会赢得行云流水，非常漂亮。这也是吴先生的魅力为什么经久不衰的原因吧。”

镰仓十番棋

建长寺是东京附近神奈川县的名寺。75年前，它见证了日本棋界乃至全社会轰动一时的“升降十番棋”的首战。

1938年，日本围棋界发生了一件大事——本因坊秀哉名人决定引退；与此同时，他决定把“本因坊”的称号赠送给日本棋院，从而结束了沿袭三百多年的世袭制。在为秀哉举行的引退棋上，木谷实战胜了秀哉名人，风头正健。而转过年来，25岁的吴清源升到了七段。当时日本围棋界八段空缺，九段仅秀哉一人，因此棋界实际上已经成为了木谷实与吴清源争日本棋坛第一宝座的局面。

吴清源与木谷实之前也有数次交手，不分伯仲。这两位年轻棋手是当时日本最具人气的两位棋手。精明的读卖新闻社社长正力松太郎敏锐地意识到了这一点，他策划了日后被津津乐道许多年的吴清源与木谷实的“升降十番棋”。“吴清源和木谷实当时都非常年轻，是日本棋界最有才华的棋手，他们两个人要进行这种比赛，这在当时是一个非常吸引眼球的话题。”《读卖新闻》文化部记者冈崎裕哉说。

吴清源后来说，“升降十番棋”是江户时代就有的十分刺激的比赛，其激烈程度绝不亚于真刀实枪的对拼。德川幕府时期，本因坊家、井上家、安井家、林家这四大围棋门派之间，为了争夺第一人，相互之间就要下这种被称为“升降棋”的比赛。十番棋中如果一方领先了四盘，另一方就要被“降格”——以后再和这位棋手下，就要失去平等对局的资格，这在讲究等级的日本棋界，是一件事关棋手名誉的大事。现在的比赛，无论输了多少盘，下一次和同样的对手还是同样平等的对局资格。

1939年9月，25岁的吴清源与30岁的木谷仓在镰仓建长寺开始了第一轮较量。作为特别对局，两人的比赛时间也定得很长，一局棋要下三天。因为事关“天下谁人第一”，比赛一开始就出现了“惨烈”场面。

第一局下到第三天，下到第120手时，吴清源“下了一步轻率的棋”，对自己很不利。转瞬之间局势变得胜负不明。可就在这时，木谷实突然“砰”

的一声倒了下去。原来是脑贫血，以前他也曾出现过这种状况。和公证人商量后，他说“不妨事，还是要本人亲自下”。由于只能休息30分钟，木谷就暂时躺在走廊的藤椅上休息，然后继续棋赛。

不过，或许是为了制造新闻效应，主办比赛的读卖新闻社登了这样一条新闻《木谷氏鼻血！吴氏视而不见继续长考》。文章写道：“走廊上，用时所剩不多的木谷先生苦闷地躺在那里……不久吴七段下定决心地抬起头，朝着走廊喊：‘木谷先生，怎么办？还休息吗？我要下了。’”在自传中很少置评是非的吴清源很少有地写了句：“面对痛苦的木谷实先生，将我写得那样冷酷无情，但实际情况完全不同。这篇文章为我惹来了各种各样的麻烦。”在大众舆论里，吴清源一下子成了一个无情的人。吴清源事后解释说，当时包括川端康成等人都在场，木谷实既没有流鼻血，也没有痛苦地躺在走廊上，只是在长椅上休息，而“我盯着棋盘上的棋子在闷头计算”——不过如此而已。

读卖新闻的报道令木谷迷非常愤怒。吴清源接到了很多棋迷的信，痛斥他冷酷无情。加之中日战争爆发的时代背景，还有一些人甚至写信恐吓他。恩师濑越虽也替吴清源担心，但是他最终却是用这样一番话来安慰吴清源的：“作为棋手，死在棋盘上也可以说是死得其所。”

有趣的是，不管外界如何喧嚣，吴清源和木谷实的关系一如既往地密切。下第二局的时候，他俩还和往常一样有说有笑。吴清源后来这样回忆木谷实：“也许就因为他也对世俗琐碎一无所知，酷似于我，所以我们才那么情投意合。我一直把他作为我的兄长，与他的关系亲密无间、谊深似海。”

可是两人一旦坐在棋盘前，就要面对你死我活的残酷现实——前五局时，吴清源已净胜四局，木谷实再负一局就要被降级。第六局比赛开始时，木谷实出人意料地以光头形象出现在大家面前，以示拼搏到底、一雪前耻的决心。不过此举也于事无补，木谷实还是输掉了第六局。前六局吴清源的总成绩是五胜一负，按规则，净负四局的木谷实被降了格。

“他跟木谷实打十番棋的时候，当时大家都认为应该是木谷实赢面更大，因为木谷实刚刚赢了秀哉，而这个期间吴清源刚好在养病，休息了一年多。满天下的目光看的都是木谷实优势究竟是多少，当时是这个舆论形势。而且《读卖》希望吴清源能够顶住，别输得太垮。结果一上来，木谷就很艰难。”江铸久曾经为电视台录制了许多吴清源传奇故事的节目，对这些比赛津津乐道、如数家珍。“当时大家没看出来吴清源那么厉害，而在棋上面，他第一盘还没那么厉害，等到下到第四盘，他摸清木谷实是什么样子的。等到第五盘的时候，吴老师拿白棋下，木谷实根本就没见过。木谷实浑身力量使不出来。以至于我们后来人在评价时说，这是个不对等的比赛。所以下成那种结果，《读卖》绝对想不到。”

除了吴清源，镰仓十番棋的另一大赢家就是《读卖新闻》。“当时围棋与象棋是日本两大主要活动，在日本非常受欢迎，就像今天的年轻人喜欢篮球、足球一样。围棋非常有人气。所以《读卖》当年策划这场比赛，第一个目的当然也于经济考量，希望能吸引更多的读者。当时氛围下，《读卖》选中了吴清源做了这个活动，当然说明有眼光。《读卖》当年以大篇幅报道这场棋赛，客观上也进一步增强了吴清源的影响力。”

“悬崖上的格斗”

自镰仓十番棋后，日本棋坛进入吴清源时代。这位来自中国的天才棋手，也由挑战者变成“棋坛霸主”，开始接受来自各方的挑战。《读卖新闻》也从其策划的“升降十番棋”中尝到甜头，1941 年，他们为吴清源选择了“升降十番棋”的第二个对手——雁金准一八段。雁金是当时日本棋界最年长的棋手。当时秀哉已经去世，日本棋院里已经没有其他八段棋手；而按照当时的规定，和高一段的棋手是无法平等分先下的，即便七段的濑越宪作也不具有与雁金准一平等下棋的资格。

虽然吴清源只有七段，但是可能考虑到其时名声正隆，雁金表示：“如果是吴清源的话，分先下也可以。”所谓“分先”，就是对局资格平等。

于是这年8月，吴清源开始了与第二位“大内高手”的较量。那段时间，吴清源正忙于订婚、结婚，“还有满脑子的信仰问题”，以至于有两个月左右根本没有摆过棋谱，但是到了1942年5月，吴清源在前五局里以四胜一负领先。如果再输一局，雁金将被降格。顾及这位棋坛前辈的面子，这场较量至此结束。

1946年，吴清源与师兄桥本宇太郎下“升降十番棋”。那是吴清源时隔两年、在战后下的第一盘棋。值得一提的是，那段时间，吴清源正沉溺于“玺宇教”，“埋头生活在信仰的世界里”，甚至跟着他们一起流浪。第二局比赛前，教主玺光尊让他睡在她身边，以“给你些力量”，但视对方为神的吴清源紧张得几乎一夜没睡。棋自然也下得不好，但桥本也错失好几次良机。在旁观战的濑越气得告诉记者：“下这样的棋应该开除、应该开除！”

“有一段时间他跟着教主流浪，过着颠沛流离的生活。再下棋的时候，大家觉得他布局不够好，有失招，但奇怪的是，到了下午又厉害起来；第二天更厉害了。一旁的记者观察到，吴先生的眼睛已经没精神了，看他在那左摇右晃，打坐了十来分钟，可是再睁开眼睛的时候，就觉得眼光不敢跟他对视，一下精神上来。其实因为他跟着那邪教，一直吃不饱，来这下棋的当天晚上能睡个好觉，能吃好点的东西，第二天身体好了状态才恢复。”可是就在这样的情形下，吴清源最终以六胜二败的成绩，让桥本降了格。谈及此事，江铸久不由感慨说，“从某种角度讲，吴先生确实是个天才”。

1948年，立在棋坛之巅的吴清源迎来下一个对手，是岩本薰。早在1926年，六段棋手岩本薰曾在中国与12岁的吴清源对过弈。22年过去，岩本薰挑战当年与他一胜一负的小对手。值得一提的是，1945年，岩本薰与桥本宇太郎争夺第三届本因坊决赛，而日本围棋会馆在5月的空袭中被烧毁。但濑越坚持认为，决战无论如何也不能停。在他的努力下，比赛放在了濑越的家乡广岛进行。而第二局比赛的三天后，广岛便遭遇了原子弹袭击。他们两人也因这场“原爆之局”而被记录在日本棋院90

年大事纪上。

不过，那时吴清源因为陷于“玺宇教”问题而心烦意乱。和岩本薰下棋的时候，他已经两天没有睡觉，对局时一直晃来晃去，几次差点睡着，从棋盘边栽下去。即便如此，吴清源还是以五胜一败的战绩，将岩本薰打降格。虽然《读卖新闻》为吴清源提供的“对局料”——出场费很高，但是这笔钱全部被玺光尊拿走。以致当时还有人说：“反正吴清源也拿不到对局费，给一半就可以了。”

与岩本薰下完之后，吴清源的下一个对手是当时日本棋院里唯一的九段——藤泽库之助。1942 年吴清源曾与藤泽交过手，四胜六负。有意思的是，当时吴清源还是八段，按规则，他无法与藤泽交手。为此，日本棋院从六段和七段中选拔了 10 个人与吴清源下对抗赛，吴清源取得八胜一败一和的成绩，升为九段。

“战后，日本人觉得终于等来了‘狠角色’。藤泽库之助比吴老师年轻 5 岁，棋看着漂亮、扎实，大家等着藤泽来击败吴清源。”可是吴清源还是以七胜二败一和的成绩让藤泽降了格。按照藤泽事先要求，如果输了要马上再下一个“复仇十番棋”，可不幸的是，到 1953 年春天第六局的时候，他又被吴清源打降了格。“在下第六局之前，藤泽先生说如果再被我打降格的话，他将退出日本棋院，因为这样的成绩玷污了日本棋院的名誉。”藤泽库之助后来改名为藤泽朋斋。

1953 年 11 月，吴清源又将另一名挑战者坂田荣男降了格。诸多高手已是一片溃败。江铸久后来看到日本记者写这场比赛的文章，马上要输棋的坂田当天晚上已经食不甘味，主办者还是劝他随便吃点。“记者写：坂田拿着筷子在大家劝说下，夹了四五次菜，可是每一次夹都是空的。最后他放下筷子，沉默了很久说，要是给我赢一盘缓一缓就好了。这种英雄人物最后竟然说这种话，也真是被收拾得很惨。”江铸久笑着说。吴清源遇车祸以后，就是这位坂田趁机一统江湖。不过，他后来又被吴清源的弟子林海峰击败。

1955 年，吴清源迎来了他十番棋的最后一位对手，高川格。此时他已经将日本这一代所有超一流选手降到无人可与他下分先棋。而高川格则挟“本因坊四连霸”的气势而来。高川在前三局接连败退，好在第四局，高川赢回一局。他甚至高兴得手舞足蹈起来。有意思的是，在与吴清源比赛间隙，高川格又在本因坊比赛中实现五连霸，成为秀哉之后的第22世本因坊名人。但不幸的是，回到与吴清源的十番棋当中，他立马被吴清源下降格了。

1955年时的吴清源

至此，从雁金准一到木谷实、桥本宇太郎、岩本薰再到藤泽库之助、坂田荣男、高川格，日本棋坛前后三代顶尖高手，全部在升降丨番棋中被吴清源下到降格。由此在日本社会形成了第三轮“吴清源冲击”。“从1939年镰仓十番棋我25岁开始，到最后一次十番棋已经是42岁。一想起这段岁月，我就有无限的感慨——那段时期是我棋力最强盛的时期。”读卖新闻社的十番棋战办不下去了，因为再也找不到可以与吴清源一战的对手。吴清源横扫整个昭和棋坛，当之无愧地成为“棋圣”。

“神人”吴清源

“这么多年我一直在想一个问题：在我的职业生涯里，见过许多厉害的选手，他们在某一时期达到巅峰的状态并不稀奇，因为一个人在十几年的职业生涯中总该有特别厉害的时候，可是吴老师最奇特的地方，在于他总体来说一直保持很高的高度，虽然这期间还经历了战乱、颠沛流离，但是吴老师下过十次重大十番棋，把七位日本高手全部打降级，这样的竞技状态能保持16年之久。这是怎么实现的，对我来说是个疑问。”江铸久曾经试图向吴清源寻求解读，但吴清源并不多作回应。

“在我看来，吴老师能在围棋界所向披靡，最根本的一点就是实力。与他对下十番棋的人，不仅是‘一流’的概念——‘一流’是个复数，可以指很多人，而他的对手都是冠军，就是top1、最顶尖的。如果没有超出对方一大截的实力，仅靠运气，他是不可能保持那么高胜率的。”吴清源的助手、围棋五段牛力力一言以蔽之。或许还是杨振宁形容得更加准确：“20世纪最有名的物理学家是爱因斯坦。但爱因斯坦在物理的地位没有吴清源在围棋里高。因为物理里爱因斯坦是第一，但是第二跟爱因斯坦的距离我想没有吴清源和20世纪第二的围棋手距离那么大。”

《吴清源》制片人刘小淀有一次问常昊：你怎么看吴清源？常昊回答：“我没有资格评价。他是神一样的人物。而且有一件事我百思不得其解：我们这些人都有老师，但吴老师没有老师。那他是怎么成就这一切的？”

这也是吴清源令人不可思议之处。很多人把濑越宪作当成吴清源的老师，但实际上，濑越更多的是扮演伯乐的角色，并没有实际教过吴清源。之前也有人向濑越提问：“您作为老师跟吴清源下棋，心里是不是有点怪怪的？”濑越回答：“我没教过他什么；我每次跟他对局，我都很开心，因为我能从他那里学到一些东西。”

“虽然吴老师生前从来不承认自己是天才，但他绝对是一个天才。”牛力力说，像如今这个时代，棋手足不出户，就可以看到世界冠军赛，还有一流棋手的讲解。“在吴老师的那个时代，国内没有比他更好的棋手；到了日本，他也是靠打棋谱，完成自我提升，而且达到那么高的成就，只能用天才来解释。”

在他少年时期，吴清源全部凭借父亲从日本带来的棋谱学习。“当时日本整个围棋水平远远超出中国，他也得益于一上来就学的是日本棋谱；还有一点好，因为他那时候不懂日文，只能自己悟，然后等他爸爸给他讲——这很关键，如果全把解说看完了，脑子就懒了。他后来说摆一遍棋谱，基本上就记住了。”刘小淀说。

吴清源在围棋上的投入也是无庸置疑的。小时候他长年拿棋谱，以至于手都变形。江铸久说：“我在国家队里都算用功的选手了，但一天最多五六个小时。吴老师到了很后面体力不好了，才一天用五六个小时。我和芮乃伟都达不到。”

林海峰是吴清源的爱徒，23 岁就拿到日本的“名人”头衔。吴清源有一次讲到林海峰，还说了句：“海峰就是不用功啊！”江铸久回忆，在场许多人听罢都不敢接话——“在我们眼里，林老师是围棋界出了名的用功的人。如果他都不算用功，那我们算什么？所以吴老师此话一出，大家都安安静静地不做声。”2002 年吴清源与林海峰去贵州参加一次活动，吴清源在台上说：“海峰还是用功的！”林海峰在台上激动地说：“我今天第一次听到老师这句评价！”“有时记者会问林老师，您这么用功，以后还要怎么样？林老师说：我们有吴老师，谁敢说自己用功？！”

1972年5月，吴清源与林海峰

在吴清源的弟子们看来，用诸如“用功”、“刻苦”之类的词形容自己的老师，其实也并不是那么准确。因为它们似乎隐含了不情愿、不快乐的味道，但吴清源对围棋，是发自内心而带着愉悦的爱。当别人问及他小时下棋苦不苦的时候，他会说：“下棋那多好玩啊！”也是因为兴趣，技艺突飞猛进，捧着厚厚的棋谱，一点不觉得疲惫，一打就是一天。

吴清源令人赞叹的，还有他在比赛中体现出来的心态。下十番棋的时候，每一场都是事关荣誉之大战。芮乃伟说，表面上看棋手只是坐在那里，但“大脑消耗能量比体力要高”，最关键的是，经历了一天的激战之后，大脑处于极度兴奋状态，根本睡不着。

“起初两个对手都是女的，第一天的状态还可以：明天打比赛了，今晚上我肯定得睡个好觉；可是下完今天的比赛，四点半，封棋了，这个晚上就睡不好；等到明天下完了，绝大多数人基本就是彻底难眠，最多能睡一个小时不到。可吴老师不管第二天有多大的比赛，他依然能睡到四五个小时。这不仅仅是心态问题，肯定还有后面的精神力量，要知道没有吴老师的话，他十番棋的对手都是独树日本的棋手、某一时期日本的顶级英雄。”江铸久笑着说，对于当年形势，网上有一个人这样形象地打比方：先是所有的高手集中到一起“死掐”，掐出一个高手来，送到吴老师那里，被灭掉；然后再掐出一个送过来，再被灭……“其实那些人哪个拉出来都是高手。高川在本因坊那里是九连胜，但在吴老师这里是十三连败，把主办者都弄傻了。”

江铸久说，吴清源的态度就是怎么样尽力下好眼前的这一步棋、这一局棋，胜负交给天去。“能做到这一点真是太难了。因为棋手受的训练就是要争胜负。在他面前，那些英雄好汉的对手都无法超越胜负，其实破绽也是出在这个地方。”

吴清源当年在与木谷实进行十番棋大战时，还告诉木谷实怎么能休息好，保持好状态。“日本棋手之间有时有一种超越胜负的情谊，他们棋场上是对手，但互相尊重。像秀哉还请吴老师到他家里作客、切磋。”

芮乃伟说："有一次我跟国家队总教练俞斌聊天的时候还在说，围棋界的传统就是我们在场上你死我活地拼完了，不管输赢还没下来就开始研究哪里错了。真的是场上对手，场下朋友。讨论棋的时候也毫不保留，个人想法也不会藏着掖着。这个传统是从日本过来的。"

高山仰止

1961 年 8 月，吴清源在东京街头被一辆摩托车撞到，当时即失去知觉。后来根据目击者的描述，他在被撞得飞弹起来后，先是落在摩托车上，然后跌在地上——这也算是不幸中的万幸。如果是直接掉到地上的话，大概就没救了。

送到医院后，医生认为他的伤并不重，既没有照 X 光，也没有做脑波检查。几天过去，腿疼依然未减轻，于是亲属向院方提出拍 X 光。可是再次检查的结果依然是"没问题"——原来院方把他的左右腿弄错了。后来发现，右腿骨头的结合处错位，腰椎骨也有两处裂缝。吴清源在医院又住了两个月才出院。

这次车祸给吴清源留下严重的后遗症。首先是头痛，后来是对局时无法盘腿坐，特别获准坐在椅子上下棋。"但是有的棋手不坐在塌塌米上就不能下棋，所以只能是我坐椅子，对手在台上再铺上塌塌米坐着，于是就出现了很奇怪的对局情景。"自此之后，吴清源愈来愈感到力不从心，他后来形容说，那时候感觉自己被胜负之神抛弃了……

很长时间，吴清源都被车祸后遗症所困扰，"头疼得厉害，以至于精神上也变得越来越怪异，进而引起了精神错乱"。成绩也不出意外地一落千丈。1965 年第四期名人战时，他生平头一次遭遇八连败。1973 年的十段赛是吴清源最后的一次比赛，此后，他退出这片厮杀多年的围棋江湖。

但是，吴清源留在棋坛的那些传奇故事不会消逝。虽然江山代有才人出，后面的棋手一代又一代地涌出、绽放，但“吴清源”留给棋界的，永远是一个不可超越的高峰。

有一个细节，即便在过了三十多年后，江铸久回忆起来还是印象深刻。

1980年，江铸久访问日本。那一次是中日围棋对抗赛的现场，加藤正夫、武宫正树、大竹英雄这些高手都在。“那时在我们这些下棋人的眼里，他们就是一等一的大英雄啊！”正在摆棋谱之时，江铸久突然发现几个人同时站起来，毕恭毕敬地等一个人。片刻，一身中山装的吴清源现身赛场。等他入座后，这些大牌棋手才陆续坐下。“那天是聂卫平和小林光一的棋，吴老师一点都不拖泥带水，点评完就走了。后来就知道别傻坐那儿，看那帮英雄人物站起来的时候，你大概就知道谁来了。”江铸久打趣说。高山仰止，这大概是形容吴清源在一代棋手心中地位的最好的词。

这也是江铸久第一次见到吴清源的场合。“小时学《黑布局》《白布局》，只是书上的东西，知道日本最厉害的坂田被林（海峰）老师干掉了，林老师的师傅是吴老师。而吴老师已经不下棋。所以在我印象里一直觉得他是一个老爷爷，崇拜他，但没见过。突然你看见你崇拜的一堆人全部站起来，才知道，原来更大的人物是什么样子！”

成为吴清源的弟子，是芮乃伟之前从来没有敢想过的“奢侈”之事。“不是说敢不敢向他提出来拜他为师，而是压根就不敢想这件事”，让芮乃伟没有想到的是，自己最终会幸运地成为这位传奇人物的关门弟子，并成为世界围棋史上第一位女子九段棋手。

“如果没有吴老师，我不会实现蜕变。他把我带到一个相对我来说的又一个高度——如果让我自己摸索，我是万万不可能达到的。但他开拓我的眼界，让我从更宽广的角度来考虑问题。”芮乃伟说，吴老师没有条条框框，“不会说这个棋一定要这样下，这一定是不好的，他总是说，想一想、试一试嘛！”在芮乃伟看来，吴清源一直到最后，“思考都是柔软的”，“一直在创新”。江铸久补充说，吴清源虽然自己没有机会再比赛了，但是他在20世纪90年代教的弟子——芮乃伟、王立诚、林海峰都在棋坛叱咤风云，这也从一个侧面证明吴先生思维依然走在前端。

“要考虑到，吴老师到了后期已经完全没有实战，他就是靠一个人在家里思考。在这个方面讲，他是孤独的。尽管会有我们跟他摆棋，但是一星期、两星期没有人，他就是独自思考、研究。如果我们这些人没有实战，棋力不知道会退到哪里。而且即使我有比赛，如果不是在国家队跟年轻人在一起，互相交流，他们的招数想法一直在刺激我，大家都在帮我打开思路。在这种情况下，我也就是摸摸索索爬到这里。而当年吴老师的年代，资讯条件比我们今天差远了。可是他的思维还能达到这个境界，这是我们永远无法企及的高度，的确令人惊叹……”芮乃伟由衷感慨。

中的精神

2002年，田壮壮决定将吴清源的一生拍成电影。为了筹备这部电影，剧组特地将吴清源夫妇邀请到了北京。电影《吴清源》的制片人刘小淀还记得，吴清源平素少言寡语。但一些话题聊到兴致处，他，有一次，老人家用到“活到老，学到老”这个词，刘小淀清楚记得，“学”这个字，他用的还是老北京习惯的“xiao”这个发音。提到中国，他会很自然地用“我们”或是“咱们”这个词。阿城说，吴清源说话一口的老北京口音，习惯性地说一些古句，有一次田壮壮问他问题，吴清源回答“言之丑也”。

那一次，他们还陪着吴清源回到了他在北京的旧居——大酱坊胡同22号。吴清源在福州出生后不久，便随全家迁到这座位于西四与西单之间的四合院里。“在北京我们住一个‘四合院’，就是中间有个院子的那种，当时北京一般中产阶级的典型建筑。相隔几十年后再度去拜访原先住的那个‘四合院’时，发现中间的院子里也搭建了住房，里面竟然住着7户人家。”吴清源在回忆录里幽幽地回忆。“22号是一个大杂院，现在更多了。我十几年前去是16个电表，这次去21个电表。”刘小淀笑着补充。

大酱坊胡同22号门口有一个石头做的镇兽。让陪同的一行人惊讶的是，吴清源的腿不太好，本来是一直坐在轮椅上的。但是到了门口，他竟然自己从轮椅上站起来，走过去骑在石兽上。那时已是北京的深秋时分，天气很凉，大家都担心他坐在石头上身体受不了。但是吴清源就是不起来，一坐十几分钟。他还在房子门口比划着："这是老马家……他们家有个汽车，汽车开出来的时候，我们小孩全都上去看。"吴清源的二哥吴炎也在，陪他一起回忆，这是谁家，那是谁家……

那一天，胡同里面有一对老两口坐在那里，刘小淀上前和他们聊天，问他们是否知道以前谁住在这里。老两口回答说："当然知道！这是吴清源以前住的地方，我们都沾了他的仙气儿了！"刘小淀指了指骑在石头上的吴清源，问他们认不认识。老两口呆呆地看了看，又摇了摇头。"他就是吴清源！"两个人都吃了一惊。

吴清源那一次的北京之行持续了十几天，退休前在南开大学工作的二哥吴炎一直陪同左右。弟弟回忆到某些事情，哥哥在旁边补充。刘小淀印象深刻的是，每到吃饭的时候，吴清源一定说"请二哥先吃"，谈话当中，也是"二哥"、"二哥"的不离口。虽然吴清源并不是一位情绪外露的人，两位老人也没有特别热烈的感情表达，"但就是有那种其乐融融的感觉。感觉他心里特别有二哥"。

1999年，整个世界都沉浸在对一个即将来临的新世纪的憧憬、期待又些许不确定之中。"20世纪是战争的世纪，许多人深受其苦。我想找一位有特别经历的老人，我考虑了一下，吴老是最合适的人选。""东京新闻"的评论员桐山桂一回忆。于是，他开始联系吴清源，经多次采访之后写了吴清源的一本传记，后来翻译成中文，就是《中的精神》。

"吴先生除了下棋，其他什么也做不了。即便是从谋生的角度讲，他也只能下棋。在当时的时代背景下，为了下棋，他只能留在日本。也因为围棋这个缘分，他后来又在这里结婚生子。从结果上，他是日本籍，但实际上，他只是为了下棋，不得不这样做。"多次采访过吴清源的桐山桂一说，吴清源当年在提及国籍问题上，也甚为苦恼。"一提此事，他觉得当时也没有别的办法，自己也非常无奈，我觉得这是他真实的想法。”其实这又何尝不是时代之错，容不下这样一个天才少年？

他的内心不是没有过痛苦。在他淡得又淡的回忆录里，“我有过许多痛苦的时刻”。每逢此时，他就会拿白居易的诗激励自己：“蜗牛角上争何事，石火光中寄此身。随富随贫且欢乐，不开口笑是痴人。”当年川端康成问他：你没有斗志的时候怎么办？他回答说，读文天祥的《正气歌》。吴清源喜欢这样一句话，“暗然而日章”。这句出自《中庸》，讲述君子内敛，看上去并不发出耀眼的光芒，但会随着时间推移，渐渐发光。他把它写在扇子上。

“围棋作为一项体育运动，有它竞技性的一面。但从另外一方面讲，它也是一种文化、一种哲学思考。在我看来，吴清源是个战略家。他的大局观用一句话来总结：来自中国文脉。他年少时，正好赶上五四运动、新学兴起。但他父亲对新的一套并不放心，把孩子留在家里请人教或自己教。他小时候读的是四书五经，对中国这一套古典文化，吴先生完整地继承下来。有时别人和他谈话的时候经常听不懂，因为经常引古句。”阿城说自己以前写剧本时经常向吴先生讨教问题，“但就棋术来讲我完全没有能力跟他谈话，我只能让他升到哲学观、宇宙观上面，我才能和他交流。我清清楚楚看到中国文脉在吴先生这里被接下来。”

不消逝的传奇

距离东京近100公里的神奈川县小田原市，是一座安静的小城。这里距离日本著名的箱根温泉并不远。

沿着一条很僻静的半山上的路走上去，便是吴清源的家。这幢房子略显老旧，与周围气派的相比。邻居女主人说，起初她对隔壁老人的身份一无所知，几年之后才知道是曾名震一时的吴清源。不过想来老人家平时一定深居简出，住了十年的女邻居只见过吴清源的夫人。

这幢房子是吴清源在1955年买的。他购买了300坪土地，建造了自己的第一个家。“小田原的家是我们自己盖的，属于我们自己的第一个家。战前，我在住的方面一直受到了濑越老师的关照。战后，在箱根仙石原住了5年的家，名义上是属于和我签了专属协议的读卖新闻社的。满41岁时，有了属于自己的家，我感到特别高兴。”吴清源后来回忆。

为吴清源写了自传的东京新闻社记者桐山桂一，在吴老生前曾多次采访过他。“吴老有特别喜欢的话题，和特别不爱说的话题；谈到喜欢的话题时，他会很兴奋，不喜欢的话题，他就会很沉闷。”桐山说，除了围棋和宗教，吴清源特别喜欢提及的就是小时候的事，经常回忆他少时在北京的往事。“可是回忆到战争的部分，他就不怎么爱说话。”

多次采访吴清源的读卖新闻社文化记者冈崎则说：“随着他实力的增加，名气的增大，中日之间像拔河一样在争夺他。他本人不想卷入这些纷争，他不愿参与这种纷争，为了从纷争中解脱出来，他全心全意集中在棋上。他本人认为自己身上既有中国人也是日本人的成分，但他也清楚自己这样说的话，什么人都不愿意。一生纷乱，他只能从棋盘中寻找内心的宁静。在我看来，棋盘才是他的祖国。”

“吴老是一个比较难采访的对象。”“有时候他一聊起来，天南海北，天马行空，不知道他在说些什么。”桐山微笑着说，表情也有些无奈。“比如他会突然谈世界或者谈宇宙，谈些很玄的话题，如果你平时没有思考过这些问题，完全不知道如何接他的话。”那本《中的精神》在提及很多事情上都略略带过，即便是涉及一流选手的那些大赛也叙述得极为平淡，让很多吴清源的棋迷读起来觉得很不过瘾，但在桐山看来，能完成那本书，已殊为不易。平时，吴清源谈完话，他整理出来后，再交给吴清源夫人过目。“他讲的很少，一些内容还是我后来查了很多资料补充进来的。”

桐山自己认为，相对于《中的精神》，他写的另一本书《吴家百年史：吴清源与他的兄弟》更有趣一些。“不过，里面也有一个小错误，”

桐山笑了一下说，“吴清源先生说他的二哥吴炎参加了二万五千里长征，吴炎看到后有点不好意思，说自己没参加过。但吴老还是坚持认为他参加了。”

某年，吴清源回国，期间从大连坐火车到哈尔滨旅游。那一次旅行桐山也陪同，有这样一段相对充裕的时间，他才一点一点“抠”出来很多细节。“吴老对世俗世界没什么兴趣，他感兴趣的都是精神、思想层面上的事。”为他写书的桐山桂一说，平时吴清源出去，身上只带 10 块钱——一旦迷路了，用这 10 元钱找公用电话打回家里即可。“他对钱没有概念，钱多了反倒麻烦。”

但是牛力力也强烈反对外界将吴清源归为像陈景润——美丽“生活低能儿”。吴清源有一件中山装，很多场合他都穿这件衣服。牛力力说，这件中山装是吴清源自己设计的，“他觉得穿这件衣服去大陆和台湾都比较方便”——而告别式上的遗像，就是吴清源穿这件衣服的留影。在牛力力看来，自己的老师只是不太把注意力放在这些生活的琐事上，但是绝不会失礼，也绝不是那种藐视人间一切俗世羁绊的天才人物类型。

对这一点，制片人刘小淀也有类似认同。有一年，马英九向吴清源颁发台北“荣誉市民”，吴清源当场拒绝，现场一度有点尴尬。刘小淀后来向吴清源问及此事，吴清源淡淡回答：那我以后怎么回大陆呀？感慨老人家其实心里很明白。

作为吴清源的助手，牛力力每隔一段时间就会去看望他。“每次去一摆棋谱他就很高兴，他对围棋已经没有任何功利心，就是发自内心的的爱。”去年江铸久与芮乃伟一同看望 99 岁的吴清源，聊天时，江铸久随口说芮乃伟最近不行，老输棋。“吴老师一下子就很着急：‘什么，老输棋？快瞧瞧棋！’”当时大家把坐在轮椅上的吴清源推到桌子旁，然后把棋盘放上去。“大家立即觉得吴老师的眼神都不一样，立即有了光彩，他非常期待地等着我们摆棋开始。他的思维非常好，我回来就赢棋了。而且他的判断都非常敏捷。”芮乃伟回忆。

吴清源生前与日本《读卖新闻》关系密切。读卖新闻社文化部记者冈崎裕哉说，晚年的吴清源仍断断续续参加《读卖新闻》组织的一些围棋活动。今年2月，还来社里指导一些对局，一些棋手听了他的点评之后，仍有醍醐灌顶之感："噢，原来是这样！""即使到了100岁，他对围棋的思维、感觉和见解仍然是敏锐的，无论从哪方面讲，他都是一位天才。贯穿100岁，没有衰退的迹象。"

"他的生活非常简单，也没什么要求。一年365天，每天吃一样的东西他也不会说不好。"牛力力说。"吴老师吃饭的时候，从来都说'够了、够了'，是他挂嘴上的一句话。不管桌子上有多少好吃的，他就吃那么一点点。对生活没有什么特别高的要求。"刘小淀回忆。熟悉吴清源的人都说，老人家从不说别人的不好。"他从不出妄语"，刘小淀说。

与吴清源熟了以后，大家都愿意向他问及诸如与段祺瑞对弈的那些轶事：当年段祺瑞未把小小年纪的吴清源放在眼里，而不谙世事的吴清源也毫不客气地赢了段祺瑞，以致当时著名的围棋手顾水如先生还斥责他"不该那样赢法"。自此，段祺瑞不再和吴清源下棋，而只是看他和别人下。

有一次，借一次评棋的机会，江铸久好奇地向吴清源问起这个典故："段总理那会儿有没有不高兴？"吴清源的回答是："段总理还是按月给我发奖学金。"当时段祺瑞给吴清源一百大洋当学费。这是什么概念呢？吴清源后来说："那时候一个月有一百大洋的话，可以过中等以上的生活哩，因为雇一个佣人一个月只要两块大洋。"从这个意义上讲，小小年纪的吴清源也早早开始了靠围棋养家糊口的"准职业"生涯。

刘小淀也是好奇于这段往事的棋迷之一。问及此事，吴清源也只是淡淡地说："段先生棋下得不错。"他又补充说，"他老愿意在你那'搭个小房子'。"——吴清源在回忆里说：段祺瑞下棋最得意的手法就是，打入对方，然后在对方的空中活上一小块。他将这样的下法比喻成"在公园里搭建小房子"。段祺瑞后来看到日军在满洲张牙舞爪的样子，说道："搭建个小房子可以，但不能归为己有。"

1934年，已在日本棋界掀起冲击波的吴清源，与木谷实等人一道访问中国。彼时，段已淡出政坛，长居上海，成为虔诚的佛教徒。吴清源还专程看望了段祺瑞。吴清源后来说，“他很高兴见到我，请我吃顿大餐后两人又对起局来。那时段先生没有说持白子。我们下了两局，一胜一负。”

江铸久后来也问起这一段：“吴老师，您后来再去上海看段先生，你们又下过一次，您让他了吧？”吴清源看了一眼江铸久，沉吟了一下说：“段总理拿黑棋了。”回忆这一段，江铸久感慨良多：“这句话其实分量很大。据我所知，段祺瑞平生是不拿黑棋的，他总是执白。这次与吴先生见面，他很少有地拿了黑棋，其实是表示对吴先生的尊敬。吴老师那时候在棋界已经如日中天。对段先生来说，吴老师能去看他，他一定是开心得不得了。而吴老师记人是记别人的好。我跟他求证这个，他不提输赢，他不理会我们这个问题。他当时的回答让我很感动。我觉得他们俩重逢的场面，一定也很令人感动。”吴清源的离去虽为他和他的时代划上了一个句号，但是属于他的传奇，却永远不会落幕。

最后的告别

隐身于东京闹市区一狭长小巷的一座寺庙，清幽而安静。12月5日下午，在这里举行了一场特殊的告别会，作别20世纪黑白世界最伟大的棋手之一。

根据吴清源子女的意愿，告别会不向公众开放，只有家属和亲朋好友参加。作家阿城、《吴清源》制片人刘小淀以及江铸久、芮乃伟夫妇专程从国内赶来，参加这场告别会。

纪念室正中遗照，穿中山装的吴清源颔首微笑，立于洁白的鲜花之中。烟雾袅袅，磬声清脆，身披袈裟的僧人做完法事后，最后告别的时刻到了。家属和亲友们拿起鲜花，静静走过来，俯身摆放在老人周围。没有大声的哭泣，只有隐忍的啜泣声。老人安详地睡在洁白的鲜花之中，嘴角轻轻上扬，仔细端详，竟然有点微微含笑的意味。陪同他的，除了他生前常用的一把扇子，就是有暗绿色格纹的纸，这是围棋的记录纸，老人带着他毕生所爱，去到了另一个世界。

11月29日晚上，老人家像往常一样，吃完晚饭洗过澡之后上床睡觉。他所在的老人院每两小时查一次房。工作人员上一次去查的时候，老人还在安安静静地睡觉，一切正常。两小时后，等再进入房间，发现老人家已经停止了心跳。养老院马上联系到吴清源的女儿吴佳澄，把老人送到医院抢救。到医院后，医生正式宣布死亡，此时是11月30日凌晨1点多。

“师父走得很安静，没受什么罪。以前说这是修不来的福……想到他走得不痛苦，我心里还好过一点……”芮乃伟一次又一次捧起鲜花，放在师父身旁，虽然一直在努力忍着，但泪水最终还是扑漱而下。

今年6月12日是吴清源100周岁生日。吴清源的家人及弟子等，在养老院为他办了一个小型庆祝会。当时，芮乃伟与江铸久也专程赶来为恩师祝寿。那一次，吴清源的精神还好。几个月后，同样的航班，同样的目的地，心境却大不一样。“在来的飞机上我还一直有一种错觉，感觉还像上次一样，和几个朋友、家人一块约好去见吴老师的。尽管心里知道，他已经走了，但潜意识里还是不愿意接受。直到今天见到他，才意识到真是到了分别的时候了……”芮乃伟眼圈又红了起来。

对身边的亲友来说，虽然从理智上讲，这样一位走过一个世纪老人的离去，他们或多或少也早有心理准备，但这一天真的到来时，他们还是不忍。

“过去他一直说自己要活到100岁，也不往多了说。很多年前，有一次我跟他开玩笑说：‘咱是先活到100岁，别说只活到100岁。’他也开玩笑地回我：孔子说，老而不死是为贼。”为吴清源做了21年助手的牛力力有些伤感地回忆。

11月23日，北京的一群朋友为他举办了一个百岁纪念活动。牛力力在日本提前为吴清源录了一段视频。当时吴清源顺嘴说了一句“阿累嘎多”，牛力力提醒了一下，老人家马上用中文说“谢谢大家”。当天的庆祝会，当这一段视频放出来的时候，现场掌声雷动。大家都为能听到“棋圣”真实的声音而兴奋。

“当时策划北京的活动，也没有想太多，就是想为吴老庆祝一下。没想到一周后吴老就走了。再晚一个星期这个活动都流产了。冥冥中真是成全我们。”活动的策划人、电影《吴清源》的制片人刘小淀也感慨，尽管伤感，但这是一个圆满的离去。

几年前，牛力力与吴清源合作，在《读卖新闻》上写“棋谱”一栏，介绍一些经典棋局的时代背景、分析棋局和一些趣闻故事，专栏断断续续写了6年，而11月16日，牛力力恰巧完成了最后一篇文章。“我一直在想，他连‘走’都要成全大家，像他在世时的性格一样，不愿意让大家失望。”联系起其他片断，牛力力宁愿相信这是吴清源“神”性在世间最后一次闪现。

吴清源的一生有很多令人惊叹却又难以理解的“神迹”。即便他已退隐江湖半个多世纪，但关于他的种种传奇从未消逝过，甚至随着时间流逝而更增加其神秘性。他成长于中国，成就于日本。在日语中，“吴”与“碁”（棋）同音，有人说他天生就是要来下棋的。而博大悠远的中国文化，更是他超越一流棋手的思想资源。

围棋是一项竞技运动，同时也是一门艺术、一项思想活动。吴清源一生历尽坎坷动荡，却在他所主宰的时代里，不仅创造了几乎空前绝后的辉煌战绩，也构建了一个凡夫俗子难以理解、更无法诠释的精神世界。我们所能做的也许是描述他的“神性”、他的传奇，而对他的任何解读、剖析，都有点不自量力。

茨威格在《人类群星闪耀时》中说：“真正具有世界历史意义的时刻——一个人类的群星闪耀时刻出现以前，必然会有漫长的岁月无情地流逝。”庆幸的是，我们没有处在那漫长的等待期，我们有幸与创造这个传奇神话故事的人有了时间上的交集。

“一代国医”吴阶平

采访时间：2010 年

（左起）钱学森夫人蒋英、吴阶平、钱学森、吴阶平夫人高睿，1986年于黑龙江镜泊湖留影

这条钢丝上走过的不少人都栽下去了，而使他身体保持平衡的杠杆两端，一头是他精湛、高超的医术，另一头则是他的政治敏感与审时度势的本领。

“吴家医院”

2004年9月的一天，协和医学院前副院长董炳琨接到来自吴阶平的电话。吴阶平希望董炳琨给他写一份生平材料，“重点要对一生做出评价”。今年88岁的董炳琨曾与吴阶平一起搭档。董炳琨觉得这个特殊任务难度很大。“可是他说，要是不困难也就不找你了。”一个月后，吴阶平把董炳琨约到自己的疗养地，两人倾心交谈了几个小时，吴阶平后来还把自己写的12篇回忆文章交给了董炳琨。吴阶平的一生，由此也被清晰地勾勒出来。

“吴家兄弟就可以开一个医院。”吴阶平兄弟4个，他排行第二，原名“泰然”，“阶平”是他的号。吴氏四兄弟都就读于协和医科大学，除了名气最大的吴阶平之外，吴阶平的大哥吴瑞萍是小儿科专家，二弟吴蔚然是普通外科专家，三弟吴安然是免疫学专家。其中吴蔚然当年与吴阶平一道，是周恩来医疗小组成员，后来又成为邓小平的保健医生。“吴蔚然非常低调，不爱说话，其实他的水平和贡献一点也不亚于吴阶平。”曾任协和医科大学教务长的刘世连说道。

吴家几个孩子的职业完全是由父亲吴敬仪主导的。吴敬仪是前清秀才，曾做过湖南候补知县。吴敬仪有很精明的经商头脑。辛亥革命后不久，盛宣怀要将他在湖南的10万两银子转到上海，因为当时兵荒马乱，盛宣怀怕带银子被人抢走，他知道吴敬仪办法多，便请他帮忙想个稳妥办法。吴敬仪在当地买了10万两银子的美孚煤油，由水路运到上海；到了上海后油价暴涨10倍。盛宣怀喜出望外，要把赚的钱分给他一半，吴敬仪则要求替换成盛宣怀纱厂的股票。这份股票后来为吴家带来不小的财富，也成为吴家第二代接受精英教育的物质基础。

吴敬仪是一位标准的严父。他在家中办了私塾，请当地最博学的先生教几个孩子读四书五经。他还经常请在纱厂工作的美国人的孩子到家里来跟自己的孩子们玩，这使得吴阶平从小就会说一口标准的美式英语。吴敬仪对任何事情都认真负责，有些事情甚至认真得有些过分。他有几块金怀表，每天都要拿出来，与收音机里的报时校对，准确度要求到秒。吴阶平后来常说，父亲对他一生影响很大。

当时社会动荡，走南闯北的吴敬仪认为不能做官，做官会把心染黑了；也不能从商，乱世中从商只能是倾家荡产。在他看来，最好的选择便是学医。吴敬仪不知道从哪里知道了当时刚创办不久的协和医学院，便极力鼓励几个孩子去报考。吴阶平的大姐夫陈舜名本已毕业工作，在这位岳父的要求下也重新报考，上了协和。接着是大哥吴瑞萍。1933 年，16 岁的吴阶平考取协和医学院在燕京大学的医学预科班。

协和医学院实行的是标准的精英式教育，预科 3 年后，还要学习 5 年本科，前后 8 年，所以能坚持下来的人并不多。吴阶平一年级的同班有 52 人，3 年后考入协和的只有 13 人。刚入学的吴阶平成绩平平，以爱玩著称，从三年级才开始发奋。三年级时，他被评为仅有的两名优秀生之一，获得免交 1000 银元学杂费的奖励。

协和每年都要举行隆重的毕业典礼，并从四年级选一名品学兼优的学生做毕业典礼的学生司仪。仪式开始，司仪手持纪念牌和一根一尺多长的红木棒，上面套着一道道金箍，金箍两面刻着历届学生司仪的名字，金箍套满了就形成一根金棒，将被学校永久保存。吴阶平的名字被记在第九道金箍上。1941 年，协和医院被日军占领，这根金棒也不知所踪，这是吴阶平终生之憾。也是因为这一年太平洋战争的爆发，协和停课，1942 年 1 月学生全部撤离。吴阶平他们这一批学生也成为老协和毕业生名录上的最后一串名字。

“先专后红”

从协和毕业后，吴阶平来到北平中央医院（又称中和医院，即后来的人民医院）工作。1944 年，吴阶平在中央医院担任住院总医师，随后赴美进修。吴阶平的导师哈金斯（Charles Huggins）是现代肿瘤内分泌治

1979年，吴阶平在美国与导师哈金斯教授会面

疗的奠基人，曾获得诺贝尔奖，他很赏识吴阶平，很想把这位高徒留在身边当助手。但吴阶平还是希望回国发展自己国家的泌尿外科。

吴阶平回国的时候，正是新旧政权交替前夕的 1948 年。作为中华人民共和国成立前夕第一批归国的知识分子，吴阶平受到新政权的极大重视。北京市政府刚成立，市长彭真邀请了一批知名科学家、教师和社会贤达参加招待会，吴阶平是其中一员。

20 世纪 50 年代，是吴阶平医学事业的巅峰期。吴阶平在肾结核对侧肾积水、男性绝育和肾上腺髓质增生三个方面的成就，奠定了他在中国泌尿外科界的地位。1951 年，吴阶平参加了北京市第二批抗美援朝志愿军手术队并任队长，回国后，他递交了入党申请书，成了那一代知识分子中“先专后红”的代表人物。

1962 年，吴阶平受命创办北京第二医学院，比他小一岁的冯佩之出任党委书记。那时候的吴阶平无论专业领域还是社会活动，都已经有很高的声誉，但他主动放低身段。冯佩之回忆，那时“二医”经常组织学工学农，甚至去门头沟煤矿劳动锻炼，考虑到吴阶平事务繁多，冯佩之告诉他不必参加，可是吴阶平照样跟他们去了煤矿。

与吴阶平不同，冯佩之和董炳琨都属于 1949 年以前参加革命的老干部。被看成大知识分子的吴阶平，却处处显示了对这些革命干部的尊重。第一位夫人赵君皑去世后，有人向吴阶平介绍了高睿，很多事情他都向董炳琨、冯佩之如实汇报。“人家名气那么大，还那么坦诚地跟我讲，有时我都不好意思。”董炳琨告诉作者。接受采访时已 93 岁的冯佩之更是连连感慨：“这样一个高级知识分子，做到这一点，不容易。”

精湛的医术，再加上政治上的积极进步，使吴阶平的医术活动范围越来越大，渐渐进入到为国家领导人看病、会诊的医疗服务中。在普通人眼里，这无疑是荣耀甚至权势的象征，但身临其境，才知道个中甘苦，甚至暗藏的巨大风险。

国家最高领导干部的保健工作，最初是效仿苏联的一套体制，毛泽东对此早有意见，认为过于特殊化，脱离人民群众，所以 1964 年撤销了中央保健局，保健工作也陷于瘫痪。后来周恩来指示成立一个保健小组，由吴阶平任组长，中南海门诊部主任卞志强和解放军总医院副院长曹根慧任副组长。

周恩来是了解吴阶平的医术、人品和能力的，他曾对别人评价说：“交给吴阶平的任务都能完成得很好。”也许正因为此，周恩来把很多医生最不愿意接手的一项工作交给了吴阶平——1967 年 11 月的一天，周恩来把吴阶平接到钓鱼台宾馆，正式交代他负责江青的保健工作。吴阶平连连推说自己是泌尿外科医生，不适合做保健工作，但在周恩来坚持下，他不好再推辞。回到家，他曾非常认真地对妻子说：“如果哪天我不回来，你就等，耐心等到我回来，千万千万不要找谁去闹。闹于事无补，只会坏事。”

在为江青做保健医生的几年里，吴阶平处处小心谨慎之余，也运用他的智慧应对。董炳琨说，当时另一位保健医生、中南海门诊部主任卞志强每一次写病历都尽可能写得详细，还说：“以后要真有什么事，咱们可以有病历为证。”吴阶平淡淡地说了句：“还是少写为妙，有三两句，把事情说清楚就是了，写多了也会出毛病。”吴阶平的一番话让卞志强恍然大悟。

从 1967 年到 1973 年，吴阶平为江青做了近 6 年的保健医生，总算安全地完成任务。当年在中南海工作的小笔记本，多年后吴阶平还一直珍藏着，上面布满了诸如“CC”、“KS”、“CEL”等各种“密码”。

他后来才解开了这个谜底："CC"是江青，"KS"是康生，"CEL"则代表周恩来。原来这是吴阶平怕万一不小心弄丢了本子而设置的，他的谨慎和心思之缜密可见一斑。

"走钢丝"的医疗

吴阶平最被外界所知的，是他作为医疗组组长为周恩来看病的故事。在那个特殊的年代里，吴阶平需要应对的，已经远远超出一个医生的职业范畴。

1972 年 5 月 19 日，周恩来在一次尿常规化验中，发现红细胞超出正常值。吴阶平从上海、天津请来老专家一同会诊，确诊为膀胱癌。吴阶平、卞志强、吴蔚然与张佐良[1]四人共同向中央写书面紧急报告，请求中央审批做膀胱镜检查。

可是医疗组面对的情况比较复杂，当时叶剑英、张春桥[2]和汪东兴[3]三人组成"中央领导小组"，关于周总理的医疗情况，医疗组需要向"中央领导小组"汇报，"中央领导小组"对上向最高领袖毛泽东汇报，得到批准后才能实施医疗方案。即便周恩来本人，也不能决定自己的医疗方案。

周恩来医疗小组由吴阶平任组长，心血管病专家方圻、吴阶平的弟弟吴蔚然、吴德诚任副组长，后来医疗组扩大到五十多人。关于周恩来的病情，医生们的意见一致：一定要及早检查、治疗，必要时动手术。

[1] 张佐良：1965 年至 1976 年任周恩来总理专职保健医生。

[2] 张春桥：曾任中共中央政治局常委等职，"四人帮"成员，"文革"主要策划者之一。

[3] 汪东兴：原中共中央副主席、中顾委委员。

吴阶平代表医疗组向中央写了报告。几天后，吴阶平、卞志强、张佐良三人在怀仁堂见到三位“中央领导小组”代表，他们说已看到了报告，并传达了三项指示：一、不检查；二、不开刀；三、要向周恩来、邓颖超同志保密。

医疗小组的卞志强后来回忆，听到这个指示后，大家“非常不安和焦急”，“虽详细解释需检查及治疗的重要性及错过治疗时机可能发生的严重后果等等，但均无济于事”。在此期间，医疗组不断奔走汇报请示，“甚至手持血尿瓶到许多首长家面报问题的严重性，请求及早诊治”，但手术的治疗方案仍未被批准，医生们只能对总理进行保守治疗。这一切最初都是瞒着周恩来进行的。吴阶平事后回忆，周恩来对任何问题都要刨根问底，“以前无论给他做什么检查，他都会把检查的原因、原理、结果问个一清二楚，可这几次检查之后他都没有询问结果，只是一味拼命工作”。

1973年1月，卞志强和方圻连夜找到吴阶平，告诉他总理已经开始尿血。吴阶平得知消息，心急如焚，他们拿着周恩来血尿的试管、化验单，找到住在西山的叶剑英。几天后，叶剑英拿着装有周恩来血尿的试管，到游泳池报告毛泽东。第二天，中央批准了医疗组的报告。

两个月后，周恩来终于住进了玉泉山的临时治疗室，接受膀胱镜检查。膀胱镜检查并不复杂，是在局部麻醉下用精密仪器来观察膀胱内部，如果通过膀胱镜检查观察到有早期膀胱癌的病灶，可在做检查的同时用电灼手术器械把病灶电灼，这样病情就能得到控制。然而就在检查前一天，医疗组又接到指示，大意是为了慎重，做检查、观察和治疗要分“两步走”。吴阶平心里清楚：真要分“两步走”，很可能就永远没有“第二步”了。

“怎么办呢？我就去找邓大姐，我说：邓大姐，现在毛主席说了，分两步走。那么我们进去看看，什么也没有，那也无所谓分两步走。可是如果看见一块小石头，是不是顺便把它拿出来就好了？还是要留着等着走‘第二步’？她说：看见那个小石头，拿出来就算了。”邓颖超的话让吴阶平心里有了底，他说：“我想有邓大姐这句话，不管怎么着拼死拼活也得把这个点烧下来。烧下来危险是很大的，因为违背了毛主席的指示，可是有邓大姐这句话，我们至少可以搪塞一阵。”

周恩来醒来之后便问情况怎么样。吴阶平如实回答：“有一个东西，烧掉了。”周恩来毫不客气地说：“不是让你们分‘两步走’吗？”邓颖超赶快插话：“两步并一步走好。”周恩来说了句：“你们该不该这样做，还得看。”手术后，周恩来的病情得到了缓解。很快，电话里传来了毛泽东对医生的肯定：“医生们两步并一步走做得好，感谢他们。”卞志强后来对吴阶平说：“你是带我们走钢丝，不但要掌握好平衡，还要眼观六路，耳听八方。”

1973 年 4 月，周恩来和邓颖超在玉泉山与邓小平夫妇长谈，细致入微的周恩来在托付国家大事时还嘱咐他们：“健康问题可找吴氏兄弟。”吴蔚然后来成为邓小平的保健医生。

到了 10 月底，周恩来又出现血尿，癌细胞再度抬头。吴阶平和几十位专家讨论了多次，大家的结论是一致的：必须手术治疗。在手术方案被批准前，周恩来需要每周输两次血来补充大量流失的血液。可是此时“批林批孔”运动进入高潮，一支支冷箭射向周恩来。正遭受病痛折磨的周恩来，又在精神上被煎熬、摧残。有时他正在输血，“革命派”通知他去开会，他只能拔下针头去参加。

终于，在医生们反复细致的工作下，周恩来亲自提笔给毛泽东写了一封信，希望能接受手术治疗。几天后，毛泽东批准了周恩来的手术请求。手术后，周恩来的病情一度得到缓解。周恩来的膀胱癌原属一般常见的尿路上皮细胞癌，但到了 1975 年秋天却转化为鳞状上皮细胞癌。这种癌肿恶性高，发展快。医生们虽然竭尽全力，却已无回天之力。

1976 年 1 月 7 日深夜，昏迷已久的周恩来微微睁开眼，看见守候在床边的吴阶平，清楚地说：“吴大夫，我这里没事了，需要你的人很多，你去吧，他们需要你……”这是周恩来一生中最后的一句话。在此后的二十多年里，吴阶平每提及此事都感伤不已甚至几度哽咽：“周总理一生关心别人，就在大脑已经很少有活动能力的时候，关心的还是他人。”

可是令吴阶平和医疗组成员意外的是，总理去世后，却出现了很多指责之词。“当时流言蜚语特别多，说什么的都有，大意是指总理的医疗工作存在问题，医疗组成员都有很大的压力。”董炳琨说。1月15日，借周恩来追悼会之机，邓颖超专门把在周恩来身边工作过的医护人员和身边工作人员等请到人民大会堂台湾厅，她对总理的侄辈们说：“医疗组的同志精心护理，工作非常辛苦，他们政治可靠，技术一流，他们已经尽了力了。”这样事情才稍平息下来。

可是此事并没有就此完全平息。在周总理去世10周年的1986年，外事部门又有一个人写了一篇文章，对总理的医疗工作提出若干质疑。文章称“中央”指定的医疗小组对恩来同志的精神和肉体给予了毫无人性的折磨，就连邓大姐要去医院探望都要经过王洪文[1]和他们的医疗组的批准。文章不仅在国内刊登，而且发到国外。

“医疗工作其实是很复杂的。”董炳琨解释说，“当时我没有参与医疗工作，但是也间接地做了一件事。那时决定要给总理做膀胱的灌注，可是灌注治疗的效果如何、有没有病痛等，我们的经验不太多，而上海的经验比较多。上级就要我和一个泌尿科专家两人一起到上海作调查，把上海各个医院膀胱灌注的病例一个一个搜集调查。”

“从这一件事情看起来，对总理做的每一个医疗措施都要经过多方论证，有具体材料才行。那时候全国上下，大家出于对总理的关心，提出的各种方子包括偏方、中医方、西医方，多极了，但是不可能都用。使用方子得有科学根据，即便没有科学根据也得有实际的结果。所以这些东西也很伤脑筋，这里面的看法也很多。”

那篇文章发表后，吴阶平又一次承受着巨大的心理压力。他觉得医疗小组必须要正面澄清，于是他组织原医疗组的人向中央写了一份报告，

---

[1] 王洪文：“四人帮”主犯之一。

很快得到了邓小平、李先念、邓颖超的批复，他们都再次表示：医疗组对总理的治疗是认真负责的，是适当的，前述文章的话并不真实。“为总理看病的经历，让他心里很纠结。”吴阶平的第一任秘书华杏娥回忆，有一次她陪着吴阶平到“人大”开会，看到了李先念，他再次提及此事予以澄清，回来之后，说了一句：“中间李先念来了，事情说清楚了！”华杏娥说,吴阶平对中央领导的治疗守口如瓶,他只是简单跟华杏娥提过:“总理不是一个癌症，有好多癌症。”

从 1957 年起到 1976 年周恩来去世，吴阶平在周恩来身边工作了近 20年。华杏娥说,吴阶平的家里,一直挂着一张12寸的周恩来的黑白照片。他的书橱里，摆放着总理送他的一座石英钟。多年来，吴阶平一直用这种方式来默默纪念着对他一生中影响最大的一个人。

特殊任务

中华人民共和国成立后，为了打破外界封锁，政府也积极开展外交活动，应邀为友好国家领导人治病也是其中一项重要内容。这方面工作由周恩来总理直接负责。吴阶平作为中国医术最好的医生，先后为四个国家的元首治过病，其中最有代表性的就是为印尼总统苏加诺治病。

苏加诺患肾结石和高血压很多年，但他拒绝手术，他的前任私人华裔医生胡永良，也是他早年游击队里的老战友。胡永良向苏加诺提议，肾脏的问题西医没有什么好办法，是不是要请中医来治疗？用中医的话就要请中国的医生。于是苏加诺向周恩来提出了请求。

“中医在中国是有一定的经验，但是要出国看病还是有一定的困难的。所以周恩来就让吴阶平这个西医来当中医医疗组的组长，带着中医出国，副组长方圻也是西医出身。”董炳琨介绍。临行前，周恩来和陈毅还专门找医疗组谈话，特别告诉他们：“有什么事可以和大使馆联合向中央写报告。”

其实中国医疗组赴印尼治疗的环境也比较复杂：“一方面，他们的卫生部长是个准将，极力反对总统邀请中国医生，而苏加诺对中医也不是很信任，我们还得想办法让他信任。另一方面苏加诺的医疗班子都是西医，我们得和他们合作，不能撇开他们单独做事情，他的西医和我们的中医加在一起事情就非常复杂。”如何平衡关系，如何以中国西医的身份，向不信任中医的印尼医生解释中医的治疗，吴阶平可谓责任重大。除此之外，很多细节问题，比如如何在戒备森严的总统府煎制中药、如何说服苏加诺让他接受针灸，都是需要吴阶平出面沟通解决的。

吴阶平先后5次率医疗组赴印尼为苏加诺治病。“其实这里面包含着医疗、政治、外交的种种矛盾和困难，但吴阶平都处理得非常好，这里面充分体现了他的智慧和能力。”董炳琨说。

吴阶平赴印尼为苏加诺治病期间，他的夫人赵君皑突然得了偏瘫，为了不影响吴阶平的情绪，周恩来指示暂时不让吴阶平知道这个消息。于是当时中国驻印尼大使姚仲明把信扣了下来，只告诉了方圻一人。直到临回国前吴阶平才得知这一消息，他说：“我完全接受总理和使馆的安排。”方圻后来回忆说：“其实，我认为使馆的同志完全低估了阶平同志的觉悟水平，采取这种措施是没有必要的。”

在与吴阶平一起工作的几年当中，董炳琨印象最深的，是他们共同参与的“李震案”。

1973年10月21日深夜，时任公安部部长李震被发现吊死在公安部机关大院地下热力管道沟内。当时最高领导层对李震的死存疑，认为他没有明显的自杀动机，因而怀疑是他杀。李震的尸体被送到北京医院太平间里，上级要求绝对保密，只准当时的部分医院领导和指定参加尸检的几个人知道。

“李震案”由周恩来直接牵头负责。他委派吴阶平负责尸体解剖，董炳琨与林钧才[1]、吴蔚然、韩宗琦[2]等人是组员，他们直接向中央负责，所有报告要几个人同时签名。

在当时纷乱的政治环境里，李震之死的背后，是公安部甚至更高一层复杂的政治斗争。当时公安部掌权者倾向于“他杀”的结论，公安部内部也反复排查，先后有 116 人被怀疑与此案有牵连。可以说，对李震自杀还是他杀的鉴定，是在一种高度的政治压力下进行的。

董炳琨回忆，其实从单纯的医学角度看，李震很显然是自杀的：“他的颈部有明显的绳索勒痕；胃里有大量的安眠药，有的还没有完全溶化；肺脏有肺气肿。”尸检小组统一的意见是：死者先服药，后自缢身亡。

在此之前，持“他杀”观点的人认为，是有人先把李震勒死再把药片灌进去的，造成自杀假象。“人死了之后能不能灌进去药片？怎么灌？我们做这个工作，必须非常仔细。所以回来之后，我们从协和医院找了老式的食管镜，然后在狗身上做实验，看看在狗身上能不能做得到。”董炳琨回忆。在动物身上实验的结果，等于推翻了这种猜测。

当时对“自杀”结论还有一种怀疑：李震是在地下室上吊的，四周没有水源，胃里那么多的安眠药是怎么吞进去的？周恩来显然对此也有疑问。他对李震究竟死于自杀还是他杀也十分存疑，在他看来，李震没有自杀的思想基础。周恩来向吴阶平仔细询问了很多细节，最后提了一个问题：“没水的情况下能不能吞下那么多药片？”吴阶平回答：“没水也能吞下去。”周恩来不放心，又追问一句：“你们试过吗？”吴阶平坦白回答：“没有。”

董炳琨回忆，回来后，小组的人又开始针对这一个疑点进行了实验。“我们自己干吞药片看能不能吞下去。吴阶平带头吞了一小瓶酵母片，

[1] 林钧才：原卫生部北京医院院长、党委书记，曾参与毛泽东主席遗体防腐工作。

[2] 韩宗琦：原卫生部北京医院副院长。

足足有100片；我们也都进行了试吞，事实证明干吞是可以吞下去的。”“我们当时搞了将近一年的时间，就为这一件事情。每天晚上大家都要开会研究，每一个阶段我们都要写总结报告，总结报告都是字斟句酌，不留漏洞，不能让任何人挑出毛病。每次报告都是吴阶平定稿，全体小组成员签字后上报。”

“一号任务”

吴阶平一生中参与的特殊任务不计其数，其中最特殊的一项，便是毛泽东遗体的保护工作。

1976年9月9日，毛泽东去世。当天晚上，中央政治局召开紧急会议，决定要保护遗体让各界人士参观、吊唁、瞻仰，时间定为15天。毛泽东生前号召火葬，是政治局里第一个签字的领导人。所以最初决定的遗体保护，也是以保存15天为目标，医务人员只对遗体做了一般性处理，注射了一些甘油、酒精和福尔马林等。

但是到了9月10日，以华国锋为首的中共中央又决定永久保存遗体，并建立毛主席纪念堂，以供群众永久性瞻仰。“这给医务人员们出了一个大难题。”董炳琨解释说，如果要永远保存遗体，死后两小时就要进行尸体解剖，取走内脏，用冲洗液把全身血液，包括最细微的毛细血管冲洗干净，注入防腐剂、凝固剂等。可是已经做的一般性处理已失掉了彻底处理的机会，遗体内血液早已凝固，再做那样的彻底处理已不可能。

中央决定成立遗体保护科研领导小组，由时任卫生部长刘湘屏、副部长黄树则、医科院副院长吴阶平、北京医院院长林钧才、医科院组织学教授徐静和保健医生李志绥组成，这无疑是当时最重要的一项政治任务，只许成功、不许失败，还要绝对保密。

吴阶平是9月11日得知新任务的。“我虽然承担过多次重大医疗任务，但对这次的任务不可能像以往那样充满自信了。保护尸体并不难，所要求的只是长期不腐烂，已有成熟的科学方法。保护遗体达到瞻仰的目的则完全不同，要面部颜色、容貌、神态合乎要求，还要能接受光的照射和温度、湿度的影响。作为一个临床医生，这方面的知识当然不多，实际上还没有成熟的科学方法。”可是，吴阶平又深知，这是一项重大的政治任务，“虽然困难很多，却不能不承担下来，因此心情是很复杂的”。

“当时已有的遗体保护，最早的就是苏联，再就是越南前领导人胡志明。”董炳琨说。于是一方面毛泽东去世的第三天，林钧才带领6位专家到越南了解和学习胡志明遗体保护的方法和经验；另一方面，全国各地的临床、病理、化学、物理、光学和机械学等70多位专家都被集中到北京，通宵达旦商讨保护方案和技术方法。“主持这样一个无先例可循的、多学科协同攻关的科研课题的人，必须是一个具有远见卓识、博学多才、超凡组织领导能力的科学家，吴阶平无疑是最好的人选。”董炳琨说。

9月18日追悼会结束后，中央要将遗体转移到一个代号叫“769”的地方。遗体转移后，具体的保护工作应该怎样去做？这件事的责任实在太大，谁也说不好到底应该用哪一种办法。专家几经讨论，最终决定按照北京专家的建议，暂采取液态和气态相结合的原则。

“所谓液态和气态相结合的原则，是指皮肤需要暴露在外的部分（主要是头部和两只手）在气态中，隐蔽的部分（身体）是在液态中；平时在气态中，一年一度的大保护时在液态中。胡志明的遗体就是这样处理的。”董炳琨说。

据《吴阶平传》透露，遗体保护最终按照原定的气态、液态相结合的原则。配合这一原则，纪念堂建立了一套安全可靠的升降系统。当纪念堂开放时，毛泽东的遗体处在水晶棺中可瞻仰的位置，但不能给水分，因为水晶棺里温度很低，一给水分就会结雾，只能采取干湿结合的办法，在遗体的衣服里都包着水，也就是不裸露在外的地方实际上是处于液态保护环境，只有面部是处于气态环境。瞻仰结束后遗体降到地下保护间一个特殊密闭的容器里，在这里给遗体更多的水分。每年毛泽东的生日之后，也就是 12 月 26 日后，都要停止瞻仰一段时间，把遗体完全泡在液体里补给充足的水分。

从 1976 年 9 月到 1977 年 8 月，吴阶平他们在地下室工作了一年时间，执行这项代号为“一号任务”的特殊使命。而地上发生的翻天覆地、震惊中外的变化，也是在这一年中。“文革”十年当中，吴阶平没有经历平常意义上的大起大落。然而这三千多个日日夜夜，他也犹如在“走钢丝”。这条钢丝上走过的不少人都栽下去了，可是正如《吴阶平传》里的评价：“使他身体保持平衡的杠杆两端，一头是他精湛、高超的医术，另一头则是他的政治敏感与审时度势的本领。”

情义之人

冯佩之与吴阶平搭档共事过两次，由此结下了近乎半个世纪的“同志 + 兄弟”的深厚情谊。

与吴阶平出身不同，冯佩之是中华人民共和国成立前就在冀中一带参加革命的老干部。1962 年，他被调到北京第二医学院做党委书记。冯佩之还记得赴任之前，卫生部部长崔月犁叮嘱他：“吴阶平是位新党员，未来要承担更重要的工作，要好好帮助他。”

那一段时间，正逢吴阶平赴印尼为苏加诺总统治疗，而其夫人赵君皑得了偏瘫。冯佩之每天下班以后，都到友谊宾馆接上有名的针灸医生到吴家为赵君皑治疗，天天如此。经过一段时间治疗，赵君皑病情有所好转，“能够自己蹬缝纫机了”。久而久之，冯佩之不仅与吴阶平的父母、岳父母熟识起来，而且和吴阶平的几个孩子也相处得非常好，“有时候我去他们家，赵君皑在做饭，我就替她抱女儿”。

如果说两人的关系之初还有点为工作而考虑的“团结”之意，后来则因彼此欣赏而演变成私人友谊。冯佩之告诉作者，吴阶平也经常到冯家来，三个孩子也一口一个“吴伯伯”叫得亲热。吴阶平经常对冯佩之的几个孩子说："你们长大了要学医，当医生很好啊！"如今冯佩之的两个女儿和女婿都是医生，就是深受"吴伯伯"的影响。

"文革"之始，身为北京师范学院（首都师范大学前身）院长兼党委书记的冯佩之，首当其冲，成了第一批被打倒的大学校长之一，没有行动自由；彼时，吴阶平已经走进中南海，成为领导人的保健医疗组长，两人的境遇迥然不同，也很久都没有见面。

某一天，吴阶平委托他人找到冯佩之的孩子，送来了一张票，是乒乓球世界冠军庄则栋等人出国归来在首都体育馆举行的表演赛。那时候，冯佩之的情形有了稍许好转，"造反派"暂停了对他的"批斗"，也允许他可以住在家里，有了些小自由，可是行动之中还是有人监视。

"好多年没见他了，我挺想他的，又不知道他怎么样，所以我决定拿这一张票去看看。"进到首都体育馆，冯佩之看到了自己一直惦记的老朋友吴阶平。吴阶平看了冯佩之一眼，没有说话，仿佛不认识他。冯佩之也担心自己会给老朋友造成任何不好的影响，"也不敢正眼看他"。

过了一会，冯佩之突然听到吴阶平那边传来低低的声音："老冯，你怎么样？"可是说话的时候，吴阶平的脸还是冲着前方。解放前从事地下工作的冯佩之马上心领神会，也一边目视前方一边压低声音告诉吴阶平，自己被"批斗"已告一段落，现在主要是劳动改造。吴阶平又问："劳改怎么样？"冯佩之回答说："我们这些走资派，劳动强度非常大，总是干重活，我腰总是疼。"

吴阶平听罢，略一思索，又悄声说："你后天到北京医院第一附属医院，找一位叫周仁厚的大夫，他是骨科专家，我让他给你看看。"

对于自己在中南海的现状，吴阶平没有提及半点。最后，两人说了些互相保重的话后又装作陌路人各自散去。整个谈话当中，两人都是目视前方，从没有侧过头看对方一眼，即便暗中有监视的人，也丝毫不会察觉到任何破绽。

按吴阶平说的时间，冯佩之请假到了北京医院，在骨科病房找到了周仁厚。虽是初次见面，但周仁厚对冯佩之非常热情，这让很长时间没有人敢搭理的冯佩之很是感动。周仁厚为冯佩之作了检查之后，写了一个诊断书，上写：腰椎间盘突出，建议免除劳动，休息3个月。冯佩之明白这是吴阶平暗自帮助自己。有了这张假条，冯佩之的境遇改善不少。3个月后，冯佩之需要到“造反派”指定的医院复查，医生只要看到最初的诊断书上署的“周仁厚”之名，出于尊重，都是按照他的医嘱写下来，于是冯佩之凭借这张诊断书，免除了重劳动改造之苦，一直到了“文革”结束。重获“解放”之后，心怀感激的冯佩之专程去看望周仁厚，老教授笑着说：“你哪里有腰椎间盘突出！”

冯佩之的工作后来几经调动，从北京第二医学院到北京师范学院，“文革”后，先是到八机部做副部长，后来又到北京工业学院（现北京理工大学）做党委书记。吴阶平出任协和医科大学校长兼医学科学院院长后，他找到分管中组部的宋任穷，坚决要求把冯佩之调到协和做党委书记，两人于是有了第二次搭档，其友情也一直延续下来。冯佩之说，一直到吴阶平当人大常委会副委员长，每年大年初一，第一个到冯家来拜年的，一定是吴阶平。

因为腿脚不便，冯佩之没有参加吴阶平的追悼会，他让老伴和女儿代表自己去了八宝山。回来之后，他细细地向女儿问起：吴伯伯变化大吗？瘦得多吗……“我失去了一个好朋友、好兄弟……”老人家长长叹了一口气。

张伯驹：但使国宝永存吾土

采访时间：2005 年

张伯驹（右）和夫人潘素

“予所收蓄，不必终予身为予有，但使永存吾土，世传有绪……”

——张伯驹

捐宝

1956年，故宫博物院收到了一份极为珍贵的大礼：著名收藏家张伯驹及其夫人潘素将其30年所收藏的珍品——包括陆机的《平复帖》、杜牧的《张好好诗》、范仲淹的《道服赞》以及黄庭坚《草书》等八幅书法，无偿捐献出来。

“张伯驹先生捐献的任何一件东西，用什么样的形容词来形容它的价值都不为过。”电视纪录片《故宫》的策划之一、紫禁城出版社社长章宏伟由衷地感慨。章宏伟说，为故宫做捐献的最顶尖的有两位，一位是捐瓷器的孙赢洲，一位则是捐书画的张伯驹。故宫文物有150万件（套），能拿出来的有8000到10000件（套），但书画作品少之又少。其中陆机的《平复帖》，连同1952年同样由张伯驹捐赠的《游春图》，又是“极品中的极品”，至今仍被视为故宫博物院的“镇院之宝”。

“稀世之宝”、“价值连城”这样的词汇，在张伯驹捐献的作品面前，仿佛一下子有了实实在在的意义。早于王羲之的《平复帖》，是现今传世墨迹中的“开山鼻祖”，虽长不足一尺，只有九行字，但盖满了历代名家的收藏章记，朱印累累，满纸生辉，被收藏界尊为“中华第一帖”；隋代大画家展子虔所绘的《游春图》，距今1400多年，被认为中国现存最早的一幅画作。用具体的数字概念来衡量这两件国宝的价值也许失之于轻薄，但我们可以用一个数字作为参考：2003年8月，为了购买晋代索靖书法作品《出师颂》，故宫博物院斥资2200万人民币。

“这几样东西父亲随便留给我们一件，就够我们几代人吃不完的，那不只是百万富翁、千万富翁啊！”张伯驹与潘素唯一的女儿、73岁的张传綵老人笑眯眯地说。因父亲在后海留下的唯一老宅年久而需修缮，她与老伴楼宇栋两位白发苍苍的老人一大早便冒雨搭公共汽车来约定地点接受采访。从外套后面不小心露出来的挂着月票的红绳，让人很难想象眼前这位衣着朴素的七旬老人，曾经是鼎盛时期在北京拥有数处院落、显赫而富有的张家大小姐。

“我记得有一天晚上睡觉前听父母讨论，说最后这一部分字画怎么办。我们那时年轻，也从来不过问父亲的事情。但知道他眼睛很厉害，收藏的东西都是精品中的精品。”1955 年底，政府发行公债，号召人民踊跃购买。张伯驹也对这个新生的政府产生了信赖与热忱。“他跟我们说这个政府可不像国民党，我们应该要重视、要热爱。”一向游离于政治之外的张伯驹还曾通过当时的统战部部长徐冰，把自己珍藏的李白真迹《上阳台帖》捐献给喜欢书法的毛泽东（1958 年由毛泽东转给故宫收藏）。所以张伯驹从动员大会回来后就跟夫人潘素商量买公债之事。

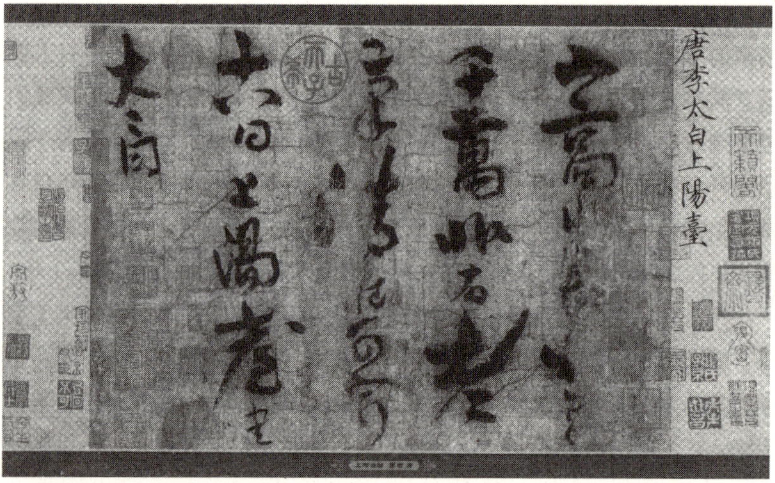

上阳台帖

“当时家里生活是没什么问题，但没有多少现钱，因为钱都买了字画，哪还有钱啊！”于是张伯驹与夫人商量，将三十载所收藏的八件精品捐献出来，作为故宫的永世藏品。政府为此奖励的 20 万元，被张伯驹婉言谢绝。

“他说得很简单：‘我看的东西和收藏的东西相当多，跟过眼云烟一样，但是这些东西不一定要永远保留在我这里，我可以捐出来，使这件宝物永远保存在我们的国土上。’”张伯驹的女婿楼宇栋回忆。

“很多人不理解父亲，把好大一座房子卖了，换了一个帖子，再把这个帖子捐出去，到底为的是什么？但我能理解他，我真的能理解他。”张传綵老人很平静地说：“父亲就是这样一个人，他是一个爱国家的人，他认为这些文物首先是属于一个国家、一个民族的，只要国家能留住它们，他付出多大代价也在所不惜。”1956 年 7 月，时任文化部部长沈雁冰为捐献八件国宝的张伯驹颁发了一个褒奖令，这张薄薄的纸片，被张家仔仔细细地保存着，它也见证了一个深爱中华文化的人为保存本民族文化遗产所作的伟大贡献。

收藏

“不知情者，谓我搜罗唐宋精品，不惜一掷千金，魄力过人。其实，我是历尽辛苦，也不能尽如人意。因为黄金易得，国宝无二。我买它们不是卖钱，是怕它们流入外国。”张伯驹当年发自肺腑地说过。的确，在那个动荡的年代，张伯驹试图以一己之力阻止许多珍贵文物流往国外，显得尤为悲壮。《平复帖》是其中最典型一例。

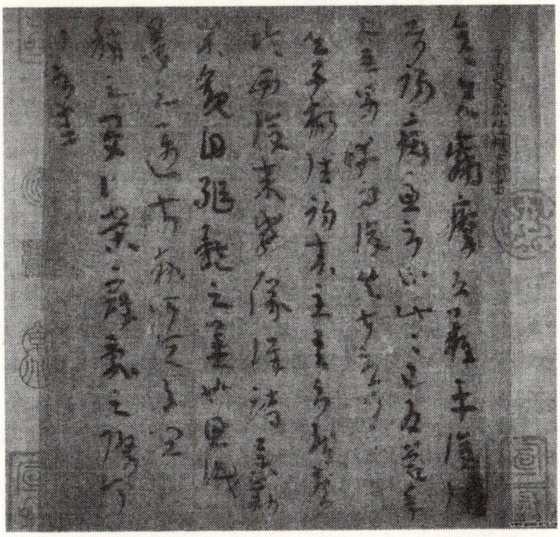

《平复帖》

张伯驹最早是在湖北的一次赈灾书画会上见到《平复帖》的，当时归溥儒（溥心畬）所有。溥儒是道光皇帝的曾孙，恭亲王奕䜣之孙。溥儒在 1936 年将所藏的唐代韩干的《照夜白图卷》卖予他人，后流于海外。这件事情让张伯驹久久不能释怀。据文物鉴赏家王世襄回忆，张伯驹深恐《平复帖》蹈此覆辙，因此委托琉璃厂的一位老板向溥儒请求出售。但溥儒索价 20 万元，张伯驹力不能胜而未果。第二年又请张大千向溥儒求购，同样在 20 万的要价前止步。

一直对此念念不忘的张伯驹后来偶然得知溥儒新近丧母，急需钱财为母发丧，经藏书家傅沅叔斡旋，以 4 万元购得。张伯驹后来得知，另一位白姓字画商人听说此事后，也想拿到此帖卖给日本人，出价便是 20 万。庆幸的是，《平复帖》已在张伯驹手里。张伯驹后来写了篇小文，只淡淡地提及此事："在昔欲阻《照夜白图》出国而未能，此则终了宿愿，亦吾生之一大事。"

在张伯驹眼里，这些蕴含了中国文化的字画的价值，甚至超过自己的生命。

1941 年，上海发生了一起轰动一时的绑架案，被绑架者正是张伯驹。

"我父亲每个月都要到上海分行去开会，一早飞机下来以后，我们的车去接父亲。"像往常一样，一辆汽车开在前面，张伯驹乘坐的那辆车跟在后面。谁知一进胡同口，张伯驹很快被一辆黑色小汽车上下来的人带走。

绑架者的身份和底细也很快成了上海滩公开的秘密——他们是汪伪特工总部的"76 号"特务组织，他们向张伯驹夫人潘素索要 300 万（伪币），否则撕票。

绑架者明显是冲着张伯驹的钱财来的，但张家的钱其实大部分都变成了那些珍贵的字画。"我父亲的叔叔跟我母亲到处借钱，因为家里没有钱，他们的钱都买了字画。"张传綵回忆，最简单可行的办法是变卖字画，拿钱赎人。潘素后来设法去看了张伯驹一次，丈夫却偷偷告诉她，家里那些字画千万不能动，尤其是那幅《平复帖》！

"父亲说：'这是我的命，我死了不要紧，这个字画要留下来。'他还说：'不要卖掉字画换钱来赎我，这样的话我不出去。'"如是僵持了近八个月，张伯驹宁可冒着随时被"撕票"的危险，也始终不肯答应变卖一件藏品。直到绑匪妥协，将赎金从300万降到40万，潘素与张家人多方筹借，才将张伯驹救出。

张伯驹很快离开上海，取道南京、洛阳来到西安，潘素将年幼的张传綵托给西安的一位友人，自己一人先回北平。后来的几年里，张传綵只记得父母亲一次次往返于北平和西安之间，长大后才知道那时候北平已经沦陷，母亲潘素为了不让《平复帖》等国宝级的字画出任何意外，将它们偷偷缝在被子里，一路担惊受怕地带出北平。

张伯驹与《游春图》，是另一段值得被永远铭记的佳话。

20世纪30年代溥仪到东北当伪满洲国皇帝时，带走故宫1200件珍贵文物。1945年，随着日本的战败，一些珍贵字画开始流于市面。“吾人即建议故宫博物院两项办法：第一，所有赏溥杰单内者，不论真赝，统由故宫博物院作价收回；第二，选精品经过审查价购收回。”时任故宫博物院专门委员的张伯驹认为，那批文物中有价值的精品有四五百件，按当时价格，不需太多经费，便可大部收回。而故宫博物院院长马衡并未着手进行，遂使许多文物落于商贾之手。

1946年，北平古玩界传出消息：琉璃厂一位叫马霁川的老板正为一幅古画寻找买主，这幅古画正是稀世珍宝《游春图》。张伯驹原本建议故宫博物院出面买下，并表示如果经费不够，自己“愿代周转”，但故宫方面仍未有回应，无奈之下张伯驹决定个人出面。

琉璃厂墨宝斋掌柜马保山后来回忆，张伯驹与马霁川接洽在先，但马霁川索价800两黄金，“因马要价太高，先生不便再谈，于是转而请我从中周旋”，张伯驹最大的担心是《游春图》这样重要的国宝被唯利是图的文物商转手售至国外，“伯驹先生和我商谈时特别强调这一点”。马保山回忆：“当时我为先生如此尽力维护国家尊严、保护文物的精神所感动，决心倾全力以成全此事。”

经马保山斡旋，几个来回谈判，终于以220两黄金谈定。

但那个时候这个数字对张伯驹来说已显吃力。十几年里，他手里的钱几乎都买了古书古画，万贯家财已经用尽。在此之前，他刚刚以110

两黄金收购了范仲淹的《道服帖》。当年一掷千金的富公子，现在连几十两金子都拿不出来了。

那时候，张伯驹一家住在弓弦胡同一处宅院，当年的那座豪宅占地15亩，富丽无比，在张伯驹住进来之前，它的主人是晚清大太监李莲英。“那里有四五个院子，花、果树、芍药、牡丹都有啊，好几个会客厅、长廊。”张传綵回忆，追求雅致生活的张伯驹十分喜爱这个院子，但为了购买《游春图》，张伯驹变卖了这处自己最爱的住宅。

成交之日，卖方找人来鉴定黄金成色，“那个商人说这个金子成色不好，要240两，就又加了20两。但是他说：‘你老岳父财力确实是不行了，最后那20两拿不出来了。何苦呢？这是倾家荡产啊，为了这么一幅画。’”楼宇栋回忆。这幅几乎让张伯驹“倾家荡产”的画，在1952年被捐给国家。

传奇

“张伯驹”这个名字以及他独特的价值，因为那段特殊的历史而在很长一段时间被遮蔽。近年来，有关这位传奇人物的那些并不算老的往事被逐渐开掘出来，即使只是流年碎影，但它折射出来的那种文化及人格力量，已足以穿越历史的尘烟，绽放一种耀眼的光芒，也温暖着一代中国人的文化记忆。

1898年，一个叫张家骐的男孩出生于河南项城，他是张锦芳的长子。因为兄长张镇芳一直没有男孩，按照当时的习俗，张家骐被过继给大伯张镇芳，他便是后来闻名一时的张伯驹。

张镇芳曾出任晚清最大的盐官——长芦盐运使，以擅长理财而出名，后来还曾署理过直隶总督转任河南都督。张镇芳创办的北方第一家商业银行——盐业银行，成为当时的四大银行之一。

张家的显赫，也与民国时期另一位重要人物袁世凯密不可分。“张家与袁世凯都是河南项城人，袁世凯的嫂子是张家的姐妹。”张传綵说。据与张伯驹有世交之谊的孙曜东老先生介绍，张伯驹与袁克文、袁克定等自小在一起厮混。张伯驹虽然在政治上不赞同一心鼓捣父亲做皇帝的袁世凯长子袁克定，说他是个“赖家伙”，但在袁家潦倒以后，他一直接济袁克定的生活，直到 1958 年袁克定在张伯驹家去世。

“爷爷为父亲设计的路是在军界、政界或商界发展。但父亲偏偏对这些丝毫不感兴趣。”张伯驹虽然也按照家庭意愿，学成于袁世凯兼任团长的“中央陆军海成模范团骑兵团”，但军阀混战以及尔虞我诈的政治斗争反而使张伯驹更有了远离这一切的决心。张伯驹后来在盐业银行挂了一个总稽核的空名，“但父亲说：‘我讨厌银行，我不是干这一行的。’”而整日埋头于他的书画收藏和京剧、诗词。张伯驹与袁世凯之子袁克文、张作霖之子张学良、溥仪的族弟溥侗被人并称为“民国四大公子”。

“予生逢离乱，恨少读书，三十以后嗜书画成癖，见名迹巨制虽节用举债犹事收蓄，人或有訾笑焉，不悔。”张伯驹在《丛碧书画录序》中自述。张伯驹似乎是注定为收藏而生的。收藏有两大要件：一为财，二为才。前者自不必提，至于后者，天生聪慧的张伯驹有令人惊叹的过目不忘的本领。他自己曾回忆，在友人家里偶翻一书，过若干天后，还能将其中诗句背诵下来，而持有此书的友人却毫无印象。

有人曾经描写他所见到的张伯驹，面庞白皙，身材颀长，肃立在那里，平静如水，清淡如云，举手投足间，不沾一丝一毫的烟火气。张伯驹那时所经历的生活圈，被人形容为中国现代最后的名士生活圈。而对世俗生活相当淡漠的张伯驹，好像也一直悠然自得地生活在自己的精神世界里。

孙曜东回忆，虽然拥有偌大一份家业，但张伯驹在生活上朴素得令人难以置信，“不抽烟、不喝酒、不赌博、不穿丝绸，也从不穿得西装革履，长年一袭长衫，而且饮食非常随便，有个大葱炒鸡蛋就认为是上好的菜肴了。他对汽车的要求是，只要有四个车轮而且能转就行了，丝毫不讲派头。”但对看中的文物，张伯驹却是一掷千金。“那时很多字画商人都喜欢和他打交道，因为人家开出的价，他从来不还。”张传綵说。

对于张伯驹散淡的个性，著名红学家周汝昌曾有很传神的描述：“我到了张先生那里，去熟了以后，我不理张先生，张先生也不理我，我要回学校了，我也不告辞，我出了门就走，摆脱俗念，我们那个关系没人理解。”

1945 年，王世襄参与了清理战时文物损失的工作，得以与张伯驹结交。王世襄后来回忆，他一直想研究《平复帖》，但想到东西实在太珍贵了，便小心翼翼地提出能否在张家看上一两次。

“没想到我一说，他就说：‘你拿回家看去。’这下倒给我添了负担了……到家之后，腾空了一只樟木小箱，放在床头，白棉布铺垫平整，再用高丽纸把已有锦袱的《平复帖》包好，放入箱中。每次不得已而出门，回来都要开锁启箱，看它安然无恙才放心。观看时要等天气晴朗，把桌子搬到贴近南窗，光线好而无日晒处，铺好白毡子和高丽纸，洗净手，戴上白手套，才静心屏息地打开手卷。”王世襄回忆自己拿到这幅“稀世之宝”时的心情。“《平复帖》在我家放了一个多月才毕恭毕敬地捧还给伯驹先生，一时顿觉轻松愉快，如释重负。”

沉浮

颇具讽刺意味的是，张伯驹将国宝献于国家后的第二年，他就被戴上“右派”的帽子。

“陈毅知道我父亲被打成‘右派’后，有一次要请我父亲吃饭，陈老总说像你这样一个把自己最心爱的东西都捐给国家的人，还能是‘右派’吗，我想不出，我向你道歉。”20 年后，教育家刘海粟也向张伯驹问及被打成“右派”后有何感想。张伯驹则坦诚回答：“此事太出我意料……不过我告诉自己，国家大，人多，个人受点委屈不仅难免，也算不了什么，自己看古画也有过差错，为什么不许别人错给我一顶帽子呢？”

在新中国成立之初的一次文物展览会上，陈毅与张伯驹一见如故。1962 年，经陈毅介绍，张伯驹夫妇来到长春，张伯驹出任吉林省博物馆第一副馆长。四年后，张伯驹将自己所剩的书画收藏共计 30 多件又捐献给吉林博物馆。其中一幅是宋代杨婕妤的《百花图》，被认为是我国绘画史上保存下来的第一位女画家的作品。张伯驹曾经这样表达过：“我终生以书画为伴，到了晚年，身边就只有这么一件珍品，每天看看它，精神也会好些。”但这样一件被他视为最后的精神慰藉的作品，最终也捐了出去。

但张伯驹的命运继续向下滑落。1967 年，张伯驹又被打成“现行反革命”，在隔离审查了 8 个月后，被迫从吉林省博物馆退职，前往吉林舒兰县插队。但公社拒绝收下这个已经快 70 岁、不会劳动还要靠公社养着的老头。在一个雪天里，被拒绝落户的张伯驹夫妇离开舒兰，返回北京。

“回到北京，原来的地方已经被别人占上了，只留了一间，就是一间十平方米的屋子，一间里头大概分了两间，外头放了一个桌子，父亲在那整天写什么，里头屋子用来睡觉。”

曾经拥有稀世宝物的张伯驹，一下子成了生活无着的落魄老头。一无粮票、二无户口的张伯驹老两口，靠亲戚朋友的接济，勉强过了一年多。

楼宇栋说，张家生活好时，曾有大大小小十位管家，负责中餐、西餐的四位大厨。但这样的生活落差好像并没有让张伯驹有多大困扰，“在 1969 年到 1972 年最困难的三年，我曾几次去看望他。除了年龄增长，他的心情神态和二十年前住在李莲英旧宅时并无差异。不怨天，不尤人，坦然自若，依然故我。”王世襄回忆。忆及父亲，女儿张传綵还是不免酸楚：一辈子手不经钱的张伯驹那时也学会带点零钱，出门为家里买点零用品，“即便那样，也从来没听他抱怨过什么”。

像那个时代的许多人一样，张伯驹的命运也因一个偶然之机而突然转变。1972 年，患难之交陈毅逝世。悲痛中的张伯驹要求前去吊唁，但由于他的政治身份，最终未能如愿。他挥泪写了这样一副挽联：

仗剑从云，作干城，忠心不易，军声在淮海，遗爱在江南，万庶尽衔哀，回望大好山河，永离赤县；

挥戈挽日，接尊俎，豪气犹存，无愧于平生，有功于天下，九泉应含笑，伫看重新世界，遍树红旗。

这副被悬挂在灵堂中一个很不起眼的角落里的挽联，突然被穿着睡衣、临时赶来参加追悼会的毛泽东捕捉到了。他连声说写得好，询问陈毅夫人张茜，撰联者为何人。张茜趁机将张伯驹的近况告诉了毛泽东。毛泽东马上交代让周恩来总理解决此事。于是，“黑”了三年的张伯驹才正式落户口于北京。

待 1978 年平反，张伯驹已是八旬老人了。而 80 岁以后，是张伯驹一生最忙的时候。他频频参加各种戏曲、诗词、书画研讨会，想为他挚爱的中华文化尽最后一点力量。但留给他的时间并不算很长。1982 年正月，参加宴会归来的张伯驹突患感冒，被送进北大医院，因级别不够不能住双人病房或单人病房，张伯驹和七八位病人挤在一个病房，不时有重病号被抬进来，死的人被拉出去，心绪不安的老人闹着要回家。2 月 26 日，等女儿终于拿到同意调换医院的批令时，张伯驹却刚刚离开人世。

1995 年 5 月黄永玉先生出版画册，其中有一幅《大家张伯驹先生印象》——1982 年初，黄永玉携妻儿在莫斯科餐厅吃饭，“忽见伯驹先生蹒跚而来，孤寂索漠，坐于小偏桌旁。餐至，红菜汤一盆，面包果酱，小碟黄油两小块，先生缓慢从容，品味红菜汤毕，小心自口袋取出小毛巾一方，将抹上果酱及黄油之四片面包细心裹就，提小包自人丛缓缓隐去……”王世襄也感慨：实在使人难以想象，曾用现大洋 4 万块购买《平复帖》，黄金 220 两易得《游春图》，并于 1956 年将八件国之重宝捐赠给国家的张伯驹先生、夫人竟一贫到如此地步。他十分赞颂黄永玉为张伯驹下的论断——“富不骄，贫能安，临危不惧，见辱不惊……真大忍人也！”

张伯驹在自己的书画录里写下一句话：“予所收蓄，不必终予身为予有，但使永存吾土，世传有绪。”这是张伯驹一生遵循的收藏信念，他也用自己传奇的一生实践了这个诺言。

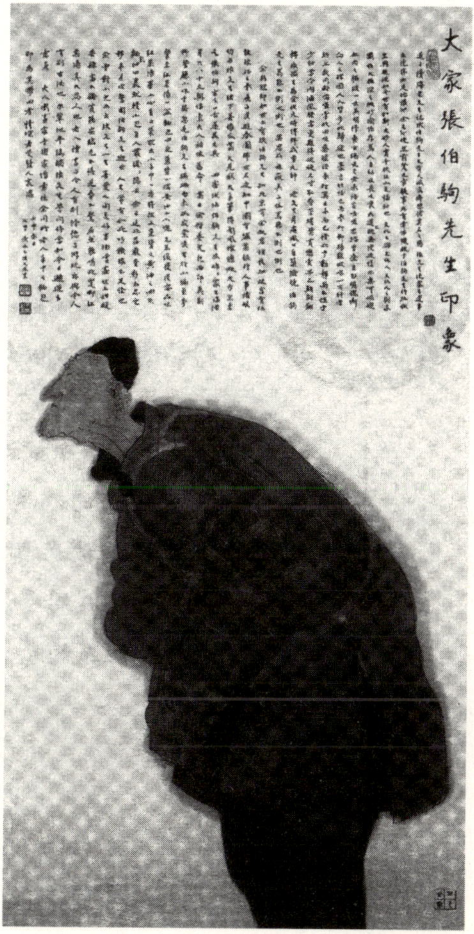

大家张伯驹先生印象

周有光：笑看风云人未老

采访时间：2012 年

周有光和张允和夫妇

“别人都做五年计划，我只做‘一年计划’，不过我相信，活到 108 岁我是没问题的。”“上帝糊涂，把我忘了！”被戏称为“四朝元老”的周有光，一边说着，一边开心地笑起来——那个笑是真正发自心底的笑，那样的笑容绽放在这位经历了一个多世纪的老人脸上，是另一种令人感动的“可爱”。

一笔一画地在书上签好自己的名字“周有光”之后，他又在下面加了几个字：“时年 107 岁”。翻看周有光的文集，发现他自 90 多岁起，便有了这个习惯。从“时年 95 岁”、“时年 96 岁”一直延续到现在，末尾数字每增加一个，便有如又创造了一个令人叹服的奇迹——这个奇迹并不仅仅是生物学意义上的寿命的延长，更是未被时光夺走的清醒的头脑、敏锐的思维，甚至更加犀利的批判精神。他依旧关注时事，每天固定看五种以上的报纸，还时常收到朋友从海外寄来的刊物，每有感想，还会用一部小打字机记录下来。

在周有光狭小的书房里，最显眼的便是他与夫人张允和的合影。照片上的张家二姐笑眉如花，似乎仍在温柔地注视着相携走过近七十载的爱人，陪他回味这一世纪的风雨。

新世界

1923 年的某一天，17 岁的周有光登上了从苏州开往上海的火车。“从火车站下来，坐电车到静安寺，当时的静安寺是上海租界西边的尽头，再往西就是田野。然后再雇了辆独轮车去梵皇渡，也就是今天的中山公园一带，圣约翰大学就在那儿。”独轮车吱吱嘎嘎地行进在崎岖不平的田野上——半个多世纪后再回忆这一幕，周有光发现其极具象征意义：据他考证，独轮车跟历史博物馆里的指南车在工艺水平上相似，而根据《宋史》，指南车造于 1027 年。所以，“坐着独轮车进大学，这一下子我就在文化上跨越了 900 年”。老人又呵呵笑起来，似乎很得意自己的发现。

原名为圣约翰书院的圣约翰大学成立于 1879 年，是中国最早的新式大学。很多曾对中国的历史进程起过影响的著名人物都毕业于圣约翰，比如外交家顾维钧、著名学者林语堂、金融家宋子文、“红色资本家”荣毅仁、新闻记者政论家邹韬奋、建筑师贝聿铭等。圣约翰学费不菲，一学期就要 200 多银元，是正逢家道中落的周有光难以负担的。幸运的是，周有光三姐的同事听说此事，深知考上这所大学不容易，竟然说服自己的母亲当了家里的一个皮箱，为周有光“筹款”上了学。

报考圣约翰之前，周有光听前几届的同学说，报名表上的照片必须是要穿西装的。周有光说他从来没有穿过西装，好在照相馆里有西装道具可以借。西装是穿在身上了，可是摄影师也不知道该怎么搭配，先给这个年轻人打了一个领结，想了想，又在他的脖子上套了条领带。“我把照片寄到上海，同学看见了赶紧给我退了回来，让我重拍。想起来有意思极了……”每当想起这个小插曲，周有光都会乐不可支。

圣约翰大学的生活，则在自嘲为“土包子”的周有光面前打开了一个五彩斑斓的世界。“圣约翰虽然是教会学校，以推广基督教为目的，但在学校里面是非常自由的，言论自由，思想自由，信仰自由，没有人强制我们。给我们授课的老师主要来自英国或美国，学校所有人都要用英语，连门房都讲英语。”当时的圣约翰也有一些中国老师，他们主要教授中国历史或古文之类的科目。钱钟书的父亲、著名的古文学家钱基博便在这里讲中国文学。“有一天钱先生来上课，出个题目，让我们下去作篇文章交上来。其中一大半的人都用钢笔写的，而我是用毛笔写的。结果第二天他就大骂：‘你们是中国人吗？是中国人为什么中国工具都不能用？’凡是用钢笔写的文章都被退回去，重新用毛笔写了送来。”几十年岁月倏然而过，可是生命里经历的那些难忘的人和事，却依然历历在目。

周有光在很多回忆中都提及这样一个故事：学校阅览室的中英文报纸特别多，有一次，周有光在那里看报纸，碰巧一位英国老师也在那里。这位老师把周有光和另外几位学生叫到外面去聊天，问大家平时怎么看报纸。周有光很纳闷老师的这个问题，看报就看报，还要“怎么看”？老师说：“看报有看报的方法。每天看完报纸，要问自己：今天这些消息中，哪一条是最重要的？第二个问题：为什么这一条新闻最重要？最后还要问自己：这条新闻的背景是什么？如果不知道，就去图书馆查书，最容易的办法就是查百科全书。”这一番话让周有光受益颇丰："我后来就按照他这个方法来看报，很快就感觉到进步得非常快，而且把自己的生活和全世界的活动连成一片。"学会自学、学会独立思考，这是圣约翰大学留给他一生受之不尽的财富。

流水般的爱情

如果说周有光是一个传奇，传奇的另一端便是张家四姐妹中的二姐张允和。

几年前，著名历史学家史景迁的夫人、耶鲁大学历史系教授金安平女士写了一本名叫《合肥四姐妹》的书，张家四姐妹的人生故事更成为引人注目的传奇。张家曾是安徽望族，其发家史来源于张允和的曾祖父张树声。张树声曾任直隶总督、两广总督、两江总督，是李鸿章手下的

左起：张元和、张兆和、张允和、张充和四姐妹

一位重要人物。张家第三代，也就是四姐妹的父亲张武龄（张冀牖），出生于清末。受新思想影响，他决定离开安徽到苏州兴办新式教育。1921年张武龄变卖家产，在苏州开办了著名的“乐益女子学校”和一所男子中学——平林中学。

“我的丈人也很有意思，他一个人拿钱出来办学校，他钱多，外界给他捐款他也不要。”当时有人还嘲笑张武龄傻，钱不花在自己的儿女身上，却花在别人的儿女身上。投资教育的张武龄也因此与蔡元培、蒋梦麟等很多当时著名的教育家结成了朋友，还聘请许多思想激进的人士来校任教，如侯绍裘、张闻天、匡亚明等。不过现在看来，张家的这种长线投资是非常值得的。“张家四姐妹”受到了比较好的教育。叶圣陶讲过一句话：“九如巷张家的四个才女，谁娶了她们都会幸福一辈子。”

张家子女名字都十分有趣，除了都有一个“和”字外，男孩子的名字都有一个“宝盖头”——比如宗和、寅和、定和、寰和、宁和，据说这是因为儿子都要留在家里；而女孩子的名字都有一个“儿”——元和、允和、兆和、充和，“儿”字两腿向外翘，意味着女儿都要嫁出去。

因为周有光的妹妹周俊人在张武龄开办的乐益女子中学读书，又恰好与张允和同学，张允和常常到周家来玩，一来二去就与周有光相识。周有光大学毕业不久，张允和与张兆和姐妹两人离开苏州去上海就读中国公学。作为在苏州结识的“老朋友”，两人在上海逐渐接触频繁。

张家二姑娘允和热情奔放、性格外露，当年还有一个不太雅的绰号“小活猴”，不仅在学校里是风云人物，在社会上也小有名气。她的大头像曾被放在照相馆橱窗里做广告，而且她还当过杂志的“封面女郎”。

两人谈恋爱时的一件趣事，后来经常被周有光提起。一个周末，他和张允和一同到杭州灵隐寺游玩。虽然是自由恋爱，但两人也不敢手拉着手走，依然保持着不远不近的距离。一个和尚也一直跟在他们身后。两个恋人走累了，就在一棵树旁边坐下来，和尚也跟着坐下来听他们讲话。听了半天，和尚突然开口问周有光：“这个外国人来到中国几年了？”原来他以为张允和是外国人，可能因为张允和的鼻子比普通人高一些。

周有光就开玩笑说："她来中国三年了。"和尚说："怪不得她中国话讲得那么好！"

热恋之后该谈婚论嫁，周有光又踌躇起来，与显赫的张家相反，周家只算得上小户人家，他给张允和写了封信说："我很穷，恐怕不能给你幸福。"性格明快的张允和马上回了一封写满十几页纸的信，热烈而坚定地告诉她所爱的人："幸福是要自己去创造的！"于是"从小手快嘴快脑子快，是'快嘴李翠莲'"的张允和，又成了张家十个孩子中第一个迈进婚礼殿堂的人。

周有光说，有趣的是，三个月后，张兆和也披上了婚纱。而她和沈从文的爱情则是另一段广为传颂的佳话。当年，在中国公学教书的沈从文对张兆和一见钟情，开始执著地写情书给张兆和。张兆和一封也不看，还拿了信告到校长胡适那里。岂料开明的胡适不但不以为怪，还帮着沈从文"游说"："沈从文没有结婚，因为倾慕你，给你写信，这不能算是错误。"还笑着说，"我知道沈从文顽固地爱你！"张兆和斩钉截铁地说："我顽固地不爱他！"

没想到，张兆和最终还是被执著的沈从文攻下了"心防"。这里面也有张允和的一份功劳。1932年暑假，在青岛大学工作的沈从文冒冒失失地跑到苏州张家，不巧张兆和去图书馆看书去了，"接见"他的是张允和。有些紧张的沈从文留下旅馆地址就匆匆离开。张兆和回家后，不好意思去旅馆找。经不住允和一番撺掇，她最终还是羞羞答答地去了旅馆，又用允和事先教好的"台词"，把沈从文请到家里，两人关系自此迈出了关键性的一步。沈从文后来总是用他的湖南腔调，拖着长声喊张允和"媒婆"。而张允和每每回忆起来，也忍不住得意于自己的这一角色。

张家是大户人家，四姐妹自然都是名副其实的名门闺秀，但是几个女婿都不是出身于传统意义上"门当户对"的权势人家。四姐妹的大姐张元和喜欢昆曲，后来喜欢上了当时著名的昆曲名角顾传玠。虽然顾传玠在昆曲界的地位相当于京剧界的梅兰芳，但"在那个时代，连梅兰芳

1946年，张家三连襟在上海。左起：顾传玠、沈从文、周有光

都是被人看不起的。大家认为你嫁给一个演戏的人是不名誉的事情。所以大姐结婚的时候报纸上登出来'下嫁顾传玠'"。周有光、沈从文在当时也不过都是家世清贫、名不见经传的读书人，不过好在张家父亲相对开通，不干涉女儿婚姻。而他们后来都成就了一个个令人羡慕的爱情传奇。

著名的张家四姐妹，如今只剩下在美国生活的四妹张充和。张家的叔祖母没有孩子，又喜欢张充和，所以很早就把她过继过来。叔祖母请一流的国学家教张充和，她的古文造诣因而比其他姐妹都高。张充和嫁给了后来成为耶鲁大学东方语言系主任的傅汉思。

周有光曾将与张允和的感情形容为"流水式的恋爱"，从 1933 年结婚到 2002 年张允和去世，两人相濡以沫，共同生活了近 70 年，这样一个有如涓涓细流绵长而深远的婚姻，恐怕很少有人能企及。

选择

当时的圣约翰大学有个不成文的传统：学生毕业之后通常都到美国去留学。周有光当然也想出国深造，可是以周有光的家庭条件自然支付不起这笔费用。不过巧的是，两人结婚后不久，张家一位在银行工作的亲戚在清理账目时偶然发现张父在汇丰银行还有一笔两万元的钱。有了这笔“意外之财”，张武龄给了女儿张允和2000元做嫁妆。“这2000银元，虽然在当时也是个大数目，可是到美国去读书又不够，到日本去是可以的，这样子我就和我的夫人决定到日本去读书。”

周有光大学的专业是经济学。那时候，日本有位著名的马克思主义经济学家河上肇，当时在中国也有一批追随者，周有光便是其中一位。河上肇在京都帝国大学教书，周有光便也准备投考这所学校。可是等他们到了京都之后才知道，就在他们结婚前几个月，河上肇因为“左”倾而被捕入狱。想学经济学没有学成，周有光只好改学日文。“现在看来，这个想法比较糊涂，因为我读的圣约翰大学的教育跟美国接轨比较方便，跟日本是不合适的，所以我在日本只读了一年，因为张允和怀孕，便提前回了上海。”

一个偶然的机会，周有光被同学推荐到了银行工作，从而进入金融界。因为工作关系，他结识了时任浙江实业银行副经理的章乃器。有一天，章乃器邀请周有光到家里吃饭，两人从金融业务谈到国家大事，颇为投缘。所以当章乃器在1935年组织救国会的时候，周有光自然也成为其中一员。“我们的‘银行界的秘密小组’在什么地方开会呢？谁也想不到——在中国银行。下班了，银行都关门了，我们在里面开会，警车也不敢来。”老人有些得意。他与章乃器的关系，也从业务同行，进而成为政治同道。“那时候我家在苏州，‘七君子’被关到苏州，家属来探监，都是先住到我家。所以‘七君子’都是我的好朋友。‘七君子’事件中，假如当局再多抓几个人，我就要被捕了。”周有光回忆。在以往的人生经历中，周有光始终与政治有一段距离，救国会是他参加的第一个政治组织。此时的他，在政治上已隐隐有了自己的选择。张允和本人也与章乃器、胡子婴夫妇私交甚好，也许受此影响，原本坚决反对周有光涉足政治的她，不仅自己参与进来，而且后来也为营救“七君子”而四处奔忙。

“七君子事件”很快因为全面抗战的爆发而得以解决，而整个中国却陷入另一场更大的灾难之中。“留在上海还是去重庆，这是摆在我们面前的一个大问题。因为我在日本留过学，日本人当时经常用这一招，他见你在上海，就来访问你，明天就上了他们的报纸，这样无形之中就把你变成了汉奸。我们想这不行，决定马上就去重庆。”周有光说他工作在身，暂时脱不开身，瘦瘦小小的张允和带领全家老小，一路辗转，逃到重庆。

在日军狂轰滥炸下重庆的生活，张允和后来回忆起来只有寥寥数语："这种生死关头，有光又出差在外。命运为锻炼我，把最难的‘题’都留给了我一个人。不幸中的万幸，炸七星岗的时候我在上清寺，炸上清寺的时候我在枣子岚椏，炸枣子岚椏时我又在七星岗……”可以想见，其身体及精神所受之苦，纵有千言万语也难以道尽。

抗战之年，给周有光与张允和夫妇留下了终生难以弥合的一道伤痕。1941年，6岁的女儿小禾突发高烧，身患普通的阑尾炎终因医疗条件恶劣而告不治。张允和在回忆里也只简短地写了："我的眼泪可能流干了，这次惨痛的事件之后，半个多世纪的时间里，我从没有再向人提起过这件事……”周有光也极少提及此事。很少写诗的他在小禾去世后，写了一首《祭坟》，最后的一段至今读起来还能感觉到他内心的痛："……坟外一片嫩绿的草，坟中一颗天真的心。摸一摸，这泥土还有微微一些温暖，听一听，这里面像有轻轻一声呻吟……”

抗战结束之后的中国百废待兴。作为当时中国的经济中心，上海的银行业急于在战后恢复原貌，派一些人到美国学习。周有光把儿子安顿在苏州老家，与张允和一道漂洋过海，到了纽约。在银行工作的待遇很好，工作之余，周有光大部分时间都泡在图书馆里。纽约公共图书馆的工作人员见他每天都去，而且极为认真，还专门留给他一个小房间，任何时间都可以过去看书。周有光记得，爱因斯坦有过一个计算：人的一生，除去吃饭睡觉，实际工作的时间平均大约有13年，而业余时间倒有17年。“一个人是否有成就，决定于他如何利用业余时间。”在美国的这段时间，正好给了周有光一个充分利用业余时间、如饥似渴地汲取各种先进知识的大好机会。

1948年底，周有光在美国的工作告一段落。抱着“读万卷书、行万里路”的信念，周有光和张允和回国之前，乘坐当时最豪华的“伊丽莎白皇后号”客轮，从美洲到欧洲再到非洲，做了一次环球旅行。1949年初夏，周有光与张允和回到了阔别几年的上海。不久，周有光所在的新华银行派他到香港发展业务。在香港，周有光又碰到老朋友章乃器，与这些“左派”打得火热。就在这时，上海方面传出消息：国民党要对周有光下手。银行方面赶紧把消息传给周有光。周有光的儿子周小平还记得：有一天，还在读初中三年级的他突然被母亲从课堂里接出来，告诉他明天就去香港，而周小平还惦记着自己的学业怎么办。国共之战的形势发展之快是谁也没有料到的。5月27日，共产党宣告上海解放。在香港的一家人高高兴兴地马上买回上海的船票。6月6日，他们乘坐的“盛京轮”回到了上海。不过彼时的上海滩也不宁静，周小平还记得黄浦江上还漂浮着水雷，一船的人都非常紧张。

为什么选择“红色中国”？近些年来，周有光总是要面对这个问题。这种持续不断的追问，也让周有光一次又一次地回到几十年前的历史场景，他试着来解释像他这样的知识分子的心路历程：“国共合作抗战期间，重庆成立了一个全国政协委员会，周恩来任副主任。政协每个月召开座谈会，找一二十个人商量国家大事。每次都邀请我参加，所以我和周恩来非常熟悉。那时候周总理每次开会都讲：我们共产党要走民主道路的。当时还选出一批社会知名人士访问延安，毛泽东和他们会面时也说：中国的出路就是搞民主。我们那时候都痛恨国民党的专制，自然愿意接近共产党。而且经过抗战以后，那一代知识分子都特别爱国。新中国成立之后，我们都认为中国有希望了，很快就回来了。”

回国之后的周有光，到复旦大学当了一名教书匠，教授经济学。不久，曾担任周恩来秘书的经济学家许涤新找到周有光，让他到华东银行兼职。“三反”“五反”运动很快接踵而至，身边不断有老朋友或旧同事自杀，周有光感觉不妙，后来退出银行，一心在高校教书。

两个半圆

1955年某月的一天，还在学校里教书的周有光突然接到通知：要他到北京参加当年10月召开的“全国文字改革会议”。周有光奉命北上。会议结束后，文学家胡愈之找到急着要赶回上海给学生上课的周有光，说：“你不要回去了，新成立了一个机构叫‘文字改革委员会’，这里需要人才，请你到北京来做这个工作。”周有光连连摆手：“文字学和语言学我是业余搞的，这不是我真正的专业，我是外行，不行的！”胡愈之说，这是新的工作，大家都是外行。于是周有光服从领导的安排，调到北京的“中国文字改革委员会”工作。自此，他开始正式进入语言文字学领域，人生也走上了另一个轨迹。

“其实中国的语文现代化运动从清朝末年就开始了。”一提起这个话题，老人的兴致明显提高许多。追溯起来，语言文字的改革与一个国家的社会发展关系密切。中国的汉字至少有3300年的历史，至少有6万多个汉字。在清末的维新变法运动中，一些知识分子认为中国的衰落在于教育的不普及。在这些人看来，西方国家以及明治维新后的日本，它们的教育普及大多得益于文字简易。于是当时一些有维新思想的人，也纷纷创制中国的拼音文字，用来辅助汉字和普及教育。“语言文字改革在不同时候有不同名称，清末时叫作‘切音字运动’——也就是两个字拼起来，切成一个音。可以说，‘切音字运动’是中国语文现代化的一个开始。”“切音字运动”持续了20年左右，少年时期的周有光正逢其时，深受影响。“1918年，民国政府推行了注音字母，可是注音字母是汉字形式的，印个名片到外国去人家还是不认识，所以无法推广。”

周有光当年进入圣约翰大学的第一天，学校要求新生注册：每个人领取一张姓名卡片，上面用打字机打上姓名的罗马字拼写法。“校方叮嘱，一切作业和文件，都得按照这样的拼写打上自己的姓名。校档案都用这种字母顺序来处理，我开始看到了字母顺序的科学管理。读书之后发现，大学里面都是用英文——英文可以用打字机打，可以根据字母建立档案、查找档案，这些功能，当时的中文都是实现不了的，所以我立刻感觉到中文的不方便——不是不要中文，而是中文需要现代化。这个思想在当时很普遍。”周有光由此萌发了研究文字学的兴趣，在圣约翰大学读书，他的主修专业是经济学，副修专业便是语言学。

1929年，瞿秋白在苏联起草了《中国拉丁化的字母》，被称为“北方话拉丁化新文字”，在留苏华侨中推行。1933年传来中国，形成一个群众性的拉丁化新文字运动。周有光也卷入这股文字运动的潮流，利用业余时间参加了以上海为中心的“拉丁化新文字运动”。有趣的是，周有光原名为“周耀平”，考虑到自己的本专业是经济学，语言学是业余所好，所以在发表与语言学有关的文章时，他都用“周有光”这个笔名——因为他推崇的是明代文学改革家归有光。

在纽约工作的时候，除了研究经济学，周有光还花了大量时间研究他一直感兴趣的语言文字学。所以当中华人民共和国成立之后，重新制定汉语拼音又被提到议事日程时，周有光成了理所当然的人选。

实际上，这一次语言文字改革的发端，还是与国家最高领袖有关。1952年毛泽东访苏时，曾问及斯大林：“我们要搞文字改革你看怎么办？”斯大林回答：“你们是个大国，可以自己搞一套字母。”回到北京后，毛泽东指示要研究制定民族形式的拼音方案。可是“民族形式”搞了三年，并不成功。后来教育家吴玉章向毛泽东建议用拉丁字母的方案，“后来党中央通过了用罗马字母的方案，所以我们就开始制定罗马字母方案”。当时拼音方案委员会一共有15个人，由几个大学的语言学家组成，而文改会具体工作则由叶籁士、陆志伟和周有光三个人负责。“事实上，我们三个人都共同提出要用26个拉丁字母，没有新字母。看法基本一致，没有什么不同的对立思想，只有一些技术性的不同。”

“当对外公布我们要制定汉语拼音方案、征求意见的时候，一下子来了四千多封信，有国内的，也有国外的，提出各种建议。文改会有两个研究室，其中拼音方案室我兼主任，我就提出每一封信的意见我们都要认真看，要用科学方法答复，不能敷衍，这可是一项量非常大的工作。”

经过一番辛苦工作，1958 年 2 月，全国人民代表大会通过了汉语拼音方案决议，同年秋季开始，《汉语拼音方案》作为小学生必修的课程进入全国小学的课堂。应北京大学王力教授之邀，周有光开讲“汉字改革”课程。

“我们花了三年时间搞成了一套拼音字母，人家开玩笑说：‘26 个字母搞了三年，你们太笨了！’”老人说着又开心地笑起来。转而他又严肃地说：“今天想起来，这三年时间花得还是很值得。事实上，直到今天还有人在提意见，而他们提的意见我们都研究过，几乎没有新的意见。假如当时马马虎虎地搞一搞，有什么漏洞，现在再弥补就很麻烦了。”此后他们又用了三年，把这套拼音方案变成国际标准。

“当年反对拼音的人非常多，态度也很激烈。说我们有五千年的文化，连几个字母都不会自己创造，还要用帝国主义的字母？现在没有人反对拼音，可是对简化字还有不同看法。现在港台都用繁体字，有人认为繁体字才能代表中国文化，简化字不能代表中国文化。这个看法不完全对。”对于外界对简体字的一些看法，老人完全不陌生，他耐心解释说，“简化跟标准化有关系。早期一个字有几种写法甚至十几种写法并不稀奇，那个时候我们写信要用毛笔写，要写得漂亮，而且字体要有变化，才显示自己有文化。可是进入电脑时代，需要每个字都要用一个标准。订立标准的时候当然会倾向于选比较简单的字。”

“早在秦始皇时代，中国的文字改革就开始了。后来，历代都在改变，汉朝改变也很大，秦始皇用小篆作为主要的文字，到了汉朝就开始用隶书，再后来又变成楷书。”老人特地强调，对汉字的简化工作并不是中华人民共和国成立之后才开始的。老人一边说着一边指着身旁的书架，示意找出一本叫《简化字溯源》的书。“这本书的好处，就是告诉我们简化字是从哪里来的，它都拍了照片，有照片为证。很多简化字古代碑帖上就有了。譬如现在很多人批评，说前后的‘后’跟皇后的‘后’不应该用一个字，这不是胡闹吗？——这不是胡闹，中国古代人读的第一本书《大学》里面就用这个‘后’，说明在当时‘后来’和‘皇后’都是同一个‘后’字。”

“季羡林先生生前在接受一次采访时，谈中国文化的问题。其中有一点他表示反对简化字。他的大意是说如果读古书，就要读原来的版本，而不能用简化字的版本。我的一个学生，他也是大学教授，就写了一篇文章说：读古书要读原来的版本是不好办的，因为《论语》《孟子》原来的版本是什么呢？是古代的一种文字，那种文字在汉代已经没有人会认了——因为古书是历代都在改编的，每一个朝代都是用当时的字形在书写古书，字形在变，内容不变。所以今天用简化字来写古书，按照中国的传统来讲没有错误。”因为简化字已经推广了几十年，所以在周有光看来，这种争论实际上已无多少现实意义。

对语言学和文字学完全是外行的周有光，最终阴差阳错地成了这一行的大专家。一向谦逊平和的周老，很反感别人称他为“现代汉语拼音之父”。“我对语言学和文字学是外行，我参加文字改革工作是偶然。所以我的孙女上小学时对我说：‘爷爷，你亏了！你搞经济半途而废，你搞文改半路出家，两个半圆合起来是一个O。’这就是我的写照。”老人开心地笑着，谦虚地打趣自己。

当年离开上海时，周有光多少还有些舍不得放弃自己的经济学专业。所以他问：“拟订拼音方案要多久？”得到的答复是2个月到4个月。没想到，这一走，再也没有回到他的经济学领域。不过几年之后周有光才意识到，改行不仅仅是专业的改变，而且使他无意之中逃过一劫。“我离开上海的第二年，就开始搞‘反右’运动，经济学教授当然是重点，因为我们写的文章都是英美的经济学理论。上海经济学研究所所长、著名的马克思主义经济学家沈志远自杀身亡，他是解放前唯一从莫斯科回来的经济学家。我的一个研究生王世璋，好得不得了，也自杀了。我因为换了一个行业，就不算过去的经济学旧账。所以我糊里糊涂地逃过了一个‘反右’运动，也算是我的运气好。”

百年沧桑

周有光出生于1906年，按当时的历法，尚是清朝光绪三十二年，后又经历北洋政府、国民政府和中华人民共和国，因而周老被朋友戏称为“四朝元老”。有一次，他去医院检查，在年龄一栏里填了“97”，挂号的人大概以为他糊涂了，想都没想就改成了“79”。老人最不喜欢别人问他诸如怎么能长寿的养生类话题。他觉得这个问题应该问医生而不是向他。年轻时的周有光身体并不好，生过肺结核，还得过忧郁症。当年周有光与张允和结婚时，家里的保姆不放心，偷偷拿了两人的八字找人算命。算命先生说：“这两个人都活不到35岁。”结果张允和以93岁高龄去世，周老现在107岁依然健康。他笑呵呵地说：“不是算命先生算得不准，是科学进步、医学进步，所以我才能长寿。”

周有光的家在北京朝内后拐棒胡同一座很不起眼的楼房里。房屋的简陋和他在外界享有的“名气”似乎颇有落差，但老人丝毫不介意这一点。“我所处的时代是动乱时代。我一生经历了三次倾家荡产。我的曾祖父原是清朝做官的，退休还乡后在家乡办工厂，是常州第一批办厂的实业家，办了好多布厂、纱厂，还有当铺。结果太平天国军——那个时候叫‘长毛’，他们来的时候，把我们家的东西烧光了，我的曾祖父投水而死。这是家里第一次破产。抗战期间，我们逃难去四川之前，把苏州的老家交给一位老工照管，说我们最长三年回来。结果没想到，一待就是八年。再回来时，老工早就不知下落。家里面空空荡荡，什么都没有了，却还有另外的人家住着，还问我们找什么人？这是第二次破产。‘文化大革命’期间，我们被下放到宁夏‘五七干校’，房子也被造反派占了。一直到林彪死后才回来，发现家里面什么都没有了，连一张纸片片都没有了。所以我们家有三次真正的破产，今后经历什么都无所谓了。”

走过那样一个充满动荡与不安的世纪人生路，得经历多少风风雨雨？提起那些往事，老人总是感慨连连。“我这一生最艰难的时期就是抗战八年在重庆。有一次出差回来，发现办公室都被炸光，同事不知去向，回到家，发现家也已被炸得精光，家人生死不明……”那种备受煎熬的滋味我们今天根本无从体会。

而他经历的另外一些故事，又像是烙着鲜明时代印迹的一出戏，品起来不知是悲还是喜。20世纪50年代初的某一天，周有光到剧院看戏，随身带着一个小望远镜，是儿子小平从苏联带回来的。看戏的时候身旁的观众偶尔向他借这个望远镜，周有光不假思索地递过去。中间休息的时候周有光发现大家都往他身边的那个座位上看，他还很是纳闷地问："你们在看什么人？"回答竟然是看溥仪。"溥仪就在我旁边我都不知道。我后来开玩笑说，早知道'皇帝'坐我旁边，我就把望远镜'贡'给他了！"周有光又大笑起来。

"文化大革命"的时候，粮票非常紧张，周家也不例外。"人家说：'你是政协委员，你和夫人到政协去吃饭不要粮票，家里粮票不就够用了吗？'我同我的夫人就经常到政协去吃饭，我们旁边坐了一位老先生同夫人也在吃饭，这位老先生就是溥仪。'皇帝'缺少粮票，现在听起来像笑话一样，那个时候是真的事情。"老人感慨地说，"从皇帝到普通老百姓，溥仪后来的确是改造得挺好的。他跟我也很谈得来。"

1969年，周有光被下放到宁夏平罗西大滩"五七干校"，接受劳动改造。"五七干校"种了一大片高粱，周有光和71岁的教育家林汉达先生一起看守高粱。"我们奉命：要不断走着看守，眼观四方，不让人来偷；不得站立不动，不得坐下，更不得躺下；要一人在北，一人在南，分头巡视，不得二人聚在一起。"两个人一连看守了三天，一眼望到十几里路以外，没有人家，也没有人的影子。所以到了第四天，两个老头索性就放胆躺下，海阔天空地谈论起来。有一次林汉达若有所思地问周有光："未亡人、遗孀、寡妇，哪一种说法好？"周有光开玩笑说："大人物的寡妇叫遗孀，小人物的遗孀叫寡妇。"林先生大笑起来，他告诉周有光，有一次问一位扫盲班学员："什么叫遗孀？"学员说是一种雪花膏，白玉霜、蝶霜、遗孀。"那为什么又有个'女'字旁？"学员回答："女人用的东西嘛！"谈得起劲，两人坐起来，语文大众化要"三化"：通俗化、口语化、规范化。“我们谈话声音越来越响，好像对着一万株高粱在讲演。”

纵观周有光的一生，不难发现自年轻时起他就秉持了这样一种开朗豁达而又淡定超然的生活态度。这固然有遗传自活到96岁的老母亲的原因，周有光认为更重要的是后期的自我教育与修炼。“卒然临之而不惊，无故加之而不怒。”苏轼的这句话，也是周有光老人的座右铭。

“一个人的大脑里有两套系统，一个是逻辑系统，就是思维能力；一个是记忆系统，记忆能力。这两个系统不一样的。我呢，记忆系统不行了，好多原来知道的东西现在都忘了。可是思维系统还没有坏。为什么没有坏？据心理学家讲，因为我年纪大了以后都在看书写文章，要动脑子，脑子就不容易坏。中国旧的讲法是：年纪老了，不要动脑子了，要保养了。其实刚刚相反。现在新的讲法是：年纪老了要动脑子。动脑子可以保持健康，特别是老年人可以长寿。”老人悠然地谈起自己的心得。前些日子老人又写了篇文章，提出了这样一个新观点：“要从爱人类的角度来爱国。”也许正因为有这样一颗永远不放弃思考的大脑，他的心灵深处才永远拥有一个独立与自由的天地。

黄永玉：一蓑烟雨任平生

采访时间：2012 年

平时没有客人来访的时候，黄永玉上午写小说，下午在画室作画

“我们这个时代好像一个眼口很大的筛子，筛筛筛，好多人都被筛下去了，剩下几个粗的，没有掉下去——我们是幸运的，漂泊了这么多的地方，都没有死，经过多少你们很难想象的磨难，最后活下来……”黄永玉被形容最多的一个词是“传奇”。其实在他看来，每个人生活的实质也许都是

一样的，不一样的是对待生活的一颗心。他的作品同他的人生一样，既天真童趣、恣意汪洋又雄浑有力，任时光打磨，依旧绽放着动人心魄的力量。

逍遥万荷堂

一张长长的工作台摆在偌大的画室中央，88岁的黄永玉左手叼着他那标志性的大烟斗，右手握着毛笔，不疾不缓地在台子上的宣纸上看似随意地抹上几笔。却见寥寥数笔之后，几只神态各异的猫便跃然纸上。画上的这些猫都是他的宠物，每一只他都叫得上名字。

画室很静，只有他偶尔“吧嗒吧嗒”用力吸烟斗的声音。外面，几只大狼狗在院子里追逐嬉闹，一见主人出来，个个争着伸过脑袋蹭来蹭去，直到被主人亲昵地拍了几下才肯心满意足地离开。黄永玉曾笑言，当初就是为了这些体型庞大的外国狗，才托朋友在京郊买块地盖几间房，没想到越盖越大，这儿也舍不得，那儿再添一间，就成了现在这个占地六亩的大院落。黄永玉在院子里围了一个大水池，种上了他喜欢的荷花，其住所也取名“万荷堂”，可惜还是乍暖还寒时分，未能有幸一睹接天莲叶的荷花映日盛开的场景。

“万荷堂”鹤立鸡群地矗立在小村庄里，简直成了一处远近闻名的名胜，加之黄永玉的名气，这里经常会遭遇各种不速之客，那些外表凶悍的大狗们便派上了用场。老人笑着讲了一件趣事：“有一次来了一个人坐下不走，拿了大纸给我，让我给他画画。我说：‘你走不走？不走？好。我两只狗就在那儿，这两只狗是受过训练的。你就坐着，不要起来，不要摸，这样你会很安全。如果你一动，它就对你不起了。’然后我走了，到了后堂。两个小时后，我处理完事过来，看见那个人果然坐在那一动不动。我问他怎么样，他说：‘我要屙尿。’我说：‘屙尿好啊！’我就让工人拿上纸，把他送出大门。他再也没出现过。”

平素若没有客人来访，黄永玉一天的时间安排基本上很规律：上午写小说，下午画画。那部名为《无愁河的浪荡汉子》的自传体小说是一个持续了十几年的“浩大工程”，最初发表在湖南长沙的《芙蓉》杂志上，写了20多万字，还在他的4岁徘徊；几年前，小说转移到了《收获》杂志上。二楼卧室的书桌上，放着一摞厚厚的稿纸，旁边是一支颇有时代印迹的墨水笔。黄永玉戏称自己“所有电器只会用手电筒”，所以无论小说还是散文，也还都是用这种传统方式，真的是一字一字“写”出来的。黄永玉刚刚完成今年5月刊的部分，已经开始写7月的那期，“现在还没写到西安事变呢”！

黄永玉最不喜欢别人提及一些诸如“意义”、“理想”之类的形而上的问题，果然如此。当被问到写这样一部小说的出发点是什么，那些对湘西自然风景以及乡土世俗生活细致入微的描述，是否如一些评论所言，要完成一部“具有民俗史、生活演进史架构的小说”，黄永玉当即毫不犹豫地摆摆手：“我没有那些很大的理想，我就是想把自己所知道的事情表达出来；也没有为一种什么‘伟大的意义’去尝试。写出来，朋友喜欢，就开心了。”写作方式也随心所欲，“而且我连小说的提纲都没有，写到哪儿就是哪儿，我就是用这种办法试试看”。

既然是一部自传体小说，不难想象，写作的大部分时间，他都是沉浸在一个悠长的回忆中。那些往事，无论快乐的还是不快乐的，都会抖落一身尘土，悄然袭上心头。是否会有难过得写不下去的时候？“有！有！”他连连点头。可是用文字表达思想的奇妙快乐，又是一种难以言说的快乐。“有的时候会在小说结构上遇到困难，会做大的调整，一天才写三到四行，突破了之后就很快乐。写作这个东西很有意思，它不是‘写出一个结果’的快乐，而是进行期间的快乐。比如文字结构调整好了，就像对了一副好对联一样。”跟画画相比，写小说自然是一件投入大产出少的不划算之事，于是有人不解：“你写小说，哪有画一幅画划算？”“怎么能这么讲？”

黄永玉涉猎广泛，在绘画、木刻、雕塑、散文、小说上面的造诣都有公论。可是若从他本人爱好来讲，他的第一选择还是文学。“我喜欢写东西，比画画更喜欢，语言本身就让我开心。所以有的人问，你怎么不请个秘书帮你整理？我干吗要请秘书？我又不是老革命——老革命找秘书讲一遍，秘书用录音机录下来，整理一下就可以了。文学这个东西，就是文字游戏，要在文字上做一些推敲讲究，实在是太好玩了！”

流浪生活

已经写了60万字的《无愁河的浪荡汉子》，终于快写到男主人公“狗狗”即将离开“朱雀城”了——回到七十多年前的生活现实，真实的故事就是13岁的黄永玉离开自己的故乡，湖南凤凰。

1924年7月9日，黄永玉出生于湖南常德。几个月后，父母便将他带回凤凰，这个风景灵秀的湘西小镇曾被其表叔沈从文无数次用文字倾心描摹过，而它也成了黄永玉一生的印迹。父亲黄玉书与母亲杨光蕙都毕业于湖南省高师，是当时凤凰第一对自由恋爱而结婚的夫妇。黄玉书乐观豁达，温和得近于软弱；杨光蕙爽朗明快，刚强得近乎激烈，这位早在1923年就参加了共产党的女教育工作者，当年还以凤凰县宣传部长的身份带领民众砸过庙里的菩萨。身为长子的黄永玉自认性格更多像父亲，“不过激烈的时候又有点像母亲”。

1937年夏天，无力抚养儿子的黄玉书，将黄永玉托付给即将赴厦门集美学院工作的堂弟黄毓熙。这一次的告别，不但成了黄永玉与父亲的永诀——这对父子很快因战火失去了联系，1943年，黄玉书因病去世，也成了黄永玉后来漫长一生漂泊的起点。13岁的少年黄永玉离开了父母的庇护，被迫早早地成长起来，面对另一个社会。

少年黄永玉性格顽劣，绝不是一个好学生。用他自己的话说，“在集美两年，留了五次级，前后的同学就有几百人”。但是这里也为他打开了另外一个世界。华侨陈嘉庚创办的集美学校，规模很大，学校有六层的图书馆，这里是少年黄永玉的乐土。其酷爱阅读的习惯，也由此养成。

因为在一次集美学校学生与当地孩子的冲突中担当了“主力”，挨了处分，刚满 15 岁的黄永玉决定离开学校，从此开始了一个人的流浪。从福建山区小城德化瓷器小作坊里的小工，到泉州战地服务团的美工，黄永玉学会了在社会上摸爬滚打。“我进入社会之后，周围人一直对我很好，大概觉得这个孩子能吃苦，做人过得去。到哪里给人画像，剪个影，人家都喜欢我。”

那时的黄永玉依旧不改其顽劣本性，浑然一幅“少年不知愁滋味”的姿态。在泉州时，其住所旁有一座庙，庙里种着很多玉兰花。有一天，黄永玉禁不住爬上树去摘玉兰花，一个老和尚看见了，叫他下来。跟老和尚说话时，少年气盛的黄永玉一口一个“老子怎么样”，老和尚温和地问他：“你知道老子是谁吗？”少年眼睛一瞪：“老子就是我啊！”——他后来才知道，这位听他一口一个“老子”的老和尚，竟然就是大名鼎鼎的弘一法师。这事后来被传了出去，成为笑谈。当“万荷堂”建好后，黄永玉要为自己的起居室取名字的时候，已经 90 多岁的革命家吕正操打趣地说：你年轻时喜欢称“老子老子”的，干脆就叫“老子居”吧！

黄永玉在动荡不安的生活中度过了抗战时期。在生活富足而安逸的今天，“流浪”这个词似乎被或多或少地赋予了些浪漫而传奇的色彩，可是对少年黄永玉来说，这其实是一个极为艰辛的过程。“流浪生活好痛苦的，不能多想它。”88 岁的黄永玉似乎不忍去回首几十年前那个独立闯荡世界的自己。不过对那个十几岁的少年来说，也并不觉得苦，唯一的哲学就是“生存”。以至于某一年他看到学校的一对夫妻吵架，还诧异不已：“都有饭吃，还打什么？”

不过粗粝的生活铸造了他顽强的生命力，也为日后那个令人叹服的黄永玉打磨了雏形：他在小学任过教员，在剧团搞过舞美，在报社当过编辑，还干过电影编辑。无师自通的木刻，风格鲜明而独特，不仅成了他赖以谋生的法宝，还赢得了行家的赞誉。

更为难得的是，这一段艰难世事并没有成为投射于他日后成长道路的阴影，相反，诸多前辈对他这个闯荡大上海的年轻人的关爱和提携，却成了永驻他心灵的一道温暖阳光。刚流浪到上海时的黄永玉名不见经传。每个月的房租是 50 元，而他发表一幅木刻画的稿费才 2 元到 5 元。一天，得知比自己大 20 岁的著名诗人臧克家和自己住在同一条街上，他激动万分，便带着十几幅木刻画去拜见臧克家。臧克家认真地翻看完了他的画，说自己非常喜欢，想替他送去发表，并随即按照当时报刊的最高稿酬标准，付给他稿费。后来，那十几幅木刻画绝大部分都没能发表，但臧克家从没在他面前提过。

著名作家、文学理论家唐弢，那时是上海邮局的高级职员、部门领导，黄永玉每次到上海邮局，唐弢无论有多忙，都会立即放下手头上的活，立即帮他处理稿费。唐弢还多次带着黄永玉在大上海四处奔走，找到一些有钱人，然后让黄永玉替他们画像，好多挣一点钱。这也使得黄永玉对那个宏大的“政治”有了很纯朴的理解：“我们不讲什么党不党，他们就像我的叔叔伯伯一样。这时候他们如果要我为了革命去死，我也会。”对这位年轻版画家的关爱，自然有同属于“左翼”文化战线的政治色彩，但更多的，也还是与那些文化人出自人性本质的善与美有关。

中华木刻协会的负责人李桦是让他至今想起来仍很温暖的一个人。“那时候大家都很穷，穷到吃饭都是有了上一顿没有下一顿，还要付房租，负担很大。有一次李桦先生说：‘我请你看电影吧，一个很好的电影，叫作《幻想曲》。’我说：‘好啊。’我们大概走了一二里地，到了有轨电车站，然后他问说：‘你有钱吗？’我老老实实地说：‘没有。’结果他说：‘好，那我们走吧。’那要走多远呢？我们一直走到外滩，然后到南京路再拐弯还往里走，一直走到大光明戏院。原来他身上只有一个人的车票钱了。可是即使那样，他还来关心我……”

后来，黄永玉与李桦又成了同事。“这么好的一个先生，天真又纯洁，对他人像小孩子一样信任”。黄永玉记得，每到星期天，李桦就把自己家里的门板卸下来做一张大桌子，然后给全国的木刻年轻人写回信，“就像以前给我写回信一样，每个周末都是这样，不是几天、几年，而是几十年”。

那时候，身边的这些人，美好得令他今天想起来还感喟不已。“人与人之间的关系，这么干净纯洁，我就是在这种环境里成长起来的。我们今天和他们相差十万八千里的距离。那时候巴金先生、唐弢先生、臧克家先生，还有萧乾……很多文化界的老前辈，都花时间为我的生活帮忙。现在这些对我好的人都不在了，我要拿同样的感情对待别人。再说经历了这么多年，可以说是社会把我养大的。小时候人家对我这么好，长大了怎么能对别人不好？”

大雅宝故事

1953年，29岁的黄永玉带着仅七个月大的儿子，举家从香港回到北京。黄永玉成了中央美术学院版画系的一名老师。中央美术学院的教员宿舍，在东城区大雅宝胡同甲二号。于是黄永玉与李苦禅[1]、李可染[2]、董希文[3]等现在如雷贯耳的大师们成了邻居。

这些人当中，黄永玉跟李可染的交情最好。黄永玉后来在《比我老的老头》里写下了诸多妙趣横生的细节，令人忍俊不已，有时又笑中带泪。

有一天，李可染带黄永玉去见自己的老师齐白石老先生。老人见了

[1] 李苦禅：现代画家、美术教育家，1923年曾拜齐白石为师，被誉为当代中国画一代宗师。

[2] 李可染：国画大师、诗人，曾任中央美术学院教授、中国美术家协会副主席等职。

[3] 董希文：受毛泽东主席赞誉的油画大家，国家文物局规定的“作品一律不得出境”的六位大师之一。

生客，照例亲自开了柜门的锁，取出两碟待客的点心。一碟月饼，一碟带壳的花生——这与路上李可染提前交代给黄永玉的一模一样。月饼剩下四分之三，花生是浅浅的一碟。不过，李可染也特地嘱咐过“都是坏了的，吃不得！”

“寒暄就座之后我远远注视这久已闻名的点心，发现剖开的月饼内有细微的小东西在活动；剥开的花生也隐约见到闪动着的蛛网。这是老人的规矩，礼数上的过程，倒并不希望冒失的客人真正动起手来。天晓得那四分之一块的月饼，是哪年哪月让馋嘴的冒失客人干掉的！”老人家住在四合院的北房，东房、西房和南房住的都是家人。一到晚上，老人就用铁栏杆和铁门把自己的房间锁住，免得别人进来。

那一天，李可染为一脸兴奋的黄永玉拍下了他与齐白石的合影。当

黄永玉于20世纪50年代创作的齐白石肖像套色版画

年的毛头小伙如今也成了像齐白石一样的“前辈”，接受各方人马的签名或合影要求。时至今日，他对老人也多了很多“同情式理解”：“老人的一些习惯也是时代造成的。比如说他卖画——如果他的画要卖，哪有我们今天的画卖得啊？有时候生活遇到困难，他就卖画买酱油、换油、付工钱。给他管门的老头是个太监，有时候没有钱给他了，老人家就画张画给他，那太监还不高兴，说它不够好，还要好一点。太监有很多齐白石的画，有的人听说后，就向那个太监买画。”

大雅宝胡同甲二号的故事很多，而黄永玉也是一位绝对的主角。那时的他几乎是大雅宝胡同甲二号最受孩子们欢迎的人。在孩子们眼里，用今天的语言形容，这位从香港回来的叔叔简直“酷”极了：家里有个意大利手风琴，没事就悠然自得地拉两下；还有部电动的小车床，开关一开，木头就齐刷刷地被削成两截。这位香港叔叔的好东西太多，双筒猎枪、一个立体镜……让大雅宝胡同甲二号院子的孩子们羡慕得不得了。

“我爱人有一个花手绢，我拿棍子给它绑起来，当成引路旗，让乖的孩子走前面，坐有轨电车到西直门，然后步行到动物园。”童心未泯的黄永玉，也把孩子们带得服服帖帖的。

曾经安逸的小院也无可避免地被那场政治风暴吹袭。画家张汀的儿子张郎郎，在黄永玉的眼里，善良有礼，有“一对信任的、鹿的眼睛”，却因为组织地下文学沙龙“太阳纵队”而以“现行反革命”的罪名入狱。张郎郎被手铐脚镣地押到美术学院来“批斗”，大会几天之后分组讨论是否要枪毙他。同样在枪毙名单里的还有音乐家周巍峙与女高音歌唱家王昆的儿子周七月。“难以忍受决定孩子生死的恐怖”，黄永玉一个人逃到了北海。

黄永玉犹记那一天还下着雪。进北海大门没走多远，他就看到了王昆。王昆身旁跟着一个年轻人，黄永玉想这个陌生面孔大概是来监视王昆的，所以擦肩而过时只彼此默默点了点头，未敢多言。他低声说了句：“保重。”王昆回了声：“谢谢。”便再无多言。“文革”结束之后，黄永玉再见到王昆，才知道那天王昆也是“逃”到北海去的。身边的年轻人是家里保姆的儿子，担心她自杀，一路跟随她。

“我那一天就是为了逃避讨论她儿子枪不枪毙的问题，才跑到北海去的，没想到一进门不远就碰见她，相逢一瞬，真是百感交集，命运啊……”时隔几十年忆及那一幕，老人仍感喟不已。

而在那些孩子的情感记忆里，黄永玉几乎是他们的“真叔叔”。“文革”结束之后，李可染的小儿子李庚到日本留学。临行前，他过来看黄永玉，问有什么话要嘱咐。“我告诉他，记住！千万不要说你是李可染的儿子！”在漂泊中成长起来的黄永玉，也许更知道“独立”的意义。即便李可染到了日本，也没有去看自己的小儿子。某一年，黄永玉到了日本。有一天，他接到了一个来自大阪的电话。听到黄永玉的声音，电话那端立即传来了一阵抑制不住的大哭：“黄叔叔，来看我吧！”黄永玉见到了一个躲开父亲的遮蔽，艰难而又坚定地走自己路的李庚。那种关系结成的情感，也许难以用语言来形容。黄永玉也只写下寥寥数语：“我们混得太熟，太亲，想起来令人流泪。”

对黄永玉而言，在政治高压的年代，这种人与人之间尚存的真诚情感，会成为他内心消弭政治高压的一种力量源泉。

“文革”之前，北京城的全部艺术家，包括夏衍、田汉等这样的老资格，一共一两千人，都被集中到一所学校学习。虽然被招待得很好，但是大家都很紧张。黄永玉和叶浅予同住一个房间。叶浅予抗战期间曾在重庆的“中美合作所”工作过。其实在“心理作战部”工作的叶浅予从事的是一份很重要的工作——画漫画，让美国飞虎队的飞机投到沦陷区，展开抗战宣传。可是在后来的政治宣传中，“中美合作所”几乎成了万恶不赦的“魔窟”的代名词，这让叶浅予十分紧张。

“有一次我们俩偷偷地讲心里话，他说：‘你是没有什么问题，我完了。’我说：‘你不会完。’他说：‘你不懂。’我说：‘我对你倒是有一个看法。我是不在乎的，为什么呢？我虽然会受苦，但是我有很多朋友很爱我、很想我。可是没有人会想你，为什么呢？因为你对人比较刻薄。你就同你几个30年代的好朋友来往，所以没有人想你。”

沈从文（左）与黄永玉（1950年）

黄永玉就这样直截了当地向叶浅予说了他的看法。他也不记得叶浅予当时的反应。"'文革'结束之后，叶浅予开始同很多学生来往，也到很多地方去写生，同以前不太一样，我也不能完全说是我那句话的作用，但是我估计我的这个话是有力量的。"

别梦依稀

在黄永玉的人生故事中，表叔沈从文是必被提及的一个人物。其实早在黄永玉出生之前，沈从文便走出湘西。直到20世纪40年代，各自奋斗在人生道路上的叔侄二人开始通信，从此结下一生情谊，直到1988年沈从文去世。正是沈从文建议他把像"布店老板"的本名"永裕"，改为适合于艺术家的"永玉"，寄望他永远光泽透明。

沈从文与黄永玉，是湘西小城凤凰引以为自豪的两位标志性人物。"有一次，我在凤凰的路上走着，有一个人一看见我，就叫：'沈从文！'"想起这一插曲，黄永玉大笑起来。虽然出自同一地域，但两人性格又截然不同。"他这种性格在凤凰来讲比较少，像水一样，很柔顺，永远不会往上爬。而我是比较典型的湘西人，从小靠拳头打天下。"

沈从文跟黄永玉说过的五个字让他终生难忘："爱、怜悯、感恩"。"他说一个人，第一，要充满爱去对待别人；第二，摔倒了爬起来，赶快走，别心疼摔倒的那个坑；第三，永远抱住自己的业务不放。我自己的成长中，遇到多少对我好的老前辈，他们帮助我，所以要感恩。而怜悯，是对待那些残忍的人。""文革"期间，沈从文在街上难得与黄永玉擦身而过，不到五秒钟说了一句话："要从容对待啊！"黄永玉后来写下了很多关于沈从文的文字，这两个相差22岁的表叔侄的不同人生轨迹也映照了那一时代知识分子的艰难历程。

沈从文的学生汪曾祺，后来也一度成为黄永玉来往最密切的朋友。闯荡上海时，他们都还籍籍无名。彼时同为穷教书匠的黄永玉与汪曾祺便时常找在中兴轮船公司工作的黄裳打发时光。黄永玉后来写了一篇《黄裳浅识》的文章，用他一贯的幽默回忆了这段时光。“我跟曾祺哪里有钱？吃饭，喝咖啡，看电影，坐出租车、电车、公共汽车，我们两个从来没有争着付钱的念头。不是不想，不是视若无睹，只是一种包含着多谢的务实态度而已。几十年回忆起来，几乎如老酒一般，那段日子真是越陈越香。”

黄永玉比汪曾祺小4岁，他旺盛的生命力和鲜明的个性，总是令汪曾祺惊奇。黄永玉回忆汪曾祺时曾这样说：“有时我们和黄裳三个人一起逛街，有时就我们俩，一起在马路上边走边聊。他喜欢听我讲故事，有时走着走着，因打岔，我忘了前面讲到哪里了。他说：‘那我们走回去重新讲。’多有意思。”

而汪曾祺对黄永玉的木刻作品也给予高度肯定和评价。他早在1951年就写下这样的话：“永玉的画永远是永玉的画，他的画永远不是纯‘职业的’画。”这个在日后的漫长岁月中得到了有力证明的评价，也显示了汪曾祺独特的艺术眼光。汪曾祺对黄永玉发自内心地赞美：“永玉是有丰富的生活的，他自己从小到大的经历都是我们无法梦见的故事，他特殊的好‘记忆’，他对事物多情的、过目不忘的感受，是他不竭创作的源泉。”汪曾祺给沈从文写信：“真有眼光的应当对他（黄永玉）投资，我想绝不蚀本。若不相信，我可以身家作保！”

“汪曾祺这个人特别聪明，他能够一眼看到我画画的一些问题，不是抽象，而是很具体地提出一些意见，所以我们两个人在这方面的语言很接近，就像是一个人的思想一样。我的画，只有他一个人能讲。”黄永玉写了很多故人旧事，但从来没有为汪曾祺单独写下些什么，外界不免想一探究竟。“很难写！他这个人啊，可丰富了。我知道他很丰富，但是要往哪里下笔又无从着手。”片刻，他又加了一句，“还有呢，有一段时间我们离得比较远了。”

“‘文革’开始后，汪曾祺被剧团抓了起来。他们单位派人来中央美院审问我，问我和汪曾祺什么关系，我说我们是朋友。他们说：‘还是朋友！’就拿手里的康乐球杆捅了我几下。后来，他的才能在《沙家浜》得到另外的发挥，发挥出来也让我们高兴。小孩子们很高兴，在外面总是说‘我们汪伯伯是写《沙家浜》的’，兴冲冲地要去看戏，可是找他都没有机会了，也许是他太忙。”黄永玉的回忆淡淡的，听不出内心有什么波澜起伏。上海滩的那一对快乐青年，就这样渐行渐远。

“后来，‘四人帮’垮了，他到我家里来，可是，我们中间隔了太久，一下子让我从哪儿讲起呢……他送了一卷用粗麻纸写的诗给我。可就是没话可说，这个创口要慢慢地愈合。后来我也开始忙了，然后越来越忙，又是给毛泽东纪念堂画画，又是美术家协会的事儿了。唉，我也变得忙起来了。”

1996 年冬天，黄永玉夫妇从香港回北京。有朋友为他开了一个盛大的欢迎宴会，第二天黄永玉又请这些老朋友聚了一次。“那天来了很多人，包括黄家的那一帮，黄宗英[1]、黄宗江[2]、黄宗洛[3]，还有丁聪、冯亦代[4]、王丹凤[5]，包括曾祺，这一帮老朋友都来了。”两人见了，依旧没有超过礼节性的深入交谈。“当时他的脸都是暗黑色，喝酒的缘故。他后来与另外一帮文艺界的年轻人来往，喝酒喝得厉害，把身体都喝坏了，真是可惜了。”

黄永玉没想到，这是他与汪曾祺的最后一次见面。转年 5 月，汪曾祺因病去世。黄永玉正在意大利的家中，“女儿上楼来告诉我，说汪伯伯去世了。我真是没有想到，汪曾祺居然也死了。我总是觉得他还太年轻，

---

[1] 黄宗英：演员、作家。代表作：报告文学《特别姑娘》，电影《幸福狂想曲》等。

[2] 黄宗江：编剧。代表作：《海魂》《农奴》等。

[3] 黄宗洛：国家文艺一级演员，表演艺术家。代表作：《茶馆》《智取威虎山》等。

[4] 冯亦代：作家，著有文集《书人书事》《潮起潮落》等。

[5] 王丹凤：著名电影演员，代表作：《丹凤朝阳》《教师万岁》等。

才不到80岁，真可惜，真可惜……”3个月后，京郊的那个“万荷堂”修建完工，黄永玉重回北京定居，想起老友已逝，他不禁感叹：“要是汪曾祺还活着该多好,可以把他接到万荷堂多住几天……”如果有那一天，他们之间应该不会再是“相顾无言”的尴尬了。

“我的朋友死了,我好像都没有悲哀过,不晓得为什么,郁风[1]死了，黄苗子[2]死了，丁聪死了，汪曾祺死了……一听到消息，会停顿几秒钟，但没有太多的悲哀，因为人是一定要死的。然后呢，就开始感觉到在慢慢地想念他（她），记忆里都是那些美好的事，一点也不伤感。”

大浪淘沙

“你们没有经历过流浪，从小在父母身边长大，然后进大学读书，毕业之后再工作，一步一步，好像从工厂出来的产品。我们那一代人不是这样的。沈从文就打过这样一个比方：我们这个大时代好像一个筛子，一个眼口很大的筛子，筛筛筛，好多人都被筛下去了，剩下几个粗的，经筛，没有掉下去——我们是幸运的，漂泊了这么多的地方，都没有死，经过多少你们很难想象的磨难，最后活下来……”

于是，和他一样经受磨砺的那些人，以及他们一同经历的过去，如今在我们眼里都成了一个个传奇。黄永玉曾在香港《大公报》工作过一段时间。交游甚广的黄永玉与翻译家萧乾、诗人聂绀弩等人都结下深厚友情。与他在一间办公室办公的同事查良镛，后来成为大名鼎鼎的“金庸”。1998年，香港大学邀请黄永玉举办名为“流光五十年”的画展，使他与这位昔日同事重逢。黄永玉脱口而出：“小查！”金庸笑道：“现

[1] 郁风：中国著名画家、美术评论家、散文家。

[2] 黄苗子：当代知名漫画家、美术评论家、书法家、作家。

在恐怕没有几个人叫我‘小查’了吧？”香港有一家电视台找黄永玉，请他谈谈金庸。“我说，查良镛根本不适合写武侠小说，他应该干别的事，他怎么会写起武侠小说来了呢？”

他的好友包括后来被称为“风流才子”的香港词作家黄霑。当年黄霑正狼狈不堪，与女作家林燕妮闹分手，又投资电影公司经营失败，负债累累，弄得他无家可归。很多人都不敢搭理他，只有黄永玉前去安慰，他安慰的方式非常特别：“失恋算什么呀，你要懂得失恋后的诗意！”黄霑一听火冒三丈，大声怒骂：“放狗屁！失恋都想上吊了，还有什么诗意？狗屁！”

“2004年，湖南电视台去香港采访，还把黄霑叫到我的家里来访问。记者向他提起这件事，他说：‘对啊，别人都希望我死掉，就是黄永玉老大哥，写诗安慰我。’”未料一周后，才63岁的黄霑去世。好玩的朋友又少了一个……

就像他会在失恋中寻找“诗意”来安慰黄霑一样，不管时势如何复杂多变，黄永玉总是以他独特的人生哲学应对。就像那荒漠中奋力生长出来的植物，任环境恶劣，也毫无顾忌地展现自己的生命力。

在那个物质匮乏的年代，买什么东西都要凭票供应，黄永玉也不例外。可是他把全家的布票省下来，集中到一起，然后买了一块很厚的布。干吗？做了一个帐篷！——这样的主意恐怕就只有黄永玉想得出。

从此以后，星期天的时候就会看到黄永玉带着妻子儿女，背着这顶特别的帐篷，到郊外露营去了。“‘文革’之前北京的治安很好，晚上在外面过夜也很安全。今天到十三陵水库那边，明天到玉渊潭后面，然后到樱桃沟，哪里都去过。”那么苦的日子，也可以被他过得有滋有味。

在政治那根弦一直紧绷的年代，他的举止很快就招致了“资产阶级作风”的批评。关于这方面，第二个证据是打猎。黄永玉有一把双筒猎枪，周末时他就背着猎枪到京郊，打些野鸡野兔之类的，其实是想给家人补充点营养。“资产阶级作风”的呼声越来越高，引得一位延安时期很“左”

物质匮乏的年代，喜欢打猎的黄永玉经常靠打些野鸡野兔来为家人补充营养（1962年）

的老干部带任务到黄永玉家里来实地考察，看看“资产阶级”到底严重到什么程度。“我家里条件当然比他们差多了，老干部看了一看，说，其实你也不怎么‘资产阶级’。可是为什么大家就感觉到你是‘资产阶级’呢？我想大概是因为我爱看外国书，也听交响乐，又养狗，又打猎，他们认为我思想上‘资产阶级’了。”

“其实哪个资产阶级周末不在家里好好地待着，非要去野外挨冻或蚊子咬？打猎要步行，每一秒钟都要观察四周。所以一次经常要走七十多里的路，非常辛苦。资产阶级愿意这么走吗？他们没有这种生活，所以才会有这种误解。”

“文革”期间，黄永玉一家被赶到一间简陋的小房子里。房子紧挨人家的墙，光线很差，白天都要开日光灯，“我就想，那我画一个大窗吧！”于是一面墙上多了一个两米多宽的大“窗户”，灿烂的鲜花在“窗外”绽放，还有明亮的太阳，顿时满屋生辉。有这样的人生态度，也难怪他的作品既充满天真稚气，又洋溢着热情豪放，总是给人以温暖的力量。

黄永玉的性格当中，也有一股顽强的力量，不认输，不屈服，湘西人喜欢用“雄强”这个词来形容这股子劲。

的确，黄永玉是“雄强”的。“文革”期间，有一次中央美院的“造反派”来“揪斗”他。年轻的学生用皮鞭头“劈劈啪啪”地抽打他；黄永玉任他们打，就是一声不吭，不喊叫，不求饶，不挣扎，不倒下，背上的血把衣服都浸透了。他仍然顽强地站着，心里默数打下的鞭数。“我一闪都不闪，就让他们打，他们打累了还让我跪下再打，其中一个人打了 112 下，一共是 240 下。”那一天还是黄永玉的生日。后来有人回忆此事说：“这真是一种震慑人心的雄强。”

“文革”结束以后，黄永玉有一些朋友想替他找到那两个打他的人，“把他们收拾收拾”，黄永玉说了句：“算了，‘文革’的天底下，没有一家逃得过灾难，他们打了我，他们的家还是不幸的，没有一家逃得过的，你去打他干什么。”“那时候的孩子们疯了，每一个人都疯了。怪不得他们。”提及此事，黄永玉的表情依然平静。

“文革”结束以后，在一次宴会上，黄永玉碰巧坐在了廖承志[1]旁边。廖承志问他：“你讲讲，你怎么跟‘四人帮’斗争的？”黄永玉老老实实地回答：“我怎么敢斗争呢？我躲都来不及。但是我没有求过饶。”廖承志就说，“不求饶也算斗争”。黄永玉依然坦白对答：“我的政治头脑也不是很明确清楚的，如果当时‘四人帮’喜欢了我——比如江青喜欢了我，我也不晓得我会做多少坏事。幸好她没有喜欢我。”“现在回想一生，人应该坚韧一点，不要动不动就难过，动不动就痛苦。”也就是在最难的时候，他把当时最流行的政治语录“一不怕苦，二不怕死”，改为“一不怕苦，二不怕活”。

时光对每个人都是公平的。可是有的人被岁月销蚀得棱角全无，平庸

[1] 廖承志：中国无产阶级革命家、杰出的社会活动家。

乏味，而有的人却被打磨得更加锋芒，雄浑有力，黄永玉无疑是后一种类型的典型代表。尽管如此，被大时代大浪淘沙般磨砺的痛苦，又有几人能知。

“可能是我们家乡那边的人天生是快乐的，但又是雄强爱斗的吧。我们从小就看杀头，对生死都看开了。最重要的一点是，任何时候我都看书。不管怎么痛苦，有书陪伴。一本书就是一个好朋友，它教你一些道理，感染你，多角度地影响你。没有书本为伴，恐怕这一辈子不会活到八十几岁还能够快快活活的。”

“人哪，几十年来，有意思的生活少，没有意思的生活占大多数。其实大家的生活都是相似的，但是看待生活的眼光不一样，对待生活的态度不一样，处理也不一样。我既不悲观也不乐观。活在这个世界上活下去就是了。要对得起每一顿饭，更何况这是个这么有意思的世界。能画画多好啊？老了也能画，不像从事体育或音乐，老了就不能做了。朋友看了你的画很高兴，还能卖钱。临死前一天画的画也有人要。这种职业上哪去找？”

“如果说我这个人有什么特别的话，那就是我没有恨，不像当时的政治提倡的那样，要恨谁，我没有。”黄老抽了一口烟斗，陷入沉思，半晌又缓缓道，“不是我为人宽容才这样，而是因为我在真实的生活里面发现，人同人的关系不是彼此憎恨的关系。再说，到今天也没有空去恨，我有多少事情还来不及做，要赶快做。我现在都 88 岁了，我这个小说要写到 60 岁，而现在才写到十几岁，怎么来得及？我花时间去恨他们干什么？英国有一个思想家说：‘不要想到报仇，因为那容易影响你的判断力’，老想着报仇会影响你对生活的判断力。”

除了北京的万荷堂、凤凰的玉氏山房外，黄永玉在香港和意大利也都有自己的房子。黄永玉也从来不掩饰他对品质生活的追求。他喜欢车，20 世纪 80 年代，还是在胡耀邦的特批下，他有了属于自己的第一辆汽车——一辆日本原装的尼桑小跑车，这也是北京的第一辆私家车。喜欢飙车感觉的黄永玉还曾买过一艘橡皮摩托艇，得空找个地方，开得很快，就好像又回到了年轻的时候。最好玩的是，2000 年，建好了万荷堂后，黄永玉竟然心血来潮地从德国买了一架马车，有时候自己驾着马车在通州辛庄万荷堂外面的公路上玩。如今红色宝马敞篷跑车、保时捷敞篷跑车、路虎越野车、保时捷卡宴越野车以及红色法拉利，都是他的私人“收藏”。

也因为此，“高调，重物质，讲排场”这样的议论，在黄永玉的身边也从未消失过。

“无所谓别人怎么评价，一点关系都没有。”老人淡淡地挥了挥手，“这是小事情，没什么。人家要讲的事情多了，讲久了就不讲了。我老是举例，人生就像跑一场万米比赛。跑的过程可能姿势并不好看，不会像跑100米那样，动作那么潇洒有力。万米赛最重要的是什么？是完成！快一点当然更好。跑的过程有人说你动作难看，那跑远点，听不见就好。你停下来，跟他说：我动作怎么难看了，不是很漂亮吗？——那你不成傻子了吗？”

叶嘉莹：让传统诗词获得新的生命力

叶嘉莹

“在我看来，学习中国古典诗歌的用处，也就正在其可以唤起人们一种善于感发、富于联想、更富于高瞻远瞩之精神的不死的心灵。”

问：您既有中国古典诗词的功底，又吸收了很多西方现代理论来研究诗词，使古典诗词研究拓展了一个层面。这一点是怎么完成的？

叶嘉莹：想起来我很幸运，我是中文系出身，而且我是从小在家里熏习陶冶出来的。我后来被逼到国外去，这是另外的故事，我不得已而要留在海外任教，不得不学会用英语讲中国文学。我每天查生字到半夜两点钟，这是为了生存没有办法，被逼出来的。

“人之患在好为人师”，其实我更大的“好”是好为人弟子。我喜欢学习，所以除了教书以外，虽然很忙，我仍然去听外文系的诗歌或诗歌理论的课程，我也是下了功夫去学习的。光听讲不够，还要找人家的书来看。看的时候，我突然看到，噢，这一点就可以来解释我们中国的诗歌！我们中国古人的诗话、词话甚至文学理论，没有一个很科学的、逻辑的思维理论。王国维虽然是比较晚近的人物，也接受了一些西方的启蒙，但他的文学批评《人间词话》仍很抽象，比如清空、飘逸、沉着……这些对学生来说都是很空泛的东西，抓不住什么。

我如果跟西方的学生讲，这首诗写得好，气韵生动，什么是气韵他们肯定不知道；如果我说这首词很有境界，什么是境界他们也不懂。你不能不用一些他们比较有逻辑的理性的思辨来说明这些事情，所以我的解说要结合西方理论，这是现实的需要。我虽然用西方的理论，但我不被任何一家西方的理论所束缚。西方的跟中国的不能够完全对接，所以只能是把可用的东西拿来利用，像鲁迅先生说的“拿来主义”。当然先要有中国的文学根底，才能拿得对。所以一定要先有古典文学的基础，然后再去学西方的东西，才是可以的。如果先学了一套西方理论，回来生搬硬套，是表皮的附会、牵强、生硬、浅薄，我也不赞成这种做法。

问：在传统诗词的学习上面，您不仅提倡多读，而且要吟诵。为什么要强调吟诵？

叶嘉莹：我们中国古代的学习，可以说从周朝开始，就是伴随吟诵的。《周礼·大司乐》说国子入学，就学讽诵吟咏。我们都常常笑当年的私塾，摇头摆脑地这样吟唱。可是我们前辈的学者、历史上诗词伟大的作者，他们旧学的根底都是从小这样背诵吟唱出来的。我们现在很多人不会写作旧诗，或者写得不够好，也是因为缺少了这一层的基本训练。而吟唱是帮助你记诵的，记诵既帮助你写作也帮助你欣赏。

我也不反对用方言来吟诵，各地区可以用不同的方言吟诵。有人可能以为只有方言才有入声，才有仄声，好像普通话没有入声、没有仄声，其实不然。这只是一个平仄声的问题。我们虽然不会说出广东话的九声来，但是我们对于仄声应该有分辨。困难之处在于，古代的入声字现在很多被我们读成平声了。所以我教学生的办法就是，凡是古代的入声字，一定要会分辨。读古代的入声字，一定要用仄声来读它。

问：现在很多学校也在推行诗歌朗诵活动，这与您倡导的吟诵一致吗？

叶嘉莹：朗读跟吟诵有很大的区别。朗读有一种表演的性质。但是中国古人的修养并不是向外张扬的。你看中国古代的音乐，像古琴、瑟，在大庭广众的演奏厅都并不合适。我们中国“行有不得反求诸己”，都是内向的，是你自身的、真心诚意去修身的，是向内在的追求。所以吟诵也应该是在夜深人静、清风明月之夜，你自己拿一本古诗，把你的心灵、感情、意念都跟那首诗打成一片，而且，不仅是从理性的、知识上打成一片，更要从感性上打成一片。

我小时候就在家里听长辈们吟诵，他们每个人的吟诵其实都不一样。尽管每个人都不一样，我自己也形成我自己的吟诵，但是我们都掌握了一个基本，就是它的平仄的声调和顿挫的音节。而古人作诗的时候，李白、杜甫他们也是带着吟诵的声音作来的。我们作诗不是查一本韵书然后一个字一个字从理性想出来的，我们是伴随吟诵的声音，所谓字从音出，字从韵出，你使用的文字是从它的发音、它的声韵出来的。所以作诗的时候为什么用这个字不用那个字，有的时候是因为意思的关系，有的时候是因为声音的关系。而当你做这种斟酌的时候，不是纯粹的理性，是你吟诵的时候结合着声音辨别出来的。那是一种很微妙的作用，所以吟诵才重要。

问：古典诗词在塑造现代人心灵上有什么作用？

叶嘉莹：真正的精神和文化方面的价值，并不是由眼前物欲的得失所能加以衡量的。近世以来西方资本主义过分重视物质的结果，也已经引起了西方人的忧虑。而在我看来，学习中国古典诗歌的用处，也就正在其可以唤起人们一种善于感发、富于联想、更富于高瞻远瞩之精神的不死的心灵。西方也有学术观点认为，读者的阅读，其实也是一个再创造的过程，而这种过程往往也就正是读者自身的一个演变和改造的过程。而如果把中国古典诗歌放在世界文学的大背景中来看，我们就会发现中国古典诗歌的特色实在是以这种兴发感动之作用为其特质的，所以《论语》说“诗可以兴”，这正是中国诗歌的一种宝贵的传统。

问：现在有一股诗词热，很多人也写了不少诗词赏读之类的书，您有什么评价？

叶嘉莹：中国近几年出了很多诗词鉴赏辞典之类的书，内容参差不齐。而且很多人把个很短的一首诗，不管是七言五言、四八句的，加了很多美化的语句，夸张的抒情的描写……这都是虚浮的、表面的，都没有触及诗歌的生命。所以我以为，这样的鉴赏文章没什么价值，是非常肤浅的。写这些文字的人自己也没有进到诗歌里面去，不过是把一个短小的诗铺张成一篇带着感性的散文，如此而已，是妆点、是造作、是装饰，不是生命。

问：从您个人的人生体验来说，诗词为您带来了什么？

叶嘉莹：我之喜爱和研读古典诗词，本不是出于追求学问知识的用心，而是出于古典诗词中所蕴含的一种感发生命对我的感动和召唤。在这一份感发生命中，曾经蓄积了古代伟大之诗人的所有心灵、智慧、品格、襟抱和修养。所以中国传统一直有“诗教”之说。其实我一生经过了很多苦难和不幸，但是在外人看来，我却一直保持着乐观、平静的态度，这与我热爱古典诗词的确有很大的关系。现在有一些青年人竟因为被一时短浅的功利和物欲所蒙蔽，而不再能认识诗歌对人的心灵和品质的提升功用，这自然是一件极可遗憾的事情。如何将这遗憾的事加以弥补，这原是我这些年来的一大愿望，也是我这些年之所以不断回来教书，而且在讲授诗词时特别重视诗歌中感发之作用的一个主要的原因。虽然我也自知学识能力都有所不足，恐终不免有劳而少功之诮，只不过是情之所在，不可自已而已。

我做这些工作，还是觉得中国古典诗词的内在精神和兴发感动的生命，不应该中断。认真地学习古典诗词，可以让传统获得一种新的生命力。我自己只是一个普通的古典诗词的教研工作者，可是我当年回国的那一片初心和意愿三十多年来没有改变，今天我仍然盼望着古典诗词和中华文化的长流能够绵延不绝，生生不已。

行 走

虔敬、浪漫与野性：西班牙的三重奏

据说在欧洲有这样一句话："恋爱的时候说法语，唱歌的时候用意大利语，赞美上帝的时候说西班牙语。"

"高冷"阿维拉的圣女

西班牙国王卡洛斯一世在退位仪式上说："我和上帝说西班牙语，和女人说意大利语，和男人说法语，和我的马说德语……"这是他的独创，还是对传说的一种借用？很难说。对此的解释是：西班牙语有一种柔和复古的腔调，因而被誉为"最接近上帝的语言"。我不懂西班牙语，对此感受不深。不过，从另一个方面来说，诸如此类的说法倒是讲出了西班牙这个国家与宗教密不可分的关系。宗教，是观察西班牙历史和现实诸多问题的一个窗口。我的第一次西班牙之旅即是以宗教开始的，由精神世界入手。

马德里以西 115 公里的小城阿维拉（Avila），在 2015 年成了许多虔诚天主教徒前往朝拜的一座"圣城"——500 年前，天主教世界里著名的圣女特蕾莎（St. Teresa of Avila，也有译作"圣女大德兰"）就诞生于这座小城。西班牙方面今年为此策划了一个特别的"圣女特蕾莎之路"。

“圣城”阿维拉是它的起点。

有 6 万人的阿维拉对中国人来说有点陌生，在西方人眼里其实也有点“高冷”——这座建造在海拔 1131 米的小城，是西班牙海拔最高的省会城市；它建立在一座岩石山上，四周一片荒野，褐色、干旱的土地，没有树木，散落着巨大的灰色巨石，“冷”也是它的常态。从暖风和煦的马德里一来到这里，马上就被这里的风吹了个下马威。

与凛冽寒风一同扑面而来的，还有这座小城浓厚的历史感。在这里可以看见欧洲保护最好的中世纪古城墙，城墙基石多为灰色花岗岩制成，尽管取材大小不同，但石缝间衔接完美。其实这些城墙最早可以追溯到罗马人时期。714 年，阿维拉被摩尔人占领；1088 年摩尔人被驱逐后，国王将一批西班牙最优秀的骑士调遣到此，他们立即动手开始修建一个军事重镇所需的一切防御工事，历时 9 年才完工。于是这座高度 40 英尺、具有 9 道城门和 82 座城堡的 2.5 公里长的防御城墙成为中世纪防卫建筑的典范。阿维拉也因此而有了另外一个称呼：“城墙之城”。

1985 年，阿维拉被列入联合国教科文组织世界文化遗产名录，其入选的两项重要标志，其一，这里有保存完好的中世纪古城墙，另一个便是天主教加尔默罗会得以复兴的圣女大德兰的出生地。

1515 年，特蕾莎出生于阿维拉。她父亲的第一个妻子生了 3 个孩子之后去世，他又续娶，生了 9 个孩子，其中一个就是特蕾莎。特蕾莎 14 岁时，母亲过世。20 岁那年，特蕾莎不顾父亲反对，执意进入阿维拉的加尔默罗修道院。

之前买过一盘歌剧《加尔默罗修女的对话》（Les dialoges des Carmelites）的 DVD，肃穆的黑白背景、一脸虔诚的修女……加尔默罗会前身是十字军东征期间意大利人贝托尔德和一部分朝圣者于 1155 年左右在巴勒斯坦加尔默罗山创建的隐修院……当轰轰烈烈的法国大革命开始时，教会成了被冲击的主要对象：革命者先是颁布法令没收一切教会财产，之后又颁布了全部教士还俗的法令。加尔默罗会同样在这个行列里。

但是，大批虔诚的教士宁愿被送上断头台也要拒绝这一系列的法令。法国作曲家弗朗西斯·普朗克（Francis Poulenc）正是以此为背景，在 1956 年创作了《加尔默罗修女的对话》这部颇具历史意义的歌剧。

加尔默罗会最初的会规要求会士安贫、守贞、服从、静默、斋戒。但是到了特蕾莎的时代，风纪松弛。种种现象让特蕾莎萌生了改革教会的想法，她后来修订了戒律严谨的“赤足加尔默罗会”会律，信徒们即使在冬天酷寒的阿维拉，也都不穿鞋子或者仅穿不能保暖的鞋子，以此来感受身体的痛苦，磨炼意志。1562 年，特蕾莎在阿维拉建立了一座新的修道院，推行她的戒律。当年修女特蕾莎改革的成功使她成为 16 世纪欧洲最知名的女性之一。特蕾莎终其一生，在西班牙陆续建立了 16 个加尔默罗派修道院，使一度衰落的加尔默罗会得以复兴，也因此在宗教史上享有盛誉。

1582 年 10 月 4 日，特蕾莎在离阿维拉不远的小镇 Albade Tormes 去世，享年 67 岁，在那个时代这也算是高寿了。特蕾莎死后，迅速成为罗马教廷钦点的圣女，她遗体的一些部分被信徒们取走，希望借助她这具“圣体”，获得与上帝更加接近的机会。其中最重要的一部分保留在小镇的 Anunciacion 修道院里，所以这里也成了许多教徒必然的朝拜之处。

圣女大德兰无疑是天主教世界的一座巨塔。值得一提的是，特蕾莎的母亲出身良好，生前喜欢读小说，这对特蕾莎也产生了深刻影响，从某个角度说，她是那个时代鲜有的可以独立阅读、独立思考的知识女性，即使没有宗教，她也是那个时代女性的荣光。

托雷多的世外桃源

托雷多规模不大，塔霍河（River Tagus）环抱着半个城市，形成一个天然的军事要塞。中世纪的托雷多，是一座拥有 20 万人的城市，既是西班牙的首都，也是欧洲重要的政治、文化、商业和手工业中心之一。

可是险峻的地势也限制了它的规模，1561年腓力二世迁都马德里，托雷多结束了它的辉煌岁月。

也许要感谢这政治中心地位的旁落，使得托雷多相对完整地保留了当年的历史风貌。这里的街道像西班牙许多城市的小巷一样，幽深曲折，每一条小巷都各有风情，错落有致，十分幽静，大块青砖铺就的路面让人沉静，沿路时不时撞见橱窗华丽的精品小店或火腿挂了满墙的小餐馆，更添了些许情致。这里没有一栋现代化建筑，全是古香古色的民宅，整个城市显得雅静古朴。穿梭于狭长的小巷之间，总是能够看到融合了阿拉伯和罗马风格的穆德哈尔式或哥特式教堂、清真寺、西哥特或古罗马时代的房屋、犹太教堂或是文艺复兴风格的宫殿。1987年12月，托雷多市因其独特的城市风貌，被联合国教科文组织授予了人类文化遗产城市的称号。

在托雷多最特别的经历，是住在Conventode Carmelitas Descalzos修道院里。这家同属于加尔默罗教派的修道院隐藏在一条幽长小巷的尽头，紧紧锁住的大门，一副将不远处的红尘世界决然拒之于外的姿态。进得修道院，才发现这里别有天地，修道院后面有一大块开阔地带，站在上面，小城风景尽收眼底。

如果不穿教服，提多（Padre Tito）神父就是典型的理工男的形象，安静、温和，想象中的神父似乎长着一张“乐于倾听”的脸，或一副洞察世事的神情，但提多神父却总是一副神情寡淡的样子。问他有关宗教或个人经历的问题，他的回答也是寥寥数语，能少则少。

神父最后有点漫不经心地提及，他是学古画修复的。见我们好奇，他带领我们七拐八拐，到了教堂角落里的一个房间，里面满是各种神像和油画作品。工作室墙上还引人注意地挂了一幅裸女油画，神父以他惯用的波澜不惊的语调说：这是我的作品。神父很快穿上白色工作装，戴上眼镜护罩，从容不迫地工作起来。在这个环境中，他显然更从容自在。神父指着工作室里一座雕像解释说，这是来自其他修道院的雕像，缺了一条腿，他用类似的材料将之补全。不经他提醒，还真的很难看出来修

修道院的神父提多正在做文物整修

补的痕迹。指着工作室堆得满满的雕像、油画，神父用他依然平淡的口吻说，这里堆放了来自全西班牙境内的修道院待修复的作品。

我们在修道院的房间，平素并不对外，如果不是这次借了圣女大德兰的光，恐怕很难有这样一次机会。房间并不大，但整洁素雅，一进去，人也好像一下子安静下来。

不过对于我们这些俗世之人来说，这里的生活也不是那么好适应的。在这里的第一天晚上，吃完晚饭时间已经不早，沿小巷拾阶而上回到修道院门，按了半天门铃，守门的西班牙老爷爷揉着眼睛、睡眼惺忪地开了门之后就走了，把我们留在空旷、沉寂而漆黑的修道院里。凭记忆按电梯上楼，走上长走廊，怎么也找不到自己的房间，夜间的修道院里又没有任何光源，只好用手机微弱的光来寻找出路……最后，还是壮着胆子沿来路回到门口，又按门铃把老爷爷叫醒。比画半天，他才明白我们的意思，一脸苦笑着把我们带上楼，轻车熟路地找到了房间，一场修道院惊魂方告结束。

浪漫与辉煌

我的第一次西班牙之旅路线比较特别，从圣城阿维拉出来向西到萨拉曼卡，再沿西班牙腹地一路向南，沿途的风景不同于诸如巴塞罗那沿海城市那样热烈、奔放、时尚，却难得地体验到西班牙文化中虔敬、古朴、淳厚的一面。

位于西班牙中部的萨拉曼卡（Salamanca）是一座文化古城，这里最引以为自豪的是阿方索九世在 1218 年创办的萨拉曼卡大学，它与巴黎大学、牛津大学和博洛尼亚大学（意大利）并称欧洲最古老的大学。萨拉曼卡大学的老校区散发着幽幽古意，看着衣着光鲜、活力四射的青年男女在这座有 800 年历史的学校里穿行，别有一番感慨。

可以说，萨拉曼卡拥有的是一种古典主义的浪漫气质。这种气质在萨拉曼卡大教堂上体现得淋漓尽致。这座气势恢弘的教堂其实由新、旧两部分构成，二者相互重叠。罗马式风格的旧教堂（Catedral Vieja）始建于 1150 年。新教堂（Catedral Nueva）始建于 1513 年。此时，哥特式风格在西班牙已现衰落，开始与文艺复兴式建筑风格相融合，从而诞生“银匠式风格”。但是为了与旧教堂的风格相融合，新教堂仍然更多地保留了哥特式风格，所以也有人夸赞它为“哥特式最后叹息”。新教堂正面入口，那些被评价为“银匠式杰作”的浮雕，也吸引了很多游客一边驻足观看，一边感叹连连。这些雕刻精巧细密，沉着中见奔放，浑朴中见细密，造型变化很多，装饰丰富细腻。在落日余晖或夜间的灯光照耀下，它们更绽放出令人惊叹的美感。

关于这座大教堂，还有一件有趣的事：中国一家大型电视台在一期节目里连连惊叹说，在西班牙萨拉曼卡市“一个远古大教堂”上发现了神秘的太空人浮雕，“该图案让游客们产生了许多遐想：有可能在 1000 多年前太空人能够穿越时空隧道”；除了神秘的太空人，浮雕当中还出现了手拿冰激凌正准备吃的狮子，“这种带三个球的冰激凌暗示，当时的制冷技术也已经相当发达了”。

站在萨拉曼卡新教堂门口，从一大片眼花缭乱的浮雕图案中寻找这个太空人和小狮子，的确成了来自全球各地游客们的一种新游戏——经导游一再提醒，我才从北大门边上距地面约 2.5 米高处的装饰浮雕中找到了身着宇航服的小太空人。咦，这是怎么回事？见大家都惊诧莫名，卖足关子的导游心满意足地收拾起神秘之色，微笑着揭开谜底。原来 1992 年，大教堂进行了重修。新时代的建筑师淘气地加上了这些小元素，以显示自己的存在感。而它们竟又成了新教堂传说的一部分——经常在门口看到不同人群，先是集体沉默地仰头寻找，然后人群中突然爆发欢乐的一声，第一个发现的人欣喜若狂地指着目标，由此形成新的乐趣。

离开古朴典雅的萨拉曼卡，沿着西班牙的腹地肆意驰骋，一路享受着变换的风景，丝毫没有感觉驾驶之苦，便已到达塞维利亚界内。宽阔笔直的林荫大道，毫无遮掩的热辣阳光，让人立即感觉到一种迥然不同的风格。感谢临行之前朋友提供的漫游宝，虽身处异国他乡，却仍可以通过这个小机器，随时联上互联世界，靠着它的指引在弯弯曲曲的小巷子里找到了颇有异域情调的宾馆。

爱上塞维利亚还需要理由吗？仿佛猝不及防，就被这风情万种的城市撞个满怀。就像它最为著名的西班牙广场，纵然之前在无数照片上领略过它的风情，但亲眼所见，还是被它的壮阔及绚烂之美震惊；不需要有什么特别的目的地，这个城市随处都是风景，生活在这个风景里的人一副随意散淡的样子，路边咖啡馆，街头阳伞下，随处都可以见到悠闲自得的人。

塞维利亚这座城市所洋溢的浪漫气息，是不同文化和历史在这里狠狠交织发酵才能产生的。作为西班牙唯一有内河港口的城市，塞维利亚先后被罗马人、西哥特人和摩尔人占领并统治了约一千年。11 世纪，摩尔人的最后一个部落在此建立了独立王国。1248 年，卡斯蒂利亚国王斐迪南三世在“光复战争”中收回该城，赶走摩尔人，开始兴建工程浩大的船坞和城堡，塞维利亚从此开始走上繁荣之路。

除了虔敬，西班牙的故事里还有黄金、热血与野性。而塞维利亚正是它的缩影。

1492 年 8 月 3 日，在塞维利亚旁边的帕洛斯（Palos）港，哥伦布登上旗舰“圣玛丽亚号”的甲板，下达出航的命令。三条船往大西洋深处驶去，开始了人类从未有过的远征。70 天后，到达了完全陌生的新大陆。

新大陆的发现，给西班牙带来了广阔的未来空间。此后一个世纪，满载着黄金和香料的西班牙帆船在海面上不断穿行，在全球几乎每个角落都有卡斯蒂利亚的旗帜在飘荡。西班牙迎来了它的黄金年代，在这个黄金时代中的帝国权力重心并非远在内陆的马德里，而是塞维利亚。当时塞维利亚一港之富，就可与欧洲一小王国匹敌。

瓜达尔基维尔河边的黄金塔，也是塞维利亚的一个地标。这座阿拉伯风格的 12 边形堡垒形建筑，因为用铜做顶故被称为“黄金塔”。当年哥伦布发现了美洲新大陆，并掠回大量的黄金白银。其后的两个世纪，印第安人的黄金源源不断地从大西洋过来，沿着瓜达尔基维尔河，在这座塔下卸货入关，黄金塔之名也由此而来。据统计，从 1502 年到 1660 年，西班牙从美洲得到 1.86 万吨注册白银和 200 吨注册黄金，到 16 世纪末，世界金银总产量的 83% 被西班牙占有。到 16 世纪中叶，西班牙的殖民势力范围已扩大到欧美亚非四大洲，西班牙成为盛极一时的世界霸主。

这也难怪那个时代的著名文人，都把塞维利亚当作他们创作故事的背景：这里演绎了《卡门》的爱情故事，这里的监狱里诞生了《堂吉诃德》的伟大角色，还有莫扎特的《费加罗的婚礼》、罗西尼的歌剧《塞维利亚的理发师》——后来在街头闲逛时还特别注意理发店的招牌，一直纳闷为什么没有理发店索性就以这个为名字呢，多好的招牌。拜伦在《唐璜》里就这样说过：“他出生在塞维利亚，一座有趣的城市，那里出名的是橘子和女人——没有见过这座城市的人真是可怜。”塞维利亚，是西班牙这段黄金岁月的最佳见证。

塞维利亚大教堂的门前永远排着长队，对来自全球各地的游客来说，这里最具吸引力之处，是四个神情肃穆的古铜色士兵雕像抬着航海家哥伦布的棺椁。这四位抬棺者代表西班牙最早的四个王国：卡斯蒂利亚、莱昂、纳瓦拉和阿拉贡。卡斯蒂利亚女王伊莎贝拉手持一根长矛，长矛上穿着熟透的石榴，表达在精神和物质上支持美洲探险的女王对哥伦布的敬意。

享尽身后哀荣的哥伦布生前却晚景凄凉。他在最后一次美洲之行中才找到了一座金矿，而那时他已经失去了西班牙王室对他的信任。1506年初，回到塞维利亚的哥伦布已疲惫不堪，双目几乎失明。5月20日，贫病交加的哥伦布在西班牙北部一个小旅店里去世。哥伦布死后，其遗体先是安葬在西班牙，后来又被转移到圣多明各的殖民城（位于今多米尼加共和国的圣多明各）；1795年当法国占领整个西班牙岛时，哥伦布的遗骨又被转移到古巴的哈瓦那。古巴在1898年的美西战争后独立，哥伦布的遗骨又被转回到塞维利亚的主教堂里。

2006年5月20日，是哥伦布逝世500周年纪念日。西班牙研究人员宣称通过DNA检测，证明西班牙找到的哥伦布遗骨确实是哥伦布本人的。但他们的解释遭到圣多明各方面的不满。他们说，西班牙研究人员的新发现不可信。哥伦布的遗体从未离开过多米尼加——如此热火朝天的争论，也证明了人们对这位航海时代大英雄的景仰与热爱吧！

1519年，塞维利亚又成为另一个人类壮举的发生地——得到了西班牙国王查理五世资助的麦哲伦，带着5艘船和265名船员，从塞维利亚开始了人类历史上第一次环球旅行。此时的塞维利亚港已成为世界第一大港，在瓜达尔基维尔河的两岸会聚了当时世界上最先进的航海技术。1570年，塞维利亚的人口超10万人，已经赶上了罗马这些欧洲大城市的水平。令人感叹的是，当年从美洲运来的金银通过西班牙王室的转手而被重新分配到整个欧洲，成为其他国家的资本，但它并没有给西班牙人带来好运。17世纪，西班牙从强盛的顶峰跌落下来，成了西欧最贫穷的国家。仅仅在一个世纪之内，国势如此大起大落，这在世界史上也是罕有的。

格拉纳达的阿拉伯印记

从塞维利亚驱车前往格拉纳达的路上，前方的路牌上不时跳出“MALAGA”（马拉加）字眼，可惜只能在疾驰的汽车里短短注视它几秒钟，心里默念着下一次西班牙之行，一定要去造访这个诞生了毕加索的明亮的海滨小城。

“没有一个城市，像格拉纳达那样，带着优雅和微笑，带着闪烁的东方魅力，在明净的苍穹下铺展。”雨果盛赞的城市究竟是一副什么样的面孔？

711年，阿拉伯帝国的军队渡过直布罗陀海峡进入西班牙。这些阿拉伯人被称为柏柏尔人，又被称为撒拉逊人或摩尔人，大体上都是“北非的穆斯林”的意思。西哥特国王罗德里格虽身穿红袍，头戴金冠，乘着象牙车亲抵战场，却敌不过骑着长尾小马、挥舞着短矛或弯形大刀的阿拉伯人。西哥特的军队很快败下阵来，国王死于乱军之中。骁勇的阿拉伯军队占领了整个伊比利亚半岛，一直杀到西法边境，但被阻止于比利牛斯山以南而未能进入法国。摩尔人占领了几乎整个西班牙的中南部，建立了一个庞大、强盛的阿拉伯国家。

可在那时，西班牙人并不甘心失去他们的领土，双方开始了绵延几个世纪的拉锯战。摩尔人的地盘不断缩小，到了13世纪，只能偏安于南部一隅，不得不定都于格拉纳达。

机遇最终降到了西班牙历史上另一位传奇女性——伊莎贝拉（Isabel）身上。伊莎贝拉是卡斯蒂利亚国王胡安二世和葡萄牙公主的女儿，是位思维敏捷又意志坚定之人。继承王位的长兄想把她嫁给葡萄牙鳏居的国王阿方索五世，而极有主见的伊莎贝拉偷偷与品貌出众、英勇善战的阿拉贡王子斐迪南私定终身。1469年，两人成婚。10年后，他们先后继承各自王国的王位，两个国家正式合并，实现了西班牙的统一。在他们两人的联合治理下，西班牙的国力逐渐增强，而西班牙的王权也达到前所未有的程度。

伊莎贝拉是位狂热的宗教分子。此时，这位拥有强大王权的女王岂能容忍摩尔人仍安然置身于伊比利亚半岛？两位国王亲率大军压境，经过 8 个月的围困，格拉纳达弹尽粮绝。

1492 年 1 月 2 日，格拉纳达的摩尔人献出城池。欧洲所有天主教教堂钟声长鸣。“晨曦照耀着格拉纳达”，历史学家用这样饱含诗意的语言描述这一刻。这一天，伊莎贝拉终于胜利了。

值得一提的是，在对格拉纳达最后围城的营帐里，伊莎贝拉女王接待了一位特殊的客人，他就是野心勃勃的哥伦布。在此之前，他游说葡萄牙、英国、法国君主不成，最终来到了西班牙。而此时的伊莎贝拉女王踌躇满志、豪情万丈，与雄心勃勃、带着一腔热血的哥伦布一拍即合。于是，1492 年，西班牙仿佛突然之间成了世界的中心。他们向世界证明了自己的血性和野性。

作为摩尔帝国在伊比利亚最后邦国的首都，当年格拉纳达也迎来了众多的艺术家、商人和学者，这里成为伊比利亚伊斯兰王国的文化中心，人口也剧增至 40 万人。

要想知道摩尔人曾创造了多么精致的文化，肃穆地伫立于格拉纳达城的阿尔罕布拉宫（Alhambra Palace）是最好的见证。

到格拉纳达，不去参观阿尔罕布拉宫，简直失去了此行的全部意义。最早听说“阿尔罕布拉”这个名字，还是来自吉他曲《阿尔罕布拉的回忆》，这是被尊称为“近代吉他音乐之父”的西班牙著名吉他作曲家兼演奏家弗朗西斯科·塔雷加的一首最有名的代表作品。那一串串音符，仿佛在诉说着安达卢西亚山地间发生过的一幕幕史海沧桑……据说塔雷加在傍晚来到阿尔罕布拉宫，见眼前的美景而惊叹，因此写下此曲，表达摩尔人远望故土却无法回归的惆怅。

因为参观的人多，阿尔罕布拉宫采用预约制，所以必须按照指定时间入场，否则便会错失与这文化瑰宝亲密接触的机会。幸运的是，当天的午餐也被有心地安排在阿尔罕布拉宫脚下颇负盛名的帕拉多（Paradores）酒店。总经理 Juan Carlos Sanchez Galvez 不无自豪地带我们参观这座本身就是珍贵历史遗迹的酒店。站在餐厅院子里就能看到当年摩尔人留下的那些建筑物，品美味佳肴之时，感怀历史沧桑，真是一种前所未有的体验。

俯卧在格拉纳达东南部的太阳山脊上的阿尔罕布拉宫（Alhambra）有“红堡”之称，指其建筑外墙多用红色砂岩。阿尔罕布拉宫代表了西班牙摩尔艺术的顶峰，甚至被誉为“世界上最美丽的建筑之一”。

阿尔罕布拉宫里最负盛名的当属“狮庭”（Palace of the Lions）。狮子庭院由列柱支撑起雕刻精美考究的拱形回廊，它按照黄金分割比加以划分和组织，其全部的比例及尺度都相当经典。中央有 12 座大理石狮子雕像和大喷泉。整座宫殿美轮美奂，观赏其细部，天花、墙面、柱面纷繁复杂的纹饰，从墙面蔓延到头顶，每一个都那么精细。

夕阳时分的阿尔罕布拉宫静谧安详，也许大家都被这里的美震慑住了，只愿徜徉其中尽享其美，而不愿用语言来惊扰它。寂静的庭院中，布满精美的石膏浮雕图案的柱廊完整地映在池水之中，倒影随风摇荡，如同一个绮丽的梦。漫步狮庭，让人再次感叹几个世纪前的摩尔人仿佛都是几何学的大师，简单的图形被他们演绎出无数种变化，造就出如此繁复精美的庭院，即使是现代人也难以超越。时光并没有掩盖其曾经惊艳的容颜，相反，沧桑的历史反倒使它更迸发出一种动人心魄的美。

前往阿尔罕布拉宫的三岔路口，还有一座叫“美国旅馆”的地方，这就是华盛顿·欧文当年曾经居住的地方。如果不是他，阿尔罕布拉宫之美也许更晚甚至可能永远不会被外界所知。在征得当时西班牙格拉纳达总督的同意之后，华盛顿·欧文住进了阿尔罕布拉宫，热爱历史的他沉迷于那段金戈铁马的往事，最终著成了《阿尔罕布拉宫的故事》。正是这本书，让包括西班牙人在内的世人重新发现、认识了昔日王宫的价值。

葡萄牙，在帝国的余晖下

在欧盟众多国家里，葡萄牙没有那么光芒四射，冬天的里斯本也有点清冷，但是她独特的滨海风光，白色的房子、红色的屋顶以及记载着曾拥有辉煌的中世纪古老的街道、城堡，使她显现出完全不一样的风格和美丽。作为曾经征服了大半个地球的航海帝国，葡萄牙散发着独特的历史韵味。

辉煌与重生

对一个城市第一印象的建立，往往是以机场为起点的。里斯本并不大，从里斯本机场开车出来没多久，恍然发现已经进入市内。里斯本给人的第一印象绝不会是“惊艳”，这里没有令人瞠目的建筑，光鲜靓丽的时尚人群也并不多，在巴黎、伦敦、马德里、罗马等其他欧洲首都城市的光芒照耀下，里斯本显得有些黯淡。可是一旦沉浸其中，也许就在某个角落、某个瞬间，会突然体会到它的优雅从容和气度不凡，里斯本的味道其实是需要时间慢慢品的。

这座城市有着丰富的大航海历史遗产与中世纪奇观，似乎在提醒世人它昔日拥有的睥睨天下的帝国时光。

葡萄牙虽然地处欧洲伊比利亚半岛的西南一角，国土面积狭小，还经常面临着被邻居西班牙吞并的危险。到了15世纪，葡萄牙的人口只有100万左右，它的物产也不丰富，主要出口产品是葡萄酒。虽然由于大西洋岛屿的开发，其蔗糖生产和出口迅速增长，但如果按常规方式发展，它最多也只是一个处于中游的国家。

谁也不会想到，这个人口如此之少、资源相对贫乏的小国，在15世纪末居然出现了大幅度的跳跃式变化。随着15—16世纪造船业与航海技术的发展，在资助航海家向未知海域和航线探索的过程中，非洲、南美洲、亚洲等大片土地被葡萄牙纳入了自己的版图，跨越的幅度达地球的四分之三。葡萄牙人对人类社会的贡献是发现了地球上三分之二的未知领域。身后的大西洋为其提供了一个广阔的舞台，也使得葡萄牙从伊比利亚半岛的一个蕞尔小国，崛起成为跨越陆地、海洋和洲际的世界级大国。16世纪葡萄牙伟大诗人卡蒙斯以一首壮丽的史诗《卢济塔尼亚人之歌》，放声颂扬葡萄牙人撼动世界的“航海大发现”。

随着地理大发现的到来，里斯本成了重要的贸易中心，葡萄牙也进入了一个黄金时期，财富源源不断地流入葡萄牙，里斯本成了一个重要的港口。特茹河口的一座雪白精致的贝伦塔就是这段辉煌岁月的见证。为了防御和保护里斯本及其港口，1514年葡萄牙开始修建贝伦塔。1520年完工后，此塔就迎接着每一条开来里斯本的船只，高耸的灯塔是里斯本的标志，它指引着每一条出海的船只。贝伦塔也是人类历史又一次壮举的见证者——达·伽马当年即在此登船开启了环球航行之旅。

大航海时期曾经的荣耀和辉煌，在里斯本无处不在。亨利纪念碑是一艘石刻的大帆船——亨利在15世纪对葡萄牙航海事业做出了重大贡献，当年作为葡萄牙国王的第四个儿子亨利亲王，他让人们相信，世界远比欧洲和地中海大得多，而他运用太阳星相测定航线和修造新型的帆船，使航海家们将远航的梦想变成可能。亨利像屹立在船头，紧随其后的是发现欧洲至印度航线的达·伽马，而位居第四、手里拿着地球仪的则是哥伦布，虽然他是西班牙人，但却是在葡萄牙学会航海技术的，当他发现美洲新大陆返航时终于在里斯本登陆后，立即轰动了整个欧洲。四周站立着协助亨利的船长、地理学家、数学家、木工等人物雕像。其正面的碑文写着：献给恩里克和发现海上之路的英雄。这个纪念碑是葡萄牙曾经的光荣与梦想，1960 年为纪念葡萄牙航海王子亨利逝世 500 年而建。

到了 18 世纪，作为葡萄牙最大港口的里斯本，也是欧洲仅次于伦敦和阿姆斯特丹的第三大港口，停泊着上百支船队。此时的葡萄牙达到了其最辉煌的时刻。

谁也不会想到，一场巨大的灾难马上要降临到这个国家身上。

1755 年 11 月 1 日早上 9 时 40 分，里斯本被一场突如其来的大地震袭击。人们事后得知，这场地震的震源在距里斯本城 200 公里远的大西洋海底，地震持续时间达五六分钟。40 分钟后，一场海啸席卷里斯本，摧毁了码头和市中心。灾难还没有结束。因为这一天是万圣节，所有教堂和修道院都点上精美的蜡烛和油灯，以示对天主和圣灵的尊重。在坍塌的教堂里，它们慢慢地开始燃烧，瞬间的海啸没有起到灭火的作用，除了高处的房屋，里斯本两万多所民居成了熊熊烈火的劈柴，浓烟和火焰蔓延在里斯本的上空，整整一周。葡萄牙皇室几百年收藏的艺术珍品和七万多册善本书，以及紧靠皇宫的皇家档案馆珍藏的包括 15、16 世纪葡萄牙最伟大的航海家达·伽马和其他航海家探险非洲、亚洲和美洲过程中收集的地图、航海记录和书籍，也被付之一炬。

里斯本大地震是人类史上破坏性最大和死伤人数最多的地震之一，也是欧洲历史上最大的地震，其死亡人数高达约 10 万人，这几乎是里斯本当时人口的三分之一。

里斯本大地震发生后，当时的葡萄牙国王约瑟一世看着完全被摧毁的里斯本绝望得甚至想迁都。但一位铁腕人物出现，帮他迅速收拾了残局，他就是真正掌握大权的总理大臣庞巴尔侯爵（Marquês de Pombal）。庞巴尔早年曾任职葡萄牙驻法国等国的大使，是个颇有经验的外交官员。游历欧洲各国的经历使他积累了很多先进的治国理念。

庞巴尔侯爵在大火熄灭后便下令迅速救治伤员和埋葬死者；趁乱在

废墟上随意敛取他人财物的一经查实，无需法庭审判，就地枪决；在新的城市规划命令颁布之前，所有新盖的建筑均属违法建筑，强令拆除。随后，他召集了几名优秀的建筑设计师，精心规划了里斯本的新建筑格局。震前里斯本的中心是皇宫，庞巴尔则将其改为以商业、政府和民居为主，这样原来的皇宫广场就成为今天的商业广场；其次，所有的建筑都必须符合规定的标准和风格，尤其是所有房子都必须装有名为庞巴尔笼子的防震木质结构框架。由于木架对称而且伸缩性较大，能够分散地震力量。为了测试模型的性能，庞巴尔调动军队在模型附近操练，以模拟地震。这是世界上在城市规划中使用抗震建筑的最早实例之一。

1775年，葡萄牙举行了一个庆祝里斯本重建完成盛大庆典，国王约瑟一世和庞巴尔举杯庆祝他们共同的成就。为了纪念庞巴尔在里斯本重建上的功绩，政府建了一座庞巴尔雕像。威武高大、目光炯炯的庞巴尔塑像俯视着广场，眺望他最心爱的港口。因为庞巴尔侯爵广场是里斯本的中心，几条重要主干道都在此交集，所以在里斯本的几天，工作几乎每天都要向这位矗立在高尖上的侯爵致意。

里斯本大地震，使得这个曾经的大西洋和地中海贸易中心城市和港口从此衰败，继而葡萄牙在工业革命的竞争中失利，国力一蹶不振。在海上崛起的大国时代也从此远去。如今，人们只能从里斯本的片片帆影中回味大航海时代的辉煌。

佩索阿与007

“对于那些从海上来的旅行者，里斯本，即便是远远看来，就像是在美梦中升起的幻境一样。在亮蓝色天空和金色的太阳底下，里斯本的轮廓那么明晰。教堂顶、塔碑和老教堂耸立在无数房屋之上，仿佛远远地预示着这个明亮的场所，这个被赐福的民族。”这段文字是佩索阿在1925年所写《里斯本，旅行者应该看什么？》里的文字。彼时写下这些文字的佩索阿不会想到，有朝一日，他也会成为里斯本的标签。

潜意识里，作者到里斯本还有一个使命，追寻萦绕心头很久的那个名字——佩索阿。

费尔南多·佩索阿于1888年生于葡萄牙里斯本，父亲在他不满六岁时病逝，母亲再嫁葡萄牙驻南非德班领事，佩索阿随母亲来到南非，在那儿读小学、中学和商业学校。在开普敦大学就读时，他的英语散文获得了维多利亚女王奖。1905年他回到里斯本，便再也没有离开此地。1935年11月29日，佩索阿因肝病严重恶化被送进医院，在留下一张写着“我不知道明天将会带来什么”的小纸片后，第二天溘然长逝。

令人感慨的是，佩索阿的作品如此丰富和绚烂，他的生活却平淡无奇。他每天准时上班，坐在办公室里为外贸公司翻译商业信件，平素极少出门，甚至在17岁以后的30年里几乎没离开过里斯本。佩索阿终身未娶，毕生只对办公室小姐有过一次短暂的爱恋。虽然生前他分别出版了英文和葡萄牙文版的诗集，但并没有引起多少关注。

佩索阿的命运和凡·高很相近，都是生前寂寞，死后轰动。在去世的若干年后，佩索阿的名字和作品被越来越多的人熟知。佩索阿生前籍籍无名，他对这个城市的影响力，直到20世纪80年代以后才真正现出端倪——1985年10月15日，为纪念佩索阿逝世50周年，葡萄牙举行了盛大的迁葬仪式，将佩索阿的遗骨移至里斯本热罗尼莫大教堂的圣殿，供人瞻仰。1987年，葡萄牙政府发行了印有佩索阿头像的纪念钞。1993年11月，里斯本政府将佩索阿生前故居改建为佩索阿文化中心向公众开放。他和16世纪的大诗人卡蒙斯共同被称为葡萄牙文学史上的两座丰碑。

佩索阿的诗句如滚烫的灵魂：“在明亮的日光下，即使声音也会熠熠发光。”他在逝世后享受着来自全世界的倾慕和崇拜。Chiado区的加雷特街有一家名为A Brasileira（巴西人）的咖啡馆，据说这是佩索阿生前经常光顾之地。像巴黎的花神咖啡馆，这里也成了各种文艺青年趋之若鹜之地。咖啡馆分上下两层，还有露天的桌椅，虽然面积不是很大，但每天座无虚席。1988年为纪念其百年诞辰，咖啡馆门口的小广场上还立起了一座佩索阿铜像。

这尊“佩索阿”跷着腿，坐在一张椅子上，似乎要和旁边喝咖啡的人说点什么。他的模样就像他自己所写的那样：“他三十来岁，清瘦，个头相当高，穿着上稍有一些不经意的马虎，坐着的时候腰弯得很厉害，待站起来以后才会稍稍伸直一点。他苍白而平常无奇的相貌上，没有明显的磨难感平添惊人之处，甚至连一丝磨难的痕迹也极难找到。但这张脸上可以说具有一切：艰难、悲痛，或者完全是曾经沧海之后的一种淡然处世。”只是如今的佩索阿已经没有任何言说的能力，只能静坐在椅子上，“被迫”与来自世界各地的游客合影，冷冷地看着他们摆出各种造型，现出一脸膜拜之情。

从里斯本出来，沿海岸线行走。眼前很快就是大海。视线里出现了很多占地面积很大的别墅，我随口开玩笑说：“C 罗可能就住在这儿！”陪同的张老师是个事事认真的人，听我这么一说，执着地用葡语向司机求证，没想到司机连连点头。于是放眼这一片别墅群，想象着 C 罗每天都可以过的面朝大海的惬意生活。

里斯本最著名的海滨旅游胜地——卡斯卡伊斯市（Cascais），是一座弥漫着贵族气息的度假小城。据说葡萄牙国王唐·路易斯一世对里斯本的酷热感到难以忍受，有宠臣向他描述了卡斯卡伊斯渔村的迷人风光，于是他决定将卡斯卡伊斯建成葡萄牙王室的避暑山庄。得到了皇帝的青睐，于是卡斯卡伊斯才从一个小渔村变成了风光旖旎的小城。其实它更吸引世人之处在于，是全世界“最著名的间谍”、代号007的詹姆斯·邦德的“诞生地”。

二战期间，葡萄牙保持中立，这一特殊地位使得参战国争相在葡萄牙设立使馆，安插间谍，渗透对方的情报网络，套取有价值的情报。云集而至的特工们使灯红酒绿的卡斯卡伊斯隐藏着刀光剑影，被世人称为“间谍中心”。在众多各为其主而忙碌的特工当中，有一位是在英国海军情报处工作的伊恩·弗莱明（Ian Lancaster Fleming）。在这里，他与战友们成功策划了一起帮助阿尔巴尼亚国王从德国人手中潜逃的行动。此后，他又多次在这座小城与德国特工斗智斗勇。

也许是在这里的经历让伊恩·弗莱明对卡斯卡伊斯念念不忘。退休后，他重返此地，在卡斯卡伊斯的“太阳酒店”里，他创作了007系列小说的开篇之作《皇家赌场》，此后一发不可收。他以每年一部的创作速度相继出版了《生与死》《永远的钻石》《来自俄罗斯的爱情》《霹雳雷球》《爱我的间谍》《女王陛下的特工》《你只活两次》等十多部007系列小说。

除了著名的007，卡斯卡伊斯还曾居住过另一对举世皆知的人物，当年，英国爱德华八世为了与辛普森夫人结婚不惜上演一出“不爱江山爱美人”的传世巨剧。迫于国内舆论对辛普森夫人的压力，放弃王位的温莎公爵先是带夫人远走巴黎，一年之后二战爆发，公爵夫妇几经辗转，在1940年来到了卡斯卡伊斯。但这里的美丽与安宁也只是暂时的，温莎公爵的特殊身份也引起了另一场英国与纳粹德国的特工大战。当年11月，在英国情报人员的护送下，温莎公爵离开了海滨小城，前往巴哈尔群岛。这些小插曲更为这座海滨小城增添不少传奇色彩。

科英布拉的吟唱

对国内的大多数读者来说，小城科英布拉（Coimbra）是个略显陌生的名字。其实，这座低调朴实的小山城曾是葡萄牙的首都，它的历史可以追寻到古罗马时期。一条河傍山而过，狭窄巷陌里，古老的石子路被磨得发亮，见证着这个古城悠久的历史。

科英布拉最值得骄傲的，是它拥有世界上最古老的大学之一——科英布拉大学。科英布拉大学创建于1290年，最初有艺术学院、法学院、教会法学院、医学院。18世纪，时任葡萄牙王国内政大臣的庞巴尔侯爵对科英布拉大学进行了一系列改革，尤其是在科学领域和教育方面，使其更加符合启蒙运动以及反教权主义的精神。

科英布拉大学是一所名副其实的大学城，大学占据了大半部分的科英布拉区域。那么当你穿过老校区大门时，时光仿佛一下子被拉回到久远的中世纪。带领我们游览的老师不无自豪地说，科英布拉大学也是世界上唯一拥有皇宫的大学——校长楼居然是葡萄牙原来的王宫。

科英布拉大学的“镇宅之宝”是它的霍阿尼拉图书馆（Biblioteca Joanina）。它是欧洲最古老的图书馆之一，已经有700多年的历史，属于典型的巴洛克式建筑。推开门，视线所及感受到的震撼绝非语言文字可以形容。以红色和金色为基调的内饰展露着图书馆的奢华与精美。屋顶有将近5米高，分为上下两层，而上下用的楼梯都精巧地藏在每个隔断的角落中。以宗教、战争和历史为主题的挂毯和瓷砖画点缀在图书馆四周的墙上。

于今天而言，金碧辉煌的图书馆已无通常意义的借阅、浏览功能，而只是展示它曾拥有的荣耀和辉煌。该图书馆对外开放，但限制参观，访客须分批进入，6人一批，每批参观20分钟。每位参观者一进到里面，在这些散发着幽远之气的古籍面前，似乎只有屏气呼吸、顶礼膜拜的份儿。书架上至今还陈列着超过30万册有着“古董”般身世的书籍。而和这些书籍同处一个空间的，除了我们，还有另外一种生物，蝙蝠。虽然整个图书馆是木质的，又陈列着价值连城的书籍，但却很少出现蛀虫问题，或许都要感谢这些昼伏夜出的蝙蝠。

科英布拉大学作为整个城市的中心，带动了该城市的文化生活。而数以万计的学生使这座当之无愧的“学生之城”始终保持年轻的姿态，繁荣不止，生生不息。每年的5月，科英布拉大学都会迎来许多游客，原因就是这里举行的毕业聚会。学生们会组织各种活动纪念在大学度过的美好时光。其中最为有名的就是“燃烧”代表了各个学院的、不同颜色的讲义带，也就是所谓的“燃带节”。真烧？当然不。现在只是象征性地手执丝带挥舞两下而已。和国内的毕业季一样，这个时候，也是表白和被表白的高峰期。据说有时候求爱的男生，会在女生阳台下高唱小夜曲，而女生如果接受，就把丝带绑在阳台上。

科英布拉，每年5月的“燃烧的丝带”毕业庆典，还有老教堂门外的“窗边的夜晚”聚会，都是聆听“法朵”的好时机。Fado一词来自拉丁语 Fatum，也有说来自英语 Fate，就是“命运”的意思。2011 年，联合国教科文组织将葡萄牙传统民谣“法朵”（Fado）列入世界遗产名录，从此，“法朵”如同西班牙的弗拉明戈一般，被世界铭记，成为葡萄牙的标志。当技艺娴熟的吉他手弹奏起独有的葡萄牙吉他作为伴奏，一段慵懒的男声 / 女声响起。这似阿拉伯又像吉普赛的音乐，承载了许多的感情，有时浪漫有时幽怨。音乐是不需要语言的，即便听不懂葡萄牙语，似乎也能理解这歌声传出的哀伤和幽怨。

虽然科英布拉的 Fado 也是由里斯本传入，但却略有不同。首先，这里所有的表演者必须是男性，穿上黑色的斗篷进行表演。除了表演的人不同，科英布拉的 Fado 风格也不一样，不仅融合了葡萄牙各地传统的音乐，更是将意大利的美声唱法融入。和里斯本流传于底层的音乐形式不同，这里的 Fado 不见得是哀歌，更像是一曲小夜曲，包含了更多积极、阳光的味道。

在科英布拉停留的两天时间，我们被安排在泪宫酒店（Quinta das Lagrimas）。后来才知道，这里曾发生过一段在葡萄牙流传甚久的凄美爱情故事：

佩德罗一世是第八位葡萄牙国王，他是阿方索四世的第三子。佩德罗一世还是王子的时候，按婚约娶了西班牙公主康丝坦莎为妻。但是他却爱上了公主的侍女伊内丝，两人生了几个孩子。这段恋情遭到了佩德罗的父亲阿方索四世的反对。1345 年康丝坦莎去世，佩德罗决心与伊内丝结婚。但伊内丝是卡斯蒂利亚领主女儿的身份，令阿方索四世耿耿于怀。为使葡萄牙免于被卡斯蒂利亚政治所牵连，阿方索四世派了三名男子暗杀了伊内丝。

佩德罗悲痛欲绝，但不动声色。1357 年阿方索四世去世后，佩德罗继承了王位。他一登基，便立即将两名杀害自己情人的凶手抓捕起来，为了让杀手也感受到恋人死去心裂开来的痛苦，他把刺客的心脏挖出来吃下以示复仇。佩德罗同时宣布他和伊内丝早已秘密结婚，她才是葡萄牙真正的王后，因此她应该按照王后的礼仪重新下葬。他把伊内丝的棺材打开，要求当初判决驱逐伊内丝出境的法庭里的高官们亲吻已腐化分解的王后额头表示敬意。

在佩德罗的坚持下，伊内丝最终被埋葬在距离里斯本以北 100 多公里的阿尔科巴萨（Alcobaca）修道院里。她的坟墓和佩德罗的坟墓脚对着脚。这是佩德罗的设计，意味着等到末日审判来临的那一天，他复活的时候，能第一时间看到他最心爱的伊内丝。两个坟墓上都刻有相同的一句话："直到世界末日。"佩德罗一世至死也没有再结婚。两具精美的石棺讲述着这个国家皇族最悲怆的爱情故事。

将这段凄美爱情故事流传至今的人物，不得不提到《卢济塔尼亚人之歌》和其作者葡萄牙诗人卡蒙斯。《卢济塔尼亚人之歌》中描写这段故事的文字就镌刻在泪宫酒店花园里的泉水边，上面写着："伊内丝死得悲惨，蒙德古的宁芙们久久怀念，他们的眼泪化作清泉，把这段爱情永远记忆，泉水被称为伊内丝之爱。清澈的泉水把鲜花浇灌，那泉水全是眼泪，诉说着爱情！""眼泪庄园"的庭院里，有汩汩流淌着的泉水，这就是著名的泪泉。传说泉水就出自不幸的伊内丝最后一次哭泣的地方……此情此景，令人心动。难怪有人将之比拟为葡萄牙版的"梁祝"。

波尔图的味道

波尔图并不是一个令人一见钟情的城市，却是离开之后便难以忘怀的地方。

一路北上，到达波尔图的时候已是黄昏，阴郁的天气又夹杂着小雨，这个葡萄牙第二大城市的面貌一时含混不清。在此之前，除了知道这里有一支著名的足球队之外，对这个城市毫无概念。

第二天早上是一个难得的好天气，眼前的一切渐渐明亮起来，这个城市的魅力也一点点释放出来。波尔图是依杜罗河谷而建的城市，乘一艘游船，徜徉杜罗河是最好的选择。杜罗河面并不宽，两岸的建筑像一幅幅流动的风景，山丘上的修道院、沿河的街铺和仓库、大大小小的渔船、低空盘旋的白色海鸟……

几座巍峨的大桥横跨杜罗河，掠过我们的头顶，其中名气最大的就是路易斯一世大铁桥，它是著名设计师埃菲尔的徒弟设计的，这座桥连接加亚和波尔图老城区，高 70 余米，跨度达 395 米，宽 8 米，上层行驶地铁 D 线，下层用于车辆交通，至今仍是世界上跨度最大的铁桥之一。站在铁桥上，两岸风景一览无余。波尔图的魅力是一种沉淀下来的平静与优雅，可以在优雅的咖啡厅，在河岸高高低低的小巷里，在古老与现代共存的建筑中，慢慢欣赏它饱经沧桑却依旧美丽的容貌。

波尔图音乐厅（Casa da Musica）是这座老城的新地标，位置类似于北京的国家大剧院，虽然其规模与气势无法与国家大剧院相提并论，但同样拥有来自世界各地的慕名参观者，两者均跻身世界上著名的十大歌剧院（音乐厅）之列。

波尔图音乐厅的设计师说起来也与北京有不少缘分，他就是颇具争议的中央电视台新址的设计者、荷兰人库哈斯。这座建筑位于车水马龙的市中心，外观结构相当不寻常，它使用了平滑而棱角分明的混凝土多面体造型，素净的混凝土体块给人以强烈的视觉冲击，如同坐落于黄色石材铺地广场的一颗钻石。建筑师在该项目中通过将建筑设计为实体，以两个鞋盒造型的音乐厅及其他公共项目创建了一个掏空的体块，从而解决音乐厅与身在室内或室外的公众之间的关系。

2005 年 5 月，波尔图音乐厅甫一开幕，一下子成为当地的明星建筑。值得一提的是，与我们见到的绝大多数音乐厅不同，波尔图音乐厅的四周竟然是由透明的玻璃围起来的。工作人员特地带我们到楼上参观，透过玻璃，里面正在排练的交响乐团的现场一览无余，但奇怪的是，外面的嘈杂声音仿佛被隔绝于另一个世界，一点也没有影响到里面。工作人员特地解释说：这种双层真空波浪状玻璃，隔音效果极好，听众有福气，无论坐在哪一排都可以欣赏到近乎一致的原声。

有一家看上去并不起眼的书店门口排起了长队，没错，这就是几乎每一位到波尔图的游客必须去探访的 Livraria Lello 书店。“世界上最美的 X

大书店”，必然有它入选。这间书店在 1906 年就已开始营业，但却不大为人所知，直到它出现在电影《哈利·波特》的场景里（J.K. 罗琳曾在书店二楼的咖啡座写作）。在这个建于 1906 年的神圣的新哥特式的书店里，能找到我们印象里关于“天国的阶梯”的终极定义。图书馆的新派艺术区域，体积巨大的木质楼梯上的精美雕刻和错综的墙壁及华丽的立柱融为一体。彩色玻璃窗上也绘制了精美的图案，屋顶有一扇透明天窗，上面写有书店创始人 José Lello 的格言，这一切都让书店呈现出教堂的外观。

因为书店规模有限，而每天要进来“到此一游”的人很多，所以书店每隔一段时间才放一批人进去。即便如此，依然抵挡不住来自世界各地的游客。进到书店一看，发现里面卖的书绝大多数是葡萄牙文的，也只能买点书签和明信片留作纪念。周围大多数人也在忙着拍照。不禁自嘲，这葡萄牙人真够淡定的。换作国人，肯定会抓住这商机印刷多语种纪念品大赚一笔。

与波尔图球队同样驰名的，是这里的葡萄酒。正因为倚靠着杜罗河谷，波尔图还是著名的葡萄酒产地。有 80 多家葡萄酒商的仓库和发货点都集中在这里。而波尔图的酒窖，其实都不在河岸边，你要一睹真容，必须深入到河南岸的村庄里。这里的酒窖几乎家家都可以让游客参观。另一个城市名片就是以这个城市命名的波特酒。Porto 酒是一种加强型葡萄酒，在 Porto 酒的历史中英国人功不可没。当年英法百年战争，英国人无法买到美味的法国葡萄酒，于是就寻找替代品。而杜罗河谷的气候和土壤都是绝佳的选择，于是就在这个地方酿酒。后来由于运输保存的问题，在葡萄酒酿造的过程中加入白兰地，于是就成就了这款有特色的加强型葡萄酒。普通葡萄酒酒精浓度在 13% 左右，而 Porto 酒酒精浓度在 20% 左右。大多数酒窖都设有“导游讲解的参观 + 品尝几杯酒”的行程，可以根据喜好和酒量安排一条属于你的品酒路线。到了酒的故乡，自然免不了开怀畅饮。于是在波尔图的每一顿，都喝得微醺。微醺之际，看夜幕初上的杜罗河，波光潋滟，摇曳着灯光斑斓，一时神情恍惚，不知身在何处。

切尔诺贝利，苦难之后

采访时间：2016 年

切尔诺贝利是一个巨大的象征，苏联之所以解体，这个灾难事件包含了所有促成解体因素。

目标：切尔诺贝利

“切尔诺贝利？！”从北京出发之前，几乎每一位知道我此行目的地的朋友，第一反应都是瞪大眼睛、用充满惊疑的口吻念出这个词，甚至还有人建议买一身防护服。1986 年 4 月 26 日凌晨发生的那场爆炸，使得“切尔诺贝利”自此与“末日”“鬼城”“地狱”这样的词联系在一起。再上网查阅相关资料，各种眼花缭乱的信息更是真假难辨：“切尔诺贝利巨鼠”、1945 年投到日本的两颗原子弹辐射量的 100 倍、900 年才能衰退的辐射物……我得承认，在诸多善意的叮嘱下，我是以忐忑的心情开始切尔诺贝利之旅的。

动身去乌克兰之前，便在当地媒体朋友的帮助下，预定好了去切尔诺贝利的行程。早在 2001 年，乌克兰方面就开放了私人参观切尔诺贝利的行程，但因为某些地区至今仍存在大量辐射物，所以游人不能独自前往，而必须通过获得资质的旅游公司，否则将被视为非法。也因为有些地方辐射仍很严重，所以网上有人建议穿一身旧衣服去切尔诺贝利，行程结束即抛弃掉，以免不小心将被辐射过的污染物带出来。思想斗争了好半天，最后还是在出发前一天晚上，在基辅一家类似于家乐福的超市，买了一件外套和一双鞋子，加起来刚刚过100元人民币。相比之下，同行的摄影记者关海彤则显得非常淡定，表示不被任何“谣言”所动。

4月14日早上7点，我们准时到达指定集合地点——基辅火车站前。旅游公司有英语团和俄语团，我们参加的是一个5人的小型英语团，团费价格不菲，每个人108美元；其他3位团友皆是欧洲人。来自柏林的吉尔伯特，是德国汉莎航空公司的飞行师、机长，虽然常年在欧洲各国飞，但这是他第一次飞基辅，中间有两天倒休时间，他第一选择就是切尔诺贝利。问他原因，他说，自己向来对历史和物理感兴趣，1986年切尔诺贝利事故发生时，德国也遭受到了辐射，当时他正在读大学，物理老师带他们天天测量辐射值，也给他们讲解相关理论。所以这次飞基辅，他的第一个念头就是过来亲眼看一下。爽朗的卡尔同样来自德国，他一上车就对导游发出各种穷追不舍的提问，这让我立即嗅到了相似的“味道”，一问果然遇到了同行：卡尔退休前在法新社工作，是一位资深的政治记者。这一次来基辅探望从事外交工作的女儿，也第一选择来切尔诺贝利。卡尔对乌克兰以及俄罗斯的历史很熟悉，对时政也有着浓厚的兴趣，他告诉我，明天还要去基辅郊区看一下逃到俄罗斯的前总统亚努科维奇的豪华别墅。第三位年纪稍轻的雷恩来自伦敦，自己开了家私人旅游咨询顾问公司，平时也喜欢在东欧诸国游览一番，不过他特地强调，这一次来乌克兰看切尔诺贝利，纯粹是个人兴趣，与自己的生意无关。

尽管之前旅游公司在通知里建议要尽量穿着长袖衣服，以免污染物附着在皮肤上，但健硕的英国人毫不在乎地露着胳膊。“你们担心辐射吗？”听到这个问题，三位男士互相看了看，摇摇头，耸了耸肩：“要知道，你在城市里一样会遭受各种辐射。”机长说：“其实你回去把衣服和鞋多洗几遍就可以了。”看他们一脸满不在乎的样子，再打量自己特地买的外套和鞋子，暗自有点羞愧。

年轻的乌克兰导游拿出一堆类似于安全须知的文件，让我们签字画押之后上了车。途中他一再叮嘱，因为切尔诺贝利隔离区遭受过严重辐射，所以不能擅自行动，必须跟着他，在指定区域内参观，开辟出来的路线经过无数次的清理，可以确保安全；另外，目前还有一些工人在辐射区工作，人员走动自然会带来辐射物，所以尽量少接触地面，切记不能把背包或随身携带的东西放在地面上，以免不小心沾染上污染物。导游说，来切尔诺贝利参观的人60%是国际游客，而他喜欢带国际游客，因为他们会问各种各样的问题，不像俄语团的人，更热衷于到几个“著名景点”拍几张照片。

切尔诺贝利在基辅以北110公里处。也许因为这几年的政治动荡，乌克兰的很多建筑和基础设施都有些破败之相。熟悉路程的司机在不平整的公路上把车开得飞快，窗外是春意盎然的乌克兰大地。一个多小时之后，远远地看到了几幢有军人把守的低矮建筑，前面横着一道栏杆，意识到我们已经到了举世闻名的切尔诺贝利。第一道关卡就设在离核心区30公里处。导游把我们的护照和报名表交给穿制服的军人，等待他们审核后放行。

隔离区外，还有好几辆和我们一样等着审核的车辆，其中有一辆还有某电视台的标志。导游说，因为临近30周年的纪念日，现在切尔诺贝利游也成了“旺季”，来这里的参观者明显增多。他说，基辅现在有七八家公司有经营这个业务的执照。我问导游：既然基辅人平均月收入只有200到300美元，那么我们100多美元的费用，是否其中一大部分捐给了类似“灾区重建”的某基金，如果这样的话，这个价格还是可以接受的。导游有点尴尬地否认：“司机、车、导游，我们公司运营需要成本，还要付这里一笔钱；还有，其他旅游公司只能在这里待到下午6点，我们公司的车可以在7点离开。这多出来的一个小时不是没有原因的，是我们花钱买来的——在乌克兰，任何事情你都要花钱买。”他耸耸肩。

申请表确认无误之后军人抬起横杆，示意放行。此时，手里的盖革计数器显示0.11微西弗，与我们在基辅的数值差不多。

“冷战”的遗迹

乌克兰核电站是从 20 世纪 70 年代以后发展起来的。乌克兰境内共有 5 座核电站，切尔诺贝利核电站是在 1970 年开始兴建的，全名为“弗拉基米尔·伊里奇·列宁核电站”。1977 年开始供电，到 1986 年核事故发生时，已经建成了 4 个机组，为乌克兰提供 10% 的电力供应。

电站建成后，政府相应地从乌克兰各地迁入很多专业技术人员，与当地村民混合，形成一个大的居住区。Zallisya 是进入隔离区的第一个小村子。与后面看到的电站核心区相对城市化的建筑格局相比，这里更保持着一个典型的乡村小村落的特色，居住者也大都是当地村民。切尔诺贝利 4 号反应堆爆炸之后，政府并没有在第一时间将这里的村民撤离，而是一直拖到 5 月 4 日才作出决定。废弃小诊所里的工作记录、乡村商店的半虚半掩、木房子前遗落的布娃娃……眼前的景象，让每位参观者好像一下子超越时空，感受到了当年的惊恐和慌张。这里的导游说，当时很多村民都不愿意离开，因为他们从来不知道“辐射”为何物；还有人以为像“二战”一样，遭受到了侵略。

意外的是，小村子里还有一户人家，院子里花草生机勃勃。推开门进去，里面堆放的衣服和食物虽然杂乱无章，但显示着这里罕见的人的气息——导游说，房子主人是几个月前刚刚去世的老奶奶，她活到了 87 岁。当年有一些村民拒绝离开他们生活了一辈子的土地，而这里离爆炸发生的地区有二十多公里，也许她幸运地躲过了辐射。想起来切尔诺贝利之前，看到网上有人介绍这位老奶奶，每次有参观者路过，大家都愿意去找她合影；有时候，老奶奶还热心地拿出自家果树结的苹果送给他们，大家只是礼貌地收下，当然没人敢吃。

“当时从切尔诺贝利撤离了很多人，其中很多人年轻、有文化，他们迁到别的城市后，依然可以找到工作、过上好的生活，但那些村民就比较悲惨，他们失去了房子、失去了土地，也很难找到新的工作，生活很艰难，所以后来有些村民又偷偷搬了回来，陆陆续续有两千人左右，他们起初是非法地住在这里，后来政府给他们一些资助，允许他们回去，但严格限定他们的生活区。”切尔诺贝利博物馆馆长安娜说。《切尔诺贝利的祷告》里也记述，部分“核难民”会偷偷地穿过军方封锁回家，在夜间穿越积雪的森林和沼泽，躲避直升机与军车追捕。老一辈人说：“这跟以前德国人入侵时没两样。”

切尔诺贝利博物馆馆长安娜

值得一提的是，正是这次事故，让当年一位名叫尤里·莎拉波夫的乌克兰人下定决心带着妻子离开肥沃的故土，远赴西伯利亚去投奔自己的父母。第二年，他的女儿在西伯利亚小城雅尼干出生了，莎拉波夫为她起名为玛利亚·尤里耶夫娜·莎拉波娃，她后来成为女子网球大满贯得主。从某种角度，是否可以说是切尔诺贝利“造就”了莎拉波娃？

30平方公里的隔离区显得特别空旷，除了偶尔几组参观者之外，人影寥寥。广场上的一处列宁像依然崭新，昂首挺胸“检阅”着每一位路过的人——基辅市内已经很难觅到有如此强烈政治符号意味的建筑或雕塑，苏联的痕迹几乎消失殆尽。而在这里，处处可以见到提醒我们曾经历过的时代的那些符号。

值得一提的是，其实隔离区里也有很多美苏“冷战”时期的遗留物，只不过它们的存在被切尔诺贝利的巨大“名声”所遮蔽。对此有兴趣的人，完全可以单独开辟一条“冷战遗迹之旅”。从隔离区的主路拐进一条不起眼的岔口，一座锈迹斑斑的大门挡在眼前，导游一脸神秘地说：“你们现在已到达原苏联最神秘的导弹部队的营地。”原来，这里曾驻扎着苏联战略火箭军第 43 集团军第 46“下第聂伯河”师第 309 团。本刊“军事大百科”的刘怡告诉我：“第 43 集团军是苏联解体后唯一留在乌克兰境内的核力量，1991 年时配备的核弹头总数超过英、法、中三国。如果乌克兰选择保留该部队，它将拥有全球第三大核武库。但为了宣示和平主义和防核扩散的决心，基辅当局从 1994 年起，历时三年移除了该部队的所有核武装，并在 2002 年前完全销毁。这是国际裁军和军控史上的一个里程碑事件。”为了吸引游客，2014 年，切尔诺贝利之旅还增加了全球独一无二的项目——参观原苏联战略火箭军博物馆的发射井。这个曾经的军事要地，如今已经改成了博物馆，在这里可以亲眼看到被“北约”称为“撒旦”的 R–36M2 型洲际弹道导弹，它的射程超过 1 万公里，曾经威胁到美国和全世界的安全。当然，最著名还是 R–12 型中程导弹，1962 年正是因为赫鲁晓夫在古巴部署这种导弹，差点引发了美苏两国的核战争。

曾经的神秘兵营如今已空空荡荡，在小路上行走着，只听得见我们窸窸窣窣的脚步声。忽然间眼前出现一个钢铁搭建的巨大无比的怪阵，遮天蔽日，原来这就是“冷战”时期苏联“出品”的著名的 DUGA–3 型远程雷达系统接收天线。“DUGA”在俄语里是拱形或弧线的意思，因为它的发射功率极为强大，对全球短波通信都形成了干扰，无线电爱好者把它称为“俄罗斯啄木鸟”。“冷战”时期，美苏两国在各自的领土上部署了一系列远程预警雷达，以监视对方弹道导弹的发射情况，并为本方的反导导弹提供预警信号。苏联的雷达系统在国土东、西两侧各有一套，我们眼前的这套巨型接收天线，便是西部 DUGA–3 雷达系统的组成部分之一，负责监视从欧洲射向莫斯科的导弹。因为 DUGA 雷达的运转需要大量电力，加之辐射影响，切尔诺贝利出事故之后不久，这个在全球军事迷中名气很大的雷达站就结束了它的历史使命。它旁边的空地像一个巨大的钢铁坟场，钢铁支架、发报机和各种零件散落一地而无人问津，这个曾经散发着令人生畏的神秘信号的怪兽，如今只留下残破不堪的空架子，像一个巨大的隐喻，映照着它曾为之服务的一个政治庞然大物的倒塌。

切尔诺贝利的死与生

在切尔诺贝利参观其实也是个体力活，很快就感觉饥肠辘辘。尽管进切尔诺贝利之前看到的一条建议是，尽量避免在隔离区吃东西，以免不小心摄入落在上面的辐射尘，但看见德国人卡尔豪放地啃三明治时，我也顾不上那么多了，拿出包里的香蕉吃起来以补充体力。

作为移动性最强，同时也是可吸入的放射性污染物，灰尘到今天依然是切尔诺贝利地区存在的威胁。每一栋建筑物都安装有放射性探测门，来探测人们的脚上或者手上是否有放射性尘埃。乌克兰大妈们每个小时都会拖一遍地，在穹顶的建筑现场附近巡逻的洒水车不断喷水，以防止尘土四处飘散。隔离区里的野猫和野狗也不会得到游人的爱抚，因为粘在它们的皮毛上的灰尘中含有大量具有放射性的铯 –137、锶 –90 和钚 –239。

午饭是在附近的另一个小镇 Slavutych 吃的。事故之后，因为还有很多后续工作需要处理，所以在切尔诺贝利以外又建了一个小镇，以供参观者和建筑工人的生活需要。为了保证不把污染物带入，很多工人和参观者进餐前，必须通过放在门口的一个辐射检查仪，双手贴在两边的感应器上，几秒之后，绿灯亮，示意可以放行。

下午的全部参观都集中在普里皮亚季这个遭受辐射最严重的小城。从 20 世纪 70 年代开始，由于大批核电专家和工人的到来，就在这里建了这座小城。随着人口陆续迁入，到 1986 年事故发生时，小城已有 5 万多居民。

进入普里皮亚季，感觉像进入一部被按了暂停键的时光机，一切定格于30年前的春天。阿列克谢耶维奇采访过的一位士兵用语言向她描述的场景，正是我现在所看到的：墙壁上贴着海报——“我们的目标是促进全人类之幸福”，“全世界的无产阶级终将胜利”，“列宁思想永垂不朽”；办公室里排列整齐的介绍伟大领袖的横幅；教科书上的伟人头像……一切似曾相识，恍然回到自己童年经历的环境。

看得出，普里皮亚季是一个功能完善的小城，文化宫、游乐场、游泳馆、宾馆，一应俱全。因为核能是苏联政府全力扶持的一个领域，所以这里的工作人员享受着很好的福利和津贴；加之很多高级知识分子迁入，城市虽小，文化生活水平却相对较高。音乐厅里的大三角钢琴，体育馆的跳箱、跳马，还有配备跳水高台的游泳馆，看得出，当年在这个远离首都基辅的小城，很多人过着他们悠然自得的生活。普里皮亚季儿童乐园的摩天轮成了切尔诺贝利极具象征性的拍摄场景之一。有讽刺意味的是，摩天轮刚刚建好，准备在“五一节”投入使用，结果生不逢时，变成了一个纪念物。

他们的美好生活结束于1986年4月26日凌晨1点23分。在一次核电站的停机测试中，核电站的4号反应堆爆炸。反应堆1200吨的顶盖瞬间喷入高空，一股超强辐射气流蒸发，在核电厂方圆几百米释放铀与石墨，火花从裂开的缺口喷溅，携带熔解的辐射粒子，喷向几千米高空。

可是那时很多人根本没意识到发生了什么。“我还记得那耀眼的深红色光芒，反应炉看起来像在发光一般。那光芒太过耀眼，并不是一般的火灾。那景象看起来很美，就算在电影里也看不到这样的画面。”当晚，所有人都跑到阳台上，家里没有阳台的，也去了朋友家的阳台。还有人抱着孩子出来看，说：“看啊！要记住这景象！”

普里皮亚季是距离爆炸的4号反应堆最近的居住点，但直到爆炸发生30个小时之后，当局才下令开始执行第一批安全措施。当天，一千多部大巴抵达普里皮亚季，戴面具的军人也随后出现在小城里。当时居民们得到的信息是，这只是暂时撤离，三天后他们可以重返故园。很多人只带着应急物品匆匆离去，但没想到这是一次永远的告别。也因为普里皮亚季居民的物质生活水平较高，他们撤离之后，附近一些对“辐射”毫无概念的小偷潜入进来，偷走不少东西。甚至还有人将被消防员遗弃的头盔偷走，全然不知那已经是沾满辐射物的危险品。

尽管之前通过影像资料已多少建立起对这座空城的概念，但真正置身其中，还是被眼前景象深深地震撼。散落一地的防毒面罩，飘着破棉絮的座椅，穿过水泥板的雨水滴嗒声……一个仍有鲜亮颜色的漂亮洋娃娃醒目地躺在一堆尘土里，吸引着每一个人争相拍下这极具视觉效果的一幕。“我不能保证这里的每一样物品都是真实的。”导游坦率地说，因为这几年有摄影者不断涌入，有的想制造更具戏剧色彩的效果，便从外面带来一些“道具”。

冷却池里的鱼群，是切尔诺贝利的一个标志性“景点”，其中那只1.5米长的鲶鱼更是名气最大的“明星”。参观者的第一反应，自然会与辐射相联系，但导游并不确认这种推测，他说，因为辐射，这里绝对禁止钓这些鱼，所以它们可以无拘无束地活到“寿终正寝”，甚至据说这鱼群里还出现了消失多年的珍稀鱼种。实际上，30年的时光也使得切尔诺贝利变成了一个野生动物的天堂，有野狼、野兔、鹿，甚至还有熊。导游介绍说，爆炸之后，身体虚弱的小动物经受不住辐射而迅速死亡，剩下的一些强壮的物种会继续繁殖，但其中不少都发生了变异——我们后来在基辅的切尔诺贝利博物馆看到了长有很多条腿的小狗标本，现在还有一些生物学家在专门观测和研究切尔诺贝利的生物种群。

走出阴气森森的楼房，被外面灿烂的阳光照耀时，每个人都不自觉地长舒一口气，仿佛从一场噩梦中醒来。有意思的是，在大自然里，你并不会觉得这里是一个阴森可怖的“鬼城”，相反，因为人类活动的完全退出，使得树木和植物在这里无拘无束地生长——在这里，你可以直观地感受到一棵白杨树在30年里可以长到多高。如果不是导游提醒，我们完全没有注意到置身其中的这个被小树林环绕的空间，竟然是学校一个环形操场。穿行其中，听不见人类制造的各种噪音，而只有林间小鸟快乐的鸣叫声，偶尔会忘了这里曾是发生如此悲剧之地。

实际上，大多数时候，我都忘了背包里还有一个辐射测量仪。整个行程当中，它几次响起，数值最高时是在切尔诺贝利幼儿园门口的土壤上，显示到了11。这大概也是组织者有意留下的一块地方，以提示当年土壤的污染程度。不过到了后来，大家也都不以为意。离开时，导游给我们每一个人填了一张“证书”，在受到的辐射值一栏里，他不假思索地填了一个数字0.002mSv（毫西弗）。他说，相当于坐一个半小时飞机受到的辐射。

切尔诺贝利的祷告

有如打开潘多拉之盒的4号反应堆，是整个隔离区，甚至全世界最受瞩目的地方。但我们只能在几百米之外的小广场上驻足观看。广场上的一座纪念碑，铭记着因为这场灾难而付出生命的牺牲者。

可以毫不夸张地说，这是人类历史上最惨烈的一次事故。发生后，第一批赶到的消防员，在没有防护的情况下紧急出动。当时，4号反应堆旁边的汽轮发电机厂房顶被喷射出的火焰引燃了大火，如果火势控制不住，会随时危及邻近正在运转的3号反应堆。消防员们一边用水龙带灭火，一边用消防锹把致命放射性的反应堆残骸扔下房顶。此时房顶的辐射照射强度为2万伦琴，被炸开的反应堆内部是3万伦琴。在如此高辐射下，消防员们几乎是以血肉之躯在搏斗。当天晚上，即有2名消亡员死亡；几个月后，28人相继丧命。被这批消防员保护下来的切尔诺贝利3号反应堆一直工作到2000年12月，才在欧盟的巨额现金补偿下被乌克兰政府关闭。

一位消防员遗孀的口述回忆，成为阿列克谢耶维奇最牵动人心的作品《切尔诺贝利的祷告》的开篇之作。短短几天，一对“连到商店买东西都要牵手”的新婚夫妇经历了人间最惨痛的离别——当天，只穿着衬衫出去灭火的丈夫瓦西里遭受到了1600伦琴的巨量辐射，他去世后，尸体也成了放射源，被放在密封的锌制棺材里，再盖上厚厚的水泥砖，作为一种荣誉，被埋在莫斯科的公墓里。

这实在是一次艰难的阅读，尽管一再控制，但还是有几次被泪水模糊了视线。在切尔诺贝利核电站爆炸 4 年后，阿列克谢耶维奇才下定决心动笔写它。以记者的身份，阿列克谢耶维奇用 3 年时间采访了这场灾难中的幸存者：有第一批到达灾难现场的救援人员的妻子，有现场摄影师，有教师，有医生，有农夫，有当时的政府官员，有历史学家、科学家、被迫撤离的人、重新安置的人……阿列克谢耶维奇自始至终隐藏在文字后面，将他们的声音汇成一部纪实文学史上令人无法忘记的不可或缺的作品。就像《纽约时报》那句评价一样："她的作品每一页都是奇异而残忍的故事。"

事故发生 30 小时后，一大批士兵从阿富汗战场被调回来，其中包括直升机驾驶员和化学部队战士。当时因为反应堆的顶盖被炸飞，所有放射性物质就在露天中熊熊燃烧，辐射物肆无忌惮地向空中扩散。苏联派出了 80 架直升机编队前来灭火，他们其中还有不少是特地从阿富汗前线调回来的。参与救援的直升机直接飞进放射性烟尘，从空中向暴露的反应堆残骸倾倒了近五千吨碳化硼和沙子后，才停止了反应堆内的核裂变反应。这批年轻的飞行员也成为受害者当中的一部分。

"很多年轻飞行员刚从阿富汗回来，那些人都觉得自己在阿富汗打够了，却还得坐在反应炉附近的森林里吸收辐射。那是命令！"一位参与者告诉阿列克谢耶维奇。而离开切尔诺贝利之前，这些士兵都得到警告："为了维护国家利益，最好不要到处告诉别人我们看到的情况。"

在 4 号反应堆底部，当时还有 195 吨核燃料在燃烧，由此产生的热气，逐渐熔化了沙子。专家们担心，如果反应堆核心内的高温铀与水泥熔化而成的岩浆，穿透厂房底板进入地下，不但会造成第聂伯河——乌克兰母亲河的污染，而且岩浆可能会与水发生剧烈反应，发生第二次爆炸，那时将有 1400 吨有核石墨熊熊燃烧，离切尔诺贝利 320 公里的明斯克将会被夷为平地，整个欧洲都会被危及。当时情势特别紧张，苏联在明斯克以及基辅等地，已备好火车并加挂车厢，准备疏散所有居民。

此时，三名志愿者承担了必死无疑的任务：首先，潜水进入被高放射性废水淹没的地下室，打开排水闸门。排水闸门打开后，消防员们抽出了 2 万吨高放射性废水。其次，向堆芯空投吸热效果良好的铅以降低堆芯温度，此后两天内 600 名驾驶员向堆芯投放了 2400 吨铅块，铅吸热熔化后也更好地封住了洞口，并且起到了阻止辐射释放的作用。

一位从阿富汗回来的士兵告诉阿列克谢耶维奇："我从阿富汗回来，知道自己可以活下去；而这里正好相反，它在你回家后才把你杀死。"还有一个人说："老实说，我觉得死在阿富汗还比较好，在阿富汗死掉是很正常的事，至少你可以理解。"

到了事故第 17 天，为了在反应炉底部放置冷却装置以减少地底的温度，切尔诺贝利急需修建一条地下通道。5 月 13 日开始，苏联从俄罗斯与乌克兰矿区，调集了 1 万名矿工进地道工作。他们有简单的防护装置，可地底接近 50℃的高温让所有这些防护装置成了累赘，没有人戴着它们工作。一个多月内，从发电厂的 3 区到爆炸的 4 区，150 米长的地道终于被挖通，最后在隧道内灌满混凝土后封闭。后来有人统计，这 1 万多名矿工，有四分之一左右在 40 岁前死亡，而官方没有将他们的名字收录在切尔诺贝利受害者名单中。

隔离区的某个角落，还有几个模样怪异的机器人。当时为了清除爆炸时从反应堆喷射出的落在附近建筑物屋顶和地面上的强放射性碎片，这项工作开始是计划用机器人进行遥控作业。苏联政府第一时间想隐瞒这个惊天秘密，但为了处理事故，他们不得不向当时的联邦德国寻求帮助，询问是否有能清洗辐射污染物的机器人。德国人问辐射程度有多高，苏联方面回答："有点高。"德国人运来了几台机器人，但是因为辐射太强，机器人的电路马上瘫痪，工作人员无法远程操作，最终不得不放弃。

留给他们的，最后只有人工清理这种最残酷也是最无奈的方式。当时很多现役军人和后备役军人被征召到切尔诺贝利，负责清理所有放射性物品，他们有了一个专门的历史名称——“清理人”（Liquida），又被称为“生物机器人”（Bio-robots）。一共有210支部队被派往切尔诺贝利，虽然他们穿着铅制上衣，但是辐射却来自下方，而他们的下方没有保护，只是最普通的廉价迷彩鞋。可是沉浸在英雄主义情怀里的士兵们，却豪迈地称，他们是“用铲子对抗原子”。也不是所有的士兵都是服从的，一位受访者向阿列克谢耶维奇回忆，有的士兵当场抗议被派往切尔诺贝利，长官当场宣布：“要么进监狱，要么军事法庭见。”

阿列克谢耶维奇的《切尔诺贝利的祷告》一书里，让人不忍卒读的，还有这批“清理人”的故事。因为强辐射，每次他们只能工作40秒到3分钟的时间，超出这个限度，他们就有可能当场毙命，这意味着他们只能挖两次。一组8人，连同军官一起冲到屋顶清理瓦砾，像蚂蚁般严格按照程序工作，一批下去，另一批接上来。他们捡起1500伦琴的东西，强辐射下他们几乎感觉不到自己的手臂存在。许多人几乎虚脱，有人刚从屋顶下来就开始流鼻血。在这种辐射中眼睛几乎睁不开，甚至感觉不到自己的牙齿，嘴里都是铅的味道。

昔日的荣光

在基辅寻找与切尔诺贝利有关联的人并不太难。当年，戈尔巴乔夫发布了电视广播后，整个苏联几乎都进入一场全民动员状态。人们纷纷受到征召：要不计成本地投入这场救援。

67岁的维克多·季特金就是这群人中的一员。维克多是乌克兰师范学院的一名声乐教授，也是著名的男中音。回忆过去，他不无自豪地说：“当年我赢得了好多比赛，在包括美国在内的地方都拿过奖。”

1986年的时候，他还在基辅一家歌剧院工作。他回忆说，事故发生后，很多艺术家都曾到切尔诺贝利去慰问——“我们都是发自内心的，完全自愿的。”他数次强调。

维克多还记得，自己是5月12日第一次去的切尔诺贝利，同行者还有其他几位艺术家，包括乌克兰的一位著名女高音，还有一位钢琴家，他们组成一个小慰问团一起去了切尔诺贝利慰问演出。“说实话，我们都不知道辐射有多严重，也不知道有什么后果。”他有点自嘲地笑着回忆，“那时我还是一个年轻的小伙子，就是发自一股纯粹的爱国心，像当时教育的那样：爱国、爱人民。”

基辅5、6月都空了。孩子们和女人们基本上都离开基辅，到外地躲避，城里只剩下男人和老年人。每两个小时，就有洒水车出来喷水冲洗街道。维克多还记得，他们这一行人从基辅出发前往切尔诺贝利的时候，路上迎面而来的都是从切尔诺贝利出来的混凝土搅拌车。而公路两边排满了洒水车，当从切尔诺贝利出来的车经过的时候，喷水车不断地朝它们的轮胎喷水——因为轮胎上沾满了放射物质；道路两边挂满了有辐射标志的小旗子，提示大家已进入危险区域。

为了我们这次采访，维克多特地从家里带来他保留多年的纪念物，其中一部分是他获得的各种奖章，最珍贵的应该是一张微微泛黄的纸，打开来看，上面用蓝色圆珠笔密密麻麻写着一串字符，他特地解释给我们，上面记录的，是他每次去的时间。纸上写满了半页，他认认真真地数了一下，一共去了二十多次，这大概是他去切尔诺贝利的官方证明。有时当天去、当天回，有时住一晚上。每次去慰问演出，他们都穿特殊的防护服，上面有仪器，可以测进去时受多少辐射；离开的时候，再看受了多少辐射。

“第一次演出是去医院，现在想起来有点滑稽的是，所有的观众都穿着防护服、戴口罩，但我们要唱歌，没法戴口罩。”每次去，他们都会受到特别热烈的欢迎，也会收到特别多的花。“士兵们把最好吃的东西都送给我们。有一天，他们让我们去餐厅吃饭，到了之后，他们拿出一个有可乐标志的杯子让我们喝——你知道那时候很多人不愿意喝可乐，觉得难喝。可是带我去的人压低声音说：喝，一定要喝！我喝了一口发现里面原来是酒。”沉浸在回忆里的维克多脸上浮出了笑容，原来当时在现场是不允许喝酒的，而士兵们之间又传言，伏特加会“杀死”辐射，所以这位好心的士兵就带他来偷喝酒。

从切尔诺贝利回来后，维克多时常隐约感到嗓子疼，但没有多注意。1988年的一天，他突然发现自己失声了，检查后才知道他的声带被放射线灼伤。这30年中，当时一起去的很多同行都去世了。

也许是身为功勋演员，维克多得到了精心治疗。他后来还是恢复了歌唱的能力，从那一年以后每年开始疗养。维克多带来的物品里还有一个证明他参加过救险的红色小证书。他说，乌克兰当时有一个专门的组织，只要是在切尔诺贝利受过伤害的人，都可以在上面注册。有了证明文件后，可以享受提前退休的待遇，还包括水电费、公交费等优惠，还有一年一次的免费疗养。“不过因为目前乌克兰经济不好，这些优惠都取消了。”维克多看着小本子的眼神，多少令人心酸。

如今那些文件也几乎没有什么意义，维克多每年还要继续接受治疗，但药费要自己付。“虽然这些文件和奖章对我来说，是一份特别珍贵的记忆，它们都是莫斯科颁发的，这是最高荣誉，现在肯定没什么价值，但这是我的青春，我生活的一部分。看到这些，我就能回想起我的青春岁月。”

“如果你当时知道真实的辐射值的话，还会去吗？”面对这个问题，维克多陷入了简短的停顿，然后又突然坚定地说：“还是会去的。那时比我们年轻很多的小伙子都在那里，不顾生命危险地抢救，我被感动了，觉得应该做点什么事情，让他们好一点。当然也有点后怕，但那时我们受到的教育就让我决定要去，我不后悔，因为不是我一个人这样做了。去那里是危险，但还是需要有人去做。既然需要，为什么不是我去？而且跟那些更年轻的人比，我还是很幸运的，这就是生活。”

当被问到子女会怎么看他当年的举动，是英雄行为还是一件不值得的事，维克多脸上闪过一丝尴尬。“我从来没有问过他们，在他们眼里我肯定不是英雄，但是我希望他们会以我为傲。”即便是苏联解体了，他也坚定地觉得自己的举动是值得的："这些付出都不是白做的，虽然国家没了，但人民在。我们想保护的人，最终还是保护了。再说那是我年轻的时候，我成长的一部分，这是我的生活。不管怎么样，如果再回到那时候，我还是不会改变我的决定。"

无知与谎言

切尔诺贝利发生爆炸后，云层所携带的放射性粒子，随着雨水降落。我们现在再观察切尔诺贝利的辐射图，会发现那些辐射点像花豹斑点一样，散落各处。其实不被外界注意到的是，虽然切尔诺贝利核电站离明斯克约 320 公里，但因为当天的风向，60% 的放射性物质都被吹向了白俄罗斯。这个小国因此成为这次灾难最大的受害者，23% 的国土受到了核污染（乌克兰为 4.8%，俄罗斯为 0.5%），26% 的森林及河流也处于污染带内。包括阿列克谢耶维奇本人，都生活在污染区内，很多人健康受到危害，她的母亲因此双目失明，在这个地区长大的孩子中有 250 到 300 人得了甲状腺癌。

所以阿列克谢耶维奇其实是以双重身份进入这场灾难的。作为亲历者，她对他们的痛苦感同身受，作为记者，她又用职业的冷静记下他们描述的每一个细节，她没有运用过多的写作技巧，只是忠实地记录了这块土地上人们的苦难。如果不是她的记录，我们不会知道，鸡冠因为辐射变成了黑色，牛奶也因此变成了白色粉末——完成于 1997 年的《切尔诺贝利的祷告》是阿列克谢耶维奇最著名的作品，也为她建立了国际声誉，也成为了解切尔诺贝利的必读之书。

苦难是文学离不开的母题，也是人类长久生存中无法忘却的主题。这一系列口述的最后一篇，是一位失去丈夫的妻子的泣诉，她悲愤地追问："是谁把他从我身边夺走的？谁有这个权力？"

这位"清理人"妻子的追问，其实也是阿列克谢耶维奇隐藏在文字后的追问：谁该为这场灾难负责？

尽管外墙已残破不全，仍能看出普里皮亚季宾馆当年在小城的中心地位。发生爆炸 48 小时后，这里已经成了一座空城，而第一批赶来的专家与军方人员就把指挥总部设在这里，开会讨论应急方案。“这说明他们也不了解辐射有多危险。”导游摇摇头叹了口气。这群专家当时甚至乐观地认为，反应堆到五六月就能恢复使用——如果说，30 年前普通民众对核辐射的防范和危害缺乏一定了解的话，彼时苏联专家们对核灾难的认知水平和安全性的轻慢、自大令人意外。

戈尔巴乔夫后来在回忆录里坚决否认苏联最高领导层隐瞒事故的说法。事实上，直到爆炸发生两天后，他们才意识到问题的严重性——4 月 28 日，布满放射性粒子的云层飘到了瑞典。瑞典一家核电厂侦测到了一路飙高的辐射值,政府甚至为此派出一个战斗机中队,测量云层的辐射。他们反过来向苏联方面询问，苏联高层才彻底了解到发生了什么。

戈尔巴乔夫后来检讨说，“核动力工程的封闭性和神秘性”，使得无论领导层和公众，都对核知识知之甚少。此前，苏联的一位著名核专家告诉戈尔巴乔夫，反应堆绝对安全，“甚至可以装置在红场，过程跟煮茶没两样，就像在红场摆个茶壶一样”。在 7 月的政治局会议上，戈尔巴乔夫痛心疾首地说：“我们 30 年来一直听到你们这些学者、专家和部长说，那里一切都很可靠，你们指望我们像敬神一般看待你们，而结果却轰然垮塌了。”“整个系统中笼罩着奴颜婢膝、溜须拍马、拉帮结派、排斥异己的风气。”

专家尚且如此，普通民众的认识更是有限。而且在当时的宣传下，很多人坚信凭着俄罗斯人的英雄气概，战胜核辐射这个根本看不见的敌人更不在话下。有一位受访者对阿列克谢耶维奇回忆，当时厂里有一群来自民主德国的专家，他们从自己的渠道得知消息后，坚决要求回国，而他们的举动遭到了切尔诺贝利人的嘲笑：“他们都是懦夫！他们竟然还测量罗宋汤和绞肉的辐射量，真是可笑！我们的人，都是真正的男人，真正的俄罗斯男儿！”

比灾难更可怕的，是谎言。

切尔诺贝利发生事故时，伊万·帕特雷利亚克刚好10岁。如今身为基辅大学历史系主任的他，仍然记得那年春天，突然“谣言”四起：有人传言切尔诺贝利发生了爆炸，消息很快就传到了基辅。伊万记得，身边的一些知识分子开始暗地里偷听国外广播。

伊万的父亲是苏联一位非常有名的化学家。他在家里开始用仪器自己测辐射，发现阳台的辐射量远远超过正常标准。“那时候基辅的天气跟现在一样好，我们小孩子也不懂什么叫辐射，因为阳光、蓝天都是正常的，所以根本不听大人的话，还是跑到院子里踢球。”他笑着回忆。伊万特地从家里带来一张照片，10岁少年穿着胸前有英文得克萨斯大学标志的T恤，他笑着说：“我父亲经常出国开会，这是他到匈牙利出差时给我买的。别的小朋友都没有，他们很羡慕我。”

5月1日，由于风向转变，基辅地区位于风口的正面吹袭，辐射值是正常值的几千倍，但“五一节”游行仍然照常举行。当时的乌克兰第一书记谢比尔斯基，也带着家人和孙子一起参加庆典。拍摄庆典的摄影师伊戈·克斯汀后来发现本该是五彩缤纷的照片蒙上了一层黑色，那是底片因辐射而致。很多孩子在游行的时候就出现了恶心呕吐的症状，而遥远的莫斯科，切尔诺贝利的爆炸阴影也被欢天喜地的庆典所掩盖。庆典持续4天，红旗和彩带装点着莫斯科的桥梁和道路，戈尔巴乔夫频频对经过他面前的那数十万的游行队伍挥手致意。

孩子们放假，伊万照例和小朋友们在操场上玩。他印象最深的是，那个夏天基辅街头每天都出现很多洒水车，不停地用水喷洗街道。那段时间，各种消息不断，让大家都处于焦虑不安的状态。

5月初，伊万的学校宣布所有学生疏散到南部黑海边上的城市敖德萨，也如实说了因为切尔诺贝利污染，但没有透露规模和严重程度；几天后，学校又突然宣布取消疏散，一切照常。伊万推测说，政府的本意大概是还想让群众感觉一切正常，但没想到，一宣布取消疏散，大家反倒恐慌起来。伊万的班里只剩下8个孩子来上课，其他的孩子都被父母送到外地。

因为从官方那里得不到真实消息，所有的消息都是从非官方渠道获得的。尽管官方对消息保密得很严格，但每个人都有自己的消息渠道。“我的姨夫是大巴司机，他开车到切尔诺贝利参与当地居民的疏散工作，从监督疏散到撤离，所以都是从这些渠道知道的。”

到了秋天，伊万的父亲也被派去切尔诺贝利参与处理——伊万特地带了一张父亲那时的老照片过来，穿了一种类似于厚夹克的外套，别无其他特殊装备。每天回来之后，父亲把衣服脱下，用塑料布包了好几层，放在阳台上，自己洗干净之后，再与家人见面。

父亲的眼睛很快看不见东西了，那一年他 49 岁。伊万说，他的爷爷、奶奶分别在 83 岁、95 岁高龄去世，但他父亲只活到 76 岁。“可是我们也没有证据说这与切尔诺贝利有直接关联。”说到这儿，伊万抬起头，努力掩饰住伤感，勉强一笑。

“但我父亲当时还是非常积极地去，除了知识分子受到的爱国主义的感召，当时政府还给特别高的津贴。作为一名化学家，父亲的工资本来就很高，可是在那一个星期的工作可以挣回来半年的工资。”伊万记得，有一次父亲一下子拿回家 5000 卢布。“拿回来都是崭新的钱，像是刚印出来的。”他转而略带讽刺地一笑，“不过几年后苏联解体，卢布迅速贬值，这些钱也不值钱了。”

事故爆发那年，作为一名 1 岁婴儿的母亲，安娜的焦虑是可想而知的，身边的妈妈和准妈妈们急切地想知道真实的辐射信息，“可是当时所有的信息都是保密的，政府对外公开的资料，可信度也不高”。安娜是一名建筑师，她开始利用自己的渠道，向环保专家和医生们偷偷打探真实的数据。“我们知道一些信息后，再跟其他妈妈们讲，彼此分享信息，再讨论如何应对。”在当时做这个工作，要面对来自政府的很大压力。她们后来把在 1986 年前后生孩子的妈妈组织起来，自称为“86 母亲”（Mama-86）。随着影响力的扩大，1991 年，它成为苏联解体后在基辅成立的第一个非政府组织。“那几年，基辅市内孩子们甲状腺肿瘤爆发率增长了许多，受伤害最大的是1985年、1986年、1987年的，因为那时候他们年纪小，受影响最严重。”至今这个组织还在帮助因切尔诺贝利受影响的那些孩子。

尤里科·萨莫连科当时是基辅市环保监督局局长。“那时候对事情的危害性非常清楚，但没人敢说。”“如果他们当时不保密，及时处理的话，后果不会这么严重。”让尤里科至今提起来还很愤慨的是，“当时乌克兰和基辅的领导人，几天之内把自己的家人和孩子都送走了，而基辅的普通孩子在一个月之后才疏散，这是我最不能原谅他们的地方”。

他说，苏联解体后，切尔诺贝利的两位设计师后来在电视或媒体上接受采访，不断接受各种质询。基辅人民都熟悉了他们的面孔，他们走在大街上，经常有人冲过来指责甚至谩骂他们。久而久之，他们也闭门不出了。“虽然他们没有受到法律形式的惩罚，但来自社会公众的审判已经足够了。”尤里科说。

《谎言与真相》，是阿列克谢耶维奇在《切尔诺贝利的祷告》里对白俄罗斯国家科学院前核能研究所主任瓦西里·鲍里索维奇·涅斯捷连科的采访标题。看得出，即便时隔几年，他依然不无悲愤：“我们要面对上千吨的铯、碘、铅、锆、镉、铍、硼，还有未知数量的钚，一共450种放射性物质。这相当于350颗广岛原子弹的威力。他们应该讲物理学，谈物理定律，而他们却反倒归咎敌国，开始寻找敌人。”

爆炸当天，瓦西里倾尽全力，联系上了白俄罗斯第一总书记斯柳尼科夫，希望能引起他的重视，但徒劳而返；为了不让他得到一手数据，研究所里全部的辐射测量装备也都被取走。之后四处投递报告的瓦西里开始收到恐吓电话，他又给莫斯科写信，但被警告把他关到精神病院或是以“从事反苏联活动”告上法庭。一位官员告诉他，不发防毒面具的理由是，避免恐慌。

让瓦西里愤怒的是，“他们”并非不知情。“他们”为了自己的健康，都私下里服过抗辐射的碘剂，私下里把孩子们送走；“当他们进到隔离区时，他们会戴上防毒面具和穿上特制的外衣”；甚至为了保证食物不被污染，“他们”在明斯克拥有专有的家畜，每一头牛都有编号，并且严加管控。“他们有专用的土地、专用的苗床，有专人来监督。”这本书里记录了太多的谎言。一位“清理者”回忆，当时规定超过25伦琴辐射量就可以领一笔补贴，但很多人的医疗卡上总是显示24.8或24.9，永远达不到那个标准。真正的辐射数值是军事秘密，一位记者想报道他从专家那里得来的真实数字，主编警告他：我们的报纸不需要危言耸听，只须写些英雄事迹。

阿列克谢耶维奇的采访者，也包括一位苏联某地区共产党第一书记。他替自己辩护说，“你不能怪我们当时隐瞒了实情”，“我们不得不这么做”，因为他们收到来自党的上层机关的重重来电，要求他们“必须阻止民众发生恐慌”。在此要求下，隐瞒真相似乎成了当权者唯一的选择。

尽管阿列克谢耶维奇对切尔诺贝利的采访是在苏联解体之后进行的，但并不是所有受访者都对这个政治巨人的倒塌表示欢欣鼓舞。更有甚者指责她乱写，这位“无名氏”对她吼道：“没错，我就是在为苏联政府辩护！”“在苏联政府的统治下，我们很强大，所有人都对我们感到惧怕。全世界都关注着我们的举动！”阿列克谢耶维奇也忠实地记下了这个人对她的污蔑：“散布不实思想、谣言，你需要政治资金，对吧？”

我采访的歌唱家维克多也毫不掩饰自己的态度。他说：“我是在东部的一个小乡村里长大的，我身边没有一个会唱歌的人，如果不是苏联培养我、教育我，我怎么会成为一名歌唱家？”他沉吟了一下又说，“我个人非常遗憾苏联那么大的国家突然解体了。切尔诺贝利爆炸时，苏联15个加盟共和国的人都过来帮助，可是今天的乌克兰如果再出类似的事，谁会来帮我们呢？”

最昂贵的灾难

切尔诺贝利事故，有超过8吨强辐射物泄漏，核电站周围6万多平方公里土地受到直接污染，320多万人受到核辐射侵害，这是人类和平利用核能史上最大的一次灾难。戈尔巴乔夫后来说："这是个苦涩的胜利。这个国家将永远无法复原。这耗费了我们180亿卢布，在当时1卢布等于1美元，180亿，这可是一笔巨款。"

但很多人没有注意到的是，其实当年切尔诺贝利电厂并没有停止运作，而只是关闭了4号反应堆。因为缺乏能源，乌克兰政府让其他3个机组继续运作。1991年2号反应堆发生一场火灾，因无法修复，也停止工作；1996年11月，在乌克兰政府与国际原子能总署的协议下，1号机组停止运作；2000年12月，时任乌克兰政府总统库奇马正式宣布关闭3号机组。至此，整个切尔诺贝利发电厂才算永远成为句号。

大火熄灭后，为防止辐射继续扩散，在一位工程师的提议下，当时用了不到半年时间，建造了一座钢筋混凝土石棺，以盖住整个被损坏的反应堆和其他强放射性废物，容纳74万立方米严重污染的放射性碎片。可是这个在短时间内突击建成的石棺非常不稳定，日长月久，石棺已出现裂缝，鸟儿甚至都可以从裂缝中进进出出，将放射性污染物散布到其他地方。苏联解体后，破败不堪的石棺移交给了乌克兰政府。而乌克兰政府既没有资金，也没有技术能力对其进行维修。随着时间的推移，切尔诺贝利石棺面临坍塌和放射性物质再次泄漏的危险。

2004年，乌克兰政府组织切尔诺贝利新石棺建造项目的国际招标，2007年法国诺瓦卡（Novarka）公司与另外两家工程公司组成的联合体中标，负责新石棺的详细设计和建造——新的保护罩虽然叫Arch（拱），但外界还是更喜欢称它为"新石棺"。2012年4月26日，即切尔诺贝利核电站事故26周年纪念日，新石棺开工建设。新石棺耗资10亿多欧元，大多数资金来自世界各国政府的捐赠。这个项目中堪称天才构想的地方并不是穹顶的设计，而是选择在石棺以西不到300米处一个放射性较小的地方进行穹顶建造。新石棺的穹顶就像一座巨型半圆形活动房屋，宽274米，长146米，高105米，足以装下一座体育馆和自由女神像。一旦完工，新石棺两个穹顶会滑到旧石棺上方合拢，工程师再利用遥控起重机将旧石棺一块块地拆除。新的石棺将是有史以来人类建造的最大的可移动建筑物。

2016年4月26日，乌克兰举行了切尔诺贝利事故30周年纪念大会，总统波罗申科主持了仪式，整个仪式就是在新石棺形成的庞大空间里举行的。目前，隔离区4号仍然有一千多名员工在工作，他们全部属于乌克兰建设集团的员工。作为新石棺的建设方，乌克兰国家建筑公司的总裁马克西姆·维克托罗维奇坦承压力很大。“这是一个超级大的工程，在全世界是独一无二的。”马克西姆说，新石棺最大的困难和挑战，就是在辐射区工作。正因为处理难度大，新石棺的工程进度也一再延期。

马克西姆说，事故发生后，为了清理现场而铺设了厚度达4至5米的水泥。为了安装新结构，首先需要拆卸这一层水泥。这个工作都是人工操作，“工作地区都充满高辐射，这就是最大的问题”。他介绍说，乌克兰建设集团现在最主要的工作是努力加固墙体，拱环合拢之后下一步工作则是从4号反应堆里取出核燃料废物，放在1号废放射燃料库里。

“这个项目很难。我想再次强调，这是全世界独一无二的项目。连以往日本福岛的工作都跟我们做的工作没法比。”马克西姆一脸严肃地说，“我们工作环境的辐射特别高。为了保证员工们在安全的环境下工作，他们每天必须要通过两个检查室，测量身体中工作前后的辐射水平。另外，员工身上也带着两个辐射剂量测定仪，一个是测量一天的辐射量，另一个是‘存储器’，也就是一年累计的辐射量。”员工工作时都戴上防毒面罩，某些区域，一天只能工作不到5分钟。平时是轮班工作模式，两个星期工作，两个星期休息。

对于新石棺的建设，马克西姆还有另外一重情感因素。马克西姆1980年出生在普里皮亚季市，6岁那年他也成为疏散人群当中的一个。“我的生活与切尔诺贝利核电站有很深的渊源。”他的父母是切尔诺贝利的第一批“技术移民”，从电站筹建期时就在那里工作。

1986年4月26日深夜两点，有人接走他的父亲去处理事故。等再次见到父亲时，已是整整一年后——父亲因遭受辐射而失去意识，住院治疗了很长一段时间才好。两个星期前，这位老工程师因癌症去世。“这当然与切尔诺贝利核电站事故有关系，我们家人和医生尽管竭尽全力，但终究抵不过切尔诺贝利核电站事故的影响。几乎每个参加处理者都因事故受到影响，给未来的生活带来了诸多不可治愈的创伤，几乎每个普里皮亚季的人都是这样……”马克西姆说，父亲去世前，也经常会询问他的工作。“他对那里非常熟悉，所以会经常给我很好的建议。我就是切尔诺贝利人，所以我对我的工作有特别的使命感。”说到这里，他有点动情。

切尔诺贝利的“遗产”

基辅大学历史系主任伊万

30年前的切尔诺贝利爆炸，留下了这样令人触目惊心的结果：普里皮亚季市成了死城，100年之内不能住人；13万居民成了核难民，终生不能返回故乡；60万抢险大军中，超过一半的人已经在过去20年里死去，剩下的人余生都将饱受病痛折磨。

切尔诺贝利事故发生之后，首先引发了民众对环境问题的担忧，基辅大学历史系主任伊万回忆，“很多人开始追问煤矿、河流、电站等等的保护和安全问题”。

切尔诺贝利事故本身是一次单纯的环境灾难，但是因为苏联政府处理措施不当，从而使事故变成一场政治危机。无论在国际社会还是苏联内部，其信用都遭到严重质疑，隐瞒事故、欺骗人民、组织抢险混乱低效，而且修改和销毁相关档案，使得有些真相可能永远无法大白于天下。它彻底失去了人民的信任。仅仅5年以后，苏联就解体了，有人感慨地说："一个希特勒都无法打败的政权就这样消失了。"从这个意义上讲，阿列克谢耶维奇《切尔诺贝利的祷告》不仅仅是一部灾难史，也是剧变前的苏联史。

"由对生态问题的质疑，进而到一种全面性的不满。'切尔诺贝利'成为一种象征，一种隐喻。"伊万说，切尔诺贝利首先引发了乌克兰知识分子对苏联体制的不满，而在对这种体制的反思和控诉之后，乌克兰作为一个独立民族的民族意识也渐渐被唤醒。在这次核灾难之后，乌克兰的作家和记者们在讨论苏联对乌克兰语言和文化长达70年的实验时，开始使用"语言学的切尔诺贝利"或"精神的切尔诺贝利"的字眼。简而言之，对乌克兰人来说，切尔诺贝利已经成为苏联体制表里不一、信用破产的象征。

1991年，庞大的苏联轰然解体。而切尔诺贝利这个巨大的创口却仍然矗立在那里，它像一个巨大的黑洞，继续吞噬着难以计量的财力，成为乌克兰政府沉重的财政包袱。让乌克兰独自承担这个后果，公平吗？

"乌克兰提出过这个问题，我们试图想让原苏联的所有国家都来承担这笔费用，但现在太晚了，特别是现在与俄罗斯关系不好的背景下，提了也徒劳。我们乌克兰有句俗语：吃饭的时候不要勺子，吃完饭要勺子有什么用呢？"基辅大学历史系主任伊万一脸无奈地说。

"像中国这么一个伟大的国家一直是独立国家，你们也理解不了我们的感觉。而我们一千年来没有自己独立国家的人，也很难向你们表达我们的心态。有自己独立国家的人，和没有自己独立国家的人，完全是两个世界。"伊万的表情和语气一时间竟然有些悲怆。片刻他又半自嘲半安慰自己似地说："虽然我们现在经常批评自己的国家和领导人，但是有一个'自己的坏国家'，总比有一个'别人的坏国家'要好。"

"乌克兰至今还没有出现过我们喜欢的政客。"说这句话时，为我做翻译的安娜脸上出现了与她年龄不相配的严肃与沉重。出生于1994年的安娜在基辅语言大学学汉语，曾经为中国人所熟悉的"美女总理"季莫申科和她的丈夫做过翻译，不过她坦承并不喜欢她。独立后的乌克兰，政客高官们借私有化之机入股或收购国有企业，凭着政策照顾，大发其财。每个政客都有自己的家族生意，比如煤炭、能源，季莫申科就有"天然气公主"的绰号，而现任总统波罗申科是身家上亿的"糖果大王"，基辅很多商场都有他家的品牌"RS"。乌克兰民众因此对政党和政府的信任度很低。

我们在基辅所住的宾馆，位于最著名的地标式建筑——独立广场附近。广场四周的很多地方都摆放着照片，他们是在2014年广场运动中的遇难者，其中不乏很多年轻面孔。在乌克兰采访的一周时间里，我们也遇到了几次街头游行和抗议活动，但示威者和警察彼此都很平静，民众也见怪不怪。因为政治动荡，乌克兰的经济也停滞不前。在基辅买当地手机卡时，店员见我换出来的手机卡有"4G"标志，一脸艳羡地看着，然后特地拿来向同事展示一下。

像安娜这样的年轻人，更关心与自己前途有关的事情。她说，身边稍有能力的年轻人都不愿意留在乌克兰，而到国外谋发展，这是未来乌克兰发展的最大问题。不过多少令人欣慰的是，在基辅市的切尔诺贝利博物馆，我看到了一拨又一拨年轻的面孔，或者自己，或者由老师带领，仔细地看那里展示的每一件物品和照片，一脸沉重。博物馆女馆长说，她从1992年建馆起就在这里工作。"我们会定期组织'清理人'聚会。向孩子们讲那时发生了什么。"还有一些年轻人过来找他们爷爷的照片，她也很希望这里能成为乌克兰年轻人了解自己过去的地方。不过当地媒体记者告诉我，乌克兰今年专门将阿列克谢耶维奇的《切尔诺贝利的祷告》一书翻译成乌克兰语出版，据说卖得并不是很好。但也许这并不重要，像切尔诺贝利博物馆一样，“我们努力做的，就是抵抗人们对切尔诺贝利的遗忘”。

在爱尔兰追寻叶芝的灵魂

一生爱恋茅德不得的叶芝

叶芝是爱尔兰最骄傲的名片。从某种意义上说，叶芝也是一位革命者，虽然他从未投入过真正的前线中，但是他的精神却结出了爱尔兰革命的果实。“无叶芝，无自由。”

“一生所愿之土”

爱尔兰的天气似乎总是阴沉的，阳光偶尔努力穿过厚厚的云层射出几道灿烂的光线，转瞬又被遮盖。到达斯莱戈（Sligo）的时候，天空中又飘起了蒙蒙细雨，整个小城似乎也笼罩在一层诗意中。

斯莱戈城市中心的广场上，矗立着一座非常有设计感的雕像。雕像人物身材颀长，戴着圆眼镜，极具辨识度。宽大的衣服被风吹起，仔细看衣摆处全是精心雕刻的诗句。这座雕像如今也成了斯莱戈的地标，而他正是爱尔兰最著名的诗人叶芝。

叶芝无疑是斯莱戈这个面积不足 2 万公里、人口近 6 万的小城最骄傲的名片。每年，来自全世界的“朝圣者”都会找到爱尔兰西北部的这座小城。斯莱戈旅游局的人告诉我们，每年 7 月份斯莱戈还有一个叶芝国际夏令营（The Yeats International Summer School），孩了们在这里了解叶芝的成长背景，学习读诗、写诗。也许是沾了叶芝的灵气，斯莱戈如今也有爱尔兰“西部艺术之都”之称，著名的“西城乐队”（Westlife）即发源于此。

穿过广场对面的小桥，叶芝纪念馆（Yeats Memorial Building）静静地立在河对岸。这座红色砖木结构的建筑修于 1895 年，最初是一所银行，1973 年改成纪念馆。纪念馆里记录着叶芝家族的故事、与斯莱戈的渊源，还有他作品的不同版本展示。

叶芝曾说，对他生活真正影响最大的地方就是斯莱戈。其实斯莱戈并不是叶芝出生之地，却成为诗人一生的精神家园。叶芝家族的故事最早可以追溯到 17 世纪。那时，经营布匹生意的哲维斯·叶芝（Jervis Yeats），乘“新教徒占上风”之机，从英国约克郡移居到了爱尔兰首府都柏林。

我们今天熟悉的“诗人叶芝”，其父亲叫约翰·巴特勒·叶芝（John Butler Yeats），早年毕业于都柏林三一学院——三一学院是英国女王伊丽莎白一世于 1592 年创建的，是爱尔兰最古老也是最好的学院，只收新教徒。叶芝的祖父、曾祖父都曾在教会工作，但约翰·巴特勒·叶芝对教会没有兴趣，转而学习法律。

1863 年，约翰·巴特勒·叶芝迎娶了同学兼好友乔治·波莱克斯芬（George Pollexfen）的妹妹苏珊。波莱克斯芬家族及其姻亲米德尔家族是斯莱戈有名的造船厂主和面粉厂主，而苏珊则是斯莱戈“最美的姑娘”。1865 年 6 月 13 日，他们的第一个孩子，威廉·巴特勒·叶芝（William Butler Yeats），即为世界所知晓的伟大诗人 W. B. Yeats，在都柏林海滨郊区一家医院里出生。

用我们今天的眼光来看，诗人的父亲约翰·巴特勒·叶芝是个“不靠谱”的文艺青年。他虽然毕业于名校，又学了法律，但像极了《月亮与六便士》里的主人公，婚后不久就决定放弃世俗眼里必定会过上优渥生活的律师行业，转而去伦敦开始学习绘画。

在斯莱戈的叶芝纪念馆里，有一幅叶芝 9 岁时的画像最为特别。这就是这位一心从事艺术工作的父亲的作品。为了追寻梦想，约翰·叶芝举家搬到了伦敦，想沾染那里的艺术气息。此后，苏珊相继生了几个孩子。一家人跟着老约翰过上了波希米亚式生活。“叶芝的父亲是个商业上并不成功的画家，他对自己的作品太挑剔，总是觉得没有达到理想状态，一遍遍修改，很久也卖不出去一幅画。有时候经纪人等不及，就直接把他还在创作的作品拿走去卖。”纪念馆的工作人员笑着说。

叶芝的母亲苏珊出生于富裕家庭，却嫁给了这样一个文艺青年，随着孩子的相继出生、家庭规模的不断扩大，生活有时陷于窘迫。无奈之下，她只好带着孩子们经常回到斯莱戈娘家属住。斯莱戈的居民十分迷信鬼神。1832年爱尔兰曾发生一场大瘟疫；1846年至1851年，因土豆歉收导致的全岛大饥荒，又让上百万人死亡。许多人声称看见过已故亲人的鬼魂、精灵的故事，家喻户晓。在老家梅尔维尔的大房子里，有仆人，有炉火，苏珊他们过着爱尔兰中产阶级的生活。仆人喜欢讲那些鬼怪、精灵的故事，这些都在日后深深扎根于叶芝的心中。

身处欧洲西部边缘的爱尔兰，敞开胸怀迎接浩瀚的大西洋。与其他发达国家相比，爱尔兰没有令人眼花缭乱的时尚、商业，但这里有朴素而本真色彩的大自然。其实斯莱戈不仅以叶芝的故乡而闻名，这里还是“野性大西洋之路”（The Wild Atlantic Way）的重要一站。向西不远，有一个伸入海中的岬角——罗西斯角（Rosses Point）。当年就是在这片苇草丛生的滩地上，年幼的叶芝第一次接触到了诗歌。

虽然没有带来生活上的丰足，但老叶芝还是给这个家庭留下了丰厚的精神财产。对于儿子的未来，他是这样设想的：“这孩子必须学会信仰艺术和诗歌。”叶芝幼时拙于拼写阅读，家人一度怀疑他的智力有问题——实际上，叶芝一生都受困于拼写，他所有的手稿中，拼写、标点和语法错误比比皆是。艺术家父亲决定亲自对他进行教育。父亲给他读《古罗马诗选》，还让他读《哈姆雷特》、巴尔扎克的小说。

长大后的叶芝随全家再度到伦敦生活。生性敏感的他与周围的人和环境都格格不入，于是更加怀念斯莱戈的山山水水。他后来回忆，有一次，他和妹妹丽丽在荷兰公园附近看到了一个人工喷泉，他们突然怀念起家乡山野里真正的泉水，兄妹俩几乎流了泪。

也正是对故乡斯莱戈的真切思念，让叶芝后来创作了最著名的诗篇《因尼斯弗里岛》（The Lake Isle of Innisfree）：

我要起身离去，去湖心小岛因尼斯弗里，
用粘土和树篱，搭建一栋小木屋在那里；
我将种植九垄豆角，为蜜蜂建造房宇，

孤独地生活在蜜蜂喧闹的林间空地。
我要起身离去，在白昼黑夜的轮回里，
聆听湖水波涛拍岸的隐隐低语；
当我伫立马路上，或灰色人行道里，
已听到湖水在拍打我深邃的心底。

斯莱戈成为叶芝的精神故园。在远离故乡的岁月里，“把我对斯莱戈的记忆和向往置入其中”。当叶芝决定做个诗人时，斯莱戈成了他创作的源泉。叶芝早年的《凯尔特薄暮》，用诗人的笔法将爱尔兰民间传说、乡野故事娓娓道来。他后来说，他年轻时在斯莱戈郡的海滨游荡，迷恋罗西斯海角的风貌、邻人们讲述的民间传说，追逐仙人与鬼魂，潦草地写下诗歌。爱尔兰人笃信仙人的故事，这些故事是青年叶芝的精神养料，引导他进入凯尔特历史的记忆。

爱与诗

爱尔兰一周之旅的最后一站是都柏林。与伦敦、巴黎、柏林等其他西欧国家的首都相比，都柏林的名字并没有那么响亮，整个城市予人的印象也没有那么流光溢彩、惊艳夺目；相反，它有一种平实而沉着的美，中间又蕴含着这个民族曾经历的伤痛，似乎总有一种令人沉静的力量让你重新打量这个城市。

其实都柏林也曾领潮流之先。英国合并爱尔兰后，新教掌权者将都柏林打造成一座启蒙城市。1741 年，作曲家亨德尔访问都柏林，受邀专程为都柏林病人谱曲——于是便有了基督教经典音乐中最为传唱不衰的名曲《弥赛亚》。1742 年 4 月 13 日《弥赛亚》首演时，演出盛况空前，以致宣传单上注明妇女们不穿蓬裙、男人们不佩剑，以便腾出更多地方容纳热情的观众。都柏林的演出盛况也让亨德尔感动不已，他后来说他被“这个慷慨国度的名流雅士所折服”。可惜的是，当年唱响《哈利路亚》首演的尼尔音乐厅（Neal's Music Hall）如今只剩下一座拱门。

其实单单从文学上来讲，这个人口只有几百万的国家就迸发出不容小觑的能量——詹姆斯·乔伊斯、约翰·巴特勒、叶芝、奥斯卡·王尔德、萧伯纳等文学大师星光闪耀，以至于人们说：“爱尔兰对整个世界文学的影响与其幅员和人口是不成比例的。”地理面积仅 7 万平方公里的岛国爱尔兰，在百年间竟然诞生了 4 位诺贝尔文学奖得主：除了叶芝外，还有戏剧家萧伯纳、荒诞派作家贝克特和当代诗人谢默斯·希尼。

庆幸的是，我们在离开爱尔兰的最后一天，有机会与叶芝再次“相遇”。位于市中心的国家图书馆（National Library），醒目地挂着一幅巨大的叶芝画像，仿佛提醒着游人不要与这里的叶芝擦肩而过。

原来这里自 2006 年起设置了叶芝主题的常展。下午时分，图书馆特别安静，只有参观者在每一个展区缓缓行进的脚步声。陈列柜中展览着诗人的手稿、首版书的封面和珍贵的老照片；走过一个个展区，诗人亲自朗读诗歌的声音、他的朋友与爱人回忆诗人的声音，以及学者们的讲座次第响起。展览里有很多女性的照片，忠实地记录了叶芝一生与几位女性朋友情感的交织、纠缠。贯穿于整个展览、其实也曾与叶芝情感纠葛几十年的女性，便是那位著名的茅德·冈（Maud Gonne）。

叶芝是在伦敦与茅德相识的。1887 年，22 岁的叶芝与父亲一起来到伦敦，当时的叶芝在外界的标签只是爱尔兰剧作家兼诗人，在伦敦这个时尚都市，他显得拘谨，或许还有几分不谙世事，以至于第二年圣诞节，他受邀和业已成名的爱尔兰作家王尔德共进午餐时，王尔德以过来人的口吻对叶芝说：“不只是当一个诗人那么简单，你得看起来像个诗人，你的行为要像诗人。”叶芝在后来的自传中详细回忆了他与王尔德的交往。当王尔德后来因同性恋罪名入狱时，叶芝还收集了很多朋友的慰问信亲自上门送到他弟弟手里。

但是那时的叶芝无法像后来那样对周遭的世界应付裕如、游刃有余，他和父亲仍然要为生活发愁。老约翰·叶芝是一位波希米亚风格的艺术家，他常常引用法国一位剧作家的名句："至于生计嘛，我们的仆人会替我们代劳的。"这个家穷得真的曾一度只剩下一块钱，他们开家庭会议决定这一块钱的去处，大多数成员投票赞成买了一份报纸。有一回朋友来访，叶芝甚至要向客人借钱去买茶点招待他们。长期的生活压力导致母亲忧郁成疾，离群索居，1900 年去世。父子两人都没有固定的生活来源，但似乎都宁可受穷也不愿牺牲艺术前途。

1889 年 1 月，茅德·冈来到叶芝与父亲在伦敦的居所，拜访叶芝父子。时年 22 岁的茅德出生于英国，是一位驻爱尔兰英军上校的长女，都柏林上流社会的宠儿，不久前在其父去世后继承了一大笔遗产。然后，她对爱尔兰中下层人民产生了同情，毅然放弃在爱尔兰总督府的社交生活，信仰起爱尔兰民族主义来。朋友介绍她认识叶芝，意图通过潜移默化，把她的兴趣从激进的政治活动转向爱尔兰文化的重建。但从结果来看，她却对叶芝有着更深刻的影响。

从留存于今的照片来看，茅德的确美丽而高贵，眉眼间又带着一股倔强的英武之气，不知道是不是这一点对 23 岁的叶芝构成了"致命诱惑"。众所周知的是，他对茅德一见钟情。他这样描写自己第一次见到茅德·冈的情形："她伫立窗畔，身旁盛开着一大团苹果花；她光彩夺目，仿佛自身就是洒满了阳光的花瓣。""我从未想到会在一个活生生的女人身上看到如此之美。"后来的情形也正如叶芝所写，"我一生的烦恼开始了"。他爱恋着她，

《当你老了》就是写给茅德的

但却一次又一次遭到拒绝。他用充满伤感的语调诉说着，把得不到回报的爱情升华成一篇篇感情复杂的诗。在茅德眼里，“他是一个像女人一样的男子，我拒绝了他，将他还给了世界”。也许正是茅德的拒绝，才让叶芝写出流传后世的诗句。

若我有天国的锦缎，
以金银色的光线编织，
还有湛蓝的夜色与洁白的昼光
以及黎明和黄昏错综的光芒，
我将用这锦缎铺展在你的脚下。
可我，如此贫穷，仅仅拥有梦；
就把我的梦铺展在你的脚下，
轻一点啊，因为你脚踩着我的梦。

《他希冀天国的锦缎》（He Wishes for the Cloths of Heaven）

我有一个念头，只能对你说：
你美丽动人，我也尽心竭力
用古老的崇高方式把你热爱；
那似曾很幸福，然而我们已经
像那空洞的残月一样心灰意冷。

《亚当的诅咒》（Adam’s Curse）

1893 年，当叶芝再一次被拒绝时，他写下了日后最著名的《当你老了》。

茅德似乎只愿意与叶芝保持着精神上的交往。从旁观者的角度来看，他们是完全不同类型的两种人：叶芝阴柔而敏感，茅德刚烈而炙热。他们对文学功用的看法也有本质不同。在茅德看来，文学是唤起革命的工具，而叶芝认为，“文学永远是个人性的，永远是个人对世界的想象、个人的经验”。叶芝曾对茅德·冈说，他想做爱尔兰的维克多·雨果，用诗来赞美爱尔兰古代的英雄和相关的地方，以唤起当代人的自豪感。但在争取民族独立的问题上，叶芝选择的是用文字而不是利剑。对于茅德，叶芝不认同她“为了政治工作而失去平静、优雅或任何精神之美的所有灵魂”，他后来甚至说：“我渐渐恨起她的政治活动——我唯一可见的情敌。”

众所周知叶芝数次向茅德求婚皆被拒，但其实两人之间还有一段更微妙、更曲折的故事。在结识叶芝之前，激进的茅德很早就与法国革命者吕西安生了一个私生子，但这个孩子在两岁时不幸夭折。也许是为了维护自己在叶芝心目中的形象，茅德并没有将实情告诉叶芝，而只声称死去的是她的养子。叶芝和朋友宣传的转世再生的精神哲学对她是个极大的安慰。

叶芝很想帮助她，于是带她去见他的朋友、神秘的作家和艺术家乔治·卢梭（George Russell），给她举办了一个降神会（séance）来讨论她夭折的孩子是否可以转世。无论他们得到什么信号，卢梭都转过身来安慰茅德：“你的孩子是有可能转世的。”

茅德的确非一般女子，她立即狂奔回巴黎，找到孩子的生父，把他带到离巴黎 100 公里以外的一个地方，到她儿子的坟墓中，在墓穴里发生了性关系，目的是让她儿子转世。据考证，这段疯狂的性爱竟然有了一个孩子，她就是伊索尔特·冈（Iseult Gonne）。

1903 年，在爱国主义的狂潮下，茅德·冈嫁给了爱尔兰军官约翰·麦克布莱德（John Mac Bride）。麦克布莱德曾参加南非的布尔战争，帮助荷兰人后裔抗击英国人，被爱尔兰视为民族英雄。茅德不顾亲友反对，决意嫁给相识不久的他。两位革命者的婚姻有很大的宣示效应。不久，他们带着刚出生的孩子，为法国一家杂志拍了照片，夫妻俩面前的桌子上摆满了枪，上面写道：“在法国的三个爱尔兰革命战士。”

茅德自始至终也没有考虑过叶芝。在给妹妹的信中她说：“至于威利·叶芝，我把他当作朋友珍爱，但我无法想象嫁给他，连一分钟也做不到。”婚讯传来时，叶芝正在都柏林的一个公众集会上演讲。这消息如同晴天霹雳。他勉强完成演讲，但事后一点都不记得说了些什么。他后来写下《寒天》一诗描述当时的心情。

但这段革命婚姻并不幸福。麦克布莱德嗜酒又有家庭暴力。囿于天主教传统，茅德无法离婚，只能与其分居。这期间，她又找到叶芝寻找安慰，两人关系再度亲密，甚至有研究者相信，这一次两人重聚，有“超越精神领域”之嫌。斯莱戈叶芝纪念馆的工作人员也确信这一点。1908 年，茅德在给叶芝的信里已将称呼由“亲爱的朋友”或“威利”，变成了“最亲爱的”。但很快，他们又恢复到了以往的关系。

虽然这是一段注定无望的感情，但茅德对叶芝创作道路的影响却是显而易见的。在茅德的影响下，叶芝的诗也发生了很大变化。正如一位评论家所说的那样:“他对英格兰诗歌形式、爱尔兰文学和凯尔特神话（在一定程度上得益于他在爱尔兰西部斯莱戈郡他母亲家里的避暑经历）的掌握给予他源源不断的创作灵感。如果他在 19 世纪末即停止创作，那么他给今人留下的就是一部感人肺腑的乡愁和田园诗集——幸运的是，他没有这么做，这才有了他 20 世纪的著作，才使得现代主义更上一层楼——以及他所创造的用以理解现代性之恐怖与美的新语言。正是这一贡献突破了时间的考验，依然与今天的诗歌产生共鸣。”

诗与革命

在都柏林可以“亲近”叶芝的另一个去处是艾比剧院（Abbey Theater）——1904 年，叶芝与一生中给他重要资助的格雷戈里夫人、年轻剧作家约翰·辛格一起创建了这座剧院，它也是今日的爱尔兰国家剧院。

1890 年，爱尔兰著名政治家帕内尔的去世，标志着自治运动的失败。但自治的愿景却使许多民族主义者重新审视爱尔兰的身份认同。他们向爱尔兰神话般的过去寻找灵感。这些民族主义者要寻找一个只属于爱尔兰的爱尔兰，与英国毫不相干的民族自我。正如乔伊斯后来所说，“原汁原味的民族土壤”正在“又一次培育着一个新的国家”。

叶芝也加入到了这场如火如荼的文化复兴运动中，打造全新的爱尔兰国家意识。他用英语写作，可赋予他灵感的却是东方神秘主义、欧洲现代主义和凯尔特神话。叶芝和他的同事们虽然浸润在传统中，却面向新世界。叶芝说，优秀的民族离不开文学，优秀的文学离不开民族。发现民族故事，把传说中的民族人物故事塑造成一批伟人英雄，可以效法的新国家创世神话。

在艾比剧院，叶芝用笔代替枪，也成为另一种革命。在首映的《凯瑟琳女伯爵》这部剧中，叶芝将爱尔兰比喻成一位美丽的女郎，值得青年男子为她献出生命，剧中强烈的民族主义情绪极大地激励了观众的民族主义情绪。但后来叶芝也在诗中反问：“我的剧可曾将有的人送到英国人屠戮的枪口下？”

取名于爱尔兰国父的奥康纳大街（O'connell Street）是都柏林市中心的一条主要干道，商场林立，游人如织。有关都柏林的旅游介绍，都会郑重其事地将这条大街上的一处著名建筑——邮政总局大楼（General Post Office，G. P. O.）列入推荐名单。表面上看，这座四平八稳的建筑并无多少新奇之处，但如果细细追寻爱尔兰民族独立的历史，不难发现它是一处极具象征意义的场所。

1916 年 4 月 24 日，一些激进的民族主义者发动了复活节起义。他们占据了邮政总局大楼，又在楼顶竖起了一面象征爱尔兰独立的三色旗，领袖皮尔斯宣布成立爱尔兰共和国。起义很快遭到人数十倍于叛军的英军镇压，缴械投降的起义领袖们遭处决。

其实，当时的舆论和民众，对这次起义并不持强烈的支持态度。后来的纪录片显示，当这些起义者被押出邮政总局大楼时，甚至遭到围观群众的推搡、嘲笑。但英国政府随即在都柏林展开了一场残酷的处决、逮捕狂潮，此举适得其反，非但没有恐吓住爱尔兰人，反而将更多原本持观望态度的爱尔兰民众推到反英国的战线上来。那些牺牲的起义者们由此成为广受爱尔兰全体民族主义者景仰的烈士，而 G. P. O. 则成了民族独立的祭坛。

同样投身于民族独立事业的叶芝，不会对复活节起义无动于衷。当年 9 月份，他即完成了《1916 年复活节》（Easter 1916）这首诗。诗中他赞颂了几位烈士，其中的 Mac Bride，正是茅德已分居的丈夫。茅德也因为起义入狱 6 个月。此时的叶芝仍然没有放弃对茅德的渴望，这一年年底，他去诺曼底拜访茅德，又一次也是生平最后一次向她求婚，而茅德，又一如既往地拒绝了他。想起来多少让人讶异的是，此时茅德的女儿伊索尔特已经 22 岁。或许是她的形象让叶芝回想起茅德年轻时的样子，被茅德拒绝后，叶芝竟然径直走到伊索尔特面前向她求婚。而伊索尔特当然拒绝了他。

复活节起义后的相当长一段时间，无论事业还是个人生活，叶芝都陷入困惑与矛盾中。这时他已经 52 岁，信奉的占星术和神秘主义的力量，都指示他应该尽快结婚。回到英国，叶芝向曾经的朋友伯莎•乔吉•海德－李斯求婚，对方欣然应允。1917 年，在占星术提示的最后几天期限内，52 岁的叶芝与乔吉完婚。幸运的是，这段看起来很“随机”的婚姻还算是成功的。乔吉家境富有，受过良好的教育，热爱文学与音乐，研究星相学，还会跟叶芝进行他所热衷的各种神秘主义游戏，比如与“笔仙”对话，等等。爱尔兰国家图书馆的叶芝展里就有两人进行这类交流的大量文字。婚后的叶芝步入创作力和情感的壮年期。

最后的安息

来斯莱戈寻找叶芝，怎么会错过他的最终安息之地呢？德拉姆克利夫（Drumcliff）位于斯莱戈以北 8 公里远的地方——之前有国内学者将其译为“鼓崖”。

墓园里有一座安静的教堂。叶芝的墓地简单朴素，墓碑仅是一块竖立的简单石碑，上面刻着诗人晚年作品《本布尔本山下》最后一句：

Cast a cold eye
On life on death
Horsemen pass by

（对生命对死亡／投以冷眼／骑士莫止步）

一位长髯老人正在给外孙讲解叶芝的故事，看到我们，他兴致勃勃地过来聊天，很高兴我们这些远道而来的中国人会专门来此“探望”叶芝。

晚年的叶芝并没有像萧伯纳、王尔德、乔伊斯那样离开故土，他坚持留在了爱尔兰，等待它的变革。1921 年，新的爱尔兰议会与英国政府签订条约，爱尔兰除北方六郡外，其余 26 郡获得在大英帝国内部的自治地位。自由邦首任总统阿瑟·格瑞菲斯称叶芝为“爱尔兰最伟大的诗人”。自此，他的荣誉纷至沓来。这年年底，他被提名为自由邦参议员。他愉快地接受了这项荣誉，认真地履行起自己的职责。但是“参议员叶芝”更多时候感觉到的是尴尬。在参议院内，他并没有多少机会就他所擅长的话题发挥演说才能，大多时候，他只能保持沉默，以免暴露自己对经济和行政等问题的无知。但是很快，因为政见不和，他与包括茅德在内的许多朋友都疏离了。

1923 年，爱尔兰内战结束。革命赶走了英国人，但是把既有的社会现实固定了下来，爱尔兰成了一个以天主教会、农村为主的社会。这一年叶芝获得了世界性的声誉——他成为诺贝尔文学奖得主。评语说：“他那永远富有灵感的诗歌，以其高度艺术化且洋溢着灵感的诗作表达了整个民族的灵魂。”但是晚年纷至沓来的荣誉并没有让叶芝找到心灵的安定，他发现自己置身的爱尔兰并不是他曾经期望的那个浪漫而宽容的国家，执政者效忠于罗马教皇，而视信奉新教的叶芝为局外人。新政府强制使用爱尔兰语，进行文字审查，将詹姆斯·乔伊斯的《尤利西斯》斥为“邪恶的文字”。叶芝还反对新政府对禁止离婚的立法，但失败了。

叶芝的健康已因多年劳累受到极大伤害。除了仍挂名艾比剧院董事之外，1928年参议员任满时，他辞去一切公职，又开始了热爱的写诗工作。由于健康逐渐恶化，妻子乔吉陪他辗转于英国、法国和爱尔兰等地度假疗养。1939年1月，叶芝骤病。26日，在最后的清醒时刻，他把改好的诗剧《库胡林之死》和长诗《本布尔本山下》（Under Ben Bulben）的手稿交给妻子。1月28日，叶芝安详辞世，直到他清醒的最后一刻，口中还喃喃念着诗。他的遗体暂时安葬在罗科布伦（Roquebrune）。一个小插曲是，葬礼结束，人们都已离开之后，一具花圈才悄然而至，而花圈上赠送者的题名为詹姆斯·乔伊斯。

"二战"结束后，爱尔兰想要迎回他们的民族诗人。1948年9月，爱尔兰政府派遣海军巡洋舰，把叶芝的遗骸运回爱尔兰。除叶芝的妻子乔吉和弟弟杰克等亲属外，时任外务部长的肖恩·麦克布莱德（Sean Macbride）等要员代表政府迎接并护送遗体，葬回斯莱戈。而肖恩·麦克布莱德是茅德的儿子。1968年，叶芝的妻子乔吉去世后，也葬于此。

一位诗人在叶芝死后评价说：无叶芝，不自由。这无疑是对叶芝一生极高的褒扬。从某种意义上说，叶芝也是一位革命者，虽然他从未投入过真正的前线中，但是他的精神却结出了爱尔兰革命的果实。

（参考书目：《叶芝评传》，傅浩著）

行走耶路撒冷：穿越千年巴别塔

穿着传统犹太服装的老人在哭墙下祈祷

耶路撒冷是一个处处有历史的城市，一不小心就与动辄百年甚至千年的过去撞个满怀。所以它更像一个高度浓缩的文化符码，等待着每一个行走者用细细密密的知识和穿透千年的视野来解读。

但是，耶路撒冷又从来不是一个停留在过去的城市。实际上，作为三大宗教的圣地，它成为苦难中的精神寄托和“遥远的想象”，由此也成为人类历史上征战最频繁的地方。一个又一个世纪，犹太人、基督徒和穆斯林在这里殊死争斗，以求霸占这里的历史和神圣，影响至今。耶路撒冷像一座现代的“巴别塔”，不同世界的文明在此持续不断地交融、冲突。耶路撒冷的故事，从来就不是地中海边一个山间小城的故事，而是各种帝国兴衰的故事，人类寻求神圣的故事。它既穿透千年的历史，也映照着当下的现实，几乎是人类文明史的一个注脚。这也正是耶路撒冷之魅，令人生畏，又令人着迷。

不期而遇的哭墙

当耶路撒冷之行确定的第一刻起，几乎无须思考，“哭墙”就成为占据我头脑的第一个名词和意象，没有第二个竞争对手。仔细想想，它也许是我们这一代人从小到大，从无数文字和影像资料里获得的一个符号，又与复杂的历史、时事相纠缠，成为最强烈的文化象征。

到达耶路撒冷的那一天，是 2017 年 12 月 30 日。按照我原来的设想，第二天——2017 年的最后一天，先在老城里面其他地方转一转，“预热”一下，然后在 2018 年新年的第一天，“隆重”地到哭墙去参观。然后不能免俗，像之前在影像资料里看到的一样，把写有自己心愿的字条塞进墙缝里，也算是过一个特别的新年。

1月的耶路撒冷下午4点多天色就昏暗下来。因为是山城，空气也比之前想象的冷峻很多。和在希伯来大学读书的留学生诗豪在大马士革门见了面，刚来几个月的诗豪带着我们熟练地穿过阿拉伯区喝了热茶、驱掉寒气，又回到老城，在喧闹的街道上贪婪地打量着周围的一切，感觉眼睛已不够用。老城并不大，兜兜转转之间，总是看到标着“Western Wall”（西墙）的指示牌，知道那就是著名的哭墙。诗豪停下来，建议说：要不要先到哭墙去看一看？起初还有几分犹豫，但又一想，既然已撞到这里了，就顺其自然吧。

安检区有荷枪实弹的警察守卫。顺利地过了安检后，一面巨大的墙就呈现在眼前——这就是之前想象过无数次的哭墙了。到哭墙去祈祷，按男女分为两个区域，分别祈祷。男性进入，每人还要发一顶简易的基帕小帽以示敬意。也许因为这只是一年中最普通的一天，之前在纪录片里看到的那种身穿黑衣服、戴传统高帽，面对哭墙，口中念念有词的虔诚信徒并不多。

祈祷区里有英文和希伯来文的《旧约》，有的人就拿上这本书，走到墙跟前开始祈祷。除此之外，还提供纸和笔，参观者可以写下自己的心愿，塞进石头缝里。按照犹太教的说法，这些石头是有灵性的，通过它们，人可以和造物主联通。所罗门王建造圣殿时，他请求每个祈祷和许愿都应当被上帝听见，不论是否应得，也不问是否犹太人。让人们有一个对上帝表达极度虔敬的场所，是圣殿的初衷。不过快速观察了一下女性这边的祈祷者，似乎游客居多，不少衣着鲜亮的漂亮女孩子，用涂着指甲油的纤纤手指把写有自己小秘密或小心愿的指条塞进石缝里，再自拍一张留念。当然其中也不乏虔诚的宗教信徒，很多人面对着哭墙喃喃自语，我前方一位年龄稍长的妇女在寒风中拭去腮边的眼泪。

按旅游书里的建议，离开哭墙时应该退着走——转身背对着哭墙是一种不敬。于是，也一再提醒自己，要退着离开。与哭墙的第一次不期而遇就这样完成了。

如今，哭墙已成为犹太民族最具象征意义的符号。而在犹太人历史中，它实际上是“第二圣殿”的一部分，为圣殿西墙。公元前539年，毁灭了所罗门第一圣殿的巴比伦王国被波斯帝国击败。波斯国王居鲁士允许犹太人重回耶路撒冷，还把掳来的圣殿祭祀品还给他们。到了公元前331年前后，马其顿国王亚历山大大帝横扫近东地区，虽然亚历山大帝国没有维持很久，但希腊文化对生活在耶路撒冷的人们，尤其是上层阶级产生了深刻影响。祭司们不但走出圣殿来观看比赛，甚至还有年轻者开始在体育场里赤身裸体锻炼，有人甚至试图放弃割礼。

没过多久，骁勇善战的罗马人又来了。经过多年征战，罗马击败了北非霸主迦太基，灭掉了希腊和塞琉古王朝。到公元前63年，趁着犹太人闹内讧，罗马大将庞培突袭了耶路撒冷，围攻圣殿长达三个月，还使用投石器对它进行轰炸。庞培抗拒不了到著名的至圣之所一探虚实的诱惑，但是好在庞培什么也没有带走。与他相反，罗马另一位军事强人克拉苏，却靠洗劫耶路撒冷圣殿而获得军事远征的经费，尽管他的远征以失败告终。他从那里偷走了庞培没有染指的2000塔兰特，还有圣地的“纯金横梁”。

犹太人的家园从此成为罗马行省的一部分。公元前40年，罗马帝国的两大巨头屋大维和安东尼，指派年轻的杰出强人希律（Herod）出任犹太国王。有一半犹太人血统的希律尽管在罗马人的庇护下实行极端的专制统治，但他在位的35年，却是一个繁荣兴盛的时期。希律王当政后大兴土木，其规模超过先前任何一个时期。希律王在第一圣殿基础上建起了犹太教最宏伟的圣殿，这项工程耗时80年，期间上千名祭司被训练成工匠，因为只有祭司才能进入内殿。由于所罗门在修建圣殿时不让嘈杂声惊扰此地，希律也要求将一切物品在场外准备好，然后静静归位。黎巴嫩的一整片雪松林被砍倒，自水路运到这里，用作装饰材料；在耶路撒冷周围的采石场，巨大的、闪着黄光的方石，还有几乎纯白的石灰石，被标记、分割。——直到今天，希律王时期耶路撒冷的遗迹仍在全城随处可见。最著名的，就是眼前这些支撑圣殿西墙的那些大石头。

仔细观察，哭墙下面和上面的石块有大小之分，下面11层的巨石才是希律王建第二圣殿时所使用的原始建筑材料，上面依次是不同时代所加。千百年来，大批流落世界各地的犹太人前往石墙，以诵经和祈祷的方式，痛诉流离失所的悲伤。20世纪，被纳粹德国杀害的犹太人多达600万人，又有更多的人前来，向哭墙诉说他们的苦难。经过近两千年抚摸和洗濯，部分哭墙的石面已经被打磨光滑，颜色发黯，闪烁出泪痕般的光泽，仿佛是无数犹太亡灵的印记，更仿佛是这块土地两千年前的岁月沧桑。

消逝的圣殿

老城的雅法门（Jaffa）永远游人如织。像大多数旅游城市一样，许多出租车司机在这里“趴活儿”，向来自世界各地的游客招揽生意，遇到合适的机会，他们也毫不手软。如果想对这座城市千年厚重历史有个快速而直接感受的话，雅法门附近的大卫塔博物馆，是个最佳去处。

遗憾的是，我们今天只能借助大卫塔博物馆里展示的模拟图，来体会希律王第二圣殿的气势——这是犹太人最豪华、最精美的一座圣殿，也是当时环地中海地区最辉煌的建筑之一。新圣殿14万平方米，有11个足球场大，远比第一圣殿宏伟辉煌。耸立的圣殿就像“一座白雪覆盖的山峦”，而犹太历史学家约瑟夫斯形容它们“超出我的描述能力”。

从某种意义上来说，是希律王创建了现代的耶路撒冷，今天还散落在一些地方的巨石也是希律王给这座城市留下的遗产。希律王死后，罗马人收回了统治权，与大祭司们结盟联合统治。公元66年，罗马人的腐败、重税和暴虐激起了广泛的犹太人起义，起义以不可遏制之势发展。

起义的消息传到罗马皇帝尼禄耳中时，他正在希腊参加奥林匹克运动会的战车比赛。他立即派出老将苇斯巴芗前去平定。当时这位老将已经年过六旬，因为在尼禄一次冗长的舞台表演中打瞌睡而触怒皇帝，被流放至郊区养蜜蜂。苇斯巴芗派儿子提图斯去镇压叛乱的犹太人，但两年内效果不佳。公元 68 年，罗马帝国内部也发生巨变，尼禄被推翻，一番内战之后，苇斯巴芗被拥立为皇帝。为了巩固自己的地位，苇斯巴芗让儿子提图斯迅速拿下耶路撒冷，作为献给罗马的“礼物”。

于是公元 70 年，提图斯率 6 万大军杀向耶路撒冷。提图斯带领罗马军团进攻耶路撒冷，圣城就在眼前。15 天后，罗马人突破了第一道城墙，8 天后，第二道城墙也被突破。但战事随之陷入胶着。罗马人无法突破高大厚重的第三道城墙。它不仅高，而且深入地下 15 英尺。

提图斯下令在耶路撒冷周围搜寻木材，方圆十英里的每一棵树都被砍了下来，用来制作围城平台和塔楼。塔楼十分庞大，高达 75 英尺，有好几吨重，需要好几队士兵将它们移入阵地。每一个塔楼都搭载着数十名突击队员，现在是罗马人居高临下发起攻击。

当耶路撒冷城被团团包围时，城里的人们开始陷入饥荒，几千人被饿死，很多耶路撒冷居民试图把钱币吞入腹中，试图逃过罗马封锁线。罗马军队发现了这一点，于是开始对每一个逃跑的犹太人开膛破肚，在他们的肠胃间寻找暗藏的财富。这种暴虐的场面连提图斯也看不下去了。虽然他下令禁止，但士兵们依然我行我素。提图斯随后下令逃跑的耶路撒冷人都应该被钉十字架。最高峰的时候，每天有 500 名犹太人被钉到十字架上，耶路撒冷四周的山坡成了十字架的林海。

最后的起义者退守到圣殿奋力抵抗，这遭到被激怒的罗马军团的无情屠戮。提图斯下令各军队黎明时分攻城。当天夜间，罗马士兵击溃最后一道也是最坚固的一道城墙。圣殿着了火。越过燃烧的大火，可以听到石头的爆裂声，还有男女老少的呼号声，那是正在燃烧的人们的呼号。这就是东方最伟大的城市毁灭时的声音。历史学家约瑟夫斯是犹太人，在起义失败后投降，成为提图斯的幕僚。他亲历了圣殿山这场战斗的恐怖：“祭坛周围尸体堆得越来越高，迎着至上之所的台阶，鲜血汇成河涓涓而下，那些倒在顶端的尸体不断滑下。”军士们开始劫掠城市，屠杀遇到的每一个犹太人。

第二天，提图斯下令彻底摧毁圣殿的残余部分。有些石头，今天还躺在当年掉下来的地方。与第一圣殿被毁不一样，这一次，圣殿再也没有重建。圣殿所拆下的梁柱头，现今保存于今日的圣殿广场外。多达 60 万犹太人遇难，幸存者被禁止涉足耶路撒冷。

提图斯和父亲回到罗马后，他们头戴桂冠、身穿紫衣接受元老院的致敬，在广场上观看罗马历史上最盛大的一次凯旋庆典。那些从耶路撒冷圣殿掠夺来的财宝，被运至罗马巡游。为了纪念这一胜利，罗马皇帝还在罗马城里建起了一座凯旋门，上面雕刻了不少从犹太圣殿夺得的物品，如巨人的六臂蜡烛台、银喇叭、金桌子、祭司穿的胸甲以及各种金银器皿等。不久提图斯接替了父亲的皇位，但在位两年即去世，留下这几个字："我只做错了一件事。"此"错"不知是否指他摧毁了耶路撒冷。而犹太人则宁愿相信他的早逝是上帝对他的惩罚。

起义被镇压之后，罗马帝国继续在这里推行高压政策。虽然哈德良在罗马帝国史上被列为"五贤帝"之一，但他却是以一个毁坏者的形象留在耶路撒冷历史上的。

公元 130 年，哈德良计划在耶路撒冷这座犹太城市的废墟上建造一个崇拜多神教的罗马城镇。于是他建了一条几乎所有古罗马管辖区域下的城市都有的南北走向的大道，又建了两处市场，这也使得耶路撒冷成为一座典型的罗马城市——耶路撒冷老城至今仍能见到哈德良建筑的残迹，从中可以看出哈德良时代的富丽堂皇。不仅如此，圣殿山上还立了一座哈德良本人的雕像。

不堪忍受的犹太人再次起义反抗。将起义镇压下去之后，哈德良决心斩草除根，彻底消灭犹太教。公元 135 年，耶路撒冷被彻底破坏，遗址翻耕成田，圣殿被撒上盐使之不能有生命生存。不仅如此，哈德良皇帝将犹地亚省改名为巴勒斯提纳（Palastina）——这个词源自犹太人的死敌非利士人，哈德良显然是以此名称来羞辱犹太人。从此，犹太民族的圣城耶路撒冷也成为失去的故土的代名词，永远地留存于犹太人的民族记忆里。

圣墓大教堂

离开西墙，结束了对犹太教圣地的体悟，又回到老城曲曲折折的小巷子中，在高低起伏的石阶上没走多远，就发现自己已置身于另一个宗教教徒心目中的中心之地——基督教的圣墓大教堂。世界上恐怕没有任何其他一个城市会像耶路撒冷这样历史高度凝缩，这使得这个城市有一种奇特的魅力，令人着迷，却又令人生畏。

虽然天色已晚，但圣墓大教堂仍是人头攒动。一进门的宽阔处，有一块宽大的石板。很多人一进来，便快步上前，半跪下，无限深情地抚摸或者以脸贴石，还有人亲吻石板——在这些虔诚的基督徒眼中，这或许是他们与基督在尘世间最能相通之地。耶稣受刑后，人们把他从十字架上解下来，安放在这块大理石上涂抹膏油，准备安葬。这块据说是透着耶稣血的石板于是成了基督徒朝拜之物。还有很多虔诚的教徒，把信物放在大理石上擦拭，然后带回家供奉起来。

据历史学家考证，耶稣是“三大亚伯拉罕宗教创始人中唯一曾在耶路撒冷街上漫步过的”，作为一个犹太人，他的宗教生活也以研究先知、遵守律法和去耶路撒冷朝圣为基础。耶稣称耶路撒冷为“伟大国王的京城”。

圣墓教堂内部结构复杂，进门处还有很多人绕着一个环形小建筑排上了大队，队伍外有专门的神职人员维持秩序。原来这里就是耶稣下葬之处。公元 33 年，耶稣在耶路撒冷被抓，罗马总督彼拉多在他的指挥部——也就是今天雅法门外希律城堡的平台上，公开审判他。耶稣死后，他的追随者为他举行了传统的犹太葬礼，然后把他的遗体放在了这个石窟的墓穴当中，用一块大石封住入口。按照信徒们的说法，三天后耶稣复活，向惊讶的追随者现身。圣墓教堂的穹顶极尽华美，白天的时候有光线通过穹顶倾洒进来，寓意着耶稣自此升天。当然，考古学家们倾向于相信，耶稣的尸体只是被他的家人和朋友挪走，并安葬在耶路撒冷附近的一个岩墓里。这里无疑是令信徒们狂热的另一去处，很多人不惜排上几小时的队，只为能进去摸一下那块原物。

第二次进圣墓教堂的时候恰好人不多，我们也加入了排队队伍。里面空间逼仄，门口的希腊东正教士虽然表情严肃，但也友好。每过几分钟他放几个人进去，让大家触摸、祈祷或是拍照，然后又提醒大家赶紧离开，让下一批人进去。川流不息，应该是一年的常景。

因为拿撒勒是耶稣的故乡，所以当年追随耶稣教义的人被称为拿撒勒派。第二圣殿被罗马人毁后不久，拿撒勒派从母教犹太教分离出来，形成一个全新的宗教——基督教。耶稣遇难之处和下葬之处，成为基督徒们的朝拜之地。即使耶路撒冷一度被罗马人改变成为多神教风格的城市，基督徒们也还会潜入这些洞穴，秘密地让这个基督教神龛生生不息。基督徒有时得到宽容，有时受到严厉的惩处。没有了宗教的耶路撒冷不过是罗马东部一个边陲小镇。人口下降到一万人，城墙也千疮百孔。

公元 312 年，罗马皇帝君士坦丁皈依基督教后，立志要重建耶路撒冷，把它作为自己基督教帝国的中心。于是君士坦丁大帝拆除了哈德良的多神庙宇，他命令主教净化此地，捣毁异教神庙，挖掘里面原有的坟墓，并在那里建造一个拥有“最美丽的结构、柱子和大理石，最昂贵耐用的、装饰着黄金的”，“世界上最好的”长方形基督教堂。

君士坦丁大帝还派自己深爱的母亲、已皈依基督教的海伦娜来重建耶路撒冷。海伦娜在耶路撒冷发现了三个真十字架（True Cross）。为了确认哪一个是真的，据说皇太后和主教将这些木块抬到一个奄奄一息的老妇床前。当第三个十字架放过去时，病妇突然睁开眼睛，恢复体力从床上坐了起来。海伦娜“把十字架的一部分和钉子一起寄给她的儿子君士坦丁”，皇帝用这些钉子制作了马笼头。此后整个基督教世界都渴求来自耶路撒冷的圣物。不管真十字架的故事是否为后人杜撰，海伦娜确实永远地改变了这座城市，她后来在橄榄山上建造了耶稣升天大教堂和艾琳娜大教堂，而这座最重要的圣墓大教堂花了十年才建成，那个华美的穹顶直到公元4世纪末方才完工。

自君士坦丁大帝立基督教为国教之后，耶路撒冷变成一座地地道道的基督教城市，朝圣者们可以在这里追寻耶稣生前的每一个足迹。对很多虔诚的基督徒来说，“苦路”是他们来耶路撒冷朝拜时必会重走的一段路。苦路（Via Dolorosa）是耶稣生前走的最后一段路。这一路上他从被判刑背上十字架到三次不堪重负而摔倒，再到最后在各各他山被钉死在十字架上。“苦路”一共有14站，每一站的墙上都有黑色的金属圆片，上面的罗马数字标识是第几站，而最后5站均在圣墓教堂中。每周五下午，来自意大利的方济各会都会从第一站开始做弥撒，许多基督徒会跟在后面祈祷。可惜我们没有机会一睹这样的宗教盛景。

自此，与耶稣有关的一切都成了基督徒争相朝拜之处。驾车驶出耶路撒冷不久，就会经过约旦河，是传说中的耶稣受洗之地。如今这里也成为一个旅游景点，有很多旅游大巴停在那里。这一段约旦河河面并不宽。我们遇到了一组来自非洲的基督徒，他们显然有备而来，到了河边不由分说脱掉外衣，勇敢地走进河水里，让河水慢慢浸入自己。更有甚者，还憋住气，把脑袋也埋了进去，让河水全部淹没，几秒钟之后再出来。

值得一提的是，本来就不甚宽阔的河面，中间又拉着一道警戒线，悬挂的小牌子上写着“不许翻越”。原来这里也是以色列与约旦的界河。不足百米的河对岸，就是约旦领土，有趣的是，彼岸站着的许多人，看来也是游客，也正好奇地打量着我们这边。

在基督徒眼里，圣墓教堂才是世界的中心，于是，他们把圣殿山本身变成垃圾堆，以庆祝基督教对犹太教的胜利。与炙手可热的圣墓教堂相比，圣殿山一片荒芜，犹太人仍然被禁止进入耶路撒冷。基督徒允许犹太人每年一次可以登上圣殿山，但只是为了看到他们被命运嘲弄——犹太人对着圣殿的基石，“哀悼并撕扯自己的衣服”。在基督徒看来，这一切证明了耶稣的预言，“圣殿将会倒下”。

金顶的辉煌

我们住的宾馆在东耶路撒冷的橄榄山上，可以居高临下地俯视老城。只要天气好，放眼望去，每天闯入视野的，必然是那金光闪闪的圆顶。在投向耶路撒冷的镜头中，无论从哪一个角度，圆顶清真寺总是频频被摄入。它雄伟而炫目的金顶，无论清晨还是黄昏，都会产生一种让人无法抗拒的美感。作为耶路撒冷最耀眼、最绚丽的建筑，圆顶清真寺无疑也是最为直观的标志物。

而纵观耶路撒冷的历史不难发现，圆顶清真寺之于这个城市，不仅仅是建筑学和美学上的意义，它还骄傲地宣示了另一个宗教对这个城市的占有和影响。

穆斯林称它为谢里夫圣地（Haram Al-sharif），其实也是圣地之意。要进入圣殿山区域，最近的入口是位于老城东南方向的 Dung Gate，翻译成中文名字不太雅，粪厂门。据说当时从圣殿运出来的排泄物便是经由此门送去他地燃烧。

刚下出租车，便发现队伍已经排出了大门外——虽然圣殿山有很多入口，但是非穆斯林只能走哭墙广场南部的那个入口。前面是各种肤色、说着各种语言的人在安静地排队等候进入圣殿山区。排在我前面的是两个光脚还穿着凉鞋的印度人，一边不停地活动以取暖，一边抱怨耶路撒冷的物价高。

好在 1 月并不是耶路撒冷的旅游旺季，所以过了 40 分钟左右我就排到了安检的位置，入圣殿山的安检和进入西墙的一样严格，好在游客们都比较配合,安检速度也比较快,然后从西墙上方的一个木质联通桥进入。这一片坐落于圣殿山上的清真寺建筑群是伊斯兰教第三大圣地。由于巴以双方都称这里是各自的圣地,很多古迹犬牙交错,难分彼此,稍有不慎,就会引发事端。2000 年 9 月，时任以色列反对党利库德集团主席的沙龙强行“参观”阿克萨清真寺建筑群，这一事件被认为是引发持续数年的巴以大规模流血冲突的导火索。这一片区域里同样有荷枪实弹的警察，因为之前被告知，圣殿山区域里的警察皆来自约旦，所以特地暗中观察了他们一会儿。但除非是一个军迷，否则实在看不出，他们的制服和武器与老城其他地方看到的以色列警察有什么区别。

而眼下的这一片建筑，之所以成为伊斯兰世界的一个圣地，与它的创始人穆罕默德有着直接的关系。穆罕默德少年时期曾跟随伯父参加商队到叙利亚、巴勒斯坦等地经商，接触和了解到基督教和犹太教的情况，他也曾跟随一位僧侣学习基督教知识，研读犹太教和基督教经典。在此过程中，穆罕默德逐渐将耶路撒冷视为神圣之地。在麦地那定居后，穆罕默德与当地的犹太人和睦相处，并共同修建了第一座清真寺。穆斯林的很多习俗也非常接近犹太教徒，最初的礼拜方向也面向耶路撒冷的圣殿山。

穆罕默德的追随者们都相信他们的先知有这样一次经历：有一天，穆罕默德被天使叫醒，然后骑上一匹名叫“布拉克”的人面飞马，去了一个无名的“最遥远的至圣之所”，在那里，穆罕默德与亚伯拉罕、摩西、耶稣等先知会面交流，然后升入天堂。虽然耶路撒冷和圣殿从未被提及，但是穆斯林们相信，这个“最遥远的至圣之所”就是圣殿山。每年穆斯林在耶路撒冷聚会，庆祝“夜行登霄”，这段传说把耶路撒冷置于伊斯兰教中仅次于麦加和麦地那的第三大圣地。伊斯兰教受犹太教影响，也相信世界末日，而且坚信末日审判这一天，一定要离耶路撒冷近，在这里升入天堂，这也使得耶路撒冷成为现代穆斯林眼中全世界最神圣的地方之一。

公元 632 年，穆罕默德去世；四年后，第二任哈里发、在伊斯兰教中享有极高声誉的欧麦尔（Umar）带着千人左右的阿拉伯骆驼骑兵，击溃了东罗马帝国的军团。当军队包围了耶路撒冷时，城内主教索福洛尼斯表示愿意投降，但要哈里发亲口承诺，保证对基督徒实行宗教宽容。于是，“清教徒式的君主”欧麦尔穿着破烂的长袍，骑着骡子，身边只跟随着一名仆从从麦加前往耶路撒冷。当在城外眺望耶路撒冷时，欧麦尔带领大家进行了礼拜。之后，他穿上朝圣者的长袍，骑上一头白色的骆驼下山来会见索福洛尼斯。拜占庭的主教们静候着这位征服者的到来。“但他们镶嵌着宝石的华丽教服与欧麦尔简单朴素的衣着形成了鲜明的对比”，西蒙·蒙蒂菲奥里在《耶路撒冷三千年》里写道。索福洛尼斯将圣城的钥匙交给欧麦尔和他身后衣衫褴褛的阿拉伯骆驼骑兵，而欧麦尔保证，允许基督徒进入耶路撒冷，这就是著名的“欧麦尔之约”。如今圣墓教堂对面还有一座欧麦尔清真寺，是 1193 年为纪念欧麦尔这次和平进入耶路撒冷以及对其他宗教的尊重而建的。

虽然之前在老城穿梭，从不同角度已经一窥圆顶清真寺，但真正置身其中，还是被它的美所震撼。其实今天看到的圣殿山的很多建筑，都是倭马亚王朝哈里发阿卡杜拉·马利克的杰作。倭马亚王朝虽然首都在大马士革，但他们热爱耶路撒冷，甚至考虑过定都这里。

685 年，马利克成为哈里发，为了吸引众多的穆斯林，他开始计划修建圆顶清真寺（Dome of the Rock）。马利克尽管统治残酷，但是一位成功的建筑师——他从小被安排在沙漠中一个艰苦的贵族学校学习阿拉伯传统技能，这是早期阿拉伯皇室和贵族为了防止他们的后代忘本而特意这样做的，后来也逐渐废止。马利克被后世公认的是美学品位一流。有趣的是，因为当时的阿拉伯人刚从沙漠出来，还不擅长建筑，所以很多工匠是从拜占庭帝国“借的”，而工艺风格也带有拜占庭特色。

马利克用埃及 7 年的税收建造了圆顶清真寺。692 年前后完工后，被公认为建筑杰作：20 米直径的穹顶架在鼓形基座上，重量全部倚靠在八角形的墙面上。圆顶美妙的弧线、力量与简约，与它神秘的美相得益彰。

有意思的是，虽然建造了这样一座足以载入史册的伟大建筑，但马利克本人从未说明建造圆顶清真寺的原因。后世普遍推测他是想以此压倒基督世界的圣墓大教堂。从现在来看，他的目的也确实达到了，无论身处耶路撒冷的哪个角度，目光总是被它所牵引。1994 年约旦国王侯赛因出资 650 万美元为这个圆顶覆盖上了 24 公斤纯金箔，更让它熠熠生辉。圆顶清真寺成为 21 世纪的旅游观光点，成了耶路撒冷的代名词。

雄踞圣殿山之巅的圆顶清真寺，其实不仅是清真寺，而更是圣祠

（shrine）。在穹顶的正下，就是那块圣石，对很多人来说，就是世界中心。有了圣祠，还需要清真寺。于是马利克和他的儿子，建造了阿克萨清真寺，意为“最遥远的清真寺”。耶路撒冷有个传统，建筑用材都是从各个地方运过来的。阿克萨清真寺也不例外，其木柱就来自一个基督教建筑的基座。通向南边的双重和三重门，与东边的金门相辉映，这些耶路撒冷最美丽的门所用的建筑材料都来自早期希律王和罗马时期。建成之初的阿克萨清真寺有 15 条走道，即使经历了一千多年的风风雨雨，阿克萨清真寺依然能够容纳 4000 信众在内同时祈祷，由此可见当时的辉煌。

宣礼塔与钟声

在耶路撒冷旅行，会有一种奇妙的体验：每天凌晨 4 点多一点，半梦半醒之间，会被清真寺的宣礼塔传出的声音惊醒，这是召唤信徒们去清真寺祈祷；过了没多久，城内又传来叮叮当当的钟声，这是基督教堂传来的声音。一天之中，此起彼伏，形成一种奇妙的和谐。

但是，也就是这个城市，见证了人类曾经以信仰为名彼此进行残酷杀戮的中世纪血泪史。

1095 年 11 月末的一个上午，教皇乌尔班二世发表了一次布道演说，号召基督徒为了赎罪和救世，要重新夺回耶路撒冷，解放圣墓大教堂。从某种意义上讲，这场演说也改变了整个欧洲的历史，十字军东征由此开始了。

当时 8 万人手举十字架，从欧洲向小亚细亚出发。几个月后，十字军终于在酷热之下到达目的地——出发时的 8 万人，大概只有 1 万人在千辛万苦中到达终点。来自基督教世界的不同贵族，带着自己的人马分别驻扎在耶路撒冷各个城门外。十字军对厚重的城墙无计可施，热那亚水手进入雅法港，将船只拆解成木材运送到耶路撒冷，制成攻城机械。

1096 年 7 月 15 日，十字军找到了耶路撒冷防御的弱点，攻入城中，开始对穆斯林信众进行屠杀，无论他们是士兵还是平民。他们从母亲手中夺过孩子，扔到城墙上，只因为他们是“异教徒”。杀红眼的十字军战士，在市集街上搜寻，拖出更多的受害者，“像宰羊一样将他们杀死”。屠杀进行了几小时，十字军杀死了能找到的所有人，他们不只砍头，也砍下他们的手脚，“并以在喷水池里冲洗身上异教徒的血而感到荣耀”。城里很多人都逃到阿克萨清真寺的平台上，但十字军攻了上来，犹太人躲进犹太会堂里，但被十字军放火烧死。圣地重回基督徒手中，发动圣战的教皇乌尔班二世却在两周后离开人世。

48 小时后，屠杀停止。贵族和教士们向圣墓教堂走去，他们高歌赞美基督，眼里充满了欢乐的泪水。大屠杀六个月后，耶路撒冷仍然充满恶臭。战死的基督徒被埋在金门附近，他们相信金门是末日审判之地。每个人都想在这里占个好位子，等末日来临时升入天堂。

十字军占领了耶路撒冷后，把圆顶清真寺和阿克萨清真寺的顶端都放上了十字架。清真寺的一部分改为教堂，另一部分当作神庙及骑士团的营房和武器库，大殿旁边还建了一长溜马厩。阿克萨的铅皮屋顶也被拆去，用以整修圣墓大教堂。

在十字军骑士统治巴勒斯坦的 200 年中，犹太人和穆斯林一样，被禁止居住在耶路撒冷，违者被处以死刑——实际上，犹太人从一开始就是十字军东征最惨重的牺牲品。因为在许多基督徒看来，犹太人就是身边的异教徒。当时流行着这样一个口号：“干掉一个犹太人，以拯救你的灵魂。”为了增加人口，叙利亚和亚美尼亚的基督徒被邀请进耶路撒冷居住——这些人成为今天巴勒斯坦基督徒的祖先。

十字军初捷之后，建立了耶路撒冷国，它的疆域包括今天以色列、约旦和黎巴嫩的大部分。但十字军的耶路撒冷国也十分不稳定。没多久，耶路撒冷又归属伊斯兰世界。完成这个圣战任务的是在伊斯兰世界享有盛誉的萨拉丁。

埃及阿尤布王朝的建立者萨拉丁是位天才的政治家，深受人们尊重与喜爱。萨拉丁热爱耶路撒冷，他说“我已享尽人间荣华富贵”。此后，便投身于解放耶路撒冷的圣战。1187 年 6 月，在哈丁战役中，萨拉丁击败耶路撒冷军队，俘获了无能的国王——值得一提的是，随军圣物“真十字架”没有显灵，反而被萨拉丁缴获，从此它的下落也成了一个谜。

1187 年 9 月 20 日，萨拉丁包围了耶路撒冷，此时城内只有两名骑士和两个王后率众抵抗。担心耶路撒冷被血洗，城内贵族贝里昂作为代表出面与萨拉丁谈判，“首先我们将杀光女人和孩子，然后毁坏你们的圆顶清真寺和阿克萨清真寺，然后你才会得到这座城市”。萨拉丁思忖再三，决定同意，一些人被释放，还有一些人用钱赎回自己，否则就被卖为奴隶。萨拉丁一共收了 22 万第纳尔，而大主教在付了自己的 10 个第纳尔后，“就带着几车金银和地毯迅速离去”。

萨拉丁坐在王座上，看着两支庞大的基督教军队离开耶路撒冷，基督徒们频频回首，遥望耶路撒冷泣不成声。驱逐基督徒后，萨拉丁进入耶路撒冷，清理清真寺的基督教印迹，他称圆顶清真寺为“伊斯兰印戒上的宝石”，上面的十字架被扯了下来，在城内拖着走；他又恢复了被十字军占有的阿克萨清真寺的原有面貌。萨拉丁还用从大马士革运来的玫瑰花水亲自清洗圣地的砖石，以示虔敬。萨拉丁也没动圣墓教堂，只是将它关闭三天后，交给了希腊东正教会，但禁止教堂鸣钟，只允许伊斯兰的宣礼声响彻耶路撒冷。

萨拉丁成了伊斯兰世界的英雄，“驱散黑暗照亮每个黎明的阳光”。驱逐了基督徒后，萨拉丁从伊斯兰世界各处迁来穆斯林，许多犹太人也回到了耶路撒冷定居。萨拉丁还请回了许多亚美尼亚人，使之成为一个特殊群体，直到今天，耶路撒冷老城内四个区中还有一个是“亚美尼亚区”，这也是萨拉丁留给耶路撒冷的遗产。

风雨阿卡

筹划此次耶路撒冷之旅时，“阿卡”也被我放进第一批“必去之地”

的名单里——只因在此前有关十字军东征的历史文献上，多次看到过这个名字 Akko。这个见证了中世纪宗教战争的腥风血雨之地，岂能错过？

周六是以色列的安息日，当地人通常都不安排工作，很多餐馆也都关闭，留在城内的意义不大，所以我们就把出行的时期定在这一天。不巧的是，周五晚上就开始下雨，而且气象预报里说第二天是“圣经级”的风暴，无论是当天晚上采访的作家奥兹还是当地的中国朋友，都建议我们周六待在宾馆里，静候暴风雨过去。但是一想到如此与这个历史名城擦肩而过，心里又有万分不甘。所以第二天一早，尽管狂风暴雨如期而至，还是和摄影师张雷“义无反顾”地出发了。

顶着暴雨从特拉维夫租车沿海岸线北上，半个小时左右到达另一个历史名城——恺撒利亚，意为“罗马皇帝的城市”，这是希律王大力建成的，意为向罗马皇帝示好。但是雨太大，我们只能在车里远远地看着一些罗马石柱孤零零地矗立在那儿，任海浪狂卷。

无奈之下放弃恺撒利亚，继续北行，很快到达港口城市海法。此时雨大得几乎将雨刷调到最快速度都无法看清前面的路。但神奇的是，当我们驶到城里最高点时，雨势逐渐收敛，直至不知何时变成了若有若无的细雨。在细雨中静立山上，俯瞰小城。因为云层遮住了天空的颜色，远远望去，视觉似乎产生了一种幻象：海洋里的巨轮竟然像是从天上钻出来的。过了一会儿，太阳终于努力挣脱了云层，阳光慷慨地洒下来，天空也变得澄明起来，海天终于分开。

离开海法，离阿卡已经非常近了——以色列几乎是最年轻的国家，国土面积也不大，正如之前从以色列旅游局那里拿到的宣传册上面的话，“驾车从一端到另一端只需要大约 8 小时”，理论上讲，几天之内几乎可以游遍以色列“大疆南北”。不过作为连接地中海南北商道的阿卡，如今是以色列北部小城 Acre，很多书上将之翻译为阿克。也许是先入为主，我还是习惯用第一次在十字军战争史上看到的名字“阿卡”来称呼它。

没想到到了阿卡，雨又追随而至。狂风卷着地中海的巨浪，怒吼着拍到岸上，有惊心动魄之感。站在岸边台阶上看风景，也几次被风吹了下来。

不知道当年“狮心王理查”到达阿卡时，迎接他的是怎样的一幅图景。

实际上，当理查一世在 1191 年 6 月 8 日抵达阿卡时，此处的围城战已经热火朝天地打了一年多。1187 年，耶路撒冷的陷落震惊了基督教世界。此时的基督教世界陷入了十字军东征的狂热中。教士们周游欧洲，在宗教节日期间举行大型招募会，拉拢成千上万的信徒参加圣战，并向他们许诺，圣战者若在战斗中牺牲，其罪孽将得到赦免，并享受永生。

1190 年，基督教世界又组织了第三次十字军东征。这一次“规格”更高：英国国王理查一世、法国国王腓力二世、德意志国王兼神罗皇帝腓特烈一世（红胡子巴巴罗萨）都带队出征。但十字军开局不利，红胡子巴巴罗萨在渡过一条小河时，竟然被淹死。皇帝死后，他的尸体被煮烂，骨头被挑出来，由他的儿子带着前往阿卡，准备将遗骨葬在耶路撒冷。但没想到儿子带着队伍到了阿卡后，也死于瘟疫，这支德国十字军也就自然瓦解。其后，与理查不合的腓力二世也回了欧洲。于是只剩下理查一人面对伊斯兰世界。

身高一米八的理查，满头红发，精力充沛，因好战而被称“狮心王”。当理查到达阿卡时，这座城市被战争折磨得受尽苦难。而理查在此安营扎寨不到一周时间就患上了一种类似坏血病的疾病。他的牙齿和指甲开始松动，头发大把大把地脱落。但这并没有打消理查的战斗意志。有意思的是，他向萨拉丁发出书信要求与他秘密谈判时，竟请求萨拉丁提供桃子和冰块来帮助他退高烧。萨拉丁也颇具骑士风范地派人送来水果。

理查沿海岸线南下，离耶路撒冷还有几天距离。但他也知道按眼下的情势，即便夺回耶路撒冷，自己也守不住，唯一的选择是谈判。狮心王理查在给萨拉丁的信中说：“穆斯林和法兰克人都无力再战，这块土地已变成废墟。所以，我们必须谈判的是耶路撒冷、真十字架和这些土地的问题。耶路撒冷是我们信仰的中心所在，对此我们绝不放弃。”

萨拉丁也向对方说明圣城对穆斯林的意义：“耶路撒冷对于我们和对你们同样重要，但对我们更伟大。因为正是在耶路撒冷，我们的祖先夜行登霄，天使们也聚在这里。”分歧巨大，无法达成一致，双方继续大军对峙。

到了1192年，萨拉丁和狮心理查其实“资源与意志也都消耗殆尽”，9月2日，两人达成《雅法协定》（Treaty of Jaffa）。这是历史上第一次对巴勒斯坦进行的势力范围划分。代表基督教王国的理查得到了北边，定都阿卡；而萨拉丁守住了耶路撒冷，但允许基督徒进入圣墓教堂。和平协定为期三年。此后，萨拉丁邀请理查到耶路撒冷朝圣，但倔强的理查拒绝了。如果他得不到，他宁愿永远不看。不过一些基督徒骑士还是去了耶路撒冷朝圣，萨拉丁还接见了他们，并向基督徒们展示了真十字架。从此以后，真十字架就彻底失踪了。

这对伟大的对手再无机会交锋。10月9日，狮心王理查一世带着疲惫和遗憾坐船返回欧洲，在奥地利被奥地利公爵利奥波德五世扣押，直至一年后其母以相当于皇室两三年岁入的15万银马克的巨资将其赎回，1199年死于与法国的交战。萨拉丁回到大马士革，重回到有17个儿子的安逸生活中。6个月后，55岁的萨拉丁去世。

十字军的血腥蹂躏之后，1244年7月11日，一万名花剌子模鞑靼骑兵杀向耶路撒冷。这些雇佣兵已失控，冲入城里，砍杀前进。基督徒的耶路撒冷再次受到攻击。鞑靼人攻入圣墓教堂，把神父砍了头。然后冲入地下，掘开十字军耶路撒冷历任国王的墓穴，拉出尸体，扔进火里，又把耶稣墓穴门口的大石击碎。抢掠一空后，鞑靼人扬长而去。耶路撒冷一片荒芜，被不同的伊斯兰军阀控制。

狮门的偶遇

我们住的宾馆在橄榄山上，天气好的时候，山下老城可以尽收眼底。橄榄山属于东耶路撒冷，所以我们第一次进老城，就正好从老城正东的狮门（Lions' Gate）穿过。在夕阳的折射下，用浅褐色巨石建成的狮门反射出一种温暖的色调，与守在城门旁的穿着深蓝色警服、荷枪实弹的警察构成颇为刺目的反差。后来在资料上看到，1967年六日战争，以色列士兵正是从此门进入老城，在圣殿山竖起以色列国旗。

穿过城门时，不自觉地抬起头仔细端量，突然看到了城门上方的石墙上，有一对左右相向的豹子标志——一下子想起之前在BBC制作的纪录片里看到过这对黑豹。它们的主人是马木鲁克王朝时期的拜巴尔斯（Baybars）。而这对黑豹也成为耶路撒冷另一段历史时期的一个见证。

拜巴尔斯原本是南俄罗斯草原的孤儿，在打谷草时被掳为奴，带到大马士革变卖，后加入埃及奴隶兵团——马木鲁克（Mamluk）。因其骁勇善战，从禁卫军队长一路升迁，到30岁时，他已是新帝国最英勇的军官。拜巴尔斯有非凡的军事才能，1250年2月在曼苏拉城与法国国王路易九世率领的十字军作战时，活捉了路易九世。1260年9月，拜巴尔斯担任先锋官，在巴勒斯坦和叙利亚附近的艾因贾鲁打败了蒙古大军，这是蒙古大军在西征历史上第一次野战中被对手全歼。这次大战被历史学界认为具有重大意义。因为它标志着轰轰烈烈的蒙古西征浪潮的结束，而百战百胜的蒙古大军没有能够攻陷耶路撒冷圣地，因此保护了阿拉伯伊斯兰文明免遭蒙古大军的彻底破坏。

拜巴尔斯用潜行的黑豹为标志，来彰显自己的胜利。除了耶路撒冷的狮子门之外，现在已发现有八十多处这样的标志散落在埃及和土耳其之间的碑刻铭文上——从另一个角度说，耶路撒冷就是这样一个处处有历史感的地方，一不小心就与动辄已近千年的过去撞个满怀。

“马木鲁克对这个地区的历史贡献是阻止了蒙古人的进攻，他们的历史功绩是不可低估的。”希伯来大学前人文学院院长阿米泰（Reuven Amittai）说。作为历史学家，他的研究领域之一就是马木鲁克王朝。在他看来，将蒙古人打到了幼发拉底河以外，然后就把这个地区重新收回来。

1260年，击败蒙古军队的拜巴尔斯被拥立为苏丹。虽然拜巴尔斯的首都在开罗，但耶路撒冷是他们世界的宗教中心。他立志以萨拉丁为榜样，抵抗十字军在西亚的侵略势力。所以他一掌权后就开始摧毁十字军残部。

然后来到耶路撒冷下令翻修圆顶清真寺和阿克萨清真寺。

拜巴尔斯给耶路撒冷留下的最大遗产，不是建筑，而是节日。为了对抗基督教的复活节，他借用犹太教与基督教的传统，创设了耶路撒冷自己的节日——穆萨节。所有的耶路撒冷人，以及巴勒斯坦境内来的其他阿拉伯人这一天都会聚集在圣殿山上，庆祝、聚会，然后骑上马或骆驼，直奔杰里科附近的摩西墓地，纪念犹太教的先知也是穆斯林的先知穆萨（摩西）。这一节日成为耶路撒冷特有的节日，至今已有700年的历史。

1277年，拜巴尔斯在大马士革误饮了为别人准备的毒酒而死。继任者完成了他的未竟事业，在耶路撒冷城里修了很多精美的建筑。马木鲁克的建筑风格独特，在穆斯林居住区，钟乳石状的拱形装饰以及深浅色相间的石头随处可见。其工艺之精湛，连后世的研究者也惊讶不已，有些地方石头拼接处，“连刀片都插不进去”。

“马木鲁克为耶路撒冷留下了最精美的一批建筑。”阿米泰教授形容他们是“伟大的建筑者”。不仅在耶路撒冷，他们也在整个巴勒斯坦地区建了很多的东西，被称为犹太教四大圣城之一的萨法德（Safed）也是这一时期的作品。“还有加沙城，马木鲁克时期他们把它变成一个省的省会，在这个地区进行了很多建设，实现了一个相对稳定和繁荣的阶段。”

马木鲁克激起了人们重新到耶路撒冷朝圣的热情。十字军期间，这种热情几乎已经冷却。耶路撒冷在马木鲁克王朝时期重新兴旺起来。“圆顶清真寺和阿克萨清真寺虽说很早就是伊斯兰教圣地，但是在马木鲁克时期，它们变成了一个相对‘全球化’的所在。”阿米泰教授说。当时，包括各种其他宗教的信徒来耶路撒冷朝拜，也有很多从政坛退休的人，来到耶路撒冷定居养老，使得耶路撒冷有了一个“后花园”的价值。

1291年马木鲁克猛攻阿卡城，屠杀了大部分守军，将生还者变卖为奴。十字军时期的耶路撒冷王国就此终结，也标志着十字军东征的终结。“马木鲁克对伊斯兰世界的贡献是把十字军也赶跑了，如果不是马木鲁克从埃及过来征服这个地区的话，十字军也不会走得这么快。”

不过马木鲁克王朝统治的300年，也结束了萨拉丁王朝相对开明的统治，马木鲁克的突厥统治者强迫犹太人戴上黄色头巾，基督徒则戴上蓝色头巾。其实说突厥语的马木鲁克人也瞧不起阿拉伯人。只有他们才能在城镇里穿着毛皮衣服和盔甲，才能在城镇里骑马。到了16世纪，马木鲁克王朝因战争、腐败和瘟疫而国力衰退，它对中东的统治也陷于无力。

再度辉煌

即使不是信徒，在一个阳光明媚的日子里，登上圣殿山，在圆顶清真寺与阿克萨清真寺之间的平台上，找一个角落静静地体会这一片穆斯林建筑带来的美与宁静，本身就是一种享受：蒙着面纱的伊斯兰妇女行色匆匆进入寺内祈祷，肤色各异的游客兴高采烈地拍照，一位穆斯林老大爷带着一大口袋粮食，身后几十只猫追随着“呼啸”而过，又有鸽子和乌鸦下来与猫群争夺口粮……

眼前看到的这一片建筑群，归功于伊斯兰世界的另外一位伟大人物——苏莱曼大帝。

1516年8月24日，奥斯曼帝国苏丹塞利姆带着他能征善战、装备精良的土耳其军队，击败了还拿着旧式刀剑长矛的马木鲁克军队。这场战役也决定了耶路撒冷的命运——从1517年开始，直到1917年12月被英军占领，耶路撒冷有400年处在奥斯曼帝国的统治之下。

1517年3月20日塞利姆进抵城下占领耶路撒冷。阿克萨清真寺和圆顶清真寺的钥匙被交给塞利姆。塞利姆抵达耶路撒冷后，来到阿克萨清真寺，俯身跪拜，并宣称自己是第一个面朝麦加方向祈祷的人——穆罕默德曾规定，穆斯林必须先朝耶路撒冷方向朝拜，后来才改为麦加。

塞利姆死后，他的儿子苏莱曼大帝（Suleiman I），成为世界上最有权势的人，他的帝国疆域从巴尔干到波斯边境，从埃及到黑海，是奥斯曼帝国的鼎盛时期，伊斯坦布尔还有一座著名的苏莱曼尼耶清真寺。

据说有一天，苏莱曼梦到先知来访，让他“赶走异教徒”，“装点尊贵圣殿，重建耶路撒冷”。于是苏莱曼大帝在耶路撒冷大兴土木。他首先修建了城门，加高城墙——耶路撒冷已经300年没有城墙了；圆顶清真寺的马赛克已经褪色，苏莱曼下令将它们换成琉璃瓦。当时需要45万块砖瓦，下属就在阿克萨清真寺旁边建了一个砖瓦厂以提供建筑用料。我们今天所看到的耶路撒冷古城，很多是奥斯曼时期的原样，因为从此以后耶路撒冷再没有经历过大的战火洗礼。

此时的耶路撒冷开始重新繁荣，人口增加了三倍，达到1.6万人。

1492年西班牙女王伊莎贝拉征服了最后一个伊斯兰公国——格拉纳达，此后，西班牙驱逐了10万到20万犹太人，而他们后来都陆续转移到了苏莱曼帝国。他们逃回耶路撒冷后，开始兴建犹太教堂，成立犹太区，想方设法接近圣殿山，尽量靠近祷告。苏莱曼对他们也相对宽容，认为他们是“有经的人”，于是将第二圣殿主体围墙外一段约2.7米宽的街划给犹太人以供祈祷。不久之后犹太人开始用“墙”指称此地，慢慢地发展成“西墙”或“哭墙”。这条很窄的通道当时夹在西墙和马格里布区之间，直到400多年后，被以色列军队夷平，变成了一个广场，供人们祈祷或参观，才有了今日的哭墙前面宽阔的广场。

奥斯曼帝国对基督教也相对宽容，数以万计的基督徒到耶稣下葬的圣墓朝拜。但此时，在基督教内部，却掀起了旷日持久且影响深远的争斗。因为来自基督教不同国家的不同教派都进入圣墓教堂，彼此你争我斗。奥斯曼统治者的管理规矩很简单：谁付钱谁就能待下去。这意味着只有最富足的教派才能存续，有些小教派因无力负担而退出。到了16世纪，欧洲支持的天主教会、俄国支持的东正教会、亚美尼亚教会这三支教派留了下来。即使这样，它们之间仍为了主导权而龃龉不断。

在圣墓教堂中，哪怕是最普通的小事，都会造成国际和宗教影响。因为教堂内是个开放空间，不可能用篱笆或其他物体隔开，各教堂有自己的空间，但有一些是共有的。在圣墓大教堂内，东正教和天主教为加略山北台阶的使用权争执；东正教和拉丁礼拜堂之间的东拱门下一块长条地板的所有权引发争吵；亚美尼亚人和东正教徒为东面主入口楼梯的所有权和打扫权争吵。

由于教派纷争厉害，争斗不止，1757 年国际仲裁组织判定，以当时争端发生时的范围为永久范围。教堂内每一钉子、蜡烛、石头都登记在案，分归各个教派所有，还有些是共管区。但仍然存在一些争议，比如最后一级台阶是属于院子的延伸部分还是楼梯，两派争执从未停止，甚至在 1920 年有两名教士因此被杀。有意思的是，如今圣墓教堂的钥匙仍保留在阿拉伯望族——努赛贝家族手里，他们是奥斯曼选定的阿拉伯上层家族之一。努赛贝家族保留有收取一部分教堂进门费的权利，他们管理耶路撒冷的日常事务。直到今天每天黎明前他们依然要爬上去打开古老教堂的大门。

虽然奥斯曼土耳其统治耶路撒冷达 400 年，也是巴勒斯坦地区有过的最漫长的统治，但并不意味着基督教世界就放弃了征服它的渴望。

1798 年 5 月，28 岁的远征军总司令拿破仑率领着 300 多艘战舰、35000 名士兵以及 167 名科学家组成的远征军前往埃及。但在尼罗河口，遭到英国海军名将纳尔逊的重创。在埃及的失利，让拿破仑只有北上夺取叙利亚。

1799 年 2 月，拿破仑大军包围了雅法，信心十足地准备拿下 30 多公里之外的耶路撒冷。他在给督政府的报告中说："当你们看到这封信的时候，我大概正站在所罗门圣殿的废墟上了。"耶路撒冷城内陷入恐慌。拿破仑手下将军请令进攻圣城，但这位骄傲的法国人回答说，他要先征服阿卡，然后"亲自前来，将自由之树种在基督受难的地方，在进攻中倒下的第一个法国士兵将被埋葬在圣墓里"。

防守阿卡的帕夏贾扎尔（Jazzar），在英国海军军官史密斯的帮助下，抵住了拿破仑的围攻——阿卡古城至今还有贾扎尔清真寺，以纪念这次胜利。拿破仑围困阿卡三个月，多次攻击都未有成效。而此时奥斯曼援军赶了过来，拿破仑军中也开始流行鼠疫，已有一千多名士兵死亡。拿破仑被迫向埃及撤军。据说当时拿破仑说了这样一句话：“如果我占领了阿卡，我就能征服全世界。”尽管拿破仑未能如愿，他也给耶路撒冷留下了一个遗产：占领雅法后，他的那些生病的士兵得到亚美尼亚修道士的护理，为了表示谢意，拿破仑将自己的帐篷送给了修道士们。亚美尼亚修道士将帐篷改装成了十字褡，这种十字褡现在还在耶路撒冷亚美尼亚的圣雅各教堂里使用。

白旗的故事

美国侨民酒店（The American Colony Hotel）在东耶路撒冷，是由几幢精致的别墅发展起来的酒店。如果不仔细看，注意不到大堂的一角挂着一个牌子，上面写了很多来此住过的名人的名字，丘吉尔、索尔·贝娄、夏加尔、罗伯特·德·尼罗、鲍勃·迪伦、伯恩斯坦、戈尔巴乔夫、乌玛·瑟曼、萨义德……从政治家到艺术家、演员，不一而足。它们用这种方式低调但又不无自豪地宣扬着自己的历史。

酒店的历史来自一个悲伤的故事。美国人斯帕福德（Sparfford）夫妇原住在芝加哥，1871 年芝加哥一场大火让他们遭受很大损失。两年后，他们一家人决定去欧洲度假散心。丈夫因为工作晚出发几天，妻子安先带着四个女儿登上游轮。当晚，游轮被一艘船撞坏，几分钟内沉没。安获救，而四个女儿全部遇难。夫妇俩后来又有了两个孩子。不幸的是，儿子在 4 岁时因猩红热去世。安相信这一切都是因为自己有罪，而当初能活下来是因为上天要她担负某种使命。不久，她参加了一个 16 人的社团来到耶路撒冷——因为他们相信世界末日即将到来，他们要在这里迎接重生。当然，这一切并没有发生，但他们却留了下来，又吸引了更多的人加入，成立了一个美侨区（American Colony）。1902 年在雅法开着一家酒店的贵族，问能否让他的客人住进美侨区时，无意中开启了将此处改成酒店的可能。

酒店经理杰尔米（Jeremy Berkovits）带我们在宾馆的长走廊穿行，身旁的橱窗里展示着本地出土的3200年前的碎片，仿佛一下子穿越了几千年的历史。有意思的是，酒店的某一层被命名为“阿拉伯的劳伦斯”，走廊的墙上和房间里，都挂着那位颇具传奇色彩的人物影像：T. E. Lawrence。从某种程度上讲，“阿拉伯的劳伦斯”就是在这里“制造”出来的——当年，正是在这里，美国青年洛维尔·托马斯（Lowell Thomas）遇到了颇具传奇色彩的劳伦斯，然后以《纽约时代》通讯员的身份，在西方发表了关于介绍劳伦斯的不无浪漫、美化的文章，从而一举塑造了“阿拉伯的劳伦斯”，并使之成为家喻户晓式的人物。

1882年，一个绰号“中国人”的英国人光临了美国侨民区。这个英国人就是我们熟悉的“火烧圆明园”和“镇压太平天国”的查理·乔治·戈登。戈登还是个虔诚的基督徒，他在耶路撒冷待了一年左右。1885年，戈登被派往苏丹时，在喀土穆被起义者杀死。

其实美侨区的存在和发展，从另一个角度折射了耶路撒冷的近代史。由于奥斯曼帝国幅员辽阔，管理起来也不是那么容易，所以，苏丹多是将国土分成多个省份或区域，委托他的帕夏（Pasha）们管理，对耶路撒冷也有鞭长莫及之感。

随着欧洲势力的逐渐渗入，奥斯曼在耶路撒冷的统治也进入最后的岁月。

虽然称为美侨区，但这个社区里还有很多瑞典人，其中有一些会摄影。他们为来耶路撒冷的游客拍照，或是为旅行书或旅游报纸提供照片，又在老城雅法门附近的商店里出售这些照片，后来这竟然成为美侨的一个重要经济来源。当美侨区渐渐扩大，直至今天变成一个相对奢华的五星酒店时，他们建了一个小型博物馆以保存这批影像资料——这批资料无意中成为耶路撒冷近一个世纪历史的缩影。在大卫塔博物馆举行的耶路撒冷城市史展览，部分资料就来自他们的提供。

1914年夏天，一群德国学生来到美侨区学英语。8月2日一早，他们还现身吃早餐，但一夜过后，这些德国学生全部消失不见。后来才知道，在雅法港外，有一艘船将他们秘密接走，送到德国。几天后，德国入侵比利时，“一战”开始。

接下来的三年，耶路撒冷完全对外隔绝，所有的邮件传送被中止。身体合格的奥斯曼青年人都被征召到军队里，失去了这些壮劳力，耕地无人处置，然后城里爆发了伤寒。祸不单行，1915年，耶路撒冷又遭受蝗灾，成群的蝗虫“像雪花一样”密密麻麻地遮蔽住了天空——美侨酒店的资料馆里还展示着当年蝗灾的照片，这场蝗灾导致了1915年耶路撒冷的饥荒。

在这批资料里，最珍贵也最有意义的是那面代表奥斯曼帝国向英国投降、象征着奥斯曼帝国在耶路撒冷近400年统治结束的白旗。

“一战”开始后，奥斯曼帝国加入同盟国，与英国作战。1917年，埃德蒙·艾伦比（Edmund Allenby）出任英军总司令。他被认为是“一战”史上最伟大的英军将领，本人也很博学。因其身材高大，被冠以“血腥公牛”的绰号，对中东的影响很大。11月，艾伦比逐步拿下加沙、雅法，逼近耶路撒冷。

艾伦比司令

因被德国将军法尔肯海因取代而去了大马士革的杰马勒帕夏，“最后一次插手了耶路撒冷事务”。他准备让耶路撒冷“玉石俱焚”，先是命令驱逐所有基督教神父、炸毁基督教建筑，将主教们送到大马士革。然后他宣布驱逐耶路撒冷所有犹太人。在凡尔登战役中无功而返的法尔肯海因也不肯轻易放弃耶路撒冷，但英国人的飞机轰炸了位于橄榄山附近的德军司令部，英国的情报长官甚至将鸦片空投到奥斯曼军队中，让对手神志恍惚，无法防守耶路撒冷。英德战机在耶路撒冷上空进行了一场激烈的混战。

12 月 7 日晚，英国的先头部队已经能够看到耶路撒冷。第二天早上总督伊扎特·贝用锤子砸碎了自己的通信设备，然后召见耶路撒冷市长侯赛尼，将投降书交给他，信里称，为了保护圣地不被破坏，土耳其军队愿意放弃战斗离开耶路撒冷。整个晚上，成千上万的奥斯曼军人艰难地穿过这座城市，从而结束了奥斯曼统治耶路撒冷的历史。

12 月 9 日凌晨 3 点，德国军队撤出。上午 7 点，最后一个土耳其人离开耶路撒冷。大约一个小时后，英国士兵进入锡安门，在美侨区，民众高唱着《哈利路亚》，欢庆英军入城。耶路撒冷市市长侯赛因·侯赛尼（Jusseinal–Husseini）也来到了美侨区。“侯赛尼住的地方离美侨区很近，他属于当地上层，与这些欧美人关系也比较好。”酒店经理杰尔米说。侯赛尼拿了一束花找到安，“我在去投降的路上，想让你第一个知道”。

安的女儿伯莎·斯帕福催促侯赛尼用国际惯例——白旗来表示投降。上哪里去找白旗呢？伯沙灵机一动，从美侨区的医院里找到一张床单，扯下一块，交给侯赛尼。侯赛尼把它绑到一把扫帚上，召集了一个由数名侯赛尼家族成员组成的代表团，挥舞着那面滑稽的旗帜，骑上马便穿过雅法门去投降了。

“没想到投降过程还颇费周折。”杰尔米大笑着说。这群挥舞着床单白旗的人，先是在一个村庄里发现了两个正在鸡窝里寻找鸡蛋的英军厨师。市长提出要向他们投降，但两个英国人拒绝：他们觉得床单和扫帚看起来像一个陷阱，而他们的少校正等着他的鸡蛋，所以他们匆忙赶回了自己的部队。

不久，这一群人又见到了伦敦军团的两名军士从墙后冒了出来，拿着枪扣着扳机对他们喊道：“站住！”市长赶紧挥舞床单。两位军士拒绝接受投降。接下来，他们又遇到两个炮兵军官，他们也拒绝受降，但愿意通报司令部。经过层层转达，投降意向报告给了第 180 旅旅长沃森

（Watson），沃森又汇报给了第160师的约翰·谢伊（John Shea）少将。谢伊到达后，以艾伦比将军的名义接受投降，他命令沃森把投降信还给市长，然后让侯赛尼用“更正式”的方式把投降信交给他。

艾伦比是在雅法门附近的帐篷中得知这一消息的，当时他正在和阿拉伯的劳伦斯谈话。

英国首相劳合·乔治要求艾伦比进入耶路撒冷，作为献给英国的“圣诞礼物”。在伦敦，劳合·乔治不无得意地宣称：“占领耶路撒冷已经给整个世界留下最深刻的印象。经过数世纪的冲突和无谓斗争之后，这座世界上最著名的城市已落到了英国军队的手中，从此不再成为其他统治者对抗基督教世界的棋子。每座山的名字都因神圣的记忆而让人激动不已。”

此时的艾伦比收到外交部一封电报，内容是“强烈建议”他下马，步行穿过城门而且不展示国旗，避免任何“恺撒式”的狂妄自大。12月11日，艾伦比由美国、法国和意大利的使节陪同，在拉比、穆夫提以及各国领事的注目下，步行穿过城门。耶路撒冷市市长对他表示欢迎，许多人喜极而泣。

阿拉伯的劳伦斯

艾伦比沿着大卫塔前的台阶登上讲台，宣读他关于“祝福耶路撒冷”的宣言，接着又用法语、阿拉伯语、希伯来语、希腊语、俄语和意大利语重复了一遍。随后艾伦比列队走出雅法门重新骑上他的坐骑“兴登堡”。有传奇色彩的阿拉伯的劳伦斯一直陪同着艾伦比。那一天他除掉了贝都因的装备，借了一套上尉军服，扮作参谋军官，加入了游行队伍。

耶路撒冷市长侯赛尼在这一天究竟经历了几次投降，后来竟然成了一个有争议的话题。

那面有象征意义的白旗当时被插在一个石头堆里。当天晚上，侯赛尼本来让手下取回白旗，但手下却两手空空地返回。原来英军沃森准将已经让手下取走。当天晚上，沃森来到美侨区，找人把旗子带到市长侯赛尼家，让他签上名字以确认它的真实性。“于是美侨区的人决定把那个床单再扯一块又做了一面白旗；而市长在两面旗上都签了名。美侨区交回英国人一面，自己留了一面。”可怜的侯赛尼得了急性肺炎，两周后去世。

后来沃森准将把他的那面白旗带回了伦敦，赠送给帝国战争博物馆，长期在伦敦保存；而伯莎·斯帕福把她的那面白旗送给了俄亥俄州的一个小博物馆，因为那里有一个写了阿拉伯的劳伦斯而一举成名的洛维尔·托尔斯的展览。

“就在两周前，我才知道还有另外一个故事。”杰尔米兴致盎然地说。

2004 年，耶路撒冷的大卫塔博物馆收到以色列司法部转来的一个邮包，里面装着一个白色的纺织品，邮包附着的纸条上称，这是 1917 年 12 月 9 日，奥斯曼土耳其帝国向英国投降的白旗的原件。博物馆工作人员并没有多加理会——已经有两面白旗分别存于英、美，怎么还会冒出来第三件？大家推测寄来的是一件赝品，就将之放在贮藏室里。

“就在你们来采访的前不久，有一天一位保管员无意中打开包裹时，她惊讶地发现从旗子后面掉出三封信”，信里详细解释了这面白旗的来源。原来沃森让手下拿着白旗去找侯赛尼签字以确认其“合法身份”时，他手下这位叫诺顿的士兵，又把这块白旗扯下一块，作为纪念品送给了他太太——这就是后来司法部收到的那个包裹里的白旗的来源。

英国托管时期，英国士兵、行政官员以及各界人士经常造访这里。耶路撒冷又重新向世界打开了大门。1921 年春殖民部大臣丘吉尔，在顾问阿拉伯的劳伦斯陪同下到达耶路撒冷。热爱历史的丘吉尔喜欢耶路撒冷，他被圣殿山所吸引，只要有可能他就进行参观，每次都恋恋不舍地离开。

丘吉尔非常喜欢耶路撒冷。在“二战”接近尾声时——1944 年夏天，他甚至写信给斯大林，建议在耶路撒冷召开一次同盟国会议。他说：“有一流的饭店、政府大厦等等。斯大林元帅可以采取任何保卫形式，乘坐专列从莫斯科来到耶路撒冷。”丘吉尔承诺封锁路线，莫斯科、第比利斯、安卡拉、贝鲁特、海法、耶路撒冷。而后来的事实我们都知道——1945 年初，斯大林与罗斯福总统在雅尔塔举行了会晤。

艰难的和平

美国侨民酒店的大堂虽然不大，但一直人流涌动。“你看到了吗？大堂里有很多人喝着咖啡，闲聊天，但说不定哪个人就是中情局、摩萨德或是其他什么国家的特工。”杰尔米半开玩笑半认真地说。因为其美国的背景，这家酒店在纷争不断的耶路撒冷，有了一种中立的色彩，很多政治家、记者、外交人员和国际组织成员，都选择这里为见面的地方。即便杰尔米本人戴着犹太教的小白帽，他也一再强调“我们希望能在纷争的政治中保持中立”。

杰尔米带我们熟悉地穿梭在酒店中，对每一个房间的来历和典故如数家珍。有一个房间门口站立着一些穿着西装、面无表情的彪形大汉。杰尔米一副见怪不怪的神情。“肯定又是什么和平谈判！”他又补充了一句，“看这个安全级别，应该是比较重要的会。”

杰尔米略带神秘地打开了一个房间，让我们进去参观。原来这是英国前首相布莱尔住过的地方。2007 年离开唐宁街之后，布莱尔就代表美国、俄罗斯、联合国和欧盟四方，当起了中东特使。杰尔米说，自 2008 年起，他就在侨民酒店租下了一层，其中三间用作卧室。布莱尔一租就是三年，但复杂的中东局势让他的“中东特使”使命黯然收场。

“布莱尔喜欢弹吉他，所以他自己带了一把吉他在房间里；另外，他不想用酒店的健身房，因为那是公共场所，所以我们就放了一台跑步机在房间里让他锻炼。”杰尔米在房间里比画着。

“布莱尔从来不在房间内开会，因为他担心自己会被监听——CIA、克格勃还是摩萨德……还是什么人，所以他的会议室其实是在阳台上。”杰尔米带领我们穿过房间，拉开了阳台的门。他又卖了一个关子，“知道这个房间还有什么特别的地方吗？”他从阳台向外探去，指着门外的马路向我们示意。原来，1949 年阿以双方签订停火协定，城市被分成两边。酒店几百米之外的街道就是分界线——处于东耶路撒冷的美侨宾馆被划到约旦方。从谷歌地图上，不断放大，可以清楚地看到酒店西边的圣乔治（St. George str）下方，有一排虚线，上面标注 1949 Armistice Agreement Line（1949 年停火协议线）。

虽然美侨酒店自始至终申明他们的中立立场，处于这个地理位置上也会身不由己地卷入。在 1947 年以色列建国之后，酒店在双方交火中被击中 21 次。宾馆的墙上至今还能找到 1967 年六日战争留下的弹痕。当时，美丽优雅的庭院也被荒弃，游客消失不见，而代之以红十字会的志愿者。

这里的 16 号套房是另一间别具历史意义的所在。原来就在 1993 年，《奥斯陆协议》正式签订之前，由时任外长佩雷斯领导的以方团队，就在这里与巴方见面。“他们租了六个月，不要床、不要家具，所以我们把这些东西都撤走，只放进了六张办公桌，三张给以色列代表佩雷斯，三张给巴勒斯坦代表费萨尔·侯赛因（Faisal Husseini，巴解组织新闻发言人）。”

“他们在这里秘密谈判的时候，我一点儿都不知道，就像现在一样。

你刚才看到走廊那些安全人员了吗？里面肯定有会议，从安全人员的配置来看，肯定是很高级别的会议，而且是政治会议。但我不会去问，我也不想知道。”

我开玩笑地问杰尔米，为什么不在这个房间外面放点宣传画，对外广而告之这个房间所经历的特殊事件。他不假思索地又重复了说过数次的话：“坦率地说，作为一个商人，我不关心政治。我更希望酒店是因为好的服务而获关注。这是第一位的。我不想它因为政治而出名。如果人们得知此事，就会来评头品足，每个人的立场不一样，我不想沾染太多的政治色彩。”

1993 年，在挪威人的撮合下，巴以双方进行了 14 轮秘密和谈。和谈之初，佩雷斯并没有向拉宾告知此事。直到 1993 年，佩雷斯才向拉宾作了汇报，而拉宾对此表示了支持。

9 月 13 日，双方在美国白宫草坪签署了《临时自治安排原则宣言》，这被认为是以巴和平进程中的里程碑。但在协议签署后两年，拉宾遭以色列极端分子刺杀，其后巴勒斯坦极端势力亦连续发动针对以色列的袭击事件，街头冲突逐渐演变成双方武装对抗，奥斯陆协议的执行遭无限期搁置。

“我是 1993 年 8 月份到的以色列，9 月份拉宾和阿拉法特在白宫签订了和平协议。那时候以色列国内左派力量还是很强的。2000 年巴拉克当选总理时就说，我们左派回来了，和平一定要达成，他把所有的政治赌注都押在以巴和谈上。”特拉维夫大学的教授张平介绍。但是从 2000 年开始，形势急转直下。“现在以色列人的民意是绝对支持右派的。这是一个无奈的现实。”

现代巴别塔

在耶路撒冷的几天旅行下来，最强烈的感受是：每天都充斥着满满的疑惑。疑惑之一是源于这里层层叠加、缠绕的历史，感觉经常掉在由无数历史细节编织的细网里，试图挣脱、看清；另一重疑惑则来源于这个三教圣城复杂的现实问题。虽然从理论上说，以色列几乎是世界上最年轻的国家，但它现实政治之复杂丝毫不亚于它的历史之沉重。

比如，坐出租车遇到的阿拉伯司机的身份问题，就让我疑惑了很久。每每被问及他们的身份，得到的回答各异：有人说自己是以色列公民，有人说自己持约旦护照，还有人说自己只有以色列颁发的一种类似居住许可证的东西。而他们在这个地方得到的政治待遇和生活福利，也自然各不一样。虽然遇到的每一个司机都不厌其烦地试图向我解释，但几天下来，还是有云山雾罩之感。

一眼看上去就非常厚道的穆迪，是我们这几天遇到的唯一持以色列护照的穆斯林。当我问他来自哪里的时候，穆迪反倒有些糊涂："我就是耶路撒冷人，我的爸爸、我的爷爷……我们一直就生活在这里啊？！"

后来特拉维夫大学的张平教授给我解了这个疑惑。他说在 1948 年第一次中东战争中没有逃出耶路撒冷、在以色列绿线之内的阿拉伯人，如果愿意，也可以获得以色列护照。这一部分人占以色列人口的 20%。他们与犹太人一样享有公民权，在国会里面有自己的党。"如果所有阿拉伯政党团结起来组成一个党的话，也可以是第二或者第三大党。但是他们自己就有四五个党。"

与之相反，当时还有居住在东耶路撒冷、近 80 万的阿拉伯人拒绝领以色列护照；相应地，以色列给他们一张蓝色的永久居民证，但没有国籍。如果他们需要出国旅行，则由约旦给他们护照。"因为在传统上，约旦认为巴勒斯坦这个地方是他们的。1948 年第一次中东战争之后，实际上约旦河西岸地区被约旦吞并，变成了约旦国的土地，他们派了行政长官去管理这个土地，所以这些人传统上都是约旦公民。无论是 1948 年还是 1967 年之前，阿拉伯世界都不承认巴勒斯坦这个概念。一直到 1967 年战争失败，他们才允许巴勒斯坦人以自己的身份与以色列抗争。"

耶路撒冷老城并不算大，虽然理论上讲分为四个区：犹太区、基督徒区、亚美尼亚区和穆斯林区，但对于一个游客来讲，真正置身其中，很难区别出来它们之间的差异。无论是店主的穿着还是店主兜售的商品，都看不出明确的界线。穿梭其中的当地人，如果没有穿着宗教服装的话，也很难区别他们的身份。不时也有身着黑衣、顶着典型的犹太教高帽的男性穿过阿拉伯区，虽然他们匆匆的脚步，眼睛直视或低视、绝不与外界交流的态度也表明了一种疏离，但至少从表面上看，老城整体氛围还算安宁和谐。

但是当你刚刚有了这样一种感觉的时候，大马士革门外或是犹太区与阿拉伯区交叉点检查站荷枪实弹的军人，又让你猛地从这种表相中惊醒，提醒你这里仍然没有停息的斗争甚至流血。他们可以和颜悦色地同各国游客合影，甚至来者不拒，但转一分钟，他们就可能面色严厉地喝住在他们眼里可疑的阿拉伯青年，毫不留情地进行搜查。

与耶路撒冷相邻不远的三个城市，伯利恒、杰里科、拉马拉目前都是巴勒斯坦下面的自治城市。地理位置并不遥远，但本质上与耶城属于两个世界。

巴解的总部原设在加沙，但是自从加沙被哈马斯控制后，巴解被迫搬到了拉马拉。中国国际广播电台的同行孙伶俐开车带我们进入了拉马拉。过检查站时，车速必须降得很慢，为的是让以色列边境警察能看清车内情况。我们的车顺利通过检查站——孙伶俐说，他们租的车有一种特殊的保险，只有带这种标志的以色列车才能进入拉马拉。像在杰里科或伯利恒看到的一样，进入巴解控制的城市边界前，都会遇到一块牌子，提醒以色列人不许进入。

检查站附近的墙上有我们熟悉的阿拉法特的画像，墙面也有熏黑的痕迹。附近有一些十几岁的少年闲逛着，看到我们这种明显游客面孔的，便手里拿着什么商品嬉笑着走过来，可能是想兜售什么。

拉马拉并不大，与耶路撒冷比，这边的城市建设、交通和市容市貌也有不少落差。马纳拉广场上的石狮算是这里的地标式建筑。除此之外，最值得去的就是阿拉法特墓地和他的博物馆。

这个博物馆是2016年11月开始对外开放的。博物馆包括阿拉法特晚年居住的房间，还有两层阿拉法特生前的物品向公众展出，包括其于1974年在联合国讲话时所戴的墨镜，同时还展出大量珍贵的图片及视频素材。

这实际上是阿拉法特生命最后三年停留的地方。自2001年底以后，阿拉法特一直被以色列“软禁”于此。2002年3月底，由于以色列境内发生自杀式爆炸事件，以政府随即宣布将阿拉法特视为“敌人”，决定对其采取“绝对孤立”政策。此后，以色列以打击“恐怖主义”为由，多次围困阿拉法特官邸，并断水、断电，向阿拉法特施压。继哈马斯领导人亚辛及兰提西被“定点清除”后，以高级官员曾多次在公开场合暗示，阿拉法特可能成为以下一个袭击的目标。于是出于安全考虑，当时阿拉法特的官邸入口处堆着高高的沙袋，只留了个仅容一人通行的窄道供阿拉法特和工作人员出入。地下室的几个房间还保留着当时的样子——一些办公室的地板上散放着铺盖被褥，这就是工作人员的床，床边还立着几把枪，一幅随时战斗的姿态。窗口都被沙袋封起来，密不透风。有一个房间还有一台简易的医疗床，当时阿拉法特健康已经出了问题，法国医生被请来会诊。

尽管巴勒斯坦方面得到了国际社会的广泛同情，但是他们一直以来缺乏一个强有力的领导人和组织。阿拉伯世界的一盘散沙更让人扼腕叹息。张平教授说，以色列右派这么多年一直说这句话：“我没有一个谈判对象。”当年他们和阿拉法特签定了和平协议，但之后哈马斯就发动了大规模恐怖袭击，阿拉法特对此也无能为力。而现在的巴解领导人阿巴斯在人望上又比阿拉法特逊了一筹。

阿拉法特官邸办公室里唯一的装饰是一幅绘有耶路撒冷阿克萨清真寺的画。在国际组织的斡旋下，阿拉法特离开此处前往法国接受治疗，并最终在法国逝世。他去世后，巴解决定把他葬在这被多次围困过的地方，巴勒斯坦官员希望借此能让世人铭记，一个民族独立自由事业的领袖在故土被占领下的屈辱和苦难。

（参考书目：《耶路撒冷三千年》《重回耶路撒冷》《犹太文化与以色列社会政治发展》《犹太文化史》）。

叶卡捷琳堡：一座工业城市的过去与今天

采访于 2011 年

作为原苏联一座重要的工业城市，叶卡捷琳堡有太多辉煌的过去，这也使得它在转型时期所需要付出的心理成本更高昂一些。在巨大的历史变动面前，一个老工业城市能否获得重生，生活在那里的人民能否重新寻找到自己的生活之路，他们在迷惘困惑中找寻答案。

乌拉尔之都

谷歌地图上显示，叶卡捷琳堡与莫斯科的距离是 1667 公里。从莫斯科起飞一路向东，两个多小时便降落到叶卡捷琳堡机场。从地理学意义上讲，当双脚踏上叶卡捷琳堡的那一刻起，我们已从欧洲又回到了亚洲——叶卡捷琳堡恰好位于欧亚分界线的东边。很多到达叶卡捷琳堡的人都要专程赶到欧亚分界纪念碑那里拍照留念。可惜我们时间有限，无法专门驱车到那里体会横跨欧亚的神奇与豪迈感。

因为地缘政治的特点，叶卡捷琳堡被称为“乌拉尔之都”。当地人对这一点深以为自豪。在市内的一些小路上，很多地方都标着“亚洲”和“欧洲”。他们喜欢说：“俄罗斯是只双头鹰，一头看着亚洲，一头看着欧洲，我们叶卡捷琳堡就是这只双头鹰共用的脖子。”

叶卡捷琳堡并不算大，与在莫斯科时常看到的那些高耸雄伟、气势磅礴却又严肃冷峻的“斯大林式”建筑不同，这里的建筑大多是四四方方、平整规则的“赫鲁晓夫楼”。这是20世纪60年代赫鲁晓夫当政时期在全国推行的产品，这批居民楼通常有五层高，每户人家都拥有独立的厨房和卫生间，全天供应热水。虽然每套面积并不是很大，但在那个年代，毕竟实现了大多数人拥有自己一方天地的梦想。进入新的历史时期后，俄罗斯很多城市开始拆除这种有强烈时代烙印的“赫鲁晓夫楼”，但是这里却仍然大面积保留着。加之略显破败的厂区，在这个城市几天的采访中，作者经常有置身某东北老工业基地的错觉——建筑风格甚至城市气质上都相像。

无论在苏联时期还是俄罗斯时期，叶卡捷琳堡都是一个举足轻重的工业城市。对于其城市地位，不同资料的描述也各不相同，有的称其为“第三大城市”，有的称其为“第五大城市”。据我国驻叶卡捷琳堡前任总领事谢金英介绍，从人口说，有130万人口的叶卡捷琳堡排在莫斯科、圣彼得堡、新西伯利亚和下诺夫哥罗德之后，位列第五；而从经济发展水平来讲，它在俄罗斯的所有城市中排名第三。不过，不论城市规模、建设水平还是繁华程度，若用中国的“第三大”或“第五大”的概念来对照，显然会有很大落差。

对大多数中国人来说，这个被当地华人习惯地称为“叶卡”的地方，多少有些陌生。其实它也是一个时代巨变的见证者：1917年“二月革命”后，沙皇尼古拉二世被迫下台。后几经辗转，沙皇及全家在1918年4月被押送到斯维尔德洛夫斯克（即叶卡捷琳堡）伊帕季耶维奇公寓。1918年7月，同红军作战的旧俄军队迫近叶卡捷琳堡。为避免反苏维埃力量俘获沙皇并以此做文章，7月17日凌晨2时，尼古拉二世家族包括他们的仆人共11人被秘密处决。他们的尸体被浇上硫酸和汽油销毁，残余骨渣被埋藏在叶卡捷琳堡地区的一个废弃的洞穴中。

这个事件曾长期秘而不宣，直到后来政治气氛有所放松才逐渐被外界知晓。这以后，每逢沙皇被枪杀的日子，很多当地人就跑到伊帕季耶维奇公寓查看这所神秘的房子。由于这所房子引起越来越多人的注意，当时的苏联最高当局下令时任州长的叶利钦将其拆除。在一个夜晚，叶利钦派人将房子拆毁，在原址浇上了柏油。很多年后，叶利钦对此表达了忏悔之意。1998 年，根据已经成为俄罗斯总统的叶利钦的命令，沙皇一家的遗体被隆重安葬在圣彼得堡的彼得·保罗要塞教堂中；俄罗斯联邦最高法院主席团确认末代沙皇尼古拉二世及其家庭成员“是政治镇压的牺牲品”，并为其恢复名誉。而在叶卡捷琳堡他们当年被枪杀的公寓上，也建了一个“滴血教堂”，里面收藏了很多尼古拉二世一家的照片。当地居民会点上一根蜡烛，闭上眼睛默默地立在画像前祈祷一会儿。“很难说我们是爱沙皇还是怀念他，更准确地讲是同情他和他的家人，因为与历史上的其他沙皇相比，尼古拉二世还算是比较温和的，也愿意变革，只不过时运不济，他赶上了革命的风暴。”当地居民阿列克谢告诉我们。

20 年前的另一场巨大的历史变动，对这个城市影响是直接的。“叶卡是一个重工业集中、军工企业集中的城市，苏联解体后，原来的加盟共和国纷纷独立，原有的经济链条中断，产品滞销，生产萎缩，遭遇到很大困难。”驻叶卡捷琳堡前任总领事谢金英告诉我们，“苏联时期，这里 93% 的企业与其他加盟共和国有直接关系。解体之后，很多产品消化不了，对经济影响非常大。”乌拉尔国立技术大学教授鲍里斯告诉我们，当时叶卡捷琳堡有很多工厂倒闭或者以极低的价格被拍卖。“过渡时期，很多人利用收购原来大企业的机会而使自己一夜暴富。乔布斯也是富豪，但是他的一生为推动社会进步作出很大贡献；可是我们那些暴发户，除了使自己的财富变成天文数字之外，没有给社会创造任何价值。”说到这里，鲍里斯变得愤愤不平起来。

不过因为苏联人口少，原本就劳动力不足，所以这里并不存在像中国经济转轨时遇到的大量工人下岗失业的状况，但是整个城市发展水平在相当长一段时期陷入了停滞，直到最近几年，情况才有所好转。“我们没有足够的实力去保存、支持那些原有的工业企业，所以很多工厂无法保持原来的状态，当然，这也逼迫它们开始考虑重新建立新的工业体系。正是因为这些新兴的工业体系，包括建筑产品、工业机械产品，这些新兴工厂才使城市重新得到发展。”鲍里斯说。

2009 年，“上海合作组织”国家元首第 9 次会议选址在叶卡捷琳堡，借助这次峰会，城市面貌有了很大提升。在穿城而过的伊谢季河边，有一幢崭新的办公楼。当地华人曹慧然告诉我们，这是州长官邸，上合组织会议时拨款新建的。市中心的几条主干道的路面状况明显好于其他地段，小曹说，若没有“上合峰会”，它还会像以前一样坑坑洼洼。俄罗斯的物价普遍高，这里也不例外。小曹是 2000 年来到叶卡的，从他的个人生活经历感觉，“这个城市物价 10 年涨了 6 倍”。

“你们要看苏联的痕迹，这里是最合适不过的了！”曹慧然指着遥远地平线上一座高高的白塔，在清一色的低矮建筑中，它显得特别突兀。“那个塔就是一个典型的象征。”这是苏联时期立的项目，按规划，它要建成全苏联最高的电视转播塔。可是建到一半，庞大的苏联一夜间倒塌，建设资金也没了着落，电视塔一直被闲弃在那儿。如今有了卫星信号，也失去了重建这座塔的意义，不过它现在有了新的功能——成了当地跳伞爱好者的青睐之地。政府不允许跳，他们便经常偷偷爬上去一试身手。

斯维尔德洛夫斯克州前文化部长娜塔莉娅・彼得洛娃

如果仅仅把叶卡捷琳堡理

解为一个工业城市，那实在是对它的轻视。娜塔莉娅·彼得洛娃是位端庄优雅的女性，她之前的身份是斯维尔德洛夫斯克州文化部长，现在是州“地区自然历史博物馆”馆长。她熟练地给我们介绍了一串数字：州里有 1000 多个图书馆，32 个专业剧院，博物馆总数超过 600 个，200 多所音乐小学和专科学校，30 多所高等专业学校。在这样一个只有 130 万人口的城市中，却有乌拉尔爱乐乐团、乌拉尔交响乐团、国家合唱团、乌拉尔民乐团等文化机构，其文化底子着实不容小觑。“战争期间很多有名的艺术家被苏联安排到乌拉尔一带躲避战火，就为了不让残酷的战争毁掉我们的文化；我们现在要做的，就是尽量不让政治变动毁掉我们的文化。时代会变，但是某些精神和文化会超越一时的纷扰而永久留传。”娜塔莉娅·彼得洛娃说。

英雄之城

在叶卡捷琳堡市中心伊谢季河边的一个广场上，矗立着一座高人的青铜雕像，上面的两人正是这座城市的缔造者——塔季谢夫（Vasily Tatishchev）和根尼（Georg Wilhelmde Gennin）。炮兵学院毕业的上尉塔季谢夫后来成为俄罗斯杰出的政治家、历史学者和人类学者，根尼则是一位采矿和冶金专业的工程师。当年他们奉彼得大帝命，来到矿藏丰富的乌拉尔地区建造一个俄罗斯最大也是当时欧洲最大的冶金厂。人工开凿的伊谢季河成为工厂早期的动力来源。

1723 年 11 月 18 日，冶金厂铸造车间里的两把铁锻锤开始工作，这一时间点后来就成为叶卡捷琳堡的建城时间。彼得大帝的妻子凯瑟琳（即叶卡捷琳娜一世），则成了这个新城市的名字。叶卡捷琳堡建成后不久就成为乌拉尔地区的炼铁业中心。1878 年，铁路将这座工业城市与俄罗斯的西部疆域联系起来，并在 1885 年东通秋明、南达车里雅宾斯克，这也使得叶卡捷琳堡的工业更大规模地发展。1923 年，叶卡捷琳堡成为总面积 1757 平方公里的大乌拉尔地区的中心。20 世纪 30 年代，大量的大型工厂在这里兴建和重建，工业潜力加强，人口在战前最后 10 年增加了 3 倍。

像俄罗斯很多城市一样，时代变迁也深刻体现在这座城市的名字上。布尔什维克取得政权后，为了纪念列宁早逝的亲密战友斯维尔德洛夫，1924 年，带有沙皇印迹的叶卡捷琳堡被改为斯维尔德洛夫斯克。还未等苏联正式解体，1991 年 9 月 4 日，城市就改回它原来的名字，以前拆毁的教堂和建筑物也开始重建。

“二战”期间，叶卡捷琳堡的前身——斯维尔德洛夫斯克几乎成了“英雄城市”的代名词。当时斯大林将大型工厂转移到乌拉尔地区，叶卡捷琳堡也成为一个巨大的军工生产重地。“当时有 437 家大型工厂从欧洲部分转移过来，这些机器运来后，来不及修厂房，往地上一放，就在露天的条件下投入运行。即使在这种工作条件下，人们也源源不断地给前线输送武器装备。”乌拉尔国立科技大学教授鲍里斯不无自豪地说，“所以德国人有一种说法：是乌拉尔打败了德国。”

五一大街的“军官俱乐部”门前，几辆导弹车和坦克骄傲地立在高台上，炮筒仍然霸气地指向天际，仿佛提醒人们它们曾在苏联历史上扮演过的重要角色——虽然大街上来来往往的居民对这些威武的重家伙都视若无物，鲜有人会将目光投向这里。里面的院子更是摆满了各种各样的装甲车和坦克，简直就是一个小型的免费武装展览。奇怪的是，这里没有围栏，也没人看管，我们起初还小心翼翼地围在四周拍照，后来索性肆无忌惮地爬上去、钻进去，拍个痛快——回来上网一查，才知道刚才踩在脚下的那辆标有“T–72”的坦克，是“两伊战争”中参战双方最先进的主战坦克。

这些曾经的英雄企业在苏联解体时遭遇到严重的挑战。“那些军工企业虽然被保留下来，但是很多企业产品已经改变，比如有的原来生产坦克，现在开始生产汽车车厢。当然坦克的生产线仍然保留，不过要根据市场的订单而定。俄罗斯军政改革也走向国际化，对乌拉尔是有好处的，国家会给我们下订单，生产新的产品。”鲍里斯说。

叶卡捷琳堡至今还保持着它们在军工产业上的优势。很多俄罗斯的潜艇、导弹都是这里研发出来的，每年在这里都有武器展。作为军工企业的重镇，叶卡捷琳堡在长达几十年里都不允许外国人进入。1960 年 5 月 1 日，美国中情局所属的 U–2 侦察飞机进入到这个城市的领空侦察时，被 S–75 地对空导弹击中，飞行员加里·鲍尔斯被俘。直到 1991 年，这座颇具神秘感的城市才对外开放。但是，“很多在工厂里工作的人掌握了一些特殊技术，所以虽然苏联解体后，外国人可以进来，但是本市人出国是要受限制的，甚至去俄罗斯的盟国也不行”。鲍里斯说，有些小城市的工厂在苏联时期生产核武器，现在的主要任务是负责销毁过期的核武器，这些地方至今仍不对外开放。

当年苏联科学院将乌拉尔分院的主要研究机构也放在了叶卡捷琳堡。“冷战”时期，他们专攻军事科学。据说有名的 S–300 防空导弹就是他们的杰作之一。现在他们的科研经费，约有三分之二仍由政府下拨。作为曾经的超级大国的国防工业重镇，叶卡捷琳堡在苏联时期无疑享有无可比拟的特殊地位。但是，这个城市也为此付出过惨重代价。

1979 年 4 月初，一场突如其来的怪病袭击了叶卡捷琳堡的契卡洛夫地区。短短几天内，几十人因炭疽病菌感染而死亡。当时苏联政府没收了所有医院的数据，对外解释是由于食用了被感染上病菌的肉。多年来，西方情报部门一直怀疑这起炭疽热的真正起因，是附近一家军事生化实验室的炭疽病菌泄露。

1992 年，当时的总统叶利钦在接受一家媒体采访时承认，1979 年的炭疽病菌传播，是“我们的军事研究出了问题”。据报道，这个实验室隶属于当地一家军工企业，在苏联时代，专门负责生产专用于细菌武器的炭疽。这次炭疽病菌泄漏，对叶卡捷琳堡造成的伤害是短时间内无法弥合的。1979 年到 1989 年的 10 年间对叶卡捷琳堡的人口统计表明，契卡洛夫区的人口呈明显下降趋势，男女比例严重失调，新生儿中有中枢神经问题的达 80%。虽然叶利钦后来下令停止生物武器生产，但是原苏联设在基辅和叶卡捷琳堡等地的三处国防微生物实验室仍然紧闭其门，笼罩在当地人头上的生物武器的阴影并未消除。

“工厂之父”

汽车从叶卡捷琳堡市中心向北开出不久，就进入到这里最重要的一个区域——铁路区。铁路区的面积非常大，约占叶卡捷琳堡的四分之一。如果把叶卡捷琳堡粗略地比做沈阳，那么这里的铁路区就相当于著名的铁西区。

苏维埃取得政权后，利用其高度集中的指令性计划经济体制，取得了远远高于西方资本主义国家的经济发展速度。苏联在 1937 年 3 月完成第二个五年计划时,其工业总产值从欧洲第四位跃居第一位、全球第二位。而作为整体经济布局的一部分，彼时的叶卡捷琳堡成为苏联重型机械制造、重化工业及钢铁工业的中心。一大批著名的大型骨干企业应运而生，其中最有名、最具有代表性的，就是被当地人称为“Uralmash”的乌拉尔重型机械厂。因为其历史悠久，又负责生产“制造机器的机器”，乌拉尔重机厂又被称为“工厂之父”。

也许正因为这个特殊的身份和地位，联系采访乌拉尔重机厂时颇费了一番周折。我们先是被告知所有的采访必须至少提前一个月联系，一遍遍沟通后，才终于同意可以通融。负责接待媒体的公共关系部显得非常谨慎，不但事先要求提交详细的采访清单，而且通过翻译一再强调采访不能涉及政治问题。承诺遵守他们的要求后，我们才获得一个采访机会。按约定的时间到达那里，却又在厂区外边足足等了一个半小时，才获准进入，颇有点老国企的架子和效率。

“我去过中国，我在北京生活了两年，就住在友谊宾馆。我们在齐齐哈尔、鞍山、上海、包头等地建了很多工厂，所以对中国非常熟悉。”

接待我们的厂史博物馆负责人阿杰耶夫·谢尔盖耶夫（Ageev Sergey）一上来就非常爽朗地说。

在乌拉尔重机厂门前的小广场上，一面墙上镶嵌了一连串它在苏联不同时期得到的勋章，其中有几枚还是由捷克斯洛伐克或波兰这些曾经的“兄弟”国家颁发的，昭示着它昔日的荣耀。更值得一提的是，蒋经国当年就在这里工作过，也是在这里结识了女工芬娜——即后来的蒋方良。采访中阿杰耶夫花了很长时间给我们讲“尼古拉”（蒋经国的俄文名）的故事，他特别强调说：“蒋经国最初到这里是任车间主任助手，不是你们的历史书上写的车间副主任。”

1932 年底，乌拉尔重型机械厂开始投建，建成后的乌拉尔重机厂，除了为乌拉尔和西伯利亚地区生产一些大型机械设备外，也开始生产一些军品，包括由彼得罗夫设计的 M-30 榴弹炮，它后来成为苏联红军师级作战单位的主力支援火炮。

而在苏联卫国战争中，乌拉尔重机厂更是为历史留下了一连串辉煌的纪录。它先是生产坦克车体，进而加入到 T-34 坦克的生产队伍中；1942 年 8 月，厂里的研制队伍又制造出以 T-34 坦克为基础设计的 SU-122 突击炮，当年 7 月被大量投入到库尔斯克战役中。1943 年 4 月，根据红军炮兵局的要求，乌拉尔重机厂研制出 SU-85 坦克歼击车，在对德作战中成为“虎”式重型坦克的克星，也很快成为红军的主力战车。1944 年 9 月，乌拉尔重机厂开始生产后来成为另一个经典产品的 SU-100 自行火炮。它在第二次世界大战后期发挥了重要作用。在与德军的对抗中，击毁过德军的“黑豹”式战斗坦克、“虎”式重型坦克和“猎豹”坦克歼击车。SU-100 自行火炮一度成为苏联坦克师和机械化师的标准支援火炮。中国在 1955 年接收苏军机械化师和机械化炮兵师装备时，还引进过 99 辆 SU-100。

“我们最大的优势是拥有当时世界上最先进的技术——比德国还要先进，所以我们能生产出那么多胜敌一筹的产品。”回顾这段历史，阿杰耶夫毫不掩饰自己作为“Uralmash”一员的骄傲之情。“那时处于战时状态，每个工人每天都要工作 12 小时，没有周末；有的人甚至昼夜工作。我们的工厂为苏联战胜法西斯德国付出了全部的努力。”“二战”期间，在极其艰苦的条件下，乌拉尔重机厂一共生产了 5400 辆坦克开往前线，有力支持了反法西斯战争，战时生产的最后一辆坦克成为厂区里最有纪念意义的一座雕塑。不仅如此，后来还一直流传着这样一个说法：乌拉尔重机厂生产的军用坦克与同处一个城市的乌拉尔工学院培养的坦克手两者有机结合，组建成了赫赫有名的乌拉尔坦克师团，源源不断地直接开往苏德战争的前线。阿杰耶夫还特别自豪地告诉我们，中国读者熟悉的《这里的黎明静悄悄》的作者瓦西里耶夫就是乌拉尔重机厂的。

乌拉尔重机厂从建厂生产的第一天起，便确立了不可动摇的特殊地位。“必须是斯大林委派的人，才能成为工厂负责人。”阿杰耶夫说。实际上，身为全苏同行业中的最大企业之一，其第一把手实际相当于副部长级别。与中国的情况类似，从这个“大国企”走出的领导人，最终走上俄罗斯最高领导位置也顺理成章，雷日科夫即是典型一例。1950 年起，雷日科夫开始在乌拉尔重机厂担任值班厂长，然后步步高升，一直到 1959 年担任厂长。也正是因为有在乌拉尔重机厂这样重要的工业企业的工作经验，46 岁的雷日科夫从这里调往莫斯科，后来成为俄罗斯政坛一位重要人物。

这个地理位置与中国有些遥远的城市，其实曾与中国有着密切关系。1950 年 2 月 19 日，毛泽东、周恩来专程来到乌拉尔重机厂参观。“毛泽东是在与斯大林会面结束后，在回国的途中经过这里，他一定要到工厂看看。”厂史博物馆负责人阿杰耶夫介绍说。看了这里的大型设备，毛泽东曾感慨：有朝一日，中国人民也要建立自己的“乌拉尔重型机械厂”。正是在他们的帮助下，中国建立了富拉尔基重型机器厂。

乌拉尔重机厂与中国的联系在两国关系的“蜜月期”更加密切。阿杰耶夫说，当时中国曾派四百多人前往乌拉尔重机厂学习，他们也派出很多专家到中国指导。国内很多大型重工企业的创建，都有“乌拉尔重机”

的影子。也是因为与中国的这些特殊缘分，乌拉尔重机厂至今还保存着毛泽东、周恩来来此参观时的签名，还有陈云寄给该厂的贺年片。乌拉尔重机厂当年送给毛泽东的礼物——青铜雕塑“驯马师”，现在藏于中国国家博物馆内。

其实苏联解体之后，老牌国有企业乌拉尔重机厂也必然面临体制上的改变。根据俄罗斯联邦法，1992 年，乌拉尔重机厂被改造成为一个开放式的股份公司，所有的下属企业都成为独立经营的公司。1996 年，它成为俄罗斯最大的重型机械制造集团奥姆斯（OMZ）公司的一部分。乌拉尔重机厂人数最多的时候达 6.5 万人，而现在工厂只有 6000 名员工，这个数字已直观地反映出它所经历的变化。

这样一个计划经济体制下诞生出来的庞然大物，在后来剧烈的时代之变中发生了什么，有什么样的故事？从 1974 年就开始在乌拉尔重机厂工作的阿杰耶夫并不愿意直接回答这个问题，只是说：“从过去到现在，

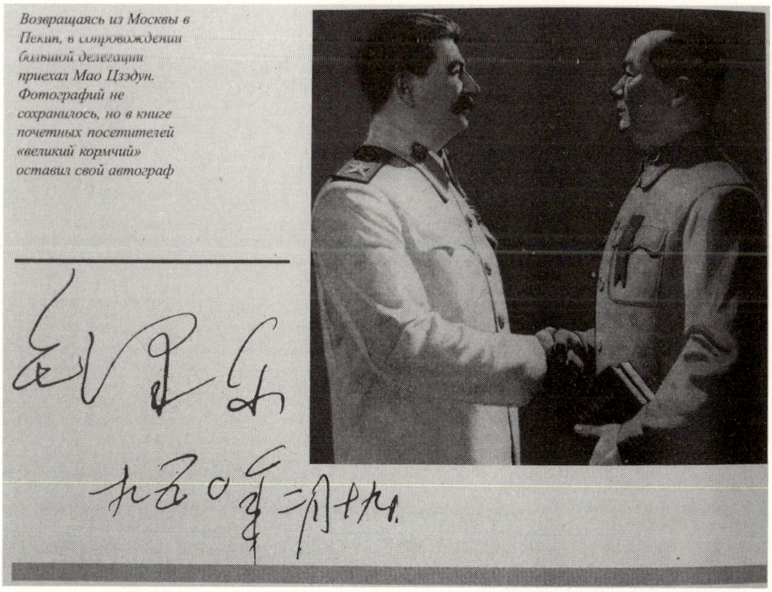

厂史馆保留着有毛泽东签名的画册

我们生产的产品在世界范围内都是很过硬的，几十年下来，也形成非常大的影响力，这可能与其他工厂不一样。不管时代怎么变化，对好产品的需求是不会变的。”据他介绍，乌拉尔重机厂在苏联解体之前就已经开始大量生产民用产品，比如石油钻井平台、大型挖掘机、粉碎机等，所以外界政治的变化对他们这里没有太大的影响。他们现在与中国很多企业都有商业合作往来。

“不同时代背景下成长起来的人，想法还是有差异的。”公共关系部女秘书叶卡捷琳娜告诉我们，成长于苏联时期的老知识分子对“Uralmash”还是有很强烈的感情，在解体后也不愿意离开；而年轻一点的思维更活跃，不少人借机换到别的地方，“他们更愿意为自己工作”。

叶卡捷琳娜是位性格爽朗的年轻女性。她笑着说：“我的老板说你们来采访，不要谈政治问题。什么政治问题，不就是我们的生活问题吗？”所以她抛开老板的“禁令”，用英语和我们聊得热火朝天。三年前，原为英语老师的叶卡捷琳娜辞了职，应聘到乌拉尔重机厂工作。她说，虽然也是经过一番激烈竞争才得到这个工作职位的，但是现在身边的朋友们并不会特别羡慕她。“你知道，时代变了，现在的女孩子们喜欢到时尚、设计类的公司，或者到私人企业、外国企业工作。以前如果说起自己在乌拉尔重机厂工作，还比较有优越感，现在这种传统的工业企业不再像以前那样是一个金字招牌了！”她坦率地说。

“后备首都”

如果说叶卡捷琳堡是一个充满符号的城市，那么最著名的符号之一就是叶利钦。这里不仅是叶利钦的出生地，而且是他后来走向政坛的发迹之地。叶利钦苦心经营三十多年的叶卡捷琳堡，从某种意义上说已是他的大本营。特别值得一提的是，在 1991 年“八月政变”的时候，当莫斯科局势不定、充满着危险系数的时候，叶利钦秘密决定，准备把斯维尔德洛夫斯克（即后来的叶卡捷琳堡）当成俄罗斯的“后备首都”；由奥列格·伊凡诺维奇·洛博夫带领的“后备内阁”也被叶利钦派到了斯维尔德洛夫斯克进驻，准备与政变集团分庭抗礼——叶卡捷琳堡在叶利钦心目中的地位可见一斑。

1931 年 2 月 1 日，叶利钦出生于距离叶卡捷琳堡约 150 公里的布特卡村一个贫困家庭。青年时代的叶利钦就读于乌拉尔工艺学院建筑系。1920 年列宁亲自批准开办这所大学，现更名为“乌拉尔国立工艺大学”。

在叶利钦的母校里，有一个专门的“叶利钦研究中心”。从出生证，一直到最终去世，这里面保留着叶利钦大量的影像资料。其中一张照片意味深长：图片中心是昂首挺胸向外走去的叶利钦，远景则是站在插满党旗的讲台上发表讲话的戈尔巴乔夫。这一幕发生在 1990 年召开的苏共“二十八大”，那一次，叶利钦宣布退出共产党，与戈尔巴乔夫彻底决裂。

“这张照片很有象征意义，从此他和戈尔巴乔夫在各自的路上越走越远。”叶利钦研究中心主任鲍里斯说。鲍里斯是一位历史学者，他已出版了好几本有关叶利钦的研究专著，也将研究领域放在从苏联到俄罗斯的 20 年变化。“很多人认为，戈尔巴乔夫很软弱，他当时已经没有能力控制局势，如果他认同叶利钦当时的想法甚至把位置让给叶利钦，他们之间不出现特别大的裂痕，可以慢慢进行改革，那么苏联也有可能会保存下来。我们会和中国的道路十分相似，走得很顺畅，包括和独联体其他国家的关系也会比较好。”在戈尔巴乔夫和叶利钦之间，鲍里斯毫不掩饰对后者的支持态度，“当然也有持不同看法的，也有人支持戈尔巴乔夫。”

1976 年，45 岁的叶利钦当选为苏共斯维尔德洛夫斯克州党委第一书记。叶利钦上任后一年内，把全州几千户住在破烂不堪工棚里的工人迁入设备完善的新居。手指着一张照片上密密麻麻的破房子，鲍里斯边介

戈尔巴乔夫和里根

叶利钦中心主任鲍里斯

绍当时背景边评价道："到现在为止，还没有人打破叶利钦盖的这些楼的总量，这也是为什么这里很多人喜欢他、支持他的原因。"

叶利钦被叶卡捷琳堡人民最感念的，是他靠自身的力量修建了"斯维尔德洛夫斯克—谢罗夫公路”。斯维尔德洛夫斯克州地处苏联中西部，交通很不发达。计划中修建的道路要穿峡谷、越高山、过沼泽、跨河流，总长350公里，每公里的造价为100万卢布，完成这个工程至少需要筹措资金3.5亿卢布。叶利钦曾打报告给国家计委要求拨给专项贷款，但遭否决。

“那时苏联政府把出口石油和天然气赚来的财政收入都投入到武器研发和生产上，根本不顾及民生。所以叶利钦最后用州里的财政收入修建了公路。10年内，他把乌拉尔地区的公路向北方扩建了不少，这样乌拉尔的宝藏都可以源源不断地运往俄罗斯各地。”鲍里斯说。注重解决民生的实际问题，也许是这位强硬的领导人在家乡赢得广泛支持的最根本原因。叶利钦去世后，他的家乡将一条原名为“卡尔·马克思”的街道更名为“叶利钦大街”。而在1991年8月形势变幻不定的敏感关头，很多人甚至从乌拉尔去莫斯科表示支持叶利钦。鲍里斯说：“其实在那段时间，这里的生活情况比莫斯科还要糟糕，但当时我们这里的人都支持叶利钦。”

谈到这里，鲍里斯忍不住开始对苏联时期的领导人进行批评：“苏联时期的老革命根本不考虑民生。俄罗斯人口在‘二战’后从150万人增加到270万，增加了两倍。为了让更多的人吃饱饭、穿好衣，他们应该发展轻工业，解决民生，但是他们只知道把这些钱花在研制武器上，和美国搞军备竞赛，在阿富汗驻军打仗。苏联投入阿富汗战争时期，美国和沙特阿拉伯操纵石油价格，使它掉了4倍，所以苏联石油根本卖不出价来。一方面拼命投钱打战，一方面成本收不回来，所以苏联到最后基本上是个穷国，在俄罗斯政体改革期间，剩下的资本已经很少了。”

1991年12月8日，叶利钦与乌克兰总统克拉夫丘克、白俄罗斯领导人舒什克维奇在白俄罗斯城市别洛韦日秘密会谈后，宣布建立由斯拉夫三国组成的“独立国家联合体”，实际上宣告了苏联的解体。戈尔巴乔夫后来在传记中直指叶利钦是罪魁祸首。

对这一点，鲍里斯也替叶利钦作了辩护："你们看到的是后期的结局，前期叶利钦为了保存苏联作了很多努力，后来实在是没有保存苏联的条件了，如果继续维持的话，俄罗斯会出现内战，对人民是没有任何好处的，所以他们才达成了这样一个协议。"鲍里斯还特地强调了另一点："当时整个苏联的核武器分布在不同的加盟共和国、不同的地区，是叶利钦规定要把核武器掌控在俄罗斯境内，尽量将核武器带来的风险降低。"

"1990年的上半年是最艰难的，我们的生活条件包括吃饭、穿衣等急剧恶化，国家已经不能提供最基本的生活保障，人们已经开始对党、对国家领导人失去信心。谁都不知道将来会怎么生活，大家都特别茫然，甚至绝望，对国家前途感觉是一片空白……"在叶卡捷琳堡生活了30年的鲍里斯是标准的成长于苏联时期的知识分子，很多年来，他一直坚信：国家会给他提供一份永远的保障。20年前，他终于明白，他想托付终身的那个国家和制度已不复存在。谈到自己现在的生活状况，鲍里斯半开玩笑地说："现在俄罗斯的退休金不可能保障正常的生活。我需要三份工作：一份在政府工作，一份在叶利钦中心工作，一份在大学任教。我得挣三份薪水才能保障正常的生活消费。这就是俄罗斯的现状。"

对于2011年，原苏联共同体里不同身份的人解读也各不相同。有人说，原来在苏联时期被"大俄罗斯"压制的少数民族，则不无欣喜地庆祝本民族独立20年；而曾经主宰苏联的俄罗斯人则怅然若失地纪念苏联解体20年。身为俄罗斯一员，提起苏联解体，鲍里斯也不例外地满是遗憾："当时苏联是很强大的，我可以不需要办手续去任何地方，因为它们都是我们祖国的土地，我也有很多朋友在那里。可是现在，我和我的朋友们已经不属于一个国家，我现在需要签证才能去那些地方，这是我在感情上最接受不了的。但是历史已经造成了这样的现实，我也知道不可能挽回了。"

也许正因为此，鲍里斯对普京提出的建立"欧亚联盟"的概念深以为然："我们并不是要重新组合苏联，我们的想法是建立一个类似于欧盟的组织。"可是令鲍里斯最担忧的是，身边这些对"苏联"毫无概念也毫无认知的年轻学生，"现在的俄罗斯人已经是'新俄罗斯人'，他们对联盟的概念不强"。所以鲍里斯把自己工作的一个重点放在教育这些"新俄罗斯人"身上。我们采访时，就遇到两批被老师带来参观的大学生。当老师指着那些黑白老照片满怀激情地讲解着什么的时候，那些年轻人脸上的表情都很冷然。

不确定的未来

在乌拉尔农机学院哲学教授尼古拉索夫的办公室里，最吸引人目光的，是柜子上摆的、墙壁上挂的马克思、恩格斯、列宁这些人的画像。恍惚间穿越到每家每户都悬挂"伟大革命导师"画像的童年。尼古拉索夫说：苏联解体的时候，共产党组织也被关闭，这里所有的画像都被收走了不让挂。但是尼古拉索夫和他的同事们又从垃圾箱里把画像拣了回来。"我们认为这是历史，不应该被抹煞。"他说。

也许是曾经共同的意识形态背景，也许是一肚子话憋了太久，未等开口提问，尼古拉索夫已迫不及待地以极快的语速滔滔不绝地讲起来。

"我们国家在这 20 年中犯了一个很大的错误，而且在这条错误的路上越走越远。"尼古拉索夫直截了当地开始了他的"演讲"。不知是否被他所讲的内容触动，一直坐在角落里的上了年纪的女秘书竟不可抑止地哭泣起来。

"现在，俄罗斯已经彻底变成第三世界国家——不是在最底层，也不是在最高层，而是在中间徘徊着。按照梅德韦杰夫的说法，我们的上面有 15 层，下面有 15 层，我们正好在第 15 层。俄罗斯特别富的人占 10%，特别穷的人占 10%，绝大多数都是在中间阶层，这就是政府造成的大错误，让贫富差距变得太大。"

乌拉尔农机学院哲学教授尼古拉索夫

尼古拉索夫告诉我们，当地一家电视台曾经举行过这样一个民意调查：“20 年后我们是否支持苏联的解体。”调查每两周进行一次，任何人都可以打电话投票。据尼古拉索夫说，每一次都是“解体是错误的”这种观点获得压倒性胜利，“只有一次投票结果是 92%，其他都是以 95% 以上的选票胜利的”。

尼古拉索夫身上的“标签”非常鲜明：对苏联怀有深深眷恋，对其解体痛心疾首，对俄罗斯新领导人无情抨击。“我们的形式结构就是这样：最高领导层设立一个目标，然后国家杜马配合通过，他们一唱一和，把俄罗斯的政治玩得淋漓尽致。”在尼古拉索夫看来，叶利钦建立的俄罗斯没有任何监督机构，“不属于人民”；相反“苏联时期的政治体系要比现在完善得多，苏联时期还有监督，但现在完全是上层人物说了算”。尼古拉索夫也承认，相对于苏联时期，人民拥有了更多的言论自由——他也可以公开地批评普京，“但是与其说俄罗斯这个国家比较民主，还不如说是网络的功劳，肯定不是他们政党主动的想法”。

尼古拉索夫对现状的不满简直是全方位的。“苏联时期很强大的军队也不复存在，现在正常的征兵已经没有了，变成了合同兵，相当于是执政者花钱雇佣来的军队，并不属于人民，所以俄罗斯现在的军队实力很弱。他们感觉我们现在没有敌人，我们处在很和平的环境中。但是现在已经没有华约只有北约，北约的存在对俄罗斯是一个绝对的威胁，他们还美其名曰北约与俄罗斯没有敌对关系。如果我们再遭遇一次类似于‘二战’时期德国对我们的攻击，我们还能胜利吗？我身边很多人的回答是我们绝对会失败，不可能承受这样的战争。北约甚至说，攻击我们的军队不需要高科技武器就可以把溃不成军的俄罗斯军队完全打败。”

谈到中国的发展，尼古拉索夫则毫不吝惜赞誉之辞。尼古拉索夫说他 2007 年到中国参加一个学术会议，走访了北京、长春等城市。在中国期间，“我们从哈尔滨坐火车去吉林，很多中国人看我们，他们不懂俄文，我们也不懂中文，我就给他们看了一下我们的报纸，上面有布什的照片，很多人跟我们说乔治·布什不是好人，只有中国和俄罗斯团结起来才能把他们战胜。然后我们开始唱歌，唱《莫斯科郊外的晚上》，唱《国际歌》，我们用俄文，他们用中文，整个车厢都沸腾了……”尼古拉索夫还沉浸在那种气氛中。

尼古拉索夫坚信苏联是被西方的和平演变彻底搞垮的，“所以你们中国一定要警惕啊！”说到最后，简直就是一副忧心忡忡的样子。

对领导人截然不同的评价，或许反映的是不同群体对国家路径选择的不同看法。“现在打开俄罗斯任何一个网站，只要输入普京和梅德韦杰夫的‘统一俄罗斯党’，就会出现‘小偷政党’、‘骗子政党’这样的字眼。俄罗斯人民完全不知道我们为什么需要政党，为什么需要选举。完全可以这么说，我们是总统的国家，并不是真正的民主国家。”尼古拉索夫对普京和梅德韦杰夫毫不留情地开了炮。他说，俄罗斯的政客们向欧洲看了很长时间，号称要建立一个联邦政党，但到头来仍然是一党独大的局面。可是 67 岁的退休女工塔吉丽亚娜却对普京赞赏有加，在她看来，作风强硬的普京正慢慢恢复当年苏联作为一个可以与美国抗衡的超级大国的霸气。所以，对于梅、普的“政治二人转”，她也颇不在意：“一会儿当总理，一会儿当总统，不过就是个形式嘛！”

“我们俄罗斯已经形成了下层人物需要上层来为自己决定命运的民族性格，从沙皇时期到现在一直都是，我们一直在等待一个强势人物，除此之外，好像别无他法。”鲍里斯半是无奈半是自嘲地说。

毫无疑问，如果有选择，尼古拉索夫肯定会选择回到苏联时代，可是 34 岁的叶卡捷琳娜不会同意他的观点，虽然她也有她的烦恼。

作为乌拉尔重机厂公共关系部的女秘书，叶卡捷琳娜每月的薪水有 4 万卢布（约 8000 元人民币），“比我做英语老师的工资好得多”，但是她最大的担忧就是孩子的教育问题。她说：“苏联时期，每个工厂都有免费的托儿所，所以我就是在妈妈工厂里的托儿所长大的。但是现在，这些免费的托儿所都取消了，我只能把孩子送到私立幼儿园。而私立幼儿园收费昂贵，每个月一半的工资都要花在孩子上幼儿园上面。”

叶卡捷琳娜所忧虑的生活问题，其实对很多中国人来说一点都不陌生。如果想把孩子留在幼儿园多待一段时间，要付钱；上了学在学校里买课本，要付钱；喜欢健身的丈夫去体育馆，也要按 1 小时 300 卢布（约 60 元人民币）的标准付钱……而这些东西，在苏联时期几乎都是免费的。现在每家每户都有车，可是交通又开始堵了……

可是有一点她很明确：即便现在的生活压力很大，她也不愿意回到过去。原因只有一个：“现在我可以选择。”作为一名职业女性，叶卡捷琳娜感谢时代的变化。“在苏联时期，妇女要承担更多的家庭责任，她们要会做饭、缝纫，因为那时候物资缺乏，很多东西必须要自己动手做，像我的妈妈，每天花大量的时间在做家务上。可是我不需要会这些，我只要上网选择我喜欢的样子，它们就会自动送上门，我可以把更多的精力放在我喜欢的事情上。”

叶卡捷琳娜想起周末去超市的感受。“超市里面有各种牌子、各种口味的奶酪，我可以选我喜欢的，虽然它们的价格比以前高。我记得小时候，妈妈带我去商店，要排一个多小时的队才能买到奶酪，而且只有一种口味，根本没有选择的余地。”

两种生活对比，她又想起了父母的房子。苏联时期他们有一套政府免费提供的公寓，只有两个房间和一间小小的厨房；整幢楼的取暖由一个中央空调提供，每个房间都烧得很热，也不可以自己调温度。父母后来自己买了套大房子，有三个房间和一个大大的厨房。对叶卡捷琳娜一家来说，最特别的地方在于，他们终于可以自己来控制自己家的温度，而不是由别人决定。“我可以让一个房间温度高一点，一个温度低一点。虽然我们要自己付钱，但是感觉很好，因为我有选择，我能选择！”

叶卡捷琳娜对这一次的总统大选也反应冷淡。“普京？我并不是很喜欢他，因为感觉他并不是真正的民主。”叶卡捷琳娜说，自己身边很多更有思想、更活跃的人已经选择离开俄罗斯。“可是我有家庭、有孩子，我不想变动……”确认自己不想回到过去，但不确认眼下的路是不是他们最终要到达的方向，这大概就是叶卡捷琳娜这一代年轻人的共同想法。他们一边困惑着，迷惘着，一边继续自己的生活，等待时间给他们一个答案。

乌拉尔重机厂的“尼古拉同志”

1932年11月，正在建设中的乌拉尔重型机械厂迎来了一位特殊的中国人。他就是22岁的蒋经国。初到莫斯科的蒋经国曾在列宁的姐姐安娜家里住过一段时间，所以他给自己取的俄文名字“尼古拉·弗拉基米洛维奇·叶利扎罗夫”与列宁一家有着密切关系——尼古拉是列宁曾用过的笔名，弗拉基米洛维奇是列宁的父姓，而叶利扎罗夫则是列宁姐姐安娜出嫁后用的姓氏。

这样一个东方面孔怎么会进入保密程度极高的乌拉尔重机厂？乌拉尔重机厂厂史博物馆负责人阿杰耶夫解释说，蒋经国已经在苏联生活了好多年，而且又在报上公开发表谴责蒋介石的文章，宣布决裂，他已经等同于经得起考验的苏联公民了。

来乌拉尔重机厂之前的蒋经国曾饱受磨难。因为在一次会议中公开对抗王明，蒋经国被共产国际分配到西伯利亚阿尔泰（Altai）一个金矿做工。“那里的条件非常恶劣，蒋经国差点死在那里。斯大林也不同意放蒋经国回中国，他就像个人质一样留在了这里。”阿杰耶夫说。

到了乌拉尔重机厂后的蒋经国马上被分配了工作，“他的身份是车间主任的助手，不是你们那里说的‘车间副主任’”，阿杰耶夫显然很熟悉中方有关蒋经国的材料，他特地又强调了一遍：“我们提供的绝对是事实，请放心。”据阿杰耶夫介绍，当时蒋经国的工作主要是负责为工厂的工人安置房子、提供粮食供应——“当时每个人吃饭是凭票供应的”；蒋经国的另一项主要工作是对质量不合格的产品进行后续处理。

就在蒋经国到乌拉尔重机厂工作的同一年，本地一所技术学校派了几位年轻的女毕业生到厂里工作。其中有位17岁的金发女郎叫芬娜。芬娜父母早逝，她与姐姐同住，相依为命。厂里共青团青年委员会负责人阿尼基耶夫介绍蒋经国与芬娜相识，两人很快相恋。而阿尼基耶夫后来也成了蒋经国的好朋友。

1935年初，蒋经国与芬娜结婚。他和芬娜分配到一户有两个房间的公寓。按当时的标准来看，这个公寓的条件已经相当不错。此时他的月薪是700卢布，相当可观。因为待遇比俄国人好，他还经常大方地招待工厂里的工友们。1935年底，他与芬娜的第一个孩子出世，“就是在我们这儿的保育院出生的”。蒋经国为他取名Alan（即蒋孝文）。第二年，芬娜又生了女儿蒋孝章。被政治大浪冲击得起伏不定的蒋经国，在远离莫斯科的乌拉尔，至少从家庭生活中获得了暂时的安定。

1936年，蒋经国成为乌拉尔重机厂厂报《重型机械建设》的主编——

这份报纸现在还在继续出版着，阿杰耶夫还特地拿出一份报纸展示给我们看。这年年底，经《重型机械建设》报印刷车间党员大会决定一致同意，蒋经国被转为苏共正式党员。没过多久，蒋经国被调到市政委员会一个工作组当组长，离开了乌拉尔重机厂。而此时苏联的大清洗愈演愈烈。“当时他在这里的工作是十分微妙的，因为这个城市当时是封闭的，不允许外国人进入，甚至是与蒋介石有过任何关系的人全都被抓起来了。”蒋经国一度又被抓起来。他的命运在苏联与国、共之间变幻莫测。

1937 年 2 月，蒋经国接到让他回莫斯科的命令。但是与以往不同的是，这一次要他带着家人以及随身细软一同离开斯维尔德洛夫斯克。朴实的工人们意识到了这可能是一次告别。厂里很多老同志来到斯维尔德洛夫斯克车站，向他们所熟悉的尼古拉一家告别。3 月 25 日下午，蒋经国带着妻儿，在中共驻共产国际代表康生的陪同下，在莫斯科北火车站搭第二号“西伯利亚号”火车，一路东去。“西伯利亚号”经过斯维尔德洛夫斯克时，阿尼卡耶夫夫妇和一群乌拉尔重机厂的朋友等候在车站，与蒋经国夫妇告别。列车离开了这座工业城市，呼啸东去，尼古拉从此再也没有回到过这块土地上。回国后的尼古拉变成了“蒋经国”，而芬娜则由公公蒋介石给取了个地道的中国名字：蒋方良。

“我们工厂有一位工人参加了苏联红军，他跟着部队打到中国东北时，有一天看到了蒋经国。蒋经国见到他也非常高兴，还把这位战士请到家里喝伏特加，并送给这位战士一把美国制的冲锋枪。”阿杰耶夫说。

随着蒋介石败走台湾，乌拉尔重机厂的老朋友们也逐渐失去了尼古拉的消息。漫长的岁月里，阿尼基耶夫夫妇也曾试图通过信件与老友联系，但都是徒劳一场。阿尼基耶夫后来成为一名十分成功的企业家，他和夫人玛丽亚直到戈尔巴乔夫上台才与蒋经国夫妇恢复了书信往来。

1988 年，蒋经国因心脏病猝发去世。蒋方良独自一人在台湾度过余年，再也没有回过她出生的这片土地。实际上，“家乡”一词对蒋方良来说也许是没有什么意义的，“她的父母很早就去世了，她和姐姐是被共青团派到这里来工作的，没有人知道她的家乡在哪里”。

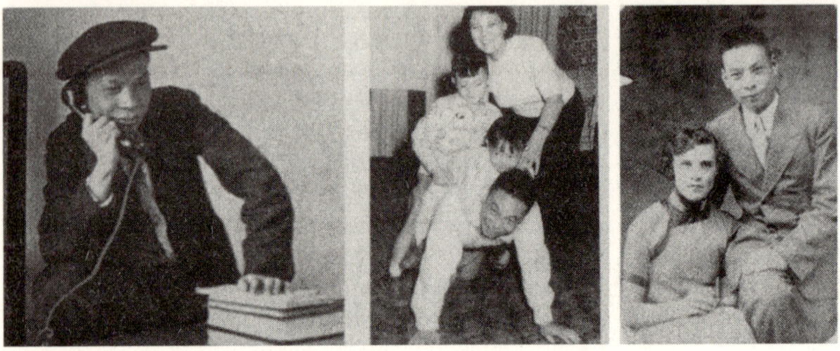

蒋经国曾在乌拉尔工厂学习并娶了蒋方良

1991–2011：20 年的变与不变

在俄罗斯十天采访当中印象最深的一幕是：在一个冬雨夹着小雪的周末，莫斯科普希金造型艺术博物馆外，有一绵延几百米的长队，人们安静地排队等两三个小时为的是看达利画展，排队的不乏很多年轻面孔。“在北京，也只有苹果店发新品的时候才有这种场景。”旁观这一“壮观”景象的一位中国人自嘲。文化根基的深厚与文化“基因”的传承，是很多去过俄罗斯的人感慨不已的。这 20 年，从事文化教育活动的知识分子与他们所在的环境，发生了哪些变化，又有哪些是超越一时的政治之变而永久留存下来的？在圣彼得堡几所大学采访的几位知识分子或许帮助我们从一个侧面来增加了解。

政治变动中的永恒

列宾美院外表的破旧，与它的名气与影响形成了太大的落差。据说，彼得大帝在创建圣彼得堡这座城市时就提出，这座城市必须要有一座美术院校、一座音乐院校，所以涅瓦河边就建了这样一座日后产生巨大影

列宾美院油画系主任亚历山大·丘文

响的美术学院。走进这座高高的穹顶建筑，想象一下不同时期的大师们曾在这里留下足迹，不免令人心生敬畏之感。

1952年出生的亚历山大·丘文是列宾美院油画系主任，俄罗斯功勋艺术家。丘文在这里有一个大大的画室，置身于这些艺术作品中间，他简洁明快地说："政治变迁对于艺术来说根本就不重要。无论时代怎么变迁，我们都应该坚持自己想要创作的东西。题材方面当然会有一些变化——有一些画家会去画一些迎合政治的作品，但更多画家还是在坚持内心想要创作的东西。"

丘文坦承，苏联时期虽然没有硬性的政治创作任务，但是"画家的创作毕竟与身处的时代相关，所以多少会创作一些"。"不过，一个优秀的画家应该是能够创作所有题材作品的，哪怕它是一个政治任务，"丘文话锋一转，"很多政治题材的作品最终也成为传世之作，因为它作为艺术品本身的价值是不会被抹煞的。"

提到列宾美院，必然会想到列宾与那幅著名的《伏尔加河上的纤夫》。在革命的年代里，在政治话语笼罩一切的环境下，这幅作品被更多地从阶级的角度进行阐释。如今，革命已褪色，再怎么理解这幅作品？

“这幅作品在中国非常有名，在俄罗斯也同样有名，可以说是一个经典。我们完全可以从超越政治的角度来解读：这些纤夫工作很繁重，生活很艰辛。画家为什么要画他们？因为画家在他们身上看到了劳动的精神，‘他们在工作’本身就很美好，他们在工作中展现出来的力量、那种不向命运低头的精神非常令人感动，我认为这幅画之所以成功是因为它体现了这种美好的精神。”

列宾美院的作品被理解为俄罗斯精神的一个象征。对此，丘文也颇为自豪。“列宾美院确实可以说是俄罗斯精神的一个象征。原因其实很简单，因为我们在进行艺术创作的时候是坚持那些真正代表人性美好的东西，作品反映的是人类最朴实、最美好的一种感情，体现人类内心非常珍贵的闪光点，所以无论在任何一个历史时期，无论政治怎么变化，这种精神追求是不会变的。我们不光坚持这个精神，也教导学生应该这么做。”从这一点上，出自列宾美院的俄罗斯现实主义大师安德烈·梅尔尼科夫在丘文眼里是可以与列宾相提并论的、“新俄罗斯”时代的代表人物。“他作品的特质是对人类的关怀、对人性的思考，有一种宗教的悲悯感，对人类终极命运的思考与探索。”

在丘文的理解中，从一个很长的历史时期来看，不管政治怎么变化，列宾美院的学院派传统并没有改变，虽然在这个过程中题材会有一些变化。像苏联时期更多的是写实的、革命的题材，而现在更多的关注宗教、自然，更关注人的内心世界、人类共同的文化等等。“其实一个真正的知识分子、一个真正有文化底蕴有修养的人，在任何情况下都是不会改变的，无论他身上的符号是不是‘共产党员’，他是不是‘革命’，外在的身份对一个人的行为并不会有影响。”丘文很坦承地说。“我以前参加过共产党，是苏共党员，那时候的我和现在的我没有太大改变，我还是要坚持我自己内心的东西，跟随着真理继续往前走。”

“百年老店”

俄罗斯很多中国留学生还习惯地把圣彼得堡大学称为“列大”（列宁格勒大学）。这所创建于1724年的大学是俄罗斯最古老的大学，也是公认的世界名校。普京、梅德维杰夫就毕业于这所大学。不仅如此，1990年，当普京结束了在民主德国的克格勃工作后，就回到“列大”担任校长外事助理，继而被圣彼得堡市长看中，从此走上政坛；而这一年，也是梅德维杰夫刚刚获得法学博士学位，留“列大”任教的一年。所以我们在俄罗斯采访时曾联系为普京担任中文翻译的法捷耶夫，他的回答异常幽默：“你们要看这20年的变化？对了，你们可以采访梅德维杰夫。20年前，他是大学老师；20年后，他是我们的总统。他的变化最大！”

圣彼得堡大学国际关系学院教授尼古拉·亚历山大维奇利用开国际学术会议的间隙接受我们的采访。“这种国际性学术会议，放在以前是不可思议的。”他不由得感慨。虽然圣彼得堡距离芬兰的最短距离只有几十公里，“即便近在咫尺，在苏联时期我们也完全处于封闭隔绝状态，根本不会有任何接触，也不知道西方学界在想些什么”。

作为一名学者，20年前的动荡也是尼古拉在学术思想上最迷惘的一段。“从小到大，我们学的人类发展史就那么几个阶段：奴隶社会、封建社会、资本主义社会，最后是社会主义。那时觉得历史非常简单，按照这些定义来套就行了。可是解体之后，学术界与外界交流自由、频繁起来，各种流派一下子涌入进来，历史一下子也变得复杂了。大家都觉得以前学的东西完全被颠覆掉，一时迷失了方向，所以学术界当时受冲击特别大。”

还在苏联时期，许多城市就开始了去“革命化”的更名运动，列宁格勒也不例外。1991年9月，54%的市民同意将城市恢复为原名。不过有意思的是，“列宁格勒”在苏联时期，既是这个城市的名字，也是它所在州的州名。当列宁格勒市恢复为圣彼得堡市时，州的其他城市却不同意改掉这个州名，于是苏联解体后仍然维持它的原名——“列宁格勒州”，而它的首府却拒绝了这个革命符号。

“改名与否，决定于苏共和当地老百姓的关系。关系差的，都倾向于改名；关系好的，老百姓愿意保留下来。”尼古拉·亚历山大维奇说。不过从大的趋势来看，当时的苏共显然不得人心，最终引发了列宁格勒、斯大林格勒等一大批城市的改名潮。回过头看，苏联解体只是思想意识形态激烈振荡后的一个结果。

回顾20年前的政治变化，尼古拉仍然用“震惊”来形容自己的感情。“从八月政变到宣布解体，只有短短四个月，一个大国就没有了，我们都觉得不可接受”，尼古拉说，那时候很多加盟共和国的思想意识形态也各不一样。学国际关系的尼古拉显然很熟悉中国的话语体系，“你们国家不是说有‘三种势力’吗？像爱沙尼亚、格鲁吉亚、拉脱维亚这些国家，就是那种‘分裂势力’，他们一直想独立出去；而中亚那些‘斯坦’国家完全是一片蒙昧状态，根本不知道发生了什么，就是有人跟他们说：苏联解体了，没人给你们钱了，你们现在自己想办法独立挣钱吧！”还是听得出尼古拉对大国解体的惋惜。

位于市中心著名的莫斯科大街上的圣彼得堡国立技术学院则是另一所“百年老店”级的大学。这所以化学、生物等专业闻名的大学成立于1828年，而与其有渊源的“重量级”人物，随口就可以举出好几个：教学楼的楼梯拐角处，用彩绘玻璃拼出了元素周期表的发明人门捷列夫的头像，这里正是这位著名化学家工作过的学校。“中国朋友可能还对这个细节感兴趣，柴可夫斯基的父亲是我们学校的创始人之一；而柴可夫斯基本人也是在这里开始他的音乐生涯。”国际交流处处长阿列克谢说。比较起那些历史人物，在这里担任过教研室主任的梅德韦杰夫的父亲和在这所大学担任化验室实验员的梅德韦杰夫本人则算是“新人”了。

作为一所著名的科技大学，技术学院也有一个非常明显的历史痕迹：“苏联时期是高度的计划体制，为了节约资源和资源共享，当时教育部门把化学这门学科全部集中在这所大学，所以从学科上来讲，我们的设置是最完整的。苏联的核工业也是我们学校创立的。”

不难理解的是，苏联解体之后，他们也开始向实用性更强的方向努力，包括开设三维技术研究室，还有一个比较主要的项目是核电站外层保护材料的研究，阿列克谢说，他们已经与印度有使用这种材料的合作项目，而中国新一代的核电站也已经与俄方签订了使用这种新材料的合同。

“在苏联时期，我们需要通过教育部具体确定每个学校的具体招生方向和数额，但是现在大学有了自主权，可以自己来决定自己的事情。这是一个非常大的变化。”阿列克谢说，学校的经费主要来源是政府拨款，“从苏联时期到现在一直是这样”。“变化只有一个：比如以前一个教研室只能招 10 个学生，因为国家就给这么多的钱，不能再多招生；而现在可以招合同生，国家不负担这部分学生的费用，而由合同生自己来付学费。”阿列克谢说，“上帝保佑俄罗斯大学目前为止还基本是免费的，只有一些专业特别好的竞争比较大，但是如果你学习非常好的话，国家还会给奖学金，问题也不大。”

有教育工作者评价，苏联解体的前十年，俄罗斯教育曾大幅下滑，所幸有苏联时期的“老本”作支撑，才不致有特别明显的断裂。从这个意义上讲，不管对政治有什么样的评价，很多教育工作者对苏联时期打造出来的教育产品还是心存怀念的。“如果说俄罗斯大学教育质量普通比较高，这完全归因于苏联时期非常完备的初、高中教育体系；另外那个时期培养出来的老师有着非常扎实的基本功，所以至少到现在他们的教学质量还是比较高的。”从阿列克谢的个人经历来说，近些年来很多高校老师在抱怨学生的基础教育太差。“因为我们后来对初中教育和高中教育投入力度不够，学科设置不够完善，有一些学生来到我们化学系，之前甚至都没有学过化学。”

“我觉得政治不应该凌驾于经济、文化、教育之上，它其实也只是社会的组成部分。我们存在这样的问题：政治可以决定教育采取什么样的法案、规则，来决定学生该学什么，但问题是他们对这些领域并不了解。

苏联时期这种情况非常严重，现在情形好一点，但是学什么还是由政客来决定。”

“新俄罗斯”的大学

虽然事先被告知即将要采访的圣彼得堡国立极地研究院院长是一位特别年轻的女性，但是当妆容精致、笑意盈盈的克尔曼·玛拉托夫娜出现在眼前时，还是有些意外；如果不是事先知道她的少数民族身份，也很难区别出她与那些俄罗斯人的不同。

“我是卡尔梅克族，卡尔梅克族其实就是蒙古的一支部落发展而来，所以也可以认为我是中国的蒙古族。这是我比较特殊的一个身份。”克尔曼很直爽地说。卡尔梅克人与中国人一样，都属于东方民族。早在16世纪时，卡尔梅克人离开新疆和内蒙古地区，向西迁徙寻找更肥沃的牧场，最后在现在的卡尔梅克共和国定居。卡尔梅克在1920年成立自治州。其后的若干年里，其身份在“自治州”与“共和国”之间反复变动。苏联解体后升格为俄罗斯联邦内的共和国。因为境内大多数领土处在半沙漠地区，非常干旱，所以卡尔梅克共和国是俄罗斯联邦最贫穷共和国之一。

也是因为地理上的渊源，卡尔梅克的文化有着浓重的东方色彩。他们至今还信奉藏传佛教，讲卫拉特蒙古语，讲究十二生肖。1974年出生的克尔曼属虎，她也相信这与自己的命运多少有着一些奇妙的关系。“我比较相信这个，我觉得虎年出生的人对工作有热情，精力充沛，所以我对学习或者工作都有相当大的激情。我也相信在自己合理安排下能够实现我想要的目标。”

命运是谁也解释不清楚的事情。回顾自己的经历，克尔曼时常也有这种感觉。如果不是1991年苏联解体，现在的她应该是当一名设计师而不是校长。克尔曼从小就是个很优秀的学生，老师喜欢的乖乖女，长大后顺理成章地进了大学。因为喜欢时尚，她考入乌克兰基辅科技大学读服装设计。

随着 1991 年苏联解体，原加盟共和国纷纷独立。历史的巨变落实到克尔曼这位普通女大学生身上，带来的也是个人生活上的一场巨变——乌克兰已成为一个独立的国家，来自俄罗斯的克尔曼无法再在“异国”读大学，只能回到俄罗斯重新报考，进入家乡的卡尔梅克大学。她的人生自此换了一个轨道。

刚上大学的时候，克尔曼就结婚了，不久就生下了第一个孩子。但是好强的克尔曼不愿意就此成为家庭妇女。她一边带孩子一边坚持上课，课余时间又参加各种培训班。毕业后克尔曼留在卡尔梅克大学里当了一名助教。“在副博士（相当于国内的博士）答辩的那段时期是最艰难的，我本身的工作量很大，但是非常不幸的是我的丈夫却失业了，所以在答辩的同时我还要做四份工作，我的第二个孩子又出生了……所幸从那段最艰难的生活挺过来了。”不久举家搬往圣彼得堡的克尔曼，遇到了人生的另一个转折口——创立不久的圣彼得堡极地研究院开始招聘老师。

1990 年，苏联和法国两国科学院组成了一支联合探险队，成功地对欧亚大陆最东北端的楚科奇地区进行了科学考察。科学家们建议赞助这一探险活动的列宁格勒市（圣彼得堡市的前称）建立一所对极地地带进行研究的大学，这便是建立圣彼得堡国立极地研究院的构想。可是在筹办过程中，苏联解体。“当时各个大学都遇到了不同程度的困难，这所大学幸运地保留下来。”1998 年，这里取得了大学的地位。

克尔曼顺利地通过大学的招聘，当上了讲师，之后又升为副系主任。因为工作能力强又自认“和同事们关系融洽”，在两年前的院长选举中，克尔曼脱颖而出。作为一名院长，克尔曼坦承她的工作压力主要来自于筹措经费。“因为我有很多项目计划，而大学开展项目都是需要钱的，所以钱的问题是第一位的。”相比圣彼得堡其他那些历史非常悠久的大学，极地研究院固然是一所非常年轻的学校，但是克尔曼并不认为这是一个劣势。何况在新体制下，老牌大学也要和他们一样参与项目竞争，“现在很多教育项目采取类似招标的方式：一个项目由赞助商提供资金，他阐明希望达到的产出目标，然后这些大学提供各自的方案，谁的方案好钱就给谁。”而在这一点上，他们的起点是一样的。因为完全是在苏联解体之后发展起来的，所以“我们学校可以被理解为‘新俄罗斯’大学的代表”，克尔曼说。

极地研究院的一个特别之处是，它招收的学生来自俄罗斯 57 个少数民族：阿布哈慈、阿留申、阿尔泰、亚美尼亚、巴巴拉、巴什基尔、白俄罗斯、布里亚特、印古什、朝鲜、科密、哈萨克、顿感、卡累利阿、涅涅茨、萨米、鞑靼、图瓦……其民族构成之多样，有点像中国的民族大学；而招生模式也是我们不陌生的定向培养。这些主要来自俄罗斯北部地区的学生，在入学之初便要签一份协议：毕业之后必须返回家乡。而回到家乡之后，这些学生大多在行政机关或科研领域里从事着重要的工作。

众所周知，苏联时期，“大俄罗斯主义”主导下的政治与文化对其他民族造成了极大的伤害，而民族问题在苏联解体中所起的作用，至今仍是一些学者探讨的重点。在关于圣彼得堡极地研究院的背景介绍上，另一点也颇为引人注意，学校的名誉校长齐林格洛夫是俄罗斯著名极地科学家，也是海军上将，同时他又是俄罗斯最大党“统一俄罗斯党”的副主席。考虑到民族问题的历史背景，极地研究院是否要在“新俄罗斯”发展当中为形成一种新的民族团结而扮演特殊作用，这不免引人联想。

克尔曼并没有正面回答这种揣测。她只是说，因为俄罗斯北方地区有一些少数民族人数甚至只有几百人，让他们到这里来接受教育，也是为了让这些少数民族的文化延续下去。至于其他，“可能属于一种偶然吧”。处理行政工作之余，克尔曼也要主讲一门叫作“区域行政管理”的课。“当我在这里积累了一定的经验之后，未来有可能会向政界发展。”克尔曼的口气很笃定。实际上，她的名字已经开始出现在与当地政治有关的新闻中。而她雄心勃勃的表情让我们相信，如果未来的“统一俄罗斯党”内，在普京或梅德维杰夫身边出现这位女性的身影，也不会是什么意外。

珍珠港：美国之殇

夏威夷不仅仅有浪漫惬意的阳光、海浪、沙滩和椰林，还有一个凝结了历史沉重与伤痛的珍珠港。它是美国曾经的一道伤痕，更是全世界人民反思战争、珍视和平的象征物。

太平洋的心脏

搭乘国航今年 1 月份刚开通的直航航线，从北京到夏威夷。从飞机上的电子地图上看，飞行一段时间之后，离开亚洲的疆域，飞机就一直孤独地飞行在茫茫太平洋上空。9 个小时之后，飞机准备着陆，把地图一点点地放大，才渐渐看出一串串岛屿联结而成的特殊之地——夏威夷。此时，我们已身处太平洋的中心地带——夏威夷东距美国西海岸 3800 多公里，北望白令海边缘的阿留申群岛近 4000 公里，南离美属萨摩亚群岛 5000 余公里，西距关岛约 6000 公里。

夏威夷的首府火奴鲁鲁（Honululu）在其第三大岛——瓦胡岛上。“Honululu”在夏威夷语中是“避风港”的意思，因早期盛产檀香，而被华人称为“檀香山”。处于“太平洋心脏”上的檀香山，其地理位置也极为重要。它是太平洋海、空交通的枢纽和重要港口——来夏威夷的国际游客，也都以此为中转点，然后分散到下面的各个岛；从美国西岸到澳大利亚和从巴拿马运河去远东的船舶航线和航空线，也必经此地。

因而檀香山又有“太平洋的十字路口”之称，穿越太平洋的海底电缆也在此经过。

夏威夷在太平洋上所具有的无可比拟的战略优势，实际早在1893年，已被美国海权论的创立者马汉（Alfred Thayer Mahan）敏锐地洞察出来。马汉认为，蒸汽轮船虽能抵御海上大风和水流，但也有个很大的缺陷，那就是它必须要在途中加油。所以，热衷于商业利益的美国必须打造一条“海岛基地列岛”，为过往商船和战舰提供支持。在马汉看来，一个国家如果不能控制外国市场，不能开发外国的自然资源，那么这个国家就不能成为强国；而要取得对外国市场的控制，就要发展出强大的海军，来保护自己的商船。为此，海军需要在世界范围内建立供给基地。于是，在太平洋基地的候选名单中，夏威夷群岛的独特地位突显出来。“这不是体现其固有的商业价值，而是其能够为控制海上军力提供有力地点。”

马汉的理论得到了时任海军部副部长西奥多·罗斯福的追捧，两人还在通信中讨论海权和兼并位置遥远的岛屿等问题。基于这一点，马汉也是极力主张美国合并夏威夷的重要人物之一。1898年，美国在美西战争中夺过菲律宾群岛之后，一夜之间成为太平洋海上强国。美国需要一座能够为它的太平洋帝国梦想搭桥的岛屿，而夏威夷正符合美国这一国家利益需要。对此，当时一位众议员的话颇具代表性，他说：“同任何一个海上强国交战，兼并夏威夷对美国有着不可估量的重要性。”国会根据时任总统威廉·麦金利的授意，同意兼并夏威夷。

美国在1898年合并了夏威夷之后，就开始投入大量财力、物力和人力，打造其作为重要军事基地的地位。而瓦胡岛正南方的珍珠港（Pearl Harbor），更成为重中之重。这个面积为89平方公里的港口，由三个呈鸟足状深入陆地的海湾组成，仅一窄口与大洋相通。夏威夷本地人称珍珠港为“Wai Momi”，意指盛产珍珠的水，那里曾经生活着很多珍珠蚌壳，因此得名“珍珠港（Pearl Harbor）”。湾内水深10至20米，通航水域面积26平方公里。港区掩蔽条件好，是个天然良港。

合并后的第二年，美国海军开始改造珍珠港以容纳更多海军船只。

1899年11月17日建成了“火奴鲁鲁海军基地”；次年2月又更名为“夏威夷海军基地”。海军基地的建立，使得海军得以巡视领海边界，美国很快派出船只对从中途岛到关岛的航道进行了细致的调查和探测。

1909年，美国开始在此建立海军基地，此后的十几年是珍珠港海军基地稳定发展的时期，陆续建成了军舰修理厂、大型船坞、万吨码头和油库等基础设施。1917年，海军又买下了珍珠港中部的福特岛，为海陆联合军的太平洋军事航空力量发展服务。1919年和1922年，美国又相继在这里建起了潜艇基地和航空基地，使之成为美国在太平洋上的主要海军基地。经过几十年经营，珍珠港成为美军在北太平洋岛屿中最大最好的安全停泊港口之一。当日本军队加紧对中国的侵略时，对日本意图的担忧使美国开始采取防御措施。他们进一步加大基础建设，使珍珠港成为美国在太平洋上的主要海军基地。从军事意义上来衡量，珍珠港堪称美国海军“太平洋的心脏”。

疯狂的赌徒

时至今日，军事仍在夏威夷扮演着重要角色。在瓦胡岛上游览，很轻易地就可以看到诸多与军事相关的因素。如今夏威夷有7个大型军事基地，15%的人口为军事人员及其家属，有相当数量从业人员服务于各军事设施。在城市的经济发展当中，除了占第一位的旅游业之外，第二位的就是联邦国防部在夏威夷的支出。

在坐车前往珍珠港的路上，路边一幢并不算太起眼的房子，经导游提醒，我们才注意到门前那块牌子赫然写着“太平洋舰队司令总部”。远处，有一个巨大的白色球体，导游说，这是全美两个移动雷达侦察眼中的一个，在前不久的朝鲜核问题上派上了用场。作为“太平洋的心脏”，珍珠港仍是美国控制亚太战略后方的要地。港内共有140多个码头，可容纳“尼米兹”级航母在内的各种舰艇500艘。

日本联合舰队司令长官山本五十六

正因为珍珠港战略地位之重要，对于后来的战争，美国海军其实早就做了相应的准备——1933年2月1日，美国海军在珍珠港基地举行了模拟进攻，演习的结果是，“攻击方”成功，“防御方”失败。美军没想到，8年之后，它成为真实的一幕，在世界历史舞台上演。而其幕后导演，正是日本联合舰队司令长官山本五十六。

1884年出生于武士之家的山本五十六，自幼受到了武士道和军事熏陶，有着坚强的意志和争强好胜的进取精神。他曾参加过日俄战争，在战争中还被炸掉两指。1919年，山本奉命到美国学习，回国后任海军大学教官。他后来在海军步步高升直到1939年出任海军联合舰队司令官。

山本是个冒险家，对赌博尤为着迷。有一次，他与自己的好朋友为某件事赌3000元——这笔钱在当时能买幢好房子，结果山本输了。虽然好友一笑了之，山本却坚持还债，每月从薪金中扣，一直扣了十几年。1923年，山本前往欧美考察各国海军，在旅欧途中，他曾到赌场一试身手，第二天再去竟被拒绝入内。据说他是赌场开业300年来，第二个被拒绝入内的赌客。山本曾说，如果天皇能给他一年时间去赌博，可以为日本赢回一艘航母。山本赌博的格言是要么大赢，要么大输。如果说军事也是一场赌博，他无疑在后来的偷袭珍珠港当中下了最大一笔赌注。

在偷袭珍珠港之前，日本已在亚洲进行了四年的战争，掠夺当地丰富的自然资源。日本在亚洲的侵略让美国深感不安。美国先后数次宣布就武器、军事器材以及石油等一系列重要战略物资和设备对日禁运。日本每天需要消耗 1 万多吨汽油，年消耗达 500 万吨，如果动用军舰，消耗量还会成倍增长。而当时日本的石油储备只有 800 万吨。1941 年 7 月 24 日，罗斯福总统要求日本撤出中南半岛与中国的军队，接着又下令禁止对日本出口多项战略资源并冻结了日本的资产，截断了石油供应。出口禁运使向来依赖美国石油的日本受到重大打击。

除了经济手段之外，美国政府在军事方面也作出反应。1940 年 5 月，美国宣布在夏威夷海面作例行演习的太平洋舰队将不再像往年那样返回西海岸，而是留驻珍珠港，以此震慑日本，遏制其“南进”，其后又大量增加海军拨款，扩充海军力量。美日矛盾愈演愈烈，战争一触即发。

耐人寻味的是，山本五十六曾经是反对同美国开战的主要代表人物。曾在哈佛大学深造过，又担任过日本驻美武官的山本是一个美国通，他对美国的经济和军事潜力有着极为深刻的了解。他深知，“凭日本的国力，根本不能与美国为敌，同其抗衡”。1940 年 9 月，日本政府已经酝酿对美国开战，山本对此感到十分忧虑，他多次与其他人发生争论。他告诉对方：如果你们到底特律看汽车工业，看得克萨斯的油田，就知道我是对的。日美开战，日本必败。不仅如此，他还向上级递交意见书，反对对美开战。他写道：“日美间发生战争，对我们日本帝国来说，意味着为我们自己树立一个新的更强大的敌人，使帝国陷入新的危机。同美大战，我们必然大伤元气。难道我们所要追求的目标，就是为了图一个虚名？”

1940 年 7 月，近卫内阁与德、意签订了轴心条约。山本知道日本 80% 的战略物资都要从英美控制区供应，所以认为该条约不利于日本并警告近卫首相，若与英美开战，前六个月还可以坚持，之后他也毫无信心。尽管不主张对英、美、荷开战，但山本五十六毕竟是一名军人，最终选择坚决执行大本营决策，开始积极筹划进攻计划。

早在1927年山本五十六担任“赤城”号航空母舰舰长时就有关于空中武力为新一代战争形态的想法，他认为战列舰在海战的主力地位已成过去。1940年11月，英国地中海舰队司令安德鲁·布朗·坎宁安用航母以24架飞机搭载鱼雷突袭塔兰托，一举击沉3艘意大利战列舰，改变了地中海战局，塔兰托战役的成功震撼了整个世界海军。人们第一次知道原来海上霸王的战列舰居然可能被从一架小飞机上扔下来的一枚鱼雷葬入海底。这种战斗方式更在山本心中留下深刻的印象。

山本强调先发制人，力主在对美开战之初以舰载航空兵袭击珍珠港，消灭美国太平洋舰队主力，确保日军进攻东南亚的翼侧安全。留学过美国的山本知道美国的工业潜力是日本远远比不上的，所以必须在美国军事能力动员起来前就先将其力量摧毁，美国1940年的士兵人数仅有25万人，而已全面动员的日本有400万名士兵，能在美国未组织人力前迅速攻占菲律宾，甚至进攻美国本土。在消灭美国于太平洋的舰队后，日本可以畅通无阻地南下进攻。日军也期待这次打击能给他们赢得至少六个月的战略优势，在没有美国海军阻挠的情况下进攻荷属东印度的资源产地，令日本在南进取得成果、巩固势力后，能在有利的条件下与美国和谈。

1941年1月7日，山本五十六在停靠在日本柱岛基地的“长门”号战列舰里，奋笔疾书，半小时后就写完了自己的文章，即致日本海军大臣及川古志郎的《关于战备的意见书》。在这篇文章里，他正式提出了偷袭珍珠港的设想，他的想法是“一开战就猛击击破敌主力舰队，置美国海军及美国国民于无可挽救之地，使其士气沮丧”，“从而才能占据东亚之要障，确保不败之地步，以此来建设东亚共荣圈”。

山本五十六秘密地制定了一个“Z”作战方案。在这个方案中，他决定以一支由6艘航空母舰组成的空中力量，对珍珠港展开攻击，而且必须是奇袭。为此他与参谋大西泷治郎、源田实和山口多闻等人一起拟定作战细节，在5月9日于东京海军参谋一年一度的兵棋演习中，向同僚告知“Z”计划。然而，他的计划却遭到了联合舰队大多数高级将领和日本海军中央指挥机关海军司令部的反对。最主要的反对理由是：一个庞大的偷袭编队在海上航行五千多公里而不被发现，不受一点对方的攻击是难以想象的。而一旦被对方发现，这支舰队就很可能成为鱼口之食。然而山本下决心要一赌到底，面对反对的声音，他几经交涉甚至以辞职相威胁。军令部总长永野修身大将说："如果山本有这么样的自信就照他说的去做吧。"当裕仁天皇对赌博式的偷袭珍珠港计划提出疑问时，永野修身如此解释："因为山本最擅长赌博了。"

1941 年 11 月 3 日，日本军令部批准了"Z"计划。此时距珍珠港作战仅仅有 35 天。不过早在 8 月下旬，山本就指挥联合舰队选择了与珍珠港相似的鹿儿岛湾，开始了充分的准备和严格的模拟训练。长期研究攻击珍珠港的山本，对岛上日常作息、陆海军作业程序、舰队移动频率和人事轮班等情况都很清楚。他知道珍珠港的水深仅 45 英尺，日本海军的鱼雷若以一般投掷方式攻击会陷入海床中，同时自空中投下的炸弹，势必要能击穿战列舰甲板上的装甲，他要求研发部改良这些问题。山本又将俯冲轰炸机、水平轰炸机、鱼雷轰炸机和战斗机等不同种类战机组成一支支的空中攻击部队，在鹿儿岛湾练习低空投放鱼雷和炸弹，要求鱼雷机训练投弹高度为从没做过的 1500 尺，并严格训练命中率较低的水平轰炸机。而青森县三泽飞行场旁的小川原湖也因条件类似珍珠港而成为练习地点。

长途奔袭

努阿努帕里大风口（Nuuanu Pali Lookout）是瓦胡岛最受欢迎的景点之一，在这里可以看到瓦胡岛向风一侧和柯劳（Koolau）山脉的全景。贯穿整个瓦胡岛东岸的柯劳山脉是创造了瓦胡岛的古火山残骸。连绵不绝的山峰只在大风口一带出现了一个缺口。常年不断的西北信风同样选择了这里。还在拾阶而上的时候，我们就几乎被呼啸而过的大风吹得走不动。"大风口"果然名不虚传。

从“大风口”这里登高而望，瓦胡岛东北平原的风景一览无余。其实对夏威夷来说，“大风口”绝不仅仅是一个自然景观，它也是两个至关重要的历史事件的“见证者”。当年，来自大岛（Big Island）的氏族首领卡美哈美哈南征北战，试图统一全岛。1795年，卡美哈美哈带着他的人马出现在了瓦胡岛的怀基基。瓦胡岛的酋长率众抵御卡美哈美哈的进攻。几场艰难的战役之后，酋长被逼到了大风口。双方都用夏威夷长矛和西方的火器进攻，但是卡美哈美哈的大炮为他赢得更多优势。瓦胡岛酋长眼看大势已去，和战士一起跳下海拔1000英尺的悬崖而粉身碎骨。据说，瓦胡岛上的居民，至今还把这个地方奉为神圣之地，每逢节日，就到这里来跳神、祭祀。而卡美哈美哈最终统一了夏威夷，成为第一个国王。

当时日本为摧毁美国在太平洋上的海空军事基地，在夏威夷周边海域作了长达两年多的缜密侦察，最终发现飞机穿过大风口突袭是最理想的线路，因为隔着柯劳山脉可以避开美国雷达的探测，穿过大风口不仅路程最短而且还可以从低空突袭。大风口的独特地理位置，使得日本联合舰队司令官山本五十六制定的“Z作战计划”得以实施。1941年12月7日早上7点，日本几百架飞机就是通过这个山口，避开了美国的雷达，直插珍珠港上空，发动了震惊世界的偷袭珍珠港事件。

实际上，载着这些日本战机的舰队是1941年11月26日早晨6点出发的。当天，集结在千岛君岛单冠湾的日本航母编队迎着飘落的雪花，踏上了偷袭珍珠港的征途。山本将整支舰队交由南云忠一中将指挥。庞大的舰队包括6艘航空母舰、2艘战列舰、2艘重巡洋舰、1艘轻巡洋舰、9艘驱逐舰，是日本有史以来最强大的一支海军编队。

按日方原计划，如果舰队在移动时即被发现就取消作战计划。这时，舰队传来了东京收到潜伏于珍珠港间谍提供的资讯：港内共停泊9艘战列舰、3艘巡洋舰、17艘驱逐舰，船坞内则有4艘巡洋舰、3艘驱逐舰，航空母舰则全部不在基地内。日方也得到港内没有鱼雷网和防空气球的消息，夏威夷也未有任何紧急广播。于是，整个舰队保持彻底的无线电静默，向着东方继续驶去。此外还有 8 艘油轮和 2 艘驱逐舰开到北太平洋候命。

12 月 6 日，南云命令舰队航速增至 24 节，高速向珍珠港逼近。飞机一架挨着一架，摆满了赤城、加贺、飞龙、苍龙、翔鹤航空母舰的飞行甲板，接受最后一次检查。南云的官兵们一反连日来的紧张状态，反倒平静下来。

当时，山本五十六还另外派遣 5 艘袖珍潜艇，作为空袭失败后对美国舰队突击的预备。12 月 7 日凌晨，作为行动前锋的袖珍潜艇开始离开母艇。3 点 42 分，美国康达号扫雷艇在珍珠港口外 50 码发现了一个潜望镜，驱逐舰沃德号开火攻击并投下深水炸弹——严格说起来，珍珠港的第一枪应该是美国人先开的。不过，虽然沃德号曾向指挥中心报告“发现并击沉了身份不明的潜水艇”，但未受到重视。

庞大的舰队离目标越来越近，舰上的海军士兵甚至能够看到灯火通明的海岸。拂晓前，舰队已抵达战机预定升空地点，为瓦胡岛正北 230 浬（海里）。他们又派出 2 架侦察机侦查，以防止美军的反击，却在一小时内没有收到回报，南云此时决定不考虑原定计划细节，提前让战机起飞。

攻击队由 353 架飞机编成。12 月 7 日凌晨 6 点整，第一攻击波的 183 架飞机起飞，包括水平轰炸机、俯冲轰炸机、鱼雷机和战斗机。航母上的官兵都挤在飞行甲板上挥舞着帽子、头巾为攻击机群壮行。机群迅速完成编队，如同饿虎一般扑向珍珠港。

攻击队总指挥官叫渊田美津雄。他在领队飞机里，后边跟着由他直接指挥的由 49 架 97 式轰炸机组成的水平轰炸机队，每机携带一颗 800 公斤穿甲炸弹。“天气很不理想，高达每小时二十节风速的东北风，使海面掀起了惊涛骇浪。我们在浓厚的云层上飞行，高度三千米。云层一直低伸到离海面只有一千五百米的地方。灿烂的朝阳喷薄而起，把东边的水天线映得一片金黄。”渊田美津雄后来回忆。

夏威夷此时还正处于星期天太阳未升起的早晨，岛上只有少数人起来，大部分士兵都还处于休息状态。九十多艘战舰整齐地排列在港内。

在奥帕纳雷达站中的两位二等兵于6点45分在屏幕上发现有不明物体靠近瓦胡岛——后来证明是南云先前派出去的侦察机，却没有上报。不久，屏幕显示北方有一大群飞机接近后，他们才赶紧联络防空中心有不明物体靠近基地，值班的泰勒中尉回报他们应该是看到了自“希甘姆”机场来的巡逻队，或是从美国本土加州来的B–17轰炸机，然后下令雷达站关闭。珍珠港错过了最后一个挽救自己的机会。

7点40分，“离开母舰一小时又四十分钟后，我知道我们正在抵近目标。当我瞪大眼睛使劲地寻找陆地时，通过厚厚的云层的缝隙，偶尔可以看到洋面。突然，在我的飞机下面出现一条由岸边浪花堆成的白色长带。这就是瓦胡岛北岸！”渊田带领机群向右转，飞向瓦胡岛西岸。

“这时，能够看到珍珠港晴朗的上空。飞过瓦胡岛中部平原，港口就映入眼帘；一缕朝雾在那边袅袅升起。我用望远镜认真地窥视静静地停在港内的舰只。我一艘一艘地数着。对，战列舰全在那里，一共是八艘！但是，我们要找到航空母舰的最后一线希望，现在却落空了，一艘也见不到。”尽管如此，7点49分，渊田还是命令他的无线电兵传令：“攻击！”

“上空没有敌机，也没有来自地面的炮火”，见美军毫无防备，渊田就让传命兵向南云发送信号：“虎！虎！虎！”——这是他们事先预定的偷袭成功的代号，尽管此时正式攻击还没有开始。

珍珠港之难

如今的珍珠港，已成为每一个到夏威夷的游客必去之地。欣赏大自然赐予美景的同时，再反思人类战争的灾祸。不过这里与想象中的军港的样子多少有些落差——绿草如茵，碧海蓝天，完全想象不到当年它曾遭到怎样残酷的屠戮。

日军的第一次攻击波，是从轰炸珍珠港内陆军的惠列尔机场开始的。12月7日7点55分，由25架飞机组成的俯冲轰炸机队，向机场投了第一颗炸弹。当时，机场的飞机正在准备起飞，许多战斗机已经拖出机库，整整齐齐停在停机坪上。日机依次攻击了处于下风方向的目标，以便轰炸后从机场升起的浓烟不致影响后续机作战。接着，俯冲轰炸机队轰炸了希凯姆机场和福特岛机场。这两个机场顿时浓烟滚滚。

珍珠港的战列舰锚位，位于福特岛机场和希凯姆机场之间，而且离这两个机场很近。鱼雷机队指挥官村田担心，这两个机场升起的浓烟，可能遮住鱼雷机队的目标，所以，只好夺近路对福特岛东岸的锚位实施鱼雷攻击。7点57分，村田乘坐的指挥官机，对西弗吉尼亚号战列舰发射了鱼雷，并击中了目标。几十米高的水柱腾空而起……

7点58分，美国海军向所有船只发出警告："珍珠港有空袭，这不是演习！"但此时，日方已完全控制了整个珍珠港上空。虽然也有四架美军战机升空准备迎战，但立即被有备而来的日军击落。"到8点正，上空已无座机，我方战斗机开始对几个机场进行扫射。"渊田后来回忆。在他的座机盘旋于珍珠港上空、再次寻找投弹目标的时候，他发现海面上"一股巨大的黑中夹红色的烟柱腾空而起，浓烟高达一千米"，"刹那间，离港口几海里的我的座机也感到受到了爆炸时冲击波的冲击"。

8点05分，高空轰炸机编队攻击了亚利桑那号，一枚炸弹击中了亚利桑那号的四号炮塔正面，炸弹从倾斜的塔壁滑落，穿过后面的甲板钻进了下层的指挥官舱并在那儿爆炸，但爆炸对舰体的损伤有限。紧接着，由久须美率领的另一个高空轰炸机编队飞临亚利桑那号上空，大约8点06分，久须美机组的投弹手近藤在3200米的高空对亚利桑那号投弹，26秒后炸弹击中目标。这枚800公斤的炸弹击穿了亚利桑那号的前甲板，首先引爆了水上飞机弹射器的黑火药库，随后诱爆了主炮塔的无烟火药库。亚利桑那号舰体内发生更剧烈的爆炸。爆炸掀开了整个舰体的水平结构以及装甲列板以上的船壳。由影片记录下的爆炸场面看，从炸弹击中战舰开始到大爆炸发生，历时只有7秒钟。亚利桑那号的舰桥在爆炸后坍塌，舰体前面由爆炸生成巨大破口，之后整个舰体沉没。亚利桑那号的大火共烧了两天，包括舰长范·瓦尔肯伯格上校在内的1177名官兵阵亡，占珍珠港总死亡人数的一半。

美军开始反击，有零星的高射炮火和极少数炮火。但是执行第一攻击波的日本各轰炸机队和鱼雷机队已开始向北飞回母舰。“珍珠港和各机场经过几次猛烈扫射和轰炸后，已经大大地被我破坏了。一小时以前还是颇为壮观的美国舰队已经完蛋了。”渊田后来在回忆录里不无得意地讲。有意思的是，这位珍珠港事件的重要参与者在战后受洗加入基督教，并从 1966 年开始在日本和美国参加传教活动。他后来在美国被当作“偷袭珍珠港的英雄”而受到欢迎。

8 点 50 分，日军第二波攻击指挥官下达攻击令。171 架日机继续对珍珠港进行轰炸。珍珠港出口很小，在第二波攻击行动中，内华达号战列舰试图逃往外海，日军轰炸机看准将其击沉可堵住珍珠港唯一的出口，便发起猛烈的攻击，但在被击沉前就由美军以 2 艘拖船拖出港外，解除太平洋舰队被困于港中的危机。而从美国本土飞来的 B-17 也在此时抵达希甘姆机场，但油料不足，飞行员疲倦，有些甚至没有武装，纷纷被击落或是迫降。自企业号飞出的 18 架俯冲轰炸机也在此时抵达，出发寻找日军舰队却一无所获……9 点 45 分，日军开始撤退。日军在这场偷袭中取得决定性胜利。

12 月 7 日 13 点 30 分，赤城号升起了一面信号旗，机动部队以北北西航向，同来时一样，静悄悄地迅速返航。虽然获得初胜，但渊田等日本军官并不甘心于美军的航母未受到任何打击，他猜测，“溜掉的敌航空母舰和重巡洋舰一定是在瓦胡岛以南某处进行训练演习”。所以他向南云忠一提出，要再一次进行攻击，但南云决定结束攻击，开始撤退。实际上，企业号航母曾在当天早上 6 点，从 370 海里外派出 18 架侦察机飞往珍珠港，但未被日军发现。而在珍珠港受袭时，它也在周围海域不到 300 海里的距离内。

南云的这一决定也让他后来遭受不少争议。军事历史学家认为南云若发起第三波攻击，对美军造成的损失会超过战列舰的损失，如果珍珠港被彻底摧毁以致丧失其基地功能，美军舰队势必撤回本土，预估将使得美军对太平洋的反攻推延一年。接任太平洋舰队总司令的彻斯特·尼米兹海军上将后来说："在珍珠港事件的过程中，美军舰队的所有燃油都在地面的储油罐里。大约有450万桶油，只要用直径50毫米的弹头射击就可以让它们完蛋。如果日本人毁了那些油，战争就要延长两年。"

南云忠一后来在塞班岛战役中自杀。也有不少人替南云忠一辩护，认为他之所以没有发动第三波攻击，首先是因为美国在第二波攻击期间防空力量已大幅加强，发动第三波攻击将会冒着使用四分之三联合舰队的力量风险去摧毁目标，而舰队会再损失更多飞机；此外南云不清楚美军航空母舰的位置，美国的空军基地是否有能对舰队造成威胁的残存飞机、舰队，位置是否在敌人飞机航程内。前两波攻击使用的飞机是预先准备好的，要发动第三波攻击需要一些时间来做准备，这也会造成日军飞行员不得不在夜间降落在甲板上，而当时只有英国皇家海军掌握航母的夜战科技，日本海军这样做的风险高；日本舰队的燃油已嫌不足，在珍珠港北部多待时间会使得返回时的燃油紧缺情况更加加剧。

山本五十六对南云的不破坏基础设施和油槽透露过不满，他表示南云中将像一个小偷得手后急急逃跑，没有抓住机会继续扩大战果。在日本奇袭珍珠港、日本国内举国欢腾之时，山本在写给他姊姊的信中说道："战争终于要开始了，虽然现在到处充溢着热闹喧哗，但这一切都会消失……珍珠港的胜利微不足道，不适合用来大肆宣传，这样会使日本人民忽略了事情的严重性。"

美军在珍珠港事件中遭到重创，188架飞机被摧毁，155架受损，只有少数飞机得以起飞和还击。停泊在珍珠港内的12艘战列舰和其他船舰均被击沉或损坏，2403名美国人死亡。相较之下，日本只损失了29架军机和55名飞行员。时任美国太平洋舰队总司令金梅尔说："我必须承认，它的确是一场非常漂亮的军事行动，撇开奸诈的行为不说，日本人这次真的表现得相当出色。"

"珍珠港事件"至今已过去半个多世纪，但"阴谋论"的说法也一直没有消失过。持这种论点的人认为，罗斯福事前知道这次军事行动，他故意容忍日本的偷袭，以激怒国人，换来国内对战争的统一认识。但是这种“阴谋论”只是一种猜测而已，更主流的意见则认为，美国以一个拥有巨大工业实力的民主国家，是不太可能以牺牲人命换来参战的民意的。

另外一方面，美国的轻敌也是公认的因素之一。美军自恃其海军实力雄厚，十分轻视日军的战舰，认为日本人不敢发动战争，日军的航空母舰不具备远程奔袭的能力，也研制不出浅水鱼雷。战争打响，日本首先会攻击东南亚而不是夏威夷。因此在美日关系极度紧张的时候，美国方面不仅对一些明显的战争征兆视若无睹，甚至还继续向日本出口所谓的“只用于民间的钢铁”。讽刺的是，这些从美国开往日本的钢铁运输船有些就是在夏威夷停靠加油的，结果这些钢铁被日本用来制造轰炸夏威夷的炸弹和鱼雷。

太平洋战争前，美国的军事力量主要放在大西洋，在太平洋的海上力量不如日本强大，这也是为什么美国在初期以与日本谈判为主。以马尼拉为基地的美国亚洲舰队只有 45 艘舰艇，其中大型军舰只有 3 艘巡洋舰。以珍珠港为基地的美国太平洋舰队，虽有 3 艘航空母舰、9 艘战列舰、21 艘巡洋舰，但日本却拥有 9 艘航空母舰、10 艘战列舰、35 艘巡洋舰。美国深感远东实力的薄弱，也避免过早与日本交锋，尽量争取更多时间做好迎战准备。直到 1941 年 8 月，罗斯福还说：“我深信，必须尽一切努力避免同日本发生战争。”11 月 27 日马歇尔和斯塔克给罗斯福的备忘录中强调，“从美国的观点来看，当前最重要的事情是争取时间”。赫尔在战后国会调查会上解释为什么在美国已获悉日本决心在最近期间发动进攻的情报后，还要拟订一个为期三个月的“权宜方案”时说，因为这样一个文件可以“使两国的会谈得以延长下去，为我们的陆军和海军赢得时间进行准备”。

珍珠港袭击正式将美国拖入第二次世界大战，它也是继 19 世纪中的美墨战争之后，第一次有另一个国家对美国领土发动攻击。它最直接的结果是将一个本来意见不齐的国家动员起来。而国家经济能力高于日本十倍的美国的加入，也扭转了胜利的天平。日本偷袭得来的短暂优势不到一年便化为乌有，从 1943 年起就在苦苦支撑。所以后来的历史学家认为，对日本人来说，“偷袭珍珠港”仅仅是一次战术上的胜利，但日本“胜而不胜”，在战略上，日本却是一个大输家。在珍珠港事件 25 周年纪念日中，山本五十六最重要的助手源田实表示：“在军事行动上，珍珠港的攻击行动是当年世界上最成功的一次，然而在政治上却是极大的错误，导致日本最后走上投降一途……”

而美国“败而不败”，二战也使美国发生极大变化：战前美国武装力量总数只有 33 万人，军事力量在世界排名十位以外，而 1945 年达到了 1200 万，战争期间美国生产了近 20 万架作战飞机，1945 年美国的海军舰艇吨位达到 380 万吨，几乎可以每天造一艘军舰，成为世界第一军事强国。

不沉的亚利桑那

“珍珠港事件”中被完全炸沉的军舰有 4 艘，事件后许多军舰被重新修整后继续服役，只有亚利桑那号、俄克拉荷马号和犹他号战舰不再使用。为了纪念此事件与在事件中阵亡的官兵，1962 年美国开始建造亚利桑那号纪念馆。亚利桑那号上两具 19585 磅重的铁锚也被打捞上岸，其中一具被安置在了纪念馆岸上的游客中心内，而另一具则被安置在亚利桑那号的命名由来——亚利桑那州——的首府凤凰城中。

来参观珍珠港的游客每天都络绎不绝。大家先到放映室去看一部大约 20 分钟的有关珍珠港事件的短片，斑驳的影像，让观众又沉浸在当年那段沉重的历史记忆中。然后乘船去参观亚利桑那号纪念馆。美国海军规定，由于珍珠港仍有很大部分为军事禁区，所有前往主馆的游客必须搭乘海军的摆渡船前往。当船渐渐驶离码头时，这才看清楚珍珠港周边的风貌。

纪念馆直接横跨在亚利桑那号的残骸上，站在纪念馆上面，可以看

亚利桑那号

到亚利桑那号露出水面的部分船体。两边和天花板上分别被开了7个大窗户，喻示亚利桑那号沉没于12月7日，总共21个窗户则代表21声至高礼炮，象征对亚利桑那号和珍珠港阵亡将士的最高致意。纪念主馆末端，一面洁白的墙上，则铭刻着“珍珠港事件”中亚利桑那号阵亡的士兵名字。

从水面上可以清楚地看到亚利桑那号的残骸，前来参观的人都一脸肃穆，想到这片水面下，仍然有1102个年轻的亡灵长眠于此，不由得令人心头沉重。而残骸附近的海面上，还有五颜六色的油花。这些渗出的燃油被称为“亚利桑那之泪”（the Tears of the Arizona）或“黑之泪”（black tears）。工作人员说，亚利桑那号舰上的燃油经过这么多年已经渗露近半，剩下的可能还要经过几十年甚至更长的时间，这也许是可以通过技术解决的，“但是我们不想打扰那些在海底的灵魂”，工作人员很严肃地说。

亚利桑那号是1916年开始服役的，1918年11月它曾搭载美国总统伍德罗·威尔逊参加巴黎和会。1938年，亚利桑那号被分配到太平洋舰队，开始常驻夏威夷珍珠港。1941年12月4日，亚利桑那号与内华达号、俄克拉荷马号一起进行了夜战训练，第二天返回珍珠港后停泊在贞洁号维修船内侧，结果遭受灭顶之灾。二战结束后，美国再没有用亚利桑那号作为任何船只的名称，而是把它留在珍珠港作为对那场战争永远的纪念。现在纪念馆主馆飘扬美国国旗的旗杆位置正是原本亚利桑那号旗杆的位置，以此表示对全部在珍珠港阵亡将士的敬意。白色简洁的纪念馆，两端分别由两个支点支撑，每个支点连接主体中间的下沉部。这代表战争初期美国并未受战争打击，后经历珍珠港事件之后受到沉重打击，而在之后的战争中慢慢再次高涨。

经过近百年持续不断的修建、扩建和改建，珍珠港已成为设施完备、装备先进的现代化大型海军基地和美海军二线基地网的轴心，也是美国海军位于太平洋地区最大的前进基地。自“9·11”事件以来，美国在亚太地区的多次军事行动都是依托夏威夷军事基地作为基点，将美驻太平洋的陆战部队投送到亚太冲突地区。无论是在对阿富汗、伊拉克的作战行动中，还是在对日本、韩国和澳大利亚的军事力量部署上，处处都可以看到夏威夷美军繁忙的身影。目前，美军在夏威夷基地群驻有五大司令部，包括美军太平洋总部、太平洋陆军司令部、太平洋空军司令部、太平洋舰队司令部和太平洋舰队陆战队司令部。从数量上看，近一半数量的美军海外驻军掌握在夏威夷美军指挥官的手中，夏威夷也成为美军各方关注的“宠儿”。

如今，每艘美国海军、美国海岸警卫队以及美国国籍的商船队所属船只进入珍珠港的时候必须对亚利桑那号致以特殊的敬礼“manning the rails”——全部水兵立正站在甲板之上向亚利桑那号的遗迹集体敬礼，以缅怀所有战死在亚利桑那号的士兵；1999年，曾在东京湾见证日本投降的密苏里号战列舰从美国西海岸移动到珍珠港，停泊在亚利桑那号的旁边。这两艘战列舰对于美国来说标志着二战的开始与结束，战争最屈辱的岁月以及最荣光的结束。它们更提醒着世人战争曾带来的灾难以及和平的来之不易。

在夏威夷找寻孙中山

当年，遥远的夏威夷与中国有着并不遥远的牵系，甚至可以说，这里是中国革命的起点。

“毛伊王”

在毛伊岛（Maui），随处可以看见“Maui no ka’oi”，这是毛伊当地人一句骄傲的宣言：“毛伊是最棒的！”与商业开发过度成熟的瓦胡岛相比，处处充满野趣的毛伊岛更清丽自然。毛伊岛朴实的自然风光也使它成为美国名流明星最喜爱的私密度假胜地。

离开机场上了37号公路，向着毛伊岛的中部走去。城市很快被抛在身后，随之而来的是寥阔的天空、无垠的大海和漫山遍野的绿地。很快就到了中部的库拉，指着左手边起伏的山坡，导游告诉我们，被誉为“脱口秀皇后”的奥普拉·温弗瑞（Oprah Winfrey）就在这里斥巨资购置了一大块土地，不但建了豪华别墅，而且计划在这里打造一个可持续发展的有机农场，届时将推出以她自己名字命名的有机绿色食品、纯天然香皂、洗发水等等。2014年1月，第一夫人米歇尔和家人休假结束后，独自造访这里，和一帮好友度过50岁生日。

沿着开阔的高速公路继续向前，朝着我们的目的地库拉（Kula）行驶。地处毛伊岛腹地的库拉，是毛伊的蔬菜园，库拉的火山土壤养分充足，此外这里较高的海拔也是作物丰产的一个重要因素。19 世纪后半期，一些葡萄牙和中国移民在完成他们的甘蔗种植园合同之后，迁往库拉，开始经营小型农场，因此也形成了库拉今天的多元文化风貌。

在高速路旁，有一个小型纪念公园。公园是完全的中式风格，里面远近各矗立着一座雕像，他们就是曾经生活在此地的两个特殊的中国人——孙中山与其兄长孙眉。这个地点，即是当年孙眉经营的农场。

出生于 1854 年的孙眉是家中长子。因家境贫寒，孙眉只读了 4 年书便辍学作工。1871 年，17 岁那年，在亲友的资助下，他赴檀香山打工。他先是在瓦胡岛的一家华侨菜园做工，一年左右，又转到一家农牧场。赚到了一些钱之后，他向夏威夷政府申请开垦荒地，在离檀香山不远的依华种植稻米。孙眉后来又去了毛伊岛，和当地一个王族的女子结了婚，拥有了许多土地，不但从事畜牧养殖业，还兼营酿酒、伐木等。

看得出，孙眉是个很有经营头脑的人。1876 年，夏威夷与美国订立互惠商约，美国投资夏威夷蔗糖业者大增，一时间商业资本大量流入，蔗糖市场前景看好，劳工需求直线上升。孙眉不失时机地抓住这个千载难逢的商机，自告奋勇担起当局招募华工之责。而孙眉因经营农牧业成效显著也得到当地政府的青睐，获得了夏威夷政府“多招华人来檀香山大兴垦务”的特许状。孙眉于是在檀香山设立移民办事处，一方面为穷苦的南朗乡亲打开一条生路，另一方面开办孙阿眉商店，以服务日益增多的华工乡亲。

1878 年孙眉衣锦还乡，一是与同乡姑娘谭氏结婚，二是准备招一批乡亲前往檀香山。他向乡亲们热情推介檀岛风土人情、社会习俗以及西洋文明的优点。鼓励大家剔除顾虑，大胆出洋。此时只有 24 岁的孙眉不但身带巨资，而且阅历经验都很丰富，与在老家务农时的孙眉已判若两人，这在翠亨村及附近引起不小轰动。孙眉随即在家乡附近设立了移民事务所，与人合股接管一艘航海巨船，作为移民之用。

1881 年，孙眉用他的“第一桶金”在毛伊岛开疆辟土。1885 年是孙眉在夏威夷创业成就的顶峰时期，此时他已拥有一千英亩的牧场，数千头马、牛、猪，上万只鸡，全由雇工照料。不但如此，据夏威夷公证登记局的记录，此后孙眉还开展多种商业活动，不但积累了一定家产，而且还在当地社会成为一方领袖，享有极高的社会地位和声望，大家都尊称他为“毛伊王”（King of Maui）。

孙眉当年的库拉农场遗址，如今已是哈利阿克拉公司的地产。一望无际的牧场连接海天，可以想象这位“毛伊王”当年的气势。孙眉的故居早已不复存在，只有当年并列屋宇两端的大榕树，依然婆娑苍翠，似乎向后来人证明当年主人在这片土地所创造的辉煌。在农场里，孙眉修建的一些颇具规模的人工蓄水灌溉系统仍然依稀可见。而在这里的一些老华人之间，依然流传着孙眉的故事。

了解到这里的土地对中国人非常有历史意义，1989 年，为纪念华人来到夏威夷 200 周年，哈利阿克拉公司向毛伊政府捐出靠近 37 号公路旁边的一块土地，华人社团在此建起了 Snu Yatsen Park（孙逸仙公园），以纪念孙中山和他的故居。公园里矗立的孙中山铜像，其双眸凝望之处，正是当年倾家荡产支持共和革命的大哥孙眉的库拉牧场所在地。

西方世界的中国少年

普纳荷学校（Puhahou School）就在檀香山市中心。校园是开放式的，任何人都可以走进去参观。充盈着绿意的校园像一个花园。普纳荷学校是当地人的一大骄傲，因为很多名人都毕业于这所学校，包括最近几年颇为有名的高尔夫球手魏圣美。而最让学校骄傲的莫过于两位总统“校友”——孙中山与奥巴马。

1879 年，比孙眉小 12 岁的孙中山与母亲搭乘运载侨民的船，一起赴檀香山，投奔孙眉。这 20 天的航程，给了 13 岁的孙中山以很大刺激。他后来回忆：“13 岁随往夏威仁岛（注：当时译名），始见轮舟之奇、沧海之阔，自是有慕西学之心，穷天地之想。”

孙中山到达夏威夷的第一站，就是毛伊岛的库拉。他先是被哥哥安排在他自己开的商店当店员，学习记账、珠算和当地人的方言。可是孙中山很快发现自己对呆板的买卖生涯毫无兴趣。在他的要求下，这年秋天，孙眉把弟弟送进檀香山的意奥拉尼学校（Iolani School）读书。

创办于 1862 年的意奥拉尼学校是夏威夷历史上最早的一所，如今也是夏威夷最有名的私立学校，学校教师几乎全为英国人，收费也高于其他学校，每年学杂费要花上 150 美元，在当时是一笔很大的数目。孙中山在这所学校读了 3 年，连同生活费用自然是笔不小的开支，爱弟心切的孙眉不吝赞助。而孙中山也没让哥哥失望，3 年后中学毕业时，孙中山获得全班英语语法第二名。1882 年 7 月 27 日，学校举行了隆重的毕业典礼，当时夏威夷的国王卡拉卡瓦（King Kalakawa）、王太后爱玛（Queen Emma）和公主莉莉奥库兰尼（Princess Liliokalani）皆出席，而孙中山在典礼上接受了国王亲自颁发的奖品。这也被当地华侨视为一个极大的光荣。在意奥拉尼学校的大教学楼前，还有一座少年孙中山的铜像，学校也以出了孙中山这样一位伟人为荣。

几个月后，孙中山又去了檀香山的瓦胡学院（Oahu College, Honolulu）的大学预科班学习。这是当时夏威夷的最高学府，规模较大，学生近千人。虽然学费不菲，但孙眉也一如既往地支持弟弟。不过进入瓦胡学院时，孙中山用的是“孙帝象”这个父母最初给取的名字，以至于在后来很长时间内，学校并不知道孙中山是他们的校友。“也是最近几年，我们才知道，孙帝象原来就是孙中山。”校方人员介绍说。瓦胡学院在 1934 年更名为普纳荷学校。而孙中山当年读书时的两层小楼至今仍在使用。“孙中山在这里读书时，普纳荷全校只有 158 个学生，他所在的班级共有 32 人，其中有 3 名中国人。”孙中山的同学中，包括当时的夏威夷王子 Kuhio。据说学校至今还保留着他当时缴纳的 55 美元学费的记录。出生于火奴鲁鲁的美国总统奥巴马也在这里读过书，更让学校名气大振。由于与中山先生的历史渊源，普纳荷学校在推动与中国教育文化交流上走在全美学校的前列。它在美国最早开展中文教育，成立了中国研究中心，一直保持与中国的密切联系。

不过，孙中山在这里其实只呆了几个月就被迫离开。因为孙眉发现弟弟受基督教影响越来越大，兄弟俩为此发生了几次冲突。孙中山又经常劝说工人不要膜拜关帝君神像，孙眉担心其触犯众怒，又怕双亲斥责，遂断绝支助，将 18 岁的孙中山送回家乡。

普纳荷校园里有一棵酸子树，如今已长至两层楼高。果实的外壳似花生，但比花生大。剥开，里面漆黑黏黏的，其味酸中带丝甜意。当年孙中山就是坐在这棵树下，把酸子当零嘴吃。回国时，他将其种子带回乡，种在自家院前。如今种子已长成大树，叶密苍翠，仍守候在孙中山的故居旁。

1883 年 7 月，尚未满 17 周岁的孙中山心有不甘地从瓦胡学院退学回国，结束了自己第一次海外学生生涯。从 13 岁到 17 岁，正是一个少年价值观与世界观形成的最关键时期。“这是我的夏威夷，我在这里长大并接受教育。我是在这里懂得现代文明政府的实质与含义的。”孙中山日后这样回顾。这一段时间也正是美国要兼并夏威夷的时候。陈少白在回忆中说：那时美国常常想把夏威夷群岛合并，夏威夷群岛的人民就天天在那里反抗，侨民看惯了这种事情当然更大受影响，尤其是抱有革命思想的孙先生。孙中山自己也讲到：“京城（火奴鲁鲁）所见所闻，都是关于政治方面的事，所以中国侨民差不多个个都有些政治思想。”

革命的起点

檀香山的中国城规模很小，在中心广场也立着一尊孙中山的雕像。旁边的“中国文化广场”的二楼，有一个“兴中会纪念堂”。这里面收集了许多跟孙中山革命相关的重要文物，包括兴中会成立时会员缴纳会银登记表、陈少白证明兴中会创于檀香山致党史会函、孙中山敬告同乡论革命与保皇之分野书、黄兴三二九之役绝笔书等。

纪念堂像一个大会议室，放这些文件的展览柜被堆在墙角，显然很少被人问津。“这个地方也是国民党的檀香山总部，原先纪念堂有专门的职员管理，后来陈水扁上台，变卖国民党党产、削减经费，我们也没钱了，所以很少打理，平时来参观的人也很少。”纪念堂工作人员一脸歉意地说。“现在华人中的年轻人，忙着求学或生计，对这些东西不再感兴趣了。”时逢周末，纪念堂被用作教当地华人孩子学汉语的教室。几个孩子一边心不在焉地跟着老师念汉语，一边好奇地打量来探访的不速之客。

1894年10月，28岁的孙中山从上海踏上驶往檀香山的航船，他这次去檀香山的目的很明确，就是“拟向旧日亲友集资回国，实行反清复汉之义举”。这次距他上次离开檀香山，已经9年时间，当地也发生了很大变化。夏威夷1893年发生革命，王后被逼退位，君主制已变成了共和制。11月24日，孙中山及其二十多名支持者聚集在檀香山卑涉银行华人经理、基督教教友何宽的家中，举行了“兴中会”的成立大会。

如果说早年在檀香山坚持革命的孙中山在兄长孙眉看来是“异端”的话，孙中山后来在香港西医书院的优异成绩以及在澳门、广州行医的口碑和影响，已使孙眉完全改变了先前的否定态度，转而支持弟弟从事革命。孙眉也是兴中会最早的会员之一，他积极宣传革命，利用自己的社会人脉，分函檀香山各贤达，游说组织亲朋好友参加兴中会，而他自己也是毛伊岛分会的负责人。不仅如此，他还慷慨解囊，孙眉以极低的价格卖掉了一部分牲畜，并以当地华人首富的身份，带动了周围二十多人出面，捐赠了5000块钱。

实际上，很长一段时间，身处毛伊岛的孙眉都扮演了孙中山革命大后方的角色。1895年广州起义前，孙中山的母亲、妻子和儿子孙科先被送到毛伊岛安置下来。起义失败后，孙中山经日本流亡到美国，又去毛伊岛看望家人。孙中山对一家人心怀歉意，他向哥哥报告了广州起义失败经过，孙眉鼓励他说：“这不算一回事，还应继续干下去！”这使孙中山沉重之余又感到了一些慰藉。孙眉又拿出一部分钱给弟弟，让他作革命活动的经费。

1901年4月，孙中山和流亡到美国的家人在檀香山合影。前立次女孙婉；二排左起：子孙科、母杨太夫人、长女孙娫；后排左起：侍女月红、嫂谭氏、侄孙威、兄孙眉、孙中山、夫人卢慕贞、义女孙霞、侍女新兰。
Dr.Sun Yat-sen posted for a picture with his exiled family in Honolulu in April 1901: Sun Wan (his second daughter, standing in front); Second row, from left: Sun Fo (son), Mrs.Yang (mother), Sun Yan (eldest daughter); Back row, from left: Yue Hong (maid), Mrs.Sun Mei, Sun Wei (nephew), Sun Mei (elder brother), Sun Yat-sen, Lu Muzhen (wife), Sun Xia (foster daughter), Xin Lan (maid).

1901 年4 月，孙中山流亡到美国的家人在檀香山留影

当年的毛伊岛，还目睹过另外一名中国近代史的重要人物。戊戌变法失败后，梁启超经日本流亡美国。孙中山一度希望两人能够联合，梁启超最初也表现出一定的积极态度。他还特地前往毛伊岛拜访孙眉，孙眉甚至让其儿子阿昌对其执弟子礼，并随梁启超到日本留学。后来证明孙中山的期望并不现实。而在梁启超的影响下，原本支持革命的当地华侨也开始转向保皇派。为此，1903 年 10 月 7 日，孙中山第五次造访檀香山，利用革命派的舆论阵地和梁启超展开论战。在孙中山的猛攻之下，保皇派对檀香山三年之久的垄断局面终于被打破。孙中山展现出来的革命气魄和个人魅力，也为他本人和革命运动赢得了更多的尊敬。

1904 年 3 月，孙中山准备离开檀香山前往旧金山。此时虽然是孙中山成立兴中会后发起革命的第 10 年，但当时革命仍很艰辛，不但在中国面临清政府缉拿，在海外侨界也遭保皇党势力掣肘。另一方面，早在1882 年，美国议会通过“排华法案”，禁止华工入境，华人没有必要的证件不能进入美国。有一次孙中山甚至还被当时的美国移民当局关押数

天。因此当地侨领建议，若要在美国本土推展中国革命，最好能拥有美国身份。为了能在美国进行革命活动，在动身前，由哥哥孙眉、舅舅杨文纳这些亲友运作，帮孙中山向夏威夷的州政府取得了一份在夏威夷的出生证明，让孙中山成为美国公民。孙中山在证明上称自己的生日是“1870年11月24日”——选择与兴中会成立日相同的11月24日，作为与革命运动的连结。几天后，他如愿领到了一个美国岛属居民所持之护照。

在纪念辛亥革命100周年的2011年，“美国在台协会”公布了这份它们于意外之中从美国国家档案馆发现的身份文件，当时引起一阵热议，甚至有人撰文耸动地称，辛亥革命后，中国人选了一位“美国人”作总统。实际上，孙中山获得的美国公民身份并没有维持太长时间。1908年，孙中山从新加坡前往曼谷、在华人华侨当中宣传革命时，当时的暹罗（即泰国）当局迫于清政府的压力，要将他驱逐出境。孙中山以自己是美国公民为由，会见美国驻暹罗公使汉米尔顿·金时，要求得到保护。汉米尔顿·金随即将此事电告当时的美国国务卿卢特。1909年3月11日，美国国务院电复汉米尔顿·金，认为孙中山不符合美国公民资格，不能取得美国护照。所以可以肯定的是，在1912年1月1日，孙中山就任临时大总统时，他是地地道道的中国公民。

在孙中山长达16年的海外流亡生涯中，他的主要工作就是向华侨宣传革命筹集钱款。孙眉也从理解到支持，为革命出钱出力，自然成了孙中山革命的“财政部长”，后来更俨然成长为一名具有崇高政治觉悟和大公无私精神的革命者。据夏威夷公证登记局记载：1895年至1899年，孙眉在瓦胡岛卖出自己名下的土地10宗；在茂宜岛卖出的地产更多，1890年至1894年卖出12宗，1895年7宗，1896年5宗，1897年12宗……到1903年共达65宗。

1904年，因为当地政府颁布新的租地条例，孙眉的农场损失惨重。1906年孙眉宣告破产，举家迁到香港定居。辛亥革命成功后，孙中山于1912年1月1日就任中华民国临时大总统，广东都督一职空缺，当时广东地方人士力举孙眉出任；可是孙中山发电报劝孙眉不要从政，孙眉接

1912年1月1日上午，孙中山与各省代表汤尔和、王宠惠及军事顾问荷马李等，乘沪宁铁路专列赴南京就职。中为孙中山；孙中山左为胡汉民，其后为王宠惠

纳孙中山意见，回到家乡开办中山合胜公司。

孙中山先后接受中西教育达20年之久，尤其是他在青少年时代所受的西式教育，对他的一生都产生极为深远的影响。而孙中山在檀香山、香港及广州漫长而艰辛的求学历程中，一切费用开支，几乎都是长兄孙眉负担，孙眉先后共拿出了70万美元支持革命，最终几乎倾家荡产。从这一点讲，孙眉，这位站在孙中山身后的人，功莫大焉。1915年，孙眉病逝于澳门。国民政府后来将其骸骨从澳门迁葬于老家翠亨村犁头尖山麓，由孙科立碑，以表彰其对革命的功绩，碑上的祭文由汪精卫所写。孙眉墓地及这块墓碑至今仍保存在中山市中山纪念中学内。